Johanna Rolshoven / Ingo Schneider (Hrsg.)

Dimensionen des Politischen
Ansprüche und Herausforderungen der Empirischen Kulturwissenschaft

Johanna Rolshoven / Ingo Schneider (Hrsg.)

Dimensionen des Politischen

Ansprüche und Herausforderungen der Empirischen Kulturwissenschaft

Neofelis Verlag

Inhalt

Positionierungen

Methodische Impulse

Der Alltag ist politisch

Politik und Wissenschaft: zwischen *Alliance* und *Mesalliance*

Ästhetisierungen des Politischen

Kulturanalyse des Politischen I: Kritik der Policy

Kulturanalysen des Politischen II: Ethnographien politischer Aushandlung

Editorial

Die in diesem Buch versammelten Texte gehen auf die im Frühjahr 2016 in Graz veranstaltete Tagung „Dimensionen des Politischen" zurück. Ziel der Veranstaltung war es, dem Stellenwert des Politischen in aktuellen Forschungen der aus der vormaligen Volkskunde hervorgegangenen Fächer Kulturanthropologie/Europäische Ethnologie/Empirische Kulturwissenschaft nachzuspüren. Es ging zum einen darum zu klären, wo entlang der Trias von politischen Inhalten (*policy*), Strukturen (*polity*) und Prozessen (*politics*) Beiträge der vertretenen Fächer zu verzeichnen und wo gegebenenfalls Schwerpunkte zu erkennen sind. Auf einer allgemeinen Ebene haben sich die Grazer Diskussionen aber um grundsätzliche Fragen des Standpunkts oder Anspruchs der auf unterschiedlichen Feldern des Politischen forschenden Fachvertreter*innen gedreht: Welche Ziele, Grenzen, aber auch Pflichten setzen wir uns selbst bzw. erkennen wir für uns an? Reichen theoretische Erörterung, das Aufzeigen von Gefahren oder Fehlentwicklungen aus oder gibt es nicht ein wissenschaftliches Ethos, das uns abverlangt, nicht nur Stellung zu beziehen, sondern Haltung einzunehmen? Die hier angesprochene Thematik ist alles andere als neu,[1] hat aber nicht an Bedeutung eingebüßt – weder für die Wissenschaften allgemein, noch für die hier vertretenen Fächer.

Wie war es zu dieser Tagung gekommen? In regelmäßig stattfindenden Vernetzungstreffen der Vertreter_innen der facheinschlägigen Institute an den österreichischen Universitäten wurden die oben formulierten Fragen zuletzt

1 Siehe dazu die Ausführungen von Johanna Rolshoven zur Werturteilsfreiheit in diesem Band.

intensiv diskutiert. Aus diesen Diskussionen erwuchs die Thematik der Tagung – kaum zufällig, denn sie markiert zugleich einen in den letzten Jahren unübersehbar gewordenen, übergreifenden Fach- wie auch internationalen und interdisziplinären Wissenschaftsdiskurs. Warum erfährt das Politische – die Frage drängt sich auf – gerade jetzt verstärkte Aufmerksamkeit in den Sozial- und Geisteswissenschaften im Allgemeinen und den Nachfolgedisziplinen der Volkskunde im Besonderen? Waren die Jahrzehnte nach dem Ende des Kalten Krieges weniger politisch oder waren es weniger die Zeiten als die Wissenschaften, die ihre Aufgabe als Instanz der Gesellschaftskritik und somit immer auch der politischen Verhältnisse vernachlässigten? Anders gefragt: Sind die Zeiten politischer geworden und die Wissenschaften reagieren lediglich darauf? Oder sind die Wissenschaften selbst politischer geworden? Beides trifft ein Stück weit zu. Mit Sicherheit erreichten geopolitische Entwicklungen zuletzt eine seit langem nicht mehr erlebte Dynamik und mediale Präsenz, die breites wissenschaftliches Interesse auf sich ziehen musste, zumal in einer Wissenschaft, die sich der Erforschung des Alltags widmet. Die thematische Vielfalt und das kritische Engagement von Forschungsprojekten und Abschlussarbeiten im Fach, die sich mit unterschiedlichen Dimensionen des Politischen auseinandersetzen, ist jedoch, wie wir meinen, nur teilweise der aktuellen Dynamik – etwa im Kontext von Migration oder rechtspopulistischen Bewegungen – geschuldet. Hinter der auffallenden (Re-)Politisierung des Faches steht vielmehr ein Diskurs um seine Episteme, die Tendenz einer jüngeren Generation von Kolleginnen und Kollegen, das Fach wieder verstärkt als eine *kritische* Kulturwissenschaft zu konzipieren, die ihre Aufgabe, zur „Lösung soziokulturaler Probleme"[2] beizutragen und damit dem eigentlichen Zweck aller Wissenschaften, der Gesellschaft zu dienen, an- und ernst nimmt. Mit der Wahl des Tagungsthemas wollten wir daher nicht nur den Blick auf das reich aufgefächerte Spektrum einschlägiger Arbeiten in unserem Fach an sich lenken. Es ging auch um Fragen seiner generellen Ausrichtung.

Obwohl oder gerade weil hier grundsätzliche Fragen der Philosophie und damit aller Wissenschaft angesprochen sind, ging es auf der Grazer Tagung also in erster Linie um eine Standortbestimmung der Post-Volkskunde, gleichermaßen in theoretischer wie empirischer Perspektive. Auf welchen Feldern und mit welchen Fragestellungen, aber auch auf der Basis welcher Episteme setzen sich die Vertreter_innen der deutschsprachigen Kulturanthropologie und Europäischen

2 Wolfgang Brückner (Hrsg.): *Falkensteiner Protokolle*. Frankfurt am Main: Institut für Volkskunde 1971, S. 303.

Ethnologie aktuell mit „Dimensionen des Politischen“ auseinander? Im Fokus – dies zeigen die Beiträge dieses Bandes – stehen Institutionen und Politiken, staatliche und nicht-staatliche Akteure, Mensch-Umwelt-Beziehungen, Kulturprojekte und Rechtsverständnisse, aber auch Kunst und Medientechnologien. Mittels ethnographischer und diskursanalytischer Zugänge werden Strukturen sozialer Macht und Herrschaft in Praktiken und Sinngebungen des Alltags ausgemacht. Sie zeigen auf, dass politische Indienstnahmen von Kultur, auch von ‚Volkskultur‘, das Soziale und seine Machstrukturen überdecken und mit Ästhetisierungsstrategien zur Camouflage ökonomischer Interessen einhergehen.

Graz war zweifellos ein guter Ort für diese Tagung, insbesondere auch für die Erörterung der theoretischen Dimensionen des Themas, gingen von hier in den vergangenen Jahren doch entscheidende Impulse für eine „eingreifende Wissenschaft“ aus.[3] Bei aller Vielfalt der vorgestellten Themen, Ansätze und Herangehensweisen zeichnen sich doch auch übergreifende Gemeinsamkeiten ab, hinter denen die Umrisse einer disziplinären Charakteristik erkennbar werden. Allein wenn wir den Satz Hannah Arendts, dass das Politische zwischen den Menschen entsteht,[4] ernst nehmen, wird ersichtlich, in welche Richtung diese für eine Alltags- und Erfahrungswissenschaft weisen. Das Politische wird als Konzeption des Gesellschaftlichen aufgefasst, dem in Aushandlungsprozessen, Handlungsethiken, performativen Praktiken und subversiven Strategien nachgespürt wird. Die in diesem Band versammelten Kulturanalysen unterstreichen somit die Stärke politisch motivierter ethnographischer Zugänge ebenso wie die Herausforderungen für eine engagierte Wissenschaft, die sich nach wie vor an den Postulaten wissenschaftlicher Wertfreiheit stoßen muss.

Johanna Rolshoven, Ingo Schneider, im November 2017

3 Siehe den Beitrag von Johanna Rolshoven in diesem Band, S. 14–33.

4 Hannah Arendt: *Was ist Politik? Fragmente aus dem Nachlaß* [1993], hrsg. v. Ursula Ludz. München / Zürich: Piper 2010, S. 11.

Positionierungen

Johanna Rolshoven

Dimensionen des Politischen

Eine Rückholaktion

Für Ina-Maria Greverus (1929–2017)

Nach Jahren der Abstinenz ist das Politische als fundamentale Dimension des Gesellschaftlichen wieder Gegenstand der theoretischen Auseinandersetzung. Der Befund einer „Entpolitisierung" der Gegenwart[1], den kritische Stimmen aus Philosophie, Politikwissenschaft und Soziologie festgestellt haben, ist zweifelsohne ebenso ein Impuls für diese Debatte wie die neuerlichen Absenzen und Vernachlässigungen des demokratischen Bewusstseins in den westlichen Ländern. Mit der sogenannten Wende von 1989, so Ulrich Beck vor 25 Jahren, müsse das Politische neu erfunden und „die Ziele der gesellschaftlichen Entwicklung neu ausbuchstabiert werden"[2] – eine aus heutiger Sicht hellsichtige Erkenntnis des 2015 verstorbenen Soziologen. Er stand der empirischen Kulturwissenschaft bezüglich ihrer seismologischen Aufmerksamkeit für Gegenwartssituationen nahe. Es gelte, so Beck, die „Kunst der Politik" und den Begriff des Politischen „für die Herausforderungen der globalen Industriezivilisation an der Wende zum 21. Jahrhundert" zu öffnen.[3] Die Politikwissenschaftlerin Chantal Mouffe führt den sich in der späten Moderne abzeichnenden „postpolitischen Zeitgeist" auf die „unbefragte Hegemonie des Liberalismus" zurück. Weil die Tatsache des Pluralismus der westlichen Gesellschaft und die ihm zwangsläufig inhärenten

1 Vgl. Jacques Rançière: *Das Unvernehmen. Politik und Philosophie* [franz. 1995]. Frankfurt am Main: Suhrkamp 2014, S. 149.

2 Ulrich Beck: *Die Erfindung des Politischen. Zu einer Theorie reflexiver Modernisierung*. Frankfurt am Main: Suhrkamp 1993, S. 17.

3 Ebd., S. 18, 19.

Konflikte negiert würden, seien Zivilgesellschaft und Parteien zunehmend unfähig, „politisch zu denken". Dies führe zu einer fundamentalen Bedrohung der Demokratie.[4] Pierre Bourdieu spricht gar von einer „Politik der Entpolitisierung", die nicht nur den Staat und seine Institutionen betreffe, sondern ebenso die Wissenschaften.[5] Auch der Psychoanalytiker und Philosoph Slavoj Žižek mahnte 2001: Wer das Politische – verstanden als das Zulassen gesellschaftlicher Antagonismen – zugunsten von Policy-Maßnahmen verwerfe,[6] laufe Gefahr, „dass das Verworfene – der Antagonismus – im Realen als rassistischer Hass und als Rechtsextremismus wiederkehre", „insbesondere [dann], wenn letzterer zum einzigen diskursiven Angebot wird, in dessen Terminologie Konflikt und Dissens innerhalb einer nahezu vollständig konsensualisierten Umwelt überhaupt noch Ausdruck finden".[7] Auf die Diktatur des Konsenses reagiert ein Rechtspopulismus, der hinter die Regeln der Demokratie regrediert und die nationalen parteipolitischen Kräfteverhältnisse neu ordnet.
Wie kann sich eine empirische Kulturwissenschaft, der sich die Vertreterinnen der aus der ‚Volkskunde' hervorgegangenen Disziplinen Europäische Ethnologie und Kulturanthropologie verpflichtet fühlen, dieses ‚Verschwinden des Politischen' aus ihren Gegenstandsbereichen und in seiner Auswirkung auf ihre Episteme und Haltungen vorstellen? Hatte nicht die Fachgeschichte jene ‚Volkskunde' als Hüterin des Verschwundenen und Verschwindenden offenbart[8] – so dass ihre Nachfolgewissenschaften epistemisch bestens gerüstet sein müssten, um dem Politischen auch nach seinem Verschwinden auf den vielfältigen Ebenen der Kultur, die sie beschäftigt, nachzuspüren? Die Rückholaktion, die Beate Binder unlängst für den Feminismus eingefordert hat,[9] gilt ebenso für das Politische.

4 Vgl. Chantal Mouffe: *Über das Politische. Wider die kosmopolitische Illusion*. Frankfurt am Main: Suhrkamp 2007, S. 15–17.

5 Pierre Bourdieu: Gegen die Politik der Entpolitisierung. In: Ders.: *Gegenfeuer 2. Für eine europäische soziale Bewegung*. Konstanz: UVK 2001, S. 62–79, hier S. 63.

6 Vgl. Oliver Marchart: *Die politische Differenz*. Frankfurt am Main: Suhrkamp 2010, S. 183, in Anlehnung an Slavoj Žižek: *Die Tücke des Subjekts*. Frankfurt am Main: Suhrkamp 2001, S. 260.

7 Marchart: *Die politische Differenz*, S. 183, in Anlehnung an Žižek: *Die Tücke des Subjekts*; Mouffe: *Über das Politische*.

8 Vgl. als frühe Diagnose zu diesem Befund Gustav Schöck: Sammeln und Retten. Anmerkungen zu zwei Prinzipien volkskundlicher Empirie. In: Klaus Geiger / Utz Jeggle / Gottfried Korff (Hrsg.): *Abschied vom Volksleben*. Tübingen: Tübinger Vereinigung für Volkskunde 1970, S. 85–104.

9 Vgl. Beate Binder: Feminismus als Denk- und Handlungsraum. Eine Spurensuche. In: Michaela Fenske (Hrsg.): *Alltag als Politik – Politik im Alltag. Dimensionen des Politischen in Vergangenheit und Gegenwart*. Berlin: Lit 2012, S. 33–43, hier S. 40.

Bei näherer Betrachtung finden wir sie im Fach längst eingeläutet, denn in jüngeren wegweisenden Fachpublikationen steht sie ohne Zweifel im Mittelpunkt,[10] und auch die neueren Listen zu den Forschungsprojekten und Abschlussarbeiten des Fachs im deutschsprachigen Raum weisen im Vergleich zu jenen noch vor wenigen Jahren erschienenen ein beeindruckendes Spektrum gesellschaftspolitisch engagierter Fragestellungen auf.[11]
Die Differenzierung der Rückholaktion im Folgenden, die sich hier zu den Beiträgen dieses Bandes zum 28. Österreichischen Volkskundekongress in Graz 2016 reiht, unterwirft sich drei thematischen Punkten. Zum Ersten nimmt sie die Begrifflichkeiten der Politik und des Politischen in den Blick. Zum Zweiten versucht sie, Fachbezüge herzustellen und an ihnen die Angemessenheit und Sachdienlichkeit der Begriffe des Politischen zu beleuchten. Und drittens geht sie den immer wieder als riskant betrachteten Verbindungen von Wissenschaft und Politik nach.

Die Begriffe des Politischen

Die Unterscheidung zwischen *der* Politik[12] und *dem* Politischen wirkt sich auf das für eine empirische Kulturwissenschaft grundlegende Konzept des Gesellschaftlichen unmittelbar aus. Sie erscheint unerlässlich, wenn wir das Anliegen des Tagungsthemas und seiner Fachbezüge differenzieren wollen. Zu

10 Vgl. Fenske (Hrsg.): *Alltag als Politik*; Asta Vonderau / Jens Adam (Hrsg.): *Formationen des Politischen. Überlegungen zu einer Anthropologie politischer Felder.* Bielefeld: Transcript 2014; Beate Binder / Friedrich von Bose / Katrin Ebell / Sabine Hess / Anika Keinz (Hrsg.): *Eingreifen, Kritisieren, Verändern!? Interventionen ethnografisch und gendertheoretisch.* Münster: Westfälisches Dampfboot 2013; Michi Knecht: *Zwischen Religion, Biologie und Politik. Eine kulturanthropologische Analyse der Lebensschutzbewegung.* Berlin: Lit 2006; Sebastian Conrad / Shalini Randeria / Regina Römhild (Hrsg.): *Jenseits des Eurozentrismus. Postkoloniale Perspektiven in den Geschichts- und Kulturwissenschaften* [2002]. Frankfurt am Main: Campus 2013; Sabine Hess / Bernd Kasparek (Hrsg.): *Grenzregime. Diskurse, Praktiken, Institutionen in Europa.* Berlin / Hamburg: Assoziation A 2009; Transit Migration Forschungsgruppe (Hrsg.): *Turbulente Ränder. Neue Perspektiven auf Migration an den Grenzen Europas.* Bielefeld: Transcript 2007; Sabine Hess / Jana Binder / Johannes Moser (Hrsg.): *No integration?! Kulturwissenschaftliche Beiträge zur Integrationsdebatte in Europa.* Bielefeld: Transcript 2009; Jens Adam / Regina Römhild / Manuela Bojadžijev / Michi Knecht et al. (Hrsg.): *Europa dezentrieren. Globale Verflechtungen neu denken.* Frankfurt am Main / New York: Campus 2018 (im Erscheinen).

11 Vgl. *dgv Informationen. Mitteilungen der Deutschen Gesellschaft für Volkskunde* 126,1 (2017), S. 16–52.

12 Griech. *politeia* (dt.: Staat). In Platons Staatsphilosophie, ein Grundlagenwerk der Demokratie, in dem in dialogischer Form über Gerechtigkeit diskutiert wird und dessen Lektüre überaus lohnend ist, liegt als politisches Argumentarium Gesellschaft, ihre Struktur, ihre Antagonismen und Repräsentationen, das Alltagshandeln und -empfinden ihrer Mitglieder in einer – man

unterschiedlichen Zeiten und in verschiedenen Disziplinen und Sprachen wird diese Unterscheidung je unterschiedlich ausgedeutet. Es kann daher keine gültige Definition gegeben werden, sondern lediglich eine fragmentarische intellektuelle Annäherung stattfinden, die das Denken von und in Zusammenhängen ermöglicht.

Im modernen Denken ist die geisteswissenschaftliche Unterscheidung zwischen *der* Politik und *dem* Politischen recht spät anzutreffen. Dass das Politische als Kategorie – ebenso im Übrigen der Staat – erst mit der Moderne aufscheint, führt die Philosophin Ágnes Heller darauf zurück, dass universelle politische Werte wie Gerechtigkeit und Freiheit erst mit Aufklärung, Revolution und Erklärung der Menschenrechte die Zivilgesellschaft betreffen und den gesellschaftlichen Alltag zu durchdringen beginnen.[13] Oliver Marchart, der dieser Unterscheidung ein erhellendes Werk widmet, bezeichnet sie aus der Sicht der politischen Philosophie als „politische Differenz".[14] Seine wie andere neuere Ausformulierungen stützen sich dabei auf den französischen Philosophen Jacques Rançière, den die Entpolitisierung der politischen Philosophie umtreibt,[15] und den Politiker und Intellektuellen Pierre Rosanvallon, dessen Anliegen es ist, die Unterscheidung zwischen Staat und Zivilgesellschaft für die historische Gesellschaftsanalyse zu schärfen.[16]

ist versucht zu sagen – konstruktivistischen, an Ambivalenz ansetzenden Perspektive zugrunde. Vgl. Platon: *Der Staat.* http://www.alexandria.de/Autoren_und_Werke/Platon/Platon-Der_Staat-Politeia.pdf (Zugriff am 01.04.2017).

13 Vgl. Ágnes Heller: The Concept of the Political Revisited. In: Dies.: *Can Modernity Survive?* Berkeley: University of California Press 1990, pp. 113–127. (Hellers Antrittsvorlesung auf den Hannah-Arendt-Lehrstuhl an der New School of Social Research).

14 Marchart: *Die politische Differenz.*

15 Jacques Rançière: Gibt es eine politische Philosophie? In: Ders. / Alain Badiou et. al.: *Politik der Wahrheit.* Wien: Turia + Kant 1997, S. 64–93, hier S. 65: „Als politisch kann jene Tätigkeit bezeichnet werden, die einen Körper von dem ihm angewiesenen Ort anderswohin versetzt; die eine Funktion verkehrt; die das sehen läßt, was nicht geschah, um gesehen zu werden; die das als Diskurs hörbar macht, was nur als Lärm vernommen wurde. Politisches ist also die Benennung jener Tätigkeit, von der die Ordnung der auf Stellen, Funktionen und Mächte verteilten Körper durch das Einbringen einer Voraussetzung, die dieser Ordnung vollkommen äußerlich ist, aufgehoben wird: Der Voraussetzung von der Gleichheit eines jeden sprechenden Wesens mit einem jeden anderen sprechenden Wesen."

16 In seiner Antrittsvorlesung 2002 auf den Lehrstuhl für Politische Geschichte am Collège de France sagt Rosanvallon: „Indem ich substantivisch von *dem* Politischen spreche, [...] qualifiziere ich damit sowohl eine Modalität der Existenz des gemeinsamen Lebens als auch eine Form kollektiven Handelns, die sich implizit von der Ausübung *der* Politik unterscheidet. Sich auf das Politische und nicht die Politik zu beziehen, d. h. von Macht und Gesetz, vom Staat und der Nation, von der Gleichheit und der Gerechtigkeit, von der Identität und der Differenz, von der *citoyenneté* und Zivilität, kurzum: heißt von allem sprechen, was ein Gemeinwesen jenseits

Um Genese und gesellschaftstheoretische Funktionalität dieser Differenzierung zu verstehen, müssen auch die schwierigen Linien der Auseinandersetzung in den Blick genommen werden, da sie ein wichtiges Moment des Dreiecksverhältnisses von Politik, Wissenschaft und dem Politischen verdeutlichen, nämlich, und hier argumentiere ich mit Brigitte Bargatzky, dass „Theorien des Politischen zugleich als Ausdruck und Reflexionsform politischer Verhältnisse" gedacht werden müssen.[17] Nach wie vor sind Martin Heidegger und Carl Schmitt prominente Referenzen für diese Differenzierung.[18] Beide stehen als herausragende Protagonisten ihrer Zeit – des aufkommenden und des real existierenden Hitlerfaschismus – für die in vielen Wissenschaftsbereichen bestehenden, aber zu wenig diskutierten Bezüge der eigenen politischen Position, d. h. ihrer öffentlichen Haltung zur zeitgenössischen Politik und ihrer Theoretisierung des Politischen: der Philosoph Heidegger, zum einen, als nationalsozialistischer und antisemitischer Rektor der Universität Freiburg; der bedeutende Staatsrechtler, d. h. Rechtstheoretiker unter Hitler, Carl Schmitt zum anderen. Beider Wissenschaft, die sie als Beruf in einem ns-faschistischen, menschenverachtenden System mit affirmativer Ambivalenz ausgeübt haben, war zutiefst mit den totalitären Verhältnissen ihrer Zeit verschränkt. Die kritische Auseinandersetzung mit Schmitt fand und findet in der BRD auf breiter Ebene statt,[19] während die entsprechende Hinterfragung der Philosophie Heideggers doch recht lange tabu war[20] – Marchart schreibt: gerade aufgrund seiner zentralen Inspirationsfunktion für die französischen strukturalistischen und poststrukturalistischen Meisterdenker[21] – und sie ist es, vor allem in Raumtheorie und Architektur, wo er zu den zentralen Referenzen zählt, noch immer. Die beispielhafte Auseinandersetzung von Bourdieu mit der

unmittelbarer parteilicher Konkurrenz um die Ausübung von Macht, tagtäglichen Regierungshandelns und des gewöhnlichen Lebens der Institutionen konstituiert." (Zit. n. u. übers. v. Marchart: *Die politische Differenz*, S. 13.) Vgl. Pierre Rosanvallon: *Pour une histoire conceptuelle du politique*. Paris: Seuil 2003, S. 14; Video der Vorlesung unter https://www.college-de-france.fr/site/pierre-rosanvallon/inaugural-lecture-2002-03-28.htm (Zugriff am 24.04.2017).

17 Brigitte Bargatzky: *Ambivalenzen des Alltags. Neuorientierungen für eine Theorie des Politischen*. Bielefeld: Transcript 2014.

18 Zu Heidegger vgl. Marchart: *Die politische Differenz*, S. 18–19. Auf Schmitts Differenzierung stützt sich vor allem Mouffe: *Über das Politische*, S. 18–28.

19 Vgl. u. a. Ingo Müller: *Furchtbare Juristen*. München: Kindler 1987.

20 Vgl. die ‚intellektuelle Erschütterung' durch die Publikation (2014!) der sog. *Schwarzen Hefte* von Martin Heidegger; siehe u. a. Thomas Assheuer: Heideggers schwarze Hefte. Das vergiftete Erbe. In: *Zeit online*, 21.03.2014. http://www.zeit.de/2014/12/heidegger-schwarze-hefte-veroeffentlicht (Zugriff am 10.05.2017).

21 Marchart: *Die politische Differenz*, S. 19, spricht von „Linksheideggerianismus" und stützt sich damit auf Dominique Janicaud: *Heidegger en France*. Paris: Albin Michel 2001.

Verschränkung von Werk und Zeitgenossenschaft Heideggers, mit der Komplexität seines von Bourdieu so bezeichneten „scheelen Denkens", ist ein früher Beleg für den unumstößlichen Befund, dass Wissenschaft und Politik – und damit auch Ideologie – nicht voneinander unberührt sein können.[22]
Dem Begriff der Politik begegnen wir in einer unhinterfragten Grundsätzlichkeit mit einer impliziten, etymologisch gewollten Gleichsetzung mit *Staat* (Polis, Gemeinwesen); ihm haftet eine alte Semantik an, mit vielfältigen Ableitungen und Konnotationen. Politik impliziert Hehres, bisweilen auch Heroisches: nichts Geringeres als die *Kunst* der Staatsführung, aber auch ihre *Gewalt*, wie sie nicht nur „Krieg als Fortsetzung der Politik mit anderen Mitteln"[23], sondern auch facettenreich die alltägliche Lebensführung betrifft. Politik als *Gouvernement/Government* ist, so wird kolportiert, von jeher Männersache.[24] Aus einer feministischen und ethnologischen Perspektive, die im Gegensatz zur Philosophie nicht (mehr) universalistisch argumentiert,[25] sondern relativistisch, sind sowohl die Unabdingbarkeit des Staates für das Gemeinwesen als auch die essenzialisierende Zuordnung als ‚Männersache'[26] bestreitbar. Und vielleicht ist es in Anbetracht der eingangs erwähnten Diagnose vom ‚Ende der Politik' längst Zeit für eine – warum nicht feministische – Theorie der Gesellschaft ohne Staat,[27] wie sie die ‚politischen' Anthropologen Marc Abélès, Georges Balandier und der früh verstorbene Pierre Clastres (*Die Gesellschaft gegen den Staat*, 1974) auf den Weg gebracht hatten. Diese bezweifelten aus einer marxistischen Perspektive – vor dem Hintergrund ihrer Forschungen über afrikanische Gesellschaften und über

22 Pierre Bourdieu: Ein scheeles Denken. In: Ders.: *Die politische Ontologie Martin Heideggers* [franz. 1975]. Frankfurt am Main: Suhrkamp 1988, S. 9–15.

23 Vgl. das berühmte Diktum von Carl von Clausewitz: *Vom Kriege. Hinterlassenes Werk des Generals Carl von Clausewitz*, Bd. 1–3, hrsg. v. Marie von Clausewitz. Berlin: Ferdinand Dümmler 1832–1834, online unter http://www.clausewitz.com/readings/VomKriege1832/TOC.htm#TOC (Zugriff am 24.04.2017).

24 Das suggeriert auch die aktuelle Auswahl der Autoren in der Auseinandersetzung mit „politischem Denken", die Ulrich Bröckling und Robert Feustel vorgelegt haben (dies. (Hrsg.): *Das Politische denken. Zeitgenössische Positionen*. Bielefeld: Transcript 2012).

25 Vgl. Christoph Eberhard: Au-delà de l'universalisme et du relativisme. L'horizon d'un pluralisme responsable. In: *Anthropologie et Sociétés* 33,3 (2009): Anthropologie de la morale et de l'éthique, S. 79–100. http://id.erudit.org/iderudit/039682 (Zugriff am 10.05.2017).

26 Vgl. u. a. Elisabeth Tietmeyer: *Gynaegamie im Wandel. Die Agikúyú zwischen Tradition und Anpassung*. Münster / Hamburg: Lit 1991.

27 Vgl. Valentin Schmite: Marc Abélès. Une anthropologie de la lutte contre l'État. In: *Slate*, 15.04.2014. http://www.slate.fr/tribune/85995/marc-abeles-penser-etat (Zugriff am 10.05.2017).

die indianische Bevölkerung Südamerikas – die Annahme der gesellschaftlichen Notwendigkeit eines Staatswesens und bezeichneten sie als ethnozentrisch.[28] *Die* Politik koinzidierte daher in der politischen Anthropologie in Frankreich,[29] die an die ältere englischsprachige Politikanthropologie[30] angeknüpft hatte, keinesfalls mit *dem* Staat, sondern war Auseinandersetzung mit Gesellschaftsstruktur und Macht – auch sogenannter staatenloser Gesellschaften. Was man den Politikwissenschaften und der Philosophie an Ethnozentrismen vorwerfen konnte, musste man allerdings den politischen Ethnologien an Exotismen[31] vorwerfen. *Das* Politische der Ethnologie, das für die poststrukturalistischen kritischen Fachvertreter_innen in Positionierungen gegen Kolonialismen, Kriege, Ausbeutung und Ungerechtigkeit aufscheint,[32] betraf in der älteren politischen Anthropologie allein Form und Symbolik, etwa des Rituellen, sowie, wie Fassin schreibt, deren moralische Ökonomie.[33]

Relational denkende Kulturanalytiker_innen, die gern bei den weißen Flecken auf dem mentalen Globus ansetzen, interessiert angesichts dieser Zentrismen besonders, wie sich gelehrte Frauen zur politischen Differenz äußern – jene Bevölkerungsmehrheit, die in unserer westlichen Zivilisationsgeschichte qua Geschlecht, gleich der Jugend und den Sklaven, ‚epistemisch' den Rechtlosen zugeordnet wurde und nicht nur von den öffentlichen Angelegenheiten der

28 Vgl. Pierre Clastres: *La Société contre l'État. Recherches d'anthropologie politique* [1974]. Paris: Minuit 2011.

29 Vgl. u. a. Georges Balandier: *Anthropologie politique*. Paris: PUF 1967; Marc Augé: *Théorie des pouvoirs et idéologie. Étude de cas en Côte d'Ivoire*. Paris: Hermann 1975; Marc Abélès: *Anthropologie de l'État*. Paris: Colin 1990; Maurice Godelier: *La production des grands hommes. Pouvoir et domination masculine chez les Baruya de Nouvelle-Guinée*. Paris: Fayard 1982.

30 Vgl. u. a. Meyer Fortes / Edward E. Evans-Pritchard: *African Political Systems*. Oxford: Oxford UP 1940; Edmund Leach: *Rethinking Anthropology*. London: Athlone 1961; Max Gluckman: *Order and Rebellion in Tribal Africa*. London / New York: Macmillan 1963.

31 Vgl. Georges Balandier, zit. n. Didier Fassin: La politique des anthropologues. In: *L'Homme* 185–186 (2008), S. 165–186, hier S. 166–167. http://lhomme.revues.org/24144 (Zugriff am 10.04.2017).

32 Vgl. prominent Bernard Hours / Monique Selim: *Anthropologie politique de la globalisation*. Paris: L'Harmattan 2010; Fassin: La politique des anthropologues; Suzanne Chazan-Gillig: Anthropologie politique. Savoirs et pouvoir. In: *Journal des Anthropologues* 92–93 (2003), S. 51–62; Marc Abélès: L'Anthropologie du politique. In: *L'Homme* 26,97 (1986), S. 191–212; ders.: *Le lieu du politique*. Paris: Société d'Ethnographie 1983; Marc Augé: *Pour une anthropologie des mondes contemporains*. Paris: Flammarion 1994.

33 Vgl. Fassin: La politique des anthropologues, S. 169: „C'est donc par un remarquable coup de force intellectuel que les anthropologues font du symbolique et des rites le cœur de leur lecture du politique, en dévoilant ainsi une autre vérité de la politique qu'autorise ce regard initié à ‹ des formes politiques autres ›, analysées ailleurs."

antiken Polis, sondern auch von der *politeia* selbst bis in die späte Moderne hinein ausgeschlossen war. Seither haben sich die Verhältnisse geändert, wenn auch nicht in allem und nicht sehr weitreichend.

Reflexionen über das Politische finden sich prominent im Kontext der Umbrüche und sozialen Bewegungen, in der gesellschaftspolitischen Diskussion nach 1945 und vor 1968. Für die intellektuelle Landschaft Frankreichs in dieser Zeit – und hier auch für die politische Anthropologie – waren etwa die im Widerstand verfassten Schriften der 1943 in London gestorbenen Philosophin Simone Weil von großem Einfluss. In ihrem Traktat über die Abschaffung der politischen Parteien hatte sie vor dem Eindruck des antisemitischen Totalitarismus eine ‚Erklärung der Pflichten gegenüber dem Menschen'[34] formuliert, mit dem sie zugleich ein *Ethos des Politischen* als Verantwortung gegenüber dem Mitmenschen einforderte.

Die Philosophie, älteste und erste Wissenschaft, die dem Begriff des Politischen nachgeht, weil ihr grundlegendes Anliegen „das Nachdenken über die Gemeinschaft", „über ihren Zweck, über ihr Gesetz und über ihre Grundlage" ist,[35] verknüpft diesen Begriff mit einem Ethos, dem sich wertfreie Geisteswissenschaftler_innen zunächst versagen müssen. Der „Sinn von Politik ist Freiheit", formuliert Hannah Arendt nicht ohne Pathos,[36] als ein großes Allgemeines, im amerikanischen Exil zu einer Zeit und in einem Land, das sich zur ideologischen Selbstlegitimierung als neue Weltmacht auf Demokratie und Freiheit stützte. *Wir* als Kultur- und Sozialwissenschaftler_innen müssen demgegenüber Historizität und Ungleichheit im Zusammenhang mit den je zeitgenössischen Politikverständnissen konstatieren und *re*-situieren. Denn Ethos und Geisteswissenschaft funktionieren nicht, ohne einander verbunden zu sein.

Sowohl die Politik als auch das Politische betreffen für Arendt das Gemeinwohl, die „Sphäre des Sozialen"[37], das Handeln *für* die Anderen und *mit* den Anderen. „Politik", so schreibt sie 1950, beruhe „auf der Tatsache der Pluralität der Menschen"; sie entstehe aus „dem Zusammen- und Miteinander-Sein des

34 Simone Weil: *Note sur la suppression générale des partis politiques* [1940]. Paris: L'Herne 2014, S. 6; dies.: Écrits de New York et de Londres (1943). In: Dies.: *Œuvres complètes*, Bd. 5. hrsg. v. Robert Cevanier / Patrice Rolland / Marie-Noëlle Chenavier-Jullien. Paris: Gallimard 2013, S. 93–377; Roberto Esposito: *The Origin of the Political. Hannah Arendt or Simone Weil?* [ital. 1996]. New York: Fordham UP 2017.

35 Rançière: *Das Unvernehmen*, S. 7.

36 Hannah Arendt: *Was ist Politik? Fragmente aus dem Nachlaß* [1993], hrsg. v. Ursula Ludz. München / Zürich: Piper 2010, S. 35.

37 Vgl. Ulrich Bröckling / Robert Feustel: Das Politische denken. In: Dies. (Hrsg.): *Das Politische denken*, S. 7–18, hier S. 9.

Abb. 1: „Politik entsteht zwischen den Menschen." (Hannah Arendt)

Verschiedenen",[38] folglich dem Handeln und der Kommunikation. Der Schnappschuss auf unserem Tagungsplakat (Abb. 1), der zwei Frauen im Alltagsgespräch zeigt, nimmt hierauf Bezug und situiert die Aussage visuell in der Alltagswelt. Wenn es stimmt, dass das Politische zwischen den Menschen[39] und auch zwischen den Zeilen des Alltagslebens entsteht, dann heißt dies auch: „Es gibt nichts außer dem Politischen".[40]

Der Unterschied zwischen *der* Politik als Regierungshandeln einerseits, also den „Praktiken der Politik"[41], die eine Ordnung herstellen oder gewährleisten und in einem Machtfeld agieren, und *dem* Politischen anderseits, einer fundamentalen gesellschaftlichen Dimension,[42] der grundsätzlich nicht harmonischen,

38 Arendt: *Was ist Politik?*, S. 9.

39 Vgl. ebd., S. 11. – Zur Unterstreichung der visualisierten Alltagssituation gebe ich wiederum Rançière zu bedenken: „Gibt es einen Namen und einen Schauplatz, die der Gleichheit eigen sind? Ist die Gleichheit nicht vielmehr der Name einer nichtpolitischen Bedingung des Politischen? Genau darum ging es historisch im Emanzipationsbegriff. Emanzipation, das ist Gleichheit in actu, die Gleichheitslogik sprechender Wesen, die auf das durch Ungleichheit geprägte Gebiet der Distribution von Körpern in der Gemeinschaft einwirkt." (Ders.: Gibt es eine politische Philosophie?, S. 69.)

40 Aristoteles spricht von der grundsätzlich politischen Natur des Menschen (vgl. Rançière: *Das Unvernehmen*, S. 14).

41 Mouffe: *Über das Politische*, S. 15.

42 Marchart: *Die politische Differenz*, S. 9.

sondern konfliktuellen „Art und Weise [...], in der die Gesellschaft eingerichtet ist"[43], lässt sich mit Nicos Poulantzas[44] auch als Verhältnis zwischen Struktur und Handlung definieren. Eine solche Unterscheidung öffnet den Blick für die Diskrepanzen in der ideologischen und wissenschaftlichen Gewichtung beider Dimensionen in ihrer Bedeutung für ein Gemeinwesen.

Die Kulturwissenschaftlerin und Phänomenologin Iris Därmann kritisiert in diesem Sinne eine (ich möchte hinzufügen: männlich geprägte) politische Philosophie, die die Unterscheidung von Politik und Politischem allein auf Staat, Recht und Natur bezieht. Diese vernachlässige damit die eigentlichen „Figuren des Politischen", wie Därmann sie bezeichnet: all jene Handlungen, die Sozialität „hervorbringen, vergegenwärtigen und unterhalten",[45] bzw. jenes Zusammen- und Miteinander-Sein, das Hannah Arendt als Grundlage des Politischen definiert hatte und das Antonio Gramsci zufolge, wie Ove Sutter in diesem Band aufzeigt,[46] der ethischen Rahmung eines Common Sense unterliegt. Därmann geht es um die Rehabilitierung der „kulturellen Praktiken, Ereignisse und Inszenierungen der Stiftung und Unterhaltung von Sozialität"[47]. In diesem kulturellen Handlungsraum erfahre sich der/die Einzelne als entweder zugehörig oder als außenstehend. Kulturelle Alltagspraktiken sind soziale Orte, an denen *Communitas* und *Differenz*, *Gemeinschaftlichkeit* und *Andersheit* stattfinden und ausgehandelt werden; an diesen sozialen Orten kann „die Zugehörigkeit zu einer Gemeinschaft selbst strittig werden"[48]. Sie kommt zu dem Schluss, dass die europäische Philosophie, indem sie den Alltag der Menschen empirisch außer Acht lässt, „das Politische an die Politik verraten" habe.[49] Wir schließen daraus, dass ein zentrales Kriterium des *Politischen* in Unterscheidung von *der Politik* in seinem unmittelbaren Bezug zum ‚gemeinen Leben' und

43 Mouffe: *Über das Politische*, S. 15.

44 Nach 1945 zählte Nicos Poulantzas zu den Ersten, die – hier Karl Marx und Antonio Gramsci folgend – begrifflich dezidiert das Politische und die Politik unterschieden haben, allerdings in einer anderen Konzeptualisierung als Arendt und die ihr folgende politische Philosophie, nämlich *die* Politik als Klassenkampf und *das* Politische als legislativ-politische Struktur eines Staates (vgl. Nicos Poulantzas: *Pouvoir politique et classes sociales I*. Paris: Maspero 1968, S. 32–53).

45 Vgl. Iris Därmann: *Figuren des Politischen* [2009]. Frankfurt am Main: Suhrkamp 2011, S. 9.

46 Vgl. Ove Sutter: Lokale Formierungen des Alltagsverstands in der ‚Willkommenskultur' in diesem Band, S. 165.

47 Därmann: *Figuren des Politischen*, S. 23.

48 Ebd., S. 9.

49 Ebd.

kollektiven Handeln als individueller Existenz- und gesellschaftlicher Lebensweise besteht. Dies betrifft grundsätzlich das *Alltagsleben* als genuin von der ‚Volkskunde' reklamiertem Fachgegenstand.[50]

Politische Dimensionen einer ‚Volkskunde'

Politische Dimensionen des Faches betreffen erstens seine Genese im Spannungsfeld von wissenschaftlichen und nationalstaatlichen hegemonialen Interessen, zweitens die Fachgegenstände und drittens die Beziehungen zwischen Fach und Gesellschaft, die politischen Dimensionen seiner Involvierung in gesellschaftliche Kontexte. Diese drei Aspekte sind dergestalt ineinander verwoben, dass sie sich nicht vereinzelt und isoliert beschreiben lassen. Auf den ersten Aspekt, die politischen Dimensionen der Entstehung des Faches, lässt sich über die vielzitierte Aussage des Schweizer Volkskundlers Richard Weiss rekurrieren, der kurz nach Ende des Zweiten Weltkrieges schrieb: „Volkskundliches Interesse und volkskundliche Forschung erwuchs immer aus Kulturkrisen."[51] In der Zeit der Fachgründung im 19. Jahrhundert treffen wir auf eine von der Industriemoderne, den sozialen Bewegungen und neuen Gesellschaftsmodellen verunsicherte Gesellschaft. Aus ihr geht die ‚Volkskunde' als *Remedium* hervor, als eine modernitätsskeptische, palliative Kulturwissenschaft, die sich als Hüterin ländlicher Überlieferungen und Traditionen formiert und die sich mit ihren Gegenstandsbereichen dezidiert von jenen klassischen Kulturwissenschaften abhebt, die den Aufstieg des Bürgertums sekundieren: bildende Kunst, Literatur und Musik, Archäologie und Architektur. Diese neue ‚Volkskunde' bezog sich kaum auf das – soeben niedergeschlagene – aufrührerische ‚Volk' der 1830er- und 1840er-Revolutionen, sondern suchte, so Friedemann Schmoll, den idealisierten und pazifizierten „Raum historischer Erfahrungen [...] zur Bewältigung von Gegenwart und Zukunft" zu revitalisieren; sie „witterte in der Vergangenheit Rezepturen zur Gesundung einer krisengeschüttelten und zukunftsskeptischen Gesellschaft".[52] Dieses Ethos lässt sich positiv als „funktionelle Leistung des Faches"[53] denken; aber man kann es auch kritisch deuten, als reaktionäre

50 Vgl. grundlegend Ina-Maria Greverus: *Kultur und Alltagswelt. Eine Einführung in Fragen der Kulturanthropologie*. München: Beck 1978.

51 Richard Weiss: *Volkskunde der Schweiz*. Zürich: Rentsch 1946, S. 53.

52 Friedemann Schmoll: Prognose oder Suggestion? Die Zukunft, die Volkskunde und die Geisteswissenschaften. In: Hartmut Heller (Hrsg.): *Kulturethologie zwischen Analyse und Prognose*. Berlin: Lit 2008, S. 73–83, hier S. 73.

53 Ebd.

Gebärde des zutiefst verunsicherten Bürgertums, das sich über einen harmonisierenden Gründungsmythos eine eigene Kulturgeschichte bastelt, um seinen historisch jungen Anspruch als hegemoniale Gesellschaftsschicht zu legitimieren. Soziale Bewegungen, städtische ‚Unterschichten', die ‚Kehrseiten' der Kultur, die den marxistischen Begriff ‚Volkskultur' „als einer in vielerlei Hinsicht unterdrückten, verdrängten und beschädigten Dimension historischer Erfahrung" hervorbrachten,[54] blieben in den ersten aktiven Jahrzehnten im toten Winkel des volkskundlichen Blicks. Der französische Anthropologe Michel de Certeau, der sich gemeinsam mit den Historikern Jacques Revel und Dominique Julia mit Entstehung und Geschichte des Folklorismus in Frankreich befasst hatte, bezeichnet die Vorliebe dieser Disziplin für das Verschwundene als Reiz einer „Schönheit des Toten"[55]. Die Unterdrückung und Ausbeutung der ‚Unterschichten', so die radikale Position dieser Autoren, finde ihre Entsprechung in der *interpretativen Gewalt* der Folkloristen, die die politischen Dimensionen der ‚Volkskultur' ausradiere.[56] Die Beschwörung des Verschwundenen, die Ästhetisierung des Verschwindenden und der naive Realismus der Volkskunde insgesamt stellen sich aus heutiger Perspektive als ein Politikum dar. Sie werden zum hegemonial genutzten Stoff der Politik aufbereitet und einem Government über die ‚breiten Massen' dienstbar. Politiker, Aktivisten und Funktionäre des in den 1920er Jahren aufkommenden Faschismus setzen diesen Stoff als ideologisches Garn ein, als kittende Substanz des Eigenen – mit, wie wir heute wissen, mörderischen Folgen. Indem sie sich in Deutschland und Österreich als „Nationalsozialisten" bezeichnen, rekurrieren sie auf ein politisches Projekt, das das ganze ‚Volk' sozial inkludiert und nach außen hin verteidigt. Mit der Erforschung von Trachten und Bauformen, Liedgut und Erzählungen, Sachgütern und Gesinnungen – so harmlos unpolitisch, banal alltagskulturell und geringfügig in ihrer Reichweite diese Stoffe, ihre Erhebungen, Bearbeitungen und Ausstellungen auch sein mochten oder ihre volkskundlichen Bearbeiter_innen sich selbst verstehen wollten – wurden wirksame Genealogien eines höherwertig besseren, hellhäutigen, nicht fremdbeeinflussten mythischen Eigenen konstruiert. Zwei bis

54 Libuše Volbrachtova: Über Volkskultur, Politik und Identität. In: Utz Jeggle / Wolfgang Kaschuba / Gottfried Korff / Martin Scharfe et al. (Hrsg.): *Tübinger Beiträge zur Volkskultur.* Tübingen: Tübinger Vereinigung für Volkskunde 1986, S. 87–108, hier S. 93, in Anlehnung an Norbert Schindler: Spuren in die Geschichte der ‚anderen' Zivilisation. In: Ders. / Richard van Dülmen (Hrsg.): *Volkskultur. Zur Wiederentdeckung des vergessenen Alltags (16.–20. Jahrhundert).* Frankfurt am Main: Fischer 1984, S. 28–30.

55 Michel de Certeau / Jacques Revel / Dominique Julia: La beauté du mort. In: Michel de Certeau: *La culture au pluriel* [1974], hrsg. v. Luce Girard. Paris: Bourgois 1987, S. 45–72.

56 Ebd., S. 67–68.

drei Generationen an Fachvertreter_innen in den Institutionen der Volkskunde sind mit den bunten Fäden der Volkskultur und ihren Verwirkungen bis über Kriegsende und ,Zusammenbruch' hinaus in höchst ambivalenter Weise verstrickt. Weiter- und Wiederbetätigungen nach 1945 wurden längst nicht an allen Orten aktiv gebrochen. Über die nachhaltigen und diskursiv verharmlosten personellen, institutionellen und thematischen Kontinuitäten in den Nachkriegsjahrzehnten wird auch heute noch oder wieder – auch quer durch *Wikipedia* und neuere Sammelbände hindurch – geschwiegen, nachdem immerhin die einschneidenden Gesellschaftstransformationen und Unruhen im Gefolge von 1968 für einige Zeit einen deutlichen Bruch der Selbstverständnisse erzeugt hatten.
Pietät und Verpflichtung gegenüber den akademischen Vätern und Müttern, den regionalen Museumspionier_innen und die Entlastung durch die Aufarbeitung einiger weniger Fachkolleg_innen ließen Scham und Schuld – ,Einmal muss doch Schluss sein!' – zu einer Gemengelage geraten, die in höchst erstaunlicher Weise sowohl ein Gedenken an die Opfer des Faschismus im eigenen Fach zu verhindern scheint als auch an jene des Widerstands durch Studierende, Forscher_innen, Mitarbeitende in Institutionen und Professoren aus den eigenen Reihen; nicht zu reden von der ausgebliebenden Würdigung der frühen nicht-völkischen Ansätze im Fach.
Nach 1968 war aus einem dezidiert sozialwissenschaftlichen Selbstverständnis der Facherneuerung heraus ein neues Commitment entstanden, das der Zeitgeist der Marburger[57] und der Frankfurter Schule in Dieter Kramers Feder einfließen ließ und seinen Überlegungen zum „Nutzen und Nachteil der Volkskunde" zugeführt hatte.[58] Die zeitgenössische Erkenntnis, dass es keine unpolitische Wissenschaft geben kann,[59] wurde zum Impuls, die Disziplin und ihren Namen als „Teil kritischer, die Gesellschaft humanisierender Sozialwissenschaften"[60] neu zu formatieren – als eine „emanzipatorische Wissenschaft"[61], die zu einer „Folgen bedenkende[n] kritische[n] Rationalität" und einer die Gesellschaft

57 Vgl. die Rezension von Oliver Römer zu Lothar Peter: *Die „Marburger Schule". Geschichte, Probleme, Akteure.* Köln: Papyrossa 2014. https://soziopolis.de/lesen/buecher/artikel/l-peter-marx-an-die-uni/ (Zugriff am 12.05.2017).

58 Vgl. Dieter Kramer: Wem nutzt Volkskunde? Vom Nutzen und Nachteil der Volkskunde. In: *Zeitschrift für Volkskunde* 1 (1970), S. 1–16.

59 Vgl. Marchart: *Die politische Differenz*, S. 124, siehe hierzu auch Kramer: Wem nutzt Volkskunde?, S. 5.

60 Ebd., S. 7.

61 Ebd., S. 10.

verändernden humanitären Praxis beiträgt.[62] Das neue Ethos des Faches attribuierte dezidiert die unumgängliche reflexive gesellschaftliche Verantwortung;[63] es galt, Strukturen und Manipulationsprozesse „zu enthüllen und aufzuheben, die eine Einschränkung der Freiheit der Entfaltung bedeuten“[64].

Auch wenn diese Fragen, die etwa für das Marburger Institut für Europäische Ethnologie unter der Leitung von Ingeborg Weber-Kellermann, für das Frankfurter Institut für Kulturanthropologie unter der Leitung von Ina-Maria Greverus und für das Tübinger Institut für Empirische Kulturwissenschaft unter der Leitung von Hermann Bausinger richtungsweisend waren, nicht allerorten in gleicher Intensität und Gewichtigkeit debattiert wurden, öffnete sich das Fach in der Folge neuen Feldern. Kaum eines von ihnen lässt sich als unpolitisch bezeichnen. Der Kanon der volkskulturellen Sparten von Wörtern und Sachen: von Wohnen, Handwerken, Kleidung, Nahrung, Festen, Bräuchen und Liedern wurde von den einen in die technisierte Moderne[65] und von anderen in die marxistisch-strukturalistische Kulturgeschichte der ‚Unterschichten‘[66] überführt. In der Fachliteratur, den Abschlussarbeiten und Museen hielt die kritische Sozialgeschichte Einzug,[67] eine „Heimatkunde des Nationalsozialismus“[68], ebenso die Arbeiterkulturforschung[69], Frauen- und Geschlechterforschung[70],

62 Marchart: *Die politische Differenz*, S. 4.

63 Ebd., S. 4, 1.

64 Ebd., S. 6, 11.

65 Vgl. Hermann Bausinger: *Volkskultur in der technischen Welt*. Stuttgart: Kohlhammer 1961.

66 Vgl. Ingeborg Weber-Kellermann / Andreas C. Bimmer: *Einführung in die Volkskunde/ Europäische Ethnologie*. Tübingen: Metzler 1969.

67 Vgl. u. a. Ingeborg Weber-Kellermann: *Die deutsche Familie. Versuch einer Sozialgeschichte*. Frankfurt am Main: Suhrkamp 1974; Sigrid Jacobeit / Wolfgang Jacobeit: *Illustrierte Alltagsgeschichte des deutschen Volkes*. 2 Bde. Köln: Pahl-Rugenstein 1986; Wolfgang Kaschuba / Carola Lipp: *Dörfliches Überleben. Zur Geschichte materieller und sozialer Reproduktion ländlicher Gesellschaft im 19. und frühen 20. Jahrhundert*. Tübingen: Verein für Volkskunde 1982; Helmut Paul Fielhauer: *Volkskunde als demokratische Kulturgeschichtsschreibung. Ausgewählte Aufsätze aus zwei Jahrzehnten*, hrsg. v. Olaf Bockhorn / Reinhard Johler / Gertraud Liesenfeld. Wien: Institut für Volkskunde der Universität Wien 1987.

68 Utz Jeggle (Hrsg.): *Nationalsozialismus im Landkreis Tübingen. Eine Heimatkunde*. Tübingen: Tübinger Vereinigung für Volkskunde 1989.

69 Vgl. u. a. Peter Assion (Hrsg.): *Transformationen der Arbeiterkultur*. Marburg: Jonas 1986.

70 Vgl. die Tagungsbände der Kommission Frauenforschung in der dgv (u. a. Anita Bagus / Anne Blohm / Regine Bredehöft / Elke Eidam et al. (Hrsg.): *Rund um die Uhr. Frauenalltag in Stadt und Land zwischen Erwerbsarbeit, Erwerbslosigkeit und Hausarbeit*. Marburg: Jonas 1988).

Medienforschung[71], kritische Fachgeschichte[72], frühe Ansätze der demokratisierten Kulturvermittlung[73] u. a. m. In ihnen ging es um die Aufarbeitung der Moderne, die sich nach 1989 zunehmend gesellschaftskritisch mit den Problemfeldern der späten Moderne befasste. Es ging fortan um kritische Kulturanalysen in neu etablierten Feldern, die den Gesellschaftswandel aufgreifen: Es ging und geht heute – bei den Schülerinnen und Schülern der oben genannten Pionier_innen – um Europäisierungsprozesse und Grenzthematik, um komplexe Zugänge zu einer kritischen Stadtforschung, um Wissenschafts- und Technikforschung (STS), kritische Migrationsforschung, die *Anthropology of Policy* als Kulturanthropologie der politischen Felder und Programme, um Gender- und Queer-Studies, Gouvernementalitäts- und Sicherheitsforschung, die *Human Animal Studies*, um nur einige aktuelle Felder zu benennen.

Das Politische in der zuvor identifizierten Bedeutung ist im Fach demnach nicht nur in je zeittypischer Ausprägung und zunehmender Differenzierung präsent, sondern hatte sich in durchaus ambivalenter Weise geradezu als Impuls seiner Entstehung und Herausbildung erwiesen: zunächst das Politische im Ausgang des 19. Jahrhunderts als befriedendes Wissen und Antwort auf säkulare Krisensituationen, sodann die politische Opportunität ‚völkischen Wissens' und ihre zentrale Funktion in der akademischen Institutionalisierung der 1930er Jahre, und schließlich – scheinbar kontradiktisch zu den vorherigen Impulsarten – das Politische als Movens der sozialwissenschaftlichen Wende im Fach und Ausgang einer Entwicklung, durch die heute reflexiv und sensibel auf gesellschaftliche Krisen reagiert werden kann. Wolfgang Kaschuba bescheinigt der ehemaligen ‚Volkskunde' eine alte Anwendungsorientierung ihres Denkens und Wissens, einen „praxeologischen", sogar „intervenierenden" Zugang,[74]

71 Vgl. u. a. Hans-Dieter Erlinger / Hans-Friedrich Foltin (Hrsg.): *Unterhaltung, Werbung, Zielgruppenprogramme*. München: Fink 1994. Die zentrale Bedeutung der medienwissenschaftlichen Forschung und Lehre von Hans-Friedrich Foltin für die Marburger Schule harrt noch der Aufarbeitung.

72 Vgl. u. a. Helge Gerndt (Hrsg.): *Volkskunde und Nationalsozialismus*. München: Münchener Vereinigung für Volkskunde 1987; Wolfgang Jacobeit / Hannjost Lixfeld / Olaf Bockhorn (Hrsg.): *Völkische Wissenschaft. Gestalten und Tendenzen der deutschen und der österreichischen Volkskunde in der ersten Hälfte des 20. Jahrhundert*. Wien / Köln / Weimar: Böhlau 1994.

73 Vgl. u. a. die Museen in Waldenbuch und Schramberg, das Hamburger Museum der Arbeit, das Neuenburger Ethnographiemuseum.

74 Wolfgang Kaschuba: Reflexion und Intervention. Zum Ethos volkskundlich-ethnologischer Forschung. In: Karl Braun / Claus-Marco Dieterich / Christian Schönholz (Hrsg.): *Umbruchszeiten. Epistemologie und Methodologie in Selbstreflexion*. Marburg: Jonas 2012, S. 101–120, hier S. 103.

der freilich in den unterschiedlichsten Schattierungen aufzeigbar ist. Er reicht vom Postulat einer volkskundlichen Grundlagenforschung zu Händen der konservativ-nationalistischen Sozialpolitik im aufkommenden Nationalstaat des 19. Jahrhunderts, formuliert durch den ,Fachvater' und Nationalökonomen Wilhelm Heinrich Riehl,[75] über die Veruntreuung der Forschungen im „Nationalsozialismus", als sich die Volkskunde maßgeblich an der Grundlagenforschung im Dienst der ideologischen Fundamente des NS-Staates beteiligt hatte[76], bis hin zu einer das Fach erneuernden sozialwissenschaftlichen Problemorientierung im Gefolge von 1968 und – in der Gegenwart einer allseits infiltrierten Ökonomisierung des Sozialen und Kulturellen – den Grazer Impulsen zur Formulierung einer „eingreifenden Wissenschaft"[77].

Diese reale Existenz des Faches in der Gegenwart leitet über zur Frage seiner Milieus in Wissenschaft und Politik, deren Grenzen immer wieder neu zur Verhandlung stehen. Welche Verknüpfungen zwischen Fach und Politik, Wissenschaft und Politik, zwischen Scholarship und Commitment,[78] tun sich aus einer heutigen Perspektive auf? Die genannten historischen Momente fordern zweifelsohne das Ethos der unpolitischen, ,wertfreien' Geisteswissenschaft[79] heraus, das

75 Vgl. Wilhelm Heinrich Riehl: Die Wissenschaft vom Volke als das Urkundenbuch der socialen Politik. In: Ders.: *Die Naturgeschichte des Volkes als Grundlage einer deutschen Social-Politik*, Bd. 2: Die bürgerliche Gesellschaft. Stuttgart: Cotta 1866, S. 20–41; siehe hierzu auch Herbert Freudenthal: *Die Wissenschaftstheorie der deutschen Volkskunde*. Hannover: Niedersächsischer Heimatbund 1955.

76 Vgl. hierzu in diesem Band auch den Beitrag von Ingo Schneider: Kultur als Argument und Mythos, S. 247.

77 Vgl. Elisabeth Katschnig-Fasch (Hrsg.): *Das ganz alltägliche Elend. Begegnungen im Schatten des Neoliberalismus*. Wien: Löcker 2003; Laila Huber: De-Collage // Re-Collage // wo steckt der Funke Poesie? Gedanken zu einer eingreifenden Kulturanthropologie. In: Tobias Schweiger / Jens Wietschorke (Hrsg.): *Standortbestimmungen. Beiträge zur Fachdebatte in der Europäischen Ethnologie*. Wien 2008, S. 25–40; Judith Laister: Für eine Anthropologie des Austauschens und Einmischens. In: Johannes Moser (Hrsg.): *Wissenschaft als Leidenschaft. Gedenkschrift für Elisabeth Katschnig-Fasch*. München: Herbert Utz 2014, S. 165–174; Gerlinde Malli: Akademische Grenzgebiete. Gedanken über eine transgressive Wissenschaftspraxis. In: Ebd., S. 87–96; Johanna Rolshoven: Auseinandersetzung mit dringenden Gegenwartsfragen. Eine Hommage an Elisabeth Katschnig-Fasch. In: Dies. / Manfred Omahna (Hrsg.): *Ver-Arbeiten. Aufsätze und Skizzen zu gesellschaftlichen Umbrüchen in städtischen und ländlichen Räumen*. Marburg: Jonas 2014, S. 7–10.

78 Pierre Bourdieu: Pour un savoir engagé. (Un texte inédit de Pierre Bourdieu.) In: *Le Monde Diplomatique*, 02/2002. https://www.monde-diplomatique.fr/2002/02/BOURDIEU/8602 (Zugriff am 10.05.2017); siehe auch Jean-Loup Amselle: *L'Anthropologue et le Politique*. Paris: Lignes 2012.

79 Vgl. hierzu die modernen ,Gründungsmanifeste' der Geisteswissenschaften: Wilhelm Dilthey: *Der Aufbau der geschichtlichen Welt in den Geisteswissenschaften* [1910], hrsg. v. Manfred Riedel. Frankfurt am Main: Suhrkamp 1970; Max Weber: Der Sinn der „Wertfreiheit"

in der deutschsprachigen Wissenschaftslandschaft intensiv im sogenannten Positivismusstreit der 1960er Jahre neu verhandelt wurde[80] und das sich seinerseits in Abhängigkeit von der jeweiligen Regierungsform als höchst politisch entpuppt hatte. Das Postulat der Wertfreiheit gebietet der Wissenschaft, objektiv und neutral zu bleiben. Diese Auffassung von Wissenschaftlichkeit gründet, so Theo De Boer, in naturwissenschaftlichen und philosophischen Traditionen, die die Vernunft (*logos*, *ratio*) und rationales Wissen (*ēpistemē*, *scientia*) als das Verhältnis des Besonderen zum Allgemeinen – des Veränderlichen zum Universalen – betrachten.[81] Die Geisteswissenschaften haben dieses Verständnis immer wieder, besonders aber in Krisenzeiten, zu ihrer Selbstlegitimierung imitiert.

Angesichts der Herausforderungen, die das postkonstruktivistische 21. Jahrhundert an uns stellt, fragt sich zu Recht, ob eine solche kontemplative Auffassung von Wissenschaft Bestand haben kann. Anders gefragt: Ist ein Ethos *denkbar*, eine wissenschaftliche ‚Vernunft' *vorstellbar*, die gerade den subjektiven Standpunkt, den „Alltagsverstand"[82], wissenschaftlich tragfähig machen und dabei, als Ethos „interesseloser Erkenntnis"[83], den Gefahren von Vorurteil und Partikularismus, von ideologischer Verblendung und schleichender Instrumentalisierung entgehen kann?[84] Sind auch hoch differenzierte, einer kritischen Semiologie oder sogar Ethnopsychoanalyse verpflichtete Analysen vor den Gefahren des Apolitischen gefeit, etwa, wenn sie der politischen Zeitgenossenschaft des Betrachtungsgegenstandes ihren differenzierten analytischen Blick versagen und der subjektivierte Blick ideologische Rahmungen verstellt?

der soziologischen und ökonomischen Wissenschaften [1917]. In: Ders.: *Gesammelte Aufsätze zur Wissenschaftslehre* [1922]. Tübingen: Mohr 1988, S. 489–540.

80 Vgl. Theodor W. Adorno / Ralf Dahrendorf / Harald Pilot / Hans Albert et al.: *Der Positivismusstreit in der deutschen Soziologie* [1969]. Darmstadt: Luchterhand 1978; Herbert Keuth: *Wissenschaft und Werturteil. Zu Werturteilsdiskussion und Positivismusstreit*. Tübingen: Mohr 1989.

81 Vgl. Theo de Boer: Desire, Distance, and Insight. In: Mieke Bal (Hrsg.): *The Practise of Cultural Analysis. Exposing Interdisciplinary Interpretation*. Stanford: Stanford UP 1999, S. 268–286, hier S. 271.

82 Ove Sutter: Alltagsverstand. Zu einem hegemonietheoretischen Verständnis alltäglicher Sichtweisen und Deutungen. In: *Österreichische Zeitschrift für Volkskunde* 119,1–2 (2016), S. 41–70.

83 Jacques Bouveresse: Pierre Bourdieu. Wissenschaftler und Politik. In: Pierre Bourdieu: *Deutsch-französische Perspektiven*, hrsg. v. Cathérine Colliot Thélène / Etienne François / Gunter Gebauer. Frankfurt am Main: Suhrkamp 2005, S. 299–329, hier S. 323.

84 De Boer: Desire, Distance, and Insight, S. 272.

Was steht auf dem Spiel? In vielen Belangen ist das Fach gefällig geblieben, wenn nicht sogar wieder geworden. ‚Gefällig' kann bei näherer Betrachtung nicht ‚harmlos' bedeuten. De Certeau spricht von einer „aggressiven Bescheidenheit der Folkloristen“[85], Martin Scharfe geißelt ihre „Andacht zum Unbedeutenden“ und die selbst auferlegte „Bagatellprovinzialität“[86] der detaillierten Aufmerksamkeit für regionalisierte Veranstaltungen und Kleiderordnungen, für Weihnachtsmärkte, Liedgut, Gamsbart- und Dirndl-Konjunktur, die den Stachel der Kultur nicht spüren mochten, ihn verdrängen. Die Heimatmuseen, die zur Beruhigung in unruhigen Zeiten ihre politisch gewünschte Rolle als Bastionen des Eigenen spielen, – unberührt von allem ‚Fremden' in der Geschichte, von Transformation, Trauma und Trug – erzählen in einer Art „fuite dans la pureté“[87] nach wie vor oder erneut die Geschichte: ‚So möchten wir gerne gewesen sein.' Die Sprengkraft, die nach Scharfe in der „Beschreibung des Normalen“ liegt,[88] beunruhigt die solcherart schlafenden Fachzweige nicht. Ihr Harmoniebedürfnis freilich ist keineswegs das Werk nur individueller Versäumnisse, sondern dasjenige politischer Interessen, gesellschaftlicher Zustände und Großwetterlagen. Und diese dürften – auch das lehrt die Fachgeschichte – nicht länger der Gegenstandsbetrachtung außen vor bleiben. Vor zwanzig Jahren hatte Kaschuba, wie viele Jahre zuvor grundsätzlich Ina-Maria Greverus,[89] aufgezeigt, dass eine Kulturanalyse des Alltagslebens ihr Ziel verfehlt, wenn sie die Tatsache der Gesellschaft außer Betracht lässt.[90]
Die Grazer Kulturanthropologin Elisabeth Katschnig-Fasch hat in ihren letzten Jahren die eine, aller Alltagskulturforschung vorangehende Frage zunehmend eindringlicher gestellt: „In welcher Gesellschaft leben wir?“[91] Die Gesellschaftsanalyse in der Betrachtung kultureller Artikulationen zu ignorieren,

85 De Certeau: *La culture au pluriel*, S. 60.

86 Vgl. Martin Scharfe: Bagatellen [1985]. In: Ders.: *Signaturen der Kultur. Studien zum Alltag und zu seiner Erforschung*. Marburg: Jonas 2011, S. 35–57.

87 Bourdieu: Pour un savoir engagé.

88 Martin Scharfe: Schlangenhaut am Wege [1997]. In: Ders.: *Signaturen der Kultur*, S. 185–189.

89 Vgl. Ina-Maria Greverus: *Neues Zeitalter oder verkehrte Welt. Anthropologie als Kritik*. Darmstadt: WBG 1990.

90 Wolfgang Kaschuba: Kulturalismus. Kultur statt Gesellschaft? In: *Geschichte und Gesellschaft* 21,1 (1995), S. 80–95; ders.: Kulturalismus. Vom Verschwinden des Sozialen im gesellschaftlichen Diskurs. In: Ders. (Hrsg.): *Kulturen – Identitäten – Diskurse. Perspektiven Europäischer Ethnologie*. Berlin: Akademie 1995, S. 11–30.

91 Elisabeth Katschnig-Fasch: In welcher Gesellschaft leben wir? http://www.vol.at/2006/12/Katschnig-Fasch.pdf (Zugriff am 10.02.2017).

hat sich in der Vergangenheit als unverantwortlich erwiesen und ist es heute noch. „Eine Ethnologie", so Balandier, welche die gegenwärtige Situation ihrer Untersuchungsgegenstände ignoriert, pfeift auf die Welt, in der sie existiert."[92] Wir leben in einer Gesellschaft, die Wissenschaft, selbst kritische Wissenschaft, einer Verwertungslogik unterstellt. Eine Verwertungslogik, die etwa alltägliche Praktiken als „Kulturerbe" stilllegt und jener de Certeau'schen „Schönheit des Toten" erliegt, ist eine Strategie der Entpolitisierung und betrifft den an der Bezeichnung „Volkskunde" klebenden Stoff und seine ideologischen Biegsamkeiten in besonderer Weise.

Wie haben wir uns zu diesem historischen und weiterhin gepflegten Fachnamen zu verhalten, welcher Auftrag, welche Dimensionen des Politischen scheinen vor dem diskutierten Hintergrund perspektivisch auf? In welchem Verhältnis zueinander stehen die Episteme einer Disziplin, die aufgrund ihrer qua Zeitgenossenschaft stets gegebenen Gesellschaftlichkeit ständiger kritischer Observation bedürfen, ihr thematischer Fokus und das Selbstverständnis als Geisteswissenschaft, die – aus öffentlichen Mitteln bestritten – den Auftrag hat, zur „Lösung gesellschaftlicher Probleme"[93] beizutragen?

Die Empirische Kulturwissenschaft des 21. Jahrhunderts hat die ‚Volkskunde' längst abgelöst. Ihr Anliegen – so Friedemann Schmoll – ist es, „die Ausbildung kritischen Bewusstseins, Deutung in Autonomie, den Horizont des Verstehens und der Verständigung" zu fördern.[94] Sie will damit zu einer politischen Subjektwerdung aller Bevölkerungsteile beitragen, nicht nur, in anhaltender, bisweilen autoethnographischer Selbstbespieglung, der Akteure und Akteurinnen einer nach wie vor mehrheitlich gut bestallten bürgerlichen Wissenschaft. Das Fach 2.1 legt seinen kulturanalytischen Fokus auf Ambivalenzen und Paradoxien und sollte – hören wir auf Beate Binder – ein „Ort produktiver Unruhestiftung"[95] bleiben, der in einem konstruktiven Spannungsverhältnis zwischen „Gesellschafts- bzw. Wissenschaftskritik und wissenschaftliche(r) Reflexion"

92 Georges Balandier im Interview mit Gérard Dupuy: Le net explorateur. In: *Libération*, 07.04.2001. http://www.liberation.fr/portrait/2001/04/07/le-net-explorateur_360691 (Zugriff am 10.05.2017).

93 Peter Fischer-Appelt / Johannes Berger: Kreuznacher Hochschulkonzept. Reformziele der Bundesassistentenkonferenz (Schriften der BAK 1), 2. Aufl. Bonn 1968. In: Peter Fischer-Appelt: *Die Universität als Kunstwerk. Beiträge aus sechs Jahrzehnten*. Hamburg: Reimer 2012, S. 11–40.

94 Schmoll: Prognose oder Suggestion?, S. 4.

95 Vgl. Beate Binder mit Bezug auf den Feminismus in dies.: Feminismus als Denk- und Handlungsraum, S. 41.

liegt.[96] „Der wissenschaftliche Beruf", schreibt die Philosophin Jeanne Herrsch, „enthebt niemanden seiner moralischen Verantwortung als Mensch [...]."[97] Nur ein häretischer Diskurs vermag es, die Produktion eines Ordnung bejahenden Common Sense aufzubrechen.[98] Besinnen wir uns daher auf ein Ethos wider die „Gedankenlosigkeit"[99], um diesen Schlüsselbegriff Hannah Arendts aufzunehmen, den sie aus ihrer Auseinandersetzung mit dem Eichmann-Prozess herausgefiltert hatte, und beginnen wir endlich – die politischen Verhältnisse der Gegenwart legen es nahe – die Grundlagen einer „Anthropologie d'Urgence"[100] ernst zu nehmen, zu der Marc Augé aufgerufen hatte: zu einer Kulturwissenschaft, die, wenn demokratische und humanistische Interventionen wieder nötig werden,[101] in der Lage ist, sich mit dem Notfall zu befassen, ohne zu warten, bis der Notfall Geschichte geworden ist.

96 Binder: Feminismus als Denk- und Handlungsraum, S. 41.

97 Jeanne Hersch: *Die Hoffnung, Mensch zu sein* [1976]. Zürich: Benziger 1991, S. 120.

98 Vgl. Pierre Bourdieu: Beschreiben und Vorschreiben. Die Bedingungen der Möglichkeit politischer Wirkung und ihre Grenzen. In: Ders.: *Politik. Schriften zur politischen Ökonomie 2*, hrsg. v. Franz Schultheis / Stephan Egger. Frankfurt am Main: Suhrkamp 2013, S. 11–22, hier S. 13.

99 Vgl. Hannah Arendt: *Eichmann in Jerusalem. Ein Bericht von der Banalität des Bösen* [engl. 1964]. München, Zürich: Piper 1996, S. 57.

100 Augé: *Pour une anthropologie des mondes contemporains*, S. 130.

101 Vgl. der in diesem Band nach Simone Egger (ebd., S. 357) zitierte Yanis Varoufakis: „Critical engagement is a form of praxis. But there comes a time when, to retain its relevance, critical thinking must transform itself into direct political action."

Klaus Schönberger

Zur Spezifik des Politischen in der Empirischen Kulturwissenschaft

Der Titel dieses Bandes, *Dimensionen des Politischen*, weist auf die Möglichkeit verschiedener Kontexte hin, in denen das Politische aufgesucht und angetroffen werden kann. Aber was ist nun das Politische? Und in welcher Weise ist die akademische Disziplin, die de facto als *Post-Volkskunde* bezeichnet werden kann, selbst politisch oder in politische Angelegenheiten verwickelt?

Ist mit dem ‚Politischen' politisches Engagement – etwa in Form von Erklärungen, Wahlempfehlungen oder gar Politikberatung gemeint? Oder geht es um spezifische politische Themen, um eine „Anthropologie politischer Felder"[1]? Inwiefern konstituiert sich *das* Politische durch Inhalte und inwiefern lässt sich von einer Spezifik des Politischen in der post-volkskundlichen Kulturwissenschaft überhaupt sprechen? Wenn ich die ‚politikwissenschaftliche Trias' der Dimensionen von Politik aus politischen Inhalten (*policy*), politischen Strukturen (*polity*) und politischen Prozessen (*politics*) zur Orientierung heranziehe,[2] wäre der Fokus in unserem Fach überwiegend auf der Ebene der Politics anzusiedeln, wo es um das konkrete Handgemenge der Artikulation, der Aushandlung und der Praktiken von Politik geht, obwohl es durchaus Berührungspunkte zum Aspekt der Polity gibt.

Zugleich wird häufig auf die Unterscheidung zwischen Politik und dem Politischen verwiesen. In der Begrifflichkeit von Chantal Mouffe wäre die Ebene

1 Jens Adam / Asta Vonderau: Formationen des Politischen. Überlegungen zu einer Anthropologie politischer Felder. In: Dies. (Hrsg.): *Formationen des Politischen. Überlegungen zu einer Anthropologie politischer Felder*. Bielefeld: Transcript 2014, S. 7–32.

2 *Lexikon der Politikwissenschaft. Theorien, Methoden, Begriffe*, Bd. 2, hrsg. v. Dieter Nohlen / Rainer-Olaf Schultze. München: Beck 2000, S. 666, 668, 748.

der Politics die ontologische Ebene, das heißt „die Art und Weise [...], in der die Gesellschaft eingerichtet ist"; davon unterscheidet sie die „ontische Ebene", bei der es „um die vielfältigen Praktiken der Politik im konventionellen Sinne" geht.[3] „Konventionell" meint hier das, was oben als Polity und Policy bezeichnet wurde. Zur Bestimmung der Verfasstheit des Politischen arbeitet Mouffe mit den Begriffen Agonismus und Antagonismus. Der Begriff des sozialen Antagonismus in der hegemonietheoretischen Lesart von Ernesto Laclau folgt der Marx'schen Grundintuition vom „sozialen Konflikt- und Kampfcharakter der modernen Gesellschaft"[4]. Laclau betont die „offene [...], unabgeschlossene Auseinandersetzung und eine ‚Fundierung' der Gesellschaftsordnung, die nur temporär und instabil stillgelegt werden kann [...]"[5]. Analog zu dieser Konzeption des Konflikts schlägt Mouffe vor, den sozialen Antagonismus und das Ringen um Hegemonie in eine agonistische Perspektive zu übersetzen. Gemeint ist damit nicht die Auflösung der konfrontativen *Wir-Sie*-Unterscheidung durch einen Konsens. Gemeint ist vielmehr, diese Unterscheidung in einer Weise zu konstruieren, die bei der demokratischen Konfrontation in der Schaffung eines *Wir* auch das *Sie* mitdenkt.

Diese Vorstellungen von Antagonismus, Hegemonie und Agonismus legen eine Spur, die ich im Folgenden aufnehmen möchte. Was diese agonistische Perspektive für das Fach bedeuten könnte, werde ich am Ende dieses Beitrags noch einmal diskutieren. Zunächst werde ich zwei Dimensionen des Politischen im Fach in den Blick nehmen. Die erste bezieht sich auf die Verwendungsweise volkskundlichen Wissens zum Zwecke des Regierens der Bevölkerung. Die zweite zielt auf die stattgefundene völkische Kontaminierung des Faches in der ersten Hälfte des 20. Jahrhunderts. Anschließend werde ich die Auseinandersetzung um diese zweite Dimension diskutieren, nämlich die völkische Kontaminierung und den mit dem Jahr 1968 verbundenen radikalen Kurswechsel, der von Zeitgenoss*innen als Politisierung verstanden wurde. Außerdem soll anhand der Debatte um Ent-Ideologisierung und Re-Ideologisierung eine dritte Dimension des Politischen rekonstruiert werden, nämlich die Dimension der Parteilichkeit, die häufig

3 Chantal Mouffe: *Über das Politische. Wider die kosmopolitische Illusion*. Frankfurt am Main: Suhrkamp 2007, S. 15.

4 Andreas Reckwitz: Ernesto Laclau: Diskurse, Hegemonien, Antagonismen. In: Stephan Moebius / Dirk Quadflieg (Hrsg.): *Kultur. Theorien der Gegenwart*. Wiesbaden: VS 2006, S. 339–349, hier S. 340.

5 Ebd.

als Sozialromantik oder als „Links-Volkskunde"[6] missverstanden wurde. Schließlich möchte ich auf eine vierte Dimension des Politischen zu sprechen kommen – die bis heute zentral ist: die Dimension des Alltags als Forschungsperspektive. Denn in dieser Bestimmung des Themenfeldes liegt meines Erachtens das Spezifische des Politischen in der post-volkskundlichen Kulturwissenschaft.

Herrschaftswissen und völkische Kontamination

Das Politische in der Volkskunde zu reklamieren ist im Grunde genommen tautologisch. Der Begriff des ‚Volkes' selbst ist ein politischer Begriff. Insofern stand etwas Politisches schon bei der Begründung dieser akademischen Disziplin Pate.[7] Die Fachgeschichte ist eine Geschichte politischer Implikationen und Instrumentalisierungen, bei der insbesondere auf den Begriff des Volkes rekurriert wird. Als 1847 der Wiener Schriftsteller Eduard Duller den Band *Das deutsche Volk in seinen Mundarten, Sitten, Gebräuchen, Festen und Trachten* veröffentlichte, galt so ein Werk über die Gesamtheit ‚Deutschlands' angesichts seiner Zersplitterung in 36 Kleinstaaten als ein Politikum.[8] Bekanntermaßen war im Vormärz die Berufung auf die Nation und das Volk vor dem Hintergrund pseudo-feudaler Kleinstaaterei etwas Revolutionäres. Mit diesen Begriffen rangen die Parteigänger der bürgerlichen Gesellschaft um politischen Einfluss. Das Bürgertum rief die Idee des Volkes und der Demokratie gegen seinen Ausschluss aus dem feudalen Machtsystem an. Dies ist ein erster Hinweis auf das, was das Politische ganz allgemein sein könnte. Politisch in einem allgemeinen Sinn ist insbesondere, wenn eine Gruppe oder ein Kollektiv Sichtbarkeit und Teilhabe am ökonomischen, sozialen und politischen System reklamiert. Wenn das Fach über die Erweiterung des Kulturbegriffs diese Ausschlüsse und die damit verbundenen Kämpfe aufgreift und untersucht, dann behandelt es eine zentrale Dimension des Politischen.

6 Götz Bachmann: Der Belegschaftskultur-Ansatz und die Links-Volkskunde. Ein Blick zurück nach vorn. In: Irene Götz / Andreas Wittel (Hrsg.): *Arbeitskulturen im Umbruch. Zur Ethnographie von Arbeit und Organisation*. Münster: Waxmann 2000, S. 35–52.

7 Konrad Köstlin sieht im Nachdenken über die Fachgeschichte weniger eine Verständigung über das Vergangene. Vielmehr betone dieses Nachdenken den Bezug zur Gegenwart. Hieran anschließend geht es im Folgenden um eine Erzählung, „die an unsere Gegenwart heranführt" (Konrad Köstlin: Volkskunde vor und zwischen den Weltkriegen, Anmerkungen zur Internationalität des Fachs. In: Reinhold Johler / Max Matter / Sabine Zinn-Thomas (Hrsg.): *Mobilitäten. Europa in Bewegung als Herausforderung kulturanalytischer Forschung*. Münster: Waxmann 2011, S. 317–325, hier S. 324).

8 Hermann Bausinger: *Volkskunde. Von der Altertumsforschung zur Kulturanalyse* [1971]. Berlin: Habel 1979, S. 52–61.

Für Wilhelm Heinrich Riehl war Mitte des 19. Jahrhunderts die demokratische Teilhabe subalterner Schichten und Klassen kein Anliegen. Hermann Bausinger betont Riehls Ambivalenz in dieser Frage. Er verweist auf dessen Tendenz, das volkskundlich-ethnographische Wissen im Sinne eines Herrschaftswissens zur Befriedung der Bevölkerung zu instrumentalisieren.[9] In diesem Sinn besteht eine sehr frühe politische Dimension in der Volkskunde Riehls im Willen zum Herrschaftswissen. Auf diese Weise wird das Fach zu einem Teil des ideologischen Staatapparates im Sinne von Louis Althusser.[10] Das ethnographische Wissen sollte nicht dazu dienen, das Volk als Souverän einer Demokratie zu adressieren, sondern es zu regieren und im Sinne der bestehenden Machtverhältnisse zu domestizieren. In ähnlicher Weise argumentiert Christian Marchetti in Bezug auf die Wiener Volkskundler im Ersten Weltkrieg. So reklamierte etwa Arthur Haberlandt „gleich nach Kriegsbeginn den Anspruch einer eigenen volkskundlich-wissenschaftlichen Teilhabe an den im Krieg erwarteten Grenzverschiebungen“[11]:

> Schon bei der Erforschung Bosniens und der Herzegowina folgte die ethnographische Erkundung der militärischen Eroberung dicht auf und begleitete die fortschreitende koloniale Erschließung. Im Weltkrieg bewegten sich die Forscher nicht nur durch ein Forschungsfeld, dessen Zugänge und Abgrenzungen von der Besatzung selbst geschaffen und bestimmt waren, sie waren dabei selbst Teil einer mobilen Kriegsmaschine und wirkten aktiv an der kulturellen Durchdringung mit.[12]

Von einer solchen Dimension des Politischen, die ich durchaus im Anklang an die militärische Logik als *gouvernementale Mobilisierung* mittels des Fachs charakterisieren möchte, wäre eine zweite Dimension des Politischen als *identitäre Mobilisierung* zu unterscheiden. Letztere ist eng verbunden mit einer

9 „Der höchste Triumph der inneren Verwaltungskunst würde darin bestehen, jeden polizeilichen Akt [gemeint ist jeder Verwaltungs-Akt] so sicher der Natur des Volkes anzupassen, dass es auch bei den lästigsten Dingen glaubte, die Polizei habe doch eigentlich nur ihm aus der Seele heraus verfügt und gehandelt.“ (Zit. n. Bausinger: *Volkskunde*, S. 57.)

10 Louis Althusser: Ideologie und Ideologische Staatsapparate. In: Ders.: *Ideologie und ideologische Staatsapparate. Aufsätze zur marxistischen Theorie* [1970]. Hamburg / Berlin (West): VSA 1977, S. 108–153.

11 Christian Marchetti: *Balkanexpedition. Die Kriegserfahrung der österreichischen Volkskunde. Eine historisch-ethnographische Erkundung.* Tübingen: Tübinger Vereinigung für Volkskunde 2013, S. 408.

12 Christian Marchetti: Mobilisierung und Disziplinierung: Volkskunde auf Balkanexpedition im 1. Weltkrieg. In: Johler / Matter / Zinn-Thomas (Hrsg.): *Mobilitäten*, S. 418–424, hier S. 424.

institutionellen Mobilisierung, die ich im Folgendem aber nicht als eigene Dimension fassen werde, weil sie auf das Feld der Polity übergreift. Ein Ausdruck der identitären Mobilisierung ist die Häufung von Gründungen universitärer Volkskunde-Institute in den 1920er und 1930er Jahren in Österreich und Deutschland, die wiederum eher auf der Ebene der Polity anzusiedeln wäre. Als Beispiel hierfür kann Tirol gelten.[13] In dieser Zeit wurden Süd- und Nordtirol als ‚deutscher Grenzraum' angesehen. Tirol geriet aufgrund seiner Vergangenheit und verstärkt nach den Ereignissen des Ersten Weltkrieges und der Annexion Südtirols durch Italien in das Blickfeld der Volkstümler. In der „Grenzlanduniversität" Innsbruck wurde 1923 das Institut für geschichtliche Siedlungs- und Heimatkunde der Alpenländer eingerichtet.[14] Johannes Verhovsek zufolge „erhielt die deutschtumorientierte Landes- und Volksgeschichtsschreibung" auf diese Weise „ihre universitäre Institutionalisierung".[15] Am Beispiel der Universität Innsbruck zeigt Reinhard Johler, wie die Volkskunde in Form einer „tirolischen Volkskunde",

> von Beginn an vor allem zwei gesellschaftspolitische Aufgabenbereiche übernahm, nämlich in Tirol und Vorarlberg ein ethnisch fundiertes Landesbewusstsein zu stärken und eine wissenschaftlich fundierte deutsche Sprach- und „Volkstums"-Politik im italienisch besiedelten südlichen Teil des Landes zu unterstützen.[16]

Das Institut für geschichtliche Siedlungs- und Heimatkunde der Alpenländer sollte den „Volkstumskampf" um die „Einheit Tirol" und die „Deutschheit Südtirols" unterstützen.[17] Die vermeintlich wissenschaftlichen Argumente wurden hierfür regelrecht ‚in Stellung' gebracht. Laut Johler ging es dabei insbesondere darum, „italienisch-irredentistische Ansprüche [...] von Grund auf mit wissenschaftlichen Mitteln" zu bekämpfen.[18] Dieser Einsatz der Volkskunde und des

13 Vgl. hierzu auch den Beitrag von Ingo Schneider in diesem Band (S. 247–260).

14 Reinhard Johler: Geschichte und Landeskunde. Innsbruck. In: Wolfgang Jacobeit / Hannjost Lixfeld / Olaf Bockhorn (Hrsg.): *Völkische Wissenschaft. Gestalten und Tendenzen der deutschen und österreichischen Volkskunde in der ersten Hälfte des 20. Jahrhunderts.* Köln / Weimar / Wien: Böhlau 1994, S. 449–462, hier S. 453.

15 Johann Verhovsek: „Theoriendynamik" in der österreichischen Volkskunde. Theorienlosigkeit als Eigenart? In: Olaf Bockhorn / Helmut Eberhart / Dorothea Jo. Peter (Hrsg.): *Volkskunde in Österreich. Bausteine zu Geschichte, Methoden und Themenfeldern einer Ethnologia Austriaca.* Innsbruck: Österreichischer Fachverband für Volkskunde 2011, S. 75–126, hier S. 91.

16 Reinhard Johler: Innsbruck. Zur Entstehung von Volkskunde an der Sprachgrenze. In: Jacobeit / Lixfeld / Bockhorn (Hrsg.): *Völkische Wissenschaft*, 407–415, hier S. 408–409.

17 Johler: Geschichte und Landeskunde, S. 451–452.

18 Ebd.

Volksbegriffs ist aber nur die Vorgeschichte jener identitären Mobilisierung, die schließlich in den völkischen Exzessen der Nazis mündete.[19]

In Österreich waren tatsächliche und drohende Gebietsverluste zentrale Katalysatoren für die völkische Kontaminierung. Hierbei wurde sowohl im Verlauf als auch nach dem sogenannten Abwehrkampf für die Kärntner ‚Einheit' gegen das benachbarte jugoslawische Königreich (der Serben, Kroaten und Slowenen; kurz SHS-Staat) die völkische und bisweilen auch deutschnationale Karte gezogen. Es sei nur an die unrühmliche Germanisierungspolitik bereits vor dem Nazi-Faschismus erinnert.[20] Der Begriff des Volkstums bekam hierüber die Funktion eines ideologischen ‚Molotow-Cocktails'. Er wirkte wie ein Brandbeschleuniger und vergiftete das Klima einer multiethnischen Gesellschaft. Er diente in Kärnten dem Ausschluss, der Verfolgung und Deportation der slowenischsprachigen Minderheit im Nazi-Faschismus und bewirkte *à la longue* das Zurückdrängen der slowenischen Sprache in Südkärnten bis heute.[21]

Die politische Instrumentalisierung der Volkskunde seitens des Nazi-Faschismus kann als bekannt gelten und soll hier nicht im Einzelnen aufgefächert werden. Dennoch soll jenes politische Engagement in den Universitäten festgehalten werden, für das die Namen der Volkskundler Gustav Bebermayer und Eugen Fehrle

19 Die Herausbildung der Volkskunde als völkischer Ideologie ist von Wolfgang Emmerich bereits Anfang der 1970er Jahre hinreichend beschrieben worden, ebenso die mögliche Alternative einer „völkisch nicht beschränkten Volkskunde". Bernd Jürgen Warneken, der seit 1999 insistiert, dass es in der Gründungsphase vor fast 120 Jahren gleichermaßen eine „damals einflußreiche, nicht-völkische, nicht-nationalistische Fachprogrammatik" gegeben habe (Wolfgang Emmerich: *Zur Kritik der Volkstumsideologie.* Frankfurt am Main: Suhrkamp 1971; Bernd Jürgen Warneken: „Völkisch nicht beschränkte Volkskunde". Eine Erinnerung an die Gründungsphase des Fachs vor 100 Jahren. In: *Zeitschrift für Volkskunde* 95 (1999), S. 169–196, hier S. 169; ders.: Der zähe Mythos von der Nationalborniertheit der frühen Volkskunde (1890–1914). In: Johler / Matter / Zinn-Thomas (Hrsg.): *Mobilitäten*, S. 310–316). Demgegenüber verweist Konrad Köstlin darauf, dass es in der österreichischen Volkskunde durchaus eine völkische Tendenz gegeben habe, in Richtung Norden zu träumen. Er formuliert die Frage an Warneken, wieso „die hoffnungsvollen Ansätze sich nicht durchgesetzt haben und wann und warum die ‚gute' Geschichte gekippt ist?" (Konrad Köstlin: Volkskunde vor und zwischen den Weltkriegen. In: Ebd., S. 317–325.) Hierzu wäre anzumerken, dass es schon einen Unterschied macht, ob die Entwicklung alternativlos gewesen ist oder, wie Warnekens Insistieren deutlich macht, nicht.

20 Judith Goetz: „Macht mir dieses Land wieder deutsch!" Nationalsozialistische Verfolgung und die Deportationen der Kärntner SlowenInnen. In: AK gegen den Kärntner Konsens (Hrsg.): *Friede, Freude, Deutscher Eintopf. Rechte Mythen, NS-Verharmlosung und antifaschistischer Protest*. Wien: Mandelbaum 2011, S. 206–220.

21 AK gegen den Kärntner Konsens: „Wo man mit Blut die Grenze schrieb ..." Geschichten, Mythen, Traditionen. Zur Inszenierung „Deutschkärntens". In: Ebd., S. 58–76.

stehen.[22] Die Rolle dieser Volkskundler im Prozess der ‚Gleichschaltung' kann als die ‚am meisten reaktionäre' Variante eines politischen Aktivismus in der Volkskunde beschrieben werden.

Abschied vom Volksleben oder ‚ideologisch sind immer die Anderen'

Der berühmte *Abschied vom Volksleben*[23] war die logische Folge der kritischen Aufarbeitung des völkischen und nazi-faschistischen Gedankenguts der Fachgeschichte. Helge Gerndt bezeichnete 1988 „diese Parole" beziehungsweise den so betitelten Sammelband als ein Buch, das „die Ideologiekritik, die Gegenstandskritik und die Forderung nach sozialwissenschaftlicher Orientierung vertieft und diese Aspekte durch methodenkritische, allgemein erkenntniskritische und speziell gesellschaftskritische Ausführungen" ergänzt habe.[24] Insbesondere die Forderung nach sozialwissenschaftlicher Orientierung, wie sie etwa Roland Narr in *Abschied vom Volksleben* gefordert hat, habe „schärfsten Widerspruch"[25] provoziert. Die Ideologiekritik wurde als Re-Ideologisierung zurückgewiesen. Die damit eng verbundene Umbenennungs-Diskussion fand im Fahrwasser der antiautoritären Revolte und des Aufbruchs von 1968 statt. Dies musste zwangsläufig politische Friktionen hervorrufen. Nach 1968 passierte im Fach etwas, das in der Geschichte dessen, was jeweils in positiver wie negativer Weise als das Politische angesehen wird, symptomatisch ist: Bisher im realen historischen Prozess marginalisierte ökonomische und soziale Lagen und damit verbundene kulturelle Artikulationen wurden zum favorisierten Untersuchungsgegenstand. Eine solche Erweiterung des Fokus wurde in der Regel von den Vertreter*innen der bisherigen Volkskunde als ideologisch oder als politisch zurückgewiesen.[26] Das zentrale politische Moment in dieser Entwicklung würde ich daher nicht

22 Im Zuge der Gleichschaltung der Universitäten wurden in Deutschland erstmals Lehrstühle für Volkskunde geschaffen, etwa in Tübingen 1933 und in Heidelberg 1934 (Sabine Besenfelder: *Staatsnotwendige Wissenschaft. Die Tübinger Volkskunde in den 1930er und 1940er Jahren*. Tübingen: Tübinger Vereinigung für Volkskunde: 2001, S. 134; Peter Assion: „Was Mythos unseres Volkes ist." Zum Werden und Wirken des NS-Volkskundlers Eugen Fehrle. In: *Zeitschrift für Volkskunde* 81 (1985), S. 220–244, hier S. 229).

23 Klaus Geiger / Utz Jeggle (Red.): *Abschied vom Volksleben*. Tübingen: Tübinger Vereinigung für Volkskunde 1970.

24 Helge Gerndt: Einleitung. In: Ders. (Hrsg.): *Fach und Begriff ‚Volkskunde' in der Diskussion*. Darmstadt: WBG 1988, S. 1–24, hier S. 13–14.

25 Ebd.

26 Gerhard Heilfurth bezeichnete solche Artikulationen 1962 als „subwissenschaftlich" und wollte in seiner Bewertung dieselben „stillschweigend" übergehen – „so interessant diese in ihrer Masse geradezu erdrückende subwissenschaftliche Literatur für die öffentliche Meinung über

nur in der Kritik der zentralen Begriffe der Volkskunde sehen, sondern damit verbunden und ganz wesentlich in der Erweiterung des inhaltlichen (und auch methodischen) Fokus des Faches. Diese Erweiterung bezog sich insbesondere auf die Berücksichtigung der Sichtweisen und Erfahrungen subalterner Akteur*innen. Sie eröffnete eine antagonistische Perspektive hinsichtlich der gesellschaftlichen Teilhabe und der demokratischen Repräsentation marginalisierter sozialer Akteur*innen und Gruppen. Hierzu kann gezählt werden: die Hinwendung zur Arbeiter*innenkultur und zur Massenkultur als „Abschied vom Volksleben"[27] oder der Blick auf die Lebensformen von Sinti und Roma und auf die jüdische Geschichte. Infolge der Rezeption der Cultural Studies richtete sich der Blick verstärkt auf unterschiedliche Jugendszenen und es entstand ein veränderter Kanon etwa in Bezug auf den Mediengebrauch oder die Frage nach Aneignung, Kreativität oder Widerständigkeit. Vielleicht am wichtigsten war die Ausweitung auf Genderthemen. Hier sah sich das Fach zugleich mit massiven fachpolitischen Interventionen der feministischen Frauenbewegung konfrontiert. Und *last but not least* werden spätestens seit den 1990er Jahren die Perspektive der Migration und die Berücksichtigung der post-kolonialen Situation nicht nur gefordert, sondern auch untersucht. Diese Erweiterung war verbunden mit einer Hinwendung zur sogenannten Akteur*innenperspektive. Dies hatte auch Auswirkungen auf die Methodendiskussion und auf die Aushandlung der Subjekt-Objekt-Positionen. Manfred Seifert spricht hier vom Übergang von einer weitgehend objektorientierten zu einer subjektorientierten Forschung.[28]

Im Fach wurden nach 1968 Themen und Fragestellungen prominent, die in den anderen Sozial- und Kulturwissenschaften zu dieser Zeit nur am Rande von Bedeutung waren. Im Zusammenspiel mit dem Aufkommen der sozialen Bewegungen wurde diese Erweiterung über die bäuerliche oder Handwerker-Bevölkerung hinaus von den bisher hegemonialen Akteur*innen als politisch

das Fach auch ist" (Gerhart Heilfurth: Volkskunde jenseits der Ideologien. Zum Problemstand des Faches im Blickfeld empirischer Forschung, In: *Hessische Blätter für Volkskunde* 53 (1962), S. 9–28, hier S. 19).

27 Moritz Ege: Tübingen/Birmingham: Empirische Kulturwissenschaft und Cultural Studies in den 1970er Jahren. In: *Historische Anthropologie* 22,2 (2014), S. 149–181, hier S. 150, 162.

28 Manfred Seifert: Personen im Fokus. Zur Subjektorientierung in der Europäischen Ethnologie. In: *Zeitschrift für Volkskunde* 1 (2015), S. 5–30, hier S. 12: „Methodisch-konzeptionelle Differenzierungen einer Subjektorientierung sind nicht nur von typologischem Interesse. Vielmehr drücken sie auch aus, welche Haltung eine Fachperspektive gegenüber den handelnden und kommunizierenden Subjekten einnimmt, deren kulturelle Äußerungen und alltagsweltliche Konfigurationen in Strukturen und Prozessen sie als ihren Forschungsgegenstand identifiziert." (Ebd., S. 25.)

motiviert zurückgewiesen. Diese Verknüpfung war insofern zutreffend, als sich hier eine herrschaftskritische Parteilichkeit herausbildete, die die Sichtbarmachung und Aufwertung der Kultur und Lebensweise der aus dem demokratischen Prozess weitgehend oder teilweise ausgeschlossenen Bevölkerungsgruppen anstrebte. Der Bezug auf die ‚Kultur der kleinen Leute' ist geblieben und wurde – das ist wichtig – auf andere subalterne Gruppen beziehungsweise Minoritäten ausgeweitet. Die Ausweitung trug zur Sichtbarmachung antagonistischer sozialer Konflikte bei. Daran lässt sich die Hypothese anschließen, dass genau diese Verschiebung des Blickwinkels ein Spezifikum des Politischen im Fach darstellt. Zwar waren die ‚kleinen Leute' schon bei Riehl Gegenstand der Forschung, aber eben nicht als Souverän, sondern als Fantasma eines gesunden Volkskörpers.[29] Es lässt sich auch so formulieren, dass die Ausweitung nicht die Untersuchungsgruppe der Subalternen geändert hat, aber hierüber eine veränderte theoretische und methodologische Situierung erfolgt ist.

Darüber hinaus geht mit dieser Veränderung des Forschungsgegenstandes auch ein verändertes Erkenntnisinteresse einher. Die Beschäftigung mit der Kultur und Lebensweise der ‚kleinen Leute' erfolgte im Zuge einer generellen Kritik an der hegemonialen bürgerlichen Kultur. Insofern macht es Sinn, nochmals auf die eingangs erwähnten Überlegungen von Chantal Mouffe und Ernesto Laclau über das Politische zurückzukommen. Mouffe versteht das Politische im Unterschied zu Hannah Arendt weniger als den Ort der Freiheit und der öffentlichen Diskussion. Vielmehr ist für sie das Politische vor allem ein Ort von Macht, Konflikt und sozialem Antagonismus.[30] Sie geht im Gegensatz zu philosophischen Vertretern des Liberalismus von der Untilgbarkeit eines sozialen und politischen Antagonismus in der Gesellschaft aus und konstatiert bei denselben eine Blindheit „für das Politische in seiner antagonistischen Dimension"[31]. Das Politische artikuliert sich bei Laclau und Mouffe außerdem über einen zweiten Begriff, den der Hegemonie. Mit ihm werden die möglichen Artikulationsweisen des sozialen Antagonismus analysiert. Die post-volkskundliche Kulturwissenschaft artikulierte in der thematischen Erweiterung implizit eine Kritik an der hegemonialen bürgerlichen Kultur.

29 Belege hierfür finden sich vor allem in Wilhelm Heinrich Riehl: *Die Naturgeschichte des Volkes als Grundlage einer deutschen Socialpolitik*, Bd. 1. Stuttgart: Cotta 1857.

30 Mouffe: *Über das Politische*, S. 16.

31 Ebd., S. 29.

Ideologisierung, Sozialromantik versus Parteilichkeit

Damit gerät die dritte Dimension des Politischen im Fach in den Blick, die eng mit dem Erkenntnisinteresse verknüpft ist, die Parteilichkeit. Die Fokusverschiebung beispielsweise hin zur Arbeiter*innenkultur wurde verschiedentlich als ‚sozialromantisch' kritisiert. Erinnert sei nur an die Debatte um die Alltagsgeschichte in den 1980er Jahren. Der Vorwurf der Sozialromantik lässt sich einerseits mit dem Verweis auf den fortbestehenden sozialen Antagonismus als ideologische Konstruktion kritisieren. Darüber hinaus wäre kritisch zu hinterfragen, ob es diese sozialromantische Identifikation tatsächlich gegeben hat? Denn der Zusammenhang zwischen dem Perspektivwechsel im Fach und den neuen sozialen Bewegungen gründete weniger in Identifikation mit der Arbeiter*innenklasse, sondern vielmehr, im Gegenteil, in der Abwendung von ihr als revolutionärem Subjekt, die zu diesem Zeitpunkt in der Neuen Linken angerufen worden war, um die Gesellschaft insgesamt zu befreien. In Bezug auf den Nazi-Faschismus wurde über Eigensinn, Widerstand und Resistenz kontrovers diskutiert,[32] der dörfliche Sozialverband als „Not- und Terrorzusammenhang"[33] wurde nicht unterschlagen und auch die antisemitischen Ambivalenzen in der 1848er Revolution ergaben wenig Identifikationsmöglichkeiten.[34]

Die Debatten in der Post-Volkskunde zielten im Gegenteil eher darauf, neue politische Perspektiven zu entwickeln. Das war nötig, da die Arbeiter*innenklasse als revolutionäres Subjekt aus verschiedenen Gründen nicht mehr angerufen werden konnte. Das Verdienst der Arbeiter*innenkulturforschung bestand immerhin darin, die Widersprüche und Brüche innerhalb der Arbeiter*innenkultur selbst zu thematisieren und die eigensinnigen Momente im Alltag zu fokussieren.[35] Auf diese Weise trug diese Forschung zur Entwicklung einer Sprache, aber auch einer Theorie bei, welche die Entwicklung der neuen sozialen Bewegungen

32 Wolfgang Kaschuba: Mythos oder Eigensinn? „Volkskultur" zwischen Volkskunde und Sozialgeschichte. In: Utz Jeggle / Gottfried Korff / Martin Scharfe / Bernd Jürgen Warneken (Hrsg): *Volkskultur in der Moderne. Probleme und Perspektiven empirischer Kulturforschung.* Reinbek: Rowohlt 1986, S. 496–507.

33 Utz Jeggle / Albert Ilien: Die Dorfgemeinschaft als Not- und Terrorzusammenhang. Ein Beitrag zur Sozialgeschichte des Dorfes und zur Sozialpsychologie seiner Bewohner. In: Hans-Georg Wehling (Hrsg.): *Dorfpolitik. Fachwissenschaftliche Analysen und didaktische Hilfen.* Opladen: Leske + Budrich 1978, S. 38–53.

34 Bernd Jürgen Warneken: *Die Ethnographie popularer Kulturen. Eine Einführung.* Köln / Weimar / Wien: Böhlau / utb 2006, S. 246.

35 Klaus Schönberger: *Arbeitersportbewegung in Dorf und Kleinstadt. Zur Arbeiterbewegungskultur im Oberamt Marbach 1900–1933.* Tübingen: Tübinger Vereinigung für Volkskunde 1995.

flankierte. Ein Übriges bewirkte die feministische Frauenbewegung, die mit der Parole „Das Persönliche ist politisch“ darauf hinwies, dass die Widersprüche vielfältiger sind, als es die Vorstellungen vom revolutionären Subjekt Proletariat impliziert hatten.[36]

Bernd Jürgen Warneken weist in seiner resümierenden Zusammenfassung zur Arbeiter*innenkulturforschung so auch explizit darauf hin, in welch' skeptischer und (selbst-)kritischer Weise bereits in der damaligen Zeit im Fach mit dem Problem der Sozialromantik umgegangen wurde.[37] Es ging in den 1970er und 1980er Jahren nicht darum, etwas Vergangenes und Untergegangenes zu romantisieren. Mit dem Rückenwind der sozialen Bewegungen interessierte vielmehr die Frage nach der Möglichkeit von Hegemonie, die anhand der Arbeiter*innenkultur studiert werden sollte; insbesondere hinsichtlich der damals virulenten Fragen nach Gegenöffentlichkeit, Geschichtspolitik und wie sich alternative Ideen über die ‚Natur‘ – ich folge hier der Begriffswahl von Raymond Williams – sozialer Beziehungen im Ringen um Hegemonie stärken ließen.[38] Wenn nun der oben beschriebene Perspektivwechsel als „romantische Rehabilitation der Kultur von Unterschichten“[39] re-interpretiert wird, dann hat es den Anschein, dass das, was damals zum einen als Offenlegung des Erkenntnisinteresses und zum anderen als Parteilichkeit verstanden wurde, mit einer kritiklosen Identifikation verwechselt wird.

Dass das Politische nicht im Modus der Parteilichkeit aufgeht, ist im Fach mittlerweile hinlänglich bekannt. Nicht zuletzt deshalb, weil die Analyseinstrumente und die Begriffe komplexer geworden sind. Hier seien nur die Stichworte Intersektionalität oder Dominanzkultur genannt. Die Dimension des Politischen in Form von partikularer Parteilichkeit für spezifische Gruppen oder Akteur*innen

36 Davon zeugt zum Beispiel das Kapitel „Genossinnen und Gehilfinnen – Wo waren die Frauen?“ im inzwischen wiederaufgelegten Tübinger Mössingen-Buch aus dem Jahr 1986 (Hans-Joachim Althaus / Friedrich Bross / Gertrud Döffinger et al.: *Da ist nirgends nichts gewesen außer hier. Das rote Mössingen im Generalstreik gegen Hitler. Geschichte eines schwäbischen Arbeiterdorfes*. Berlin: Rotbuch 1986, S. 204–221).

37 Warneken: *Die Ethnographie popularer Kulturen*, S. 253.

38 „A culture is not only a body of intellectual and imaginative work; it is also and essentially a whole way of life [...]. The crucial distinguishing element in English life since the Industrial Revolution is [...] between alternative ideas of the nature of social relationship.“ (Raymond: Williams: *Culture and Society. 1780–1950*. Garden City / New York: Anchor 1960, S. 344.)

39 Vgl. das Abstract von Clemens Albrecht: „Vom ‚Volk‘ zur ‚Gesellschaft‘. Transformationen des Politischen in der deutschsprachigen Volkskunde seit 1945“ und sein Beitrag für die dem vorliegenden Band zugrundeliegende Grazer Tagung „Dimensionen des Politischen“ im Mai 2016 (https://das-politische-2016.uni-graz.at/de/programm/abstracts/ (Zugriff am 01.04.2017)).

mag inzwischen weitgehend zurückgedrängt worden sein. Eine Parteilichkeit gegen Ausschlüsse aller Art und für Analysen, die Veränderbarkeit denkbar machen und offenhalten, ist aber durchaus noch gegeben, wenn man etwa an das Engagement von Fachvertreter*innen im interdisziplinären Netzwerk Kritische Migrations- und Grenzregimeforschung denkt.

Alltag als politische Dimension

Die vierte Dimension des Politischen ergibt sich aus der thematischen Alltagsorientierung des Faches. Der Alltag ist ein „Verhandlungsort gesellschaftlicher Prozesse und von Kultur"[40], wie Brigitta Schmidt-Lauber anmerkt. Dies ist auch noch ein unhintergehbares Apriori für jene Ansätze im Fach, welche die Themen und Zugänge unter Zuhilfenahme emergenztheoretischer Terminologie und Aprioris[41], z. B. in Richtung einer Anthropologie politischer Organisationen, Infrastructure Studies[42] oder Organisationssoziologie verschieben möchten. Ethnographische Methoden eignen sich aber vor allem dazu, die Theorie der Subjekte über sich selbst und ihre Alltage zu befragen. Allerdings sei es, so Thomas

40 Brigitta Schmidt-Lauber: Der Alltag und die Alltagskulturwissenschaft. Einige Gedanken über einen Begriff und ein Fach. In: Michaela Fenske (Hrsg.): *Alltag als Politik. Politik als Alltag. Dimensionen des Politischen in Vergangenheit und Gegenwart*. Berlin: Lit 2010, S. 45–61, hier S. 50, 56.

41 Zur Kritik emergenztheoretischer Ansätze vgl. Elisabeth Timm: Bodenloses Spurenlesen. Probleme der kulturanthropologischen Empirie unter den Bedingungen der Emergenztheorie. In: *Österreichische Zeitschrift für Volkskunde* 116,1–2 (2013), S. 49–75, hier S. 73–75: „Auch für das bodenlose Spurenlesen ist eine kritische Theorie des Subjekts erforderlich, und emergenztheoretische Einsichten sind mit dem Einwand zu konfrontieren, dass sich Gesellschaft nicht voluntaristisch in Momente und Situationen auflösen lässt. Das was in der Kritischen Theorie einmal ‚Gewalt des Zusammenhangs' genannt worden ist, bleibt zu untersuchen. Die Frage nach dem Geschichte und Subjekt gewordenen Zusammenhang, der auch über eine indizienparadigmatische Herangehensweise erschlossen werden muss, ist mit gutem Grund nicht mehr die einzige Forschungsperspektive, die wir kennen. Sie ist allerdings besonders dann ein notwendiges Korrektiv, wenn praxeologische Ansätze in eine emergenztheoretische Feier des Moments und der Oberfläche kippen, bei der die forschende Person auf eine neue Weise wieder als Souverän fungiert – weil es nämlich außerhalb der ‚Situation' nichts gibt. Emergenztheoretische Zugänge können schlecht fassen, wie sich Stabilisierungen zu Geschichte aufhäufen, sie können Wiederholungen, Erwartbares, Strukturen und Regelmäßigkeiten nicht fassen, und sie können auch nicht erklären, wie routinisiertes Alltagshandeln zustande kommt, weil ‚Zeit' in diesem Ansatz untertheoretisiert ist." Zur soziologischen Debatte vgl. den Überblick bei Bettina Heintz: Emergenz und Reduktion. Neue Perspektiven auf das Mikro-Makro-Problem. In: *Kölner Zeitschrift für Soziologie und Sozialpsychologie* 56,1 (2004), S. 1–31, hier S. 31, die die Soziologie vor der Feier einer „fundamentalistischen" Mikro-Makro-Differenz warnt und die notwendig komplementäre Perspektiven unterstreicht.

42 Vgl. Adam / Vonderau: Formationen des Politischen, S. 20.

Hengartner, „um eine Theorie des Alltags [...] in den vergangenen Jahren ruhiger geworden“[43]. Zur Bestimmung des Politischen interessieren die bekannten Theorien über den Alltag vor allem dahingehend, inwiefern sie das Antagonistische und die Herstellung von Hegemonie analysieren und die Veränderbarkeit denken und befragen helfen. Beispielsweise sieht Alfred Schütz einen zentralen Grund für das Interesse am Alltagsleben darin, dass der Alltag das „einzige Subuniversum“ sei, in das „wir uns mit unseren Handlungen einschalten“ und „das wir dadurch umformen und verändern können“.[44] Carola Lipp erinnert daran, dass Alfred Schütz wie Edmund Husserl „die Lebenswelt des Alltags als unbefragten Boden einer natürlichen Weltanschauung“[45] verstehen. Schütz interessiert vor allem deshalb, weil er darauf verweist, wie sich lebensweltliche Erfahrungen und „die Strukturen subjektiver Orientierung und subjektiven Handelns in Wissensbeständen des Alltags organisieren“[46].
Im Alltag wird ausgehandelt, was als ‚normal‘, als ‚natürlich‘ oder als ‚selbstverständlich‘ angesehen wird. In diesem Zusammenhang sei auch auf die Cultural Studies Birminghamer Provenienz verwiesen, die die Populärkultur als einen Ort der Aushandlung von Hegemonie verstanden haben.[47] Moritz Ege zeigt, in welcher Weise das Feld der Populärkultur im politischen Theorieprojekt der Cultural Studies als Arena und der Begriff des „Alltagsverstands“ als zentral für Subjektivierungsprozesse angesehen wurde.[48] Dieser von Antonio Gramsci eingeführte Begriff spielt, wie Ove Sutter feststellt, merkwürdigerweise im Fach bisher kaum eine Rolle.[49] Ege schlägt vor, in Anlehnung an die Cultural Studies spezifische „Analysen von historischen Situationen und Konstellationen“, die Untersuchung von „Kräfteverhältnissen“ und die Voraussetzungen von „Interventionsmöglichkeiten“ in den Mittelpunkt von Alltagskulturforschung zu stellen.

43 Thomas Hengartner: Technik – Kultur – Alltag. Technikforschung als Alltagsforschung. In: *Schweizerisches Archiv für Volkskunde* 106 (2012), S. 117–139, hier S. 135.

44 Alfred Schütz: Don Quixote und das Problem der Realität. In: Ders.: *Gesammelte Aufsätze II. Studien zur soziologischen Theorie*. Den Haag: Nijhoff 1972, S. 102–129, hier S. 119.

45 Zit. n. Carola Lipp: Alltagskulturforschung im Grenzbereich von Volkskunde, Soziologie und Geschichte. Aufstieg und Niedergang eines interdisziplinären Forschungskonzepts. In: Zeits*chrift für Volkskunde* 89,1 (1993), S. 1–33, hier S. 4.

46 Ebd.

47 Ege: Tübingen/Birmingham, S. 178.

48 Moritz Ege: Policing the Crisis. In: Ders. / Irene Götz / Johannes Moser / Burkhart Lauterbach (Hrsg.): *Europäische Ethnologie in München. Ein kulturwissenschaftlicher Reader*. Münster: Waxmann 2015, S. 53–86, hier S. 75.

49 Ove Sutter: Alltagsverstand. Zu einem hegemonietheoretischen Verständnis alltäglicher Sichtweisen und Deutungen. In: *Österreichische Zeitschrift für Volkskunde* 119,1–2 (2016), S. 41–70.

Insofern die Kontexte der verschiedenen Alltage das zentrale Forschungsfeld darstellen, rückt das Politische in den Mittelpunkt. Nichts Anderes war gemeint, als in den 1970er und 1980er Jahren von Kultur als ‚der anderen Seite des Sozialen' beziehungsweise als ‚der anderen Seite von Gesellschaft' die Rede war. Hermann Bausinger resümiert die politische Essenz dieser Formulierung:

> Man kann höchstens sagen, dass man unter dem Aspekt von Gesellschaft sehr viel leichter am Bestehenden hängenbleibt, an sogenannten objektiven Strukturen wie Institutionen, Macht- und Herrschaftsverhältnissen, während man unter dem Aspekt von Kultur näher dran ist an den Bedingungen und Ansprüchen von Subjektivität und damit Möglichkeiten hat, emanzipatorische Potentiale ernster zu nehmen.[50]

Betrachten wir diese „emanzipatorischen Potentiale" als Voraussetzung für den Demokratisierungsprozess, dann zielt eine so verstandene Alltagskulturforschung auf die Untersuchung der Produktion hegemonialer Vorstellungen. Ebenso lässt sich mittels dieses Fokus besser verstehen, ob, wo und wie alternative Vorstellungen über die ‚Natur' der sozialen Beziehungen artikuliert werden. Mouffe spricht vom „common sense":

> Was in einem bestimmten Augenblick für die „natürliche" Ordnung gehalten wird – gemäß dem ihr entsprechenden „common sense" –, ist das Ergebnis sedimentierter Verfahrensweisen; es ist niemals Manifestation einer tieferen Objektivität, die sich von den Verfahrensweisen trennen ließe, denen es sein Dasein verdankt.[51]

Ein Theoretiker, der gegenwärtig in diesem Zusammenhang gerne vergessen wird, ist Henri Lefebvre, der bereits 1946 in seiner Schrift *Kritik des Alltagslebens* einen wesentlichen Grundstein für eine Theorie des Alltagslebens gelegt hat.[52] Interessant ist aus heutiger Sicht weniger der Aspekt der Entfremdung, der die Rezeption dominierte, sondern die Art und Weise, wie Lefebvre die Konstitution des Alltags gedacht hat. Ihm ging es um die „Vermittlung von Makro- und Mikroprozessen im Felde der Konstitution von Gesellschaftsformationen, gesellschaftlichen Formen und deren Folgen für die Verfasstheiten individueller

50 Hermann Bausinger / Utz Jeggle / Martin Scharfe / Eberhard Knödler-Bunte / Rolf Lindner: Zugangsweisen: Kultur und Gesellschaft. In: *Ästhetik und Kommunikation* 42 (1980), S. 99–105, hier S. 103.

51 Mouffe: *Über das Politische*, S. 27.

52 Henri Lefebvre: *Kritik des Alltagslebens*. Frankfurt am Main: Fischer 1987.

Existenz."[53] In der Interpretation von Rainer Winter ermöglicht das Denken Lefebvres ein Alltagsverständnis, das „eine Textur sozialer Dynamik und sozialen Wandels" liefere, „die erkannt, beschrieben und realisiert werden soll."[54] Indem bei Lefebvre die Grundlage der widersprüchlichen Erfahrungen der Subjekte über das Alltagsleben vermittelt erscheint, wird es zum zentralen Ort der politischen Auseinandersetzung. Es kommt dann entscheidend darauf an, in welcher Weise die Widersprüche im Alltagsbewusstsein vermittelt sind und als Antagonismus aufscheinen. Insofern die post-volkskundliche Kulturwissenschaft den Alltag in den Mittelpunkt stellt, ist sie bereits über ihr Themenfeld, mit den hierin vermittelten Widersprüchen beziehungsweise Antagonismen konfrontiert. Über den Fokus auf die Inhalte und die Arbeitsfelder leitet auch Dieter Kramer das Politische her:

> Die Europäische Ethnologie ist in vielen Fällen mit Feldforschung in Arbeitsfeldern tätig, die gesellschaftlichen Problemlagen wesentlich näher sind als die anderer universitärer Kulturwissenschaften. [...] Eine Wissenschaft, die historische und zeitgenössische Kulturprozesse in komplexen und geschichteten Gesellschaften erforscht, ist immer auch politisch und eingreifend bei ihrer Themenauswahl, ohne das plakativ vor sich her zu tragen.[55]

Hierüber sind die zentrale politische Dimension und das Spezifische des Politischen in der volkskundlichen Kulturwissenschaft umrissen. Es ist also weniger die Untersuchung politischen Handelns im Sinne einer Anthropologie des Politischen und es sind auch nicht explizit politische Themen, die das Spezifische des Politischen in unserem Fachverbund ausmachen. Das Politische vermittelt sich vielmehr über die Analyse der Situierung des sozialen Antagonismus hinsichtlich Gender oder zwischen sozialen Gruppen, Milieus, Schichten beziehungsweise Klassen und der Herstellung von Hegemonie beziehungsweise der Möglichkeit alternativer Vorstellungen über die ‚Natur' und Praxis sozialer Beziehungen. Insofern umreißt die Kulturanalyse des Alltags nach wie vor das zentrale politische Projekt der post-volkskundlichen (Empirischen) Kulturwissenschaft.

53 Bernd Dew / Wilfried Ferchhoff / Heinz Sünker: Perspektiven einer Kritik des Alltagslebens heute – ein Nachwort. In: Ebd., S. 637–646, hier S. 641.

54 Rainer Winter: Widerständige Sozialität im postmodernen Alltagsleben. In: Tanja Thomas (Hrsg.): *Medienkultur und soziales Handeln*. Wiesbaden: VS 2008, S. 299–315, hier S. 305.

55 Dieter Kramer: *Europäische Ethnologie und Kulturwissenschaften*. Marburg: Jonas 2013, S. 48.

Fazit

In diesem Sinne erscheint es zentral, einen Beitrag zur Analyse der unterschiedlichen Alltage zu liefern, der sich in den sozialen Beziehungen zwischen den Menschen und in ihren sozio-kulturellen Praktiken konstituiert. Das Konzept des Alltagsverstandes ist gerade in unserem Fach keineswegs obsolet, sondern ermöglicht einen Zugang zum Politischen, der zugleich die politische Relevanz unserer Forschung unterstreicht. Unsere Forschungen können also einen Beitrag zur Förderung von Demokratisierung und vermehrter Teilhabe an Gesellschaft leisten. Dies gilt insbesondere, wenn die post-volkskundliche (Empirische) Kulturwissenschaft als eine Wissenschaft betrieben wird, die Ausschlüsse oder essentialisierende Schließungen durch ihre Analysen unterläuft. Das hat nichts mit sozialromantischer Parteilichkeit zu tun, sondern stellt das Wissen für eine agonistische Perspektive des Politischen bereit, die das Freund-Feind-Schema Carl Schmitts[56] in eines der politischen Gegnerschaft auflöst und auf der Höhe der Zeit ist.

56 Vgl. Carl Schmitt: *Der Begriff des Politischen* [1932]. Berlin: Duncker & Humblot 1996.

Beate Binder

Rechtsmobilisierung

Zur Produktivität der Rechtsanthropologie für eine Kulturanthropologie des Politischen

Die Ausgangsbeobachtung meines Beitrags[1] ist simpel und wenig überraschend: Recht und Politik sind auf vielfältige Weise ineinander verwoben. Gedacht werden kann dabei an folgende Szenen aus dem ‚politischen Alltag' (nicht nur) in Berlin: Im Bundestag wird ein Gesetzentwurf beraten, während vor dem Reichstagsgebäude Betroffene gegen die Vernachlässigung ihres Erfahrungswissens protestieren; die lokale Gruppe einer NGO trifft sich, um Möglichkeiten einer Einzelfallklage zu erörtern und die weitere Lobbyarbeit für eine Gesetzesänderung zu planen; ein Verwaltungsmitarbeiter beruft sich bei der Bearbeitung eines Antrags auf eine Verordnung, die sein Handeln legitimiert; eine Anhörung von verschiedenen Experten*innen soll Bundestagsmitarbeiter*innen bei der Entwicklung einer Gesetzesinitiative unterstützen; bei einem Vernetzungstreffen wird die Kooperation über den lokalen Raum hinaus beraten; ein Gericht entscheidet unter Beobachtung von Medien- und NGO-Vertreter*innen. Die Liste ließe sich beliebig fortsetzen, zugleich können alle diese Szenarien im Sinne des Vorschlags von Jens Adam und Asta Vonderau als „empirisch greifbare Spur" und Zugangspunkt genutzt werden, um die expliziten wie immanenten Logiken

1 Die folgenden Überlegungen sind im Arbeitskontext der interdisziplinären Forschungsgruppe *Recht – Geschlecht – Kollektivität* bzw. beim Entwickeln des kulturanthropologischen Teilprojekts zum Antidiskriminierungsrecht entstanden. Mein Dank gilt vor allem Martina Klausner und Alik Mazukatow für viele anregende Diskussionen. Die Bezeichnung Kulturanthropologie umfasst im Folgenden auch sozialanthropologische bzw. europäisch ethnologische Ansätze.

eines Politikfelds zu entschlüsseln.[2] Mein Beitrag ist im Anschluss an Adam und Vonderau ein Plädoyer dafür, Recht – und entsprechende Konzepte der Rechtsanthropologie – stärker einzubeziehen. Im Folgenden werde ich daher einige mögliche Anschlussstellen zwischen Rechts- und Politikanthropologie skizzieren und auf das Spannungsverhältnis von Normativität und Kritik eingehen, wie es sich im Feld kulturanthropologischer Forschung zu Recht und Politik darstellt.

Recht aus der Perspektive einer Kulturanthropologie des Politischen

Werden die oben angedeuteten Szenarien als Zugriffspunkte für Politikfelder genutzt, dann kann aus Perspektive einer Kulturanthropologie des Politischen gezeigt werden, wie Akteur*innen und Interessengruppen, Materialitäten und moralisch-ethische Ordnungen mit intendierten wie unvorhergesehenen Effekten interagieren. Es könnte herausgearbeitet werden, welche Subjektkonstellationen und sozialen Praktiken hierbei zum Tragen kommen oder hergestellt werden, oder auch gezeigt werden, welchen Logiken die politischen Interventionen, sozialen Kämpfe und politischen Interventionen folgen. Es könnte gefragt werden, wie einzelne Begriffe mit Bedeutung aufgeladen und damit Zukunftsvisionen ent- bzw. verworfen werden. Gregory Feldman folgend könnte untersucht werden, wie die in Schlagworten verdichteten Ziele eines Politikfelds als *boundary objects* mit ihrer tendenziellen Bedeutungsoffenheit Handlungsoptionen und Anschlussmöglichkeiten in unterschiedliche Räume und Richtungen öffnen; es könnte gezeigt werden, wie sich Akteur*innen bzw. Akteursgruppen in einem Politikfeld auf gemeinsames Wissen beziehen, sich dabei auf ein Set an Normen und/oder Konzepten auch über Institutionen, Handlungsräume und Lokalitäten hinweg verständigen und damit Leitgedanken dieses Politikfelds (weiter-)entwickeln bzw. durchsetzen.[3] Oder es könnten im Anschluss an Anna Lowenhaupt-Tsing die „Reibungen" in unterschiedlichen politischen Konstellationen auf ihre transformierende Kraft in den Blick genommen werden.[4]

2 Jens Adam / Asta Vonderau (Hrsg.): *Formationen des Politischen. Anthropologie politischer Felder*. Bielefeld: Transcript 2014.

3 Gregory Feldman: Illuminating the Apparatus. Steps toward a Nonlocal Ethnography of Global Governance. In: Chris Shore / Susan Wright / Davide Però (Hrsg.): *Policy Worlds*. London: Berghahn 2011, S. 32–49.

4 Anna Lowenhaupt-Tsing: *Friction. An Ethnography of Global Connection*. Princeton: Princeton UP 2004; Miriam I. Ticktin: *Casualties of Care: Immigration and the Politics of Humanitarianism in France*. Berkeley: University of California Press 2011.

Schließlich könnte gezeigt werden, wie Schlagworte, damit verknüpfte Zukunftsszenarien und für deren Erreichen als legitim und sinnvoll erachtete Praktiken sozial strukturiert sind, etwa durch Geschlecht, soziale Lage, Ethnizität, Alter, Sexualität. Damit wäre auch ein Zugriff auf politisch induzierte Prozesse der Vergeschlechtlichung in Hinblick auf konkrete soziale Praktiken wie auch auf eingelagerte Vorstellungen und Imaginationen gegeben.[5] Queertheoretische Analyseinstrumentarien würden zusätzlich den Blick für die Verwobenheit politischer Prozesse mit (hetero-)normativen Ordnungsvorstellungen schärfen und zeigen, wie soziale Praktiken diese Ordnungen stützen oder stören.[6] Im Sinne dieser Perspektivierungen haben die Arbeiten von Chris Shore und Susan Wright, zuletzt zusammen mit Davide Però, von Lowenhaupt-Tsing und Feldman die Kulturanthropologie des Politischen vorangebracht; für den deutschsprachigen Raum hat außerdem der bereits zitierte Sammelband *Formationen des Politischen* von Adam und Vonderau wichtige Impulse für ethnographisches Arbeiten in diesem Feld geliefert. Diese Beiträge legen nahe, den Entwicklungen von politischen Konzepten und Leitbegriffen genealogisch zu folgen und deren Übersetzungen in Alltags- wie Verwaltungspraktiken nachzuzeichnen.[7] Im Zentrum steht dabei die Frage, wie durch die Allokation und Verknüpfung von Akteur*innen, Ideen und Materialitäten neue oder neu figurierte Wissensregime und Regierungsformen sowie neue – tendenziell unhinterfragbare – Selbstverständlichkeiten etabliert werden.[8] Durch „studying through" soll den Verbindungslinien gefolgt,[9] die „Vernunft" von Politikfeldern im Sinne von Paul Rabinows Anthropologie der Gegenwart erschlossen und sollen die politisch induzierten emergenten Formen des Sozialen aufgespürt und beschreibbar gemacht werden.[10]

Mit diesen analytischen Zugriffen wird ‚Recht' nicht gänzlich außer Acht gelassen: Es wird als regulierender Rahmen, als Gegenstand der Verhandlung und

5 Beate Binder: Troubling Policies. Gender- und queertheoretische Interventionen in die Anthropology of Policy. In: Adam / Vonderau (Hrsg.): *Formationen des Politischen*, S. 363–386.

6 David A. B. Murray: *Real Queer? Sexual Orientation and Gender Identity Refugees in the Canadian Refugee Apparatus*. London / New York: Rowman & Littlefield 2016.

7 Richard Rottenburg: *Weit hergeholte Fakten. Eine Parabel der Entwicklungshilfe*. Stuttgart: Lucius & Lucius 2002.

8 Chris Shore / Susan Wright: Introduction: Conceptualising Policy: Technologies of Governance and the Politics of Visibility. In: Dies. / Però (Hrsg.): *Policy Worlds*, S. 1–25, hier S. 2.

9 Susan Wright / Sue Reinhold: "Studying Through". A Strategy for Studying Political Transformation. Or Sex, Lies and British Politics. In: Ebd., S. 86–104.

10 Paul Rabinow: *Anthropologie der Vernunft. Studien zu Wissenschaft und Lebensführung*. Frankfurt am Main: Suhrkamp 2004.

auch als Werkzeug zumindest punktuell sichtbar. So hat etwa Shore in seiner Fallstudie zum Geheimdienst auf das Charakteristikum von Politiken hingewiesen, sich auf juridische Idiome zu beziehen. Mittels dieser Strategie könne das Politische unter dem Deckmantel legal-rational klingender Neutralität verschwinden. Shore zählt dies zu den Verfahren, mit denen – im Sinne Michel Foucaults und Pierre Bourdieus – Macht es versteht, die eigenen Operationen unsichtbar zu machen.[11] Auch Silja Klepp knüpft in ihrer Studie *Europa zwischen Grenzkontrolle und Flüchtlingsschutz* an rechtsanthropologische Ansätze an, indem sie Recht als „Technologie der Macht" im Kontext transnationaler Aushandlungsprozesse betrachtet.[12] In der Gesamtschau zeigt sich jedoch, dass in den vorliegenden Sammelbänden Recht nur am Rande behandelt wird.[13] Diese punktuellen Bezüge deuten zugleich darauf hin, dass die Kulturanthropologie des Politischen dazu tendiert, Recht als relativ statische Formation zu verstehen, die zudem eher außerhalb politischer Prozesse und sozialer Kämpfe verortet wird – als objektiviertes, regulierendes Gegenüber der politischen Praxis. Auf diese Weise wird Recht zum ‚Anderen' der Politik gemacht – wodurch die Kulturanthropologie sich letztlich daran beteiligt, Recht als Ausdruck herrschender Verhältnisse und als regulierende Kraft zu bestätigen. Ausgeblendet werden demgegenüber die Dynamiken von Recht als Teil politischer Prozesse, vor allem aber die Produktivität des Rechts und die konstitutive Rolle rechtlicher Normativität für politische Felder resp. Prozesse. Aus dem Blick gerät, dass Recht selbst eine höchst widersprüchliche Formation, prozessual und stets umkämpft ist und erst durch und in sozialer Praxis realisiert wird. Übersehen werden die vielfältigen durch Recht induzierten Prozeduren des Übersetzens, Anpassens und Reformulierens sowie die rechtlichen Grundlagen für vielfältige Verfahren des Dokumentierens, Registrierens, Rechtfertigens usw. Durch diese Auslassungen werden nicht nur die analytischen Potentiale der Rechtsanthropologie vernachlässigt, sondern es wird auch eine spezifische Vorstellung des Rechtlich-Normativen bedient. Auf beide Aspekte werde ich im Folgenden eingehen.

11 Chris Shore: Espionage, Policy and the Art of Government: The British Secret Services and the War on Iraq. In: Dies. / Però (Hrsg.): *Policy Worlds*, S. 169–186, hier S. 171. (Übers. d. Verf.)

12 Silja Klepp: *Europa zwischen Grenzkontrolle und Flüchtlingsschutz. Eine Ethnographie der Seegrenze auf dem Mittelmeer*. Bielefeld: Transcript 2011.

13 Im Band *Policy Worlds* von Shore und Wright ist *law* ein Eintrag im Register, doch werden damit nur Bezugnahmen auf Gesetze etc. gelistet.

Potentiale der Rechtsanthropologie

In den eingangs skizzierten Szenarien wird bereits deutlich, dass ‚Recht' als dynamischer Komplex in politischen Prozessen in verschiedenen Modi involviert ist: Es ist u. a. Verhandlungsgegenstand, Werkzeug sozialer Auseinandersetzungen, Modus der Teilhabe sowie des Konfliktmanagements. In allen diesen Formen wirkt Recht immer in doppelter Weise: formierend und restringierend. Statt von ‚dem Recht' zu sprechen scheint es daher – ich folge hier Mariana Valverde – angemessener, von einem rechtlichen Komplex (*legal complex*) zu sprechen.[14] Mit meinen folgenden – unabgeschlossenen und notwendig skizzenhaften – Vorschlägen möchte ich auf die Potentiale hinweisen, die eine Verknüpfung von rechts- und politikanthropologischen Ansätzen bietet. Wie andere Forschungsfelder auch ist die Rechtsanthropologie um unterschiedliche Fragstellungen und Problematisierungen organisiert, wobei sich die Perspektive in den letzten Jahrzehnten von Aufzeichnungsbemühungen ‚anderer' Rechtssysteme grundsätzlich zu „law in action" verschoben hat.[15] Ich ordne meine Hinweise auf Anschlussstellen durch die drei Schlagworte Veralltäglichung, Institutionalisierung und Mobilisierung, die sich aus meinen Arbeitszusammenhängen zum Antidiskriminierungsrecht ergeben haben.

Veralltäglichung

Zentral für das Verständnis der strukturierenden wie formativen Funktionen des Rechts sind Prozesse der Veralltäglichung und die Frage nach der Alltagsbedeutung von Recht: Wie wird Recht in alltägliche Praktiken, Interaktionen, Arrangements und Subjektvorstellungen eingebettet und dabei mit sozialem Leben gefüllt? Herausgebildet hat sich dieser Forschungsstrang in Auseinandersetzung mit dem früheren Anliegen, normative Ordnungen indigener, vernakularer oder schlicht ‚anderer' Rechtssysteme aufzuzeichnen. Stattdessen interessiert nun der Zusammenhang von Recht und sozialer Praxis. Dafür wurde der Blick auf Routinen (statt auf konfliktäre Ausnahmesituationen), auf soziale Beziehungen (statt auf Institutionen) und auf das Nebeneinander divergierender Vorstellungen von Recht (statt auf Rechtssysteme) gerichtet. Im Mittelpunkt stand zunächst das Rechtsbewusstsein marginalisierter Gruppen, von Minderheiten und Angehörigen der ‚Unterschichten', die als grundsätzlich

14 Mariana Valverde: *Law's Dream of a Common Knowledge*. Princeton: Princeton UP 2003, S. 10.

15 Sally Falk Moore: Certainties Undone. Fifty Turbulent Years of Legal Anthropology, 1949–1999. In: *Journal of the Royal Anthropological Institute* 7,1 (2001), S. 95–116.

herrschaftskritisch verstanden wurden, weshalb die Untersuchungen Aufschluss über Recht als spezifische Herrschaftsform sowie über den Zusammenhang von Recht und sozialem Wandel versprachen. So hat etwa Abigail Saguy am Beispiel des Konzepts der sexuellen Belästigung gezeigt, wie rechtliche Vorstellungen von Gleichberechtigung und Inklusion in Alltagspraktiken Eingang finden.[16] Die Konstitution von Recht stellt sich aus einer solchen Perspektive zugleich als *top down-* und *bottom-up-*Prozess dar. Patrick Ewick und Susan Silbey schlagen in ihrer Studie *The Common Place of Law* den Begriff der *legality* vor, um das situative und teilweise widersprüchliche Argumentieren mit, vor und gegen Recht zu fassen, das sie in den Interviewerzählungen ihrer Forschungspartner*innen ausmachen konnten.[17] Wenn beispielsweise die rechtliche Wirkkraft des Antidiskriminierungsrechts niedriger eingeschätzt wird als dessen sensibilisierenden Effekte in Hinblick auf Ungleichbehandlung, dann sind das zugleich Hinweise auf die große Bedeutung von *legality* oder Rechtsbewusstsein auch für politische Prozesse. Die Perspektive der Veralltäglichung von Recht kann ebenfalls hilfreich sein, um zu identifizieren, wann und wie ein Problem oder eine Situation auf Recht bezogen bzw. als rechtliches Problem gefasst wird – und welche Effekte dies in Hinblick auf hiermit verknüpfte politische Prozesse hat. Auch die zunehmende Regulierung gesellschaftlicher Teilhabe durch Recht legt eine Bezugnahme auf Konzepte der *legality* bzw. des Rechtsbewusstsein nahe. Doch zeigen neuere Studien auch, dass es aus einer solchen Perspektive nicht einfach um ‚Widerständigkeit' gehen kann, sondern darum, restringierende wie ermöglichende Potentiale des Rechts gleichermaßen zu erfassen. Zwar ist Recht formativ, bringt Kategorisierungssysteme und Subjektpositionen hervor, trägt zur Legitimation sozialer Hierarchien bei und schreibt Handlungsroutinen und spezifische Formen der Konfliktlösung vor.[18] Doch zugleich ermöglicht es auch *agency*, die offene Frage ist jedoch, für wen und in welcher Weise.[19] Forschungsbedarf besteht auch angesichts der großen Nachhaltigkeit von Recht: Trotz Veränderungen in der Rechtsprechung halten sich manche Vorstellungen hartnäckig im

16 Abigail C. Saguy: Employment Discrimination or Sexual Violence? Defining Sexual Harassment in American and French Law. In: *Law & Society Review* 34,4 (2000), S. 1091–1128.

17 Patricia Ewick / Susan S. Silbey: *The Common Place of Law. Stories from Everyday Life*. Chicago: University of Chicago Press 1998.

18 Sally Engle Merry: Anthropology and Law. In: Richard Fardon / Olivia Harris / Trevor H. J. Marchand / Cris Shore et al. (Hrsg.): *The SAGE Handbook of Social Anthropology*. London: Sage 2012, S. 105–120, hier S. 106.

19 Vgl. auch Susan S. Silbey: After Legal Consciousness. In: *Annual Review of Law and Social Science* 1 (2005), S. 323–368.

Alltagsbewusstsein. Zugleich ist die Möglichkeit, auf Rechtsprechung Einfluss zu nehmen bzw. sich auf Recht zu beziehen, sozial ungleich verteilt: Recht steht nicht allen gleichermaßen als Werkzeug zur Verfügung, was intersektionale Untersuchungen ex- wie inkludierender Mechanismen nahelegt.

Institutionalisierung

Dies führt zu einer zweiten Perspektive, nämlich die Veralltäglichung von Recht als Prozess der Institutionalisierung zu betrachten: Aus dieser Perspektive bilden Praktiken der Über- und Umsetzung, die Überführung rechtlicher Bestimmungen in Verwaltungshandeln, die Auslegung von Gesetzen in lokalen Kontexten und im Rahmen existierender Infrastrukturen zentrale Fokusse der Beobachtung. Ethnographisch können so das Formierende und Normierende von Gesetzestexten, die sich an Recht anschließenden Wissenspraktiken sowie Übersetzung und Verhandlung von Recht herausgearbeitet werden. So hat zum Beispiel Sarah Mazouz in ihrer Studie mit Mitarbeiter*innen französischer staatlicher Verwaltungen aufgezeigt, wie im Zuge von Einbürgerungsprozeduren Alterität hergestellt und dabei nicht nur mit, gegen und vor, sondern teilweise auch jenseits des Rechts gehandelt und argumentiert wird.[20]

Für den Bereich der Menschenrechte liegt bereits eine Vielzahl von Untersuchungen vor, die auch die Verbindungslinien zwischen rechtlichen und politischen Prozessen verfolgen – insbesondere wenn der grundsätzlich politische Charakter der Menschenrechte den Ausgangspunkt bildet. Die Bezugnahme auf Recht erfolgte jedoch vor dem Hintergrund unterschiedlicher Konzeptionalisierungen: Während gerade in der Formierungsphase der Menschenrechte viele anthropologische Studien auf kulturrelativistischen Positionen beharrten und der Idee universaler Menschenrechte skeptisch bis ablehnend gegenüberstanden, wurden ab den 1990er Jahren Forschungen zum neu auflebenden Menschenrechtsdiskurs maßgeblich von der frühen Globalisierungsforschung bestimmt. Als Folge dominierte die Frage nach der Adaption universaler Rechte in lokalen Kontexten. Menschenrechte wurden dabei wie ein von außen kommender, transnationaler Code verstanden, der in lokale Regulierungsmechanismen eingreift und vor Ort auf widersprüchliche Weise Veränderungen provoziert. Folglich wurde gezeigt, wie sich divergierende rechtliche und moralische Ordnungen im lokalen Raum aneinander rieben. In den letzten Jahren hat sich die Perspektive

20 Sarah Mazouz: Ni juridique, ni politique. L'anti-discrimination en pratique dans une Commission pour la promotion de l'égalité des chances et la citoyenneté. In: *Droit et Société* 86 (2014), S. 11–32.

erneut verschoben: Vor dem Hintergrund des Transnationalisierungstheorems stehen nun die verschiedenen Formen der Mobilisierung von Recht in lokalen Auseinandersetzungen im Zentrum. So hat etwa Sally Engle Merry am Beispiel Hawaii gezeigt, wie soziale Akteur*innen Menschenrechte in einem auf verschiedenen Ebenen geführten Streit eingesetzt haben, um Rechte für indigene Gruppen zu erkämpfen.[21] Sichtbar werden in ihrer Studie das Neben- und Miteinander transnationalisierender und vernakularisierender Strategien und Praktiken. In ähnliche Richtung weisen auch Studien zum Rechtspluralismus, die die Koexistenz unterschiedlicher rechtlich-moralischer Ordnungen mit ihren praktischen Effekten und Reibungen diskutieren.[22]

Mobilisierung

Dies leitet bereits zu der dritten Anschlussstelle zwischen Rechts- und Politikanthropologie über, die an der Mobilisierung von Recht durch soziale Bewegungen, NGOs und politische Akteur*innen interessiert ist. Gezeigt wurde etwa, wie Einzelfallklagen und die daran gebundene Rechtsprechung Verschiebungen in den üblichen – institutionalisierten – Routinen evozieren oder wie auf der Grundlage von Recht Allianzen gebildet werden, vor Ort wie auch in transnationalen Räumen. Rechtsanthropologische Ansätze sensibilisieren nicht nur für die besonderen Fertigkeiten, die dieses Agieren im und mit Recht verlangt, sondern auch für die unterschiedlichen Modi, in denen Recht ‚von unten' eingesetzt werden kann: als Werkzeug, als Möglichkeit der Kollektivierung wie auch als Gegenstand der Verhandlung. Recht ist dabei ein überaus doppelbödiges Instrument der Interessendurchsetzung. Rechtsbezogenes Handeln bedarf bestimmter Fertigkeiten und Expertisen, zugleich sind Verfahrenswege und Problembeschreibungen weitgehend vorstrukturiert. Über die Analyse politischer Prozesse hinaus ermöglichen rechtsanthropologische Ansätze ein vertieftes Verständnis dieser besonderen Expertise, Logik und Rationalität von (Wissens-)Praktiken in und mit Recht, wobei die Frage nach *(Dis)Empowerment* ethnographisch offen zu beantworten ist.[23]

21 Vgl. Sally Engle Merry: Legal Vernacularization and Transnational Culture. The Ka Ho'okolokolonui Kanaka Maoli, Hawai'i 1993. In: Richard A. Wilson (Hrsg.): *Human Rights, Culture and Context. Anthropological Perspectives*. London: Pluto 1997, S. 28–49; Richard A. Wilson: Human Rights. In: David Nugent / Joan Vincent (Hrsg.): *A Companion to the Anthropology of Politics*. Malden: Blackwell 2007, S. 231–247, hier S. 239.

22 Klepp: *Europa zwischen Grenzkontrolle und Flüchtlingsschutz*, S. 85–86.

23 Vgl. Michael McCann: Law and Social Movements. Contemporary Perspectives. In: *Annual Review of Law and Social Science* 2 (2006), S. 17–38.

Allen drei Perspektivierungen gemeinsam ist ein prozessualer Blick auf den rechtlichen Komplex. Recht ist dicht verknüpft mit Fragen von Autorität und Autorisierung; es trägt maßgeblich zur Stabilisierung sozialer Welten bei, was im Umkehrschluss auch bedeutet, dass es Gegenstand wie Motor von Veränderungsprozessen sein kann – zumal eine zunehmende Durchdringung sozialer Prozesse mit Recht zu beobachten ist: Dies bedeutet nicht, dass (individuelle bzw. kollektive) Rechte gleichmäßig verteilt sind, sondern nur, dass soziale Probleme zunehmend in der Sprache des Rechts verhandelt werden.

Reflexivität und Normativität

Dies führt mich abschließend zum angedeuteten normativen Charakter von Recht. Wie Annelise Riles in „Representing in-between" betont, argumentieren Kulturanthropologie und Rechtswissenschaft traditionell entlang klar demarkierter Zuständigkeiten: Den Rechtswissenschaften wurde die Verantwortung für alles Normative übertragen, wohingegen die Kulturanthropologie als Feld reflexiver Wissensproduktion und per se normativitätskritisch positioniert wurde.[24] Über diese Grenze hinweg ergänzen sich beide Bereiche, vernachlässigen aber zugleich die jeweils dem anderen zugeschriebenen Kompetenzen. Damit würden das gemeinsame Engagement und ein komplexes, disziplinenübergreifendes Verständnis der Funktionsweisen des Rechts begrenzt. Mit Riles plädiere ich daher dafür, jenseits dieser Dichotomie die Spezifik der Artikulationsweisen von Normativität und Reflexivität im jeweiligen Bereich anzuerkennen. Dies scheint mir umso notwendiger, als eine Kooperation zwischen Rechtswissenschaft und Kulturanthropologie eine wichtige Grundlage bildet, um Funktionsweisen und Modi des Rechts zu verstehen – auch im Feld politischer Prozesse. Ein Überwinden des dichotomen Gegenübers scheint mir aber vor allem deshalb wichtig, weil ethnographisches Arbeiten in Feldern von Politik und Recht zu normativen – kritischen wie affirmativen – Aussagen gewissermaßen zwingt: Gerade weil hier grundsätzlich normative, rechtliche wie moralisch-ethische Fragen im Zentrum stehen, ist ein Stellung-Beziehen nahezu unumgänglich.

Dies gilt umso mehr, als mit der Frage nach Funktionsweisen, Rationalitäten und Legitimitäten in Feldern rechtlicher und politischer Praxis immer auch

24 Annelise Riles: Representing In-Between: Law, Anthropology, and the Rhetoric of Interdisciplinarity. In: *Cornell Law Faculty Publications*, Paper 1086 (1994). http://scholarship.law.cornell.edu/facpub/1086 (Zugriff am 15.03.2017).

eigene moralische wie soziale Ordnungen zur Verhandlung stehen. Wie ich an anderer Stelle argumentiert habe, erscheint mir im Feld des Politischen eine Forschung immer bereits in Politik positioniert.[25] Dies gilt auch für den rechtlichen Komplex, zumal, wie Mariana Valverde argumentiert, Recht gegenwärtig mehr und mehr zu dem Modus wird, in dem Fragen der ‚Wahrheit' im Sinne des ‚Richtigen' wie des moralisch Erwünschten verhandelt werden.[26] Daher plädiert Valverde dafür, Mut zur Beantwortung normativer Fragen zu entwickeln: Gerade weil der rechtliche Komplex Verbindungen herstellt, Bedeutungen stiftet und Zukunftsszenarien evoziert, könne sich kulturanthropologische Forschung nicht auf relativistische oder reflexive Positionen zurückziehen oder gar auf nihilistischen Standpunkten beharren. Konkret schlägt Valverde jedoch im Anschluss an Donna Haraway[27] vor, nicht nach ‚der Wahrheit' zu suchen, sondern Antworten auf empirisch bearbeitbare Fragestellungen zu liefern und dabei auch Werturteile zu fällen, etwa durch Aussagen zu den vermuteten Effekten politischer Zielvorstellungen resp. rechtlicher Regulierungen. Allerdings – diese Warnung schließe ich an Überlegungen von Didier Fassin[28] an – besteht in diesen Feldern auch die Gefahr, sich in der Komfortzone eigener bzw. opportun erscheinender Überzeugungen einzurichten, etwa wenn nur Darstellungen und Interpretationen derjenigen gefolgt wird, deren Ziele und Wertvorstellungen ‚sympathisch' scheinen. Demgegenüber betont Fassin, dass Kritik bereits auf der Ebene von Ontologie und Epistemologie beginne, nämlich dort, wo moralischen Werten und ethischen Prinzipien, dem Common Sense über das ‚Richtige' und ‚Gute' das Selbstverständliche genommen wird. Dies erfordert eine distanzierte Forschungshaltung, nicht mit dem Ziel eines moralischen Relativismus, sondern um konsequent der Frage nachzugehen, wie bestimmte Praktiken etabliert und Bewertungen selbstverständlich werden konnten. Kritik und politisches Engagement sind für Fassin daher an den größtmöglichen Grad der

25 Binder: Troubling Policies, S. 374–382.

26 Valverde: *Law's Dream of a Common Knowledge.*

27 Donna Haraway: Situiertes Wissen. Die Wissenschaftsfrage im Feminismus und das Privileg einer partialen Perspektive (1988, Ausschnitte). In: Sabine Hark (Hrsg.): *Dis/Kontinuitäten: Feministische Theorie.* Wiesbaden: VS 2001, 305–322, hier S. 316.

28 Didier Fassin: Introduction. Toward a Critical Moral Anthropology. In: Ders. (Hrsg.): *A Companion to Moral Anthropology.* Malden / Oxford / Chichester: Wiley 2012, S. 1–17, hier S. 15; vgl. auch Mark Goodale: Between Facts and Norms. Toward an Anthropology of Ethical Practices. In: Monica Heintz (Hrsg.): *The Anthropology of Moralities.* New York / Oxford: Berghahn 2009, S. 182–199.

Selbstbefragung gebunden.[29] Beides setze voraus, die Gründe, Rechtfertigungen und Konsequenzen davon zu begreifen, dass *matters of concern* zunehmend in der Sprache von Moral und Ethik beschrieben, interpretiert und verhandelt werden.[30] Wenn Fassins Einschätzung richtig ist, dass soziale Fragen in den letzten Jahren immer stärker zu moralischen geworden sind und im Rahmen von Recht verhandelt werden, hat dies auch Folgen für kulturanthropologisches Forschen: Es kann zum einen sein, dass *studying through* im Feld von Recht und Politik auch bedeutet, mit, gegen und jenseits eigener Überzeugungen forschen zu müssen – um auf diese Weise zu neuen – kritischen – Überzeugungen, Überlegungen und Positionen zu gelangen. Dies bedarf zum anderen des flexiblen und kleinteiligen Agierens zwischen reflexiven und normativen Positionen.

29 Didier Fassin: Beyond Good and Evil. Questioning the Anthropological Discomfort with Morals. In: *Anthropological Theory* 8,4 (2008), S. 333–344, hier S. 338.

30 Fassin: Introduction, S. 15.

Laila Huber

Kritische Kulturarbeit und Kunstvermittlung als Praxisfeld einer eingreifenden Kulturanthropologie

Ausgehend von Ansätzen einer eingreifenden Wissenschaft und kritischen Kunst- und Kulturvermittlung möchte ich in diesem Artikel eine mögliche Denk- und Handlungsperspektive für einen Educational Turn in der Kulturanthropologie vorschlagen. Im Kontext der kritischen Pädagogik verstehe ich hierbei das Handwerk der Ethnographie als prädestiniert für eine politische Bildungs- und Kulturarbeit, in der es darum geht, die bestehenden Machtverhältnisse zu hinterfragen und ihre Funktionsmechanismen verstehen zu lernen. In Kombination mit Methoden und Strategien aus künstlerischer und kultureller Produktion möchte ich aufzeigen, wie hier ein Methodenset für eine kritische Kulturarbeit entwickelt werden kann. In diesen Überlegungen gründet mein Plädoyer für ein neues/erweitertes Selbstverständnis von Kulturanthropolog_innen als Praktiker_innen einer kritischen Bildungs- und Kulturarbeit an der Schnittstelle von Forschung und kultureller Produktion.

Die Rolle von Kunst in Bezug auf soziale Distinktion wurde von Pierre Bourdieu bereits Ende der 1970er Jahre in seiner Studie *Die feinen Unterschiede. Kritik der gesellschaftlichen Urteilskraft* festgestellt.[1] Kunst wird demnach als Mittel der Abgrenzung in Bezug auf Milieuzugehörigkeit eingesetzt und gleichzeitig für Diskurse der Legitimierung sozialer Ungleichheit genutzt. Je nach zugrundeliegendem Bildungsverständnis werden Kunst- und Kulturvermittlung[2] heute

1 Pierre Bourdieu: *Die feinen Unterschiede. Kritik der gesellschaftlichen Urteilskraft*, aus d. Franz. v. Bernd Schwibs. Frankfurt am Main: Suhrkamp 2008.

2 Ich verwende den Begriff *Kulturvermittlung* in Anlehnung an Institute for Art Education (IAE) der Zürcher Hochschule der Künste (ZHdK): *Zeit für Vermittlung*, 2013. http://www.kultur-vermittlung.ch/zeit-fuer-vermittlung/v1/?m=0&m2=1&lang=d (Zugriff

entweder als Mittel zur sozialen Distinktion und mit dem Ziel der Bewahrung von Herrschaftsverhältnissen eingesetzt oder aber als Werkzeug zur Emanzipation und Selbstermächtigung mit dem Ziel der Transformation von Herrschaftsverhältnissen verstanden.[3] Von Seiten der kritischen Kunst- und Kulturvermittlung wird dieses Spannungsfeld zwischen Disziplinierung und Emanzipation bewusst ins Blickfeld gerückt: Sie situiert sich theoretisch wie praktisch im Kunstkontext, um die Machtmechanismen desselben zu hinterfragen, zu dekonstruieren und offenzulegen sowie Handlungsstrategien zu entwickeln, die Möglichkeiten der Selbstrepräsentation u. a. durch eine Theorie und Praxis kultureller Produktion eröffnen. Insofern kann die Dekonstruktion[4] des Kunstbegriffs durch eine Theorie und Praxis kultureller Produktion als zentraler Ansatzpunkt einer emanzipatorischen Kultur- und Bildungsarbeit gesehen werden.

Mich interessiert im Folgenden, wie das Theorie- und Praxisfeld einer kritischen Kunst- und Kulturvermittlung in einen produktiven Dialog mit der Perspektive einer eingreifenden Kulturanthropologie treten kann.[5] Gezeigt werden soll, dass die kritische Kunst- und Kulturvermittlung hier vielfältige Anknüpfungspunkte bietet basierend auf der Prämisse, dass sich Kulturanthropolog_innen in einer Doppel-Rolle als Forscher_innen und Kulturarbeiter_innen verstehen.[6]

am 18.04.2017). „Kulturvermittlung“ wird hier als etwas unscharfer Sammelbegriff gefasst, der „generell für Situationen angewendet [wird], bei denen Menschen über die Künste (oder auch wissenschaftliche und gesellschaftliche Phänomene und Erkenntnisse) informiert werden, über sie in einen Austausch treten und auf sie reagieren – sei es sprechend oder mit anderen Ausdrucksformen.“ (*Zeit für Vermittlung*, S. 15.) Gerade diese Unschärfe und Offenheit sehe ich als einen Vorteil, da damit das bezeichnete Theorie- und Handlungsfeld in seiner steten Dynamik fassbar wird. Bisher wird der Begriff vor allem in der Deutschschweiz verwendet, in Deutschland und Österreich ist hingegen der Begriff *kulturelle Bildung* stärker verankert (vgl. ebd., S. 16).

3 Ebd., S. 33–41.

4 Der Zugang der Dekonstruktion gilt als ein zentraler Aspekt poststrukturalistischer Theorie mit den theoretischen Referenzen insbesondere auf Gilles Deleuze und Félix Guattari sowie Jacques Derrida. (Siehe dazu z. B. Christopher Norris: *Deconstruction. Theory and Practice*, London: Methuen 1982.) Dekonstruktivistische Strategien finden heute nicht nur in der Philosophie Anwendung, sondern in unterschiedlichen Disziplinen (vgl. John Harley: Das Dekonstruieren der Karte (1989). In: *AnArchitektur* 11 (2004), S. 4–19, hier S. 5). Für den Bereich der Kunst- und Kulturvermittlung siehe den Glossareintrag „Kunstvermittlung als Dekonstruktion“. (https://www.zhdk.ch/3833 (Zugriff am 15.07.2017).)

5 Vgl. hierzu auch Laila Huber: De-Collage Re-Collage // wo steckt der Funke Poesie? Gedanken zu einer eingreifenden Kulturanthropologie. In: Tobias Schweiger / Jens Wietschorke (Hrsg.): *Standortbestimmungen. Beiträge zur Fachdebatte in der Europäischen Ethnologie*. Wien: Institut für Europäische Ethnologie der Universität Wien 2008, S. 25–40.

6 Meine Überlegungen zur Doppelrolle als Kulturanthropolog_in und Kulturarbeiter_in fußen u. a. auf meiner Mitarbeit im Sparkling-Science-Projekt „Making Art – Taking Part!“, das von 2014 bis 2016 durchgeführt wurde und am Programmbereich Zeitgenössische Kunst

In den ersten drei Abschnitten des Artikels wird der theoretische Referenzrahmen für die weitere Argumentation abgesteckt. Der vierte Abschnitt gilt meinem Plädoyer für einen Educational Turn in der Kulturanthropologie, in dessen Zentrum die Verschränkung ethnographischer Methoden mit Methoden künstlerischer und kultureller Produktion auf den Ebenen der Forschung, Intervention und Repräsentation/Vermittlung im Kontext einer kritischen Bildungs- und Kulturarbeit steht. Dabei zielen die ethnographischen Methoden auf eine Analyse und ein Verstehen der sozialen Welt, wohingegen die Methoden künstlerischer und kultureller Produktion auf die Darstellung sowie die Gestaltung der sozialen Welt zielen. Mit Methoden künstlerischer und kultureller Produktion sind gestalterische Mittel (von audiovisueller über textile bis hin zu skulpturaler und raumgreifender Gestaltung) gemeint, die mit dem Ziel einer öffentlichen Artikulation und Positionierung eingesetzt werden. Allein den Begriff ‚künstlerische Methoden' zu verwenden würde der Zielrichtung einer Dekonstruktion des Kunstbegriffs entgegenlaufen. Es geht darum, einen Bogen aufzuspannen zwischen dem, was als ‚künstlerische Produktion' verstanden wird, und dem, was als ‚alltägliche kulturelle Produktion' verstanden wird, und zwar über die Frage der öffentlich sichtbaren (Selbst-)Repräsentation in bewusster politischer Artikulation.

Die Doppelrolle als Forscher_innen und Kulturarbeiter_innen: eingreifende Wissenschaft im Kontext gesellschaftlicher Emanzipation

Wie kommen wir zu einer Konzeption eingreifender Kulturanthropolog_innen in einer Doppelrolle als Forscher_innen und Kulturarbeiter_innen? Wenn Forschung als „eingreifende Wissenschaft"[7] gilt, dann gibt es einen klaren gesellschaftlichen Auftrag an Intellektuelle, nämlich sich aus ihrer privilegierten Position heraus für eine Transformation der gesellschaftlichen Macht- und

und Kulturproduktion im Kooperationsschwerpunkt Wissenschaft und Kunst der Universität Salzburg und Universität Mozarteum angesiedelt war. Zum Projekt siehe Elke Zobl / Laila Huber: Making Art – Taking Part! Negotiating Participation and the Playful Opening of Liminal Spaces in a Collaborative Process. In: *Conjunctions. Transdisciplinary Journal of Cultural Participation* 1 (2016): Playful Participation. http://www.conjunctions-tjcp.com/article/view/23644 (Zugriff am 18.04.2017).

7 *Eingreifende Wissenschaft* verwende ich in Anlehnung an den von Egon Leitner für Pierre Bourdieus Schaffen geprägten Begriff und übertrage und erweitere diesen auf eine *eingreifende Kulturanthropologie* (vgl. Egon Leitner: *Bourdieus eingreifende Wissenschaft. Handhab(ung)en.* Wien: Turia + Kant 2000). Eine eingreifende Kulturanthropologie in diesem Sinn zielt auf die Veränderung der Machtverhältnisse und Ressourcenverteilung des Status quo hin zu mehr sozialer Gerechtigkeit.

Unterdrückungsverhältnisse einzusetzen. Aber in welcher Form können Intellektuelle ihr Wissen und ihre Werkzeuge in den Dienst des demokratiepolitischen Ziels gesellschaftlicher Emanzipation stellen? Ich sehe hierfür zwei zentrale und sich ergänzende Zugänge: Zum einen geht es um die Produktion von Wissen, das einen kritischen Blick auf den gesellschaftlichen Status quo richtet, die Funktionsweise von Machtmechanismen aufzeigt und den Blick für Möglichkeiten des Eingreifens und der Veränderung schärft. Zum anderen geht es um das konkrete Handeln, das unterschiedliche Formen annehmen kann – sei dies durch die Beteiligung von Intellektuellen in sozialen Bewegungen und politischem Aktivismus, in der institutionalisierten Politik oder in Feldern der Vermittlung und Bildungsarbeit sowie der Kulturarbeit.

Eingreifende Wissenschaft/Kulturanthropologie: forschen und intervenieren

Die Frage des gesellschaftlichen Eingreifens ist eine politische und stellt sich an Kulturanthropolog_innen sowohl in ihrer Forschung als auch in ihrem gesellschaftlichen Handeln, das über das akademische Feld hinausreicht. Neben den Cultural Studies waren es vor allem die Gender Studies und Postcolonial Studies, die auf die Zusammenhänge von *class*, *race* und *gender* im Sinne intersektionaler Überlagerungen von Ungleichheitsverhältnissen aufmerksam gemacht, ihre Theoriebildung in enge Verbindung zu biographischer Erfahrung sowie zu sozialen Bewegungen gesetzt und mit Forderungen der Veränderung des gesellschaftlichen Status quo verknüpft haben. Es geht in all diesen Ansätzen um die Verbindung der wissenschaftlich-forschenden Tätigkeit mit einem gesellschaftlich-eingreifenden Tätigsein. Ähnlich wie sich Stuart Hall zu den Cultural Studies als politischem Theorieprojekt bekennt[8] oder Pierre Bourdieu eine engagierte Wissenschaft entwarf und praktizierte[9], könnte auch die Kulturanthropologie ihr Tätigkeitsfeld nicht allein als akademisches Projekt, sondern als politische Kulturarbeit verstehen. Dabei ist die Frage nach dem politischen Selbstverständnis als Intellektuelle_r zentral: Woher komme ich und mit welcher Perspektive betreibe ich Forschung? Welches Wissen wird dabei von wem, wie produziert? Und wie wird dieses Wissen vermittelt? Wie können empirische

8 Stuart Hall: *Cultural Studies. Ein politisches Theorieprojekt. Ausgewählte Schriften*, Bd. 3, aus d. Engl. v. Nora Räthzel. Hamburg: Argument 2000.

9 Pierre Bourdieu: *Gegenfeuer. Wortmeldungen im Dienste des Widerstands gegen die neoliberale Invasion*. Konstanz: UVK 1998; ders.: *Gegenfeuer 2. Für eine europäische soziale Bewegung*. Konstanz: UVK 2001.

Forschung, Analyse und Theorieproduktion mit konkretem Handeln verbunden werden?
Beate Binder und Sabine Hess haben 2013 eine aktuelle Positionierung einer eingreifenden Kulturanthropologie vorgelegt, in der sie insbesondere auf die feministische Genealogie der Infragestellung und Intervention in akademische Institutionen und ihre Verknüpfung mit feministischen Bewegungen Bezug nehmen. Unter dem Vorzeichen eines Wissenschaftsverständnisses, das „Wissenschaft selbst als eine kritische Praxis versteht"[10], zeichnen sie die transnationale Genealogie einer „engaged anthropology" nach.[11] Vergleichbare Ansätze mit einem „kritische[m], auf soziale Kämpfe gerichtete[m] Engagement" haben sich in der deutschsprachigen Kulturanthropologie erst in den 1970er und 80er Jahren herausgebildet – im Kontext des Paradigmenwechsels im Fach von der „Volkskunde" hin zum Vielnamenfach der „Empirischen Kulturwissenschaft_Europäischen Ethnologie_Kulturanthropologie".[12] Dieses Engagement im Sinne einer Parteilichkeit für marginalisierte soziale Gruppen bezeichnet Bernd Jürgen Warneken auch als das „Leitmotiv Widerständigkeit", welches die Weiterentwicklung des Faches und seines Selbstverständnisses maßgeblich prägen sollte.[13] Im Zuge des Paradigmenwechsels vollzogen sich der Bruch mit einer kulturkonservativen Haltung – die ihren Ausdruck im Bestreben einer Bewahrung von Tradition, Brauchtum, Besitzverhältnissen und einer Reproduktion bestehender gesellschaftlicher Machtverhältnisse fand – und die Hinwendung zu einer verstärkt kulturkritischen Haltung, die auf eine Umverteilung kultureller, sozialer und ökonomischer Ressourcen/Kapitalien zielte. Parallel dazu vollzog sich ebenso ein Bruch bzw. eine Erweiterung in Bezug auf die außerakademischen Tätigkeitsfelder. Laut Walter Hartinger bewegte sich die Diskussion dabei zunehmend zwischen den Polen „Heimatpflege" und „kritische Sozialarbeit".[14] Mir scheint jedoch, dass sich das Bild hegemoniekritischer, linkspolitisch verorteter Kulturarbeiter_innen als Praxismodell der zeitgenössischen

10 Beate Binder / Sabine Hess: Eingreifen, kritisieren, verändern. Genealogien engagierter Forschung in Kulturanthropologie und Geschlechterforschung. In: Dies. / Friedrich von Bose / Katrin Ebell / Anika Keinz (Hrsg.): *Eingreifen, Kritisieren, Verändern!? Interventionen ethnografisch und gendertheoretisch*. Münster: Westfälisches Dampfboot 2013, S. 22–54, hier S. 31–32.

11 Vgl. ebd., S. 30–37.

12 Ebd., S. 32.

13 Bernd Jürgen Warneken: *Die Ethnographie popularer Kulturen. Eine Einführung*. Wien: Böhlau 2006, S. 207–330.

14 Walter Hartinger: Volkskunde zwischen Heimatpflege und kritischer Sozialarbeit. In: Klaus P. Hansen (Hrsg.): *Kulturbegriff und Methode. Der stille Paradigmenwechsel in den Geisteswissenschaften*. Tübingen: Narr 1993, S. 41–57.

Kulturanthropolog_innen bisher nicht in der gleichen Weise festigen konnte, wie es das Bild des ,Volkskundlers' als ,Volksbildner' in der Vergangenheit getan hatte.[15] Woran liegt das?

Vom ,Volkskundler' als ,Volksbildner' zur kritischen Kulturarbeiter_in

Beate Binder und Sabine Hess halten fest, dass es von Wilhelm Heinrich Riehl bis zur NS-Volkskunde darum ging, „Sinnstiftungen zu liefern, die über den engeren Bereich der Wissenschaft hinaus wirksam werden sollten."[16] In diesem Kontext spielten nicht zuletzt die sogenannten ,Laienforscher' eine zentrale Rolle, die insbesondere in kulturkonservativer Haltung einer „bewahrenden Mission nachgingen und in Vereinen der Brauchtumspflege etc. engagiert waren."[17] Wer aber sind die ,Laienforscher_innen' im Kontext einer kritischen Kulturarbeit – oder wer könnten diese sein? Und ist der Begriff ,Laienforscher_in' überhaupt der passende? Mit welchen sozialen Gruppen oder Subjektivitäten gilt es, Prozesse kollaborativer Wissensproduktion zu initiieren? Die zentrale Frage ist also, mit welchem Bildungsverständnis und Bildungsauftrag Kulturanthropolog_innen im Praxisfeld der Bildungs- und Kulturarbeit agieren.

Ich denke, es muss um eine Reartikulierung der politischen Dimension und Perspektivierung von akademischer sowie außerakademischer Wissensproduktion der Kulturanthropologie gehen – um eine emanzipatorische Kultur- und Bildungsarbeit, die sich auch als solche positioniert und deklariert. Für den Schritt von Kulturanthropolog_innen ins Praxisfeld der Kultur- und Bildungsarbeit besteht in der Erweiterung des eigenen Selbstverständnisses die Voraussetzung, wie dies Christoph Zens-Petzinger festhält:

15 Beispielsweise sahen sich Viktor von Geramb sowie Hanns Koren als ,Volkskundler' dem ,Volk' mit einem traditionsbewahrenden Bildungsauftrag verpflichtet (vgl. Huber: De-Collage Re-Collage, S. 39).

16 Binder / Hess: Eingreifen, kritisieren, verändern, S. 26–27.

17 Ebd., S. 27. Als Praxisfeld nennen Binder und Hess auch den Museumsbereich, wobei hier anzumerken ist, dass sich seit dem Reflexive Turn der *new museology* hierzu ein kritisches Diskursfeld herausgebildet hat (vgl. ebd.), während im modernen Museum Bildung vorrangig als Herrschaftstechnik verstanden wurde, denn „an den Orten der Repräsentation soll[t]en bürgerliche Werte gelernt und verinnerlicht werden" (Beatrice Jaschke / Nora Sternfeld: Einleitung. Ein educational turn in der Vermittlung. In: Dies. / schnittpunkt (Hrsg.): *educational turn. Handlungsräume der Kunst- und Kulturvermittlung.* Wien: Turia + Kant 2012, S. 13–23, hier S. 16).

> Nicht der Standpunkt des ausschließlichen Beobachters [...] ist [gefragt], sondern [...] die Stellungnahme und praktisches Engagement. Voraussetzung ist nicht nur forschendes Lernen, sondern darüber hinaus forschendes Handeln.[18]

Zens-Petzinger forderte 1991 eine Kulturpolitik und Kulturarbeit, die „Kommunikationsmöglichkeiten und -räume eröffnen"[19] und gesellschaftliche Mitgestaltung durch kulturelle Teilhabe ermöglichen. In diesem Sinn müsste im Fach eine Diskussion darüber angestoßen werden, was ‚Kulturarbeit' heute aus Sicht einer hegemoniekritischen Kulturanthropologie bedeutet. Kulturanthropolog_innen müssten sich auch öffentlich in den Bereich der Kulturarbeit hineinreklamieren, nicht – wie bisher üblich – in Belangen der ‚Volkskultur', sondern in Belangen einer kritischen Kulturarbeit mit dem Anspruch der Dekonstruktion bestehender Machtverhältnisse. Es fehlt bisher der innerfachliche Diskurs über ein politisches Selbstverständnis, das sich in kulturpolitischer und kulturarbeiterischer Tätigkeit öffentlich sichtbar verortet und das mit einem Diskurs der Dekonstruktion und Transformation bestehender Machtverhältnisse verknüpft ist. Für eine diskursive Rahmung der Doppelrolle als hegemoniekritische Kulturanthropolog_innen/Kulturarbeiter_innen schlage ich das Zusammendenken von drei diskursiven Formationen vor: 1) die Annäherungen zwischen Kunst und Ethnographie, 2) Ansätze partizipativer Forschung und partizipativer Kunst sowie 3) Ansätze der kritischen und radikalen Pädagogik, die im Feld der Kunst- und Kulturvermittlung Eingang gefunden haben.

Ansätze der Repräsentationskritik im Kontext von Ethnographie und Kunst. Kunst und Ethnographie auf der Suche nach ‚anderen Bildern'

Judith Laister nennt drei Stränge der Annäherung zwischen Kunst und Ethnographie, die als zielführend für die Produktion ‚anderer Bilder' in Ethnographie und Kunst erscheinen: 1) die „dialogischen, polyphonen und performativen Forschungsansätze", 2) die „Picturing-Culture-Critique" in der Folge des Pictoral Turn und der Kritik an den neuen Machtimplikationen visueller Ethnographien

18 Christoph Zens-Petzinger: Kulturanthropologie und Kulturarbeit in der kommunalen Praxis. In: Heinz Schilling / Ina-Maria Greverus (Hrsg.): *Kultur als Beruf. Kulturanthropologische Praxis nach dem Examen*. Frankfurt am Main: Institut für Kulturanthropologie und Europäische Ethnologie der Universität Frankfurt am Main 1991, S. 179–196, hier S. 185.

19 Ebd., S. 183.

und Repräsentationen sowie 3) den Ethnographic Turn in der Gegenwartskunst.[20] Diese drei Stränge sind nicht als voneinander getrennte Bereiche oder ausschließlich chronologische Abfolgen zu verstehen, sondern stellen vielmehr unterschiedliche Schnittstellen von Kunst und Ethnographie dar, die gleichwohl miteinander in Verbindung stehen und sich bisweilen überlagern.
Sowohl in der Ethnographie als auch in der zeitgenössischen (bildenden) Kunst führte eine verstärkte Reflexion der eigenen Position als Ethnograph_in/Künstler_in sowie darauf aufbauend eine Reflexion der Konstruktion des ‚Anderen' und des ‚Selbst' dazu, über neue/andere Formen der Repräsentation sowie über das eigene Handeln und Denken im Kontext vielfältiger Machtbeziehungen und -verstrickungen nachzudenken. Ausdruck fanden diese Entwicklungen u. a. im Kontext des Aesthetic Turn in der Ethnographie und des Ethnografic Turn in der zeitgenössischen (bildenden) Kunst.
Künstler_innen und Ethnograph_innen, die sich selbst als engagierte Intellektuelle und ihr Tun im Kontext gesellschaftlicher Emanzipation und Transformation verorten, intervenieren in das gleiche Feld (sozialer Ungleichheiten), jedoch mit unterschiedlichen konkreten Zielen: Ethnograph_innen intervenieren mit dem Ziel des Verstehens und der intersubjektiven Nachvollziehbarkeit sowie der Objektivierung in Bezug auf die strukturellen Machtverhältnisse; Künstler_innen intervenieren mit dem Ziel des Aufzeigens, Irritierens, Bewusstmachens und temporären Eingreifens. Hier schließt sich der Kreis zur Frage nach Intervention und Transformation der sozialen Welt. Der Dreh- und Angelpunkt für ein neues Verständnis intellektueller (ethnographischer und künstlerischer) Arbeit im Dienste der Repräsentationskritik liegt in einer grundlegenden Infragestellung der Machtposition und des machtvollen und epistemisch gewaltvollen Handelns durch die Repräsentation ‚Anderer' – also das stellvertretende Sprechen für ‚Andere'. Ein konsequentes Weiterdenken dieser Perspektive findet sich in der Erprobung neuer Wege der Zusammenarbeit von Intellektuellen (Künstler_innen und Ethnograph_innen) mit unterschiedlichen sozialen Gruppen und dem Herstellen von Situationen bzw. temporären sozialen Räumen zur Erprobung von Strategien der Selbstrepräsentation im Kontext partizipativer Kunst und partizipativer Forschung.

20 Judith Laister: Andere Bilder. Im Dienste ethnografischer Repräsentationskritik. In: Beate Binder (Hrsg.): *Kunst und Ethnographie. zum Verhältnis von visueller Kultur und ethnographischem Arbeiten*. Münster: Lit 2008, S. 20–30, hier S. 21.

Partizipative Kunst: dialogische und intervenierende Kunstpraxen

Seit den 1960er und 70er Jahren setzen sich Künstler_innen vermehrt mit partizipativen und intervenierenden künstlerischen Strategien auseinander. Diese sind als Teil der Genealogie eines erweiterten Kunstbegriffs zu verstehen, der die Grenzen zwischen Kunst und Alltag stetig neu verhandelt.[21] Seit den 1990er Jahren greifen künstlerische Praxen, die als ortsspezifisch, relational, dialogisch und sozial bezeichnet werden, diesen Faden wieder auf.[22] Mit diesen post-studio-Kunstpraxen haben sich nicht nur die Begrifflichkeiten, sondern zugleich die Rolle der Künstler_innen verändert. Der Fokus liegt nunmehr auf der Produktion von Situationen und temporären sozialen Räumen. Mit dem erweiterten Kunstbegriff kam es dabei zu einer Annäherung der künstlerischen an eine (qualitative) sozialwissenschaftliche Perspektive: die Auseinandersetzung mit dem Verstehen und Gestalten der sozialen Welt. Im Zentrum dieser Erweiterung des Kunstbegriffs stand eine Infragestellung der privilegierten Position der Künstler_innen, des Geniekults, der Autor_innenschaft sowie der Kunstinstitutionen als Machtapparate und des Kunstfeldes als Ort der symbolischen Reproduktion sozialer Ungleichheit. Diese selbstreflexive Wende brachte Künstler_innen dazu, sich vermehrt mit ‚unterprivilegierten'[23] sozialen Gruppen auseinanderzusetzen, zu solidarisieren und ihnen durch ihre Arbeiten eine „Stimme zu geben"[24] bzw. Räume zu öffnen, in denen künstlerisch-kulturelle Strategien der Selbstrepräsentation erprobt werden können. Ähnliche Überlegungen fanden und finden in der Entwicklung partizipativer Forschungsansätze statt.

21 Astrid Wege: Partizipation. In: *Begriffslexikon zur zeitgenössischen Kunst*, hrsg. v. Hubertus Butin. Köln: Snoeck 2014, S. 275–280.

22 Vgl. dazu z. B. Claire Bishop: *Artificial Hells. Participation and the Politics of Spectatorship*. London / New York: Verso 2012.

23 Mit „unterprivilegiert" bezeichne ich jene sozialen Gruppen, deren Position im Sozialen Raum – im Sinne Pierre Bourdieus – ihre Verfügungsmacht über ökonomisches, soziales und kulturelles Kapital einschränkt. Bourdieu bezeichnet diese als „schlechthin Beherrschte" – wobei sich die Intellektuellen als „beherrschte Herrschende" bzw. Beherrschte des Feldes der Macht mit ersteren in einer Homologie der Position befinden, die eine potentielle Basis für solidarisches Handeln darstellt (vgl. Markus Schwingel: *Pierre Bourdieu zur Einführung*. Hamburg: Junius 1998, S. 121).

24 „Give a voice" wird mittlerweile als paternalistische Haltung verstanden und stattdessen die Frage der Selbstrepräsentation ins Zentrum der Zusammenarbeit von Künstler_innen und ‚unterprivilegierten' Personengruppen gestellt.

Partizipative Forschung: forschen, intervenieren, verändern

Mit den Begriffen partizipative Forschung, Aktionsforschung, Teamforschung, *participatory action research*, *community-based participatory research* etc. werden unterschiedliche Ansätze partizipativer Forschungspraxen benannt – sie alle verbindet der Anspruch des Eingreifens in gesellschaftliche Kontexte und deren Veränderung durch das gemeinsame Forschen.[25] Hella von Unger versteht partizipative Forschung als Beispiel dafür, wie sich Grenzen zwischen Wissenschaft und Gesellschaft verschieben und neue Formen der Wissensproduktion entstehen.[26] Die doppelte Zielsetzung partizipativer Forschung ist es, „nicht nur zu forschen, sondern auch zu handeln und dadurch soziale Wirklichkeit nicht nur zu verstehen, sondern auch zu verändern."[27] Durch den wiederkehrenden Zyklus von Aktion und Reflexion im Forschungsprozess wird ein situatives Wissen produziert, das als Erfahrung übertragbar ist und als Teil von Bildungs- und Politisierungsprozessen gesehen werden kann.

In Bezug auf partizipative Forschungsansätze in der Kulturanthropologie nimmt Marion Hamm kritisch distanziert die Fallstricke dieser Ansätze in den Fokus und fragt, unter welchen Bedingungen Forschen überhaupt partizipativ sein kann – „im Sinne des politischen Begriffs, der den Aspekt der Mitbestimmung beinhaltet."[28] Das Diskurs- und Praxisfeld der kritischen Kunst- und Kulturvermittlung erweist sich dabei als Möglichkeitsraum für eine Weiterentwicklung partizipativer Forschung insbesondere in der Verschränkung mit partizipativen künstlerischen Praxen.[29]

25 Siehe dazu Peter Reason / Hilary Bradbury (Hrsg.): *Handbook of Action Research.* London: Sage 2001; Sara Kindon / Rachel Pain / Mike Kesby (Hrsg.): *Participatory Action Research Approaches and Methods. Connecting People, Participation and Place.* New York: Routledge 2007.

26 Hella von Unger: *Partizipative Forschung. Einführung in die Forschungspraxis.* Wiesbaden: Springer 2014, S. 6.

27 Ebd., S. 35.

28 Marion Hamm: Engagierte Wissenschaft zwischen partizipativer Forschung und reflexiver Ethnographie. Methodische Überlegungen zur Forschung in sozialen Bewegungen. In: Binder / von Bose / Ebell / Keinz / Hess (Hrsg.): *Eingreifen, Kritisieren, Verändern!?*, S. 55–72, hier S. 61.

29 Vgl. Zobl / Huber: Making Art – Taking Part!; Nora Landkammer: Vermittlung als kollaborative Wissensproduktion und Modelle der Aktionsforschung. In: Bernadette Settele / Carmen Mörsch (Hrsg.): *Kunstvermittlung in Transformation.* Zürich: Scheidegger & Spiess 2012, S. 199–211.

Kritische Kunst- und Kulturvermittlung

In dem Diskurs- und Praxisfeld der kritischen Kunst- und Kulturvermittlung – wie dieses im deutschsprachigen Raum vor allem durch das Institute for Art Education an der Zürcher Hochschule der Künste geprägt wird – laufen zeitgenössische Ansätze der Dekonstruktion mit Überlegungen aus einer post- und dekolonialen sowie queer-feministischen Pädagogik zusammen. Carmen Mörsch spricht von vier Diskursen, die sich auf das institutionelle Feld beziehen, die jedoch auch anschlussfähig an eine Kulturarbeit außerhalb der Institutionen erscheinen.[30] Sie unterscheidet zwischen affirmativen und reproduktiven Diskursen, die für ein bewahrendes und tendenziell machterhaltendes Kulturverständnis stehen, sowie dekonstruktiven und transformativen Diskursen, die ein auf Veränderung gerichtetes und hegemoniekritisches Kulturverständnis vertreten. Die Diskurse der Dekonstruktion und Transformation hinterfragen die Bedingungen der Wissensproduktion selbst und weisen damit über die Institutionen hinaus in das nicht-institutionalisierte Feld der Kulturarbeit. Dekonstruktive und transformative Elemente sind u. a. Teil des *educational turn in curating* und des *educational turn in education*. Beide Turns setzen sich mit dem Aspekt des Vermittelns – zum einen im Handlungsfeld des Kuratierens, zum anderen im Handlungsfeld der Kunstvermittlung – auseinander und sind für meine weitere Argumentation in Bezug auf einen Educational Turn in der Kulturanthropologie von Interesse.

Educational turn in curating und *educational turn in education*

Seit dem Reflexive Turn in der Ausstellungstheorie beginnend mit den 1990er Jahren gerieten „alle Bedingungen des Aus- und Darstellens sowie die damit verbundenen Logiken der Institutionen in den Blick“[31] und dekonstruktive Ansätze wurden verstärkt diskutiert. In diesem Kontext steht auch der *educational turn in curating*, bei dem es laut Irit Rogoff[32] um „die Erprobung von Möglichkeiten einer alternativen Wissensproduktion [geht], die sich

30 Carmen Mörsch: Am Kreuzungspunkt von vier Diskursen. Die documenta 12 Vermittlung zwischen Affirmation, Reproduktion, Dekonstruktion und Transformation. In: Dies. / Forschungsteam der documenta 12 Vermittlung (Hrsg.): *Kunstvermittlung II. Zwischen kritischer Praxis und Dienstleistung auf der documenta 12. Ergebnisse eines Forschungsprojekts.* Zürich / Berlin: Diaphanes 2009, S. 9–33.

31 Jaschke / Sternfeld: Einleitung, S. 15.

32 Irit Rogoff: Wenden. In: schnittpunkt / Jaschke / Sternfeld (Hrsg.): *educational turn*, S. 27–54.

mächtigen Wissensformen widersetzt, sie ergänzt, hintertreibt, unterwandert oder herausfordert."[33] Beatrice Jaschke und Nora Sternfeld sprechen weiterführend von einem *educational turn in education*, im Zuge dessen sich ein „avanciertes Segment von Vermittler_innen herausgebildet [habe], die Vermittlung in ihrem Alltag und ihrer Praxis neu definieren"[34]. Es geht dabei um eine kritische Auseinandersetzung mit ihrer eigenen Rolle in und außerhalb der Institutionen, mit Bezugnahme auf Ansätze der kritischen und radikalen Pädagogik – besonders auf jene von Paulo Freire und bell hooks.[35] In Anlehnung an diese Ansätze werden Vermittlungsarbeit und Bildung als Prozesse der Politisierung verstanden. Das Hinterfragen und die Dekonstruktion von Machtmechanismen stellen dabei die Basis für die Entwicklung selbstermächtigender Handlungsstrategien und Formen der Selbstrepräsentation dar.

Kritische und radikale Pädagogik

Eine *engaged pedagogy*, wie sie bell hooks vertritt, wurde für den deutschsprachigen Raum erstmals 2016 von Belinda Kazeem-Kamiński vorgestellt. Diese ist zum Bereich der *critical pedagogy* zu zählen, für die es essentiell ist, Bildung nicht „ausschließlich als Herrschaftsinstrument, sondern auch als Mittel zur Befreiung"[36] zu verstehen. Mit ihren Arbeiten bringt bell hooks eine feministische Perspektive in die Kritische Pädagogik ein.[37] Sie bezieht sich dabei zentral auf Paulo Freire und erweitert seine Ansätze um eine vertiefte rassismuskritische und sexismuskritische Perspektive. Dialog und Kommunikation sind bereits bei Freire Kernstücke seiner *Pädagogik der Unterdrückten*,[38] und auch hooks setzt zentral am Dialog als Methode an, um Theorie in die soziale Praxis zu überführen.[39]

33 Jaschke / Sternfeld: Einleitung, S. 16.

34 Ebd., S. 18.

35 Paulo Freire: *Pädagogik der Unterdrückten. Bildung als Praxis der Freiheit* [1970]. Reinbek: Rowohlt 1978; bell hooks: *Teaching to Transgress. Education as the Practice of Freedom.* New York / London: Routledge 1994. Die Kleinschreibung von bell hooks hat mehrere Bedeutungen: zum einen steht der Kunstname und die selbstgewählte Namensgebung von Gloria Jean Watkins für einen Raum des Widerstands, zum anderen soll die Kleinschreibung darauf hinweisen, dass die Inhalte und nicht die Autorin das Zentrale sind (vgl. Belinda Kazeem-Kamiński: *Engaged Pedagogy. Antidiskriminatorisches Lehren und Lernen bei bell hooks.* Wien: Zaglossus 2016, S. 26–27).

36 Ebd., S. 90.

37 Ebd., S. 96.

38 Vgl. ebd., S. 85.

39 Vgl. ebd., S. 141.

> To engage in dialogue is one of the simplest ways we can begin as teachers, scholars, and critical thinkers to cross boundaries, the barriers that may or may not be erected by race, gender, class, professional standing, and a host of other differences.[40]

In der Beziehung zwischen Lehrer_innen und Schüler_innen wird davon ausgegangen, dass „alle Menschen (voneinander) Lernende und (einander) Lehrende sind".[41] Es ist nicht zuletzt das konflikthafte Dialogisieren zentral, wenn es darum geht, die eigene Verfasstheit und Inkorporierung von Machtverhältnissen und Mechanismen von Diskriminierung – wie Sexismus, Rassismus und Klassismus – zu reflektieren. Das Verständnis bell hooks' von Dialog verweist auch auf ihre Sicht auf den Klassenraum und/oder jeden anderen Raum der Vermittlung, denn sie perspektiviert ihn „als radikalsten Raum möglicher Veränderung".[42] Kazeem-Kamiński attestiert hooks Ansatz ein „großes Maß an Offenheit", welches

> wiederum eine Anwendung der Prinzipien einer engagierten Pädagogik weit über den universitären oder schulischen Rahmen hinaus [fördert], auch in äußerst heterogenen Kontexten, wie etwa der politischen Erwachsenenbildung oder Jugendarbeit. Die Gemeinsamkeit dieser Räume ist, dass Wissen – in welcher Form auch immer – vermittelt wird.[43]

Für einen Educational Turn in der Kulturanthropologie

Im Folgenden greife ich Ansätze aus der (schulischen) Kunstvermittlung auf, die ich im Sinne bell hooks' auf Vermittlungssituationen allgemein in der Kultur- und Bildungsarbeit übertrage. Sowohl Dipti Desais[44] Überlegungen zu einem *ethnographic turn in art education* als auch Rubén Gaztambide-Fernandez[45] Verständnis von *kultureller Produktion* in der Bildung bieten hierzu Anknüpfungspunkte, für die Entwicklung eines Methodendispositivs an der Schnittstelle von

40 hooks: *Teaching to Transgress*, S. 139, zit. n. Kazeem-Kamiński: *Engaged Pedagogy*, S. 141.

41 Ebd., S. 88.

42 Ebd., S. 101.

43 Ebd., S. 125.

44 Dipti Desai: The Ethnographic Move in Contemporary Art. What Does It Mean for Art Education? In: *Studies in Art Education* 43,4 (2002), S. 307–323.

45 Rubén Gaztambide-Fernandez: Warum die Künste nichts tun? Auf dem Weg zu einer neuen Vision für die kulturelle Produktion in der Bildung. In: Gunhild Hamer (Hrsg.): *Wechselwirkungen. Kulturvermittlung und ihre Effekte*. München: Kopaed 2014, S. 51–86.

partizipativer Forschung und partizipativer Kunst sowie der Verschränkung ethnographischer Methoden und Methoden kultureller Produktion.

Die Rolle der Ethnographie in der Kunst- und Kulturvermittlung

Vor dem Hintergrund des erweiterten Kunstbegriffs im Kontext partizipativer Kunst sowie der Annäherung zwischen Kunst und Ethnographie hält Dipti Desai es für angebracht, ethnographische Methoden in den Kunstunterricht zu integrieren. Damit verbunden sieht sie ganz wesentlich eine Möglichkeit der Politisierung. Sie unterstreicht die Zentralität der Selbstreflexion in partizipativen Kunstprojekten und hebt hervor, dass ethnographische Methoden hierzu ein geeignetes Werkzeug darstellen; Ethnographie in der Bildungsarbeit einzusetzen, bietet die Möglichkeit, Bildung und Alltag zu verknüpfen:

> Doing ethnography as an integral component of the artistic process in schools is an effective way of connecting curriculum to community. Through active participation in their communities (fieldwork) students are not only motivated to learn but, in the process, develop intellectual, social, and verbal skills. This method also provides an avenue for people in the students' communities to tell their life stories and thereby construct a more nuanced understanding of history, culture, and community.[46]

Kunst, Kunstausbildung und Kunstvermittlung stellen ein wichtiges Interventionsfeld für kritische Bildungsarbeit dar, gerade da in und über Kunst soziale Distinktion (Ein- und Ausschlussmechanismen) ein- und ausgeübt wird. Dies ist ein weiterer Grund dafür, als Kulturanthropolog_innen das Feld der Kulturvermittlung bzw. der Kultur- und Bildungsarbeit als Praxisfeld um sich verschränkende ethnographische Methoden und Methoden der kulturellen Produktion/Intervention zu erweitern. Methoden der kulturellen Produktion/Intervention sind dabei als das bewusste Einsetzen gestalterischer Strategien zur Herstellung von Öffentlichkeit und der Intervention in Öffentlichkeiten zu verstehen.[47]

46 Desai: The Ethnographic Move in Contemporary Art, S. 320.

47 Vgl. Siglinde Lang / Elke Zobl: „Taking cultural production into our own hands". Kulturelle Bedeutungsprozesse im Kontext zeitgenössischer Kunst. In: Ricarda Drüeke / Susanne Kirchhoff / Thomas Steinmaurer / Martina Thiele (Hrsg.): *Zwischen Gegebenem und Möglichem. Kritische Perspektiven auf Medien und Kommunikation. Festschrift für Elisabeth Klaus.* Bielefeld: Transcript 2015, S. 237–249.

Die Rolle kultureller Produktion in Bildungskontexten

Rubén Gaztambide-Fernandez setzt genau bei der Kritik und Dekonstruktion des Diskurses über die Künste im Bildungsbereich an. Ihm zufolge ist im Kontext der (schulischen) Kunst- und Kulturvermittlung ein Perspektivenwechsel notwendig, weg vom elitär und eurozentrisch aufgeladenen Begriff der ‚Kunst'/‚Künste' hin zu einem Verständnis „symbolischer und kultureller Arbeit" als „kulturelle[r] Produktion" im Sinne der Cultural Studies.[48] Dies mag insbesondere dann gelten, wenn es in der Bildungsarbeit um eine politische Perspektivierung „symbolischer Kreativität" sowie das Vermitteln und Erproben von Formaten der Selbstrepräsentation geht.[49] Seine Dekonstruktion des Kunstbegriffs zielt auf ein Verständnis von „Kultur als Praxis", in dem auch Kunst/die Künste als soziale Praxis verstanden werden.[50] Es geht ihm um eine Fokusverschiebung weg von den Ergebnissen hin zu den Prozessen und Erfahrungen. Kulturelle Produktion ist für Gaztambide-Fernandez gleichbedeutend mit gesellschaftlicher Partizipation.[51] Er unterscheidet in dieser Hinsicht drei Dimensionen: 1) die materielle Arbeit (*material work*), 2) die symbolische Arbeit (*symbolic work*) und 3) die relationale Arbeit (*relational work*). Diese drei Dimensionen kultureller Produktion stehen also gleichzeitig für drei Dimensionen der Partizipation. Gaztambide-Fernandez zielt darauf ab, den Raum der (schulischen) Kunstvermittlung mit einer Theorie und Praxis kultureller Produktion/Partizipation neu zu besetzen. Ausgehend von der alltäglichen symbolischen Kreativität und symbolischen Arbeit der Jugendlichen geht es darum, Politisierungsprozesse anzuregen, indem in Prozessen partizipativer Forschung insbesondere Formen kultureller Produktion zum Einsatz kommen, die das Erproben von öffentlicher (Selbst-)Repräsentation ermöglichen.[52]

Die drei Ebenen der materiellen, symbolischen und relationalen Gestaltung der sozialen Welt bieten für Kulturanthropolog_innen und ihren Einsatz

48 Gaztambide-Fernandez: Warum die Künste nichts tun?, S. 56.

49 Zur Verbindung einer Perspektive kultureller Produktion und kritischer Pädagogik mit Fokus auf visuelle Kultur vgl. Kevin M. Tavin: Wrestling with Angels. Searching for Ghosts: Toward a Critical Pedagogy of Visual Culture. In: *Studies in Art Education* 44,3 (2003), S.197–213.

50 Vgl. ebd.

51 Im Folgenden beziehe ich mich auf den Vortrag „Creation/Participation. The Political Life of Cultural Production" von Rubén Gaztambide-Fernandez am 07.11.2016 in Salzburg.

52 Siehe z. B. „Proyecto Latin@" – ein partizipatives Forschungsprojekt des Toronto District School Board und des Ontario Institute for Studies in Education (University of Toronto), das sich mit den Bildungserfahrungen junger Latin@s in Torontos öffentlichen Schulen auseinandersetzt (https://wordpress.oise.utoronto.ca/proyectolatino/ (Zugriff am 29.04.2017)).

ethnographischer Methoden in der Kultur- und Bildungsarbeit einen möglichen Ansatzpunkt: Wenn es darum geht, die Praxen und symbolische Produktion aus dem je eigenen Alltag im partizipativen Prozess zu reflektieren und politisch zu perspektivieren kann dies entlang der drei Analyse- und Aktionsachsen physischer, imaginärer und sozialer Raum angeleitet werden:[53] So können bspw. in partizipativen Forschungsvorhaben diese drei Dimensionen kultureller Produktion und Partizipation analysiert und aufbauend darauf Handlungsstrategien der Intervention und Selbstrepräsentation entwickelt werden.
Vor diesem Hintergrund spreche ich von einer kritischen Kulturarbeit, die sich bewusst von einem elitären Kunstverständnis abgrenzt und einem Verständnis alltäglicher kultureller Produktion zuwendet. In diesem Kontext sind die Annäherungen zwischen Kunst und Ethnographie – in Bezug auf die Suche nach anderen Formen der Repräsentation und anderen Formen der Auseinandersetzung mit der sozialen Welt sowie in Bezug auf die Suche nach kollaborativen Formen der Wissensproduktion in partizipativen Kunst- und Forschungsprojekten – als Suchbewegungen zu verstehen, in denen es um eine Infragestellung der privilegierten Position als Intellektuelle geht. Dabei werden neue Formen der Kommunikation und des Austauschs mit sozialen Gruppen und Subjektivitäten hergestellt, die über das akademische und/oder künstlerische Feld hinausreichen. Mit den Ansätzen radikaler und kritischer Pädagogik wird letztendlich dort angesetzt, wo die Reproduktion sozialer Ungleichheit strukturell prominent Ausdruck findet – im Ausbildungswesen und Bildungssystem. Wenn wir als engagierte Intellektuelle nicht selbst dazu beitragen wollen, dass sich soziale Ungleichheit durch das Bildungswesen reproduziert, dann sollten wir unser eigenes Selbstverständnis als eines mit einem politischen Bildungsauftrag verstehen.

Fazit und Ausblick

„Von welcher politischen Perspektive aus träumen wir, sehen wir, sind wir schöpferisch tätig und bringen etwas in Gang?“[54] – mit dieser Frage bringt bell hooks jene Aspekte kondensiert auf den Punkt, die für eine kritische Bildungs- und

53 In Bezug auf die drei Raumdimensionen siehe Henri Lefebvres Konzept der Raumproduktion in *The Production of Space* (1974) sowie meine Bezugnahmen und Weiterentwicklung dazu in Laila Huber: *Topografie(n) des Möglichen (in) der Stadt Salzburg. Selbstorganisation und Partizipation an den Schnittstellen zu Kunst und Politik*. Dissertation, Universität Salzburg 2014.
54 bell hooks: *Black Looks – Popkultur – Medien – Rassismus*. Berlin: Orlanda 1994, S. 13.

Kulturarbeit zentral sind: das Imaginieren der sozialen Welt, das Wahrnehmen und Hinterfragen sowie das Gestalten und Transformieren der sozialen Welt. Ziel von Bildungs- und Kulturarbeit muss es sein, sowohl reflexive Werkzeuge zur Dekonstruktion als auch gestalterische Werkzeuge zur Intervention und Selbstrepräsentation zu vermitteln. Es geht darum, in einer kritischen Kulturarbeit durch das Einbeziehen ethnographischer Methoden den Fokus auf die sozialen (Macht-)Beziehungen zu lenken und in Verschränkung damit Formate kultureller Produktion als Werkzeuge der Selbstrepräsentation zu vermitteln. Dabei öffnet eine kritische, emanzipatorische Kultur- und Bildungsarbeit einen Zwischenraum zwischen „Vorhandenem" und „Möglichem".[55] In der Bildungs- und Kulturarbeit kann das Herstellen eines solchen Zwischenraums über den Dreischritt 1) Dekonstruktion von Machtverhältnissen, 2) Imagination von Alternativen, 3) Erproben von Handlungsstrategien erfolgen.

bell hooks' Antwort auf ihre Frage zielt dementsprechend auf die Strategien des Intervenierens, Repräsentierens und Handelns: „Es geht darum, die Bilder umzuwandeln, Alternativen zu schaffen."[56]

55 Ähnlich dem in der postkolonialen Theorie entwickelten Begriff des „third space of alternative enunciation" ist auch hier ein Zwischenraum der potentiellen Kritik am Status quo und der Artikulation von Alternativen gemeint (vgl. Edward Soja: Thirdspace. Toward a New Consciousness of Space and Spatiality. In: Karin Ikas / Gerhard Wagner (Hrsg.): *Communicating in the Third Space.* New York / London: Routledge 2009, S. 49–61, hier S. 58).

56 bell hooks: *Black Looks*, S. 13.

Methodische Impulse

Miriam Gutekunst / Maria Schwertl

Politiken ethnographieren

Die ethnographische Regimeanalyse als situierter Forschungsmodus entlang von Aushandlungen, Kämpfen und Situationen

Wie kann man Politiken und das Politische kulturanthropologisch unter die Lupe nehmen, wie lassen sie sich ethnographieren? Um die methodologische Frage nach dem Ethnographieren von Politiken zu beantworten, muss zunächst geklärt werden, was in der Volkskunde/Europäischen Ethnologie/Kulturanthropologie unter Politiken sowie dem Politischen überhaupt verstanden wird und wo wir uns in diesem Gefüge entsprechend mit spezifischen Forschungsdesigns und -perspektiven wie der ethnographischen Regimeanalyse, um die es in diesem Beitrag geht, verorten und positionieren. Wann und wo Politik stattfindet bzw. inwieweit Forschungen politisch (relevant) sind, interessiert das Fach nicht erst, seitdem sich mit der Anthropology of Policy eine eigene Forschungsrichtung formiert hat, die sich Politiken zuwendet.[1] Ein Ansatz wie die ethnographische Regimeanalyse, welche stark kulturanthropologisch geprägt ist, knüpft entsprechend an spezifische Selbstverständnisse und Haltungen im Vielnamenfach an, grenzt sich aber auch von anderen ab. Sie ist dabei ein ganz spezifischer, weil politisch situierter Modus einer Ethnographie von Politiken bzw. einer Anthropology of Policy und zugleich ein Modus einer politischen Ethnographie. Damit wurzelt sie stark in der Volkskunde/Europäischen

1 Janine R. Wedel / Cris Shore / Gregory Feldman / Stacy Lathrop: Toward an Anthropology of Public Policy. In: *Annals of the American Academy of Political and Social Science* 600 (2005): The Use and Usefulness of the Social Sciences: Achievements, Disappointments, and Promise, S. 30–51; Cris Shore / Susan Wright (Hrsg.): *Anthropology of Policy. Perspectives on Governance and Power.* New York: Routledge 1997; dies. / Davide Però (Hrsg): *Policy Worlds. Anthropology and the Analysis of Contemporary Power.* New York / Oxford: Berghahn 2011.

Ethnologie/Kulturanthropologie, in der das „Leitmotiv Widerständigkeit"[2] seit den 1970ern „zum zentralen Signum"[3] geworden ist und in der die Überzeugung prägend ist, „dass Volkskunde/Europäische Ethnologie auch kritisch in den politischen Raum hineinwirkt, dass sie einen kleinen Stachel im kollektiven Gewissen europäischer Gesellschaft und Wissenschaft bilden könne"[4].
Entsprechend wollen wir in diesem Beitrag zunächst schlaglichtartig die Politikbegriffe prominenter Fachvertreter*innen in den vergangenen vierzig Jahren erkunden, bevor wir die ethnographische Regimeanalyse als einen Modus des Ethnographierens von Politiken vorschlagen. Diesen wollen wir in einem letzten Schritt auch an dem empirischen Beispiel des Konstrukts ‚Scheinehe' als Aushandlungsfeld von Politiken der Migration veranschaulichen.

Das Politische in der Volkskunde / Europäischen Ethnologie

1975 verfasste Hermann Bausinger, der 1961 in *Volkskultur in der technischen Welt* bereits kurz über Bilder vom Staat als beseelte Maschinerie und technische Zentrale nachgedacht hatte,[5] einen kleinen Essay über die politische Kultur Baden-Württembergs. Bis in die 1980er Jahre beschäftigte sich das Vielnamenfach – anders als die Anthropology of Policy – nicht mit dem Substantiv *Politik* bzw. *Politiken*, sondern mit dem Adjektiv *politisch*. Es geht hier also eher um Modi des Seins denn um Gegenstände und bestimmte Sektoren. Bausinger schreibt:

> Der Begriff der politischen Kultur, der seit ungefähr zwei Jahrzehnten vor allem von amerikanischen Wissenschaftlern verwendet wird, zielt gerade auf den Bereich, der *vor* und *zwischen* den handfesten und greifbaren politischen Fakten liegt, auf die „psychologischen und subjektiven Dimensionen der Politik", auf ihre „Infrastruktur", auf die

2 Bernd Jürgen Warneken: *Die Ethnographie popularer Kulturen. Eine Einführung.* Wien: Böhlau 2006, S. 207 ff.

3 Beate Binder / Sabine Hess: Eingreifen, kritisieren, verändern. Genealogien engagierter Forschung in Kulturanthropologie und Geschlechterforschung. In: Dies. / Friedrich von Bose / Katrin Ebell / Anika Keinz (Hrsg.): *Eingreifen, Kritisieren, Verändern?! Interventionen ethnografische und gendertheoretisch.* Münster: Westfälisches Dampfboot 2013, S. 22–54.

4 Wolfgang Kaschuba: *Einführung in die Europäische Ethnologie.* München: Beck 2000, S. 115.

5 Hermann Bausinger: *Volkskultur in der technischen Welt.* Frankfurt am Main / New York: Campus 1961, S. 19.

> Orientierungsmuster und Einstellungen der Bevölkerung, die bestimmte Formen und Wege der Politik ermöglichen und andere erschweren oder unmöglich machen.[6]

Bausinger sieht die Kategorisierung verschiedener nationaler politischer Systeme, den empirisch-statistisch typologischen Vergleich verschiedener „politischer Kulturen", für den das Konzept gemeinhin Verwendung findet, überaus kritisch. Er wendet sich gegen die Konstruktion von Kollektiveigenschaften und Stammescharakteristiken; stattdessen nutzt er den Begriff der politischen Kultur, um auf „die *historische Bedingtheit*, die Gewordenheit und damit auch Veränderbarkeit"[7] von Kulturen und Selbstbildern aufmerksam zu machen. Im weiteren Verlauf des Aufsatzes führt er zwar verschiedene Aspekte an, die die politische Kultur Baden-Württembergs prägten (z. B. die fehlende urbane Kultur), und betont auch die regionale „Verquickung politischen und administrativen Handelns und die ‚korporative' Rolle der Familien" vor allem für das 18. Jahrhundert; dennoch manifestiert sich politisches Handeln für Bausinger vor allem in Ordnungen, Herrschaft, Machtsystemen oder, wie er schreibt: „Herrschaftsmoment[en]" oder „Herrschaftsstrukturen".[8]

Gerade darum, dem König den Kopf abzuschlagen und Politik zu ‚entstaatlichen' – also eher auf die Zivilgesellschaft als auf die Verwaltung zu blicken, eher auf den Alltag der ‚kleinen Leute' als auf den Alltag im Amt –, ging es jedoch der Volkskunde/Europäischen Ethnologie/Kulturanthropologie in ihren Beschäftigungen mit Dimensionen des Politischen von Anfang an. Dies entspricht der Perspektive des Faches, die Kaspar Maase 1999 nochmals zusammengefasst hat:

> Es geht darum, wie „Gesellschaft" und „Geschichte" [und man könnte hinzufügen: Politik und Herrschaft, Anm. d. Verf.] erfahren, gelebt und gedeutet wurden, und zwar im Alltag der vielen, die ihre Sicht auf die Dinge nicht eigenhändig und eigenständig der Nachwelt überliefern konnten, weil sie von Macht und Bildung ausgeschlossen waren.[9]

6 Hermann Bausinger: Zur politischen Kultur Baden-Württembergs. In: Ders. / Theodor Eschenburg / Fritz Endemann (Hrsg.): *Baden-Württemberg, eine politische Landeskunde*. Stuttgart: Kohlhammer 1975, S. 14–42, hier S. 13.

7 Ebd., S. 19.

8 Ebd.

9 Kaspar Maase: Vorwort zur 4. erw. Aufl. In: Hermann Bausinger / Utz Jeggle / Gottfried Korff / Martin Scharfe (Hrsg.): *Grundzüge der Volkskunde*. Darmstadt: WBG 1999, S. VII–XXI, hier S. IX–X.

Der Alltag wurde folglich politisiert bzw. als politisiert wahrgenommen.[10] Politik wurde „keineswegs mehr nur [als] die Domäne privilegierter Machthaber, sondern auch [...] [als] Aktionsfeld nichtprivilegierter Akteure“[11] verstanden. Politiken werden also aus kulturanthropologischer Perspektive nicht nur von Institutionen, Politiker*innen, Parteien und Lobbygruppen gemacht, sondern auch von denen, die regiert werden, und von den Infrastrukturen und Technologien, die zwischen diesen Akteuren vermitteln, wie auch die jüngere Anthropology of Policy nochmals betont: „Policies may originate with governments, businesses, supranational entities, non-governmental organizations (NGOs) or private actors, or any combination of these“[12]. Politiken sind damit „not simply external, generalised or constraining forces, nor are they confined to texts. Rather, they are productive, performative and continually contested“[13].
Carola Lipp gemahnt entsprechend in ihrem Beitrag „Politische Kultur oder das Politische und Gesellschaftliche in der Kultur“ aus dem Jahr 1996, dass die Dimensionen des Politischen dem Kulturbegriff der Aufklärung und des Vormärz noch durchaus inhärent waren.[14] „Die Entpolitisierung des Kulturbegriffs bzw. seine Verengung durch die Aufspaltung in Zivilisation und Kultur“[15] setzt Lipp in Abgrenzung zu Norbert Elias in Zusammenhang mit der Französischen Revolution, nach der die literarische Elite in Deutschland sich einem ästhetisierenden Kulturbegriff zugewendet habe, der nur noch Bildung, Kunst, Literatur und nicht mehr die politische Kultur umfasst habe. Kultur wurde hier zum Gegenteil der „Wirren der Politik“, was sich bis heute in einem engen, sektoralen Kulturbegriff auch gehalten hat. Lipp bezeichnet eine solche Trennung zwischen Lebenswelt und Öffentlichkeit, Politik und Privatem als absurd und setzt „die Frage nach der Beziehung zwischen dem Politischen und dem Kulturellen“ zentral.[16] Sie fordert damit indirekt eine Repolitisierung des Kulturellen und der Kulturwissenschaften ein.

10 Michaela Fenske: Einleitung. In: Dies. (Hrsg.): *Alltag als Politik – Politik im Alltag. Dimensionen des Politischen in Vergangenheit und Gegenwart. Ein Lesebuch für Carola Lipp.* Berlin: Lit 2010, S. 9–24, hier S. 10.

11 Ebd.

12 Wedel / Shore / Feldman / Lathrop: Toward an Anthropology of Public Policy, S. 1.

13 Cris Shore / Susan Wright / Davide Però: Introduction. In: Dies. (Hrsg.): *Policy Worlds*, S. 1–25, hier S. 1.

14 Carola Lipp: Politische Kultur oder das Politische und Gesellschaftliche in der Kultur. In: Wolfgang Hardtwig / Hans-Ulrich Wehler (Hrsg.): *Kulturgeschichte heute.* Göttingen: Vandenhoeck & Ruprecht 1996, S. 78–111.

15 Ebd., S. 81.

16 Ebd., S. 97.

Maase wiederum hat 1999 in seinem Vorwort zur 4. Auflage der *Grundzüge der Volkskunde* zwar nicht Kultur(wissenschaft) und Politik zueinander ins Verhältnis gesetzt, dafür aber Kultur und Herrschaft. Es gehe „um die Frage, wie in den kulturellen Formen und Medien des Alltags Herrschaft und Privilegien praktiziert und legitimiert werden".[17] In den *Grundzügen* werde dabei „von den vielfältigen Hierarchien und Machtstrukturen, die moderne Industriegesellschaften durchziehen", vor allem ein Aspekt zentral gesetzt: „die Gegensätze zwischen dem sozialen ‚Oben' und dem korrespondierenden ‚Unten', verstanden durchaus als ‚letztlich ökonomisch gegründete' Klassenverhältnisse".[18] Diese klassenspezifische Perspektivierung knüpft an einen seit den 1960er Jahren immer wieder deutlichen Strang marxistisch geprägter Forschung nicht nur in der deutsch-, sondern auch der englischsprachigen Kulturanthropologie an, die bis zum Ende des 20. Jahrhunderts durchaus stark auch die Beschäftigung mit Politik(en) im Fach prägten.[19] Wesentlich für diesen Strang kulturanthropologischer Beschäftigung mit Politiken und dem Politischen war, dass diese nicht nur dargestellt und kritisiert wurden, sondern auch immer wieder in sie eingegriffen wurde.[20] So schrieb Maase 1999, dass zur Erneuerung der Volkskunde seit den späten 1960er Jahren und den damaligen Auseinandersetzungen mit kritischer Kapitalismustheorie und marxistischen Ansätzen eben auch „Hoffnungen auf eine Veränderung der erstarrten bundesdeutschen Gesellschaft" gehörten, „die sich mit der Arbeiterbewegung verbanden".[21] Damit war die Anthropologie des Politischen auch immer wieder eine politische Anthropologie. Nur deshalb konnte Maase in seinem Vorwort schreiben:

> Volkskunde, die sich nicht gesellschaftsanalytisch informiert, die ihre Mikrostudien und dichten Beschreibungen nicht auf soziale Ungleichheit und Ungerechtigkeit, auf Machtakkumulation und Ausschluß, auf Naturalisierung des Status quo und Ethnozentrismus der Privilegierten hin perspektiviert, verliert ihre intellektuelle Autonomie; sie wird unkritisch und benutzbar.[22]

17 Maase: Vorwort, S. X.

18 Ebd.

19 Man denke z. B. an die Manchester School mit Max Gluckman und ihre Nachfolger wie James Ferguson oder Michael Buroway, an die Analysen des Centre for Contemporary Cultural Studies (CCCS) zu Rassismus und Klassenverhältnissen – vor allem die Arbeiten von E. P. Thompson sind hier zu nennen – oder an die ebenfalls marxistisch inspirierten Tübinger Studien zu Hegemonien, Arbeiterkultur und Protesten.

20 Vgl. Binder / Hess: Eingreifen, kritisieren, verändern.

21 Masse: Vorwort, S. XIV.

22 Ebd., S. XIII.

Die von Maase und Lipp geforderte Perspektivierung und Politisierung des Kulturbegriffs ist jedoch seit den 1990er Jahren zunehmend einer zumeist wenig positionierten, ethnographischen Politikforschung gewichen, in der es weniger um das Politische und mehr um Politiken und Policies geht. Diese werden also auch zu Forschungsgegenständen oder -perspektiven: Die Anthropology of Policy z. B. begreift Policies als „windows onto political processes in which actors, agents, concepts, and technologies interact in different sites, creating or consolidating new rationalities of governance and regimes of knowledge and power".[23] Demnach geht es ihr nicht primär darum zu definieren, was Politik oder politisch ist, und auch nicht darum, Alltag und Kultur als politisch zu begreifen, sondern (eher poststrukturalistisch) darum, was Menschen im Namen der Politik bzw. des Staates, der Demokratie etc. tun, also um Fragen wie die folgenden:

> What does policy mean [...]? What work does it do? Whose interests does it promote? What are its social effects? And how does the concept of policy relate to other concepts, norms or institutions within a particular society?[24]

Politiken können also nicht nur Forschungsgegenstand sein, sondern stellen auch eine analytische Perspektive dar. Es geht dann darum, wer wann warum und wie im Namen der Politik handelt und Politik als Vorstellung mobilisiert. Mit der Anthropology of Policy geht es weiterhin darum nachzuvollziehen, wie sich bestimmte Vorstellungen und Politiken durchsetzen bzw. naturalisiert werden, welche Elemente durch eine Politik miteinander in Beziehung gesetzt oder wie Staat(lichkeit) und Bürokratie in spezifischen Mikro-Interaktionen erst hergestellt werden. Entsprechend wird auch nicht mehr nur auf den Alltag der ‚kleinen Leute' geblickt, sondern im Sinne des *studying up* gerade auf Eliten (besonders in der Europäisierungsforschung).

Den positivistischen und neoinstitutionellen Zugängen der Politikwissenschaften, die auch in mikroanalytischen Beschäftigungen immer wieder Politik im engeren Sinn fokussieren, setzte die Anthropology of Policy damit vor circa zwanzig Jahren eine stark von Michel Foucault geprägte Perspektive entgegen, die vor allem auf die Policy (Arten, Methoden und Taktiken des Regierens) und nicht auf die Polity (Verfassungen und Formate) oder Politics (Prozess der

23 Shore / Wright / Però: Introduction, S. 2.
24 Ebd.

Politikbildung) blickte. Geprägt durch George Marcus' *multi-sited ethnography*[25] rücken besonders in letzter Zeit zudem – vor allem unter dem Schlagwort *studying through*[26] – immer wieder Aushandlungen und Herstellungsprozesse zwischen verschiedenen Akteuren in den Vordergrund. Indem Metaphern, Konflikten oder Materialitäten gefolgt wird, werden Wechselwirkungen, Übersetzungsprozesse, Übergänge und Zusammenhänge zwischen verschiedenen Akteuren und „Formationen des Politischen“[27] in den Blick genommen.

Rückblickend lässt sich konstatieren, dass es in den letzten 40 Jahren in der Kulturanthropologie einerseits immer weniger um das Politische in der Kultur gegangen ist. Dies ist durchaus positiv zu bewerten, schließlich hat die Volkskunde/Europäische Ethnologie/Kulturanthropologie ihren Blick geöffnet und ihren Anspruch, Alltag und nicht Kultur zu erforschen, eingelöst. Doch andererseits zeichnet sich in der Geschichte des Forschungsfeldes auch ab, dass kulturanthropologischen Beschäftigungen mit Politiken und dem Politischen immer auch die Frage der Positionierung und Politisierung inhärent war. Wenn wir also – wie in der aktuellen Anthropology of Policy – Politiken folgen und damit verschiedene Akteursgruppen politischer Felder in ihrer Interaktion und Dynamik darstellen, sollten wir uns diese Frage mehr denn je stellen: Wo positionieren wir uns und wo stehen wir in diesem Netzwerk, in diesen Aushandlungen? Gerade wenn wir Prozesse beforschen und Vielstimmigkeit darstellen, ist diese Frage brisant. Dies hat auch Beate Binder jüngst festgestellt und deshalb ein Forschen aus der Politik heraus statt (nur) über die Politik gefordert. Ausgehend von Überlegungen zu Geschlecht und Sexualität hat sie der Anthropology of Policy eine mangelnde Reflexivität für Normativierungen attestiert.[28] Im Anschluss daran stellen wir fest, dass die Anthropology of Policy zwar das *doing policy*, also die Prozesshaftigkeit und Aushandlungen, hervorzuheben vermag, dabei aber immer wieder das Forschen aus der Politik heraus verlorengeht. Es ist aus unserer Sicht deshalb höchste Zeit, in die Anthropology of Policy nochmals verstärkt die Frage der Positionierung hineinzutragen. Dies möchten wir mit der ethnographischen Regimeanalyse tun.

25 George Marcus: Ethnography in/of the World System. The Emergence of Multi-sited Ethnography. In: *Annual Review of Anthropology* 24 (1995), S. 95–117.

26 Shore / Wright: Policy. A New Field of Anthropology. In: Dies. (Hrsg.): *Anthropology of Policy*, S. 3–40, hier S. 14.

27 Jens Adam / Asta Vonderau (Hrsg.): *Formationen des Politischen. Anthropologie politischer Felder*. Bielefeld: Transcript 2014.

28 Beate Binder: Troubling Policies. Gender- und queertheoretische Interventionen in die Anthropology of Policy. In: Ebd., S. 363–386.

Denn auf diese Frage gibt die ethnographische Regimeanalyse, die nicht ohne Grund im Bereich der Migrationsforschung entstanden ist, aber sich durchaus auf andere Bereiche anwenden lässt, eine klare Antwort: Als kritische Migrationsforscher*innen sollten wir die Perspektive der Migration einnehmen. Gerade am Beispiel der Migration werden aktuelle Verhandlungen von Staatlichkeiten, Ein- und Ausschlüssen, Rassismen sowie Regierungspraktiken mehr als deutlich. Zudem hat die Migrationsforschung über mehrere Jahrzehnte hinweg vor allem Migrant*innenforschung betrieben und damit den nationalen, regierenden, ausschließenden und integrierenden Blick reifiziert. Die Komplizenschaft zwischen Forschung und Wissenschaft auf der einen und Politik auf der anderen Seite – der Wissens-Macht-Zusammenhang – war aufgrund des Integrationsparadigmas und der Dominanz ökonomistischer und individualistischer Perspektiven in keinem anderen Forschungsbereich so deutlich wie in der Migrationsforschung; und dies gilt auch für die Volkskunde/Europäische Ethnologie/ Kulturanthropologie, in der sich lange biographische Zugänge hielten, die Dimensionen von Macht und Politik oder globale Zusammenhänge ignorierten. Als Reaktion auf die Dominanz solcher Spielarten der Migrationsforschung experimentierte die Forschungsgruppe Transit Migration[29], die vor allem aus Soziolog*innen und Kulturanthropolog*innen bestand und unter anderem Sabine Hess, Regina Römhild, Manuela Bojadzijev, Vassilis Tsianos und Serhat Karakayali umfasste, mit einem ethnographischen Zugang zu Migrationspolitiken und Grenzen, der die Bewegung und Perspektive der Migration nicht aus dem Forschungsdesign herausschrieb, sondern zentral setzte.
Die so entstandene ethnographische Grenzregimeanalyse tritt folglich mit einem explizit politischen Programm in die Analyse ein. Mittels ihrer lässt sich im Sinne der Autonomie der Migration[30] Forschung betreiben, d. h. in der Überzeugung, dass sich die Bewegung der Migration nicht einfangen lässt, vielmehr ist sie als *primum movens* der Geschichte anzusehen. Deshalb sollten wir als Ethnograph*innen hier ansetzen, indem wir die Perspektive der Migration einnehmen und aufgrund unserer Akteursnähe für Bewegungsfreiheit argumentieren. Auf andere Beschäftigungsfelder der Volkskunde/Europäischen Ethnologie/Kulturanthropologie übertragen würde dies für die Arbeitsforschung z. B. bedeuten, die Perspektive der lebendigen Arbeit einzunehmen,

29 Transit Migration (Hrsg.): *Turbulente Ränder. Neue Perspektiven auf Migration an den Grenzen Europas.* Bielefeld: Transcript 2007.

30 Yann Moulier-Boutang: *De l'esclavage au salariat. Economie historique du salariat bridé.* Paris: PUF 1998.

wie es der (Post-)Operaismus, auf den sich die ethnographische Regimeanalyse bezieht, auch tut. Es bedeutet entsprechend, die Perspektive der Akteure einzunehmen, die kategorisiert, kontrolliert, überwacht und reguliert werden, und nicht allein die Perspektive des Regierens zu de- oder rekonstruieren, wie es eine Foucault'sche Gouvernementalitäts- oder Dispositivanalyse oder auch in weiten Teilen eine Anthropology of Policy nahelegt.

Die ethnographische Regimeanalyse als Forschungsmodus entlang von Aushandlungen und Kämpfen

Obwohl also die ethnographische Regimeanalyse[31] durchaus stark den Ansätzen einer Anthropology of Policy und dem Konzept des *studying through* folgt, unterscheidet sie sich dahingehend, dass sie in kulturanthropologischer Tradition die Widerständigkeiten sowie die Handlungsmacht der Akteur*innen zentral setzt. Maase schrieb 1999:

> Neben der Prägkraft der Strukturen messen wir dem Eigensinn der sozialen Akteure größere Bedeutung zu. Und wir sehen die Menschen, die die große Bevölkerungsmehrheit bilden, heute nicht nur als Opfer und in übermächtigen Strukturen alternativlos Agierende; wir fragen auch bei ihnen nach Entscheidungsspielräumen und damit nach persönlicher Verantwortung.[32]

In der Migrationsforschung bedeutet dies, die Perspektive der Migration zu fokussieren und davon auszugehen, dass nicht Kontrollmechanismen und Gesetze oder Politiken im engeren Sinne die Geschichte vorantreiben, sondern die Bewegungen der Migration, die Flucht aus der Normalisierung und Disziplinierung. Es bedeutet, Migrationsforschung nicht aus der Perspektive des Regierens zu betreiben und damit nicht deren Normalisierung zu reproduzieren, sondern Kämpfe und Aushandlungen zentral zu setzen. Bei allen Selbstunterwerfungen und Subjektivierungen gibt es schließlich immer noch soziale und machtvolle Unterschiede zwischen den Akteuren, weswegen es sich lohnt, die Perspektive umzudrehen und gerade nicht die Perspektive des Regierens einzunehmen. Aus der Perspektive der Migration können Mobilitäten weder

31 Sabine Hess / Vassilis Tsianos: Ethnographische Grenzregimeanalyse. Eine Methodologie der Autonomie der Migration. In: Sabine Hess / Bernd Kasparek (Hrsg.): *Grenzregime. Diskurse, Praktiken, Institutionen in Europa.* Berlin / Hamburg: Assoziation A 2009, S. 243–264.

32 Maase: Vorwort, S. XII.

auf die Dialektik demokratischer Anerkennung noch auf ihre ökonomische Dimension oder auf andere Logiken des Regierens reduziert werden, zumal sich Migrant*innen in „acts of citizenship" trotz ihrer Illegalisierung und prekärer Rechtspositionen das Recht nehmen, als Bürger*innen zu handeln und anerkannt zu werden,[33] oder „imperceptible politics"[34] verfolgen, sich also gerade der Anerkennung und Repräsentation entziehen. Deshalb müssen auch genau diese Momente der Aushandlung und Kämpfe, diese „border struggles"[35], zentral gesetzt werden, und zwar gleich, ob sie sich in sozialen Bewegungen manifestieren oder unscheinbar im Alltag daherkommen.

Der Begriff des Regimes impliziert dabei, Bewegungen der Migration und Politiken der Migrationskontrolle im selben (analytischen) Raum, in einer Arena, zu verorten; er ermöglicht es, ihr Wechselspiel und nicht nur die Politik im engeren Sinne als Ursprung von Regulationen aufzufassen. Will man die Vielzahl unterschiedlicher Akteure, die an der Herstellung und Aushandlung von Politiken beteiligt sind, in die Analyse mit einbeziehen, so ist das Regimekonzept hierfür eine hilfreiche Klammer. Schließlich sind Regime nach Vassilis Tsianos und Andreas Pott

> sich historisch wandelnde Handlungs- und Gestaltungsarenen mit spezifischen Konstellationen individueller, kollektiver und institutioneller Akteure, deren Interessen, Techniken und Praktiken als Kräfte der Formung von Migration bzw. von [...] Migrationsverhältnissen wirken.[36]

33 Vgl. Engin Isin / Greg M. Nielsen: *Acts of Citizenship.* Chicago: University of Chicago Press 2008; Anna Köster-Eiserfunke / Clemens Reichhold / Helge Schwiertz: Citizenship zwischen nationalem Status und aktivistischer Praxis. Eine Einführung. In: Lisa-Marie Heimeshoff / Sabine Hess / Stefanie Kron / Helen Schwenken / Miriam Trzeciak (Hrsg.): *Migration, Kontrolle, Wissen. Transnationale Perspektiven. Grenzregime II.* Berlin / Hamburg: Assoziation A 2014, S. 177–196; Peter Nyers / Kim Rygiel: Citizenship, migrantischer Aktivismus und Politiken der Bewegung. In: Ebd., S. 197–216.

34 Dimitris Papadopoulos / Niamh Stephenson / Vassilis Tsianos: *Escape Routes. Control and Subversion in the 21st Century.* London: Pluto 2008, S. 71–84.

35 Lisa-Marie Heimeshoff / Sabine Hess / Stefanie Kron / Helen Schwenken / Miriam Trzeciak: Einleitung. In: Dies. (Hrsg.): *Grenzregime II*, S. 9–39, hier S. 13; Sandro Mezzadra / Brett Neilson: *Border as Method, or, the Multiplication of Labor.* Durham / London: Duke UP 2013, S. 3.

36 Andreas Pott / Vassilis Tsianos: Verhandlungszonen des Lokalen. Potentiale der Regimeperspektive für die Erforschung der städtischen Migrationsgesellschaft. In: Jürgen Oßenbrügge / Anne Vogelpohl (Hrsg.): *Theorien in der Raum- und Stadtforschung. Einführungen.* Münster: Westfälisches Dampfboot 2014, S. 116–135, hier S. 121.

Der Hauptunterschied zwischen einer Regimeanalyse und einer Analyse im Sinne der Anthropology of Policy ist deshalb für uns ein doppelter: Erstens nimmt man mit der Regimeanalyse im Sinne der ethnographischen Migrations- und Grenzregimeanalyse explizit einen Standpunkt ein, nämlich die Perspektive der Migration, der Arbeit oder der Zivilgesellschaft.[37] Zweitens geht es in der Regimeanalyse darum, nie nur das Regieren und die Logiken des Regierens zu betrachten (indem man z. B. EU-Institutionen oder EU-Dokumente erkundet), sondern immer um Arenen, um Aushandlungen und damit um mehr als Multiperspektivität. Während die Anthropology of Policy dazu tendiert, vor allem die Eliten oder Strukturierungen (z. B. Infrastrukturierungen)[38] in den Blick zu nehmen, nimmt die Regimeanalyse explizit eine Perspektive ein, die auf Aushandlungen zwischen verschiedenen Akteuren blickt – und dies vor allem ethnographisch, situativ. Das bedeutet konkret und methodisch gesehen, dass „Phasen klassischer begleitender oder teilnehmender Beobachtung, verschiedene Formen von Interviews und Gesprächen mit inhalts- und diskursanalytischen Verfahren" kombiniert werden, so Hess und Tsianos.[39] Prinzipiell ist das Verfahren also durch und durch ethnographisch: Längeres Vorortsein und Involviert-Werden, Selbst-Erleben, Teilnehmende Beobachtung und Gespräche spielen eine wichtige Rolle, werden aber ergänzt durch Diskursanalysen und genealogische Arbeit. Der Modus des Forschens ist zudem meist der einer *multi-sited ethnography*. Und in vielen Fällen handelt es sich bei ethnographischen Grenzregimeforscher*innen um Personen, die mehr sind als nur Wissenschaftler*innen, die aktivistisch oder engagiert sind und damit auch eine Form der *engaged anthropology* betreiben.

Ein empirisches Beispiel: Das Konstrukt ‚Scheinehe' als Aushandlungsfeld von Politiken der Migration[40]

Als Yasin seinen Termin im deutschen Konsulat in Rabat, der Hauptstadt Marokkos, wahrnimmt, ist er unsicher. Er hatte sich über das Onlineterminvergabesystem des Konsulats einen Termin reserviert. Er weiß, dass es

37 Vgl. Moulier-Boutang: *De l'esclavage au salariat.*

38 Vgl. Jens Adam / Asta Vonderau: Formationen des Politischen. Überlegungen zu einer Anthropologie politischer Felder. In: Dies. (Hrsg.): *Formationen des Politischen.* Bielefeld: Transcript 2014, S. 7–34.

39 Hess / Tsianos: Ethnographische Grenzregimeanalyse, S. 260.

40 Das empirische Beispiel ist Teil des abgeschlossenen Promotionsprojekts von Miriam Gutekunst: *Das Regieren der Migration durch Heirat. Aushandlungen, Konflikte und transversale Bewegungen an Europas Grenzen.* Ludwig-Maximilians-Universität München, 2016.

Probleme geben könnte bei der Erteilung des Visums, eines Visums zum ‚Ehegatten-/Familiennachzug' nach Deutschland. Seine Frau, mit der er nun seit ein paar Monaten verheiratet ist, lebt in einer kleinen Stadt in Nordrhein-Westfalen. Er hat eine Mappe mit Dokumenten dabei.

Als er an den Schalter kommt, wird er mit „Salam aleikum" begrüßt, wie er der Forscherin später erzählt. Anschließend werden ihm Fragen auf Deutsch gestellt: „Wie ist Ihr Name? Wie alt sind Sie? Wie heißt Ihre Frau? Wo wohnt Ihre Frau?" Die Sachbearbeiterin am Schalter testet noch einmal, ob er tatsächlich Deutsch auf dem Niveau A1 beherrscht. Diese Sprachkenntnisse sind seit 2007 die Bedingung für ‚Drittstaatsangehörige', um überhaupt ein Visum zum ‚Ehegatten-/Familiennachzug' beantragen zu können. Er legt sein Zeugnis des Goethe-Instituts vor, wo er die Prüfung abgelegt hat. Danach spricht die Sachbearbeiterin auf Arabisch mit ihm weiter. Ihre erste Frage lautet: „Sie sind schon verheiratet? Aber sie sind noch jung." Für Yasin ist diese Anmerkung bereits zu viel. Als er mir später von der Situation erzählt, meint er: „Das ist mein Problem, nicht ihres." Es folgt die obligatorische Frage: „Wie haben Sie sich kennengelernt?" Er habe die ganze Geschichte erzählt: dass Mona 2012 in Marokko war und als Freiwillige Französischunterricht für Kinder in seinem Stadtviertel in Casablanca gegeben hat, unter anderem auch für seine Schwester. Dass er Mona irgendwann zum Fastenbrechen mit nach Hause gebracht hat. Dass sie damals noch nicht zusammen waren und auch wenig miteinander geredet hätten, aber anschließend über Facebook Kontakt hielten. Dass sie sich im darauffolgenden Jahr etwas zum Valentinstag schenkten. Dass Mona und ihre Schwester dann im Frühjahr mit ihm gemeinsam nach Marrakesch und Ouarzazate gereist und sie am 26. März 2013 zusammengekommen seien.

Daraufhin will die Sachbearbeiterin wissen, wie oft sie sich seither gesehen hätten. Yasin ist bestens vorbereitet: Er hat eine Kopie von Monas Reisepass mit den Ein- und Ausreise-Stempeln dabei. Außerdem hatte Mona ihm eine Tabelle geschickt, in der sie genau aufgeschlüsselt hat, wann sie in Marokko war und was sie in dieser Zeit gemacht hatten. Nun wird er gefragt, wie sie miteinander kommunizierten. Er berichtet, dass sie auf Französisch miteinander sprächen, dass sie am Anfang immer auf dem Telefon im Haus seiner Familie angerufen hatte, weil sie damals noch kein Internet hatten, er sich nicht mit Computern auskannte und er auch nicht wusste, wie man Skype installiert. Mittlerweile hätten beide einen Internetanschluss, er ein Smartphone, und sie kommunizierten vor allem über Skype und WhatsApp.

Die letzte Frage sei eine gewesen, die Yasin schlimm findet. Die Sachbearbeiterin habe ihn gefragt, ob er auch eine marokkanische Frau im Alter von Mona geheiratet hätte. „Warum nicht?", empört er sich danach im Gespräch mit mir. Danach muss er noch seinen Fingerabdruck abgeben. Bevor er den Schalter verlässt, bekommt er noch einen Stempel in den Pass : „Demandé le visa le 29 janvier 2014". Er erhalte in den nächsten Wochen einen Anruf oder einen Brief, sagt die Sachbearbeiterin zum Abschied. Zwei Wochen später erhält Mona in Deutschland einen Brief von der Ausländerbehörde, in dem sie gebeten wird, zu einem Interview vorbeizukommen. Sie solle Nachweise über ausreichend Wohnraum und Sicherung des Lebensunterhalts sowie gegebenenfalls Photos von gemeinsam mit Yasin verbrachten Aufenthalten in Marokko sowie Nachweise über regelmäßigen Skypekontakt vorlegen. Außerdem solle sie die folgenden Fragen schriftlich beantworten: Wie haben Sie sich kennengelernt? War eine dritte Person hieran beteiligt? Wie oft haben Sie Ihren Ehemann bisher in Marokko besucht? Passstempel, Flugtickets vorhanden? Wie halten Sie momentan ihren Kontakt aufrecht?

Das Konstrukt ‚Scheinehe' im Konsulat

Vor dem Hintergrund der Logiken und Rationalitäten, nach denen im Konsulat Paare kategorisiert und klassifiziert werden, wird deutlich, dass Yasin und Mona hier verdächtigt werden, eine ‚Scheinehe' eingegangen zu sein: Yasin ist elf Jahre jünger als seine Frau, sie hat studiert und Karriere gemacht, während er die Schule und eine Ausbildung zum Techniker abgebrochen hat. Hinzu kommt, dass sie ein binationales Paar sind, also bei ihr sowohl aufgrund ihres Namens als auch ihrer Staatsbürgerschaft nicht auf marokkanische Herkunft geschlossen werden kann. Deshalb werden die Ernsthaftigkeit und Dauerhaftigkeit ihrer Beziehung in Frage gestellt und unterstellt, dass sie die Ehe nur für das Aufenthaltsrecht eingegangen seien. Wobei, wie ich im Folgenden aufzeigen werde, von einer ‚einseitigen' Scheinehe ausgegangen wird und Mona als die ‚Betrogene' angerufen wird. Deshalb wird ihre Beziehung auch bei den Terminen im Konsulat in Rabat und der Ausländerbehörde in einer Stadt in Nordrhein-Westfalen weiteren Überprüfungen unterzogen.

Das Konsulat sowie die Ausländerbehörde, die in der Visavergabe zusammenarbeiten, haben in ‚Drittstaaten' im Kontext des Ehegatten-/Familiennachzugs nicht nur die Aufgabe, über die Visavergabe – dazu zählen auch Studienvisa und Kurzzeitvisa – die Einreise zu steuern und zu kontrollieren. Sie sind in diesem Zusammenhang auch dafür verantwortlich, den „Missbrauch" des „Schutzes von Ehe und Familie" nach Artikel 6 des Grundgesetzes zu bekämpfen. Sachbearbeiter*innen des Konsulats agieren hier also nicht nur als ‚Wächter*innen der Grenze', sondern auch als ‚Wächter*innen der Institution Ehe'. Bei der

Bewertung der Anträge werden entsprechend zwei Kategorien zentral: Handelt es sich um eine „schützenswerte Ehe“ oder eine „Scheinehe“? Hier stellt sich die Frage, wie zwischen beiden Formen unterschieden wird und wie sie beide überhaupt definiert werden.

Die Frage der Definition einer ‚Scheinehe‘ wurde sowohl auf EU- als auch auf Bundes- und regionaler Ebene behandelt: Am 4. Dezember 1997 wurde vom Rat der Europäischen Union die Entschließung über „Maßnahmen zur Bekämpfung von Scheinehen“ verabschiedet. Darin wird eine „Scheinehe“ als eine „Ehe eines Staatsangehörigen eines Mitgliedstaats oder eines sich in einem Mitgliedstaat legal aufhaltenden Angehörigen eines Drittstaats mit einem Angehörigen eines Drittstaats“ definiert,

> mit der allein der Zweck verfolgt wird, die Rechtsvorschriften über die Einreise und den Aufenthalt von Angehörigen dritter Staaten zu umgehen und dem Drittstaatsangehörigen eine Aufenthaltsgenehmigung oder -erlaubnis in einem Mitgliedstaat zu verschaffen.[41]

Die Entschließung wird über Artikel K.1 Nummer 3 des Vertrags über die Europäische Union, die Entschließung zur Harmonisierung der nationalen Politiken im Bereich der Familienzusammenführung von 1993 sowie das Recht, eine Ehe einzugehen und eine Familie zu gründen, in Artikel 12 der Europäischen Menschenrechtskonvention, Artikel 16 der Universellen Erklärung der Menschenrechte sowie die Achtung des Familienlebens in Artikel 8 der Europäischen Menschenrechtskonvention begründet.[42] Bindend wurden diese Anweisungen durch die Richtlinie des Rates vom 22. September 2003.[43] ‚Scheinehe‘ wird auch in anderen Dokumenten und Weisungen darüber definiert, dass der einzige Grund für die Ehe der Zugang zu einer Aufenthaltserlaubnis ist. In Deutschland gibt es seit der Reform des Eheschließungsrechts vom 1. Juli 1998 eine gesetzliche Grundlage, um Eheschließungen mit der Begründung des

41 Rat der Europäischen Union: Entschließung des Rates 97/C 382/01 vom 4. Dezember 1997 über Maßnahmen zur Bekämpfung von Scheinehen. http://eur- lex.europa.eu/legal-content/DE/TXT/?uri=URISERV%3Al33063 (Zugriff am 26.09.2016).

42 Ebd.

43 Rat der Europäischen Union: Richtlinie 2003/86/EG des Rates vom 22. September 2003 betreffend das Recht auf Familienzusammenführung. http://eur- lex.europa.eu/legal-content/DE/TXT/?uri=celex:32003L0086 (Zugriff am 26.09.2016).

Verdachts auf eine ‚Scheinehe' zu verhindern.[44] Ansonsten beruht ihre Ermittlung vor allem auf dem Aufenthaltsgesetz § 27 Absatz 1a, wo es heißt:

> Ein Familiennachzug wird nicht zugelassen, wenn 1. feststeht, dass die Ehe oder das Verwandtschaftsverhältnis ausschließlich zu dem Zweck geschlossen oder begründet wurde, dem Nachziehenden die Einreise in das und den Aufenthalt im Bundesgebiet zu ermöglichen, oder 2. tatsächliche Anhaltspunkte die Annahme begründen, dass einer der Ehegatten zur Eingehung der Ehe genötigt wurde.[45]

In anderen Dokumenten, die in Behörden zum Thema zirkulieren – wie der Weisung der Behörde für Inneres in Hamburg von 2004[46] oder der allgemeinen Verwaltungsvorschrift zum Aufenthaltsgesetz von 2009 des Bundesministeriums des Inneren[47] – werden ähnliche Punkte aufgeworfen. Und auch im Konsulat und der Ausländerbehörde sind in den Interviews und Erzählungen immer wieder ähnliche Definitionen und Merkmale aufgetaucht: So wurde im Konsulat von einem Mitarbeiter betont, dass es in der Einschätzung von Ehen – entgegen der Vorstellung von ‚Scheinehen' als rein materialistische Interessensgemeinschaften im Gegensatz zu Gefühlsgemeinschaften – aus juristischer Perspektive eben *nicht* um Liebe gehe: „Aus juristischer Perspektive geht es nicht um Liebe, sondern darum, ob eine Ehe nach Paragraph Artikel 6 schützenswert ist. Es geht also um freie Partnerwahl, ob die Wahl aufgrund von Liebe, Schönheit oder Einkommen getroffen wird, ist irrelevant." Eine „schützenswerte Ehe" sei es, wenn die Ehe „auf Dauer angelegt" sei, auf Freiwilligkeit beruhe sowie eine „gewisse Ernsthaftigkeit" bestehe, so ein Mitarbeiter des Konsulats: „Es muss eine gewisse Ernsthaftigkeit bestehen, wie z. B. dass man sich regelmäßig sieht; man muss über den anderen informiert sein; in die Zukunft schauen, gemeinsam planen."

44 Jens Eisfeld: *Die Scheinehe in Deutschland im 19. und 20. Jahrhundert.* Tübingen: Mohr Siebeck 2005, S. 230.

45 Gesetz über den Aufenthalt, die Erwerbstätigkeit und die Integration von Ausländern im Bundesgebiet, § 27: Grundsatz des Familiennachzugs. https://dejure.org/gesetze/AufenthG/27.html (Zugriff am 26.09.2016).

46 Behörde für Inneres: Weisung (für die Bezirksämter nach § 5 Abs. 4 S. 1 Nr. 2, S. 2 Bezirksverwaltungsgesetz) zur Verfahrensweise bei Verdacht auf Scheinehe. http://www.hamburg.de/contentblob/%20109156/data/weisung-4-2005.pdf (Zugriff am 26.09.2016).

47 Bundesministerium des Inneren: Allgemeine Verwaltungsvorschrift zum Aufenthaltsgesetz. https://www.bmi.bund.de/SharedDocs/Downloads/DE/Themen/MigrationIntegration/Asyl Zuwanderung/AufenthG_VwV.pdf?__blob=publicationFile (Zugriff am 26.09.2016).

Die Entschließung des Rats der Europäischen Union wird in Bezug auf die Feststellung eines Verdachts noch konkreter; so werden folgende weitere ‚Faktoren' genannt:

> fehlende Aufrechterhaltung der Lebensgemeinschaft, das Fehlen eines angemessenen Beitrags zu den Verpflichtungen aus der Ehe, die Ehegatten sind sich vor ihrer Ehe nie begegnet, die Ehegatten machen widersprüchliche Angaben hinsichtlich ihrer jeweiligen Personalien (Name, Adresse, Staatsangehörigkeit, Beruf), die Umstände ihres Kennenlernens oder sonstiger sie betreffender wichtiger persönlicher Informationen, die Ehegatten sprechen nicht eine für beide verständliche Sprache, für das Eingehen der Ehe wird ein Geldbetrag übergeben (abgesehen von den im Rahmen einer Mitgift übergebenen Beträgen bei Angehörigen von Drittländern, in denen das Einbringen einer Mitgift in die Ehe gängige Praxis ist), es gibt Anhaltspunkte dafür, dass ein oder beide Ehegatten schon früher Scheinehen eingegangen sind oder sich unbefugt in einem Mitgliedstaat aufgehalten haben.[48]

Auch diese Kriterien wurden sowohl von Mitarbeiter*innen des Konsulats als auch der Ausländerbehörde immer wieder genannt und wiederholt. Hier werden also – im Vokabular der Behörden – sogenannte Tatbestandsmerkmale bestimmt. Und zwar einerseits aufgrund bestimmter normativer Vorstellungen von einer ehelichen Gemeinschaft als einer „Lebensgemeinschaft" mit „Verpflichtungen", in der man über den*die jeweils andere*n informiert ist, eine gemeinsame Geschichte hat und eine gemeinsame Sprache spricht, und andererseits über (aufenthaltsrechtliche) „Straftatbestände" wie ein monetäres Geschäft hinter der Ehe, ein bereits vorangegangener „Missbrauch" der Ehe für den Zweck des Aufenthalts oder irreguläre Einwanderung. Aus der Perspektive der behördlichen Praxis zeigt sich jedoch, dass auch diese Vorgaben immer noch abstrakt bleiben und es einen großen Spielraum gibt, wie diese Definitionen konkret an Einzelfällen ausgelegt und angewendet werden. Es handelt sich hier also vielmehr um Handlungs*rahmen* als konkrete Handlungs*anweisungen*. Die Kluft zwischen offiziellen Anordnungen und der praktischen Umsetzung – „the gaps between formal and informal"[49] – im Arbeitsalltag und der dadurch entstehende Handlungsspielraum sind eine zentrale Eigenschaft von Bürokratien.

48 Rat der Europäischen Union: Entschließung des Rates 97/C 382/01.

49 Colin Hoag: Assembling Partial Perspectives. Thoughts on the Anthropology of Bureaucracy. In: *PoLAR. Political and Legal Anthropology Review* 34,1 (2011), S. 81–94, hier S. 83.

Um den „Missbrauch" des individuellen Rechts auf „Schutz von Ehe und Familie" aufzudecken, wie es in der Behördensprache heißt, ist es notwendig, die konkreten Beweggründe der Antragsteller*innen herauszufinden, zu ordnen und zu klassifizieren: Was hat den*die Antragsteller*in dazu bewogen, diese Ehe einzugehen? Und warum wird ein Visum auf ‚Ehegatten-/Familiennachzug' beantragt, also Bewegungsfreiheit eingefordert? Es geht also darum, Ordnung in die Unordnung der Beweggründe zu bringen. Christian Joppke spricht in diesem Zusammenhang von „the subjective science of intention measuring":

> And immigration officers are asked to measure what cannot be measured: intention. Because immigration officers are nevertheless forced to make a decision, a second set of 'hidden' immigration rules has been built up to inform such decisions.[50]

Um diesen Fragen nachzugehen und die Anordnungen umzusetzen, ist ein spezifisches Wissen notwendig. Colin Hoag spricht in Anlehnung an Donna Haraway[51] in diesem Zusammenhang von „situiertem bürokratischem Wissen"[52].
Von den Mitarbeiter*innen des Konsulats und der Ausländerbehörde selbst wurde diese Situiertheit des Wissens keinesfalls bestritten, sondern es wurde sogar immer wieder die *Singularität* sowie *Situativität* von Einschätzungen und Entscheidungen betont. Im Konsulat wurde der Forscherin mitgeteilt: „Es gibt keine Statistiken, weil das Einzelfallaufklärungen sind. Man kann keine Gruppen bilden, die abgelehnt werden, sondern man muss jeden einzelnen Fall genau prüfen." Auf die Frage hin, wie die Beurteilung der Paare genau festgehalten wird, antwortete der Mitarbeiter der Ausländerbehörde, dass man „jetzt keine Regel draus machen" könne, weil das „wirklich unterschiedlich von Sachbearbeiter zu Sachbearbeiter" sei. Auch wurde immer wieder die Bedeutung von *Erfahrung* hervorgehoben: „Wenn man da genug Lebenserfahrung hat, checkt man solche Fälle nochmal." Gerade die Ortskräfte, die am Schalter sitzen und die erste Einschätzung abgeben, könnten die Paare beurteilen, zum einen, weil sie selbst in

50 Christian Joppke: *Immigration and the Nation-State. The United States, Germany, and Great Britain.* Oxford: Oxford UP 1999, S. 125, zit. n. Laura Block: *Regulating Social Membership and Family Ties. Policy Frames on Spousal Migration in Germany.* Florenz: European University Institute 2012, S. 59.

51 Donna Haraway: Situiertes Wissen. Die Wissenschaftsfrage im Feminismus und das Privileg einer partialen Perspektive. In: Sabine Hark (Hrsg.): *Dis/Kontinuitäten. Feministische Theorie 2.* Aktual. u. erw. Aufl. Wiesbaden: Springer 2007, S. 305–322.

52 Hoag: Assembling Partial Perspectives, S. 84.

Marokko aufgewachsen seien, und zum anderen, weil sie bereits Erfahrung am Schalter gesammelt hätten.
Zusätzlich gibt es für die Mitarbeiter*innen interne Weiterbildungen vor Ort, aber einmal im Jahr auch in Berlin beim Auswärtigen Amt wie zum Beispiel Seminare zu den Visabestimmungen oder auch zur Interviewführung, zu denen die Forscherin jedoch keinen Zugang bekommen hat. Die Verneinung von Statistiken, Kategorisierungen und Klassifikationen sowie die Betonung von Erfahrung und dem individuellen Standpunkt der Sachbearbeiter*innen erzeugen eine Undurchsichtigkeit, nicht nur für die Forscherin und die Öffentlichkeit, sondern auch für Mitarbeiter*innen der Institution. Hoag betont ebenfalls, dass Bürokratien auf einer bestimmten Ebene immer undurchsichtig und unlogisch seien, sowohl für ‚Insider' als auch für ‚Outsider': „This opacity empowers bureaucracies and bureaucrats – they become gatekeepers, with control over the flow of information and resources".[53]
Die Analyse der Aussagen von Mitarbeiter*innen des Konsulats über die Einschätzung von Paarbeziehungen und damit die Entscheidung über Visaanträge zeigen, dass im Fokus der Kontrolle und Überwachung (und auch Disziplinierung) vor allem junge marokkanische Männer mit wenig oder ohne formale Bildung und ohne Beschäftigung oder prekär beschäftigte sowie ältere deutsche Frauen die Aufmerksamkeit der Behörden erwecken. Dabei werden stereotype Vorstellungen vom ‚gefährlichen muslimischen Mann', der die Heirat nur für das Visum eingeht und damit die Frau betrügt, wirkmächtig, sowie von der ‚naiven weißen Frau', die auf den Partner hereinfällt und selbst zu irrational ist, um die Situation einschätzen zu können. Diese Kategorisierungen finden nur statt, wenn die Antragsteller*innen sich in einer prekären sozioökonomischen Situation befinden. Außerdem werden vor allem Paarkonstellationen näher überprüft, die heteronormative Grenzziehungen überschreiten, zum Beispiel wenn die Partner*innen unterschiedliche Religionen oder ‚kulturelle Herkünfte' haben oder die Frau älter oder gebildeter ist als ihr Mann – wobei der Mann auf die Rolle des ‚Versorgers' und die Frau auf die der ‚Hausfrau' und ‚Mutter' festgeschrieben werden. Marokkanische Frauen dagegen stehen kaum im Fokus der Kontrolle und können das Verfahren zumeist relativ problemlos durchlaufen, dennoch bleiben sie nicht unmarkiert, da sie als ‚passive, unterdrückte Migrantinnen' objektiviert werden. Auch Antragsteller*innen, die tatsächlich aus rein aufenthaltsrechtlichen Gründen eine Ehe eingehen und sich als Paar ausgeben, aber den

53 Hoag: Assembling Partial Perspectives, S. 82.

normativen Vorstellungen von einer ‚echten' Ehe entsprechen, können problemlos das Verfahren durchlaufen.

Das situierte bürokratische Wissen im Konsulat ist also von vergeschlechtlichten, ethnisierten und klassenspezifischen Diskursen strukturiert und wird immer wieder aufs Neue und tagtäglich re-produziert, wobei sich bestimmte Teile auch transnational über die Jahre stabilisiert haben, andere wiederum nur kontextspezifisch eingesetzt werden. In diesem Wissen verfestigen sich historisch gewachsene Diskurse, es entzieht sich rechtlichen Definitionen. Messinger weist darauf hin, dass sich im Fall Österreichs die Konstruktionen der ‚Tatverdächtigen' durchaus durch quantitative Daten bestätigen ließen. Jedoch sei auch festzustellen, „dass der staatlich-kontrollierende Blick auf ebenjene Personengruppe fokussiert und damit der Blick von anderen Gruppen abgewandt wird".[54] Daraus ließe sich ableiten, „dass durch die dargestellten Bilder nur jene Personen verdächtigt werden, die diesem staatlich konstruierten Bild entsprechen[,] und sich die Konstruktion dadurch selbst reproduziert".[55]

Aushandlungen und Handlungsmacht

Nach dem Termin in der Ausländerbehörde dauert es nur drei Tage, bis Yasin ein Visum bekommt. Er solle mit dem Reisepass im Konsulat vorbeikommen und es sich abholen, heißt es. Für Yasin und Mona ist es unerklärlich, warum es nach diesen Überprüfungen und Problematisierungen ihrer Beziehung nun doch so schnell geht und die Entscheidung auch noch positiv ausfällt. Eine Nachfrage im Konsulat ergibt, dass der kontaktierte Mitarbeiter auch erstaunt über den Fall ist: Bei dem Altersunterschied sei doch klar, dass nach drei Jahren die Scheidung käme. Die Fälle ähnelten sich ja. Als er die Akte im Computer öffnet, stellt er schnell fest, dass alles in Ordnung sei. Der Junge hätte aber wirklich Glück gehabt, betont er. Normalerweise funktioniere das nicht so schnell und einfach. „Der hat aber eine tolle Frau abgekriegt", kommentiert er die Akte. Sie sei schon Abteilungsleiterin gewesen und hätte „richtig Kohle gemacht". Er hätte auch ein Photo gesehen und die sähe „richtig super" aus. Bei ihm sei er etwas skeptisch, aber vielleicht sehe sie ja tatsächlich Potential in ihm. Vielleicht sei bei ihm etwas schiefgelaufen und er hätte deswegen die Schule nicht fertig machen können. Die zuständige Sachbearbeiterin von der Ausländerbehörde in Deutschland habe in

54 Irene Messinger: *Schein oder nicht Schein. Konstruktion und Kriminalisierung von „Scheinehen" in Geschichte und Gegenwart.* Wien: Mandelbaum 2012, S. 156.
55 Ebd.

der Akte vermerkt, dass Mona so souverän aufgetreten sei, dass sie sofort das OK gegeben hätte. Da hätte es keine Zweifel gegeben.
Am Ende war es also Monas selbstbewusstes Auftreten sowie ihre berufliche Karriere, die die Sachbearbeiter*innen überzeugten und zur Legitimation einer Bewilligung herangezogen wurden. Mona wird im Konsulat als ,naive', ,gutgläubige' und auch für ihren Partner ,zu alte' Frau angerufen, die nicht versteht, dass ihr jüngerer Mann sie nur aufgrund des ökonomischen Vorteils und der Aufenthaltsgenehmigung geheiratet hat. Mit diesen Vorwürfen ist sie in der Ausländerbehörde nicht zum ersten Mal konfrontiert, sondern wurde auch in ihrem Umfeld – von Familie und Bekannten – bereits gewarnt. Sie reagiert darauf zum einen mit Rechtfertigungen, Erklärungen und Relativierungen des Altersunterschieds. Zum anderen schaffte sie es, in der Ausländerbehörde Rationalität zu performen. Durch ihre gute Organisation (Dokumente, Photos, Whatsapp-Nachrichten) und das Bestehen darauf, persönlich bei der Behörde vorzusprechen und ihre Beziehungsgeschichte nicht nur schriftlich darzulegen, sowie das selbstbewusste Auftreten gelang es ihr, mit der Kategorisierung als ,naiv'/,dumm' zu brechen und zu vermitteln, dass sie rational entscheidet. Zugleich konnte sie so deutlich machen, dass sie Verantwortung für Yasin übernimmt und dafür sorgen kann, dass dieser sich ,angemessen' verhält. An anderer Stelle wurde aufgezeigt, wie Frauen mit deutscher Staatsangehörigkeit innerhalb des Grenzregimes im Kontext des ,Ehegatten-/Familiennachzugs' ebenfalls zu Beamtinnen der Grenze werden, weil ihnen die Aufgabe übertragen wird zu entscheiden, ob ihr Partner ein ,Risiko' darstellt, wenn er einreist.[56] Damani Partridge kommt zu ähnlichen Schlüssen im Zusammenhang mit Frauen, die in den 1990er Jahren Männer ohne sicheren Aufenthaltsstatus geheiratet hatten.[57] Er stellt die These auf, dass die deutschen Frauen durch diese Heiratspraxis zu „informal street bureaucrats" werden: „[They] hold the keys to the *possibility* of citizenship or legal residency at all. They hold the sovereign power to decide […] when and how *not* to implement 'the law'".[58] Monas Rationalitäts- und Verantwortungsperformanz, mit der sie sich auch einer vergeschlechtlichten Zuschreibung als ,irrational' verweigert, ist ein wichtiger Bestandteil der Regierungsweise im Grenzregime.

56 Miriam Gutekunst: *Liebe ohne Grenzen?! Binationale Paare und ihr Umgang mit Immobilisierung durch Grenzregimes.* München: Utz 2013, S. 51–53.

57 Damani James Partridge: We Were Dancing in the Club, Not on the Berlin Wall. Black Bodies, Street Bureaucrats and Exclusionary Incorporation into the New Europe. In: *Cultural Anthropology* 23 (2008), S. 660–685.

58 Ebd., S. 667.

Erkenntnisse aus dem empirischen Beispiel

Was verdeutlichen diese dichte Beschreibung und Analyse nun in Bezug auf die Ethnographie von Politiken und die ethnographische Migrations- und Grenzregimeanalyse und was ist hier mit Politiken gemeint? Wenn Regime konzeptuelle und praxeologische Rahmen sind, um das Zusammenspiel, die Aushandlungen verschiedener Akteure als Entstehungsmoment von Regulationen und Politiken zu begreifen, dann ermöglicht die regimetheoretische Perspektivierung zum einen, eine Vielzahl von Akteuren, die an der Herstellung von Politiken der Migration beteiligt sind, sichtbar zu machen und in die Forschung und Analyse miteinzubeziehen: Statt nur auf bundesdeutsche sowie europäische Regierungsinstitutionen und Gesetzgebungen zu blicken, treten auch die Ausländerbehörde und das Konsulat als implementierende Institutionen und damit Sachbearbeiter*innen und Leiter*innen dieser Behörden in den Vordergrund. Denn, wenn bei Aushandlungen angesetzt wird, dann gilt es, diese auch situativ zu verstehen. Die Beispiele Ausländerbehörde und Konsulat machen klar, wie nötig eine solche Perspektive ist: Gesetzestexte sind zu abstrakt und allgemein gehalten, sie werden deshalb im Behördenalltag beständig interpretiert und ausgelegt. Erst im Gespräch mit Konsulatsmitarbeiter*innen wird deutlich, wie überhaupt eine ‚Scheinehe' ‚identifiziert' werden kann. Diesen Fokus auf den Alltag der Politikherstellung übernimmt die Regimeperspektive aus der Anthropology of Policy[59] und Anthropology of the State[60], welche auch immer wieder eine Anthropology of Bureaucracy ist.[61] Durch eine solche Perspektive wird deutlich, dass Politiken eben nicht auf Gesetze, Recht, Anweisungen und Policy Paper beschränkt sind und implementiert werden. Politiken zeigen sich vor allem auch in Praktiken, die produktiv, performativ und kontinuierlich umkämpft sind.[62] Dies wird besonders deutlich, wenn sich verschiedene Regime wie das der Migration und das der Ehe miteinander verschränken. Durch diese Verknüpfung wollen Konsulatsmitarbeiter*innen nicht mehr nur Grenzen schützen, sondern auch die Freiheit der Partnerwahl, sie werden also zu ‚Eheexpert*innen'. Dann sind behördliche Praktiken wie Überprüfungen, Befragungen, Registrierungen, aber auch Strategien und Taktiken der Antragsteller*innen und deren

59 Vgl. Shore / Wright (Hrsg.): *Anthropology of Policy*; Adam / Vonderau (Hrsg.): *Formationen des Politischen*.

60 Aradhana Sharma / Akhil Gupta (Hrsg.): *The Anthropology of the State. A Reader*. Malden / Oxford / Carlton: Wiley-Blackwell 2006.

61 Vgl. Akhil Gupta: *Red Tape. Bureaucracy, Structural Violence, and Poverty in India*. Durham: Duke UP 2012.

62 Shore / Wright / Però: *Policy Worlds*, S. 1.

Partner*innen, die gewisse Handlungsspielräume nutzen und dadurch über Handlungsmacht verfügen, zentral. Behördliche Praktiken sind Bestandteil von Politiken.

Außerdem gehen Politiken mit unterschiedlichen Formen des Wissens – Kategorisierungen und Klassifikationen –, und sich daraus ergebenden vergeschlechtlichten, rassistischen, klassenspezifischen sowie heteronormativen Diskursen einher. Das empirische Beispiel der ‚Scheinehe' verdeutlicht aber – und dies ist eines der Spezifika der Regimeanalyse – außerdem, dass Politiken in Aushandlungen und Kämpfen hergestellt werden, z. B. in Institutionen wie dem Konsulat, zwischen Sachbearbeiter*innen und Antragsteller*innen, aber auch zwischen den Partner*innen selbst, wenn etwa die deutsche Partnerin plötzlich selbst zum „street-level bureaucrat" gemacht wird. Die Partner*innen überprüfen sich gegenseitig, befragen sich auf ihre Intentionen hin und werden von Sachbearbeiter*innen danach gefragt. Da wird Rationalität eingefordert. Vor allem aber wird ausgehandelt, was ‚Scheinehe' überhaupt ist: Sie ist entweder irrational, also für eine der beiden Seiten unbewusst (zu starke Anwesenheit von romantischem und sexuellem Begehren) oder zu rational-kalkulierend (Abwesenheit dieses Begehrens). Sie ist kein Ergebnis verantwortungsbewusster Überlegungen und von der ‚falschen' Zeitlichkeit geprägt, da sie nicht auf Dauer gestellt ist. Diese Konstruktionen werden von den Antragsteller*innen gekontert, aufgegriffen, unterlaufen – z. B. durch ein Beharren auf Rationalität und Verantwortung, durch ein Zurückweisen von Unterstellungen und Zuschreibungen. Die Kräfteverhältnisse innerhalb der umkämpften Politiken im Kontext des ‚Ehegatten-/Familiennachzugs' entscheiden darüber, wem Mobilitätsrechte gewährt und wem sie verweigert werden, wer mobil werden kann und wer nicht. Vicky Squire spricht in diesem Zusammenhang auch von *politics of mobility*.[63] Sie plädiert dafür, den Fokus darauf zu richten, wie Bewegungen von Menschen zu Objekten, aber auch zu Subjekten von Politiken werden: „how struggles around migration and its control interrelate as distinctive dimensions of a politics of mobility".[64] Den Fokus auf Aushandlungen zu legen, hat also die Konsequenz, die Antragsteller*innen nicht erneut – wie es schon die behördliche Praxis tut – zu objektivieren und sie in die Kategorien ‚Scheinehe' oder ‚schützenswerte Ehe' einzuordnen.

63 Vicki Squire: The Contested Politics of Mobility. Politicizing Mobility, Mobilizing Politics. In: Dies. (Hrsg.): *The Contested Politics of Mobility: Borderzones and Irregularity.* London / New York: Routledge 2011, S. 1–25.
64 Ebd., S. 5.

Aber noch ein weiterer Punkt ist wesentlich für die Regimeanalyse und unterscheidet sie von der Anthropology of Policy: die Perspektive der Migration. Sie drückt sich im Beispiel in Monas Beharren und Stoik sowie in Yasins Irritationen aus, die er der Forscherin gegenüber im Interview mit den Sätzen „Das ist mein Problem, nicht ihres" und „Warum nicht?" andeutet. Zwar folgen beide dem Zwang zur Dokumentation ihrer Beziehung und der Aufforderung zur Rationalität, doch zeigen sie dabei auch eine deutliche Distanz zu den Visa- und Grenzlogiken. Mona weist die Problematisierungen aus dem Freundes- und Bekanntenkreis zurück; sie entzieht sich und Yasin den Logiken der ‚Scheinehe'. Die Perspektive der Migration geht jedoch über dieses situative Sich-Entziehen hinaus. Dies zeigt sich an den Versuchen der Konsulatsmitarbeiter*innen, Grenzüberschreitungen zu kontrollieren und ihre Form zu definieren: Hier reicht kein Gesetzestext, kein Kontrollverfahren. Die Konsulatsmitarbeiter*innen können nie mit Sicherheit sagen, ob sie Ehen ‚richtig' kategorisiert haben. Denn die Logiken der Migration entziehen sich beständig ihrer Kontrolle. Deswegen werden überhaupt Sprachnachweise eingefordert und Menschen mit ökonomischem Potential auch im ‚Ehegattennachzug' bevorzugt. So wird aus Sicht des Regierens die Legitimität der Bewegung mehrfach abgesichert: über die Ehe, die Sprachfähigkeiten und ökonomische Kapitalien. Aus der Perspektive der Migration zu ethnographieren bedeutet für uns, diese Logiken zum einen nicht zu reifizieren und anderseits die Agency der so Adressierten in unseren Texten hervorzuheben. Migration und die Perspektive der Migration bezeichnet dabei

> weder die Summe aller migrantischen Individuen noch deren räumliche Bewegung oder gar das subjektive „Motiv" der Migration. Es geht vielmehr um eine subkutane und kaum lokalisierbare Umgestaltung des Lebens und seiner Existenzbedingungen.[65]

Die Perspektive der Migration gestaltet im Akt der Bewegung, in der Grenzüberschreitung die Welt. Indem wir davon ausgehen, verbinden wir uns wie volkskundlich-marxistische Forschungen seit den 1960ern mit den Hoffnungen und Aspirationen von Bewegungen – von Bewegungen der Migration.

65 Sabine Hess / Serhat Karakayali: Fluchtlinien der Migration. Grenzen als soziale Verhältnisse. In: Sabine Hess / Bernd Kasparek / Stefanie Kron / Mathias Rodatz et al. (Hrsg.): *Der lange Sommer der Migration. Grenzregime III.* Berlin / Hamburg: Assoziation A 2016, S. 25–37, hier S. 9.

Fazit

In diesem Artikel haben wir die ethnographische Regimeanalyse als einen Modus für die Erforschung und vor allem das Ethnographieren von Politiken vorgeschlagen – und zwar als einen Modus, der Aushandlungen zentral setzt und von einem Standpunkt, einer spezifischen Perspektivierung, aus agiert. Die ethnographische Migrations- und Grenzregimeanalyse kontert die Perspektive des Regierens. Sie sieht mit Sabine Hess und Vassilis Tsianos das grundlegende Problem vieler Migrationsforschungen im „,Verschwinden' und Dethematisieren der Bewegung der Migration aus dem Forschungsverlauf und aus der Interpretation".[66] Dieses Problem sehen Hess und Tsianos als ein „Manko der Operationalisierung der Forschung und ein Problem der Methodologie".[67] Das Problem liegt für die ethnographische Migrations- und Grenzregimeanalyse also darin begründet, wohin wir auf welche Weise schauen und wessen Blicke und Perspektiven wir aufgreifen. Ziel der Grenzregimeanalyse ist, nicht den nationalen, inklusiven, regierenden Blick zu reifizieren, das heißt, ihn als natürlich, selbstverständlich zu betrachten, ihn zu wiederholen und dadurch mit herzustellen. Stattdessen möchten wir erstens einen Blick ,von unten' auf mikrosoziale Praxen einnehmen und in letzter Konsequenz auch eine Sprache und Darstellungsart finden, die ihnen gerecht wird. Dies bedeutet zugleich von grenzüberschreitenden Biographien und von grenzüberschreitenden, transnationalen Aktivitäten auszugehen. Immer jedoch sind dabei Verflechtungen und Aushandlungen zwischen verschiedenen Akteuren im Fokus und nicht der*die einzelne, individuelle Akteur*in oder seine*ihre Biographie. Zweitens will die Grenzregimeanalyse Verschiebungen und Transformationen, die ständig im Grenzregime stattfinden, fokussieren. Dies zielt darauf, mit dem erneuten Fokus auf Aushandlungen die Veränderbarkeit von Regimen herauszuarbeiten. Der Regimeanalyse ist also eine spezifische Zeitlichkeit zu eigen, die eher auf das Werden als auf Verfestigungen blickt. Drittens geht es in Migrations- und Grenzregimeforschungen häufig um Subjektivierungen; das heißt nicht um subjektive Sinnentwürfe, sondern um die Herstellung von Subjektpositionen. Statt um migrantische Lebenswelten geht es darum, wie jemand zu einem Migranten oder einer Migrantin gemacht wird. Wichtig für die kritische und ethnographische Grenzregimeanalyse ist, dass sich der Blick nicht nur auf programmatische Subjektivierungen, das heißt auf die Herstellung von Subjekten in Texten, Gesetzen und anderen Programmen richtet, sondern auf Subjektivierungspraxen

66 Hess / Tsianos: Ethnographische Grenzregimeanalyse, S. 244.

67 Ebd.

wie Fortbildungen, Interaktionen, Treffen, Belehrungen, Anhörungen, Gerichtsverhandlungen etc. So können Dissidenzen, Widerstände, Konflikte und Kämpfe, also Praktiken des Durchbrechens neoliberaler oder anderer Positionierungen, deutlich gemacht werden.

Zwar ist die ethnographische Regimeanalyse als Migrations- und Grenzregimeanalyse im Bereich der Migrationsforschung und Border Studies entstanden, doch sind wir der Überzeugung, dass sie als Perspektive auf andere kulturanthropologische Forschungsfelder angewendet werden kann, die sich mit Dimensionen des Politischen oder mit Politiken beschäftigen. Denn sie stellt nicht nur die Aushandlungen, Kämpfe und Arenen in den Vordergrund, sondern auch eine Multiperspektivität her, die denaturalisierend wirkt und seit Jahren im Fach eingefordert wird. Dafür bietet sie einen Methodenbaukasten aus symptomatischer Diskursanalyse,[68] Teilnehmender Beobachtung und Interview bzw. informellem Gespräch, der eine Rahmung für Forschungsdesigns sein kann, die durch die simple Aufforderung, Metaphern oder Akteuren zu folgen, nicht gegeben ist. Diesen Baukasten haben wir an anderer Stelle erläutert.[69] Vor allem aber befragt die ethnographische Regimeanalyse jede*n Forschende*n auf seine Positionierung und Politiken hin.

Es ist aus unserer Perspektive in der Auseinandersetzung der Volkskunde/Europäische Ethnologie/Kulturanthropologie mit dem Politischen unumgänglich, darüber nachzudenken, für wen und aus welcher Perspektive man forscht und schreibt. Dass man als Ethnograph*in immer von einer Position aus schreibt, ist nicht zuletzt im Rahmen der Writing-Culture-Debatte hinlänglich diskutiert worden. Was wir mit der ethnographischen Migrations- und Grenzregimeanalyse also für das gesamte Fach anstreben, ist eine erneute Auseinandersetzung mit unserem politischen Standpunkt in der Analyse von Politiken und Dimensionen des Politischen sowie mit den möglichen Effekten und Interventionen.

68 Gemeint ist eine Diskursanalyse, die von den Symptomen ausgeht, die sich in der Feldforschung zeigen, die also auf Feldforschung aufbaut und zugleich eher ‚nebenbei' und ‚along-the-way' geschieht, womit sie auch häufig nicht die Tiefe einer für sich stehenden Diskursanalyse erreicht.

69 Ebd.; Gutekunst: *Das Regieren der Migration durch Heirat*; Maria Schwertl: *Faktor Migration. Projekte, Diskurse und Subjektivierungen des Hypes um Migration und Entwicklung.* Münster: Waxmann 2015.

Theres Inauen

Als Stiftungsrätin forschen

Herausforderungen und Strategien einer ethnographischen Partizipation an (kultur-)politischen Aushandlungsprozessen

Eine Schweizer Stiftungsrätin?! Einleitende Bemerkungen

„Da habe ich mir eine mindestens 70 Jahre alte Dame vorgestellt!", meinte eine Tagungsteilnehmerin etwas verblüfft, nachdem sie mich nach meinem Vortragsthema gefragt und ich mich ihr als jene im Referatstitel angekündigte Stiftungsrätin vorgestellt hatte. Eine Stiftungsrätin löst – das wurde während der informellen Gespräche am Rande der Tagung in Graz deutlich – ein ganzes Bündel an Imaginationen und Zuschreibungen aus, die sich nicht nur auf das Alter, die gesellschaftliche Position und mögliche politische Einstellungen der einzelnen Person beschränken, sondern generelle Sensibilitäten gegenüber dem Stiftungswesen offenbaren. Dabei wurde klar, dass sich die kritischen Vorbehalte gegenüber Stiftungen – und den diese repräsentierenden Stiftungsrät_innen – von Land zu Land stark unterscheiden; nationale Stiftungswesen und Stiftungstraditionen sind stark geprägt von den jeweiligen historischen, rechtlichen und gesellschaftlichen Rahmenbedingungen und widerspiegeln unterschiedliche Beziehungen zwischen Stiftungen und Gesellschaft sowie Stiftungen und dem Staat.[1] Dementsprechend variieren die Bedeutungszuschreibungen an Stiftungen: von intransparenten Geldwäscheapparaten und rein finanzpolitisch interessanten Instrumenten bis hin zu für bestimmte gesellschaftliche Sektoren unentbehrlichen Förderakteurinnen. Der einleitende Hinweis auf die

1 Vgl. dazu Helmut K. Anheier: Stiftungen in Europa – Resultate eines Ländervergleichs. In: Philipp Egger / Bernd Helmig / Robert Purtschert (Hrsg.): *Stiftung und Gesellschaft. Eine komparative Analyse des Stiftungsstandortes Schweiz. Deutschland, Lichtenstein, Österreich, USA.* Basel: Helbing & Lichtenhahn 2006, S. 57–90.

nationale Verfasstheit des Feldes politischer Aushandlung, das in diesem Beitrag im Zentrum steht, scheint mir deshalb wichtig. Wenn ich also im Folgenden als ‚forschende Stiftungsrätin' schreibe, so tue ich dies aus der sogenannten Stiftungshochburg Schweiz: Laut Schweizer Stiftungsreport 2016 waren in der Schweiz Ende 2015 knapp über 13.000 gemeinnützige Stiftungen registriert, was einer im europäischen Vergleich sehr hohen Dichte von 15,9 Stiftungen pro 10.000 Einwohner_innen entspricht.[2] Auch in der Schweiz sind Stiftungen mit den oben angedeuteten Vorwürfen der Intransparenz, der Steueroptimierung sowie der privaten Kapital- und Machtakkumulation konfrontiert; sie werden aber gesellschaftlich – anders als beispielsweise in Österreich, wo die rein gemeinnützigen Stiftungen neben der üblicheren Form der privatnützigen Stiftung einen verschwindend kleinen Prozentsatz ausmachen – als institutionalisierte Form der Philanthropie anerkannt.[3] In einigen gesellschaftlichen Sektoren, so beispielsweise im Bereich der Kultur, gelten Stiftungen in der Schweiz neben der öffentlichen Hand, privaten Unternehmen und Privatpersonen als zentrale Förderakteurinnen.[4]

Im Folgenden geht es um eine der im Jahr 2015 insgesamt 335 neugegründeten Schweizer Stiftungen; genauer um die Aufbauphase der Stiftung ERBPROZENT KULTUR, in die ich als (unerwartet ‚junge') Stiftungsrätin und als forschende Kulturanthropologin involviert bin. Im Zentrum meiner Ausführungen steht dabei die Frage, wie sich die ethnographische Partizipation an den Aushandlungsprozessen, die im Rahmen der Konstituierung und Profilierung der Kulturstiftung stattfinden, produktiv – das heißt ergiebig für den Stiftungsaufbau sowie für die Bearbeitung der kulturanthropologischen

2 Vgl. Beate Eckhardt / Dominique Jakob / Georg von Schnurbein (Hrsg.): *Der Schweizer Stiftungsreport 2016*. http://www.swissfoundations.ch/sites/default/files/STIFTUNGREPORT2016_DE_v16c_1.pdf (Zugriff am 28.02.2017). Im Vergleich dazu: In Deutschland waren 2016 circa 21.000 gemeinnützige Stiftungen gemeldet, in Österreich waren es schätzungsweise deren 600 – neben knapp 3.200 Privatstiftungen (vgl. Bundesverband Deutscher Stiftungen. https://www.stiftungen.org/stiftungen/zahlen-und-daten/statistiken.html (Zugriff am 16.04.2017); Verband Österreichischer Privatstiftungen. http://www.stiftungsverband.at/pages/facts-figures/die-oesterreichische-privatstiftung.php (Zugriff am 16.04.2017)).

3 Zur Situation in Österreich vgl. Ruth Simsa: Stiftungen in Österreich – Vernachlässigt und umstritten. In: Egger / Helmig / Purtschert (Hrsg.): *Stiftung und Gesellschaft*, S. 139–155.

4 Vgl. dazu Botschaft zur Förderung der Kultur in den Jahren 2016–2020 (Kulturbotschaft), vom 24. November 2014. https://www.admin.ch/ch/d/ff/2015/497.pdf (Zugriff am 28.02.2017), S. 3. Weitere wichtige Aktivitäts- und Förderbereiche von Schweizer Stiftungen sind Bildung und Forschung, Gesundheitswesen sowie Sozialdienste (vgl. Georg von Schnurbein: *Der Schweizer Stiftungssektor im Überblick – Daten, Tätigkeiten und Recht*, 2009. http://www.swissfoundations.ch/sites/default/files/Der_Schweizer_Stiftungssektor_im_Ueberblick_2009%5B1%5D.pdf (Zugriff am 16.04.2017), S. 35–36).

Fragestellung – gestalten ließe. Es geht hier also weniger um die Präsentation abschließender Ergebnisse, sondern vielmehr um den Entwurf möglicher Strategien einer Ethnographie politischer Aushandlung *in the making*.

Das Feld der politischen Aushandlung: Die Stiftung ERBPROZENT KULTUR

Im Mai 2015 wurde in der Ostschweiz die Stiftung ERBPROZENT KULTUR lanciert. Die Idee hinter ERBPROZENT KULTUR ist folgende: Jede Person kann ein Prozent ihres in Zukunft zu vererbenden Vermögens – ein ‚Erb-Prozent' – der Stiftung versprechen und sich damit über das eigene Leben hinaus an der Förderung von Kultur beteiligen. Die Stiftung kennt keinen reichen Einzelstifter oder eine potente Stifterfamilie, sondern baut auf die Teilnahme und Teilhabe von vielen; ein Prozent ist für alle gleich viel. Bis zu jenem Zeitpunkt, an dem das eigene Erbprozent in das Stiftungsvermögen einfließt und für die Kulturförderung eingesetzt werden kann, ist jede_r Erbversprechende eingeladen, aktiv an der Entwicklung der Stiftung mitzuwirken. Laut Stiftungszweck bezieht die Stiftung „die Gemeinschaft der Erbversprechenden in geeigneter Form in die Ausgestaltung der Förderinstrumente ein."[5] An zweimal jährlich stattfindenden Foren entwickeln interessierte Erbversprechende das Profil der Stiftung und debattieren über deren Förderschwerpunkte und Vergabeprozesse.[6] Die national ausgerichtete Stiftung versteht sich als „lernende Organisation, die kulturelle Entwicklungen überdenkt, anregt und formt."[7] Die

5 Stiftung ERBPROZENT KULTUR: Über uns. Statuten. Stiftungsurkunde, 2015. http://www.erbprozent.ch/ (Zugriff am 21.04.2017).

6 Bis Ende 2016 haben vier Forumsveranstaltungen stattgefunden, an denen sich jeweils zwischen zehn und zwanzig Erbversprechende mit einem spezifischen Thema auseinandergesetzt haben. Im Rahmen des ersten Forums (Juni 2015) wurde über die Einbindung der Erbversprechenden in die Stiftung diskutiert und festgehalten, dass sich diese weniger als exklusive ‚Member-Community' verstehen, sondern vielmehr auf freiwilliger Basis als Botschafter_innen und Mitdenker_innen an der Entwicklung der Stiftung teilhaben wollen. Der Fokus des zweiten Forums (November 2015) war auf den Kulturbegriff gerichtet, welcher der zukünftigen Förderung zugrunde gelegt werden sollte. Nach einem Inputreferat und einer Diskussionsrunde einigten sich die Teilnehmenden auf einen offenen Kulturbegriff, der eine selbstreflexive und entwicklungsfähige Förderpraxis ermöglicht. Am dritten und vierten Forum (Juni 2016, November 2016) wurden Grundsätze der Vergabepolitik entwickelt sowie Gefässe und Abläufe der Vergabe von Fördergeldern vorgestellt, debattiert, verworfen oder präzisiert. Im Mai 2017 wurden auf dieser Grundlage die ersten Förderbeiträge vergeben. Vgl. Forschungsnotizen zu den Foren 1 bis 4; Stiftung ERBPROZENT KULTUR: Mitmachen. Foren. http://www.erbprozent.ch/ (Zugriff am 21.04.2017).

7 Stiftung ERBPROZENT KULTUR: Die Stiftung. Vision und Ziel. http://www.erbprozent.ch/ (Zugriff am 21.04.2017).

‚Erbprozent-Stifter_innen' bekennen sich mit ihrem Erbversprechen nicht nur zur Kultur in ihrem gegenwärtigen Verständnis, sondern auch dazu, dass zukünftige Generationen immer wieder von Neuem verhandeln sollen, welche Kultur in ihrer Zeit gefördert werden soll. Mit dem im Stiftungszweck festgeschriebenen Grundsatz der kontinuierlichen Entwicklung der Förderkriterien positioniert sich die Stiftung in klarer Abgrenzung zum Modell herkömmlicher Kulturstiftungen, in dem eine einzelne vermögende Stifterpersönlichkeit ihren persönlichen – engen oder weiten – Kulturbegriff über das eigene Leben hinaus in die Förderpraxis der Stiftung einschreibt.[8] Die Initiant_innen der Stiftung behaupten auf der Website, dass sich ERBPROZENT KULTUR in den kommenden Jahren zu einer bedeutenden Förderinstanz der Schweizer Zivilgesellschaft – mit Modellcharakter – entwickeln könnte.[9]

Die Stiftung ERBPROZENT KULTUR als ein ‚politisches Feld' zu begreifen, heißt erstens – und in Bezugnahme auf Hannah Arendts Verständnis von Politik, die „*Zwischen-den*-Menschen"[10] entsteht –, die Stiftung nicht als ein homogenes Kollektiv (von Gleichgesinnten) zu verstehen, sondern die unterschiedlichen Erwartungen, Vorstellungen sowie konkreten Handlungen der in den Gründungs- und Aufbauprozess der Stiftung involvierten Akteur_innen, und insbesondere die Verhandlungen zwischen ihnen, zu fokussieren. Personen, die bereits ein Erbversprechen unterschrieben haben, und solche, die eine mögliche testamentarische Ergänzung erst mit ihren (erbenden) Familien besprechen wollen; die Initiant_innen, die Stiftungsrät_innen und die Mitarbeiter_innen der Geschäftsstelle der Stiftung; Förderexpert_innen, die an den Erbversprechenden-Foren einen thematischen Input präsentieren, und Übersetzer_innen, welche die (Un-)Möglichkeiten der Übertragung des deutschen Stiftungsnamens in die französische und italienische Sprache debattieren;[11] kantonale Kulturbeauftragte,

8 Vgl. dazu den folgenden Passus im Zweckartikel der Stiftung: „Sie entwickelt Vergabeprozesse und Förderkriterien unter Berücksichtigung der zivilgesellschaftlichen Entwicklungen und des kulturellen Wandels." (Stiftung ERBPROZENT KULTUR. Über uns. Statuten. Stiftungsurkunde, 2015).

9 Vgl. Stiftung ERBPROZENT KULTUR: Die Stiftung. Vision und Ziel.

10 Hannah Arendt: *Was ist Politik? Fragmente aus dem Nachlass*, hrsg. v. Ursula Ludz. München: Piper 1993, S. 11.

11 Die nationale Ausrichtung der Stiftung ERBPROZENT KULTUR (franz.: *LEGS PRO CULTURE*, ital.: *LASCITO PRO CULTURA*) widerspiegelt sich auf der sprachlichen Ebene: Alle schriftlichen Dokumente der Stiftung werden in drei der vier Schweizer Amtssprachen ausgearbeitet, in mündlichen Kontexten gilt das schweizerische Prinzip „chacun/chacune parle sa langue" („jede_r spricht seine Sprache").

die Unterstützungsgesuche für die Auf- und Ausbauphase der Stiftung prüfen,[12] und Kulturschaffende, die sich über Fördermöglichkeiten informieren; Scouts, die im Rahmen der ersten Vergabe Vorschläge für Förderungen eingeben, und Jurymitglieder, die Förderentscheide treffen; prominente Persönlichkeiten, die ein Testimonial für Kommunikationszwecke abgeben, oder der Illustrator, der die Einladungskarte für die erste Vergabefeier gestaltet: Sie alle (und viele weitere Akteur_innen) sind mit unterschiedlichen Anliegen und Interessen, Rollen und Gestaltungsmöglichkeiten an der Umsetzung der Stiftungsidee beteiligt. Die Stiftung entsteht und entwickelt sich in einem vielstimmigen Handlungs- und Verhandlungsgeschehen.

Die Stiftung ERBPROZENT KULTUR als ‚politisches Feld' zu begreifen, bedeutet jedoch nicht nur, deren Selbst-Konstituierung als Feld der Aushandlung(en) zu fokussieren, sondern eröffnet zweitens auch Perspektiven auf diejenigen „Formationen des Politischen"[13], in die sich die Stiftung über ihre spezifische Organisation sowie ihre konkreten Fördertätigkeiten ‚einmischt': Mit dem Modell einer auf der Partizipation der (vererbenden) Zivilgesellschaft gründenden Stiftungsorganisation bringt sich ERBPROZENT KULTUR in aktuelle Debatten um die Potenziale und Grenzen neuer Stiftungsformen ein;[14] sie beteiligt sich an den Diskussionen um zukunftsweisende Praktiken des privaten

12 Der Auf- und Ausbau der Stiftung ERBPROZENT KULTUR wird nicht aus den Erbversprechen finanziert (diese kommen vollumfänglich der Förderung zu), sondern von der öffentlichen Hand und Privaten unterstützt. Bis April 2017 hatten bereits 17 Deutschschweizer Kantone einen Unterstützungsbeitrag gesprochen (vgl. Stiftung ERBPROZENT KULTUR: Über uns. Partner. http://www.erbprozent.ch/ (Zugriff am 21.04.2017)).

13 Jens Adam / Asta Vonderau: Formationen des Politischen. Überlegungen zu einer Anthropologie politischer Felder. In: Dies. (Hrsg.): *Formationen des Politischen. Anthropologie politischer Felder.* Bielefeld: Transcript 2014, S. 7–32, hier S. 10. Adam und Vonderau plädieren für eine Erweiterung, Dynamisierung und Pluralisierung des (singulären) ‚politischen Feldes' im Sinne Pierre Bourdieus, verstanden als ein relativ autonomer und elitärer Mikrokosmos der staatlichen und staatsnahen Macht, hin zu „komplexen Formationen des Politischen", die in ihren „kontinuierlichen Formierungsprozessen" zu erforschen seien.

14 Vgl. dazu Matthias Uhl: Bürgerstiftungen in Europa. In: Eckhardt / Jakob / von Schnurbein (Hrsg.): *Der Schweizer Stiftungsreport 2016*, S. 24–25. Das Modell der Bürgerstiftung – nach dem Vorbild der im angloamerikanischen Kontext seit Anfang des 20. Jahrhunderts bekannten *community foundations* – existiert in Deutschland seit Ende der 1990er Jahre. Ähnlich wie bei der Stiftung ERBPROZENT KULTUR wird dieser Typus der ‚Stiftung von Bürgern für Bürger' von einer Vielzahl Stifter_innen gegründet, die an Stifterversammlungen in den Willensbildungsprozess der Stiftung einbezogen werden. In der Schweiz ist dieses Stiftungsmodell laut Uhl bisher noch wenig bekannt.

Erbens und Vererbens;[15] und sie verschiebt das gegenwärtig in verschiedenen Kontexten präsente kulturpolitische Anliegen der Kulturellen Teilhabe von der Ebene der Kulturvermittlung und Kulturellen Bildung auf die Ebene der Kulturförderung.[16] Der oben skizzierte vielstimmige Formierungsprozess der Stiftung ist in diesem Sinne nie isoliert zu verstehen, sondern erst in seiner vielfältigen Einbettung in verschiedene politische Felder der Gegenwart, in denen staatliches, privates und zivilgesellschaftliches (Aus-)Handeln komplex ineinander wirken.

Das Forschungsinteresse: Kulturförderung als politische Praxis untersuchen

In die Aushandlungen um das Profil der neuen Schweizer Kulturstiftung wollte ich mich als ‚kulturschaffende' (in verschiedene Kulturprojekte involvierte) Kulturanthropologin auf jeden Fall einbringen; ich unterschrieb kurz nach der Lancierung mein Erbversprechen, für die Website der Stiftung gab ich ein enthusiastisches Videostatement ab.[17] Als forschende Kulturanthropologin mit dem Vorhaben, mich im Rahmen meiner Dissertation mit gegenwärtigen Praktiken und Modellen der Kulturförderung zu beschäftigen, entschied ich – in Absprache mit den Stiftungsgründer_innen –, die partizipativ angelegte Aufbauphase der Stiftung ERBPROZENT KULTUR als ein konkretes Feld kulturpolitischer Aushandlung zu ethnographieren.

15 Im Gründungsjahr der Stiftung ERBPROZENT KULTUR wurde im Rahmen der Abstimmungskampagnen zur eidgenössischen Volksinitiative „Millionen-Erbschaften besteuern für unsere AHV (Erbschaftssteuerreform)" öffentlich intensiv über die ungleiche Verteilung von privatem Vermögen und die Rolle von Erbschaften im Prozess der Vermögenskonzentration diskutiert. Die Stiftungsidee ist in diesem Kontext auch als eine Aufforderung verstanden worden, „die Kultur des Erbens solidarisch und kreativ neu zu denken" (Sendschrift der Kulturlandsgemeinde des Kantons Appenzell Ausserrhoden vom 2./3. Mai 2015. In: *Obacht Kultur*, Sonderausgabe (2015). https://www.ar.ch/fileadmin/user_upload/Departement_Bildung_Kultur/Amt_fuer_Kultur/ObachtKultur/obacht22_sonderausgabe_2015.pdf (Zugriff am 22.04.2017)).

16 So definiert beispielsweise die aktuelle Kulturbotschaft 2016–2020 ‚Kulturelle Teilhabe' als eine der drei strategischen Handlungsachsen der Kulturpolitik des Bundes (vgl. Botschaft zur Förderung der Kultur in den Jahren 2016–2020 (Kulturbotschaft)).

17 „Die Faszination von ERBPROZENT KULTUR liegt für mich darin, dass ich jetzt schon ein Teil der Erbengemeinschaft sein kann, die sich damit auseinandersetzt, was Kultur für jeden einzelnen und für die ganze Gesellschaft bedeutet (Auszug aus dem Videostatement von Theres Inauen zur Stiftung ERBPROZENT KULTUR, Mai 2015. https://www.youtube.com/watch?v=wugBe0qzi3w&feature=youtu.be (Zugriff am 26.02.2017)).

Regina Bendix fordert in einem 2015 erschienenen Aufsatz, Kulturförderung als „interventionistische Praxis"[18] zu untersuchen. Von besonderem Interesse für die kulturanthropologische Analyse sei dabei, wie verschiedene Förderakteur_innen über die Finanzierung ausgewählter kultureller Praxen und Objekte in die gesellschaftlichen Bewertungssysteme von dem, was als ‚gute' Kunst und Kultur verstanden werde, eingreifen würden, diese stabilisierten oder veränderten. „Sponsorship of arts and cultural expressions is by necessity selective and has thus brought forth and solidified hierarchies in what is considered 'good culture' within a polity."[19] Verschiebungen und die zunehmende Diversifizierung der als ‚gut' bewerteten und damit förderwürdigen Kultur sind laut Bendix in einem engen Zusammenhang mit politischen, ökonomischen und soziokulturellen Transformationen zu verstehen; Elisabeth Keller spricht in ihrem Beitrag in diesem Band Verschiebungen der Förderlogiken auf der Ebene der europäischen Kulturpolitik an. Ebenso veränderten sich die sogenannten *communities of patrons*[20], oder anders gesagt: die Motive, Interessen und Möglichkeiten, Kultur zu fördern. Neben privatem Mäzenatentum, der öffentlichen Hand und Public-Private-Kooperationen werden heute zivilgesellschaftliche, über digitale Plattformen oder, wie im Fall von ERBPROZENT KULTUR, über analoge Versprechen und Foren organisierte Crowds als zunehmend einflussreiche Akteurinnen in der Kulturförderlandschaft wahrgenommen und diskutiert.[21]

Die Stiftung ‚im Aufbau' bietet mir als Forschender einen konkreten und empirisch greifbaren Ausgangs- und Knotenpunkt, um mir das komplexe Feld gegenwärtiger Kulturförder-Akteur_innen, -Logiken und -Verhandlungen zu erschließen: Die Stiftung muss sich erst selbst ‚erfinden' – von der Formulierung eines Stiftungszweckes, über den Aufbau eines Stiftungsrates, der Organisation der Erbversprechenden-Foren bis hin zu den ersten Vergabeprozessen. In diesem Prozess der Selbst-Konstituierung positioniert sich die Stiftung zu anderen

18 Regina F. Bendix: Patronage and Preservation. Heritage Paradigms and Their Impact on "Good Culture". In: Dies. / Nicolas Adell / Chiara Bortolotto / Markus Tauschek (Hrsg.): *Between Imagined Communities and Communities of Practice. Participation, Territory and the Making of Heritage.* Göttingen: Universitätsverlag Göttingen 2015, S. 219–234, hier S. 219.

19 Ebd., S. 220.

20 Ebd., S. 227.

21 Vgl. dazu Martin Lücke: Crowdfunding. Neue Finanzierungsform für kulturelle Projekte oder Medienhype? In: *Zeitschrift für Kulturmanagement* 1 (2015): Dispositive der Kulturfinanzierung, S. 75–93; Institut für Finanzdienstleistung Zug IFZ (Hrsg.): *Crowdfunding im Kulturbereich. Eine Studie im Auftrag der Schweizer Kulturstiftung Pro Helvetia und des Bundesamts für Kultur*, 2016. https://prohelvetia.ch/app/uploads/2016/06/03-Crowdfunding_im_Kulturbereich_final_digital.pdf (Zugriff am 28.02.2017).

staatlichen und nicht-staatlichen Förderakteur_innen,[22] und das Stifter_innen-Kollektiv – die Gemeinschaft der Erbversprechenden – verhandelt darüber, wie die Stiftung mit der eigenen Förderpraxis in die etablierten gesellschaftlichen Ordnungen dessen, was aktuell als ‚gute Kultur' angesehen und unterstützt wird, intervenieren kann. Kulturförderung wird in der Aufbau- und Profilierungsphase von ERBPROZENT KULTUR in besonderem Maße als politische oder – mit Bendix gesprochen – als eine in bestehende Bewertungssysteme intervenierende Praxis sichtbar und für die kulturanthropologische Erforschung zugänglich.

Die Positionierung der Ethnographin im politischen Feld: Die forschende Stiftungsrätin

Bei einem ersten Treffen mit den Stiftungsinitiant_innen im Herbst 2015 wollte ich meinen Zugang zu verschiedenen Verhandlungssituationen im Aufbauprozess der Stiftung klären. Am selben Treffen diskutierte die Gruppe auch über die zukünftige Zusammensetzung des Stiftungsrates. Und es entstand spontan die Idee, die forschende Erbversprechende als Stiftungsrätin in die Entwicklung der Stiftung einzubinden. Diese Wahl legitimierte die Gruppe mit der Beschreibung einer ‚Win-Win-Situation': Die Forschende erhalte einen direkten und aus ihrer Position im Gefüge der Organisation begründeten Zugang zu allen Verhandlungs- und Entscheidungsprozessen innerhalb der Stiftung; die Stiftungsinitiant_innen ihrerseits wünschten sich, dass die wissenschaftlichen Erkenntnisse zum Aufbauprozess laufend in die Verhandlungen miteingebracht würden. Gleichzeitig wurde mit meiner Ernennung zur Stiftungsrätin die von der eidgenössischen Stiftungsaufsicht bemängelte Einbindung der Gemeinschaft der Erbversprechenden in das oberste Organ der Stiftung gelöst, was mir die Positionierung als ‚forschende Vertreterin der Erbversprechenden im Stiftungsrat' einbrachte.[23]

Zunächst war ich begeistert über den unverhofft einfachen Zugang ins zentrale Organ der mich interessierenden Kulturförder-Organisation; Stiftungen haben

22 Die Interpretation der neuen Kulturstiftung als ‚Gegenspielerin' staatlicher Kulturförderinstitutionen würde im subsidiären System der Schweizer Kulturförderung zu kurz greifen: Vielmehr wird im Kontext des (u. a. durch die öffentliche Hand finanzierten) Stiftungsaufbaus eine Art Laborsituation geschaffen, in der unterschiedlich in der Schweizer Kulturförderlandschaft vernetzte Akteur_innen darüber verhandeln, welche Aufgaben eine von der Zivilgesellschaft getragene Förderorganisation wie die Stiftung ERBPROZENT KULTUR in Abgrenzung zu und gemeinsam mit anderen (staatlichen und nicht-staatlichen) Kulturförderakteur_innen erfüllen soll.

23 Vgl. Beschlussprotokoll der Stiftung ERBPROZENT KULTUR vom 28.10.2015 sowie Forschungsnotizen vom 28.10.2015.

den Ruf, unzugängliche ‚Black Boxes' zu sein, gerade für gegenwartsorientierte Forschungsanliegen.[24] Außerdem ist der Zugang in Stiftungsratsgremien häufig nicht nur über dem Stiftungszweck entsprechend geforderte Fachkompetenzen, sondern auch über die öffentliche Reputation und die Netzwerke einer Person strukturiert, dementsprechend gering sind die Chancen für eine (relativ) junge Kulturanthropologin wie mich, in ein solches Gremium gewählt zu werden.[25] Während der Vorstellungsrunde an der ersten Sitzung des neukonstituierten Gesamtstiftungsrates Anfang Februar 2016 – also gewissermaßen bereits mittendrin im Feld der zu untersuchenden politischen Aushandlung – überfiel mich jedoch plötzlich eine ‚Angst vor diesem Feld'[26] und meiner vielfachen Positioniertheit darin: Weder hatte ich genaue Vorstellungen davon, welche Verantwortungen und Aufgaben ich als Stiftungsrätin zu erfüllen hätte noch war mir in diesem Moment klar, wie ich in und aus dieser Positionierung im Feld mein Forschungsprojekt entwickeln könnte. Diese Unsicherheiten führen mich zum zweiten Teil meines Beitrags, in dem ich zwei mögliche Strategien des ‚Forschens als Stiftungsrätin' diskutieren möchte.

Strategie eins: Zur Stiftungsrätin werden

Mit der Wahl zur Stiftungsrätin besetze ich eine macht- und verantwortungsvolle, gestaltende Position innerhalb der Organisationsstruktur des politischen Feldes, das ich erforsche. Beate Binders Forderung an die Anthropologie politischer Prozesse, nicht über, sondern immer schon aus der Politik heraus zu

24 Die fehlende Publikationspflicht für Schweizer Stiftungen (u. a.) wird in wissenschaftlichen Publikationen oft als Hindernis für vertiefende Studien zum Stiftungswesen genannt (vgl. dazu u. a. Niklas Lang / Peppi Schnieper: *Professionelles Management von Stiftungen*, 2006. verdi.unisg.ch/www/edis.nsf/SysLkpByIdentifier/3168/$FILE/dis3168.pdf (Zugriff am 28.02.2017).)

25 Vgl. die Empfehlungen zur Zusammensetzung des Stiftungsrates, insbesondere den Absatz zur Reputation im *Swiss Foundation Code 2015* (Thomas Sprecher / Philipp Egger / Georg von Schnurbein: *Swiss Foundation Code 2015. Grundsätze und Empfehlungen zur Gründung und Führung von Förderstiftungen*. Basel: Helbing & Lichtenhahn 2015, S. 47–50). Das Kriterium der gesellschaftlichen Reputation war übrigens bei der Wahl weiterer Stiftungsratsmitglieder von ERBPROZENT KULTUR durchaus wirksam. Dieser setzt sich u. a. zusammen aus einer ehemaligen kantonalen Regierungsrätin, einer ehemaligen Bundesrichterin, der Leiterin eines großen Schweizer Filmfestivals sowie dem Präsidenten der Eidgenössischen Kommission für Migrationsfragen und Vorsteher des Basler Seminars für Kulturwissenschaft und Europäische Ethnologie – dem Erstbetreuer meiner Dissertation. Letzterer wurde unabhängig von meinem Forschungsvorhaben in den Stiftungsrat gewählt.

26 Vgl. Rolf Lindner: Die Angst des Forschers vor dem Feld. Überlegungen zur teilnehmenden Beobachtung als Interaktionsprozess. In: *Zeitschrift für Volkskunde* 77,1 (1981), S. 51–66.

forschen, löse ich damit ein.[27] Wie aber ließe sich – mit Binder gefragt – dieses spezifische Involviert-Sein in den politischen Aushandlungsprozess für die ethnographische Wissensproduktion produktiv wenden?[28]

In seiner Vorlesung „Das politische Feld" widmet Pierre Bourdieu den „politischen Neulingen" eine Passage:[29] Abgesehen von den sozialen Zugangsvoraussetzungen, die eine Person erfüllen muss, um ins politische Spiel überhaupt eintreten zu können – ich habe diese bezüglich der Wahl zum_r Stiftungsrät_in bereits angedeutet – muss der Neuling laut Bourdieu

> die politischen Phrasen, die Tricks lernen, die Kräfteverhältnisse kennen, wissen wie man mit dem Gegner umgeht … […] Was vor allem wichtig ist, ist das Aneignen von Wissen und von Fertigkeiten, die es einem erlauben, sich „normal", das heißt politisch zu verhalten, in einem politischen Feld […].[30]

Ich sehe eine mögliche Produktivität meiner Position als forschende Stiftungsrätin darin, dass ich als ‚stiftungspolitischer Neuling' die mir zugewiesene Rolle erst einmal erlernen muss. Die Anthropologie politischer Prozesse beginnt also in diesem Fall bereits mit dem Involviert-Werden, oder: mit dem Forschen in die Politik ‚hinein'. Ich protokolliere Erfahrungen, Irritationen und Fragen im ‚Learning-by-Doing' an den Stiftungsratssitzungen von ERBPROZENT KULTUR; ich erkundige mich in den Forschungsgesprächen nach dem Rollenverständnis und den Stiftungsratserfahrungen meiner Mit-Stiftungsrät_innen; ich erarbeite mir ein Stiftungsvokabular mit dem *Swiss Foundation Code*[31] und nehme an Seminaren und Veranstaltungen für angehende Stiftungsrät_innen sowie an Kursen zum Thema Stiftungsmanagement teil.[32] Ich ethnographiere den Prozess der Aneignung von Wissen und Fertigkeiten, die es mir – gemäß

27 Vgl. Beate Binder: Troubling Policies. Gender- und queertheoretische Interventionen in die Anthropology of Policy. In: Adam / Vonderau (Hrsg.): *Formationen des Politischen*, S. 363–368, hier S. 381.

28 Vgl. ebd., S. 375.

29 Pierre Bourdieu: Das politische Feld (Vorlesung vom 11. Februar 1999). In: Ders.: *Das politische Feld. Zur Kritik der politischen Vernunft*, aus d. Franz. v. Roswitha Schmid. Konstanz: UVK 2001, S. 41–66.

30 Ebd., S. 48.

31 Vgl. Sprecher / Egger / von Schnurbein: *Swiss Foundation Code 2015*.

32 So nahm ich 2016 an der Präsentation des Schweizer Stiftungsreports (04.05.2016) sowie am Seminar „Beste Stiftungsratspraxis. Was Stiftungsräte wissen müssen" des Europa Instituts der Universität Zürich (06.09.2016) teil und besuchte eine Vorlesungsreihe zum Thema „Stiftungsmanagement und Corporate Philanthropy" an der Universität Basel (Herbstsemester 2016).

Bourdieu – in Zukunft erlauben sollen, mich in der mir zugewiesenen Feld-Position ‚normal', also ‚politisch professionell' zu verhalten. Ich werde zur Stiftungsrätin und erwarte, in diesem Lern- und Sozialisierungsprozess Forschungsdaten zu generieren, die es mir als Forschender ermöglichen, Interessen, Rationalitäten und normative Ordnungen zu beschreiben, die der aktuellen Förderpolitik und Förderpraxis von Stiftungen – insbesondere Kulturstiftungen – zugrunde liegen und zu denen sich die neugegründete Stiftung positioniert. Wie bereits eingangs erwähnt: In der Schweiz gibt es aktuell über 13.000 Stiftungen, in denen sich über 76.000 Stiftungsrät_innen engagieren.[33] Stiftungsrätin-Werden bedeutet für mein Forschungsprojekt daher auch, die kulturanthropologische Aufmerksamkeit auf eine einflussreiche Akteursgruppe im Feld der *community of patrons* zu lenken, die von der historischen, soziologischen und wirtschaftswissenschaftlichen Stiftungsforschung, in der meist die Stifterpersönlichkeiten und ihre Motivlagen oder das erfolgreiche Stiftungsmanagement im Fokus stehen, nur marginal thematisiert wird.[34]

Strategie zwei: Zwischenräume der kritischen Partizipation eröffnen

> [...] Private Förderung wird heute vorwiegend von wohlhabenden Einzelpersonen geleistet. Die Kultur eines Gemeinwesens kann aber zugleich auch durch eine sinnvolle gemeinschaftliche Förderung getragen werden. Einen neuen, einzigartigen Weg geht die Stiftung ERBPROZENT KULTUR. Sie setzt voll und ganz auf die Zivilgesellschaft: Jede/r fördert Kultur, jede/r gestaltet sie mit, jede/r ist dabei.[35]

Die Stiftung deklariert Partizipation zum Grundsatz der eigenen Kulturfördertätigkeit: Die Erbversprechenden geben teil, indem sie ein Prozent ihres Erbes der Stiftung vermachen; und sie nehmen teil, indem sie sich an den Diskussionen um die Förderkriterien beteiligen. Im Stiftungszweck ist zudem festgelegt, dass

33 Vgl. Eckhardt / Jakob / von Schnurbein (Hrsg.): *Der Schweizer Stiftungsreport 2016.*

34 Vgl. dazu Dominique Jakob / Lukas von Orelli (Hrsg.): *Der Stifterwille. Ein Phänomen zwischen Vergangenheit, Gegenwart und Ewigkeit.* Bern: Stämpfli 2014; Thomas Adam / Simone Lässig / Gabriele Lingelbach (Hrsg.): *Stifter, Spender und Mäzene. USA und Deutschland im historischen Vergleich.* Stuttgart: Steiner 2009; Bernd Helmig / Beat Hunziker: Stifterstudie Schweiz. In: Egger / Helmig / Purtschert (Hrsg.): *Stiftung und Gesellschaft*, S. 37–54; Georg von Schnurbein / Karsten Timmer (Hrsg.): *Die Förderstiftung. Strategie – Führung – Management.* Basel: Helbing & Lichtenhahn 2015.

35 Stiftung ERBPROZENT KULTUR: Kulturförderung. Bekenntnis zur Kultur. http://www.erbprozent.ch/ (Zugriff am 21.04.2017).

die geförderten Vorhaben, Projekte und Institutionen „die Teilhabe der Bevölkerung an einem lebendigen Kulturgeschehen stärken und deren Möglichkeiten zur Mitgestaltung begünstigen."[36]
Eine zentrale Verantwortung der forschenden Partizipation am fokussierten (kultur-)politischen Aushandlungsprozess scheint mir – in Anknüpfung an Marion Hamms Überlegungen zu einer engagierten Wissenschaft – darin zu liegen, „genau nachzufragen, wer wen zur Partizipation aufruft und wer an was zu welchem Zweck partizipiert."[37] Im Prozess der Verhandlungen zur Profilierung der Stiftung gilt es – aus dem Führungsorgan der Stiftung heraus beobachtend und teilnehmend – eine ethnographische Aufmerksamkeit dafür zu entwickeln, welche Fragen überhaupt zur kollektiven Debatte gestellt werden; in welchem Verhältnis ‚Mitmachen' und ‚Mitbestimmen' in den jeweiligen Verhandlungssituationen zueinander stehen; welche Entscheide von wem gefällt, welche Verhandlungen einmal und welche immer wieder geführt werden. Oder mit Regina Bendix gefragt: Wer partizipiert hier wie an der Auswahl der ‚guten' und förderwürdigen Kultur?[38]
Neben der für partizipative Dynamiken sensibilisierten teilnehmenden Beobachtung an den politischen Aushandlungsprozessen versuche ich im Rahmen meiner Forschung eine Art ‚Zwischenraum der kritischen Partizipation' zu schaffen. Hamm schlägt der engagierten Wissenschaftlerin in Anlehnung an den Geografen Paul Routledge die aktive Nutzung eines „Third Space of Critical Engagement"[39] vor, der sich an der hybriden Position der aktivistischen Wissenschaftlerin (im Falle Hamms) beziehungsweise der forschenden Stiftungsrätin eröffnet. In diesem ‚Übergangsraum' zwischen dem Feld der Stiftungsrätin und dem Feld der Wissenschaftlerin etabliere ich sowohl mit den Personen, die am Aufbauprozess der Stiftung beteiligt sind, wie auch mit Forschenden, die sich aus unterschiedlichen fachlichen Perspektiven mit Stiftungs- und Kulturförderpolitiken beschäftigen, eine dialogförmige Reflexion. Hier wird im gemeinsamen Gespräch darüber reflektiert, welche Erwartungen das Partizipationsversprechen

36 Stiftung ERBPROZENT KULTUR: Über uns. Statuten. Stiftungsurkunde, 2015.

37 Marion Hamm: Engagierte Wissenschaft zwischen partizipativer Forschung und reflexiver Ethnographie. Methodische Überlegungen zur Forschung in sozialen Bewegungen. In: Beate Binder / Friedrich von Bose / Katrin Ebell / Sabine Hess / Anika Keinz (Hrsg.): *Eingreifen, Kritisieren, Verändern!? Interventionen ethnographisch und gendertheoretisch*. Münster: Westfälisches Dampfboot 2013, S. 55–72, hier S. 57.

38 Vgl. Bendix: Patronage and Preservation.

39 Paul Routledge, zit. n. Hamm: Engagierte Wissenschaft zwischen partizipativer Forschung und reflexiver Ethnographie, S. 69; vgl. Paul Routledge: The Third Space as Critical Engagement. In: *Antipode* 28 (1996), S. 399–419.

der Stiftung auslöst und wo der Partizipationsimperativ in der politischen Aushandlung an Grenzen stößt. Hier muss aber auch danach gefragt werden, welche Vorstellungen bezüglich der Intervention der Forschung in den politischen Prozess bestehen – und umgekehrt: inwieweit die politische Aushandlung in die ethnographische Wissensproduktion interveniert.
In einem Forschungsgespräch mit der Stiftungsratspräsidentin haben wir über ihre Erwartungen an die begleitende Forschung gesprochen:

> Ja, dass wir [die Stiftung, der Stiftungsrat; T. I.] über diesen Weg [die Forschung; T. I.] auch mal einen Spiegel erhalten: Was haben wir gut gemacht; was muss man vielleicht noch ändern; was macht uns aus; was hat uns ausgemacht; was muss uns ausmachen. Also, Feedback, qualifiziertes Feedback.[40]

Die Produktion von Material für ein ‚qualifiziertes Feedback' sowohl in Bezug auf den politischen Aushandlungsprozess wie auch auf den ethnographischen Forschungsprozess ist – so meine bisherige Erfahrung und Einschätzung – nicht im (für Forschende eher gewohnten) Alleingang zu leisten, sondern ist auf ebendiese ‚dritten Räume' angewiesen, in dem verschiedenste Akteur_innen an einer kritischen Reflexion partizipieren.[41]

Politische Aushandlungsprozesse ethnographieren: Abschließende Überlegungen

Im Rahmen einer Ethnographie politischer Aushandlung muss die ethnographische Praxis selbst konsequent als intervenierende, das heißt politische Praxis konzipiert und reflektiert werden. Anstatt die eigene möglicherweise komplizierte Positioniertheit im Aushandlungsprozess zu tabuisieren, gilt es diese Rolle aktiv für die Wissensproduktion zu nutzen und die methodischen Instrumente aus den Dynamiken im Feld heraus zu gestalten. Die Verantwortung der Forschenden liegt darin, Strategien der ethnographischen Teilnahme an der politischen Aushandlung zu entwerfen, diese im Verhandlungsprozess zu erproben, sie kontinuierlich zu reflektieren und weiterzuentwickeln.

40 Auszug aus dem Forschungsgespräch mit der Stiftungsratspräsidentin von ERBPROZENT KULTUR, 18.05.2016.

41 Auf Empfehlung einiger österreichischer Teilnehmer_innen an der Grazer Tagung und in Erwartung einer (kollaborativen) Reflexion meiner (partizipativen) Forschungspraxis nehme ich seit Frühjahr 2017 an einer ethnographischen Supervisionsgruppe teil.

Ebenso scheint es mir zentral – und ich komme hier auf das zu Beginn geschilderte ‚Unbehagen' gegenüber Stiftungsrät_innen zurück –, die Funktionalisierung der den Aushandlungsprozess begleitenden Forschung in Bezug auf die deklarierten Öffnungsbestrebungen sowie mögliche ‚Black-Box'-Tendenzen der Stiftung immer kritisch mitzudenken. Um als forschende Stiftungsrätin nicht zur Komplizin intransparenter Vorgänge und Entscheidungen zu werden, müssen Formate entwickelt werden, in denen nicht nur die Stiftung ‚im Aufbau', sondern auch das ethnographische Wissen *in the making* zur Diskussion gestellt wird.

Alexandra Schwell

Der holprige Weg ins politische Feld

Methodologische Überlegungen zur Feldforschung an unzugänglichen Orten

Als ich im Jahr 2003 damit begann, die Weichen für die Feldforschung zu stellen, welche die Grundlage meiner Dissertationsschrift zur Zusammenarbeit deutscher und polnischer Grenzschützer*innen werden sollte, war ich zunächst durchaus optimistisch gestimmt. Als deutsche Staatsbürgerin eine Forschung, noch dazu eine durch das Bundesministerium für Bildung und Forschung (BMBF) staatlich geförderte, im deutschen Grenzschutz zu beantragen, schien mir ein Leichtes. Der polnische Grenzschutz, so vermutete ich, würde mir als Ausländerin sicherlich bedeutend mehr Steine in den Weg legen. Doch weit gefehlt. Während der polnische Grenzschutz lediglich ein offizielles Schreiben an das Hauptquartier in Warschau sowie einen Interviewleitfaden verlangte und die Bedingung stellte, dass keine verdeckten Ermittlungen ethnographisch begleitet würden, stellte der deutsche Grenzschutz auf stur. Leider könne meiner Anfrage nicht entsprochen werden, beschied mir das Präsidium in Berlin. Und das, nachdem mir ein leitender Beamter vor Ort versichert hatte, dass tatsächlich großes Interesse auch innerhalb der Behörde an meinen Erkenntnissen bestehe. Er war es auch, der mir daraufhin empfahl, mit Hilfe eines Empfehlungsschreibens meiner Universität nochmals mein Glück zu versuchen. Und siehe da, ich wurde kurz darauf in die entscheidungsbefugte Behörde einbestellt, wo ich missmutig empfangen wurde. Der Beamte, der nun also zwischen mir und meiner Forschung stand, kam sofort zum Thema. Man habe mein Ansinnen abgelehnt, da man nicht wolle, dass ich in meiner Arbeit über die politischen Ansichten der Grenzschützer schreibe. Er machte sehr explizit, dass er nicht gerade viel für die Mitarbeiter des Grenzschutzes übrig hatte, die er allesamt für rechtsradikal hielt. Dass diese unumstößliche Tatsache nun durch mich das Licht der Öffentlichkeit erblicken werde, sollte also verhindert werden. Nun aber – so ignorierte er zugleich geflissentlich meine Einwände, dass ich nicht zum Ziel hätte, als Aufdeckerin faschistischen Gedankenguts in die Forschung zu gehen – hätte ich ja ein Schreiben einer ihm gut bekannten Person beigebracht. Also habe man sich die Sache nochmal anders überlegt. Viel Erfolg also!

Der deutsche Grenzschutz hatte sich, zu meinem Erstaunen, als das erwiesen, was ich in diesem Text als „unzugänglichen Ort" bezeichnen möchte – als ein Feld, das den Zugang für ethnographisch Forschende wenn nicht verunmöglicht, so zumindest signifikant erschwert und mit hohen Hürden ausstattet, die für Außenstehende nicht einfach zu durchschauen sind. Die Bürokratieförmigkeit dieser so definierten unzugänglichen Orte – und die damit verbundene Vielzahl und Gleichzeitigkeit von Regeln und Akteuren – vergrößert potentiell die Unüberschaubarkeit des Feldes und damit die Unsicherheit auf Seiten der Forschenden. Didier Fassin schreibt in *Enforcing Order*, anthropologische Forschung, darunter auch seine eigene, sei „often determined by contingencies".[1]

Häufig sind es tatsächlich Zufälle, die eine Forschung zu dem machen, was sie ist – zur rechten Zeit am rechten Ort, die richtige Person, die leider einen schlechten Tag hat, der falsche Ansprechpartner. Dieser Beitrag möchte diese oft nur scheinbaren Kontingenzen zum Thema machen. Sicherlich ist die engagierte Doktorandin zunächst einmal glücklich, ihre Forschungserlaubnis in den Händen zu halten. Doch wie zufällig ist der Weg dorthin? Was sagt die regionale und dienstliche Herkunft der Personen in meiner Eingangsepisode über das hierarchische Verhältnis verschiedener Polizeibehörden sowie, allgemeiner, von Ost- und Westdeutschland innerhalb bundesdeutscher staatlicher Institutionen aus? Was verrät die gemeinsame Parteizugehörigkeit über informelle Netzwerke und deren Einfluss auf Entscheidungsprozesse? In welchem Verhältnis stehen die Selbstinszenierung der Behörde nach außen und die davon doch sehr verschiedene *top-down*-Perspektive auf die behördliche Realität? Was, schließlich, sagt das starke Interesse der Grenzschützer vor Ort an meiner Forschung darüber aus, wie Probleme und Schwierigkeiten von unten nach oben kommuniziert werden (können)? Die meisten dieser Punkte schienen mir zum damaligen Zeitpunkt in der Tat zu ‚heiß', um explizit in der Arbeit thematisiert zu werden. Fassin ging so weit, jahrelang nicht einmal einen Vortrag zum Thema seiner Forschung in einer französischen *anti-crime squad* zu halten, geschweige denn daraus zu veröffentlichen, aus Angst, damit die Genehmigung weiterer

1 Didier Fassin: *Enforcing Order. An Ethnography of Urban Policing.* Cambridge / Malden: Polity 2013, S. 26.

Forschungen zu gefährden – die im Übrigen allesamt abgelehnt wurden, wie er detailreich beschreibt.[2]

Eine Anthropologie des Politischen, die auf Forschungen in und im Umfeld staatlicher Organisationen aufbaut, steht also vor besonderen Herausforderungen. Zunächst erscheinen Themen wie ‚Staat' und ‚Politik' als kaum greifbar und ethnographischer Forschung wenig zugänglich. Entsprechend unterscheidet Philip Abrams zwischen der Staatsidee und dem Staatssystem, Letzteres verstanden als innere und äußere Beziehungen von Institutionen der Politik und der Regierung im Unterschied zur machtvollen Imagination.[3] Wie Abrams sieht auch Michael Herzfeld den Staat nicht als autonomen Akteur, sondern als Organisation, als integralen Aspekt im sozialen Leben, der durch die Praktiken von Akteuren konstituiert sei.[4] Und Timothy Mitchell konzediert, es seien die „Staatseffekte", die das ausmachten, was wir nebulös als ‚Staat' verstünden und die Gegenstand anthropologischer Forschung sein könnten:

> This entity comes to seem something much more than the sum of the everyday powers of government that constitute it, appearing as a structure containing and giving order and meaning to people's lives. [...] What we call the state, and think of as an intrinsic object existing apart from society, is the sum of these structural effects.[5]

Ethnographien von Bürokratien, staatlichen und internationalen Institutionen erlauben tiefgehende Erkenntnisse über Alltagspraktiken, Diskurse und Assemblagen dieser Orte, deren Spezifik durch den Blick auf staatliche Strukturen, Organigramme und die Analyse offizieller Dokumente und Gesetzestexte allein nicht erfasst werden kann.[6] Über die Gegenstandsbestimmung hinaus steht ethnographische Forschung im Fall politischer und staatlicher Orte und Themen

2 Ebd., S. 15.

3 Philip Abrams: Notes on the Difficulty of Studying the State (1977). In: *Journal of Historical Sociology* 1,1 (1988), S. 58–89.

4 Michael Herzfeld: *Cultural Intimacy. Social Poetics in the Nation State.* New York / London: Routledge 1997.

5 Timothy Mitchell: Society, Economy, and the State Effect. In: George Steinmetz (Hrsg.): *State/Culture. State-Formation after the Cultural Turn.* Ithaca / London: Cornell UP 1999, S. 76–97, hier S. 90.

6 In den Politikwissenschaften zeichnet sich ein Ethnographic Turn ab, siehe die Beiträge zum Symposium „Ethnography and Participant Observation: Political Science Research in this 'Late Methodological Moment'" in *Political Science & Politics* 50,1 (2017); Myron J. Aronoff / Jan Kubik: *Anthropology & Political Science. A Convergent Approach.* New York / Oxford: Berghahn 2013.

zudem vor bestimmten Problemen, die in der Eigenlogik des Feldes selbst angelegt sind.

Nun hat ethnographische Feldforschung generell des Öfteren mit Zugangsschwierigkeiten zu kämpfen. Der Zugang zum Feld wird in Handbüchern zur qualitativen Sozialforschung auf ein methodisches und praktisches Problem reduziert. Welcher Art eventuelle Hürden waren, und wie (und ob) sie gemeistert wurden, wird häufig in den resultierenden Monographien mit keiner Silbe mehr erwähnt. Bronislaw Malinowskis Tagebuch ist hier das bekannteste Beispiel, aber auch Clifford Geertz' Anfangsschwierigkeiten auf Bali stellen in erster Linie ein Präludium zum „Hahnenkampf" dar.[7] Dahinter steht die implizite Annahme, dass der Prozess der Wissensgenerierung erst beginnt, wenn der Zugang tatsächlich erfolgt ist. Dabei ist der Vorlauf zum Feldzugang längst Teil des Forschungsprozesses und, so das Argument, als potentieller Reibungspunkt zwischen Forscherin und Feld außerordentlich aussagekräftig.

Die Herausforderungen auf dem Weg ins Feld sollten also nicht allein als lästige Hindernisse gesehen werden, die es möglichst schnell hinter sich zu lassen gilt. Vielmehr gilt es, sie für den Erkenntnisprozess fruchtbar zu machen – und dies insbesondere im Rahmen einer Anthropologie des Politischen. Die Hürden, die unpersönliche Bürokratien und/oder ganz konkrete Entscheidungsträger aufstellen, sind nicht lediglich Steine, die von der Ethnographin beiseite geräumt werden müssen, um zum Kern der Erkenntnis, dem ‚wirklichen Feld', vorzudringen. Die Hürden selbst erzählen bereits mehr über das Selbstverständnis der Akteur*innen des Feldes, die herrschenden Machtverhältnisse oder die Verstrickungen der Akteure, als sie zu verdecken suchen.

Vor diesem Hintergrund fragt dieser Beitrag nach den Herausforderungen, Spielräumen und Fallstricken, mit denen Forschende an Orten, die unzugänglich bleiben (wollen), konfrontiert sind. Unzugängliche Orte definiere ich für den vorliegenden Zweck wie folgt: (1) Es handelt sich um konkrete und räumlich lokalisierbare Orte, die den Feldzugang erschweren oder zu verhindern suchen. Die Tatsache, dass der Ort unzugänglich ist, speist sich jedoch weniger aus einer geographischen Abgelegenheit, sondern vielmehr aus der dahinterstehenden Ideologie. (2) Während es zahlreiche Felder gibt, in denen Ethnolog*innen nicht immer freudig aufgenommen werden, beziehe ich mich in meinen Ausführungen explizit auf bürokratieförmige Felder; (3) als solche stellen diese Felder auch

7 Clifford Geertz: „Deep Play": Bemerkungen zum balinesischen Hahnenkampf. In: Ders.: *Dichte Beschreibung. Beiträge zum Verstehen kultureller Systeme*. Frankfurt am Main: Suhrkamp 1972, S. 202–260.

entsprechend formalisierte Hürden des Zugangs auf. (4) Die Spezifik der Bürokratieförmigkeit erzeugt eine Machtasymmetrie zwischen Forscherin und Feld. (5) Schlussendlich folgt daraus, dass die Unzugänglichkeit auch dadurch bedingt ist, dass die Felder verschiedene Stufen der Geheimhaltung aufweisen. Derartige Klassifizierungen fungieren als objektivierende Kriterien und Maßstäbe der graduellen Exklusion. Aus den Merkmalen der Unzugänglichkeit lassen sich entsprechend Erkenntnisse über Faktoren gewinnen, die innerhalb des Feldes relevant sind und darauf einwirken.

Im Folgenden soll zunächst kursorisch ein Blick auf kulturanthropologische Forschungen zu unzugänglichen Orten geworfen werden. Während dieser Beitrag mit einer Episode aus meiner Dissertationsforschung begann, werde ich in einem zweiten Schritt am Beispiel einer Forschung, die ich in einer Abteilung des österreichischen Innenministeriums im Jahr 2008 durchgeführt habe, aufzeigen, wie die Herausforderungen der Forschungspraxis, die sich aus den Merkmalen der unzugänglichen Orte ergeben, nicht allein ein Hindernis sind, sondern zum Erkenntnisprozess selbst beitragen.[8] Es sind zum einen die formalen bürokratischen Merkmale der Institution, die Handlungs- und Wahrnehmungsmuster befördern. Zum anderen ist das Feld durch eine spezifische politische Kultur informiert, die nicht allein im Umgang mit der Ethnographin ihren Ausdruck findet, sondern Rückschlüsse auf staatliches und politisches Handeln in einem weiteren Rahmen zulässt.[9]

Forschungen an unzugänglichen Orten

Ethnographie steht im Fall unzugänglicher Orte vor dem Problem, dass eine klassisch zu nennende Feldforschung nur unter erschwerten Bedingungen möglich ist. Wie Hugh Gusterson bemerkt, ist die Methode der teilnehmenden Beobachtung, als ein wesentliches Instrumentarium der Ethnographie, nicht einfach auf komplexe Organisationen in spätmodernen Gesellschaften übertragbar:

8 Die Forschung umfasste teilnehmende Beobachtung sowie Interviews mit Mitarbeiter*innen verschiedener Abteilungen des Ministeriums, die ich während meiner Postdoc-Forschung zum Thema der Grenzöffnungen im Zuge des Schengenbeitritts der östlichen Nachbarstaaten durchgeführt habe. Sie wurde im Rahmen eines Postdoc-Stipendiums der Fritz Thyssen Stiftung gefördert (siehe Alexandra Schwell: The Iron Curtain Revisited. The "Austrian Way" of Policing the Internal Schengen Border. In: *European Security* 19,2 (2010), S. 317–336; dies.: Austria's Return to Mitteleuropa. A Postcolonial Perspective on Security Cooperation. In: *Ethnologia Europaea* 42,1 (2012), S. 21–39).

9 Ich danke Nils Zurawski und Guido Tiemann für wertvolle Tipps und Hinweise bei der Planung und beim Verfassen des Textes.

> participant-observation was designed to facilitate the understanding of small, face-to-face societies [...] where a stranger could easily be absorbed into the flow of daily life and no one was likely to tell the anthropologist that he or she was on private property and should leave.[10]

Sicherlich kennen auch andere Felder Praktiken der Geheimhaltung, die mindestens ebenso strikt sind;[11] im Fall der staatlich und bürokratieförmig organisierten Orte ist die Unzugänglichkeit jedoch strukturell eingeschrieben. Zahlreiche Autoren haben sich bereits mit der Frage beschäftigt, wie unzugängliche Orte nichtsdestotrotz zum Gegenstand anthropologischer Forschungen werden können. Jennifer E. Telescas Studie zur Regulierung des Blauflossen-Thunfisch-Bestandes durch die International Commission for the Conservation of Atlantic Tunas (ICCAT), eine zwischenstaatliche Fischereiorganisation, wurde durch einen offiziellen Beobachterstatus ermöglicht.[12] Roberto Gonzalez orientiert sich bei seinen „anthropologies of the covert" an Laura Naders Forderung nach einem *studying up* und konzentriert sich in Ermangelung einer physischen Zugangsmöglichkeit zum Feld auf Dokumentenanalyse, Interviews und Selbstanalyse.[13] Andere Autoren suchen den fehlenden Zugang zum physischen Feld durch Forschung im Kontext des Feldes zu kompensieren. Der bereits erwähnte Gusterson kann zwar nicht das Atombombenprogramm der USA untersuchen, aber er kann in seinem Modell des *polymorphous engagement* mit den Menschen, den *people of the bomb*, reden, die in diesem Programm arbeiten. Er nimmt an ihrem Alltag teil und kann auf diese Weise das Programm kontextualisieren und im Zusammenspiel mit verschiedenen Daten aus unterschiedlichsten Quellen in den Blick nehmen.[14]

10 Hugh Gusterson: Studying Up Revisited. In: *PoLAR. Political and Legal Anthropology Review* 20,1 (1997), S. 114–119, hier S. 115.

11 Siehe beispielsweise Laud Humphreys: *Tearoom Trade. Impersonal Sex in Public Places*. New York: Aldine 1975; Nancy Scheper-Hughes: Parts Unknown. Undercover Ethnography of the Organs-Trafficking Underworld. In: *Ethnography* 5,1 (2004), S. 29–73.

12 Jennifer E. Telesca: Consensus for Whom? Gaming the Market for Atlantic Bluefin Tuna through the Empire of Bureaucracy. In: *The Cambridge Journal of Anthropology* 33,1 (2015), S. 49–64.

13 Roberto J. González: Anthropology and the Covert. Methodological Notes on Researching Military and Intelligence Programmes. In: *Anthropology Today* 28,2 (2012), S. 21–25; Laura Nader: Up the Anthropologist. Perspectives Gained from Studying Up. In: Dell Hymes (Hrsg.): *Reinventing Anthropology*. New York: Pantheon 1972, S. 284–311.

14 Hugh Gusterson: *Nuclear Rites. A Weapons Laboratory at the End of the Cold War*. Berkeley / Los Angeles / London: University of California Press 1996; Hugh Gusterson: *People of the Bomb. Portraits of America's Nuclear Complex*. Minneapolis: University of Minnesota Press 2004.

Andere Autoren schlagen kollaborative Strategien vor, welche die Experten des jeweiligen Feldes als Forschungspartner ernstnehmen. So fordert Dominic Boyer: „I urge that we treat experts not solely as rational(ist) creatures of expertise but rather as desiring, relating, doubting, anxious, contentious, affective – in other words as human-subjects."[15] Und schließlich verfolgen einige Autoren die Strategie, im Sinne einer *insider ethnography* selbst Teil des Feldes zu werden, das sie erforschen, bzw. aus dieser Position heraus forschend tätig zu werden.[16] David Mosse nutzt die immense Kritik seiner ehemaligen Kolleg*innen an seiner Forschung in einer britischen Entwicklungshilfeorganisation dazu, die Widerstände analytisch fruchtbar zu machen. Er macht deutlich, wie unterschiedliche Wissensformen und Repräsentationen von Wissen zu Widerständen und Konflikten mit dem Feld führen können, das anthropologisches Wissen im Sinne von ‚Wahrheit', Fakten und Evidenz missversteht, und er kritisiert vor diesem Hintergrund den Ansatz des kollaborativen Arbeitens.[17] In jedem Fall ist die Ethnographin mit Herausforderungen und Fallstricken konfrontiert, die zur ernsthaften Hürde für die Forschung werden können, die aber genau deshalb auch analytisch fruchtbar gemacht werden können.

Die Schubladen der Bürokratie

Bürokratien zeichnen sich nach Max Weber durch spezifische Merkmale aus: Sie unterliegen einer engen, rational begründeten Gesetzgebung und sind hierarchisch strukturiert. Die Beamten sind speziell ausgebildet, operieren auf der Basis von Schriftstücken (Akten), und ihre Tätigkeit ist von generellen und unpersönlichen Regeln bestimmt.[18] Diese idealtypische Vorstellung von Bürokratie ist mittlerweile durch zahlreiche anthropologische Arbeiten ins Wanken

15 Dominic Boyer: Thinking through the Anthropology of Experts. In: *Anthropology in Action* 15,2 (2008), S. 38–46, hier S. 38.

16 Siehe u. a. David Mosse: Anti-Social Anthropology? Objectivity, Objection, and the Ethnography of Public Policy and Professional Communities. In: *Journal of the Royal Anthropological Institute* 12,4 (2006), S. 935–956; Iver B. Neumann: "A Speech that the Entire Ministry May Stand for," or: Why Diplomats Never Produce Anything New. In: *International Political Sociology* 1,2 (2007), S. 183–200; Finn Stepputat: Knowledge Production in the Security-Development Nexus. An Ethnographic Reflection. In: *Security Dialogue* 43,5 (2012), S. 439–455.

17 David Mosse: Anti-Social Anthropology?; siehe auch Kirsten Hastrup: Getting It Right. Knowledge and Evidence in Anthropology. In: *Anthropological Theory* 4,4 (2004), S. 455–472.

18 Max Weber: *Wirtschaft und Gesellschaft. Grundriss der verstehenden Soziologie* [1921]. Frankfurt am Main: Zweitausendeins 2005, S. 703–705.

geraten;[19] nichtsdestotrotz üben viele dieser Merkmale einen starken Einfluss auf die Forschung aus. Die Art der Zugangsbeschränkung und überhaupt die Möglichkeit des Zugangs verraten bereits viel über das Selbst- und Fremdbild der zu untersuchenden Institution. Im Fall staatlicher Organisationen erfordert die Bürokratieförmigkeit eine Kategorisierung und Rollenzuweisung für die Ethnographin. Dies gilt sowohl für den Zugang an sich als auch für die Forschung selbst, da sich formalisierte Umgebungen mit einer fehlenden offiziellen Rolle der Forschenden schwertun.

Mein Status im österreichischen Innenministerium war der einer ‚Volontärin'. Diese Kategorisierung wurde mir von meinen Kontaktpersonen im Bundesministerium für Inneres (BMI) vorgeschlagen, da damit ein im Haus bekannter Status mit festgelegten Rechten und Pflichten verbunden sei: Volontäre verpflichten sich schriftlich, innerhalb eines bestimmten Zeitraums einen Text zu einem selbstgewählten Thema an einem Ort ihrer Wahl zu verfassen. Nach Beendigung des Volontariats erhielt ich eine Urkunde. Für mich war das Volontariat nicht allein aus dem Grund interessant, dass eine behördliche ‚Schublade' für mich gefunden worden war, sondern weil es mit dem Privileg eines Schreibtischs, einer BMI-Telefonnummer und eben eines internen Status' verbunden war. All dies erwies sich als unschätzbar wertvoller Türöffner im Kontakt mit Ministeriumsmitarbeiter*innen, die ich zu interviewen beabsichtigte. Schreibtisch und Telefonnummer, also die Möglichkeit, Anrufe zu tätigen, die auf dem Telefonapparat des Gegenübers als interne Anrufe aufscheinen, signalisierten innerhalb der Behörde Zugehörigkeit und garantierten einen Vertrauensvorschuss. Die Rolle als Volontärin verschaffte mir damit einen offiziellen Insider-Status. ‚Forscherin' dagegen erschien als der Status des offiziellen Outsiders.

19 Siehe u. a. Michael Herzfeld: *The Social Production of Indifference. Exploring the Symbolic Roots of Western Bureaucracy*. Chicago / London: University of Chicago Press 1992; Colin Hoag: Assembling Partial Perspectives. Thoughts on the Anthropology of Bureaucracy. In: *PoLAR. Political and Legal Anthropology Review* 34,1 (2011), S. 81–94.

Die Macht der Dokumente

Jede Kategorisierung durch die Bürokratie weist den Forschenden einen Status zu, der nach sich zieht, wie gesprochen wird, und welches Vertrauen entgegengebracht wird. Geheimhaltung und Verschwiegenheit durchziehen das Feld und schaffen Distanz gegenüber der Außenwelt. Während der oberste Grenzschützer in meiner einleitenden Episode einen PR-Schaden seiner Behörde gefürchtet hatte, herrschten auf den unteren Ebenen der Bürokratie häufig Misstrauen und Angst, persönliche Nachteile zu erleiden. Die ‚offizielle Erlaubnis' zur Forschung trug ich entsprechend wie eine Standarte vor mir her, die meinen Gesprächspartner*innen versichern sollte, dass nicht nur ich nicht ‚illegal' war, sondern dass auch sie nicht in Teufels Küche geraten würden, wenn sie sich mit mir unterhielten. Dies schriftlich bezeugen zu können und auf eine offizielle Bestätigung sowie auf eine zuständige Person bzw. die personifizierte Behörde („die Erlaubnis des Präsidiums") verweisen zu können, enthob meine Gesprächspartner*innen prinzipiell von der Verantwortung, selbst entscheiden zu müssen. Nichtsdestotrotz schien häufig eine Absicherung in verschiedene Richtungen geboten. Ein Ausschnitt aus meinen Feldnotizen zu Beginn meiner Forschung verdeutlicht diese Problematik:

> Ich erkläre meinem Gesprächspartner, einem hohen Beamten im BMI, dass ich Volontärin bin, und dass ich Deutsche bin, wie man wohl unschwer höre – er lacht daraufhin und meint, das habe er schon gemerkt, er habe es aber nicht ansprechen wollen; gut, dass ich es gesagt hätte. Zunächst lässt er sich von mir meine eMail-Adresse geben und wird misstrauisch, als ich ihm weder BMI-Visitenkarte noch BMI-eMail-Adresse präsentieren kann. Verdruckst besteht er darauf, die Adresse einer Gewährsperson in der Abteilung zu bekommen, um meine Identität zu überprüfen. Ich nenne ihm zwei Personen. Er erklärt, er könne mir erst Materialien zuschicken, wenn er bezüglich meiner rechtmäßigen Existenz in der Abteilung Rücksprache gehalten habe. Daraufhin listet er diejenigen Dinge auf, die er mir zukommen lassen will: die *Memoranda of Understanding*, die Innsbrucker Erklärung des Salzburg-Forums sowie etwas, das etwas mit dem Operativen Netzwerk Mitteleuropa zu tun hat. Bei Letzterem müsse er jedoch noch Rücksprache halten, ob ich dies überhaupt bekommen könne. Schließlich hatte er zunächst gefragt, ob ich gedenke, meine Ergebnisse zu veröffentlichen. Als ich mit „Ja" antworte, schränkt er automatisch die Liste der Dinge, die ich zu erfahren befugt sei, ein. Würden meine Ergebnisse lediglich intern publiziert, dürfte ich bedeutend mehr erfahren. Mist. Ich versuche, etwas mehr über die Schengen-Strategien zu erfahren, aber zumeist bremst er mich, indem er nervös wahlweise auf „das können Sie alles in dem, was ich Ihnen schicke, nachlesen" oder auf weitere Gesprächspartner*innen verweist. Ich höre auch auf mehrmalige Nachfrage nie wieder von ihm.

Im BMI lernte ich, dass es nicht allein die Bestätigung und die Dienstanweisung sind, die für sich stehen und als Türöffner fungieren. Ihre besondere Relevanz erhielten sie in Zusammenhang mit dem ‚Akt', der über mich angelegt worden war. Nie bekam ich den Akt selbst zu Gesicht, der auch nicht in Papierform, wohl aber elektronisch existierte, aber ich lernte mit der Zeit, Zweifler an meiner Legitimität auf die Existenz des Akts zu verweisen. Auch wenn ich nicht weiß, wer sich tatsächlich der Existenz des Akts versicherte, und wer welche Informationen darin vermerkte, erst diese Datensammlung und Kategorisierung innerhalb eines bürokratischen Systems, dieser bürokratische Fetisch, war es, der meine Existenz als Person im BMI Wirklichkeit werden ließ.[20]

Sicherheit und Absicherung

Wie bereits angeklungen, befürchten viele potentielle Gesprächspartner in bürokratischen Organisationen Nachteile durch unvorhergesehene Ereignisse und ‚Eindringlinge'. Torin Monahan und Jill A. Fisher begreifen dies als Möglichkeit, die Befürchtungen innerhalb des Feldes für die Forschung produktiv zu machen: „Understanding the more complex and multifaceted ways in which potential informants might perceive the threats of participating in research is helpful for successfully negotiating access".[21] Hinzu kommt, dass es Bürokratien, und in erster Linie die Polizei und Sicherheitsbehörden im Allgemeinen, besonders leicht haben, Geheimhaltung gegenüber der Außenwelt zu praktizieren, denn sie benutzen, wie Randy K. Lippert, Kevin Walby und Blair Wilkinson meinen, „security as a rationale for what they do and thus as a means of avoiding scrutiny whenever deemed useful".[22] Sie identifizieren drei Kategorien von Hindernissen für qualitative Forschung, die mit dem Verweis auf Geheimhaltung kontrolliert oder auch abgewendet werden soll:

20 Siehe dazu Matthew S. Hull: Documents and Bureaucracy. In: *Annual Review of Anthropology* 41 (2012), S. 251–267.

21 Torin Monahan / Jill A. Fisher: Strategies for Obtaining Access to Secretive or Guarded Organizations. In: *Journal of Contemporary Ethnography* 44,6 (2015), S. 709–736, hier S. 720.

22 Randy K. Lippert / Kevin Walby / Blair Wilkinson: Spins, Stalls, and Shutdowns. Pitfalls of Qualitative Policing and Security Research. In: *Forum Qualitative Sozialforschung* 17,1 (2016), Art. 10.

1. *Security spins* dienen dazu, die Forschung umzudeuten und perzeptiven Schaden von der Organisation abzuwenden, indem sie Behauptungen, Beobachtungen und Praktiken von Sicherheitsbehörden umzudeuten und abzulenken suchen: „These spins are an effort to manage identified reputational risks."[23]
2. *Security stalls* sollen den Fortschritt der Forschung verlangsamen: „Stalls occur while negotiating access for information from policing/security agencies."[24] *Security stalls* dienen dazu, das Risiko, das Forschende für die Reputation einer Behörde darstellen, zumindest zeitweise zu begrenzen, beispielsweise indem Informationen nur scheibchenweise herausgegeben werden. Darunter fallen auch die Bemühungen um eine Zugangserlaubnis oder das in den Feldnotizen erwähnte Vertrösten oder das Delegieren an andere Akteure.
3. *Security shutdowns* bedeuten einen Abbruch der Forschung: „Shutdowns mean a complete lockdown of information release and are permanent."[25]

Security stalls sind vermutlich das häufigste Phänomen bei der Forschung in staatlichen Bürokratien. So kann Verantwortung delegiert werden, entweder an unpersönliche Regeln und Vorschriften oder an vorgesetzte Stellen. Dies ist für Forschende häufig nicht nachprüfbar. Handlungs- und Entscheidungsstrukturen sind im Hintergrund wirksam, auf welche Ethnograph*innen keinen Einfluss haben (können) oder die per se unbekannt sind. Auch das Wissen selbst, das im Feld – und damit auch für das Selbstverständnis des Feldes – relevant ist, kann sich als Ressource für die Machtasymmetrie zwischen Forscherin und Feld erweisen. Widersprüchliche Informationen lassen sich häufig nicht überprüfen, und nicht immer ist die Trennlinie zwischen Faktum und Erzählstrategie klar definiert. Zudem verinnerlichen und reproduzieren bürokratische Akteure häufig die Außendarstellung der Behörde und suchen so einen Einblick in ihre individuelle Perspektive, von der sie glauben, dass sie sie wiederum gefährden könnte, zu vermeiden. Mosse rät entsprechend davon ab, die Selbstrepräsentation der Akteure mit ihrer eigenen gleichzusetzen:

23 Ebd., S. 9.
24 Ebd., S. 10.
25 Ebd., S. 11.

> Relying on informant self-representation and allowing subjects to speak in their own words are not self-evident solutions for anthropologists of public policy whose informants are officials [...] or any group with a strong organizational need to produce and protect authorized views.[26]

Dass Sicherheitsbehörden den Verweis auf die Sicherheitsrelevanz ihrer Arbeit theoretisch als Joker einsetzen können, um unliebsame Forschung vor die Tür zu setzen, heißt nicht notwendigerweise, dass sie es auch immer tun. Mir gegenüber wurde die ‚Sicherheitskarte' in der Praxis nur sehr selten ausgespielt. Es ist bezeichnend, dass in den meisten Fällen das Sicherheitsrisiko darin zu bestehen schien, dass ich entweder die Selbstinszenierung der Behörde stören oder, wenn auch unbeabsichtigt, einzelne Akteure in die ‚Schusslinie' bringen könnte. Je nach behördlichem Akteur werden diese Befürchtungen antizipiert, und die Fallstricke, die von Polizei und Sicherheitsbehörden im Vorfeld ausgelegt werden, lassen sich auf die spezifische behördliche Antwort zurückführen, die sie derartigen Herausforderungen entgegenbringen. Normalerweise sind schließlich sie es, die Risiken in ihren Arbeitsroutinen managen und kontrollieren, und unabhängige Forschung ist für sie ein solches, wenig kontrollierbares Risiko. Je komplexer das Institutionengeflecht und die Netzwerke sind, innerhalb derer die Akteure handeln und die sie zu kontrollieren suchen, umso eher scheinen sie zudem geneigt, unbedingt die Oberhoheit über die Interpretation behalten zu wollen.

Die Regeln der Bürokratie

Die bürokratischen Dispositive des BMI haben zum Ziel, eine nach rationalen Kriterien funktionierende, auf unpersönlichen Regeln beruhende Organisation zu strukturieren, deren Mitarbeiter bestmöglich für ihre Aufgabe ausgebildet sind. Auch Max Webers Bürokratie ist nicht nur ein „stahlhartes Gehäuse",[27] sondern auch von Individuen bevölkert, die nicht unbedingt immer rational handeln. Als solche ist die Behörde von einer permanenten Ambivalenz gekennzeichnet, die zwischen Konformität und Subversion oszilliert.

Während meiner Forschung im BMI galten einerseits klare Regeln, was ich sehen durfte und was nicht. Innerhalb der Abteilung galt: Ich darf alles, nur nicht an

26 Mosse: Anti-Social Anthropology?, S. 937–938.

27 Max Weber: Die protestantische Ethik und der Geist des Kapitalismus. In: Ders.: *Religion und Gesellschaft*. Frankfurt am Main: Zweitausendeins 2006, S. 23–183, hier S. 180.

der wöchentlichen Dienstbesprechung teilnehmen. Damit war der Form genüge getan. Andererseits bekam ich viele Dinge mit, die im nicht explizit verbotenen oder im nicht regulierten Raum gesagt wurden. Diese scheinbar klare Regelung hatte in der Praxis einen paradoxen Effekt: War etwas (meine Anwesenheit, ein Gesprächsthema) nicht explizit durch die Regeln verboten, dann war es per definitionem erlaubt, zumindest solange keine Spuren hinterlassen wurden. Diese Spuren konnten auf Seiten der Behörde verortet sein – wie ein Vermerk im Akt oder auch nur die E-Mail von einem Gesprächspartner. Sie konnten aber auch, und dies ist sicherlich ein bekanntes Phänomen vieler ethnographischer Forschungen, den semioffiziellen Kontext der Forschungssituation betreffen. Dies galt insbesondere für die Interviews, die ich mit verschiedenen Akteuren innerhalb des Ministeriums geführt habe und die ich aus genau diesen Gründen nicht aufnahm, sondern in Gedächtnisprotokollen niedergelegt habe.
Dem diametral entgegengesetzt zeigten sich jedoch die informellen Gespräche. Häufig inszenierten sich meine Gesprächspartner*innen als Träger*innen von spezifischem Wissen. Die Bevölkerung ‚da draußen' wisse viele Dinge nicht, und häufig sei das auch besser so. Meist ging es dabei um Zahlen oder Erscheinungsformen von Kriminalität. Didier Bigo stellt in seinem Forschungsfeld über Verbindungsbeamte im Sicherheitsbereich ebenfalls eine Selbstinszenierung von Akteur*innen als Expert*innen fest, die sich im Besitz eines ‚Geheimwissens' sahen, einer spezifischen ‚Wahrheit', mit der die Bevölkerung wahlweise nicht umzugehen verstünde oder die zu grausam sei, um sie ihr zuzumuten. Bigo argumentiert, dass dieses Wissen eine wichtige Rolle bei der Positionierung im Sicherheitsfeld der Experten und beim Kampf mit anderen Organisationen um Ressourcen spielt.[28] Im Fall meiner Forschung war zum einen ebenfalls zu sehen, wie ‚Wahrheiten' aus der Sicht der befragten Expert*innen der Bevölkerung nicht zugemutet werden könnten und sollten. Zum anderen jedoch zeigte sich bei vielen Gesprächspartner*innen eine starke Frustration über die Diskrepanz zwischen der Inszenierung sicherheitsbehördlichen Handelns auf der einen Seite, die als auf die mächtigen Boulevard-Medien ausgerichtet empfunden wurde, und den tatsächlichen Relevanzstrukturen innerhalb der Behörde.

28 Didier Bigo: Liaison Officers in Europe. New Officers in the European Security Field. In: J. W. E. Sheptycki (Hrsg.): *Issues in Transnational Policing*. London / New York: Routledge 2000, S. 65–99.

Formelle und informelle Netzwerke

In diesem Licht dienen die Dispositive der Bürokratie nicht allein dem Funktionieren der Behörde, sondern sie sind vor allem Mittel der Ab- und Rückversicherung – sowohl der Behörde gegenüber äußeren ‚Eindringlingen' als auch der einzelnen Mitarbeiter*innen untereinander. Dieser letzte Punkt verweist auf ein wichtiges Moment: das allgegenwärtige Misstrauen gegenüber inneren und äußeren ‚Gegnern' auf der einen Seite und die damit verbundene enorme Bedeutung offizieller wie inoffizieller Netzwerke auf der anderen Seite. Organisationen können sich nicht allein auf unpersönliche Regeln verlassen, sondern zwischen den Akteuren muss Vertrauen herrschen. Entsprechend fördern sie Kontakte und Netzwerke zwischen Mitarbeitern; insbesondere in der stark regulierten Welt der Polizeien und Sicherheitsbehörden vermuten Vorgesetzte in der Beförderung interner, aber auch transnationaler Netzwerke eine Möglichkeit, um Flexibilität und Handlungsfähigkeit zu gewährleisten.[29]

Für die Forscherin bedeutete die Überwindung der Außengrenze der Institution, die zugleich eine Vertrauens- bzw. Geheimhaltungsgrenze ist, dass sich dieses Vertrauen auch auf befreundete Behörden in anderen Ländern übertragen ließ. Da ich meine Forschung im polnischen Innenministerium fortzuführen gedachte, schien es naheliegend, die österreichischen Mitarbeiter um Kontakte ins polnische Ministerium zu bitten. Auf diese Weise wurde mir von einer polnischen Ministerialbeamtin ein regelrechter Interviewmarathon durch verschiedene polnische Behörden organisiert, der ohne die direkten Behördenkontakte und die Fürsprache der Österreicher nicht möglich gewesen wäre. Diese grenzüberschreitende Hilfestellung verlief dabei explizit nicht auf dem Dienstweg, sondern über persönliche Kontakte und Netzwerke. Das von der Behörde in die Forscherin investierte Vertrauen gilt auch für andere bürokratische Akteur*innen als Vertrauensvorschuss, der im Fall Polens sogar grenzüberschreitend wirksam wurde.

Informelle Netzwerke ohne Zutun der jeweiligen Behörden existieren in jeder Institution – zum mehr oder weniger großen Missfallen der Vorgesetzten. Die im BMI prominenten Netzwerke sind deshalb so bedeutsam, weil sie auf Faktoren verweisen, die nicht allein innerhalb der Behörde angesiedelt sind, sondern die politische Kultur Österreichs in weiten Teilen prägen.

29 Siehe dazu auch Alexandra Schwell: *Europa an der Oder. Die Konstruktion europäischer Sicherheit an der deutsch-polnischen Grenze.* Bielefeld: Transcript 2008.

Bürokratie und politische Kultur

Das Innenministerium war bis ins Jahr 2000 traditionell ‚rot', also unter SPÖ-Führung. Unter Ernst Strasser wurde das Ministerium in der schwarzblauen Regierung dann ‚umgefärbt': Bis weit in die Eingeweide des Ministeriums hinein wurden Beamte ausgetauscht, ‚rote' durch ‚schwarze' (ÖVP), aber auch durch viele ‚blaue' Beamte (FPÖ) ersetzt. Die Vehemenz, mit der diese sogenannte Umfärbung von statten ging, überrascht. Minister kommen und gehen, doch normalerweise bleibt die Bürokratie dieselbe.

Ausgetauscht werden mit einem Regierungswechsel lediglich die sogenannten politischen Beamten. Weber zufolge sind sie die Kämpfer für die politische Sache und beziehen ihren Ehrgewinn durch ausschließliche Eigenverantwortung für politische Handlungen. Sie sind jedoch nicht die einzigen, die ‚politisch' tätig werden. Politik wird nicht zuletzt und besonders dort gemacht, wo die sogenannten Fachbeamten, im Unterschied zu den politischen Beamten, verortet werden.[30] Fachbeamte sind diejenigen Mitglieder der bürokratischen Organisationen, die im Normalfall nicht mit jedem Regierungswechsel ausgetauscht werden, sondern die den ‚Laden am Laufen' halten, auch wenn sich der ‚politische Wind dreht'. Fachbeamte sieht Weber mit einem neutralen, unparteiischen Verwaltungsauftrag ausgestattet, deren Ehrgewinn durch die gewissenhafte Ausführung von Befehlen erfolge. Sie sind die Rädchen im System, die idealiter neutral ihre Arbeit verrichten und gerade nicht politisch sein sollen; sie sind die Verkörperung des bürokratischen und rationalen Systems. Genau deshalb aber ist ihr Anteil am Politischen kaum zu unterschätzen.

Die Trennung in politische und Fachbeamte ist selbstredend eine idealtypische, und gerade auf der Ebene zwischen operativ und politisch, und zudem im österreichischen Kontext, verschwimmen die Grenzen zwischen Fachbeamten und politischen Beamten. Die Art und Weise, wie staatliche Bürokratie funktioniert, ist Ausdruck der politischen Kultur einer Gesellschaft und prägt sie zugleich. Das österreichische Modell der Konsens- und Konkordanzdemokratie, innerhalb dessen die Ämterverteilung entlang von Parteilinien erfolgt, und wo Konflikte auf diesem Weg kanalisiert und bevorzugt nicht offen ausgetragen werden, ändert sich zwar schrittweise, aber machtvolle Strukturen sind durchaus vorhanden.[31]

30 Max Weber: *Wissenschaft als Beruf, 1917–1919/Politik als Beruf, 1919. Gesamtausgabe*, Bd. I,17. Tübingen: Mohr 1992.

31 Anton Pelinka: Das politische System Österreichs. In: Wolfgang Ismayr (Hrsg.): *Die politischen Systeme Westeuropas*. Wiesbaden: VS 2004, S. 521–552; Manfred Oberlechner: Strukturelle Versäulungen in Österreich und den Niederlanden. Gemeinsamkeiten, Unterschiede, Auswirkungen. In: *Österreichische Zeitschrift für Politikwissenschaft* 34,2 (2005), S. 191–206.

Innerhalb des BMI zeigte sich dies in der kaum zu überschätzenden Bedeutung von Netzwerken entlang von Parteilinien. Die Parteizugehörigkeit der Mitarbeiter*innen war Teil des unhinterfragten Wissens. Es existierte ein geteiltes und explizites Wissen darüber, wer schwarz, wer rot, und wer blau war. Die im Haus tonangebende ÖVP, so meine Gesprächspartner*innen, teile sich in weitere Netzwerke, denen politischer Einfluss nachgesagt wird, wie beispielsweise den Cartellverband, den Ritterorden vom Heiligen Grab zu Jerusalem oder Opus Dei. Auch wenn ich solche Feinheiten selbst nicht entschlüsseln konnte, lernte ich, dass sie einen wichtigen Teil des Wissensbestandes der Ministeriumsmitarbeiter*innen darstellten und den Umgang miteinander und die gegenseitige Perzeption stark bestimmten. Darüber hinaus lernte auch ich bald, aus dem Auftreten der Mitarbeiter*innen auf ihre Parteizugehörigkeit zu schließen. Während die ‚Schwarzen' durchgängig selbstsicher und seriös zu wirken suchten, erschienen viele ‚Rote' wahlweise frustriert, tendierten dazu, ihre Parteimitgliedschaft zu verheimlichen oder sahen sich als ‚gallisches Dorf'. Die wenigen mutmaßlichen ‚Blauen', die ich antraf, zelebrierten ein ‚Bad-Boy'-Image, das sich explizit gegen konservative Konventionen des guten Benehmens zu stellen schien.

Netzwerke entlang von Parteilinien ohne tiefergehende Unterfütterung durch weitere Mitgliedschaften und Verbindlichkeiten halten solange, bis sich eine andere Partei durchsetzt. Entsprechend lauert die Angst vor einer neuen ‚Umfärbung' nach einem Regierungswechsel stets im Hintergrund. Auch der Wechsel in ein anderes Ministerium wird so erschwert, da in einer neuen Umgebung ohne private Netzwerke eine ‚Umfärbung' den Akteur ohne Sicherheitsnetz zurückließe.

Mit dem Aspekt der Parteizugehörigkeit ist die weitergehende Bedeutung von Netzwerken verbunden. Diese können familiärer Natur sein oder sich auch mit Ersteren überschneiden. Es scheint nicht unüblich, dass derartige Netzwerke dafür Sorge tragen, dass Mitarbeiter*innen, die sich durch erfrischende Naivität gepaart mit unstrukturiertem Interesse auszeichnen, an entscheidenden Stellen platziert und im Nachgang zur Schadensbegrenzung wiederum weitgehend neutralisiert werden. Mitarbeiter*innen beklagen, das meritokratische Prinzip funktioniere nicht und Leistung lohne sich generell nicht. Was als Auszeichnung gilt, ist nicht notwendigerweise innerhalb und außerhalb der Behörde identisch: ‚gute Arbeit' zu leisten, so wird immer wieder betont, sei nicht wichtig und häufig sogar schädlich. ‚Gute Arbeit' könne nur jener machen, der sich auf andere Weise abgesichert oder sich genügend Unabhängigkeit erarbeitet habe. Sorgfältig gepflegte und möglichst weitreichende Netzwerke sichern darüber hinaus Unangreifbarkeit.[32] Michael Fischer, ehemaliger hoher Beamter im BMI und mittlerweile stellvertretender Direktor im Bundeskriminalamt, hat in seiner Dissertation das BMI als eine Umgebung beschrieben, wo äußerst geringes Vertrauen untereinander sowie „Misstrauen und Verachtung" gegenüber dem herrschten, der sich nicht an interne Regeln halte.[33]

Die Strukturen, die als Abwehrmechanismen gegenüber ethnographischer Forschung wirksam sind, erweisen sich als Teil eines viel weiter verbreiteten institutionalisierten Misstrauens. Immer wieder wurde darauf verwiesen, man sei weniger damit beschäftigt zu arbeiten als vielmehr „hauptsächlich zu verhindern, sich angreifbar zu machen". Entsprechend ist Arbeit häufig weniger ergebnisorientiert angelegt als performativ.

Fazit und Ausblick

Das Innenministerium ist ein umkämpfter und zugleich prototypischer Ort einer spezifischen politischen Kultur, und dies übt Einfluss auf den Zugang zum Feld und die Feldforschung aus. Die kleine Welt des BMI steht für mehr als die Summe ihrer Teile. Unterschiedliche gesellschaftliche Machtfaktoren, historische Entwicklungspfade und Merkmale einer politischen Kultur formen nicht allein das Feld, sondern auch das Feld lässt wiederum Rückschlüsse auf diese Einflussfaktoren zu und erweist sich als Ort, sie zu analysieren. Die gleichen Faktoren, die den Forschungsprozess prägen und erschweren, sind nicht nur gegenüber der Forscherin wirksam, sondern weisen auch auf Reibungspunkte und Brennpunkte in der Institution selbst hin. Die Feldforschung beginnt nicht erst nach erfolgtem Feldzugang. Bereits die Aushandlungsprozesse, Hürden, Hindernisse und Umwege, denen prospektive Forschende begegnen müssen, lassen Rückschlüsse auf die Assemblage zu, deren Teil die unzugänglichen Orte sind.

In diesem Text war nicht zu erfahren, wie Politik gemacht wird. Was sagt das Beschriebene nichtsdestotrotz über die Politik aus? Über den Staat? Die Feldstruktur, die Selbst- und Fremdwahrnehmung der Behörde und der individuellen Akteure sowie die verschiedenen Hindernisse, die für die Forscherin errichtet werden, sind außerordentlich aufschlussreich, um sich dieser Frage zu nähern.

32 Dies zeigt auch der in dem Blog *staatsschutzgesetzleaks* beschriebene Fall eines hohen Beamten (https://staatsschutzgesetzleaks.wordpress.com/ (Zugriff am 04.04.2017)).

33 Michael Fischer: *Das Innenministerium – bürokratischer Alltag, Karrieren und Kontakte. Eine indizienbasierende kultursoziologische Analyse*. Dissertation, Universität Wien 2010.

Mitarbeiter*innen in staatlichen Institutionen sind nicht rational(istisch)e und seelenlose Befehlsempfänger, sondern Subjekte, die unter den spezifischen Bedingungen ihrer Institutionen miteinander, aber auch jeweils mit der Ethnographin in Kontakt treten. Diese Bedingungen muss Forschung reflektieren. Entsprechend ist dieser Text ein Plädoyer für den Versuch, ein ethnographisches Moment einzubringen, auch wenn langfristige Ethnographie nicht möglich ist. Der Blick auf die Praktiken, Diskurse, Netzwerke, Materialitäten und Akteure der Bürokratie hilft zu verstehen, wie Staat als Staatssystem und Staatseffekt funktioniert. Bürokratien sind Orte, an denen die Legitimität des Staates verhandelt wird, sowohl innerhalb der Bürokratie als auch zwischen Bürger*innen und Bürokrat*innen. Entsprechend helfen ethnographische Forschungen zu verstehen, wie Staat gesellschaftlich wahrgenommen wird, wie ‚Freunderlwirtschaft' funktioniert und wie Politikverdrossenheit und Proteste damit zusammenhängen. In jedem Fall handelt es sich bei Bürokraten um Akteure, die wir ernstnehmen müssen. Das bedeutet auch, das Vertrauen, das in uns gesetzt wird, nicht zu enttäuschen.[34] Wenn wir den Staat untersuchen möchten, dann ist es ein erster Schritt, in den Blick zu nehmen, wie dieser Staat sich uns gegenüber darstellt, wie er sich verschließt und unzugänglich macht, weil wir aus diesen Hürden und Fallstricken viel darüber lernen können, was den Staat im Innersten zusammenhält.

34 Dies gilt besonders für die spätere Veröffentlichung, vgl. Charles L. Bosk: Irony, Ethnography, and Informed Consent. In: Barry Hoffmaster (Hrsg.): *Bioethics in Social Context*. Philadelphia: Temple UP 2001, S. 199–220.

Judith Laister

Antagonistische Schließungen

Die politische Dimension des Konflikts am Beispiel einer partizipativen Kunstaktion in Graz

Die politische Dimension des Konflikts

In kritischen Wortmeldungen zu Zustand und Zukunft der Demokratie wird Dissens als notwendige Voraussetzung für politisches Handeln hoch gehandelt. Chantal Mouffe führt in ihren Schriften über das Politische etwa aus,

> dass die Dimension des Politischen irgendwie mit der Dimension des Konflikts zusammenhängt, die es in menschlichen Gesellschaften gibt, mit der immer vorhandenen Möglichkeit des Antagonismus: eines Antagonismus, der nicht ausgerottet werden kann. Das bedeutet, dass ein Konsens ohne Ausschließung – eine Form von Konsens jenseits der Hegemonie, jenseits der Souveränität – nie geschaffen werden kann.[1]

Vor diesem Hintergrund kritisiert Markus Miessen partizipative Ansätze in Architektur, Stadtplanung und Kunst als unpolitisch, sofern unter Einsatz harmonisierender Teilhabe-Technologien jegliche Form von Widerspruch von vornherein verhindert werden soll. Diesem „Alptraum", in dem Partizipation zum post-politischen Organisationsmodell verkommt, stellt er eine „konflikthafte Partizipation als produktive Form der Interventionspraxis"[2] gegenüber. Diese zielt auf Streit und strategische Kollaboration mit Gegnern ab, geht bewusst Risiken ein und scheut auch das Scheitern nicht.

1 Chantal Mouffe: Demokratie auf dem Prüfstand. In: Markus Miessen (Hrsg.): *Alptraum Partizipation*. Berlin: Merve 2012, S. 88–133, hier S. 89.
2 Markus Miessen: Kollaboration und Konflikt. In: Ebd., S. 77–87, hier S. 78.

Diese Gleichung (Konflikt=politisch) dient dem vorliegenden Text als heuristische Leitformel für die Analyse eines partizipativen Kunstprojekts, das 1973 in der Stadt Graz (nicht) realisiert wurde. Obwohl es de facto unvollendet blieb, wird die Aktion *Kapellenstraße 41, inside/outside* von Richard Kriesche bis heute in Katalogen und Ausstellungen als erfolgreiche, pionierhafte Intervention mit gesellschaftspolitischen Folgen dargestellt. Die Dimension des Politischen, so das zentrale Argument dieses Textes, besteht allerdings im (kaum thematisierten) Abbruch des eigentlichen Vorhabens. Dieser Abbruch resultierte aus zwei zentralen antagonistischen Schließungen kurz nach Projektstart, die sich grob als Verteilungskonflikte um (1) Repräsentationsressourcen und (2) städtischen Raum darstellen lassen.

Kapellenstraße 41 – inside/outside: eine partizipative Kunstaktion in Graz

In der Kapellenstraße 41, einer nicht mehr existenten Adresse auf dem heutigen Areal des Grazer Urnenfriedhofs, stand bis Anfang der 1980er Jahre eine verrufene Barackensiedlung. Eine der rund 35 Holzhütten wählte der Künstler Richard Kriesche im Rahmen der Dreiländer-Biennale trigon '73 zum Thema „Audiovisuelle Botschaften" als Schauplatz für eine mehrwöchige Kunstaktion aus, in deren Rahmen verschiedene Akteursgruppen (Bewohner_innen, Kunstexpert_innen, Journalist_innen, Politiker_innen) zur aktiven Teilnahme angeregt werden sollten.[3] Mit *Kapellenstraße 41 – inside/outside* zielte Kriesche auf „eine systematische erweiterung der künstlerischen praxis ins feld jeglicher menschlichen aktivität, die überbrückung von kunst und leben."[4] Laut Konzept sollten während des einmonatigen Festivals aus Perspektive der verschiedenen Teilnehmer_innen permanent Video- und Fotoaufnahmen von der Wohnsituation vor Ort produziert und in unterschiedliche soziale bzw. mediale Räume transferiert werden. Vorgesehen war neben Berichterstattungen im lokalen Fernsehen das Abspielen der Bilder auf Fernsehmonitoren sowohl im Künstlerhaus als auch in der Wohnsiedlung. Darüber hinaus geplant war eine großformatige Applikation von 1:1-Fotoabzügen des Innenraums der gewählten Baracke auf deren Außenfassade. Ziel war es, die privaten Lebensumstände in

3 Bildmaterial unter http://www.medienblock-richard-kriesche.at/projekt64/ (Zugriff am 18.07.2017).

4 Richard Kriesche: Kapellenstraße 41 – inside/outside. In: Wilfried Skreiner (Hrsg.): *Audiovisuelle Botschaften*. Ausstellungskatalog Dreiländerbiennale Trigon '73. Graz: steirischer herbst 1973, o. P.

Abb. 1: Richard Kriesche: Kapellenstraße 41, inside/outside, 1973.

Repräsentationen und durch direkte Anschauung vor Ort öffentlich sichtbar zu machen, um Bewohner_innen und verantwortliche Politiker_innen zum Handeln anzuregen. Noch heute betont der Künstler: „das soziokulturelle ästhetische projekt ‚kapellenstraße 41' stand auf einem ganz konkreten fundament, dem abriss der barackensiedlung"[5]. Nach einem ersten Film- und Fotoshooting sowie der in Kollaboration mit den Bewohner_innen vorgenommenen Applikation lebensgroßer Interieur-Aufnahmen an der Barackenfassade wurde das Projekt noch vor Festivalbeginn abgebrochen. Dieser Konflikt wird in der offiziellen Darstellung der Aktion von einem Narrativ überblendet, das in Wort und Bild einen konsensuell erzielten Erfolg der Intervention kolportiert.

Antagonistische Schließung 1: Repräsentationsressourcen

Kriesches Aktion eignet sich in Gegenstandsbereich und Methodik nicht nur zur epistemischen Spiegelung des anthropologischen Blicks. Sie zeigt auch einen zentralen Antagonismus der Repräsentation vor allem marginalisierter

5 Email-Korrespondenz mit Richard Kriesche, Mai 2016.

Gruppen auf: die ungleiche Verteilung von Repräsentationsressourcen zwischen denen, die darstellen, und denen, die dargestellt werden. Gleich zahlreichen Stadtethnograf_innen begibt sich der Künstler an die *wild sides*[6] des urbanen Raums, um wenig beleuchtete Areale der Gesellschaft zu erkunden. Seine Erfahrungen vor Ort übersetzt er in (visuelle) Repräsentationen und macht auf diese Weise die desolate Wohnsituation auch abseits des physisch realen Raums öffentlich sichtbar. Gleichzeitig holt er das Publikum an den Ort des Geschehens, um es dort nicht nur direkt mit der alltäglichen Lebenswirklichkeit zu konfrontieren, sondern auch das Verhältnis zwischen Realität und Repräsentation in Form einer medienkünstlerischen Intervention auszuleuchten.

Auch in der wissenschaftlichen Stadtforschung bilden Erkundung und Repräsentation marginalisierter Stadtteile bis heute einen wesentlichen Fokus – von den Pionieren der Stadtforschung in den Slums des viktorianischen London über die Studien in den Armenvierteln des Chicago der 1920er Jahre bis hin zu den wissenschaftlich informierten Verfechter_innen eines *Rechts auf Stadt* seit den späten 1960er Jahren.[7] So unterschiedlich die Konventionen der Untersuchung und Darstellung urbaner Ungleichheit in Kunst und Wissenschaft auch sind, so viel diskutiert ist in beiden Feldern (vor allem seit den repräsentationskritischen 1980er Jahren) ihr grundlegender Antagonismus. Repräsentation erhöht zwar die Sichtbarkeit und birgt emanzipatorisches Potential bzw. die Möglichkeit auf Veränderung ungleicher Kapitalverteilung. Gleichzeitig erzeugen Repräsentationen Ungleichheit überhaupt erst, wie Johannes Fabian im Zuge der Krise der ethnographischen Repräsentation mit dem Begriff des *Othering* umreißt. Die ungleichen Anderen sind nicht einfach gegeben, sie werden auch niemals einfach gefunden oder angetroffen, sondern „sie werden gemacht."[8] In diesem Zusammenhang fordert er wie auch andere repräsentationskritische Stimmen quer durch die Disziplinen dazu auf, die Gemachtheit und die Wirkung von Repräsentationen in den Blick zu nehmen, in Abhängigkeit zur situierten Wahrnehmung von Autor, Dargestellten und Publikum sowie in Verschränkung mit Darstellungskonventionen, Macht- und Wissensstrukturen.

6 Rolf Lindner: *Walks on the Wild Side. Eine Geschichte der Stadtforschung.* Frankfurt am Main / New York: Campus 2004.

7 Ebd.

8 Johannes Fabian: Präsenz und Repräsentation. Die Anderen und das anthropologische Schreiben. In: Eberhard Berg / Martin Fuchs (Hrsg.): *Kultur, soziale Praxis, Text. Die Krise der ethnographischen Repräsentation.* Frankfurt am Main: Suhrkamp 1993, S. 335–364, hier S. 337.

Kriesches Konzept für die Kunstaktion *Kapellenstraße 41, inside/outside* thematisiert diesen Antagonismus jeder (ethnografischen) Repräsentation auf dichte Weise. In Verbindung mit einem internationalen Rechercheaufenthalt „im sogenannten Underground von New York City" besuchte der Künstler im Vorfeld der trigon '73 gemeinsam mit Ausstellungsorganisator Horst Gerhard Haberl „nicht-kommerzielle TV Labors"[9] in New York. Dort trafen sie auf die neuesten technischen und künstlerischen Möglichkeiten des Einsatzes von Videokameras, die beispielsweise zur Aktivierung des Publikums, zur Schulung alternativer Wahrnehmungs- und Sehgewohnheiten oder zur Stärkung der Sichtbarkeit von Bürgerinitiativen eingesetzt wurden. Angeregt auch durch einen Studienaufenthalt am University College London nutzte Kriesche die Kamera einerseits erfolgreich als Katalysator für die Interaktion mit den Bewohner_innen, die großes Interesse an den damals nicht alltäglichen Medientechnologien zeigten. Andererseits sah das künstlerische Konzept vor, die emanzipatorischen Möglichkeiten der Videoproduktion zu testen. Neben der Veröffentlichung seiner eigenen Repräsentationen der lokalen Wohnumstände wollte er den Baracken-Bewohner_innen die damals neuen Technologien als Instrumente zur potentiellen Selbstrepräsentation- und -ermächtigung vor Augen führen. Zudem war angedacht, über mehrere Wochen bekannte Akteure aus der Grazer Kunst- und Kulturszene vor Ort filmen und Bilder live ins Künstlerhaus übertragen zu lassen.
Als dem Künstler die versprochene Videokamera unmittelbar nach Beginn seiner Arbeit nicht mehr zur Verfügung stand – laut einer Stellungnahme des Biennale-Leiters, weil sie ruiniert worden war und die benötigten Ersatzteile erst vom Hersteller aus Japan angeliefert werden müssten[10] –, erklärte Kriesche das Projekt via Presseaussendung für eingestellt. Die Direktübertragung von Bildern der Barackensiedlung ins Künstlerhaus wurde nicht umgesetzt, der vorgesehene Ausstellungsbereich blieb weitgehend unbespielt. Gescheitert war die ursprüngliche Intention, andere Blickperspektiven in emanzipatorischer Absicht einzufangen, da das technologische Schlüsselinstrument sowie die nötigen Zeitressourcen gefehlt hatten. Konsequent praktiziert, hätte dieses Vorhaben, das darauf zielte, den Marginalisierten durch Kapitaltransfer eine Möglichkeit der Selbst-Repräsentation zu eröffnen, wohl unausweichlich zu Darstellungskonflikten zwischen den heterogenen Akteursgruppen geführt

9 Horst Gerhard Haberl: Audiovisuelle Botschaften. In: Skreiner (Hrsg.): *Audiovisuelle Botschaften*, o. P.
10 *Kleine Zeitung*, 26.10.1973.

und Dimensionen des Politischen im Sinne forcierten antagonistischen Handelns aktiviert. Die dennoch vorhandenen Fotos und Videosequenzen, die von Kriesches Projekt in Katalogen und Ausstellungsbeiträgen bis heute öffentlich zirkulieren, stehen in einem eigentümlichen Kontrast zur inhaltlichen Ausrichtung des Gesamtprojekts. Zu sehen ist eine fröhliche Gemeinschaft aus aktiven, manchmal auch nachdenklichen Menschen inmitten einer fast malerischen Barackenlandschaft. Zu lesen und zu hören ist hingegen, dass die Siedlung aufgrund ihres desolaten Zustands abgerissen werden soll. Kriesches Kunst- und Abriss-Aktion war Teil der Festival-Sektion „Wirklichkeit", in der Fragen zu „Umweltverschmutzung und ästhetischer Umweltverschmutzung" bearbeitet wurden. In Widerspruch dazu weisen die visuellen Repräsentationen einen romantisierenden Weg zum ausgeschlossenen Anderen.[11] Die Bildsprache deutet mehr auf exotistische Überhöhung denn auf hässliche Abwertung, wobei der Verdacht des ‚Elendsvoyeurismus' wie bei allen Erkundungen sozial Ausgegrenzter durch privilegierte soziale Akteure dennoch im Raum steht.

Johanna Schaffer definiert Elendsvoyeurismus als „affirmative Form der Sichtbarmachung"[12]. Sie verortet diese vor allem dort, wo durch die Abbildungen minorisierter Subjekte das „Souveränitätsgefühl der majoritären Subjektposition nicht zur Disposition steht."[13] Repräsentation zielt nicht auf Anerkennung und Umverteilung im Sinne eines emanzipatorischen Impulses ab, sondern lukriert vielmehr symbolisches Kapital in Form einer Selbstbestätigung der eigenen privilegierten Position innerhalb der herrschenden Ordnung. Kriesches Projekt lässt sich vor diesem Hintergrund nur unzureichend diskutieren, da es – wie beschrieben – nur rudimentär umgesetzt wurde. Die vorhandenen veröffentlichten Darstellungen zeigen allerdings nicht abwertende Stereotypisierungen von Armut, sondern lassen sich als Bilder der Wertschätzung minorisierter Lebensverhältnisse und Repräsentationswünsche lesen. Das wurde mir auch in Gesprächen mit ehemaligen Bewohner_innen vermittelt, die an der Aktion damals teilgenommen haben. Auch der gemeinsame Besuch von Künstler und Bewohner_innen beim Bürgermeister zeugt vom Ansatz einer „anerkennenden Sichtbarkeit [...] im Kontext der Repräsentation minorisierter Subjektpositionen."[14] Gleichzeitig suggerieren die Aufnahmen eine konsensorientierte

11 Skreiner (Hrsg.): *Audiovisuelle Botschaften.*

12 Johanna Schaffer: *Ambivalenzen der Sichtbarkeit. Über die visuellen Strukturen der Anerkennung.* Bielefeld: Transcript 2008, S. 21.

13 Ebd.

14 Ebd.

Partizipation mit dem Künstler als unangefochten blickmächtiger Leitfigur. Welche Bilder entstanden wären, wenn die geplante Dezentrierung dieser Position samt Weitergabe der visuellen Produktionsmittel stattgefunden hätten, muss offen bleiben. Die Vermutung liegt nahe, dass ihre Herstellung politisch im Sinne einer konflikthaften Partizipation ausgefallen wäre – und dass die Schließung des Projekts an genau dieser Stelle in einem tiefliegenden repräsentationslogischen Antagonismus begründet liegt.

Antagonistische Schließung 2: Städtischer Raum

Als Hauptschauplatz für seine Kunstaktion im Jahr 1973 wählte Kriesche eine verrufene, aus ursprünglich rund 35 Holzbaracken bestehenden Wohnsiedlung in der Grazer Kapellenstraße 41. Errichtet 1940 als ‚Umsiedlungslager' für ‚Bessarabiendeutsche' (Lager III, Nord) waren seit etwa 1942 sowjetische Zwangsarbeiter in den für eine temporäre Nutzung geplanten Standard-Baracken untergebracht. Nach Ende des Krieges diente die Anlage als Unterkunft für Displaced Persons verschiedener Herkunft, später war sie zudem Wohnort für städtische Arme und Obdachlose, laut mündlichen Erzählungen[15] auch Winterquartier für fahrende Händler mit verschiedenem Warensortiment. In Anlehnung an Loïc Wacquants Forschungen zu urbanen Differenzen kann die Siedlung als „stigmatisiertes Viertel mit konzentrierter Armut" bezeichnet werden, in dem die „vielfältigen Ungleichheiten in den Städten" sichtbar zum Ausdruck kommen.[16] 1963 erfolgte die offizielle Demolierungsbewilligung, „weil es im Interesse der Stadtgemeinde liegt, daß die Baracken" aufgrund des „schlechten Bauzustands" und der „sanitären Mißstände" „ehestens abgetragen werden".[17] Seitdem wurden sukzessive Bewohner_innen in „ordnungsgemäße"[18] Wohnhäuser in Massivbauweise umgesiedelt und einige Baracken demoliert. Der Großteil der Anlage blieb allerdings bis zu Beginn der 1980er Jahre bewohnt und wurde laut mündlichen Aussagen[19] 1983 abgerissen. Obwohl als dominantes

15 Feldforschung, Frühjahr 2016.

16 Loïc J. D. Wacquant: Roter Gürtel, Schwarzer Gürtel: Rassentrennung, Klassenungleichheit und der Staat in der französischen städtischen Peripherie und im amerikanischen Ghetto. In: Hartmut Häußermann / Martin Kronauer / Walter Siebel (Hrsg.): *An den Rändern der Städte. Armut und Ausgrenzung.* Frankfurt am Main: Suhrkamp 2004, S. 148–202, hier S. 148.

17 Magistrat Graz, Baupolizeiamt: Demolierungsbewilligung für Holzbaracken, 30.10.1963. Stadtarchiv Graz, A 10/3-3631-1963.

18 Ebd.

19 Feldforschung, Frühjahr 2016.

Narrativ kolportiert, dürfte das Kunstprojekt keinen wesentlichen Einfluss auf den 1963 beschlossenen und 20 Jahre später durchgeführten Abriss der Siedlung genommen haben. Der Künstler berichtet, dass er dem damaligen Bürgermeister gemeinsam mit Bewohner_innen einen Besuch abgestattet und das Anliegen von Abriss und Umsiedlung vorgetragen hat.[20] Dieser, so Kriesche in der Rückschau, zeigte Verständnis und stellte zumindest „einen sukzessiven abriss mit der umsiedlung der bewohner für das gesamte areal in aussicht"[21] – also das, was ohnehin im Demolierungsbescheid von 1963 festgeschrieben ist, von dem der Künstler damals allerdings genauso wenig in Kenntnis gesetzt war wie von der Geschichte der Barackensiedlung im Nationalsozialismus.

Auf den öffentlich zirkulierenden Bildern des Kunstprojekts finden sich nicht nur affirmative, sondern auch zwei antagonistische Akteure in Form eines markanten modernistischen Wohnblock-Paars in unmittelbarer Nachbarschaft der Kapellenstraße 41. Errichtet kurz vor der künstlerischen Aktion zwischen 1970 und 1973 bilden sie ein effektvolles Gegenstück zur archaischen Baracke und bestätigen deren anachronistische Existenz. Gleichzeitig steht ihr anonymes, stets menschenleeres Erscheinungsbild im Widerspruch zu den gemeinschaftlichen Aktivitäten vor den belebten Holzhütten. Auch wenn Kriesche sich nicht direkt auf den internationalen Stadtforschungsdiskurs der 1960er und 1970er Jahre bezieht, so thematisiert sein Projekt doch den zentralen Konflikt modernistischer städtebaulicher Transformation, wenngleich konzeptuell unter umgekehrten Vorzeichen. 1968 verfasste etwa Henri Lefebvre seine Streitschrift *Recht auf Stadt*[22] vor dem Hintergrund des Abrisses der französischen *bidonvilles* und der Errichtung moderner Wohnhochhäuser in den Pariser Banlieues. Ruth Glass entwickelte Mitte der 1960er Jahre das kapitalismuskritische Konzept der Gentrification angesichts der rigorosen *Regeneration Programmes* im London der 1950er und 1960er Jahre.[23] Und Jane Jacobs dienten die Slumsanierungen im New York der selben Zeit als Ausgangspunkt für ihre Studie über Tod und Leben großer amerikanischer Städte, in der sie sich den Auswirkungen radikaler Modernisierungspläne auf nicht nur marginalisierte Bewohner_innen widmete. Jacobs war es auch, die Mitsprache ‚von unten' – also Mitsprache der

20 Interview mit Richard Kriesche, Jänner 2016.

21 Email-Korrespondenz mit Richard Kriesche, Mai 2016.

22 Henri Lefebvre: *Das Recht auf Stadt* [franz. 1968]. Hamburg: Nautilus 2016.

23 Ruth Glass: *London: Aspects of Change.* London: MacGibbon & Kee 1964.

Bewohner_innen – bei Fragen zu ihren Wohnverhältnissen einzufordern begann und einer modernistischen *top-down*-Planung den Kampf *von unten* ansagte.[24] Sobald Kriesche begonnen hätte, seinen klar modernistisch orientierten Standpunkt um die Perspektiven der Bewohner_innen und einer heterogenen Gruppe von befreundeten Grazer_innen zu erweitern, wäre der Grundkonflikt um Verteilung und Bewertung städtischen Raums unweigerlich zur Sprache gekommen. Die verfrühte Schließung des Projekts hat diese Möglichkeit des schwelenden Antagonismus (rechtzeitig) verhindert.

Fazit: Verteilungskonflikte um Repräsentationsressourcen, Zeit und Raum

Die Durchführung des konzeptuell emanzipatorischen Vorhabens scheiterte letztlich am Fehlen der dafür notwendigen Mittel – einerseits der Kamera als kapitalintensiver Sichtbarkeitstechnologie, bereit gestellt durch den Hauptsponsor Sony, andererseits am Fehlen von Zeit-Kapital, das in der schon damals schnelllebigen Festival-Logik des Kunstbetriebs nicht zur Verfügung stand. Auch wenn die Ursachen dafür nicht restlos geklärt sind, entsteht der zentrale Konflikt bei der Umverteilung von Produktionsmitteln und Aufmerksamkeit genau dort, wo die herrschende Raum- und Sozialordnung durch weitere Repräsentationen infrage gestellt worden wäre. Anzumerken ist außerdem, dass – wenngleich oder vielleicht gerade weil der Künstler stets selbst hinter der Videokamera stand und die Fotos im Rahmen der Kunstaktion von professionellen Fotografen angefertigt wurden – soziale Hierarchien deutlich sichtbar abgebildet sind. Repräsentationskritische Stimmen[25] diskutieren gerade diese Transparenz als Voraussetzung für politisches Handeln. Eine streitbare Anfechtung dominanter Machtverhältnisse kann nur dort passieren, wo die Medialität von Repräsentationen sowie die Ungleichheit von Darstellungskonditionen in den Blick genommen werden. Auf konzeptueller Ebene entspricht Kriesches Projekt diesen Forderungen in fast pionierhafter Weise, waren doch zu Beginn der 1970er Jahre repräsentationskritische Fragen im Kunstkontext noch wenig thematisiert. In der Umsetzung war das Projekt jedoch mit massiven Schließungen konfrontiert, sodass weder die kommunale Wohnungspolitik noch die gelebte Wirklichkeit in der Barackensiedlung infolge der Aktion längerfristig betroffen

24 Jane Jacobs: *The Death and Life of Great American Cities*. New York: Random House 1961.

25 Schaffer: *Ambivalenzen der Sichtbarkeit*.

waren. Geht man allerdings davon aus, dass sich das Politische vor allem dort zeigt, wo Konflikte um die Verteilung von Kapital, Sichtbarkeit und Anerkennung auftreten, so öffnet sich die Dimension des Politischen bei diesem historischen Projekt gerade in seinem Abbruch. Waren zu Beginn der 1970er Jahre partizipative Ansätze umstritten und lediglich an den ‚suspekten Rändern' des künstlerischen Feldes präsent, so bilden sie heute ein legitimiertes, öffentlich gefördertes und vielfach gefordertes Genre. Versteht man das Politische als streitbare Aktivierung „eines Antagonismus, der nicht ausgerottet werden kann"[26], so lässt sich diese Entwicklung weniger als Symptom der Politisierung künstlerischer Praxis, sondern vielmehr als Folge post-politischer Regierungstechniken zur ästhetischen Befriedung sozialer Konflikte werten.

26 Mouffe: Demokratie auf dem Prüfstand, S. 89.

Johanna Stadlbauer

Von ‚gemeinsamer Betroffenheit' und ‚Kollaboration'

Entwürfe der ethnographischen Forschungsbeziehung im Kontext politisch engagierter Wissenschaft

Einleitung

In der Einleitung zu einem Sammelband (*Gender_queer ethnografisch*) stellt Beate Binder die Frage nach der Motivation von Forschenden, sich mit Macht und Herrschaft zu befassen: „Wieso soll ich mir Herrschaftsverhältnisse angucken, wenn ich sie nicht verändern will? Aus Lust, das wäre ja sehr masochistisch!" Ihre Co-Autorin Katrin Amelang antwortet ihr sogleich: „Ich könnte doch auch Herrschaftsverhältnisse anschauen, damit ich besser herrschen kann – wie in der historischen Verknüpfung von Kolonialismus und Ethnologie."[1] Gegenwärtig verstehen sich viele Fachvertreter_innen der Europäischen Ethnologie/ Empirischen Kulturwissenschaft als politisch engagiert und beziehen dies auch auf ihre Forschungstätigkeit – wie Binder und Amelang dies in den Zitaten andeuten. Insbesondere im Bereich der Queer und Gender Studies konfrontieren sich die ethnographisch Tätigen dezidiert mit den gesellschaftlichen Rahmenbedingungen und Konsequenzen ihrer Forschungen. Sie positionieren sich zu den zu erforschenden Verhältnissen, und in vielen Fällen geht es nicht nur um kritische Analysen und die Schaffung neuer diskursiver Räume, sondern auch um eine Veränderung der sozialen Verhältnisse. In anderen Disziplinen/ Forschungsbereichen wurde und wird diese ‚politische Komponente' ethnographischer Wissensproduktion häufig weniger offensiv verhandelt. Doch auch, wenn es darüber nicht in jeder Scientific Community eine umfassende

1 Vgl. Katrin Amelang / Beate Binder / Anika Keinz / Sebastian Mohr: gender_queer ethnografisch. Ein Gespräch. In: Dies. (Hrsg.): *Gender_queer ethnografisch. Ausschnitte einer Schnittmenge.* Berlin: Panama 2010, S. 9–23, hier S. 20.

Verständigung gibt, ist davon auszugehen, dass ethnographische Forschung kein neutrales, absichtsloses Unterfangen ist, sondern dass die Zielsetzungen der wissenschaftlichen Tätigkeit von politischen Projekten beeinflusst sind. Diese Tatsache wirkt sich in allen Stadien des Forschungsprozesses aus. Mit dem vorliegenden Beitrag soll deshalb zu einer andauernden reflexiven Befassung mit den impliziten und expliziten Zielsetzungen empirisch-kulturwissenschaftlicher Forschungen aufgerufen werden. Er plädiert dafür, insbesondere die Auswirkungen dieser Zielsetzungen auf die individuell bevorzugten und zu einer bestimmten Zeit populären methodischen Zugänge mitzudenken. Um das Zusammenspiel von *Warum-erforschen* und *Wie-erforschen* beispielhaft aufzuzeigen, werden historisch, geographisch und disziplinär unterschiedlich verortete ethnographische Unternehmungen beleuchtet. Gewählt wurden Beispiele aus der Europäischen Ethnologie/Empirischen Kulturwissenschaft, den Performative Social Sciences und der US-amerikanischen Kulturanthropologie. Diese sind dadurch gekennzeichnet, dass die forschenden Akteur_innen Wissenschaft politisch ‚in Dienst nehmen', um in gesellschaftliche Verhältnisse zu intervenieren. Diese Beispiele helfen, sichtbar zu machen, dass sich die politischen Projekte, in deren Kontext die jeweiligen Forschungen stattfinden, auf die Entwürfe des Verhältnisses der am Forschungsprozess Beteiligten zueinander und die Bilder des Forschungssubjektes, die sich die Forschenden machen, auswirken.

Verhältnisbestimmungen in der Europäischen Ethnologie/Empirischen Kulturwissenschaft

Wolfgang Kaschuba hat gezeigt, dass es in der Geschichte der Disziplin eine lange Kontinuität politisch engagierter Wissenschaft gibt, er spricht von einem disziplinären Ethos des Intervenierens, der sich beispielsweise als Traditionspflege und Bemühen um die Bewahrung bäuerlicher Kultur geäußert habe.[2] Dieses Intervenieren war mithin völkisch motiviert, sozialkonservativ oder nationalistisch. Vergleichbar mit der ethnologischen Wissenssammlung für Kolonialherrschaften und/oder die westliche akademische Welt oder auch mit der Migrationsforschung als Projekt im Dienste des Nationalstaats fanden sich Formen gesellschaftsgestaltender, politischer Wissenschaft, die der Aufrechterhaltung von Ungleichheit und der Absicherung von Herrschaft gedient

2 Vgl. Wolfgang Kaschuba: Reflexion und Intervention. Zum Ethos volkskundlich-ethnologischer Forschung. In: Karl Braun / Claus-Marco Dieterich / Christian Schönholz (Hrsg.): *Umbruchszeiten. Epistemologie & Methodologie in Selbstreflexion; Dokumentation der dgv-Hochschultagung 2010 in Marburg.* Marburg: MakuFEE 2012, S. 101–120, hier S. 103.

haben. Ergebnisse der volkskundlichen Wissensproduktion wurden zum „besseren Herrschen“ (Amelang) nutzbar gemacht. In Bezug auf die Forschungsmethoden und Entwürfe der Forschungsbeziehungen bedeutete dies, dass die Forschungsteilnehmer_innen als notwendiges Mittel zum Zweck konzeptualisiert waren: Die Beziehung zu ihnen war oft von Irritation und moralischen Fallstricken begleitet. Als Repräsentant_innen des so geliebten ‚einfachen Volkes‘ und Träger_innen der ursprünglichen Sitten und Bräuche wurden sie vom bürgerlichen, gebildeten (männlichen) Forscher als vollständig ‚Andere‘ imaginiert, denen man sich nur über Vermittler_innen nähern konnte.
Mit der Reform des Faches in den 1970ern und 1980ern wurde die Gestaltung der Forschungsbeziehung zu einem wichtigen Gegenstand methodologischer Auseinandersetzungen. Dass die Forschenden selbst als ‚Forschungsinstrumente‘ die Ergebnisse maßgeblich beeinflussen und dass diese Resultat der Beziehungen sind, die während der Feldforschung eingegangen werden, wurde zunehmend diskutiert. Diese Umbruchphase bildet sich sehr gut in den Überlegungen Dietmar Sauermanns im Kongressband zu einer Arbeitstagung der Deutschen Gesellschaft für Volkskunde 1981 über Biographieforschung ab. Er berichtet über seine Tätigkeit bei der volkskundlichen Kommission für Westfalen. Die Mitarbeitenden der Kommission sammelten im Korrespondent_innenverfahren Informationen über die Lebensverhältnisse der ländlichen Bevölkerung um 1900. Gewährspersonen in den Gemeinden sollten Fragelisten auf Basis ihrer eigenen Erfahrungen ausfüllen, dazu gab es auch Besuche im Zuhause der Befragten. Sauermann schreibt selbstkritisch über diese Besuche:

> Die menschliche Seite des Kontaktes nahm mir auf die Dauer zu viel Zeit in Anspruch, so daß das „Eigentliche“, die wissenschaftliche Arbeit, meiner Meinung nach zu kurz kam. Viele Gespräche und Besuche dienten oft nur dazu, die Beziehung zu festigen oder nahmen den Charakter einer Altenbetreuung an. Da ich zu sehr auf konkrete Sachaussagen, auf die kulturellen Objektivationen, fixiert war, glaubte ich, daß diese Arbeit zu wenig wissenschaftlich verwertbare Informationen brachte. Werturteile und längere Meinungsäußerungen der Gewährspersonen betrachtete ich als lästiges Beiwerk.[3]

3 Dietmar Sauermann: Gedanken zur Dialogstruktur wissenschaftlicher Befragungen. In: Rolf Wilhelm Brednich / Hannsjost Lixfeld / Dietz-Rüdiger Moser / Lutz Röhrich (Hrsg.): *Lebenslauf und Lebenszusammenhang: Autobiographische Materialien in der volkskundlichen Forschung.* Freiburg i.Br.: Abteilung Volkskunde des Deutschen Seminars der Universität Freiburg 1982, S. 145–153, hier S. 146.

Seinen Beitrag schließt Sauermann mit der Forderung, den Prozess der Datenerhebung in Zukunft als intensive zweiseitige Kommunikation zu verstehen. Er schreibt: „Der Wissenschaftler soll seinen Gewährsmann als ‚echten Partner' betrachten und behandeln."[4]
Das sich langsam herausbildende dialogische und zunehmend auch hierarchiebewusste Verhältnis zwischen Beforschten und Forschenden hing eng mit sich verändernden politischen Ansprüchen der empirisch-kulturwissenschaftlichen Forschungen zusammen. Verstärkt wurde nun die Absicht vertreten, „auf die Veränderung sozialer Verhältnisse in Richtung Emanzipation und soziale Gerechtigkeit hinzuwirken"[5]. Eine dominant werdende Spielart des Forscher_innen/Beforschten-Verhältnisses wird von Bernd-Jürgen Warneken als „ethnographische ‚Politik der Wertschätzung'"[6] bezeichnet. Er schreibt von einer „ethnographischen Praxeologie", die unterschiedliche sozialwissenschaftliche Handlungstheorien verbindet und

> diese Theorien konsequent auf die armen, bildungsfernen und abhängig arbeitenden Sozialgruppen [anwendet] und dort Handlungsfähigkeit und sogar Handlungsspielräume [sucht und entdeckt]. Dass Angehörige dieser Gruppen nicht nur als Objekt, sondern auch als Subjekt der Geschichte gesehen werden, bedeutet eine Forscher-Erforschten-Beziehung, in der nicht Mitleid im Vordergrund steht – so wenig dies ausgeschlossen ist, sondern Anerkennung.[7]

Das Projekt des ‚Hineinschreibens in die Geschichte' von vormals nicht als ‚handlungsfähig' gedachten sozialen Gruppen, wie im Zitat von Warneken angesprochen, nahm mit den 1970er Jahren Fahrt auf. Bereiche wie die Arbeitskulturenforschung und die Frauenforschung konstituieren sich innerhalb der Europäischen Ethnologie/Empirischen Kulturwissenschaft in starkem Austausch mit sozialen Bewegungen und übernahmen aus diesen wichtige Impulse, wie sie auch ihrerseits die Methodendiskussion im Fach bereichern.

4 Sauermann: Gedanken zur Dialogstruktur wissenschaftlicher Befragungen, S. 146.

5 Beate Binder / Sabine Hess: Eingreifen, kritisieren, verändern. Genealogien engagierter Forschung in Kulturanthropologie und Geschlechterforschung. In: Dies. / Friedrich von Bose / Katrin Ebell / Anika Keinz (Hrsg.): *Eingreifen, Kritisieren, Verändern!? Interventionen ethnographisch und gendertheoretisch.* Münster: Westfälisches Dampfboot 2013, S. 22–54, hier S. 49.

6 Bernd Jürgen Warneken: *Die Ethnographie popularer Kulturen. Eine Einführung.* Wien: Böhlau 2006, S. 98.

7 Ebd.

Forschungsprozesse feministisch organisieren

Auf die Zielsetzungen von ethnographischen Projekten und die Entwürfe von Forschungsbeziehungen wirken sich Fragen aus wie: Welche sozialen Kämpfe gibt es zur jeweiligen Zeit? Über welche Privilegien können Forschende verfügen, wie sind sie im Verhältnis zu den jeweiligen herrschenden Systemen positioniert? Welche gesellschaftlichen Prozesse des Sichtbar- oder Unsichtbarmachens bestimmter Gruppen und Kämpfe gibt es? Die Verbindung zwischen politischen Projekten und dem Umgang mit der Forschungsbeziehung zeigt sich besonders gut in der Frauenforschung, die in enger Anbindung an das Eintreten der Frauenbewegung für die Anerkennung von Frauen als gleichberechtigte Bürgerinnen entstanden ist. Die Frauenforschung fokussiert ihre Forschungsteilnehmerinnen als „active agents whose lives are far richer and more complex than past narratives had suggested“[8]. Maßgeblich war, wie Binder und Hess formulieren, die „Konstitution eines erkenntnistheoretischen und/oder politischen Referenzsubjekts, für das und in dessen Namen Wissensproduktion stattfinden sollte“[9]. Deutlich erkennbar ist das in der Konzeption des Forschungsprozesses durch Maria Mies: 1979 forderte sie, die ihrer Meinung nach nicht mehr haltbaren Postulate der Wertfreiheit, Neutralität und Indifferenz gegenüber den Forschungssubjekten durch bewusste Parteilichkeit zu ersetzen.[10]

Die Forschungsbeziehungen, die in der Frauenforschung in und außerhalb der Europäischen Ethnologie/Empirischen Kulturwissenschaft entworfen wurden, gingen zunächst von einer gemeinsamen Betroffenheit der am Forschungsprozess beteiligten Personen von patriarchalen gesellschaftlichen Strukturen aus. Ziel der Forschung war Kritik und Überwindung der unterdrückenden Verhältnisse. Das hatte sehr produktive Nebenwirkungen: Unter anderem weil sie mit der Repräsentation der Forschungssubjekte auch sich selbst repräsentierten und weil sie davon ausgingen, dass sie Interessen mit den Beforschten teilen, mussten sich die Vertreterinnen der Frauenforschung konsequent mit Politiken und Ethiken ihrer Darstellungen befassen. Die lange selbstverständliche Trennung und zugleich Hierarchisierung zwischen dem ‚Selbst‘ und den ‚Anderen‘ lässt

8 Diese Worte einer US-amerikanischen Kulturanthropologin passen auch auf den deutschsprachigen Kontext der 1970er und 1980er Jahre (vgl. Mahmood Saba: *Politics of Piety. The Islamic Revival and the Subject of Feminism.* Princeton / Woodstock: Princeton UP 2004, S. 6).

9 Binder / Hess: Eingreifen, kritisieren, verändern, S. 42.

10 Vgl. Maria Mies: Methodische Postulate zur Frauenforschung – dargestellt am Beispiel der Gewalt gegen Frauen. In: *Beiträge zur feministischen Theorie und Praxis* 1,1 (1978), S. 41–63.

sich unter diesen Prämissen nicht aufrechterhalten.[11] Charakteristisch für das damalige Bemühen, Forschungsprozesse feministisch zu organisieren, ist der Aufruf zum Respekt vor der Sinnproduktion der Interviewten, die Anregung zur Forschungssupervision und kollektiven Auswertung von Forschungsdaten, um die Standpunktabhängigkeit der eigenen Deutungen erkennen zu können, sowie der Aufruf zum verantwortungsvollen Umgang mit dem Material und den Forschungsergebnissen.[12]

Die Klarheit der Zielsetzung für die Forschung und die daran anschließende Idee von der Beziehung zwischen Forscherin und Beforschten als einer, die von ‚gemeinsamer Betroffenheit' getragen ist, blieben nicht lange unwidersprochen. Die Behauptung einer gemeinsamen Betroffenheit würde aus der Sicht heutiger wissenschaftlicher Diskurse im Bereich der Geschlechterforschung wichtige Ungleichheitsverhältnisse unter den Tisch fallen lassen – und die Frage des politischen ‚Ziels' der Forschung, schon in den 1980ern kontrovers diskutiert, ist mittlerweile für die (interdisziplinären) Gender Studies nicht mehr einfach zu beantworten.[13]

Rezipient_innen als „coparticipants in dialogue"

Ein weiterer Forschungsbereich, in dem die ethnographische Wissensproduktion explizit gesellschaftsgestaltend positioniert ist und die Produktionsverhältnisse intensiv reflektiert werden, ist die evokative Autoethnographie,[14] die als weiteres Beispiel für die Frage nach der Verbindung zwischen *Warum-* und *Wie-ethnographisch-forschen* dienen soll. Es handelt sich bei der Autoethnographie um eine radikal subjektive und umstrittene Variante der Forschung, die sich sehr produktiv an den Rändern der Kultur- und Sozialwissenschaften

11 Vgl. Lila Abu-Lughod: Writing against Culture. In: Richard Gabriel Fox (Hrsg.): *Recapturing Anthropology. Working in the Present.* Santa Fe: School of American Research Press 1991, S. 137–162.

12 Vgl. Frauenforschung in der Volkskunde AG Marburg: Methodologische Positionen und weiterführende Fragen in der Frauenforschung. Zur Podiumsdiskussion der ersten Tagung der Kommission Frauenforschung in der DGV. In: Arbeitsgruppe volkskundliche Frauenforschung Freiburg (Hrsg.): *Frauenalltag – Frauenforschung.* Frankfurt am Main: Lang 1988, S. 21–28.

13 Vgl. als einen Diskussionsbeitrag über Ziel und Ausrichtung von Geschlechterforschung Stefan Hirschauer / Gudrun Axeli-Knapp: Wozu Geschlechterforschung? Ein Dialog über Politik und den Willen zum Wissen. In: Brigitte Aulenbacher / Mechthild Bereswill / Martina Löw / Michael Meuser et al. (Hrsg.): *FrauenMännerGeschlechterforschung. State of the Art.* Münster: Westfälisches Dampfboot 2006, S. 22–63.

14 Prominente Vertreter_innen sind Arthur Bochner und Carolyn Ellis (vgl. dies.: *Evocative Autoethnography. Writing Lives and Telling Stories.* Oxford: Routledge 2016).

bewegt und einer performativen Forschungslogik folgt.[15] Als Genre innerhalb der Performative Social Sciences ist das Ziel von Autoethnographien „nicht die Produktion von Wissen über Beforschte und die Weitergabe dieses Wissens an die Scientific Community, sondern die Herstellung von (flüchtigen, nur in ihren Spuren einholbaren) Momenten ‚situativer' Erkenntnis."[16] Damit lässt sich die Autoethnographie von jenen dialogischen und performativen Experimenten inspirieren, die im Gefolge der *Writing-Culture*-Debatte in den kulturanthropologischen Disziplinen entwickelt wurden.
Immer wieder konfrontiert damit, dass ihre Arbeitsweisen und Produkte den konventionellen wissenschaftlichen Gütekriterien nicht entsprechen, rufen Vertreter_innen der Autoethnographie dazu auf, doch zunächst einmal die Ziele, die mit der wissenschaftlichen Arbeit erreicht werden sollen, zu diskutieren. Arthur Bochner formuliert in einer polemischen Auseinandersetzung um Ethnographie in der US-amerikanischen Soziologie: „But the way I see it, there is no agreement on goals, and without that agreement, it makes no sense to argue over the best or right way to achieve them."[17] Zu dieser Auseinandersetzung um „goals" trägt auch Norman Denzin bei. Er hat eine Reihe alternativer Gütekriterien für performative Forschungsansätze wie die Autoethnographie formuliert:

> Claims to truth and knowledge are assessed in terms of multiple criteria, including asking if a text: (a) interrogates existing cultural, sexist and racial stereotypes, especially those connected to family, femininity, masculinity, marriage and intimacy; (b) gives primacy to memory and its connections to concrete lived experience; (c) uses dialogue and an ethics of personal responsibility; values beauty, spirituality and a love of others; (d) implements an emancipatory agenda committed to equality, freedom and social justice and participatory democratic practices; (e) emphasizes community, collective action, solidarity and group empowerment.[18]

15 Vgl. zur Positionierung der Autoethnographie im deutschsprachigen wissenschaftlichen Diskurs Andrea Ploder / Johanna Stadlbauer: Strong Reflexivity and Its Critics. Responses to Autoethnography in the German-Speaking Cultural and Social Sciences. In: *Qualitative Inquiry* 22,9 (2016), S. 753–776.

16 Andrea Ploder: Widerstände sichtbar machen. Zum Potenzial einer performativen Methodologie für kritische Migrationsforschung. In: Paul Mecheril / Oscar Olalde-Thomas / Claus Melter / Elisabeth Romander / Susanne Arens (Hrsg.): *Migrationsforschung als Kritik? Spielräume kritischer Migrationsforschung.* Wiesbaden: VS 2013, S. 141–156, hier S. 150.

17 Arthur P. Bochner: Narrative's Virtues. In: *Qualitative Inquiry* 7,2 (2001), S. 131–157, hier S. 142.

18 Norman K. Denzin: *Qualitative Inquiry under Fire. Toward a New Paradigm Dialogue.* Walnut Creek: Left Coast 2009, S. 141.

Die von Denzin zusammengestellten Gütekriterien weichen von denjenigen, die üblicherweise an quantitative Studien angelegt werden – wie z. B. Objektivität, Reliabilität und Validität – ab; sie weichen sogar von denjenigen für qualitative Forschungen stark ab. Die Forschung wird daran gemessen, ob sie Schönheit, Spiritualität und Liebe wertschätzt – eine Forderung, die für viele andere wissenschaftliche Kontexte sicherlich esoterisch anmutet. Autoethnographische Produkte werden allerdings auch daran gemessen, ob sie partizipative demokratische Praktiken befördern und zu ‚sozialer Gerechtigkeit' beitragen – Denzin buchstabiert die gesellschaftsgestaltende Absicht der Forschung also recht deutlich aus. Viele Autoethnograph_innen vertreten, gemäß den von Denzin verwendeten Schlagwörtern wie Gemeinschaftlichkeit und Solidarität, die Idee einer intensiven Zusammenarbeit der am Forschungsprozess beteiligten Akteur_innen. Interviewpartner_innen sind, so schreiben es Bochner, Carolyn Ellis und Tony Adams in einer Einführung zu Autoethnographie, „keine ‚gesichtslosen Subjekte', die nur Daten liefern sollen"[19]. Forschungsteilnehmer_innen – und damit sind in der Forschungslogik der Autoethnographie auch die Rezipient_innen von Texten und Performances angesprochen – werden vielmehr als „coparticipants in dialogue"[20] entworfen. Sehr viele autoethnographische Arbeiten weisen zudem eine intensive Auseinandersetzung mit Fragen der Forschungsethik auf.
Emanzipatorisch zu wirken, ist ein erklärtes Ziel vieler Forscher_innen, die sich wie Bochner und Ellis der evokativen Autoethnographie zurechnen – dies jedoch in den meisten Fällen ohne explizierte und argumentierte sozialpolitische Agenda. Wenngleich die häufig geforderte *emancipatory agenda* schwammig bleibt, bildet sich die Forderung nach kollektivem Handeln jedenfalls im Forschungsprozess ab und wird als methodische Leitlinie formuliert. Der Forschungsprozess, wie ihn die zitierten Autoethnograph_innen konzeptualisieren, ist nicht allein in der Hand der Wissenschaftler_innen, sondern er schließt die Interviewpartner_innen und Rezipient_innen als aktive Bedeutungsproduzent_innen ein.

19 Carolyn Ellis / Tony E. Adams / Arthur P. Bochner: Autoethnographie. In: Katja Mruck / Günther Mey (Hrsg.): *Handbuch Qualitative Forschung in der Psychologie*: Wiesbaden: VS 2010, S. 345–357, hier S. 351.

20 Carolyn Ellis: Heartful Autoethnography. In: *Qualitative Health Research* 9,5 (1999), S. 669–683, hier S. 669.

Kollaborative Allianzen mit Expert_innen

Als letztes Beispiel für Konzepte über das Verhältnis der Beteiligten im ethnographischen Forschungsprozess zueinander soll auf aktuelle Überlegungen zu ‚Kollaboration' und die damit verbundenen Politiken eingegangen werden. George Marcus fordert mit Douglas Holmes gemeinsam, dass sich die Kulturanthropologie zum Verstehen der derzeitigen Welt und der in ihr wirksamen mächtigen Institutionen verstärkt den sogenannten Expert_innenkulturen zuwenden muss. Damit reagiert er auf die Erkenntnis, dass man schon lange nicht mehr nur mit gesellschaftlich randständigen Gruppen forschen kann, wenn man Machtverhältnisse analysieren will. Marcus und Holmes zufolge findet ethnographische Forschung zunehmend statt im „alternative art space in Tokyo or São Paolo, at an environmental nongovernmental organization (NGO) in Costa Rica, the central bank of Chile and the headquarters of the major pharmaceutical firm in Zurich or Mumbai"[21]. Mit Lösungsmöglichkeiten für die damit einhergehenden Komplikationen der Beziehung von Forschenden und Beforschen befasst sich Marcus seit gut zehn Jahren.

Institutionen wie die oben genannten sind nach Holmes und Marcus zu beforschen, indem man mit den in ihnen tätigen Personen „kollaborative Allianzen" bildet und versucht „to integrate fully our subjects' analytical acumen and insights to define the issues at stake in our projects as well as the means by which we explore them"[22]. Sie entwerfen ihre Forschungssubjekte als Menschen, die reflexiv und kritisch in ihrem Alltag agieren und die dementsprechend als gleichberechtigte und -interessierte Akteur_innen im Forschungsprozess präsent sind. Die beiden scheinen mit ihrem Fokus auf Eliten, Expert_innen und mächtigen Institutionen eine Forschung von Etablierten mit Etablierten zu entwerfen – notwendig für die Kollaboration ist es schließlich, dass die Forscher_innen die nötigen Merkmale mitbringen, um in den jeweiligen Expert_innen-Kulturen anerkannt zu werden. Binder und Hess wenden zudem ein, dass dieser neue Entwurf der ethnographischen Kollaboration einen „apologetischen utilitaristischen Unterton, der eigene kritische Standpunkte zum Zweck des Wissenserwerbs opfert"[23], enthält – fordern doch Marcus und Holmes einen ethnographischen Schulterschluss zum Beispiel mit Vorstandsvorsitzenden, die als

21 Douglas R. Holmes / George E. Marcus: Collaboration Today and the Re-Imagination of the Classic Scene of Fieldwork Encounter. In: *Collaborative Anthropologies* 1,1 (2008), S. 81–101, hier S. 86.

22 Ebd., S. 86.

23 Vgl. Binder / Hess: Eingreifen, kritisieren, verändern, S. 47.

paraethnographische Kollaborateur_innen gefasst werden. Die breitere Zielsetzung der Forschung mag hier beispielsweise Kapitalismuskritik sein, aber diese soll erreicht werden mithilfe von „complicit engagement with the found critical dimension or potential already in play within expert cultures“[24].

Zum Schluss

Meine Darstellung suggeriert durch ihren Aufbau eine historische Abfolge im Sinne einer Evolution hin zu einer großen Aufmerksamkeit für die Forschungsbeziehung und zu reflexiven methodologischen Auseinandersetzungen mit der Gestaltung des Forschungsprozesses. Und tatsächlich zeigen methodologische Debatten in der Europäischen Ethnologie/Empirischen Kulturwissenschaft und anderen ethnographisch arbeitenden Forschungsrichtungen häufig einen hohen Grad an Reflexivität hinsichtlich der Aufmerksamkeit für die Forschungsbeziehung und dic Gestaltung des Forschungsprozesses. Es ist jedoch davon auszugehen, dass alle aufgezeigten Herangehensweisen an ethnographischer Wissensproduktion mit ihren jeweiligen Schieflagen auch gegenwärtig nebeneinander bestehen. Immer noch sind in den Kultur- und Sozialwissenschaften Forschungspraktiken verbreitet, die sich nicht kritisch mit den möglichen Konsequenzen für Handlungsspielräume unterschiedlicher, von der Forschung betroffener und in die Forschung eingebundener Gruppen befassen, und/oder die Wissen *um des Wissens willen* produzieren, welches denjenigen dient, die Regierungsmacht innehaben. Besonders brisant ist dies angesichts restriktiv werdender Grenzregime, allgegenwärtiger Maßnahmen der Versicherheitlichung und einer immer noch aufrechterhaltenen disziplinierenden Idee von Integration – derzeit etwa in der Migrationsforschung. Ebenso problematisch erscheinen Ansätze, die nach Dialog und Partizipation rufen, aber damit manche Phänomene unerforschbar machen – unerforschbar, weil ganze Bevölkerungsgruppen ausgeschlossen werden, die zu einer gemeinsamen ethnographischen Wissensproduktion nicht bereit sind oder mit denen aufgrund der Merkmale der jeweiligen Forschenden keine partnerschaftliche Zusammenarbeit möglich und kein gemeinsames Interesse zu finden ist. Daraus resultieren Forschungen, die sich für die Kritik an den sozialen Verhältnissen ausschließlich der Perspektive

24 Douglas R. Holmes / George E. Marcus: Cultures of Expertise and the Management of Globalization. Toward the Re-Functioning of Ethnography. In: Aihwa Ong / Stephen J. Collier (Hrsg.): *Global Assemblages. Technology, Politics, and Ethics as Anthropological Problems.* Malden: Blackwell 2005, S. 235–252, hier S. 249.

der Privilegierten bedienen oder die sehr nahe an den subjektiven Deutungen einer als ‚zu ermächtigend' identifizierten Gruppe verbleiben.
Mit den hier skizzierten Beispielen für ethnographische Studien, die durch unterschiedliche Epistemologien und Selbstverständnisse gekennzeichnet sind, soll die Notwendigkeit sichtbar gemacht werden, Forschende nicht als Akteur_innen, die außerhalb politischer Diskurse verortet sind, zu begreifen. Politiken spiegeln sich in Forschungssettings, Fragestellungen, Gesprächsthemen und in der Interaktion mit den Forschungsteilnehmer_innen wider. Die Reflexion dieser Politiken birgt – neben der Qualitätssicherung des ethnographischen Prozesses – das Potenzial eines fruchtbaren und notwendigen Diskurses über die zukünftigen Stoßrichtungen einer Europäischen Ethnologie/Empirischen Kulturwissenschaft als gesellschaftsgestaltender Wissenschaft in sich.

Der Alltag ist politisch

Ove Sutter

Lokale Formierungen des Alltagsverstands in der ‚Willkommenskultur'

In meinem Beitrag setze ich mich anhand eines lokalen Beispiels mit der zivilgesellschaftlichen Hilfe für Flüchtende auseinander, wie sie sich im Zuge der Migrationsbewegungen im Jahr 2015 in Europa entlang der Fluchtrouten ereignete.[1] Mein Fokus liegt auf dem Bahnhof einer mittelgroßen deutschen Stadt, an dem eines Tages im September die Zugfahrt von circa 150 bis 200 Flüchtenden unfreiwillig beendet wurde.[2] An jenem Tag hatten die Behörden des Nachbarlandes alle abfahrenden Züge vorübergehend eingestellt, um die Weiterreise der Flüchtenden zu verhindern. Deshalb waren die angekommenen Flüchtenden gezwungen, die folgende Nacht in der Eingangshalle des Bahnhofs zu verbringen. Mobilisiert durch Social-Media-Postings mit Bildern und Berichten von den Ereignissen am Bahnhof, versammelte sich nur wenige Stunden nach Ankunft der Flüchtenden eine ähnlich große Zahl Helfer_innen, die Lebensmittel- und Kleiderspenden mitbrachten. In den folgenden Tagen und Wochen entstand eine selbstorganisierte und auf Spenden basierende Infrastruktur humanitärer Hilfe, in der ehrenamtliche Helfer_innen die zumeist durchreisenden Flüchtenden mit Kleidung, Nahrung, Informationen, Schlafplätzen und auch Gratis-Zugtickets versorgten. Insgesamt reisten zwischen September und Dezember 2015 nach Schätzungen der Behörden zwischen 50.000 und 80.000 Menschen auf der Flucht durch den Bahnhof der Stadt.

1 Für Kritik und Anregungen danke ich Katharina Hajek, Moritz Lautenbach-von Ostrowski, Sina Wohlgemuth, Oliver Müller sowie den Herausgeber_innen des Sammelbandes.

2 Die folgende Passage wurde in ähnlicher Form veröffentlicht als Ove Sutter: „Welcome!" Emotionale Politiken des zivilgesellschaftlichen Engagements für Flüchtende. In: *Zeitschrift für Volkskunde* 113,1 (2017), S. 3–23.

Wie an diesem Bahnhof so wurde im „langen Sommer der Migration"[3], in dem das europäische Grenzregime unter dem Druck der Migrationsbewegungen erodierte, auch an anderen Orten in Europa die Versorgung der Flüchtenden grundlegend von ehrenamtlichen humanitären Helfer_innen und zivilgesellschaftlichen Solidaritätsnetzwerken getragen. In Deutschland waren laut einer Umfrage des Sozialwissenschaftlichen Instituts der Evangelischen Kirche bis Ende Oktober 2015 über zehn Prozent der über 14-Jährigen in Aktivitäten der Flüchtlingshilfe involviert.[4] Angesichts dieser Breite des Engagements in dieser Zeit wird auch von einem ‚Sommer des Willkommens' gesprochen.[5] Die sozialwissenschaftliche *EFA-Studie* von Serhat Karakayali und J. Olaf Kleist deutet an, dass es aufgrund der starken Zunahme ehrenamtlicher Helfer_innen in den Migrationsbewegungen von 2015, aber auch schon in den Jahren zuvor in Deutschland zu umfassenden Verschiebungen hinsichtlich der Zusammensetzung der Akteure in diesem Bereich gekommen war, die auch einen Wandel der politischen Orientierung bewirkt hatten.[6] Sahen demnach Helfer_innen das eigene Engagement bis 2014 noch stärker als politische Tätigkeit, so zeichnete sich ab 2014 eine zunehmend entpolitisierte Sichtweise des eigenen Engagements ab.[7] Elias Steinhilper und Larissa Fleischmann argumentieren, dass sich mit der Ausweitung der Akteure in der Flüchtlingshilfe über vor allem linke, antirassistische Initiativen hinaus, die bis dato mehrheitlich die freiwillige Flüchtlingshilfe

3 Sabine Hess / Bernd Kasparek / Stefanie Kron / Mathias Rodatz / Maria Schwertl / Simon Sontowski: Der lange Sommer der Migration. Krise, Rekonstitution und ungewisse Zukunft des europäischen Grenzregimes. In: Dies. (Hrsg.): *Der lange Sommer der Migration. Grenzregime III*. Hamburg: Assoziation A 2016, S. 6–24.

4 Petra Angela Ahrens: *Skepsis oder Zuversicht? Erwartungen der Bevölkerung zur Aufnahme von Flüchtlingen in Deutschland*, zit. n. Serhat Karakayali / J. Olaf Kleist: *EFA-Studie 2: Strukturen und Motive der ehrenamtlichen Flüchtlingsarbeit in Deutschland. Forschungsbericht: Ergebnisse einer explorativen Umfrage vom November/Dezember 2015*. Berlin: Berliner Institut für empirische Integrations- und Migrationsforschung (BIM), Humboldt-Universität zu Berlin 2016, S. 7.

5 Angesichts des Ausmaßes der Versorgung durch Freiwillige wurde diese von Seiten der Migrationsforschung auch kritisch als „neoliberale[n] Instrumentalisierung und Vereinnahmung humanitärer Hilfe" durch den Staat bewertet (Elias Steinhilper / Larissa Fleischmann: Die Ambivalenzen eines neuen Dispositivs der Hilfe: Zur Rolle der Zivilgesellschaft und sozialen Bewegungen seit dem langen Sommer der Migration. In: *Neue Praxis*. Sonderheft 13 (2016), S. 60–72; vgl. auch Silke Van Dyk / Elène Misbach: Zur politischen Ökonomie des Helfens. Flüchtlingspolitik und Engagement im flexiblen Kapitalismus. In: *Prokla. Zeitschrift für kritische Sozialwissenschaft* 46 (2016), S. 205–228).

6 Vgl. Ulrike Hamann / Serhat Karakayali: Practicing Willkommenskultur. Migration and Solidarity in Germany. In: *Intersections* 2,4 (2016), S. 69–86, hier S. 76–79.

7 Ebd., S. 79.

getragen hatten, ein „humanitär-karitatives Dispositiv" formiere. Darunter verstehen sie

> ein Ensemble solcher Motive, Leitsätze und Rahmungen, die sich um den Anspruch formieren, (unpolitische) Hilfe für Hilfsbedürftige zu leisten und sich aus dem Bedürfnis speisen, Leid durch Wohltätigkeit – im Sinne des christlich geprägten Begriffs der Caritas, ohne jedoch dezidiert religiös konnotiert zu sein – zu mildern, und die durch Gefühle der Anteilnahme begleitet werden.[8]

Auf die politische Brisanz dieser Verschiebungen haben unter anderem Silke van Dyk und Elène Misbach hingewiesen; so zum Beispiel auf das damit verbundene fehlende Interesse, die ungleiche Beziehung zwischen Helfer_innen und Hilfeempfänger_innen politisch aufzuheben. Stattdessen solle die „europäische Helferidentität" bei gleichzeitig belassener Abhängigkeit der Hilfeempfänger_innen und rechtlosen Flüchtenden aufrechterhalten werden.[9] In meinem Beitrag schließe ich an diese jüngeren Studien an und verdeutliche an einem empirischen Beispiel aus meiner seit Oktober 2015 laufenden Studie zur zivilgesellschaftlichen Hilfe für Flüchtende, welche Vorstellungen und Sichtweisen des *Alltagsverstands* das ehrenamtliche Engagement in der Hilfe für Flüchtende und Geflüchtete vor dem Hintergrund von dessen gesellschaftlicher Ausbreitung prägten und dominierten und mit welchen machtvollen Praxis-Komplexen diese Vorstellungen und Sichtweisen verknüpft waren.[10] Mit dem Begriff des Alltagsverstands lehne ich mich an Antonio Gramscis

8 Steinhilper / Fleischmann: Die Ambivalenzen eines neuen Dispositivs der Hilfe, S. 64.

9 Van Dyk / Misbach: Zur politischen Ökonomie des Helfens, S. 215.

10 Das Beispiel ist ein Ausschnitt aus meiner seit Oktober 2015 laufenden Studie „Zivilgesellschaftliches Engagement für Flüchtende zwischen humanitärer Hilfe und politischem Aktivismus". Hier untersuche ich Praktiken, Subjektivitäten und kulturelle Repräsentationen des zivilgesellschaftlichen Engagements der Hilfe für Flüchtende. Den Ausgangspunkt bildet die Hypothese, dass sich im freiwilligen Engagement der Hilfe für Flüchtende eine veränderte Form zivilgesellschaftlicher Praxis abzeichnet, die sich zwischen humanitärer Hilfe und teils mit Formen des politischen Aktivismus sozialer Bewegungen verbundenem politischen Engagement bewegt. Neben mehreren Wochen teilnehmender Beobachtung des Engagements am Bahnhof sowie in einer örtlichen Flüchtlingshilfeeinrichtung interviewte ich im Rahmen dieser Studie 36 Helfer_innen, außerdem Geflüchtete, Aktivist_innen aus linken, antirassistischen Gruppen, Lokalpolitiker_innen, Mitarbeiter_innen und Leiter_innen der Bundespolizei, der Feuerwehr und der Stadtverwaltung (Stand Juli 2017; manche Akteur_innen füllten hier auch eine Doppelrolle aus). Ebenso beziehe ich die Online-Aktivitäten der Helfer_innen, die lokale und überregionale Presseberichterstattung sowie Policy-Dokumente in meine Analyse ein.

hegemonietheoretisches Verständnis alltäglicher Sichtweisen und Deutungen an.[11] Für eine empirische Kulturanalyse der alltagsweltlichen Dimensionen des Politischen hat ein solches Verständnis gegenüber einem an die Wissenssoziologie angelehnten – und häufig in den empirischen Kulturwissenschaften verwendeten – Ansatz einen Vorteil: Es fordert stärker dazu auf nachzuvollziehen, in welcher Beziehung alltägliche Sichtweisen und Vorstellungen zu gesellschaftlichen Auseinandersetzungen um Regieren und Regiertwerden, Teilhabe und Ausschluss oder um die Organisierung der Produktion und die Verteilung von Gütern stehen. Diese werden in kapitalistisch verfassten Gesellschaften auch auf dem Terrain der Zivilgesellschaft als Auseinandersetzungen um Deutungshoheit geführt und sind von Versuchen bestimmt, mit politischen und ökonomischen Interessen verbundene Weltanschauungen in selbstverständlich und normal erscheinende alltägliche Sichtweisen und Deutungen des Alltagsverstands zu übersetzen.[12] Als solche wirken und präsentieren sie sich wie ein Wissen, das direkt aus der alltäglichen Erfahrung resultiert und lediglich die Realitäten des täglichen Lebens reflektiert.[13] Vorstellungen und Sichtweisen des Alltagsverstands erscheinen als spontane Philosophie oder Spontan-Soziologie, die weniger komplizierte Ideen oder komplexe Argumente, sondern vielmehr gebräuchliche Meinungen und Überzeugungen oder auch Wert- und Moralvorstellungen umfasst.[14] Darüber hinaus umfasst der Alltagsverstand emotionale Dimensionen alltäglich gelebter und damit auch emotional erlebter Bedeutungen, Werte und Sichtweisen.[15] Dabei ist er nicht kohärent, sondern unzusammenhängend, fragmentarisch und widersprüchlich.[16] Der

11 Antonio Gramsci: *Gefängnishefte*, hrsg. v. Klaus Bochmann, Bd. 1–10. Hamburg: Argument 1991–2002.

12 Ausführlicher dazu Ove Sutter: Alltagsverstand. Zu einem hegemonietheoretischen Verständnis alltäglicher Sichtweisen und Deutungen. In: *Österreichische Zeitschrift für Volkskunde* 119,1–2 (2016), S. 41–70.

13 Stuart Hall / Alan O'Shea: Common-sense Neoliberalism. In: *Soundings* 55 (2013), S. 9–25, hier S. 9.

14 Kate Crehan: Gramsci's Concept of Common Sense. A Useful Concept for Anthropologists? In: *Journal of Modern Italian Studies* 16,2 (2011), S. 273–287, hier S. 283; Stephen Olbrys Gencarella: Gramsci, Good Sense and Critical Folklore Studies. In: *Journal of Folklore Research* 47,3 (2010), S. 221–252, hier S. 230; Hall / O'Shea: *Common-sense Neoliberalism*, S. 9; Gundula Ludwig: *Geschlecht regieren. Zum Verhältnis von Staat, Subjekt und heteronormativer Hegemonie*. Frankfurt am Main / New York: Campus 2011, S. 72.

15 Hier weist der Begriff der Sichtweise eine Nähe zu Raymond Williams' Begriff der „structures of feeling" auf, den dieser in Auseinandersetzung mit Gramscis Hegemonietheorie entwickelte, vgl. ders.: *Marxism and Literature*. Oxford / New York: Oxford UP 1977, S. 132).

16 Vgl. Stuart Hall: Gramscis Erneuerung des Marxismus und ihre Bedeutung für die Erforschung von „Rasse" und „Ethnizität". In: Ders.: *Ideologie, Kultur, Rassismus. Ausgewählte Schriften*, Bd. 1. Hamburg / Berlin: Argument 1989, S. 56–91, hier S. 80, 83.

Alltagsverstand wirkt, als bestehe er aus zeitlosen und immer schon existenten Regeln, passt sich tatsächlich aber ständig den veränderten gesellschaftlichen Bedingungen an.[17]

Im Folgenden werde ich in einem ersten Schritt drei Vorstellungen von ‚guter Hilfe' für Flüchtende am Beispiel der Interviewerzählung einer Helferin herausarbeiten, die das Engagement am Bahnhof als Ereignis der ‚Willkommenskultur' prägten. In einem zweiten Schritt verdeutliche ich, in welcher Beziehung diese Vorstellungen zur Praxis des Helfens standen. Abschließend zeige ich, wie die Helfer_innen sich an der lokalen diskursiven Aushandlung der alltäglichen Sichtweisen auf das Engagement sowie auf Flucht und Migration beteiligten.[18]

Einfach selbst machen und erleben

Viele der von mir befragten Helfer_innen am Bahnhof gaben an, sich vor ihrer Zeit am Bahnhof noch nie vergleichbar engagiert zu haben, schon gar nicht politisch. Dementsprechend unterschiedlich und widersprüchlich waren ihre politischen Orientierungen. Nur sehr vereinzelt waren Aktivist_innen aus linksalternativen und antirassistischen Zusammenhängen aktiv, obwohl es diese Strukturen in der Stadt durchaus in geringem Maße gab. Ein Teil der Helfer_innen war schon im Vorfeld der Aktivitäten am Bahnhof in ein breites zivilgesellschaftliches und parteienübergreifendes Bündnis gegen Rechtsextremismus und Rassismus involviert. Diese Helfer_innen kamen vor allem aus rot-grünen parteipolitischen sowie vereinzelt links davon zu verortenden Zusammenhängen der Kultur- und Sozialarbeit. Sie nutzten das Engagement auch für politische Statements zur Migrationspolitik, gegen Rassismus und

17 Kate Crehan: *Gramsci, Culture and Anthropology*. London: Pluto 2002, S. 114; Hall / O'Shea: *Common-sense Neoliberalism*, S. 9.

18 Dabei ist meine Perspektive ansatzweise von der ethnografischen (Grenz-)Regimeanalyse inspiriert, insofern diese die Regulation gesellschaftlicher Dynamiken – wie zum Beispiel Migration – unter anderem auf der Ebene ihrer lokalräumlichen Materialisierung nachzuvollziehen versucht. Zu diesem Zweck werden *Gefüge* temporär aufeinander bezogener staatlich-institutioneller und zivilgesellschaftlicher Akteure und Praktiken sowie diskursiver Formationen fokussiert. Die Regulation gesellschaftlicher Dynamiken ist demnach nicht allein auf das Handeln staatlicher Akteure oder Eliten zurückzuführen, sondern geht aus der Aushandlung und Auseinandersetzung zwischen heterogenen Akteuren und Praktiken hervor. Vgl. Sabine Hess / Vassilis Tsianos: Ethnographische Grenzregimeanalysen. Eine Methodologie der Autonomie der Migration. In: Sabine Hess / Bernd Kasparek (Hrsg.): *Grenzregime. Diskurse, Praktiken, Institutionen in Europa*. Berlin: Assoziation A 2010 S. 243–264; Maria Schwertl: Vom Netzwerk zum Text: Die Situation als Zugang zu globalen Regimen. In: Dies. / Sabine Hess / Johannes Moser / (Hrsg.): *Europäisch-ethnologisches Forschen*. Berlin: Reimer 2013, S. 107–126.

Rechtsextremismus, die sie vor allem über die offizielle Facebook-Seite der Helfer_innen vom Bahnhof verbreiteten. Diese eigene Medienberichterstattung fand auch über den engeren Kreis der bereits im Vorfeld politisch aktiven Helfer_innen hinaus Zustimmung oder wurde zumindest nicht offen abgelehnt. Einzelne wandten sich explizit gegen die politische Aufladung des Engagements und grenzten sich von linken Initiativen in benachbarten Städten ab, die mit Flüchtenden gemeinsam Aktionen gegen staatliche Migrationspolitik unternommen hatten. Eine kleinere Gruppe Helfer_innen beteiligte sich – ausgehend vom Engagement der Flüchtlingshilfe – das erste Mal an politischen Aktionen wie Demonstrationen.

Auch die von mir interviewte Helferin Doris gehörte zu jenen, die aufgrund ihres Engagements am Bahnhof das erste Mal in ihrem Leben an einer Demonstration gegen Rechtsextremismus teilgenommen hatten.[19] Vor ihrer Zeit am Bahnhof, so sagte sie, habe sie sich noch nie vergleichbar engagiert; einzelnen Personen in ihrem Umfeld geholfen, das schon. „Aber so ein Projekt, wie dieses hier, nein, nicht über diesen Zeitraum und nicht mit dieser Intensität."[20] Als ich Doris im Dezember 2015 interviewte, war sie Mitte vierzig, ledig, hatte einen Sohn und arbeitete im Dienstleistungsbereich. Seit Doris angefangen hatte, am Bahnhof mitzuhelfen, fuhr sie fast jeden Tag nach der Arbeit und auch am Wochenende dorthin. Doris gehörte zum engeren Kreis des „Second-Hand-Boutique"-Teams, dessen ehrenamtliche Helfer_innen in den zurückliegenden zweieinhalb Monaten einen Lagerraum in einem Seitentrakt der Eingangshalle des Bahnhofs mithilfe gespendeter Regalsysteme, Bekleidung, Möbel und Hygieneartikel zu einem gut sortierten Umsonst-Laden umgebaut hatten.

Im Interview, das wir im unbeheizten und mit einigen Gartenmöbeln ausgestatteten Pausenraum der Helfer_innen in einer Lagerhalle im Bahnhofsgebäude führten, sagte Doris, sie sei aus „Menschlichkeit" hier. Dabei stellte sie Parallelen zwischen gesellschaftlichen Ressentiments gegen Flüchtende und der Verfolgung der Juden im Nationalsozialismus her. Sie habe Angst, dass sich die Geschichte wiederholen könne und wolle etwas dagegen unternehmen. „Wenn mein Enkelkind mich irgendwann mal fragt: ‚Oma, was hast du denn getan?',[...] dann möchte ich sagen: ‚Weißt du was? Die Oma, die hat mitgeholfen.'" Neben dieser durchaus politischen Einordnung ihres Engagements vermittelt Doris im Interview Vorstellungen von guter Hilfe, die für die Haltung vieler weiterer

19 Personen- und Ortsnamen, Namen von Einrichtungen sowie weitere Angaben wurden aus Gründen des Schutzes des Persönlichkeitsrechts anonymisiert.

20 Das Interviewzitat wurde zum Zweck der besseren Lesbarkeit sprachlich überarbeitet.

Helfer_innen charakteristisch waren und auch Aktivitäten am Bahnhof grundlegend prägten. Diese Vorstellungen vermittelte sie unter anderem in der folgenden Erzählung, als ich sie fragte, wie ihre Beteiligung an den Aktivitäten am Bahnhof von außen wahrgenommen würde:

> Wir bekommen ein ganz großes Feedback von allen, die hier spenden. Spender, die herkommen, Sachen abgeben, wo wir uns bedanken, und diese Spender zu uns sagen: „Danke, dass ihr hier seid." [...] Ich glaube, wir sind ein Teil ihres Gewissens. Sie bringen Spenden hierher, können das aus zeitlichen Gründen oder aus emotional-seelischen Gründen selber nicht. Es gibt sicherlich auch Menschen, die das ablehnen, die das nicht gut finden, aber dafür würde ich nur immer noch mehr hierherkommen. Und ich hoffe, dass, nein, ich weiß, dass der Hauptteil der Menschen das positiv sieht. Die Hoffnung habe ich, und ich will das auch, dass das so ist. Gestern kam ein Ehepaar, die brachten Spenden hinten ans Rolltor, und er war Lehrer und in seiner Klasse wurden 27 Tüten zu viel gepackt. In diesen Tüten war eine Mandarine und Erdnüsse und ein bisschen Naschi. Und das sollten wir dann verteilen. Und ohne darüber nachzudenken, aus dem Bauch raus, ich wusste, wir hatten vorne Kinder in der Halle, habe ich gesagt: „Wissen Sie was? Möchten sie das nicht vorne selber verteilen?" Und dann schossen der Frau Tränen in die Augen, und sagt: „Oh, ich weiß nicht, ob ich das kann." Und ich habe gesagt: „Das ist nicht schwer, aber es ist vielleicht für Sie ganz, ganz toll." Und dann sind sie nach vorne gegangen, und ich bin mit Magda dann auch nach vorne gegangen, um zu gucken oder auch zu helfen, wenn es nötig ist. Sie stand dann da so ein bisschen und wusste nicht, wie soll ich das jetzt anfangen. Und dann bin ich zu ihr hin und habe gesagt: „Einfach auf ein Kind zugehen, ihm die Tüte in die Hand drücken, umdrehen und weggehen." Und das hat sie dann auch gemacht. Und ich bin dann auch wieder zurückgegangen, um dieses Ehepaar jetzt nicht so zu bedrängen, und habe dann nur gesehen, sie hat sich dann Tränen so ganz verstohlen weggewischt, und ging dann zu ihrem Mann, und der hat sie auch machen lassen. Sie hat die Tüten verteilt, und der hat sie dann auch geküsst und getröstet. Und die sind mit einem ganz anderen Gefühl weggefahren vom Bahnhof, weil sie haben nicht anonym die Spenden hinten am Rolltor abgegeben, sondern sie haben jetzt selber verteilt. Und ich habe von vielen Menschen gehört, dass sie dadurch einen ganz anderen Blickwinkel bekommen haben. Das ist dieser Kontakt und dieses „Ich habe jetzt selber was getan, ich habe nicht nur was abgegeben." Und ja, Magda und ich standen halt eben auch vorne, und hatten dann wieder Tränen in den Augen [Doris lacht].

In diesem Interviewausschnitt präsentiert Doris ihre Vorstellung von gutem Helfen mit erzählerischen Mitteln, das heißt, sie gibt die vergangenen und als selbst erlebt dargestellten Ereignisse in einer spezifischen zeitlichen Abfolge wieder. Sie bezieht die dargestellten Ereignisse im Erzählen als „dynamische Entwicklung“[21] in Form eines „plots“[22] aufeinander und lässt diese auf einen Höhepunkt zulaufen.[23] Wichtig für die Analyse des Alltagsverstands sind vor allem das *Resultat* und die *Coda* der Erzählung, da hier die normativen Vorstellungen auf den Punkt gebracht werden.

Das Resultat der Erzählung von Doris ist, dass das Ehepaar den Bahnhof verändert und „mit einem ganz anderen Gefühl“ verlässt. Mit dem „Resultat“ verbunden ist die „Coda“[24] im Sinne einer „Moral der Geschichte“[25], einer Bewertung oder einer bestimmten „Lehre“[26], die für die Erzählerin über den Einzelfall des Erzählten hinaus Geltung besitzt. Hier verallgemeinert Doris die partikuläre Erfahrung zu einem allgemeinen Grundsatz. Dieser enthält vor allem drei Vorstellungen von guter Hilfe für Flüchtende. Demnach zeichne sich gute Hilfe für Flüchtende erstens dadurch aus, dass man es „selber macht“. Doris fordert in der Erzählung die Frau auf, die Spenden selbst zu verteilen. In der Erzählung hat ihre Aufforderung den von Doris erwarteten positiven Effekt. In der Coda der Erzählung betont Doris noch einmal diese Vorstellung von gutem Helfen, indem sie erneut den Ansatz, sich selbst zu beteiligen („Ich habe jetzt selber was getan, ich habe nicht nur abgegeben, …“), hervorhebt. Der zweiten Vorstellung zufolge, die Doris in der Coda nicht noch mal betont, aber implizit artikuliert, folgt das Engagement quasi intuitiv aus ‚gesundem Menschenverstand‘. So stellt Doris zu Beginn der Komplikation ihre Entscheidung, die Frau dazu

21 Gabriele Lucius-Hoene / Arnulf Deppermann: *Rekonstruktion narrativer Identität. Ein Arbeitsbuch zur Analyse narrativer Interviews.* 2., überarb. Aufl. Leverkusen: VS 2004, S. 146.

22 Jochen Rehbein: Beschreiben, Berichten und Erzählen. In: Konrad Ehlich (Hrsg.): *Erzählen in der Schule.* Tübingen: Narr 1984, S. 67–124, hier S. 104.

23 Für die Analyse des Alltagsverstands eignet sich insbesondere ein linguistisch – genauer: funktional-pragmatisch – informierter Ansatz der empirischen Kulturanalyse alltäglichen Erzählens. Demnach ist Erzählen ein sprachliches Handlungsmuster, das sich nicht nur durch seine Struktur und sprachlichen Mittel von anderen Sprechhandlungen wie Beschreiben, Argumentieren oder Berichten unterscheiden lässt. Stärker als bei der Verwendung anderer Sprechhandlungsformen zielen Sprecher_innen beim Erzählen darauf ab, normative Vorstellungen, Handlungsmaxime, Weltsichten oder Personenbeurteilung zu vermitteln. Außerdem versuchen sie, den Zuhörer und die Zuhörerin zur Übernahme der Bewertung der erzählerisch vermittelten Ereignisse zu bewegen, um so eine gemeinsame Weltsicht herzustellen. Vgl. Lucius-Hoene / Deppermann: *Rekonstruktion narrativer Identität*, S. 149; Konrad Ehlich: Alltägliches Erzählen. In: Ders.: *Sprache und sprachliches Handeln*, Bd. 3. Berlin: de Gruyter 2007, S. 371–393, hier S. 382.

24 Lucius-Hoene / Deppermann: *Rekonstruktion narrativer Identität*, S. 149.

25 Ebd.

26 Rehbein: Beschreiben, Berichten und Erzählen, S. 109.

aufzufordern, die Spenden selbst zu verteilen, als intuitive Handlung „aus dem Bauch raus“ und „ohne darüber nachzudenken“ dar. Ihre Haltung präsentiert sie weniger als Ergebnis einer komplexen Überlegung, sondern eher als unvermittelte Schlussfolgerung einer intuitiven Einschätzung der Situation. Drittens vermittelt die Erzählung, dass das eigene emotionale Erleben des Helfens und die direkte Begegnung mit den Flüchtenden eine wichtige und transformative Erfahrung ist, die einen von der Richtigkeit des Helfens unmittelbar sowie emotional-körperlich überzeugt und eine neue Sichtweise schafft. Doris vermittelt diese Sichtweise in der Erzählung über die Erfahrung der Frau, die durch das unmittelbare Erleben des Helfens in Form des Übergebens der eigenen Spenden an Kinder emotional berührt ist und weinen muss. Dabei hat auch ihr Mann an der Situation teil und schließlich verlassen beide den Bahnhof „mit einem ganz anderen Gefühl“. Doris verallgemeinert diese partikulare zu einer geteilten Erfahrung, indem sie noch einmal betont: „Und ich habe von vielen Menschen gehört, dass sie dadurch einen ganz anderen Blickwinkel bekommen haben.“

Alltagsverstand in der Praxis des Helfens

Doris’ erzählerisch vermittelte Vorstellungen von gutem Engagement, die Haltung des „Einfach- und Selber-Machens“ sowie ihre Vorstellung vom Helfen als emotional-körperlicher und transformativer Erfahrung, die einen von der Richtigkeit des Engagements überzeuge, zeigten sich nicht nur in Interviews mit Helfer_innen, sondern prägten auch das praktische Engagement am Bahnhof sowie dessen materielle Gestalt. So baute die Infrastruktur am Bahnhof darauf auf, dass die einzelnen Helfer_innen sich proaktiv einbrachten – die Küche aufräumten, Essen zubereiteten, Kleidung sortierten – und nicht darauf warteten, Aufgaben zugeteilt zu bekommen. Auch die Akzeptanz mir gegenüber durch einzelne Helfer_innen nahm zu, als ich selbst diese Haltung zeigte und mir aktiv Aufgaben suchte. Ebenso zeigte sich die Bedeutung der Haltung des Selber-Machens als gutem Engagement, als ein Helfer mir gegenüber seine Wut über einen anderen Helfer zum Ausdruck brachte, weil dieser nur für Pressetermine zum Bahnhof käme, ansonsten aber nicht mithelfen würde. Doch nicht nur am Bahnhof, auch an anderen Orten der ehrenamtlichen Hilfe für Flüchtende war die Haltung des Einfach- und Selber-Machens prägend. So hing zum Beispiel im Büro einer karitativen Einrichtung für Geflüchtete, deren Mitarbeiter_innen und ehrenamtliche Helfer_innen zum Teil ebenfalls in die Ereignisse am Bahnhof involviert waren, über dem Schreibtisch ein großes Plakat mit folgendem Schriftzug:

~~SOLLTE~~
~~KÖNNTE~~
~~WÜRDE~~
MACH ES!

Gleichzeitig prägte die Haltung des Einfach- und Selber-Machens das optische Erscheinungsbild des Bahnhofs. Eindeutig sichtbar war hier der improvisierte Charakter der Infrastruktur. Die installierten Bauten sahen selbstgemacht und ästhetisch durcheinandergemixt aus und brachen auf diese Weise die ansonsten einheitlich nüchterne Funktionsästhetik der Eingangshalle auf. Insgesamt war das Engagement von einer Art pragmatischer Ethik geprägt, deren zentrales Element ein Primat des ‚Machens' und des ‚Mitanpackens' war und die von den Beteiligten wiederholt mit der Formel „Nicht quatschen, sondern machen!" auf den Punkt gebracht wurde.[27] Diese schlug sich in den Selbst- und Fremdbildern der Beteiligten, in der Praxis des Helfens und im optischen Erscheinungsbild des Bahnhofs als Ort des Helfens nieder.
Die Haltung des Einfach- und Selber-Machens stand außerdem in einem spannungsreichen Verhältnis zum Migrationsmanagement der staatlichen Behörden. Wenngleich es zunächst auch Vorbehalte gegenüber dem im staatlichen Katastrophenschutz als „Spontanhelfer"[28] problematisierten und kategorisierten zivilgesellschaftlichen Engagement gab, begrüßten und förderten Bundespolizei, Feuerwehr und Stadtverwaltung die selbstorganisierten ehrenamtlichen Hilfeleistungen wie auch die akquirierten Spenden; sie planten sie im Laufe der Ereignisse zum Teil als Ressource mit ein. Helfer_innen und Behördenmitarbeiter_innen koordinierten sich in gemeinsamen Absprachen und kooperierten in verschiedenen Aufgabenbereichen wie nächtlicher Unterbringung, Versorgung mit Lebensmitteln bis hin zur Aufrechterhaltung der öffentlichen Ordnung am Bahnhof. Gleichzeitig schufen sich die Helfer_innen zum Teil Gestaltungsspielräume, in denen sie ihr Handeln selbst bestimmen und ihre

27 Hinsichtlich der pragmatischen Ethik ließe sich im Anschluss an Rolf Lindner weiter diskutieren, inwieweit diese an so etwas wie ein „Ethos der Region" anschlussfähig war, insofern das Engagement sich in einer ländlich geprägten Region ereignete, die bis heute sozial, ökonomisch und kulturell von landwirtschaftlicher und handwerklicher Arbeit geprägt ist (vgl. Rolf Lindner: Das Ethos der Region. In: Ders. (Hrsg.): *Die Wiederkehr des Regionalen. Über neue Formen kultureller Identität.* Frankfurt am Main / New York: Campus 1994, S. 201–231).

28 Vgl. Deutscher Feuerwehrverband: *Die Integration von Spontanhelfer_innen und Spontanhelfern in den Katastrophenschutz.* http://www.feuerwehrverband.de/fileadmin/Inhalt/FACHWISSEN/Fachempfehlungen/DFV-Fachempfehlung_Spontanhelfer.pdf (Zugriff am 29.04.2017). Auf diese Broschüre bezog sich auch ein Behördenleiter im Interview.

Vorstellungen vom richtigen Umgang mit Flüchtenden umsetzen konnten. In einigen Fällen forderten sie die staatlich-administrativen Praktiken offensiv heraus und setzten diesen eigene Umgangsweisen entgegen. Dies geschah allein schon dadurch, dass sie den Bahnhof in sehr kurzer Zeit medienwirksam mit Dingen besetzten, in seinen Funktionen und Bedeutungen veränderten und auf diese Weise schwer zu revidierende materielle und diskursive Fakten schufen.

Auch die dritte in der Erzählung vermittelte Vorstellung von gutem Engagement, dass Flüchtenden zu helfen eine emotional-körperliche und transformative Erfahrung sei, die einen von der Richtigkeit des Engagements überzeuge und die eigene Sichtweise verändere, prägte die Praxis des Engagements am Bahnhof. Karakayali und Kleist kommen in ihrer Befragung ehrenamtlicher Flüchtlingshelfer_innen zu dem Ergebnis, dass für einen Großteil der von ihnen Befragten, insbesondere jenen, die ihr Engagement erst 2015 begonnen hatten, emotionale Erfahrungen von großer Relevanz waren.[29] Auch für viele der Helfer_innen am Bahnhof war das Engagement eine berührende und belastende Erfahrung, die sich im Bahnhofsgebäude selbst in emotional geprägten Situationen zeigte. Solche entstanden, wenn Flüchtende zum Beispiel über ihre prekären Lebenssituationen oder ihre lange Reise erzählten, wenn sie in körperlich schlechtem Zustand am Bahnhof ankamen und von Helfer_innen versorgt wurden – oder auch, wenn die Helfer_innen mit geflüchteten Kindern konfrontiert waren. Emotional berührend war sicherlich auch, dass die Erfahrungen und Erlebnisse am Bahnhof die Arbitrarität von als selbstverständlich erscheinender gesellschaftlicher Ordnung sichtbar machten. Manche Helfer_innen gingen aufgrund emotionaler Begegnungen auch längerfristige Beziehungen mit Flüchtenden ein, wenn diese in der Stadt blieben. Sie besorgten ihnen zum Beispiel eine Unterkunft, ließen sie manchmal auch über längere Zeit bei sich zuhause wohnen oder halfen ihnen bei alltäglichen Erledigungen wie zum Beispiel Behördengängen.

Emotionalität war dabei nicht etwas, das einem einfach passiv wiederfuhr und geschah, sondern die Helfer_innen gestalteten den Ort des Bahnhofs im Laufe des Engagements aktiv zu eine Art von „Gefühlsraum“[30] um, indem sie ihn durch Dinge, performative Praktiken und mediale Repräsentationen emotional aufluden.[31] Sie brachten emotionalisierende Zeichen und Bilder an den Wänden an,

29 Karakayali / Kleist: *EFA-Studie 2*, S. 21.

30 Benno Gammerl / Rainer Herrn: Gefühlsräume – Raumgefühle. Perspektiven auf die Verschränkung von emotionalen Praktiken und Topographien der Moderne. In: *sub/urban. Zeitschrift für kritische Stadtforschung* 3,2 (2015), S. 7–22.

31 Vgl. dazu ausführlicher Sutter: „Welcome!“. Die folgende Passage wurde in ähnlicher Form auch veröffentlicht in ebd.

auf denen zum Beispiel „Welcome!“ stand oder lachende Helfer_innen zu sehen waren, die mit Kindern in der Eingangshalle spielten, um diese von den Strapazen der Flucht abzulenken. Und sie posteten emotional verfasste Bild- und Text-Beiträge auf ihrer Facebook-Seite. Durch ihre materiellen und semantischen Veränderungen des Bahnhofsgebäudes kreierten sie einen „Deutungsrahmen“, der bestimmte Sichtweisen auf die Ereignisse am Bahnhof beförderte.[32] Der Deutungsrahmen legte den Rezipient_innen bestimmte „Lesarten“[33], aber auch Fühlweisen der Situation am Bahnhof nahe. Die Elemente dieses Deutungsrahmens waren mal mehr und mal weniger intendiert auf die Mobilisierung und Kommunikation von Emotionen ausgerichtet. Die Zielrichtungen dieser „Emotionspraktiken“[34] waren zumeist uneindeutig und vielfältig. Sie richteten sich an Flüchtende, Spender_innen und Passant_innen, aber insbesondere auch an die Helfer_innen selbst. Gleichzeitig und damit verbunden war der Bahnhof, wenngleich in vielen Fällen nur temporär, ein Begegnungsraum zwischen Flüchtenden, Helfer_innen, Spender_innen, Behördenmitarbeiter_innen und Passant_innen, der viele der Beteiligten das erste Mal in Kontakt mit Flüchtenden brachte.

Lokale Aushandlungen von Alltagsverstand

Vorstellungen von gutem Engagement für Flüchtende wie jene des Einfach- und Selber-Machens sowie von Helfen als emotional-körperlicher und transformativer Erfahrung, die einen von der Richtigkeit des Engagements überzeugt, waren am Bahnhof vorherrschend. Außer mit dem aus den antirassistischen Bewegungen stammenden „Refugees Welcome“-Symbol war der Raum mit keinen politischen Forderungen und Parolen besetzt.[35] Dieses auf den humanitären

32 David A. Snow / Robert D. Benford: Master Frames and Cycles of Protest. In: Aldon D. Morris / Carol McClurg Mueller (Hrsg.): *Frontiers in Social Movement Theory.* New Haven / London: Yale UP 1992, S. 133–55, hier S. 137.

33 Stuart Hall: Kodieren / Dekodieren [1974]. In: Roger Bromley / Udo Göttlich / Carsten Winter (Hrsg.): *Cultural Studies. Grundlagentexte zur Einführung.* Lüneburg: zu Klampen 1999, S. 92–110; ders.: Reflektionen über das Kodieren / Dekodieren-Modell [1989]. Ein Interview mit Stuart Hall. In: Ders.: *Ideologie, Identität, Repräsentation.* Hamburg: Argument 2004, S. 81–107.

34 Monique Scheer: Emotionspraktiken. Wie man über das Tun an die Gefühle herankommt. In: Matthias Beitl / Ingo Schneider (Hrsg.): *Emotional Turn?! Europäisch ethnologische Zugänge zu Gefühlen und Gefühlswelten.* Wien: Verein für Volkskunde 2016, S. 15–36.

35 Vgl. Sutter: „Welcome!“.

und karitativen Charakter fokussierte symbolisch-diskursive Framing des Bahnhofs, welches das Engagement weniger als politische Praxis, sondern vielmehr als ‚normale'," und selbstverständliche Form der Menschlichkeit sowie als Handeln präsentierte, das sich zwangsläufig aus ‚gesundem Menschenverstand' ergab, ermöglichte eine Kooperation zwischen Akteur_innen aus unterschiedlichen politischen Spektren – von christlich-konservativ bis weit links. Außerdem beförderte das karitativ-humanitäre Framing eine Zusammenarbeit mit den staatlichen Behörden, vor allem mit Mitarbeiter_innen und Leiter_innen der Landes- und Bundespolizei sowie der Feuerwehr, die von der Stadtverwaltung mit infrastrukturellen Aufgaben und dem Kontakt zu den Helfer_innen beauftragt worden war. In Interviews mit Behördenmitarbeiter_innen hoben diese denn auch die gute Kooperation hervor und grenzten in manchen Fällen die Flüchtlingshilfe am Bahnhof positiv gegenüber explizit politisch agierenden Initiativen in benachbarten Städten ab, die teilweise eine Kooperation mit staatlichen Behörden verweigerten und mit einer grundlegenderen Kritik am staatlichen Umgang mit Flucht und Migration konfrontierten. Auch zeigten sich Behördenmitarbeiter_innen immer wieder von der Eigeninitiative und dem Ausmaß der selbsttätig geschaffenen humanitären Infrastruktur beeindruckt. In gewisser Weise hatten sich in der Kooperation zwischen einigen Mitarbeiter_innen staatlicher Behörden und ehrenamtlichen Flüchtlingshelfer_innen gemeinsame Sichtweisen und eine Art verbindendes lokales Narrativ ausgebildet, wenngleich dieses nicht ungebrochen war, ständig ausgehandelt und von einigen Beteiligten offen abgelehnt und zurückgewiesen wurde. Dieses Narrativ zeigte sich zum Beispiel und wurde gleichzeitig fortgeschrieben, als jede und jeder der anwesenden Helfer_innen bei einer gemeinsamen Feier am Bahnhof einen Datenträger geschenkt bekam, auf dem sich in digitaler Form eine mehrere hundert Seiten umfassende collagenartige Dokumentation des Engagements aus Zeitungsberichten, Fotos und Einsatzprotokollen der Feuerwehr befand. Diese hatte ein Helfer gemeinsam mit einer Behördenleiterin gestaltet. Förderlich für die Ausbildung geteilter Sichtweisen zwischen staatlichen und zivilgesellschaftlichen Akteur_innen war dabei sicherlich auch die Kleinräumigkeit der Stadt, aufgrund derer sich einige der Beteiligten bereits kannten. So begegneten sich Behördenmitarbeiter_innen, Lokalpolitiker_innen und Helfer_innen auch abseits des Bahnhofs in anderen Bereichen der alltäglichen Lebenswelt als Eltern in der Schule oder als Spieler_innen auf dem Fußballplatz.

Fleischmann und Steinhilper argumentieren im Anschluss an unter anderem Rudolf Speth und Elke Becker, dass die Initiativen der ‚Willkommenskultur' auf lokaler Ebene Einfluss auf migrationspolitische Debatten nehmen konnten.[36] Dies zeigte sich auch im Falle der Helfer_innen vom Bahnhof. Auch über den Bahnhof hinaus waren manche der Helfer_innen im Laufe des Engagements in der diskursiven Deutungsarbeit ihres Engagements aktiv und darum bemüht, ihre Sichtweisen auf das Engagement und damit verbundene Themen zu verbreiten. Dabei waren sie zwar weit entfernt von einer diskursiven Deutungshoheit, konnten sich allerdings eine sicht- und hörbare Sprecher_innenposition im lokalen politischen und medialen Diskurs über Migration verschaffen. So hatte das zivilgesellschaftliche Engagement eine relativ starke mediale Ausstrahlungskraft und nicht nur lokale Medien, sondern auch überregionale Fernsehsender und Zeitungen berichteten über die Ereignisse am Bahnhof. Darüber hinaus betrieben die Helfer_innen auch eine eigene mediale Berichterstattung über ihr Engagement. Dafür nutzten sie vor allem ihre eigene Facebook-Seite, die bis Dezember 2015 mehr als 10.000 Besucher_innen gelikt hatten. Mit Hilfe der Webseite akquirierten sie Spenden und berichteten mit einer Vielzahl an geposteten Bildern und Videos über ihr Engagement. Die medialen Repräsentationen des Engagements am Bahnhof auf der Facebook-Seite bildeten in gewisser Weise die Heterogenität der unterschiedlichen und teils widersprüchlichen Sichtweisen einzelner Fraktionen unter den Helfer_innen ab. Neben jenen geposteten Bildern von Helfer_innen, die mit Kindern spielen oder aber von allein geflüchteten Frauen und Familien, die von der humanitär-karitativen Sichtweise geprägt waren, veröffentlichten sie hier auch politische Statements, in denen sie grundlegende Kritik an der Migrationspolitik sowie an Rassismus und Rechtsextremismus übten.[37]

Durch ihr Engagement und die Berichterstattung erlangten die Helfer_innen ein hohes Maß an öffentlicher Resonanz und Anerkennung. Lokalpolitiker_innen, aber auch Landtags- und Bundestagsabgeordnete besuchten den Bahnhof, um den Helfer_innen zu danken und sich zu informieren. Eine regionale Zeitung zeichnete aufgrund des Votums ihrer Leser_innen die Helfer_innen am Bahnhof als bedeutendes soziales Engagement des Jahres 2015 aus, was wiederum mit einer medienwirksamen Verleihung der Auszeichnung einherging. Einige der Helfer_innen waren auch im Nachhinein in öffentlichen Diskussionsrunden oder als Interviewpartner_innen gefragt und wurden im Laufe der Zeit

36 Vgl. Steinhilper / Fleischmann: Die Ambivalenzen eines neuen Dispositivs der Hilfe; Rudolf Speth / Elke Becker: Zivilgesellschaftliche Akteure und die Betreuung geflüchteter Menschen in deutschen Kommunen. In: *Opusculum* 92 (2016). http://www.maecenata.eu/images/resources/2016_op92.pdf (Zugriff am 24.10.2016).

37 Vgl. Ove Sutter: „Welcome!".

teilweise auch als Expert_innen und Akteur_innen in institutionelle Gremien und Arbeitsgruppen eingebunden.[38]
Somit waren die Aktivitäten innerhalb des Engagements der Helfer_innen nicht nur auf die Hilfe am Bahnhof und die Versorgung der Flüchtenden beschränkt. Sie waren gleichzeitig in Prozesse der lokalen Aushandlung von Hegemonie zwischen staatlich-institutionellen und unterschiedlichen zivilgesellschaftlichen Akteuren involviert. Sie versuchten, eigene Sichtweisen und Deutungen der sozialen Welt in ‚normal' erscheinende Perspektiven des Alltagsverstands zu übersetzen. Ihre Vorstellungen von gutem Engagement für Flüchtende, die am Bahnhof präsentierte und praktizierte sowie in medialen Repräsentationen des Engagements verbreitete Haltung des Selber-Machens, von Helfen als Praxis, die intuitiv aus gesundem Menschenverstand folgt, sowie auch der Vorstellung, dass die emotional-körperliche Erfahrung des Helfens einen von der Richtigkeit des Engagements überzeuge, war vielseitig anschlussfähig und ermöglichte temporär machtvolle Verknüpfungen unterschiedlicher staatlich-institutioneller und zivilgesellschaftlicher Akteure auf der Ebene des Lokalen.

Fazit und Ausblick

Zivilgesellschaftliche Helfer_innen für Flüchtende handelten im ‚Sommer des Willkommens' vor dem Hintergrund der gesellschaftlichen Ausbreitung des Engagements mit veränderten Vorstellungen und Sichtweisen des Alltagsverstands. Als Vorstellungen, die den Alltagsverstand der Helfer_innen im Rahmen der ‚Willkommenskultur' prägten, lassen sich eine Haltung des Einfach- und Selber-Machens sowie die Vorstellung von Helfen als transformativer Erfahrung identifizieren, die die Helfenden selbst emotional-körperlich von der Richtigkeit des eigenen Handelns überzeugte. Jene Vorstellungen und Sichtweisen zur Praxis des Helfens, die in lokale Aushandlungen von Hegemonie eingebettet waren, ermöglichten temporär ambivalente und machtvolle Verknüpfungen mit staatlich-institutionellen Akteuren und Praktiken.
Aus der Perspektive einer empirischen Kulturanalyse der alltagweltlichen Dimensionen des Politischen erscheint eine weiterführende Einordnung der untersuchten Ereignisse als Momentaufnahme gesellschaftlicher Dynamiken sinnvoll. So wäre genauer nachzuvollziehen, welche längerfristigen Netzwerke,

38 Tatsächlich wurde Monate nach dem Engagement und den Silvesterereignissen am Kölner Hauptbahnhof, die im öffentlichen Diskurs oft als das ‚Ende der Willkommenskultur' dargestellt werden, eine der medial präsentesten Helfer_innen am Bahnhof von den Bürger_innen der Stadt in ein hohes politisches Amt gewählt.

Praktiken, Räume und Subjektivitäten einer humanitären Hilfe oder gar politische und soziale Rechte für Geflüchtete und die ihnen gegenüber eingeforderte Solidarität entstehen, um die nachhaltigeren gesellschaftlichen Auswirkungen zu erfassen. Einige Studien weisen bereits in die Richtung, dass sich das Engagement in Deutschland auf einem höheren Niveau als vor den Ereignissen von 2015 stabilisiert hat.[39] Ein umfassenderes Wissen über die Potenziale von zivilgesellschaftlichen Netzwerken, Praktiken und Subjektivitäten der Hilfe und Solidarität könnte aber nicht nur aus wissenschaftlicher Perspektive sinnvoll sein. Angesichts aktueller Dynamiken wie der zunehmenden rassistischen Mobilisierung, einer europaweit erstarkenden Neuen Rechten und einer Verschärfung des deutschen Asylrechts, die den Migrationsbewegungen folgte, ließe es sich auch nutzen, um gesellschaftliche Potenziale auszuloten, die diesen Entwicklungen etwas entgegenzusetzen haben. Ein solches Potenzial liegt zum Beispiel in den neu geschaffenen Orten der Flüchtlingshilfe als Begegnungs- und Aushandlungsräumen sozialer Teilhabe zwischen Helfer_innen und Geflüchteten, die gesellschaftlichen und staatlichen Ausschlussmechanismen entgegenwirken können.

Eine zweite Herausforderung bestünde darin, sich an dem interdisziplinären Projekt einer umfassenden Einordnung der zivilgesellschaftlichen Hilfe für Flüchtende in globale gesellschaftliche Konjunkturen zu bemühen: In welcher Beziehung steht es zu neoliberalen Anrufungen eines eigeninitiativen und selbsttätigen Subjekts? Welche veränderten Modi des Regierens und Regiertwerdens in der ‚Krise' lassen sich aus den Ereignissen ablesen? In welcher Beziehung steht die ‚Willkommenskultur' zu Rationalitäten eines „neoliberalen (EU-Binnenmarkt-)Projekts"[40], das die Nachfrage an Arbeitskräften vor dem Hintergrund des demografischen Wandels zu stillen versucht? Welche Veränderungen zivilgesellschaftlichen politischen Engagements deuten die Ereignisse an und in welchem Verhältnis stehen sie zu gegenwärtigen Politiken anderer sozialer Bewegungen? Eine empirische Kulturanalyse des Politischen kann zu einem solchen Projekt einen wichtigen Beitrag leisten, indem sie die Verbindungen zu den alltäglichen Lebenswelten sowie deren Relevanz als zivilgesellschaftliche Arenen der politischen Aushandlung verdeutlicht.

39 Vgl. Werner Schiffauer: Einleitung. Eine neue Bürgerbewegung. In: Ders. / Anne Eilert / Marlene Rudloff (Hrsg.): *So schaffen wir das. Eine Zivilgesellschaft im Aufbruch*. Bielefeld: Transcript 2017, S. 13–35, hier S. 13.

40 Hess / Kasparek / Kron / Rodatz / Schwertl / Sontowski: Der lange Sommer der Migration, S. 17. Vgl. auch Fabian Georgi: Widersprüche im langen Sommer der Migration. Ansätze einer materialistischen Grenzregimeanalyse. In: *PROKLA* 46,2 (2016), S. 183–203.

Kaspar Maase

Das Politische am Populären

Zwischen kulturellem Radikalismus und Alltagsbewusstsein

Was, wo und vor allem: Wie ‚ist' eigentlich das Politische? Mit gutem Grund beschäftigt diese Frage auch Kulturwissenschaftler*innen, und nicht zuletzt den Populärkulturforscher. Er steht zwei politisch aufgeladenen Lesarten gegenüber. Eine befürchtet, kommerzielle Massenkultur liefere jede Menge Instrumente zur Entpolitisierung und Einübung systemkonformer Subjektivität, zur Naturalisierung ungleicher Lebenschancen und zur Festigung bestehender Hegemonie. Als Etikett für diese Sicht bietet sich *Kulturindustrie* an. Eine andere Tradition sucht in „Rock und Pop und Rumtata" (Franz Josef Degenhardt) Rebellion, ordnungssprengende Abweichung und alltagsnahe Widerständigkeit. Hier passt das Etikett *resistance* aus dem Werkzeugkasten der Cultural Studies. Beide Perspektiven sind unverzichtbar.

Im Folgenden soll es darum gehen, was diese Ansätze konkreter unter Populärkultur fassen und welche Wandlungen im Verständnis des Politischen sich darin niedergeschlagen haben. Dahinter steht die (holzschnittartige) These, dass a) in den 1970er Jahren die kritische Intelligenz eine problematische Wende zu Kultur als entscheidendem Faktor gesellschaftlicher Macht vollzog; b) dass vor diesem Hintergrund ein weites und ein enges Verständnis von Populärkultur konkurrierten und dass c) das engere sich durchgesetzt hat. Nach der Erörterung dieser drei Punkte wird gefragt, warum in der empirischen Kulturforschung das alltagspraktische Verständnis der Durchschnittsbürger*innen vom Politischen und seinen Funktionen so wenig Aufmerksamkeit findet.

Kultureller Radikalismus:
Kultur als stärkste Bastion kapitalistischer Herrschaft

Schaut man neuere kulturwissenschaftliche Texte an, die sich kritisch mit Ungleichheit und Ungerechtigkeit, Macht und Unterdrückung befassen, dann fällt einem Menschen meiner politischen Generation auf: Ökonomische Ressourcen, Abhängigkeiten und Interessen spielen dabei eine marginale Rolle, und als gleichermaßen nebensächlich erscheint die Sicherung des Status quo durch die Androhung physischer Gewalt. Als tragende Säulen der Herrschaft werden Diskurse und Praxisordnungen, Sprach- und Körpersysteme durchleuchtet, denen man *eine* grundlegende Funktion zuschreibt: In ihnen bilden sich die Menschen zu Subjekten aus, die im eigenen Fühlen, Denken, Kommunizieren, Tun die Strukturen der Ungleichheit leben, naturalisieren, perpetuieren.

Die theoretische Einstellung, die solche Ansätze verbindet, möchte ich – provisorisch – als *kulturellen Radikalismus* bezeichnen. Der Begriff *cultural radicalism* stammt von dem Kulturwissenschaftler Winfried Fluck,[1] und er lenkt die Aufmerksamkeit auf einen folgenschweren Wandlungsprozess in der westlichen Linken, der während der 1960er Jahre begann. Kurz gesagt, kündigte man damals das marxistische Verständnis von Kultur als gesellschaftlichem ‚Überbau' auf; Kultur wurde nicht länger gedacht als von ökonomischen Interessen abgeleitet und determiniert. Während die britischen Cultural Studies (vor allem Populär-)Kultur als Feld des Kampfes um Hegemonie zwischen *the people* und dem *power bloc* interpretierten, entfalteten französische und amerikanische poststrukturalistische Theoretiker*innen[2] Kultur als tragende Substanz bestehender Machtordnungen.

Diese Theorieprojekte haben seit den 1970er Jahren das Verständnis des Funktionierens westlich-kapitalistischer Gesellschaften vertieft und wichtige Felder für empirische Kulturforschung erschlossen. Sie folgten dabei allerdings nicht nur einer inneren Logik der Erkenntnisgewinnung, sie reagierten auch auf die

1 Winfried Fluck: Die Wissenschaft vom systemischen Effekt. Von der Counter-Culture zu den Race, Class, and Gender Studies. In: Rainer Rosenberg / Inge Münz-Koenen / Petra Boden (Hrsg.): *Der Geist der Unruhe. 1968 im Vergleich: Wissenschaft – Literatur – Medien.* Berlin: Akademie 2000, S. 111–124.

2 Grundlegend ist das Konzept der „Anrufung" der beherrschten Subjekte durch ideologische Apparate bei Louis Althusser: *Ideologie und ideologische Staatsapparate,* Hbd. 1. Hamburg: VSA 2010. Gleichermaßen einflussreich waren und sind die Überlegungen Michel Foucaults zu Diskursen, Wissen und Macht (ders.: *Die Ordnung des Diskurses.* München: Hanser 1974). Der Gedanke der Verkörperlichung diskursiver Effekte wurde v. a. von Judith Butler ausgearbeitet (vgl. etwa dies.: *Körper von Gewicht. Die diskursiven Grenzen des Geschlechts.* Berlin: Berlin Verlag 1995). Einen prägnanten Überblick gibt Andreas Reckwitz: *Subjekt.* Bielefeld: Transcript 2008.

gefühlte politische Niederlage der Linken. Die ‚1968er'-Bewegungen hatten gehofft und versucht, die Gesellschaft grundlegend zu verändern; nach dem Scheitern der großen Erwartungen suchte man die Ursachen dafür. Viele kritische Intellektuelle kamen zu dem Schluss, die unerwartete Stabilität der spätkapitalistischen Gesellschaft beruhe vor allem auf deren tief gestaffelten *kulturellen, alltäglich wirkenden* Herrschaftsmechanismen; diese formten die Menschen bis ins Innerste ihrer Identität und ließen sie systemkonforme Subjektivitäten ausbilden. Es kam, so Winfried Fluck, zu „einem radikalen Paradigmenwechsel bei der Analyse gesellschaftlicher Machtstrukturen".[3]

Die britischen Cultural Studies wählten mehrheitlich einen eher pragmatischen Weg. Sie rückten die mikropolitischen Freiräume eigensinniger Aneignung durch *the people*[4] ins Zentrum der Aufmerksamkeit; man untersuchte die Nutzung kommerzieller Massenkultur, um Taktiken und Praktiken von *resistance* zu entdecken. Mehrdeutigkeiten und Grenzüberschreitungen populärer Künste und Vergnügungen erschienen geradezu als Aufforderung, widerständige Lesarten zu entwickeln. Während aus dieser Sicht kulturelle Formen Räume der Opposition eröffneten, forcierten die postmodernen Kulturwissenschaften (ich vereinfache) sozusagen die negative Option des kulturellen Radikalismus. An die Stelle konfliktdurchzogener Machtverhältnisse, charakterisiert durch ihr Repressionspotenzial und dessen ökonomische Fundierung, trat, so Winfried Fluck, „das Konzept einer *strukturellen Gewalt*, die keinen politischen *Akteur* mehr hat und sich statt dessen in *diskursiven* Strukturen und *rhetorischen* Formen kultureller Konsensbildung manifestiert."[5] Zum Schlüsselbegriff dieser Kulturalisierung von politischer Macht, Herrschaft und Gewalt wurde – als Kurzformel für aktive Selbstformierung nach systemischen Regeln – *Subjektivierung*.

Zur Begriffsgeschichte von *popular culture*

Als empirischer Populärkulturforscher folge ich eher dem theoriehistorischen Strang, der mit den Cultural Studies und ihrem Zentralbegriff der *popular culture* verbunden ist – auch, weil es hochinteressante Parallelen und Verflechtungen mit der deutschen Volkskunde gibt, nicht zuletzt mit der Tübinger Empirischen Kulturwissenschaft. Moritz Ege hat daran erinnert, dass Hermann

3 Fluck: *Die Wissenschaft vom systemischen Effekt*, S. 115.

4 ‚*The people*' ist unübersetzbar; gemeint ist definitiv anderes als das, was der deutsche Begriff ‚Volk' bezeichnet. Das gilt nicht nur, weil die völkische Lesart von ‚Volk' einmal mehr Konjunktur hat. Die Cultural Studies bezeichnen damit ausgesprochen flexibel und konstellationsabhängig die Gegenposition zu einem jeweils konkreten Machtblock.

5 Fluck: *Die Wissenschaft vom systemischen Effekt*, S. 116 (Herv. i. Orig.).

Bausinger 1969 erwog, „populare“ oder „populäre Kultur“ als *den* „Gegenstand der Volkskunde“ zu definieren.[6] Dabei dachte er nicht an „Rock und Pop und Rumtata“, sondern an ein zeitgemäßes Verständnis dessen, was bis dato im Fach als ‚Volkskultur‘ bezeichnet wurde.

Bausingers Vorschlag setzte sich nicht durch. Er hat aber seine Entsprechung in einem weiten Verständnis populärer Kultur, das die britischen Cultural Studies seit Anbeginn auszeichnete. Dessen politische Dimension hat vor allem Stuart Hall auf den Begriff gebracht: die Auffassung vom Populären als ‚Kampffeld‘. Hall ging dabei von Antonio Gramscis Hegemonietheorie aus; er fragte, wie sich in Alltagspraktiken und Alltagsbewusstsein von *the people* eigentlich die Entscheidung herausbildet, welche politischen Akteure man als Vertreter der eigenen Anliegen akzeptiert und unterstützt. Und in der Tradition von Raymond Williams und Richard Hoggart verstand Stuart Hall *popular culture* als eine ganze Lebensweise; darin nehmen Institutionen, Rituale, Wissensbestände und Verhaltensmuster, Selbstbilder und Wertorientierungen der gelebten Arbeiterkultur den zentralen Platz ein. Von kommerzieller Unterhaltung und Vergnügung war bei Hall keine Rede, wohl aber von Arbeiterbildung und Massenpresse. Er blickte auf die populäre Lebensweise als politischer Intellektueller; er fragte, an welche Auffassungen und Gewohnheiten die Linke anknüpfen müsse, damit sie akzeptiert werde als Kraft, die für *the people* spricht. Der markige Schlusssatz betont dieses *makropolitische* Interesse: „That is why 'popular culture' matters. Otherwise [...] I don't give a damn about it“.[7]

Ein weiteres theoriegeschichtliches Fundstück belegt das ausgeprägte Interesse an den – wenn man so will: konventionellen – politischen Praktiken im popularen Alltag. Halls Aufsatz „Encoding/Decoding“[8] gilt bis heute als Meilenstein der Populärkulturforschung, weil er theoretisch begründet, dass und wieso die von den Machern ‚oben‘ in Medientexte eingeschriebenen Bedeutungen keineswegs automatisch übereinstimmen mit den Aussagen, die die Adressaten ‚unten‘ herauslesen. Wo Hall konkrete Beispiele gibt für abweichende, eigensinnige Lektüren, behandelt er nicht „Rock und Pop und Rumtata“, sondern

6 Hermann Bausinger: Kritik der Tradition. Anmerkungen zur Situation der Volkskunde. In: *Zeitschrift für Volkskunde* 65 (1969), S. 232–250, hier S. 243. Vgl. Moritz Ege: Birmingham / Tübingen. Cultural Studies und Empirische Kulturwissenschaft in den 1970er Jahren. In: *Historische Anthropologie* 22 (2014), S. 149–181.

7 Stuart Hall: Notes on Deconstructing 'The Popular'. In: Richard Samuel (Hrsg.): *People's History and Socialist Theory*. London: Routledge / Kegan Paul 1981, S. 227–240, hier S. 239.

8 Stuart Hall: Encoding/Decoding. In: Ders. / Dorothy Hobson / Andrew Lowe / Paul Willis (Hrsg.): *Culture, Media, Language*. London: Hutchinson 1980, S. 128–138.

die Positionierung zu gesellschaftlichen Konflikten und politischen Maßnahmen, Rechtfertigungen für die Einschränkung des Streikrechts und Aufrufe, ‚den Gürtel enger zu schnallen'. Thematisiert werden, kurz gesagt, rhetorische Strategien politischer Akteure, die ‚Informationspolitik' großer Medienbetreiber und vor allem die Frage: Wie prägen Erfahrungen und Interessen des Publikums die Aneignung solcher unmittelbar politischen Informationen und Argumentationen? Ganz plakativ: Hall interessierte an der Nutzung massenmedialer Texte durch *the people* harte Politik, nicht spielerische Unterhaltung.

Resistance als mikropolitische Widerständigkeit

Doch Fragen dieser Art standen nicht im Zentrum kritischer Kulturforschung seit den 1970er Jahren; solche Themen überließ man weitgehend den Medien- und Kommunikationswissenschaften oder den Demoskopen. In den Cultural Studies etablierte sich stattdessen ein Zugang, als dessen prominentester Verfechter John Fiske gelten kann.[9] Er konzentrierte sich auf den alltäglichen Umgang mit Unterhaltung, Vergnügung, Konsumangeboten, auf Populärkultur in einem recht engen Verständnis. Dabei entwickelte er die nützliche Unterscheidung zwischen Mikro- und Makropolitik. *Resistance*, die widerständige Umnutzung und Umdeutung massenkultureller Materialien, vermochte demzufolge, herrschaftliche Machtordnungen aufzuweichen und herauszufordern – im Mikrobereich des Alltags. Hier erleben Menschen Benachteiligung und Unterdrückung entlang vieler Konfliktlinien: Klasse, Geschlecht und sexuelle Orientierung, Körperlichkeit, Ethnizität oder Alter. Mittels *popular culture*, so die These, konnten sie Disziplinar- und Kontrollordnungen ein Schnippchen schlagen und dies als Vergnügen genießen.

Kritiker fragten nach der Reichweite, nach dem makropolitischen Potenzial solch kleiner Machtverschiebungen im Alltag. Verändern sie wirklich die gesellschaftlichen oder gar globalen Strukturen von Ungleichheit und Herrschaft? Eine überzeugende Antwort sehe ich bis heute nicht. Vielleicht ist sie auch gar nicht möglich. Ich denke, man muss bei aller Sympathie für die *resistance* der ‚kleinen Leute' und für die Kreativität ihrer Taktiken zugeben: Die Kluft zwischen ihren widerständigen Praktiken und den Großstrukturen

9 Vgl. John Fiske: *Understanding Popular Culture*. Boston: Unwin Hyman 1989. Detaillierter dazu Kaspar Maase: Popular Culture, ‚Resistance', ‚Cultural Radicalism', and ‚Self-Formation'. Comments on the Development of a Theory. In: Martin Butler / Paul Mecheril / Lea Brenningmeyer (Hrsg.): *Resistance. Subjects, Representations, Contexts*. Bielefeld: Transcript 2017, S. 45–70.

von ökonomischer Macht, Hegemonie und gewaltsamer Unterdrückung ist analytisch nicht zu schließen; es gibt hier keine klaren, eindeutig konstatierbaren Zusammenhänge. Ähnlich wie bei den von Michail Bachtin beschriebenen karnevalesken Verkehrungen[10] ist nicht zu entscheiden, ob die bekannten Beispiele aus Fiskes Studien über die unmittelbare Situation hinaus zur Ermächtigung und zu erfolgreicher Opposition der Subalternen beitragen: die Jungs, die Werbeverse obszön parodieren (ein Klassiker der Kinderkultur seit Generationen!);[11] weibliche Pop-Fans, die mit enthemmtem Kreischen und dem Werfen von Unterwäsche die Rolle des braven Mädchens verlassen; Jugendliche, die in der Mall abhängen, ohne den Konsumimperativ zu bedienen; Fans des Wrestling mit seiner unbürgerlichen Körperlichkeit und der Verachtung des Fair Play; Aborigines und obdachlose Männer, die böse Gewalttäter im Hollywood-Film bejubeln.

Vielleicht ist *resistance*/Widerständigkeit eine überzogen politisierte Kategorie. Vielleicht trifft Alf Lüdtkes Konzept des Eigensinns die politische Offenheit solcher Praktiken genauer. Danach geht es beim eigensinnigen Handeln im Alltag wesentlich darum, „,bei sich selbst' und ,für sich selbst' zu sein";[12] eine spezifisch politische, klar gerichtete Tendenz ist nicht zu bestimmen.

Bleibt die Frage: Warum hat sich Populärkulturforschung – der Autor schließt sich da ein – derart fern der ,großen Politik' in die mikropolitischen Implikationen der Alltags- und Massenkultur vertieft? Die angesprochenen linksintellektuellen Großwetterlagen allein reichen als Erklärung nicht aus. Vielleicht waren (und sind) die Motive viel trivialer. Vielleicht geht es gar nicht so sehr um widerständige Alltagsakteure; vielleicht ist die Erklärung bei jenen Kulturwissenschaftler*innen zu finden, denen ganz unwohl ist angesichts der Erfahrung, wie wohl man sich in den westlichen Postdemokratien[13] fühlen kann – und die deswegen nach Spuren von Widerstand suchen. Und wenn man sich nun mal beruflich mit einem spielerischen Gegenstand wie der Populärkultur beschäftigt und seine Expertise für die ,Benachteiligten' einsetzen will, dann sucht man den Widerstand eben im Feld von „Rock und Pop und Rumtata". Jedenfalls lag

10 Vgl. Michail Bachtin: *Rabelais und seine Welt. Volkskultur als Gegenkultur.* Frankfurt am Main: Suhrkamp 1987.

11 Vgl. etwa Ernest Borneman: *Unsere Kinder im Spiegel ihrer Lieder, Reime, Verse und Rätsel.* Olten: Walter 1973; ders.: *Die Umwelt des Kindes im Spiegel seiner „verbotenen" Lieder, Reime, Verse und Rätsel.* Olten: Walter 1974.

12 Alf Lüdtke: *Eigen-Sinn. Fabrikalltag, Arbeitererfahrungen und Politik vom Kaiserreich bis in den Faschismus.* Hamburg: Ergebnisse 1993, S. 148.

13 Vgl. Colin Crouch: *Postdemokratie.* Frankfurt am Main: Suhrkamp 2008.

es für post-volkskundliche Populärkulturforschung nahe, mit den Cultural Studies ihren Gegenstand als ,Kampffeld' zu betrachten und so täglich innerhalb der Dienstzeit die ungerechte und repressive Ordnung herauszufordern. Das passte auch in die disziplinäre Arbeitsteilung: Für Makropolitik sind andere zuständig. Ein Nebeneffekt war bestimmt nicht hinderlich: Populärkultur im engen Verständnis ist eines der Segmente ihrer Lebenswelt, mit dem sich Studierende ausgesprochen gern befassen – und warum auch nicht?

Und nun: Synthesen Richtung Alltagsbewusstsein?

Zugespitzt könnte die Zwischenbilanz lauten: Post-Volkskundler*innen ist inzwischen fast alles politisch – nur das, was unsere Mitbürger*innen unter Politik verstehen und wie sie damit umgehen, blieb lange außen vor. Einiges wurde inzwischen angegangen: der Migrationskomplex oder die Anthropologie des Politischen. Hier stehen allerdings die ,Anderen' im Zentrum: Migrant*innen, politische Akteure und Aktivist*innen. Eine große Ausnahme im Feld solcher Analysen sind die von Elisabeth Katschnig-Fasch angestoßenen Studien zum „ganz alltäglichen Elend";[14] hier kommen ,gewöhnliche Leute' in prekären Verhältnissen zu Wort.

Gegen Missverständnisse: Alle Beziehungen des Alltags sind stets auch Machtbeziehungen und daher mikropolitisch relevant. Deswegen zielen diese Anmerkungen weniger auf das, was getan, als auf das, was vernachlässigt wird. Und da stehen obenan das Politikverständnis und die auf Politisches bezogenen Handlungs- und Gefühlskomplexe der ,Durchschnittsbürger*innen'. Man kann in allen Kulturwissenschaften ein massives Desinteresse am Verstehen ,gewöhnlicher', ,durchschnittlicher' Milieus beobachten, am ,Mainstream' und seinen Lebensvorstellungen. Ich sehe darin eine durchaus nachvollziehbare, deswegen aber nicht weniger problematische Haltung der ,kritischen Intelligenz'. Ihr – uns – scheint es gar zu offensichtlich, dass das (als konsumistisch, unpolitisch, abgestumpft gegenüber dem Elend der Welt, angepasst und allenfalls populistisch mobilisierbar qualifizierte) Verhalten der Vielen das eigentliche Ärgernis der Gegenwart und das Haupthemmnis für die aktive Verbesserung der Welt darstellt. Darin sind sich alle kritischen Geister einig, an diesem Konsens

14 Elisabeth Katschnig-Fasch (Hrsg.): *Das ganz alltägliche Elend. Begegnungen im Schatten des Neoliberalismus.* Wien: Löcker 2003. Davon inspiriert und sehr anregend zum Alltagsbewusstsein des ,Politischen' Juliane Stückrad: *„Ich schimpfe nicht, ich sage nur die Wahrheit". Eine Ethnographie des Unmuts am Beispiel der Bewohner des Elbe-Elster-Kreises / Brandenburg.* Kiel: Ludwig 2010.

erkennen wir einander geradezu. Wozu bedürfte es da noch mühsamer und von niemand gewürdigter ethnographischer Verstehensanstrengungen?
Mit Blick auf unser Fach bleibt die geringe Neugier gegenüber dem praktischen wie mentalen Umgang der ‚breiten Masse', der ‚Abgehängten' und ‚Globalisierungsverlierer' mit dem etablierten politischen System allerdings irritierend. Dem Standardverfahren volkskundlicher Kulturwissenschaft entspräche eigentlich Empathie: bei jedem Gegenstand fragen, wie er sich im Alltagsblick und in den gewöhnlichen Praktiken der ‚einfachen Leute' darstellt, und versuchen, diese Sicht zu verstehen. Welche Wissens- und Gefühlsbestände ziehen Menschen heran bei Urteilen und Entscheidungen in Bezug auf das, was sie für politisch halten? Welche Wahrnehmungen und welche Erfahrungen stehen beispielsweise hinter dem als populistisch stigmatisierten Wunsch, die etablierten Politiker und ihr System in die Wüste zu schicken?
Bemühen um besseres Verständnis wäre aber auch angebracht gegenüber Einstellungen, die meines Erachtens diesem Band und der darin dokumentierten Tagung zugrunde liegen. Ich denke da an zwei in letzter Zeit kaum explizit reflektierte Sichtweisen: die Diffusion des Politischen und die Überzeugung, ‚Politik' sei heute so wichtig, dass vernünftige Zeitgenossenschaft verlange, sich damit zu beschäftigen und sich auch zu engagieren – nicht zuletzt als Wissenschaftler*in. Mit ‚Diffusion' ist all das gemeint, was im Gefolge der Losung „Das Private ist politisch" in den intellektuellen Common Sense wie in die Kulturwissenschaften eingewandert ist: Das Axiom, dass das gesamte Leben von Machtbeziehungen durchdrungen und deswegen unter der Perspektive von Unterdrückung und Widerstand zu interpretieren sei – wie Menschen einander lieben, wie sie sich ernähren, und „Rock und Pop und Rumtata" sowieso. Wie immer dieses ‚Politischsein' verstanden wird, es bezieht seine Bedeutsamkeit aus dem Überzeugtsein von Politik als dem entscheidenden Feld, auf dem über Wohl und Wehe des Planeten und seiner Bewohner*innen entschieden wird: täglich, stündlich, überall.
So einleuchtend, gar zwingend diese Sicht erscheint – man sollte doch über ihre Voraussetzungen, Grenzen und Nebenwirkungen nachdenken. Dazu hier nur, plakativ und persönlich: Sie ist weder naturgegeben noch normal und schon gar nicht ewig gültig. Ich kann jeden und jede verstehen, die ‚mit Politik nichts zu tun haben möchten'. In meinen Vorstellungen von einem guten Leben kommt Politik auch nicht vor. Demokratie schon – Politik nicht.
Wie angedeutet, scheint mir auch die Populärkulturforschung von der Diffusion des Politischen nicht unbedingt profitiert zu haben. Hoffnungen auf die

Überwindung gewisser Engführungen können sich vielleicht an die Bearbeitung zweier Defizite knüpfen, die in der oben gezeichneten Skizze aufscheinen. Zum einen fehlt es an substanziellen Ethnographien zur *resistance*-These. Die meisten einschlägigen Studien sind empirisch ausgesprochen dünn; Fiskes Arbeiten stehen hierfür exemplarisch. Die Ausschnitte sind klein, die Kontexte schwach; was die herausgeleuchteten ‚Widerstands'-Praktiken für die Selbst-Bildung[15] der Akteur*innen bedeuten können, dafür müsste man schon das große Feldforschungsbesteck einsetzen.

Zweitens: Die genannten Arbeiten von Stuart Hall und anderen, die sich an der sogenannten *conjunctural analysis*, also am Modell kultur- und machtanalytischer Konstellationsstudien orientieren, lassen Populärkultur im engeren Sinn außen vor – und dies trotz der Absicht, „die gesellschaftliche Konstellation [...] *ausgehend von kulturellen Phänomenen* und ihrer Kontextualisierung zu verstehen und somit mögliche politische Interventionen besser einschätzen zu können."[16] Hierfür sind jedoch nicht nur rhetorische und mediale Kampagnen etablierter politischer Akteure zu betrachten. Es gilt ebenso, die Muster der Wahrnehmung und Repräsentation im angezielten Massenpublikum sowie deren Interaktion mit den öffentlichen Inszenierungen zu verstehen und dabei insbesondere zu verfolgen, wie die etablierte Politik am Alltagsbewusstsein[17] anzusetzen und sich als Vertreter der ‚einfachen Leute', der ‚hart arbeitenden Mehrheit', der ‚bürgerlichen Mitte', der Familien, der Deutschen usw. einzunisten sucht.

Für solche notwendig arbeitsteiligen Projekte ist Populärkulturforschung im engen Sinn unabdingbar, weil kommerzielle populäre Künste und Vergnügungen zur unverzichtbaren emotionalen, kognitiven, ästhetischen, kommunikativen und vergemeinschaftenden Ressource der Lebensführung und Selbstverortung geworden sind. In diesem Kontext ist Populärkultur nicht als Summe von Werken und Dienstleistungen zu verstehen, sondern als Netz von Interaktionen und Transfers zwischen menschlichen und nicht-menschlichen Akteuren – Waren,

15 Thomas Alkemeyer / Gunilla Budde / Dagmar Freist (Hrsg.): *Selbst-Bildungen. Soziale und kulturelle Praktiken der Subjektivierung*. Bielefeld: Transcript 2013.

16 Moritz Ege: *„Ein Proll mit Klasse". Mode, Popkultur und soziale Ungleichheiten unter jungen Männern in Berlin*. Frankfurt / New York: Campus 2013, S. 34 (Herv. K. M.).

17 Dazu Ove Sutter: Alltagsverstand. Zu einem hegemonietheoretischen Verständnis alltäglicher Sichtweisen und Deutungen. In: *Österreichische Zeitschrift für Volkskunde*. Neue Serie 70 (2016), S. 41–70; vgl. auch Ove Sutter: Lokale Formierungen des Alltagsverstands in der ‚Willkommenskultur', S. 165–180 in diesem Band.

Texten, Räumen, Bildern, Bewegungen, Imaginationen, Körpern, Mediengeräten, Erwartungen, Inszenierungen usw.[18] Dann erst lassen sich „Rock und Pop und Rumtata" fassen als Raum und als Miterzeuger von Stimmungen, Diskursen, Wünschen und Hoffnungen, Praktiken der Selbstrepräsentation, Kollektivierung und Selbst-Bildung, die allesamt von Politischem durchdrungen sind und es durchdringen. Denn auch aus diesen Quellen erwachsen unsere Vorstellungen davon, was uns zusteht, was wir hinnehmen können und was nicht, mit welcher Art von Menschen wir zusammenleben möchten und wie, wem wir glauben, was wir uns und unseresgleichen zutrauen, usw. Kurzum: Hier bilden sich ganz wesentlich die – widersprüchlichen, inkohärenten, mehr gefühlten als reflektierten, mehr praktizierten als formulierten – Vorstellungen von einem richtigen und guten Leben. Und die gehören in den Augen dieses Post-Volkskundlers zur Grundsubstanz des Politischen.

18 Ausführlicher Kaspar Maase: Populärkultur – Unterhaltung – Vergnügung. In: Ders. / Christoph Bareither / Mirjam Nast (Hrsg.): *Unterhaltung und Vergnügung. Beiträge der Europäischen Ethnologie zur Populärkulturforschung.* Würzburg: Königshausen & Neumann 2013, S. 24–36.

Ueli Mäder

Politisches im ökonomisierten Alltag

Die Soziologie des Alltags nimmt einfache Begebenheiten sinnlich wahr. Sie betrachtet auch Dimensionen des Politischen, die sich in unseren Lebenswelten dokumentieren. Hier interessiert, wie das Denken in Geldwerten (Shareholder Value) soziale Prozesse durchdringt. Eigene Erfahrungen und literarische Texte weisen auf das Politische im ökonomisierten Alltag hin.

Ich sprach im Rahmen unserer Studie *macht.ch*[1] mit dem CEO eines großen Elektro-Konzerns. Ein bekannter Wirtschaftsanwalt saß dabei. Er erhielt während unserem Gespräch einen Anruf von einem Geschäftsmann, der Rat suchte. Und zwar wegen eines selbst verursachten Autounfalls. Der Geschäftsmann benutzte während der Fahrt sein Handy. Er kollidierte mit einem anderen Personenwagen und fragte nun: Was tun? Der Anwalt empfahl ihm, das Handy verschwinden zu lassen und der Polizei zu sagen, ein Laster habe ihn abgelenkt. Aber warum hielt der Anwalt den Geschäftsmann nicht dazu an, ehrlich zu sein und sich zu entschuldigen? Das wollte ich von ihm wissen. Meine Frage sei naiv, antwortete er. Schließlich handle es sich um einen Kunden von ihm. Und den müsse er doch schützen. Offenbar kollidieren hier wirtschaftliches Interesse und rechtliches Verständnis.

Ein weiteres Beispiel erzählte mir Vera Nina Looser[2]. Die Studentin beobachtete im Herbst 2015 vor der Basler Universitäts-Bibliothek einen älteren Mann, der zu Boden fiel und sich dabei verletzte. Sie alarmierte die Rettung und das Altersheim, in dem der Verunfallte lebt. Die Person, die den Anruf entgegennahm,

1 Ueli Mäder: *macht.ch. Geld und Macht in der Schweiz*. Zürich: Rotpunkt 2015.

2 Ueli Mäder / Andreas Schwald: *Soziologie des Alltags*. Zürich: Edition 8 2017, S. 127.

antwortete spontan: „Oh, das kostet wieder." Sie dachte zuerst ans Geld. Der Spardruck scheint demnach auch in sozialen Einrichtungen Priorität zu haben. Egal, was er kostet.

Vielleicht deuten die beiden Begebenheiten einen Paradigmenwechsel an, der sich aus meiner Sicht noch deutlicher beim Pharmakonzern Novartis zeigt: Daniel Vasella, der frühere Verwaltungsratspräsident, pflichtete mir bei, dass sich soziale Gegensätze eher verschärfen. Er fragte aber nach, was dabei problematisch sei. Das dynamisiere doch unsere Gesellschaft. Sein Vorgänger, Alex Krauer, beurteilte die soziale Kluft hingegen als gefährlich. Er plädierte für einen sozialen Ausgleich und ein ausgewogenes Verhältnis zwischen Kapital und Arbeit. Eine starke Wirtschaft benötige ein entsprechendes politisches Gegenüber. Nur so ließen sich verbindliche Rahmenbedingungen vereinbaren. Diese frühere politisch-liberale Haltung unterscheidet sich von der aktuellen finanzgetriebenen Optik. Das Interesse einer möglichst maximalen Kapitalverwertung prägt heutige Lebensverhältnisse. Der Markt scheint zu bestimmen, wie viel Wert die Arbeit hat. Was für eine neue Gläubigkeit! Sie manifestiert sich auch im Politischen. Literarische Quellen weisen darauf hin.

Alltagskultur in der Literatur

Der Schriftsteller Alex Capus berichtet in *Mein Nachbar Urs*[3], wie die Züge von Olten aus ohne Halt in alle Himmelsrichtungen zu wichtigen Schweizer Städten fahren. In Olten kreuzen sich zwei Verkehrsachsen. So sind morgens um sieben Uhr schon viele Leute auf den verschiedenen Perrons. Capus typisiert, wie Menschen unterschiedliche kulturelle Mentalitäten repräsentieren. Er reduziert so das soziale Verhalten auf einfache Muster, ohne dabei stehen zu bleiben. Das kann als methodischer Zwischenschritt helfen, komplexe Gefüge weiter zu differenzieren, statt populistisch zu simplifizieren. In seinem Roman *Das Leben ist gut* beschreibt er auch Dorfgemeinschaften, die ihre letzte Kneipe schließen und das Schulhaus veräußern.[4] Sie unterhalten keine Bibliothek und keinen Gesangsverein mehr. Dafür gibt es nun ein Nagelstudio. Es ersetzt den Schmied oder den Quartierladen und repräsentiert, was an Geldwerten bemessen offenbar mehr rentiert.

3 Alex Capus: *Mein Nachbar Urs*. München: Hanser 2014.

4 Vgl. Alex Capus: *Das Leben ist gut*. München: Hanser 2016.

Alan Sillitoe will in *Samstagnacht und Sonntagmorgen* Probleme nicht sozialkritisch behandeln.[5] Er erzählt einfach das Leben des jungen Akkordarbeiters Arthur, der weiß, was er kann. Doch die zunehmende Dominanz der Geldwerte verunsichert ihn. Ambivalenz kennzeichnet seine Identität. Das Eigenständige kontrastiert die einseitige Abhängigkeit, die auch Ohnmacht dokumentiert. Von Sillitoe ist auch *Die Einsamkeit des Langstreckenläufers* bekannt.[6] Der junge Colin geht, auf sich gestellt, weite Wege. Er hat viel Zeit zum Nachdenken. Als Strafgefangener nimmt er an einem Marathon teil und läuft vorne weg, bis kurz vor dem Ziel. Colin steht schon fast als Sieger fest. Der Direktor ist stolz; vor allem auf sich selbst. Der Häftling reagiert darauf. Er lässt sich auf der Zielgerade absichtlich überholen. Er will sich nicht benutzen lassen und entzieht sich dieser Gesellschaft. Sein Weg führt zurück zur Kriminalität. Colin verweigert sich widerständig. Und selbst destruktiv? Was er persönlich will, ist jedenfalls auch politisch motiviert.

Sozial Benachteiligte nehmen ihr Schicksal zuweilen resigniert hin. Sie betrachten zugeschriebene Defizite als persönliches Versagen und lasten sich selber an, was gesellschaftliche Verhältnisse verursachen.[7] Der erlebte Mangel verstellt den Blick. Ohnmacht erscheint als individuelle Schwäche. So lassen sich gesellschaftliche Probleme einfacher auf jene abwälzen, die unauffällig bleiben wollen. Wer sein vermeintliches Schicksal akzeptiert, läuft weniger Gefahr, abermals zu scheitern. Die Angst führt zum Rückzug. Sie engt das Denken ein. Der Pakt mit dem Verzicht hilft, ihn einfacher auszuhalten. Erfahrungen gelungener Lebenspraxis stützen hingegen das Vertrauen in eigene Kompetenzen. Es wächst über konkrete Schritte, die heute und morgen möglich sind. Ohne vorwärts zu flüchten. Selektive Weigerung kann weiterführen. Wir müssen nicht alles tun, was wir tun können.

Alan Sillitoe verfasste auch einen Essay über *Fussball: The Match*[8], der methodologisch interessant ist und die selektive Wahrnehmung betrifft. Da fragt der sehbehinderte Lennox seinen Freund Fred: „Ein Tor? Hat wer'n Tor geschossen?" Lennox hört nur, wie die mit ihm fiebernden Nottingham-Fans aufschreien. Er benötigt viel Zeit, um einen Ausschnitt des Fußballfeldes zu fixieren. Und wenn es soweit ist, hat sich das Geschehen meistens bereits verlagert. Aber Lennox

5 Vgl. Alan Sillitoe: *Samstagnacht und Sonntagmorgen* [engl. 1958]. Zürich: Diogenes 1970.

6 Vgl. ders.: *Die Einsamkeit des Langstreckenläufers* [engl. 1960]. Zürich: Diogenes 1967.

7 Marianne Gronemeyer: *Motivation und politisches Handeln. Grundkategorien politischer Psychologie*. Hamburg: Hoffmann & Campe 1976.

8 Alan Sillitoe: Fussball. The Match [engl. 1959]. In: Ders.: *Fussball*. Zürich: Diogenes 1981, S. 95–109.

sieht dann, was andere nicht sehen. Und er hört gleichwohl, was sonst noch geschieht. Das erweitert seine Perspektive. Doch am Schluss hadert auch er mit dem Schiedsrichter, der als Projektionsfläche für eigene Frustrationen herhalten muss. Sillitoe macht aus Lennox keinen Helden. Er zeigt einfach symbolisch, wie sich Alltägliches sinnlich wahrnehmen lässt. Veränderte Sichtweisen helfen, Dimensionen des Politischen zu erhellen. Vor allem, wenn wir Irritationen zulassen.

Gesellschaftliches im Biographischen

Wer etwas lange anschaut, sieht oft mehr. Sten Nadoldny veranschaulichte das in seiner Biographie über John Franklin, den britischen Seefahrer und Polarforscher.[9] John Franklin litt als Kind mit einer Behinderung darunter, nicht so rasch Bäume erklimmen zu können wie seine Freunde. Ein Lehrer vermittelte ihm dann den Wert der Langsamkeit. Und John vermochte seine Not in eine Tugend zu verkehren. Er erforschte die Antarktis und weitete als Gouverneur von Tasmanien die demokratische Teilhabe der Bevölkerung aus. Begegnungen kommen laut John Franklin da zustande, wo Menschen langsam aufeinander zugehen. Allerdings gibt es auch eine durch Not bedingte Langsamkeit, die nicht sehend ist, sondern blind. Denn Mangel kann, wie Überfluss, den Blick verstellen. John Franklin kontrastiert jedenfalls Benjamin Franklin, der die Zeit ökonomisierte. Beide Biographien dokumentieren gesellschaftliche Trends. Sie weisen auf unterschiedliche Ausprägungen des Ökonomischen hin.

Wie sich Privates politisiert und Politisches privatisiert, veranschaulicht auch Angela Bajorek. Sie habilitierte über den Maler Janosch und titelte ihre Biographie mit *Wer fast nichts braucht, hat alles.*[10] Der Ausspruch lässt sich ebenfalls umkehren: Wer alles hat, braucht fast nichts mehr. Janosch erlebte in seiner Jugend viel Solidarität und Missgunst unter ‚Randständigen'. Die Not fördert die Kooperation sowie die Konkurrenz untereinander. Was mehr dominiert, hängt von politischen, wirtschaftlichen und gesellschaftlichen Bedingungen ab. Wie ein finanzgetriebenes Denken egomanische Trends verschärft, thematisiert zudem Hans-Jürgen Wirth in seiner Habilitation über Narzissmus und politische Macht.[11] Je mehr es Personen nach ‚oben schwemmt', lautet seine These,

9 Sten Nadoldny: *Die Entdeckung der Langsamkeit*. München: Piper 1983.

10 Vgl. Angela Bajorek: *Wer fast nichts braucht, hat alles. Janosch – die Biographie*. Berlin: Ullstein 2016.

11 Vgl. Hans-Jürgen Wirth: *Narzissmus und Macht. Zur Psychoanalyse seelischer Störungen in der Politik*. Gießen: Psychosozial 2002.

desto weniger verfügen sie über soziale Kompetenzen. Die ökonomisierte Sicht genügt sich weitgehend selbst. Sie gibt sich neutral und verkennt ihre politische Dimension.

„Man kann es auch anders sehen"

Im April 2013 war der Autor René Reinhard „wieder einmal abgehauen"! Jetzt endgültig. Er segnete das Zeitliche. Während seiner neunjährigen Inhaftierung gelang es ihm mehrmals, aus dem Gefängnis auszubrechen, das er 1971 definitiv verlassen hatte. Der „Nirgendwo Sesshafte" erlebte nun die Freiheit als „grossen Knast", wie er mir sagte. Er lebte nun in unserer therapeutischen Wohngemeinschaft. „Heute, nach meiner Entlassung, weiss ich, dass die Freiheit nur in Träumen Wirklichkeit werden kann", schreibt er später. In *Weisse Mauern* erzählt René Reinhard „13 Stories über den täglichen Wahnsinn".[12] Als Heimzögling träumte er davon, Fotograf zu werden. Die Baselbieter Heimatgemeinde lehnte aber die nötige Kostengutschrift ab. So kam nur eine interne Ausbildung als Schneider infrage. Später heuerte René Reinhard bei einem Milchmann an. Nach einem Monat durfte er sogar einkassieren. Wie die Tasche mit dem vielen Geld immer schwerer wurde, zog es ihn in die Ferne, ohne das geplant zu haben. So führte sein Weg immer wieder hinter Gitter. Einem Pfarrer klaute René Reinhard 300 Schweizer Franken. Der Pfarrer vermisste noch eine zweite Brieftasche. Bei der Einvernahme gestand René Reinhard, diese ebenfalls entwendet zu haben. Doch der Pfarrer fand sie wieder und meldete das dem Gericht, das René Reinhard sofort entließ, aber auch ein neues Verfahren gegen ihn einleitete – wegen falscher Aussage.

Als sein Vater starb, half René Reinhard in einem Putzinstitut aus. Sein Vater hätte wohl kaum wegen einer Abdankung auf vier Stunden Lohn à neun Franken verzichtet. René Reinhard blieb der Beerdigung fern und verabschiedete sich am Feierabend alleine vom Vater. Wie später von seiner Mutter. Zumal er beide kaum kannte. René Reinhard, 1939 geboren, starb im April 2013. Er ist wieder einmal abgehauen, jetzt endgültig. Ich verdanke ihm viele Einsichten. „Man kann es auch anders sehen", sagte er mir oft. Ja, wir müssen unseren Blickwinkel verändern, wenn wir soziale Realitäten sinnlich wahrnehmen und uns ihnen verstehend annähern wollen. Das hilft, eigene Vorannahmen weniger ins Feld zu projizieren, das wir untersuchen. René Reinhard erhellt, wie eine politische

12 Vgl. René Reinhard: *Weisse Mauern. 13 Stories über den täglichen Wahnsinn*. Richterswil: Brennessel 1981.

Behörde funktioniert, die einen Angeklagten dazu veranlasst, etwas zuzugeben, was er gar nicht getan hat. Dabei spielen auch die Bedeutung des Eigentums und der finanzgetriebene Kontext eine Rolle.

Paradigmenwechsel

Seit dem Zweiten Weltkrieg besteht in der Schweiz ein politisch liberaler Kompromiss. Er geht von einem ausgewogenen Verhältnis zwischen Kapital und Arbeit aus. Ein gewisser sozialer Ausgleich soll den gesellschaftlichen Zusammenhalt fördern und dem Arbeitsfrieden dienen. Breite Bevölkerungskreise können in dieser Zeit ihre materielle Lebenssituation verbessern. Der soziale Fahrstuhl fährt für viele nach oben. Die Beatles singen: *It's Getting Better All the Times*. Seit Ende der 1980er-Jahre kommt ein anderes Verständnis auf. Ein finanzgetriebener Wirtschaftsliberalismus verbreitet sich. Er nimmt an, der Markt bestimme den Wert der Arbeit. Dieses Credo überlagert Konzepte der (rheinisch) sozialen Marktwirtschaft. So kommt eine neue Gläubigkeit auf. Sie ist stark (angelsächsisch) neo-liberal indoktriniert. Die Folgen unterlaufen den materiellen Aufstieg breiter Bevölkerungskreise.
Erstens nimmt die strukturelle Erwerbslosigkeit zu. Wenn Maschinen und Computer manuelle Arbeit ersetzen, könnte das zwar eine Chance sein und uns mehr Zeit und Geld bescheren; zumal die Produktivität steigt. Es hapert aber mit der Verteilung. Zweitens halten Teile der nominell steigenden Löhne mit den Lebenshaltungskosten nicht Schritt. Das führt vor allem zu mehr erwerbstätigen Armen (*working poor*). Drittens orientiert sich das System der sozialen Sicherheit einseitig an der Erwerbsarbeit. Es ignoriert neue Lebenslagen und Lebensstile. So geraten viele Alleinlebende, Alleinerziehende und Familien mit Kindern in Bedrängnis. Viertens vergrößert sich die soziale Kluft bei den privaten Vermögen. Und das politisch demokratische Korrektiv ist nur beschränkt in der Lage, die soziale Polarisierung zu verhindern.
Ein wichtiger Faktor ist das eigentlich erfreuliche Aufbrechen der Berliner Mauer 1989. Seither drängt das Kapital noch offensiver dorthin, wo es sich optimal vermehren lässt. Die forcierte Deregulierung und Liberalisierung lassen die Finanzmärkte weiter expandieren. Zuvor haben Finanzinstitute mehr der Realwirtschaft gedient. Mittlerweile dominiert das finanzliberale Regime die Realwirtschaft. Was zählt sind die rasche Verwertung des Geldes und hohe Profite. Das finanzkapitalistische Verständnis verdrängt das politisch liberale. Der Paradigmenwechsel führt von der sozialen zur neoliberalen Marktwirtschaft. Das finanzliberale Regime forciert die Kapitalakkumulation und rationalisiert

die Produktion. Es flexibilisiert die Arbeitsbedingungen und strapaziert die Gewinnmargen. Privatisierte öffentliche Unternehmen entsprechen dieser Logik, die auch das Politische stark beeinflusst und dazu beiträgt, öffentlich-rechtliche Einrichtungen nach Markt- und Preismechanismen umzukrempeln. Ein neuer ‚Geist des Kapitalismus' kennzeichnet das finanzgetriebene Regime. Es ideologisiert die individuelle Freiheit und favorisiert eine Restrukturierung, die Lasten auf jene abwälzt, die über keine Reserven verfügen. Das finanzgetriebene Verständnis akzeptiert auch extreme Kapitalgewinne. Es legitimiert soziale Gegensätze und die einseitige Verteilung von Macht.[13]

Reflexion

Sarah Madörin beschreibt ihren Alltag in der Wohngemeinschaft.[14] Sie wohnt mit einer Studentin und zwei Studenten zusammen. Alle sind zwischen zwanzig und dreißig Jahren alt und haben den Eindruck, den gemeinsamen Alltag egalitär zu gestalten. Indem Sarah Madörin ein Tagebuch schreibt, nimmt sie manche Begebenheiten präziser wahr. Ihr fallen nun mehr Einseitigkeiten bei Tagesgeschäften und Diskussionen auf. Wer stellt eigentlich meistens die Abfallsäcke raus? Und wer hat das letzte Wort bei Debatten? Über das intuitive Wahrnehmen hinaus erhellt ihre systematische Betrachtung feine Unterschiede. Sie hilft sogar ein wenig, den epistemologischen Bruch zwischen dem Alltagsverständnis und tieferen Erkenntnissen zu überwinden. Aber hier schwingt auch die Gefahr mit, den etwas gründlicher erhobenen Befund zu überschätzen. Kritische (Selbst-)Reflexion hilft, die Sensibilität für eigene Konstruktionen zu schärfen. Was damit gemeint ist, veranschaulicht Martina Montanes.[15] Sie beschreibt in ihrem Tagebuch, wie sie beim Einkaufen darauf achtet, woher die Waren kommen: regional, saisonal etc. Dabei ertappt sie sich, die Einkaufskörbe der anderen Kundinnen und Kunden bewertend zu mustern. Sie verbündet sich innerlich mit jenen, die (umwelt-)bewusst einkaufen. Und sie hadert mit jenen, die das nicht tun. Bis sie sich fragt, ob es ihr beim Einkaufen darum geht, sich moralisch besser als andere zu fühlen. Ich halte diese Introspektion und Selbstkritik für vorbildlich. Zudem analysiert Martina Montanes soziale Klassen, die sich bei der Warenhauskasse manifestieren. Sie verknüpft so strukturelle kulturelle

13 Vgl. Bundesamt für Sozialversicherung: *Schweizerische Sozialversicherungsstatistik 2016*. Bern: EDI 2016.

14 Mäder / Schwald: *Soziologie des Alltags*, S. 140.

15 Ebd., S. 131.

Dimensionen des Politischen. Und sie verdeutlicht damit, wie politisch das Persönliche ist, das oft individualisiert daherkommt.

Seit der zweiten Hälfte des zwanzigsten Jahrhunderts verschieben sich bei Debatten zu sozialen Fragen die Akzente von sozialstrukturellen Bedingungen zu individuellen Kalkülen und situativen Sichtweisen. Ein Wandel des Diskurses ist vor allem bezüglich gesellschaftlicher Gegensätze feststellbar. Was einst als Grundwiderspruch zwischen gesellschaftlicher Produktion und privater Aneignung galt, wird heute eher selten thematisiert. Der Blick verlagerte sich von der vertikalen Ebene, bei der es noch ein oben und unten gab, zur horizontalen. Modelle sozialer Milieus betonen die Lebensauffassung, den Lebensstil und die Wertorientierung. Die Lagen- und Milieuanalysen weisen zwar auf wichtige soziale Differenzierungen hin. Sie vernachlässigen aber Analysen sozialer (Klassen-)Gegensätze. Als zentral erweisen sich dabei auch die soziale Herkunft, das Geschlecht und die (Gegen-)Macht. Zu ihr gehören die Ohnmacht in der Macht und die Macht in der Ohnmacht.

Pierre Bourdieu verknüpfte vertikale und horizontale Unterschiede sowie Struktur und Kultur.[16] Nach seinem Verständnis sozialer Räume markiert der Lebensstil den sozialen Ort der Menschen. Angehörige der Oberschicht sind eher in der Lage, spielerisch mit Wissen und Werten umzugehen als Angehörige der Unterschicht. Wer sich im Alltag wie durchsetzt, hängt von der Ausstattung mit verschiedenen Ressourcen ab. Äußere Faktoren prägen unsere Denk- und Handlungsmuster.[17] Die eigene Klassenlage ist dabei zentral. Sie determiniert uns aber nicht kausal. ‚Feine Unterschiede' machen sich über Titel, Kleidung, Sprache, Manieren und den Geschmack bemerkbar. Sie verweisen auf unsere Herkunft. Unser Lebensstil folgt dem sozialen Rang. Unser Habitus drückt aus, woher wir kommen. Soziale Schließungen dienen dazu, Macht zu erhalten. Die skizzierten Beispiele belegen das nicht. Sie lassen sich keineswegs generalisieren. Aber sie helfen, weiter zu differenzieren, wie sich Dimensionen des Politischen im ökonomisierten Alltag dokumentieren.

16 Vgl. Pierre Bourdieu: *Die feinen Unterschiede. Kritik der gesellschaftlichen Urteilskraft* [franz. 1979]. Frankfurt am Main Suhrkamp 1982; ders.: „Ortseffekte". In: Ders. / Abdelmalek Sayad / Rosine Christin / Patrick Champagne et al.: *Das Elend der Welt. Zeugnisse und Diagnosen alltäglichen Leidens an der Gesellschaft* [franz. 1993]. Konstanz: UVK 1997, S. 159–167.

17 Ebd., S. 159.

Ute Holfelder

Debatten um neue Medien als Symbolische Politik?

Handyfilme und ihre diskursive Verhandlung

Handyfilme und Jugendkultur

Als wir 2012 in der Schweiz mit der Erforschung von Handyfilmen in der Jugendkultur begannen,[1] beherrschten Schlagzeilen wie diese den Mediendiskurs: „Buben filmen Mädchen heimlich beim Duschen"[2] oder „Junge Frau mit Sexvideo gemobbt"[3]. Mittlerweile schreiben wir das Jahr 2017 und das Medium Handyfilm hat einen enormen Veralltäglichungsprozess[4] durchlaufen. Dieser lässt sich daran festmachen, dass Jugendliche in den deutschsprachigen Ländern nahezu flächendeckend im Besitz von Kamerahandys sind und auch ältere Personen die Videofunktion des Handys zunehmend nutzen. Das alltägliche Handyfilmen und der Umgang damit werden aber nach wie vor von kritischen Wortmeldungen begleitet, welche sich insbesondere auf Jugendliche beziehen.[5] In den Fokus rücken zudem Fragen danach, wer, wann und wo Filmaufnahmen

1 Handyfilme – Künstlerische und ethnographische Zugänge zu Repräsentationen jugendlicher Alltagswelten http://www.isek.uzh.ch/de/populärekulturen/forschung/projekte/drittmittelprojekte/handyfilme.html (Zugriff am 28.03.2017).

2 Michael Spillmann: Buben filmen Mädchen heimlich beim Duschen. In: *Blick*, 16.04.2012. www.blick.ch/news/schweiz/zuerich/ehc-winterthur-nachwuchs-buben-filmen-maedchen-heimlich-beim-duschen-id1847167.html (Zugriff am 28.03.2017).

3 Christian Lüscher: Praktisch jeder hatte das Video auf seinem Smartphone. In: *Der Bund*, 05.04.2013. www.derbund.ch/zuerich/Praktisch-jeder-hatte-das-Video-auf-seinem-Smartphone/story/26055123?track (Zugriff am 28.03.2017).

4 Vgl. Thomas Hengartner / Johanna Rolshoven (Hrsg.): *Technik – Kultur. Formen der Veralltäglichung von Technik – Technisches als Alltag*. Zürich: Chronos 1998.

5 Mit dieser Einstellung wurden wir auch noch 2017 im Kontext unserer in Wien gezeigten Ausstellung *Handyfilme. Jugendkultur in Bild und Ton* in Gesprächen mit Journalist_innen, Pädagog_innen und Ausstellungsbesucher_innen konfrontiert.

machen darf – man denke an die Debatten um das Handyfilmen bei Unfällen, in Gedenkstätten oder – etwas harmloser – bei Konzerten. In unserem Forschungsprojekt waren wir von der These ausgegangen, dass die neuen Möglichkeiten des Smartphones eine Ressource zur Selbstermächtigung darstellen könnten, und haben hierfür auch einige empirische Belege gefunden. Dennoch stießen wir zugleich auf Vorstellungen, die Handyfilme von Jugendlichen hartnäckig in Verbindung mit Sexualität und Gewalt brachten.[6]

Diese Befunde lohnt es, aus einer empirisch-kulturwissenschaftlichen Perspektive zu untersuchen und zu interpretieren. Dabei stellt sich insbesondere die Frage, wie sich die Diskrepanz zwischen Diskurs und dem Feld beobachtbarer Praktiken deuten lässt. Die durch die Diskurse vermittelten Vorstellungen über Jugendliche und deren Mediengebrauch lassen sich einerseits als Indikator für gesellschaftliche Aushandlungsprozesse in Umbruchzeiten analysieren. Andererseits werden dieselben im Folgenden auch als ein Instrument zur Herstellung von Hegemonie im Sinne der Aufrechterhaltung der jeweiligen sozialen Ordnung verstanden. Die Hypothese dieses Beitrags lautet, dass die Debatte um neue Medien eine Form Symbolischer Politik darstellt. Dabei wird an einen erweiterten Politikbegriff angeknüpft, der die – mit dem englischen Begriff *politics* gefasste – Dimension einer prozessualen Interessensvermittlung betont, welche darauf abzielt, gesellschaftliches Zusammenleben zu regulieren.[7] Symbolische Politik[8] wird in diesem Sinn als gouvernementales Programm verstanden, das weniger die Funktion hat, die mittels des Diskurses kritisierten gesellschaftlichen Probleme (z. B. Gewalt, Mobbing) zu verändern, als einen (hegemonialen) Standpunkt[9] zu formulieren, der die bestehenden gesellschaftlichen Strukturen

6 Vgl. Ute Holfelder / Christian Ritter: *Handyfilme als Jugendkultur*. Konstanz / München: UVK 2015.

7 Vgl. Manfred G. Schmidt: *Wörterbuch zur Politik*. Stuttgart: Kröner 2004.

8 Symbolische Politik wird demnach nicht als ästhetisierte Schein-Politik verstanden, der vorgehalten wird, keine Politik im Sinne der *policy*, also im Sinne der inhaltlichen Dimension von Politik, zu sein (vgl. die Diskussion in Hans Georg Soeffner / Dirk Tänzler: Figurative Politik. Prolegomena zu einer Kultursoziologie politischen Handelns. In: Dies. (Hrsg.): *Figurative Politik. Zur Performanz der Macht in der modernen Gesellschaft*. Opladen: Leske & Budrich 2002, S. 17–33, hier S. 17), sondern es ist gemeint, dass die Diskussion eines gesellschaftlichen Problems auf einer Ebene diskutiert wird, auf der das Problem nur vordergründig eine Rolle spielt.

9 Vgl. hierzu z. B. die Stellungnahme des katholischen Sozial- und Medienethikers Thomas Hausmanninger, der anlässlich des Erfurter Amoklaufs im Jahr 2002 den Ruf nach Verschärfung von Gesetzen und Repression gegen Erzeugnisse der Populärkultur zurück- und auf soziale Distinktionsbemühungen der Vertreter_innen der Kulturkritik hingewiesen hat: „Für die Politik mag sie [die Verschärfung, U. H.] zwar als probates Mittel im Wahlkampf

und Machtverhältnisse als mögliche Ursache außen vor lässt. Die Kulturkritik des Handyfilm(en)s trägt gemäß der hier vorgeschlagenen Lesart dazu bei, den Blick auf strukturelle soziale Ungleichheiten zu verstellen.[10] Symbolische Politik wird – wie im Folgenden zu zeigen sein wird – zu einer „Pseudo-Politik“[11], weil sie auf der Ebene jugendlicher Medienpraktiken argumentiert und hierüber die Ebene gesellschaftlicher Strukturen ausblenden kann.

Die Empirische Kulturwissenschaft bietet geeignete Instrumentarien, dieses Feld zu untersuchen, da sie sowohl historisch argumentiert als auch auf der empirischen Mikroebene Diskurse sowie Praktiken von Akteur_innen in den Blick nehmen kann. Hilfreich sind hierzu Ansätze der kulturwissenschaftlichen Technikforschung, die Technik und Medien a) im Sinne einer Querschnittsdimension der Alltagskulturforschung betrachtet,[12] b) in ihrer Verwobenheit mit den handelnden Subjekten untersucht[13] und c) Verknüpfungen mit gesamtgesellschaftlichen Prozessen und deren politischen Implikationen herstellt[14]. Der vorliegende Beitrag argumentiert in diesem Sinne, indem zunächst der an den Verhandlungen über Handyfilme haftende Gefahrendiskurs vorgestellt und

erscheinen – positive öffentliche Resonanz steht wegen der Popularität der genannten These zu erwarten […], vor allem bei jenen, die nicht zum Publikum der entsprechenden Genres zählen.“ (Thomas Hausmanninger: Keine Hexenjagd auf Medien! Medienethiker besorgt über die Zensurforderungen in der Debatte über den Erfurter Amoklauf. In: *kommunikation@gesellschaft*, 3/2002. http://www.kommunikation-gesellschaft.de/Stellungnahme_Hausmanninger.pdf (Zugriff am 20.04.2017).)

10 Vgl. hierzu Klaus Schönberger zum Beispiel von Computerspielen, die oft als Auslöser für Amokläufe diskutiert werden: „Eine Technik sitzt auf spezifische gesellschaftliche Entwicklungen auf. Nehmen wir den computerspielenden Amokläufer: Für jemanden, der isoliert ist und psychische Probleme hat, kann das gewaltvolle Computerspiel ein letzter Kick sein, um zum Amokläufer zu werden. Daran ist aber nicht die Technik schuld. Wenn ich Gewalt bekämpfen will, muss ich dorthin gehen, wo Gewalt entsteht. Polemisch gesagt: Wir reden über Medien, um nicht über Strukturelles, das heißt die tatsächlichen Ursachen – nämlich gesellschaftliche Verhältnisse, die Gewalt bedingen oder selbst gewalthaft sind – reden zu müssen.“ (Klaus Schönberger: Im Zeitalter der Selfies – „Wir reden über Medien, um nicht über Strukturelles reden zu müssen“. In: *ad astra*, 1/2015. https://www.aau.at/blog/im-zeitalter-der-selfies/ (Zugriff am 30.04.2017).)

11 Soeffner / Tänzler: Figurative Politik, S. 21.

12 Klaus Schönberger: Technik als Querschnittsdimension. Kulturwissenschaftliche Technikforschung am Beispiel von Weblog-Nutzungen in Frankreich und Deutschland. In: *Zeitschrift für Volkskunde* 103,2 (2007), S. 197–222.

13 Klaus Schönberger: Persistenz und Rekombination. Digitale Kommunikation und soziokultureller Wandel. In: *Zeitschrift für Volkskunde* 111,2 (2015), S. 201–213.

14 Ute Holfelder: Handy – Filme(n) – Arbeit. Handyfilme als Ausdruck und Instrument der Entgrenzung von Arbeit. In: Manfred Seifert (Hrsg.): *Die mentale Seite der Ökonomie. Gefühl und Empathie im Arbeitsleben*. Dresden: Thelem 2014, S. 59–71.

historisch kontextualisiert wird. Anschließend werden die im Feld analysierbaren Praktiken und Einschätzungen von Jugendlichen fokussiert und schließlich Überlegungen zu politischen Dimensionen der Verhandlung des Mediums Handyfilm angestellt.

Der Gefahrendiskurs

2012 wurde in Zürich ein Fall bekannt, der als „Ice-Tea-Video" für Schlagzeilen sorgte und exemplarisch für die mediale und juristische Verhandlung von jugendlichen Handyfilmen stehen kann:[15] Ein junger Mann hatte ein Handyvideo seiner Ex-Freundin veröffentlicht, auf dem zu sehen ist, wie das Mädchen mit einer Eistee-Flasche sexuelle Handlungen an sich vornimmt. Das Video verbreitete sich binnen kürzester Zeit, und der Vorfall hatte rechtliche Konsequenzen: Strafrechtlich verfolgt wurden aber nicht nur der junge Mann, der den Film veröffentlicht hatte, und Jugendliche, die den Film verbotenerweise auf ihrem Handy gespeichert hatten, sondern auch das Opfer selbst. Da die junge Frau zum damaligen Zeitpunkt noch keine 16 Jahre alt war, wurde sie der illegalen Herstellung von Kinder-Pornografie beschuldigt. Schlussendlich wurde das Verfahren eingestellt, um die Geschädigte nicht weiter zu belasten.[16]

Vorfälle wie diese zeigen, in welcher Weise über das neue Medium Smartphone die Verletzung körperlicher und psychischer Integrität in einer neuen Qualität erfahren werden kann. Sie zeigen aber auch, wie auf der einen Seite die digitale Medientechnik in alltägliches Handeln einbezogen wird und wie auf der anderen Seite juristische und moralische Regelwerke befragt werden müssten (auf dieses Beispiel bezogen: Sind die Filmaufnahmen der 15-Jährigen als Kinderpornografie zu ahnden?).

Aus kulturwissenschaftlicher Perspektive ist die mediale Aufmerksamkeit ein Hinweis auf kulturelle Aushandlungsprozesse, die auf Diskurse aus der Medizin, der Psychologie und der Medienpädagogik rekurrieren. Eingespeist werden Begrifflichkeiten und Annahmen, wie sie etwa der Neuropsychologe Manfred Spitzer in seinem 2012 erschienen Buch *Digitale Demenz. Wie wir uns und unsere Kinder um den Verstand bringen* formuliert. Spitzer macht den Gebrauch von Computern und Smartphones verantwortlich für „Lese- und

15 Vgl. Ute Holfelder / Christian Ritter: *Handyfilme als Jugendkultur*. Konstanz / München: UVK 2015, S. 120.

16 Marco Lüssi: Elf Strafverfahren wegen „Ice-Tea-Sexviedeo". In: *20min*, 05.04.2013. http://www.20min.ch/schweiz/news/story/24755122 (Zugriff am 28.03.2017).

Aufmerksamkeitsstörungen, Ängste und Abstumpfung, Schlafstörungen und Depressionen, Übergewicht, Gewaltbereitschaft und soziale(n) Abstieg"[17]. Das Fazit der Verlagsankündigung lautet: „Digitale Medien machen süchtig. Sie schaden langfristig dem Körper und vor allem dem Geist."[18]

Aus einer mediengeschichtlichen Perspektive betrachtet erinnern diese Narrationen bis hinein in die konkreten Formulierungen stark an solche, die in unterschiedlichen Epochen gegen die jeweils neuen Medien ins Feld geführt wurden.[19] Wie wir aus der Erforschung der ‚Schmutz-und-Schund'-Debatte[20] wissen, wiederholen sich die Argumentationsmuster quer durch die Mediengeschichte: Neue Medientechniken werden von ihren Befürworter_innen als Innovation begrüßt, während Kritiker_innen auf Gefahren hinweisen, die – insbesondere für Kinder und Jugendliche – entstünden.[21] Kaspar Maase spricht diesbezüglich von einem „Schundkampf-Ritus"[22]. Dieser lässt sich anhand einer angeblichen ‚Fernsehsucht' in den 1950er Jahren,[23] Debatten um den Konsum von Radiosendungen in den 1920er Jahren und von Kinofilmen um die Wende vom 19. ins 20. Jahrhundert belegen.[24] Bereits das Lesen von Romanen stand in der Folge von Goethes *Leiden des jungen Werther* (1774) in der Kritik. Hier sei auf die seit dem ausgehenden 18. Jahrhundert von Vertretern der Gegenaufklärung wie der Aufklärung gleichermaßen geführte und bis weit ins 19. Jahrhundert hinein

17 Manfred Spitzer: Digitale Demenz (Verlagsankündigung). https://www.droemer-knaur.de/ebooks/7783038/digitale-demenz (Zugriff am 28.03.2017).

18 Ebd.

19 Vgl. z. B. Albert Kümmel / Leander Scholz / Eckhard Schumacher: Vorwort der Herausgeber. In: Dies. (Hrsg.): *Einführung in die Geschichte der Medien*. Paderborn: utb 2004, S. 7–9.

20 Vgl. Klaus Schönberger: Der Mensch als Maschine. Flexibilisierung der Subjekte und Hartnäckigkeit des Technikdeterminismus. In: *Das Argument* 238,3 (2000), S. 812–823.

21 Vgl. z. B. Thomas Hengartner: Technik – Kultur – Alltag. Technikforschung als Alltagsforschung. In: *Schweizerisches Archiv für Volkskunde* 106 (2012), S. 117–139, hier S. 129–130.

22 Kaspar Maase: Der Schundkampf-Ritus. Anmerkungen zur Auseinandersetzung mit Mediengewalt in Deutschland. In: Rolf W. Brednich / Walter Hartinger (Hrsg.): *Gewalt in der Kultur*, Tbd. 2. Passau: Universität Passau 1994, S. 511–524.

23 Vgl. Hasso Spode: Fernseh-Sucht. Ein Beitrag zur Geschichte der Medienkritik. In: Eva Barlösius / Elcin Kürsat-Ahlers / Peter Waldhoff (Hrsg.): *Distanzierte Verstrickungen. Die ambivalente Bindung soziologisch Forschender an ihren Gegenstand. Festschrift für Peter Gleichmann zum 65. Geburtstag*. Berlin: Sigma 1997, S. 295–312.

24 Vgl. z. B. die Ausführungen des Forensikers Robert Gaupp von 1912, in denen er berichtet, drei Jugendliche hätten nach dem Besuch eines Kinofilms eine Szene nachgestellt, in der ein Missionar von Kannibalen getötet wurde (vgl. Robert Gaupp: Der Kinetomatograph vom medizinischen und psychologischen Standpunkt. In: *Dürerbund. Flugschrift zur Ausdruckskultur*, Nr. 100, München: Callwey 1912, S. 1–12).

anhaltende Debatte um die so genannte Lesesucht von Frauen und Kindern[25] verwiesen, die sich auf eine damals neue, nicht moralisch-didaktische Form der Literatur bezog. Der prominente Aufklärer Joachim Heinrich Campe trug zur Kanonisierung des Begriffs der Lesesucht bei, weil er ihn 1809 in sein *Wörterbuch der deutschen Sprache* aufgenommen hatte. Auch von pädagogischer, politischer und medizinischer Seite wurde vor dem Missbrauch der Lektüre gewarnt, weil sie angeblich zu ‚Abstumpfung' und körperlicher Schwächung führe sowie den Zustand der Unmündigkeit erhalte.[26] Eine Gemeinsamkeit der Stoßrichtung dieser Argumentationen, die sich aus der historischen Rückschau erschließt, ist die Tatsache, dass es in diesen Verhandlungen immer um soziale Konflikte und gesellschaftliche Machtpositionen ging und geht – zwischen den Geschlechtern, den Generationen oder sozialen Klassen und Milieus.[27] Kulturkritik gegenüber neuen Medien kann gemäß dieser Lesart als eine Abwehrreaktion derjenigen Mitglieder einer Gesellschaft interpretiert werden, die die Wertigkeit ihres kulturellen Kapitals bedroht sehen.[28]

Bezogen auf die Debatten um jugendliche Handynutzung liegt die Interpretation nahe, dass sich auch in diesen ein befürchteter Kontrollverlust widerspiegeln könnte, von Erwachsenen, die mit der neuen Medientechnik sowie den damit verbundenen Formen der Interaktion in der Regel weniger vertraut sind als die Jugendlichen selbst. In unserem Forschungsprojekt haben wir in Gesprächen mit Lehrer_innen mehrere Formen dieser Befürchtungen ausmachen können: Zum einen äußerten unsere Gesprächspartner_innen das Unbehagen, im Unterricht oder auf Klassenfahrten selbst von Schüler_innen gefilmt zu werden. Zum anderen waren sie unsicher, ob unsere Forschung die Privatsphäre der Schüler_innen tangieren könnte. Und zum Dritten wurde uns gegenüber behauptet, Jugendliche gingen zu leichtfertig mit Handyfilmen um und müssten aus diesem Grund vor sich selbst geschützt werden.

25 Dominik König: Lesesucht und Lesewut. In: Herbert G. Göpfert (Hrsg.): *Buch und Leser*. Hamburg: Hauswedell 1977, S. 90–92.

26 Vgl. ebd.; Susanne Barth: *Mädchenlektüren. Lesediskurse im 18. und 19. Jahrhundert*. Frankfurt am Main: Campus 2002; Reinhard Wittmann: Gibt es eine Leserevolution am Ende des 18. Jahrhunderts? In: Roger Chartier / Guglielmo Cavallo (Hrsg.): *Die Welt des Lesens. Von der Schriftrolle zum Bildschirm*. Frankfurt am Main: Campus 1999, S. 419–454.

27 Klaus Schönberger: Von der Lesewut zur Schreibwut? Über legitimes Lesen und Schreiben. In: Helmut Gold / Christiane Holm / Eva Bös / Tine Nowak (Hrsg.): *@bsolut privat!? Vom Tagebuch zum Weblog*. Frankfurt: Museumsstiftung Post und Telekommunikation 2008, S. 112–114.

28 Vgl. Spode: Fernseh-Sucht, S. 310.

Die dritte Aussage basiert auf einer Vorstellung von „Jugend als Schutzraum“[29] und impliziert alle damit verbundenen Ambivalenzen, die zwischen Fürsorge und Domestizierung changieren. Der Aspekt des Paternalismus lässt sich wiederum im Foucaultschen Sinne als Gouvernementalitätspraktik[30] interpretieren.[31]

Die Perspektive der Akteur_innen

Wie sehen nun aber jugendliche Akteur_innen selbst ihre Handyfilme?[32] In unserem Forschungsprojekt begegneten wir einer immensen filmmotivischen Bandbreite: Filme von Konzerten, Haustieren, Klassenfahrten, vom Sport, aus dem Schulunterricht oder von Rollenspielen.[33] In Gesprächen erhielten wir Aufschluss über den hohen Stellenwert der Praktiken der Herstellung und des Teilens von Handyfilmen im jugendkulturellen Alltag.[34] Diesen sozialen Interaktionen kommen die Bedeutungen zu, Erinnerungen festzuhalten, als bedeutsam erachtete Situationen zu dokumentieren, mittels und über die Filme zu kommunizieren und damit emotionale Verbundenheit herzustellen sowie soziale Positionierungen vorzunehmen.[35] Zudem werden Handyfilme zunehmend verwendet, um sich selbst zu kontrollieren und zu optimieren, etwa beim Sport oder beim Musizieren.[36]

29 Rudolf Schenda: Die Jugend als Schutzraum. Vom Schund-und-Schmutz-Gesetz zur Videodiskussion. In: Willi Bucher / Klaus Pohl (Hrsg.): *Schock und Schöpfung. Jugendästhetik im 20. Jahrhundert*. Darmstadt / Neuwied: Luchterhand 1986, S. 106–108.

30 Michel Foucault: *Sicherheit, Territorium, Bevölkerung. Geschichte der Gouvernementalität I. Vorlesung am Collège de France 1977–1978*. Frankfurt am Main: Suhrkamp 2004.

31 Jakob Humm: Verhandelt wird: Jugendliche und ihr Umgang mit Handyvideos. In: Thomas Hengartner / Ute Holfelder (Hrsg.): *Werkstücke #5: Handyfilme*. Zürich: Institut für Populäre Kulturen 2014, S. 137–152.

32 Im Projektkontext wurden Gespräche mit 90 Jugendlichen im Alter von 14–20 Jahren geführt und 300 Handyfilme erhoben.

33 Vgl. Holfelder / Ritter: *Handyfilme*.

34 Vgl. ebd.; dies.: Filmen im Alltag. Handyfilme in der Perspektive einer medienweltlichen Ethnografie. In: *kommunikation@gesellschaft* 14 (2013). http://www.ssoar.info/ssoar/bitstream/handle/document/36187/KuG_B2_2013_Holfelder_Ritter-Filmen_im_Alltag.pdf (Zugriff am 28.03.2017).

35 Vgl. Holfelder / Ritter: *Handyfilme,* S. 29–41.

36 Vgl. ebd., S. 98–104.

In unseren Interviews ging es auch um Grenzbereiche des Filmens.[37] Aussagen einiger der männlichen Befragten hoben darauf ab, dass sie sich pauschal vorverurteilt fühlen und stuften die Produktion und Distribution von Handyfilmen mit problematischen Inhalten im Vergleich zu anderen Filmmotiven als marginal ein. Gewalt- und Sexfilme, so erklärten sie, kursierten zwar durchaus auf Smartphones. Zumeist seien die Sexfilme aber nicht von den Absendern selbst aufgenommen, sondern kämen aus dem Netz, zeigten skurrile Situationen und hätten somit in erster Linie Unterhaltungswert. Solche Filme haben demnach die Funktion der jugendkulturellen Verhandlung von Sexualität und zielen weniger darauf ab, wie im eingangs besprochenen Ice-Tea-Video Personen zu desavouieren oder sich zu erregen. Diese These lässt sich auch mit der Erklärung eines befragten jungen Mannes stärken, der im Interview konstatierte, wenn er Pornos anschauen wolle, würde er den Laptop seinem kleinen Handydisplay vorziehen.

Die Tendenz, dass Jugendliche in Kontakt mit gewalthaltigen oder erotischen Handyfilmen kommen, betrifft – und hierbei ist nach Alter, Geschlecht und Schulbildung zu differenzieren – maximal ein Viertel der in repräsentativen Studien befragten Jugendlichen und ist bezogen auf die vergangenen fünf Jahre steigend.[38] Dies ist angesichts der Omnipräsenz des Smartphones auch nicht verwunderlich: Alleine das Vorhandensein der immer verfügbaren Aufnahmegeräte legt nahe, sie auch zu verwenden. Wenn kaum eine alltägliche Situation existiert, in der Jugendlichen *nicht* mit dem Handy filmen, weshalb sollten sie es nicht auch in intimen oder übergriffigen Situationen als zusätzliches Mittel gewaltförmiger Machtausübung einsetzen?

37 Wir sind uns bewusst, dass die Aussagen (wie in jedem Interview) dem Muster der sozialen Erwünschtheit entsprechen können. Das tut ihnen aber keinen Abbruch, weil auch andere Erhebungsmethoden dieses Problem nicht beheben können. In unserem Setting ging es darum, die im öffentlichen Diskurs nicht wahrgenommenen Praktiken sichtbar zu machen. Erst vor diesem Hintergrund lässt sich über das Phänomen überhaupt diskutieren.

38 Vgl. hierzu die deutsche *JIM-* und die schweizerischen *JAMES-Studie*, die regelmäßig den Mediengebrauch von Jugendlichen untersuchen (Gregor Waller et al: *JAMES. Jugend-Aktivitäten-Medien-Erhebung Schweiz. Ergebnisbericht zur JAMES-Studie 2016.* https://www.zhaw.ch/storage/psychologie/upload/forschung/medienpsychologie/james/2016/Ergebnisbericht_JAMES_2016.pdf (Zugriff am 28.03.2017), S. 42–46; Medienpädagogischer Forschungsverbund Südwest (mpfs) (Hrsg.): *JIM 2015 Jugend Information (Multi-)Media. Basisstudie zum Medienumgang 12- bis 19-Jähriger in Deutschland.* www.mpfs.de/fileadmin/files/Studien/JIM/2015/JIM_Studie_2015.pdf (Zugriff am 28.03.2017), S. 50–51.

Handyfilme und ihr Enabling-Potenzial

Im Folgenden seien einige prinzipiellere Überlegungen zum audiovisuellen Artefakt Handyfilm angestellt, die deutlich machen, in welcher Weise die Verhandlung des Handyfilmens auch im Gegenstand selbst begründet ist. Der Handyfilm ist ein audiovisuelles Medium, das sehr niederschwellig hergestellt und verbreitet werden kann. Zugleich wird ihm ein besonders hoher Grad an Authentizität zugeschrieben. Dies liegt an den technischen Möglichkeiten von Mobiltelefonen, spontan und improvisiert zu agieren sowie Bild und Ton zeitgleich aufzunehmen. Der vorgeblich dokumentarische Charakter sowie die Konnotation als Beweismaterial sind dem Handyfilm und seiner Ästhetik förmlich eingeschrieben. Aus der Kombination dieser Bedeutungszuschreibungen leitet sich die Option ab, es als Machtmittel einzusetzen – in privaten Kontexten ebenso wie als Beweismittel für Übergriffe staatlicher Gewalt.

Das Enabling-Potenzial des Medienformats Handyfilm zeigt sich auf verschiedenen Ebenen. So ist die Geschichte der Smartphone-Kamera auch eine Geschichte der Demokratisierung von Amateurfilmpraktiken, die sich daran festmachen lässt, dass mittels dieses digitalen technischen Geräts heute weitaus mehr Personen und soziale Gruppen als noch Ende des 20. Jahrhunderts in der Lage sind, audiovisuelle Artefakte herzustellen und zu verbreiten. Dies impliziert, dass Personen, die bislang wenig Deutungsmacht über ihre Selbst-Repräsentation und ihren Blick auf die Welt besessen hatten, sich mittels Handyfilmen äußern können – insbesondere auch Jugendliche.[39]

Eine weitere, mit der Omnipräsenz von Smartphone-Kameras verknüpfte Implikation ist die Erweiterung der Aufnahmesituationen und damit der Aufnahmemotive, womit sich die Grenzen dessen verschieben, was sichtbar gemacht werden *kann* und was sichtbar gemacht *wird*. Hier stellen sich Fragen nach Persönlichkeitsrechten neu, aber auch Fragen nach der Überschreitung bislang gültiger Grenzen beispielsweise hinsichtlich der Intimität. Dürfen Schüler_innen ihre Lehrer_innen im Unterricht filmen? Ist es moralisch verwerflich, wenn eine junge Frau ihren Suizid audiovisuell dokumentiert und dabei einen

39 Vgl. Klaus Schönberger: „But first, LET ME TAKE A SELFIE" oder eine neue Art sich selbst zu betrachten und sich mit anderen zu unterhalten? In: Karl Braun / Claus Marco Dieterich / Thomas Hengartner / Bernhard Tschofen (Hrsg.): *Kulturen der Sinne. Zugänge zur Sensualität der sozialen Welt.* Münster: Waxmann 2017, S. 37–53.

Mann der Vergewaltigung bezichtigt – wie 2016 in Frankreich geschehen[40]? Wie sieht es mit Handyfilmen aus, die den Weg aus den Folterkammern der Diktaturen in die Weltöffentlichkeit finden?

Zu fragen ist aber nicht nur, *was* sicht- und hörbar gemacht wird, sondern auch *wer* dies tut. Auch diese als politisch zu bezeichnende Brisanz ist dem Medienformat Handyfilm eingeschrieben und wird in den Debatten um das Handyfilmen mitverhandelt. Was uns im Projektkontext über Schulen im deutschsprachigen Raum flächendeckend berichtet wurde, gilt für die gesamte Gesellschaft: Es gibt bislang noch keine ‚universalen' Regeln zum Umgang mit Handyfilmen.

Debatten um Handyfilme als Symbolische Politik

Inwiefern lassen sich nun auf der Grundlage unserer empirischen Befunde die Diskurse über Handyfilme als Symbolische Politik interpretieren? Dazu möchte ich abschließend drei Hypothesen formulieren: Erstens können aus einer postoperaistischen Perspektive[41] die Konflikte um die Nutzung digitaler Devices vor dem Hintergrund des fortdauernden Gegensatzes zwischen Kapital und Arbeit interpretiert werden. Grundlegend für diesen Gegensatz ist die Frage danach, wer über die Verwendungsweise der Produktionsmittel bestimmt: Wenn man mit Maurizio Lazzarato[42] digitale Devices als Produktionsmittel versteht, deren Verfügungsgewalt nicht mehr das Privileg des Kapitals ist, so lassen sich die Konflikte um die Smartphone- und Computernutzungen als Auseinandersetzung um die Kontrolle eines zentralen Produktionsmittels und der mit ihr verbundenen „lebendigen Arbeit"[43], d. h. der unmittelbar von Menschen ausgeübten Arbeitsleistung, verstehen. Dies meint, dass die Kulturkritik in verklausulierter

40 19-Jährige übertrug Suizid live über Periscope. In: *Heute*, 12.05.2016. http://www.heute.at/digital/multimedia/19-Jaehrige-uebertrug-Suizid-live-ueber-Periscope;art73472,1287642 (Zugriff am 28.03.2017).

41 Martin Birkner / Robert Foltin: *Postoperaismus. Von der Arbeiterautonomie zur Multitude. Geschichte und Gegenwart, Theorie und Praxis. Eine Einführung.* Stuttgart: Schmetterling 2006.

42 Vgl. Maurizio Lazzarato: Verwertung und Kommunikation. Der Zyklus immaterieller Produktion. In: Ders. / Toni Negri / Paolo Virno: *Umherschweifende Produzenten. Immaterielle Arbeit und Subversion.* Berlin: ID 1998, S. 53–65.

43 Karl Marx: *Das Kapital. Kritik der politischen Ökonomie,* Bd. 1, Buch 1: Der Produktionsprozess des Kapitals. 2., verb. Auflage. Hamburg: Meissner 1872, z. B. S. 181.

Weise zur Disziplinierung der Arbeitskraft, die sich die Produktionsmittel zu verschiedensten Zwecken aneignet, beitragen soll.[44]

Zweitens, und etwas niederschwelliger angesetzt, können die Nutzungsweisen digitaler Devices als Indikator für soziale Konflikte und das Ringen um Hegemonie zwischen unterschiedlichen sozialen Akteur_innen interpretiert werden. Dabei geht es um die Fragen: *Wer* darf sprechen resp. wer ist legitimiert zu *filmen* und *was* darf gefilmt werden? Verhandelt wird zum einen darüber, ob die historisch junge Figur des „Medienamateurs“[45], die in der Lage ist, audiovisuelle Artefakte überall und jederzeit herzustellen und zu verbreiten, legitimiert ist, ihre Sicht der Welt in den Diskurs einzuspeisen, und zum anderen, wo ehemals als privat und öffentlich konnotierte Grenzen heute zu definieren sind.[46]

Drittens: Da es in den vorgestellten Beispielen insbesondere um Jugendliche geht, lassen sich die Diskurse zudem als Indikator und Medium eines Generationenkonflikts lesen, in dem es – wie am obigen Beispiel der sogenannten Lesesucht ausgeführt – um die Disziplinierung und Einhegung von Jugend geht. Die kulturpessimistischen Debatten um das Handyfilmen von Jugendlichen und die mit ihnen verbundene Forderung nach Kontrolle oder Einschränkung können dann als *Symbolische* oder *Pseudo-Politik* gedeutet werden, da sie nicht die bestehenden gesellschaftlichen Widersprüche in den Blick nehmen. In der Kritik stehen dagegen die kurzen, privat hergestellten und zumeist völlig harmlosen Filmchen sowie das damit verbundene Medienhandeln. Dass über diese Diskurse gesellschaftliche Konflikte in einer Umbruchsituation verhandelt werden, bleibt aber zumeist unbenannt und zieht insofern nicht selten eine verkürzte Gesellschaftsanalyse nach sich.

44 Vgl. Schönberger: Der Mensch als Maschine, S. 819–820: „Über die Zentralität von Kreativität und der zunehmenden Unabhängigkeit von den Produktionsmitteln und dem Zeitregime des Kapitalisten sowie dem Internet als Ort der Arbeit, verliert das Kapital die klassisch fordistischen Kontrollmöglichkeiten über die Art und Weise des Einsatzes der lebendigen Arbeit. Bisherige Möglichkeiten der Disziplinierung des Einsatzes von Arbeitskraft schwinden.“

45 Vgl. Susanne Regener: Medienamateure im digitalen Zeitalter. In: *Fotogeschichte. Beiträge zur Geschichte und Ästhetik der Fotografie* 29,111 (2009): Amateure. Laien verändern die visuelle Kultur, S. 5–9.

46 Vgl. Ute Holfelder / Klaus Schönberger: Einführung. Bewegtbildpraktiken und Alltagskultur(en). In: Dies. (Hrsg.): *Bewegtbilder und Alltagskultur(en). Von Super 8 über Video zum Handyfilm. Praktiken von Amateuren im Prozess der gesellschaftlichen Ästhetisierung.* Köln: von Halem 2017, S. 9–15.

Politik und Wissenschaft: zwischen *Alliance* und *Mesalliance*

Konrad J. Kuhn

‚Gegenwartsprobleme' und Politikberatung

Zur gesellschaftspolitischen Dimension der Volkskunde zwischen 1960 und 1980

Dass sich die Volkskunde ab den 1960er Jahren als gegenwartsorientierte Sozialwissenschaft reformierte, die für sich den neuen Anspruch formulierte, gesellschaftspolitisch zu wirken, zählt zu den Allgemeinplätzen fachgeschichtlicher Narrative. Vielfach und triftig ist in den bekannten wissenschaftsgeschichtlichen Arbeiten beschrieben, dass sich das Fach neu auf die „Aufgaben der Volkskunde in der Gegenwart"[1] ausrichtete, dabei sozialwissenschaftlich und interdisziplinär zu forschen begann und sich zudem politisch positionierte: Die Volkskunde habe damals ihre gesellschaftspolitische Aufgabe an- und erkannt. Bereits etwas weniger klar ist das *Wie* dieser einfach beschriebenen Entwicklung. Mit der Publikation von wichtigen Studien – stets genannt werden Hermann Bausingers *Volkskultur in der technischen Welt* von 1961[2] oder der berühmte Band *Abschied vom Volksleben* von 1970[3] – der frühen Aufarbeitung der Verstrickungen mit dem Nationalsozialismus oder der programmatischen Tagung in Falkenstein[4] sind zwar einzelne Elemente und Faktoren angesprochen, allerdings sind die

1 Ingeborg Weber-Kellermann / Andreas C. Bimmer / Siegfried Becker: *Einführung in die Volkskunde/Europäische Ethnologie. Eine Wissenschaftsgeschichte.* 3., überarb. u. akt. Aufl. Stuttgart / Weimar: Metzler 2003, S. 140. Vgl. auch Wolfgang Kaschuba: *Einführung in die Europäische Ethnologie.* München: Beck 2006.

2 Hermann Bausinger: *Volkskultur in der technischen Welt.* Stuttgart: Kohlhammer 1961.

3 Klaus Geiger / Utz Jeggle / Hermann Bausinger (Hrsg.): *Abschied vom Volksleben.* Tübingen: TVV 1970.

4 Wolfgang Brückner (Hrsg.): *Falkensteiner Protokolle.* Frankfurt am Main: Institut für Volkskunde 1971; vgl. auch Helge Gerndt: Volkskundliche Arbeitstagung in Falkenstein. In: *Zeitschrift für Volkskunde* 67 (1971), S. 161–168.

damit zusammenhängenden fachpolitischen Verschiebungen und disziplinären Themenneuerungen damit noch nicht erklärt.

Trotz der Erzählung entlang von Kongressthemen, des Bezugs zur Chiffre ‚1968' und des wiederholten Erinnerns von Anekdoten wissen wir letztlich wenig über die universitätspolitischen Umstände dieser Prozesse der Politisierung, wenig über die gesellschaftlichen Kontexte dieser epistemologischen Verschiebungen und ebenso wenig über den vielschichtigen Konnex dieser disziplinären Entwicklungen sowohl mit biographischen wie mit gesellschaftlichen Veränderungen. Manchmal sind immerhin Veränderungen in jenen disziplinären Nahräumen und Wirkungsbereichen von regionalen Instituten angesprochen, die als eigentliche „volkskundliche Milieus" verstanden werden können.[5] Seltener sind die bildungspolitischen Entwicklungen im deutschsprachigen Raum angesprochen, die zu einem Ausbau der Universitäten und zu höheren Studierendenzahlen führten, von dem gerade die „kleinen Fächer, zu denen auch die Volkskunde gehörte"[6] stark profitiert hatten. Und nur ganz selten sind bisher die geschlechtsspezifischen und sozialen Verschiebungen sowohl bezüglich wissenschaftlichen Personals wie auch Studierenden thematisiert, die mit diesem „Kurswechsel"[7] des Fachs verbunden waren.

Ziel dieses Beitrags ist es, diese starke Erzählung einer Politisierung des Fachs empirisch an Fallbeispielen aus dem Kontext der Schweizer Volkskunde zu befragen. Dabei geht es keineswegs darum, die Wissensgeschichte der Disziplin im deutschsprachigen Raum zu reformulieren. Natürlich ist viel Gesagtes und Geschriebenes richtig, allerdings ergeben sich aus zwei aktuellen Dynamiken neue Perspektiven auf jenen Wissensbestand in der Geschichte der Disziplin, der oft vereinfachend als ‚gesellschaftspolitische Dimension' bezeichnet wird. Die eine Perspektivenverschiebung ist methodischer Art und in ihren Ursachen simpel; es ist nun zunehmend möglich, schriftliche Dokumente (beispielsweise hinsichtlich ihres Quellenwerts äußerst wertvoller Korrespondenzen) zu untersuchen. Dies verändert – ergänzt mit zeithistorischen Interviews – die Sicht auf die entsprechenden Jahre grundlegend, gerade in einem personell kleinen Fach sind die Suchbewegungen mit Bezug auf Forschungsthemen, die

5 Jenni Boie / Antonia Davidovic-Walther / Michaela Fenske / Wolfgang Kaschuba et al.: Volkskundliches Wissen und gesellschaftlicher Wissenstransfer. Zur Produktion kultureller Wissensformate im 20. Jahrhundert. In: Michael Simon / Thomas Hengartner / Timo Heimerdinger / Anne-Christin Lux (Hrsg.): *Bilder. Bücher. Bytes. Zur Medialität des Alltags.* Münster / New York / München / Berlin: Waxmann 2009, S. 183–199, hier S. 185.

6 Weber-Kellermann / Bimmer / Becker: *Einführung in die Volkskunde/Europäische Ethnologie*, S. 140.

7 Kaschuba: *Einführung in die Europäische Ethnologie*, S. 93.

disziplinären Allianzen und die wissenschaftspolitischen Strategien meist nur in privaten Dokumenten verschriftlicht. Dieses Material erlaubt so auch eine Re-Lektüre der jeweiligen wissenschaftlichen Arbeiten aus der interessierenden Zeit. Die zweite Perspektivenverschiebung gründet in einem neuen Interesse an wissensanthropologischen Fragestellungen, das ältere fachhistorische Blickrichtungen überwindet: Unter dem Einfluss wissenssoziologischer und wissenschaftsphilosophischer Perspektiven entstehen aktuell Studien, die in konstruktivistischer Perspektive die Interaktion zwischen Wissensproduktion und ‚Gesellschaft' befragen und damit sowohl die soziale Bedingtheit jeder Wissenschaft ernstnehmen, wie sie auch auf eine Epistemologie der Problemwahrnehmungen und deren kulturelle und politische Bedingtheiten zielen. Die Produktion und Zirkulation anthropologisch-kulturwissenschaftlichen Wissens ist demnach stets eng mit gesellschaftlich-politischen Prozessen verbunden. Eine Wissensforschung richtet ihren Blick daher auf die Analyse der sozialen Konstruktion, der Produktion und der Zirkulation von Wissensbeständen. Sichtbar werden dabei die personellen, epistemologischen und paradigmatischen Verbindungen zwischen Empirischer Kulturwissenschaft und der politischen Sphäre einerseits, andererseits die doppelte Verschränkung[8] von wissenschaftlichem Wissen: Kulturwissenschaftliches Wissen hat demnach immer Einfluss auf Gesellschaft und Kultur, wie auch soziale und kulturelle Kontexte stets auf dieses Wissen einwirken. Im Anschluss an die neue Wissenschaftsforschung kann die Produktion von kulturwissenschaftlichem Wissen entsprechend als ambivalenter und komplexer Vorgang verstanden werden, in dem die Volkskunde als Agentur kollektiver Sinngebung stets unter einem hohen Erwartungs- und Legitimitätsdruck stand und steht. Diese Komplexität hat sich in einer Phase der transnationalen Ausrichtung als Teil anthropologischer Disziplinen noch erhöht: Es ist gerade die bisher wenig erforschte Funktion sozial- und kulturwissenschaftlichen Wissens als Deutungs- und Steuerungskompetenz ab den 1960er Jahren, in deren Rahmen die Produktion wissenschaftlichen Wissens als Prozess, als „science in action"[9] studiert werden kann.

In den 1960er Jahren setzte in Europa ein wirtschaftlicher und demographischer Aufschwung ein, der die institutionalisierte Politik vor vielfältige Herausforderungen stellte. Die Wissenschaft erhielt im Zuge dieser Entwicklungen neue und erweiterte Deutungs- und Steuerungskompetenz zugesprochen

8 Koni Weber: *Umstrittene Repräsentation der Schweiz. Soziologie, Politik und Kunst bei der Landesausstellung 1964.* Tübingen: Mohr Siebeck 2014, S. 18.

9 Bruno Latour: *Science in Action. How to Follow Scientists and Engineers through Society.* Cambridge: Harvard UP 1987.

für die Lösung von als Problemen wahrgenommenen Veränderungen wie der Arbeitsmigration oder dem stark empfundenen Strukturwandel im ländlichen Raum. Im Rahmen der parlamentarischen Demokratie der Schweiz sollten gerade die universitär jungen Sozialwissenschaften Grundlagen für politische Entscheidungen bereitstellen und so gesellschaftliche Zukunftsmodelle entwickeln. Dazu wurden bestehende Formen der politischen Expertise ausgeweitet, indem wissenschaftlich-universitäre Exponenten in unzähligen (rein männlich zusammengesetzten) Expertenkommissionen konkret beratend wirkten. Darunter auch die in der Schweiz erst 1946 universitär etablierte Volkskunde.[10] Nachfolgend soll das politische Verständnis des Fachs zwischen 1960 und 1980 befragt werden. Dabei richtet sich die Analyse auf die staats-, aber auch auf die gesellschaftspolitische Dimension der Schweizer Volkskunde: Wie standen die Mitwirkung in politischen Gremien und die staatlich geförderten Forschungen in Bezug zum fachlichen Aufbruch in der deutschsprachigen Volkskunde? Welche Reaktion zeitigte der Wechsel von einer konservativ-affirmativen Wissenschaft zur ‚kritischen' Sozialwissenschaft? Wie konkretisierte sich die in fachgeschichtlichen Arbeiten vielzitierte Öffnung hin zu ‚Gegenwartsproblemen' und zu einem gesellschaftspolitischen Anspruch in einer mit wenig Ressourcen ausgestatteten Disziplin? Der Beitrag unternimmt dabei drei Schritte, die zugleich biographische Tiefenbohrungen darstellen. Am Beispiel der Volkskundler Richard Weiss, Rudolf Braun (der später vor allem als Sozialhistoriker bekannt werden sollte)[11] und Arnold Niederer werden drei Momente der Verbindung von volkskundlicher Wissensproduktion und staatspolitischer Sphäre fokussiert.

Tiefenbohrung 1: Richard Weiss als Experte in der Studienkommission für die Probleme der ausländischen Arbeitskräfte

Im Februar 1961 setzte das Volkswirtschaftsdepartement der Schweiz in Absprache mit dem Justiz- und Polizeidepartement, maßgeblich getrieben vom Bundesamt für Industrie, Gewerbe und Arbeit eine 14-köpfige Studienkommission für die Probleme der ausländischen Arbeitskräfte mit der Aufgabe ein, „das Problem

10 Konrad J. Kuhn: „Beschauliches Tun" oder europäische Perspektive? Positionen und Dynamiken einer volkskundlichen Kulturwissenschaft in der Schweiz zwischen 1945 und 1970. In: Johannes Moser / Irene Götz / Moritz Ege (Hrsg.): *Zur Situation der Volkskunde 1945–1970. Orientierungen einer Wissenschaft zur Zeit des Kalten Krieges.* Münster / New York / München / Berlin: Waxmann 2015, S. 177–203, hier S. 180–190.

11 Jakob Tanner: „Das Grosse im Kleinen". Rudolf Braun als Innovator der Geschichtswissenschaft. In: *Historische Anthropologie* 18,1 (2010), S. 140–156.

der ausländischen Arbeitskräfte unter ökonomischen, bevölkerungspolitischen, soziologischen und staatspolitischen Gesichtspunkten zu prüfen".[12] Mitglied in dieser Kommission, in dem auch Wirtschaftskreise vertreten waren, war auch Richard Weiss. Weiss war seit 1946 erster Professor für Volkskunde an der Universität Zürich, seine Berufung und auch die Förderung seiner Forschungsprojekte stand maßgeblich in Bezug zu der staatlich-nationalen Verwendbarkeit der Resultate und der erhofften patriotischen Positionierung der jungen Wissenschaftsdisziplin.

Interessant ist nun der Umstand, dass sich an der funktionalen Verwendung des Fachs wenig geändert hatte: Hatte die Volkskunde seit den 1930er Jahren angesichts der faschistischen und nationalsozialistischen Bedrohung bisher national zur Begründung und Stabilisierung einer schweizerischen Identität als Alpen- und Bauernland und zur Erforschung der damit eng verbundenen ‚Volkskultur' gedient,[13] so wurde sie nun angesichts der als ‚kulturelle Bedrohung' der schweizerischen Identität wahrgenommenen Einwanderung ausländischer Arbeitskräfte wiederum gerufen. Bereits seit den 1940er Jahren waren Hunderttausende, meist südländische Arbeiter_innen in die kriegsunversehrte Schweiz geholt worden, wo sie in der Phase der Hochkonjunktur als billige Arbeitskräfte dienten und mit dem Saisonnierstatut im Rotationsprinzip flexibel gehalten wurden, indem die Nachfrage einzig der wirtschaftlichen Konjunktur in der Schweiz angepasst wurde. Diese egoistische Migrationspolitik im Dienste der Industrie und des Baugewerbes hatte trotz erhoffter Wiederausreise der Arbeitsmigrant_innen zu einem Anstieg des Anteils der ausländischen Wohnbevölkerung von 5 bis 11 % geführt. Dies war begleitet von stärker werdenden fremdenfeindlichen Bewegungen, die den seit dem Ersten Weltkrieg virulenten Diskurs der ‚Überfremdung' neu befeuerten und rigorose Zulassungsbeschränkungen forderten. In diesem gesellschaftspolitischen Zusammenhang stand die Volkskunde zwischen zwei Kräften, die sich zwar politisch bekämpften, sich allerdings funktional ergänzten: auf der einen Seite betont wirtschaftsliberale Kreise, die für eine unternehmerfreundliche Migrationspolitik plädierten, auf der andere Seite fremdenfeindliche Kräfte, die sowohl eine imaginierte

12 Pressemitteilung, 22.02.1962. Bundesamt für Industrie, Gewerbe und Arbeit. Schweizerisches Bundesarchiv Bern, Zentrale Ablage, E7170B#1977/67#349*, Bd. 64, Aktenzeichen 043.223, 1961–1971.

13 Konrad J. Kuhn: Ressource „Volkskultur". Karrieren eines Konzepts zwischen Wissenschaft und Öffentlichkeit in der Schweiz. In: *Österreichische Zeitschrift für Geschichtswissenschaft* 27,2 (2016), S. 67–91.

kulturelle Identität und ihre ökonomische Lage bedroht sahen.[14] Wissenschaftliche Expertise sollte in dieser Situation dazu dienen, Kompromisse zu finden. Dabei muss deutlich gesagt werden, dass nicht etwa die oft prekäre Lebensrealität der ausländischen Arbeitsbevölkerung den Problemdruck erzeugte, sondern die sich bedroht fühlende Schweizer Wohnbevölkerung politische Dringlichkeit herstellte.

Die konkrete Arbeit von Richard Weiss lässt sich anhand der überlieferten Akten genau nachvollziehen. So plädierte Weiss – ganz Wissenschafter – in der ersten Sitzung der Studienkommission dafür, das begriffliche Instrumentarium zu klären und zu definieren, was unter den im Auftrag der Kommission formulierten Begriffen „Überfremdung" und „Assimilation grundsätzlich zu verstehen" sei.[15] Für einen vergleichenden Blick forderte er zudem historisches Arbeiten ein, indem „historisches Material [...] von früheren Assimilationsepochen [...], die die Schweiz bereits durchgemacht hat" für die Untersuchung beigezogen werden sollte. Diese Vorschläge stießen allerdings auf wenig Resonanz, und im ablehnenden Votum des Vorsitzenden wurde deutlich, dass in der Studienkommission den sogenannten Wirtschaftskreisen Priorität eingeräumt wurde:

> Zum Votum von Herrn Prof. Weiss bemerkt der Sprechende [der Vorsitzende Holzer], dass das BIGA [Bundesamt für Industrie, Gewerbe und Arbeit] grossen Wert darauf legt, sich beraten zu lassen von einem unabhängigen akademischen Kollegium, das ein Gegengewicht zu den am Problem direkt beteiligten Wirtschaftskreisen bilden sollte. Die Studienkommission kann freilich nicht im Sinne eines Forschungsgremiums arbeiten, sondern sollte ungefähr innert einem Jahr zu praktischen Schlussfolgerungen kommen. Es ist klar, dass das Problem bei dieser zeitlichen Begrenzung nicht der an und für sich wünschenswerten Vertiefung bearbeitet werden kann. So werden eingehende Untersuchungen über die Assimiliationsfähigkeit unterbleiben müssen. Immerhin wird die Kommission derartige Fragen berühren und dann im Schlussbericht festhalten, welche Gebiete, zu deren gründlichen Bearbeitung die Frist zu kurz war, noch weiter erforscht werden sollten.[16]

14 Vgl. dazu Kijan Espahangizi: „Nötigenfalls müßte an die Einführung des ius soli gedacht werden." In: *Geschichte der Gegenwart*, 04.02.2016. http://geschichtedergegenwart.ch/noetigenfalls-muesste-an-die-einfuehrung-des-ius-soli-gedacht-werden/ (Zugriff am 04.02.2016). Vgl. auch Mauro Cerutti: La politique migratoire de la Suisse 1945–1970. In: Hans Hahnig (Hrsg.): *Histoire de la politique de migration, d'asile et d'intégration en Suisse depuis 1948*. Zürich: Seismo 2005, S. 89–134. Zur Studienkommission ebd., S. 99–105.

15 Ganzer Abschnitt nach Protokoll der Sitzung vom 27.03.1961 in Bern (erste Sitzung). Bundesamt für Ausländerfragen. Schweizerisches Bundesarchiv Bern, E4300C-01#1998/299#69*, Bd. 23, Aktenzeichen 071.41, 1960–1964.

16 Ebd.

Deutlich zeigt sich an diesem Beispiel, wie stark sozialwissenschaftliche wie historische Perspektiven und ihre potentiell kritischen Fragestellungen den Interessen und Dringlichkeiten politischer und wirtschaftlicher Akteure nachgelagert waren. Immerhin lassen sich Folgen der Arbeit in der Studienkommission in den volkskundlichen Themen in der universitären Lehre und damit indirekt auf die Erneuerung der Schweizer Volkskunde hinwirkend identifizieren. Weiss schreibt in einem privaten Brief: „[...] für nächsten Montag Kommissionssitzung in Bern zur Fremdarbeiterfrage, wozu ich nun schon so viel Akten habe, dass mir die Idee kam im nächsten Winter ein Seminar über „Der Fremde und die Fremdheit“ zu machen [...]“.[17] Diese Ausrichtung auf neue Themen, die Bausinger in seinen Erinnerungen an Richard Weiss als grundsätzliche Offenheit und Verständnis für „moderne Entwicklungen“ bezeichnet hat,[18] entstammte also auch der direkten Mitarbeit in politischen Gremien. Die Kommissionsarbeit selbst hat Weiss übrigens auch als durchaus befriedigend wahrgenommen, er schreibt dazu lapidar in einem Brief: „Die ‚Fremdarbeiter‘-Sitzung hat in Bern stattgefunden, gut und ertragreich bzw. vielversprechend.“[19]
Im Sommer 1962 starb Richard Weiss überraschend durch einen Bergunfall. Allerdings bricht damit – anders als die von Weiss angestoßene Reform der Schweizer Volkskunde durch die Öffnung hin zu neuen Themen – die gesellschaftspolitische Wirkung der Volkskunde auf Migrationsfragen keineswegs jäh ab, vielmehr findet sie eine Fortsetzung durch ein – nachstehend skizziertes – Forschungsprojekt, das von Rudolf Braun geleitet wurde.
1964 legte die Studienkommission ihren Schlussbericht unter dem Titel „Das Problem der ausländischen Arbeitskräfte“ vor.[20] Darin plädierte sie – angesichts der heutigen Migrations-Debatten denkbar progressiv und mutig – für eine konsequente Ausweitung der Einbürgerungen und für eine Abkehr vom damaligen „Rotationsprinzip“ zur „Assimilation“. Dieses neue Prinzip stand allerdings vor dem Hintergrund eines stark eurozentrisch-kolonialen

17 Richard Weiss an Rudolf Braun, 23.03.1961. Staatsarchiv des Kantons Zürich, W I 41.11.2.

18 Wolfgang Kaschuba / Gudrun M. König / Dieter Langewiesche / Bernhard Tschofen: *Ein Aufklärer des Alltags. Der Kulturwissenschaftler Hermann Bausinger im Gespräch*. Wien / Köln / Weimar: Böhlau 2006, S. 38.

19 Richard Weiss an Rudolf Braun, 31.03.1961. Staatsarchiv des Kantons Zürich, W I 41.11.2.

20 Bundesamt für Industrie, Gewerbe und Arbeit (Hrsg.): *Das Problem der ausländischen Arbeitskräfte. Bericht der Studienkommission*, Bern: BIGA 1964. Vgl. Michael Mülli: Kontingentierung von Migration. Zur Soziologie einer Regierungstechnik. In: Lucien Criblez / Christina Rothen / Thomas Ruoss (Hrsg.): *Staatlichkeit in der Schweiz. Regieren und verwalten vor der neoliberalen Wende*. Zürich: Chronos 2016, S. 171–192, hier S. 176–180.

Denkens in Kulturkreisen: Die Studienkommission forderte explizit eine Beschränkung „der Rekrutierung auf Länder mit verwandten Kulturen“, plädierte gegen die Erschließung von „Arbeitsmärkten ausserhalb Europas“ und gegen die Einreise „schwer assimilierbarer Ausländer aus andern Kulturkreisen“.[21] Überhaupt ist der Bericht eine widersprüchliche Kombination verschiedener Positionen. So finden sich neben Passagen, in denen vor der „geistigen Überfremdung“ gewarnt wird, die „unsere geistige Eigenart unterhöhlt und in ihrer Substanz zerstört“,[22] auch Abschnitte, in denen schwärmerisch vom Ziel einer „Verschmelzung der beiden Kulturen“ geträumt wird.[23]

Tiefenbohrung 2: Rudolf Brauns ethnographisch-empirische Pionierstudie zur „Eingliederung italienischer Arbeitskräfte“

Mitte der 1960er Jahre standen in der Schweiz Migrationsthemen also ganz oben auf der Relevanzliste. Entsprechend unternahm der bereits erwähnte Rudolf Braun als Schüler von Richard Weiss und gefördert vom Bundesamt für Industrie, Gewerbe und Arbeit und später durch den Schweizerischen Nationalfonds eine größere Studie, in der er sich dem von der Studienkommissionen festgestellten Forschungsdesiderat zuwandte: Der Erforschung der Lebenswelt der „italienischen Arbeitskräfte“ und ihrer „sozio-kulturellen Probleme der Eingliederung“, wie der Titel im damaligen stark sozialwissenschaftlichen Jargon gelautet hatte. In den Jahren 1964 und 1965 leitete Braun eine ethnographische Studie, in der von 40 Interviewer_innen empirische Erhebungen in vier verschiedenen Untersuchungsorten gesammelt wurden. Die entsprechenden Fragebögen zielten auf die Lebenwelt der Arbeitsmigrant_innen und interessierten sich für „Menschen mit Bedürfnissen, Plänen, Wünschen, Hoffnungen; kurz mit einem Lebensanspruch“.[24] Themen waren Auswanderungsmotive, Arbeitsverhältnisse, Berufskontakte, Wohnverhältnisse, aber auch die Nahrungs- und Konsumgewohnheiten der italienischen Arbeitskräfte. Pionierhaft war an der Studie der ethnographische Blick auch auf die Schweizer_innen, deren „Eingliederungsdisposition“ und „Kontaktverhalten“ erfragt wurde – Integration wird von Braun also nicht als Einbahnstraße verstanden, sondern

21 Bundesamt für Industrie, Gewerbe und Arbeit (Hrsg.): *Das Problem der ausländischen Arbeitskräfte*, S. 121.

22 Ebd., S. 133.

23 Ebd., S. 142.

24 Rudolf Braun: *Sozio-kulturelle Probleme der Eingliederung italienischer Arbeitskräfte in der Schweiz*. Zürich: Rentsch 1970, S. 19.

als Aushandlungsprozess, der ein Umdenken hin zu mehr Offenheit und zu einem Abbau von Vorurteilen bewirken musste. Braun kritisierte darum auch in deutlichen Worten die in den erfragten Antworten sichtbar werdenden „offenen und verdeckten Diskrimierungen" und die „Apartheidshaltungen", die sich mit „schweizerischer Selbstgerechtigkeit" paare.[25]
Braun war mit seiner historisch argumentierenden Studie, die aber klar die Gegenwart im Blick hatte, ein Pionier innerhalb der Volkskunde, er setzte als einer der ersten empirisch-statistische Erhebungsmethoden ein, deren Anwendung er von seinem Aufenthalt bei der Sozialforschungsstelle in Dortmund kannte. Im Rückblick kann festgehalten werden, dass er damit die von Ina-Maria Greverus 1966 an der Tübinger Tagung „Populus revisus" formulierten Forderungen für eine volkskundliche Erforschung der „Anpassungsprobleme ausländischer Arbeiter" bereits zwei Jahre vor Greverus' Votum eigentlich umgesetzt hatte – wie Greverus war auch Braun von angelsächsischen Arbeiten der Kulturanthropologie beeinflusst.[26] Die von Braun geleitete Studie ist für die Schweiz eine der ersten sozialwissenschaftlichen Auftragsforschungen, die sich auch als politischer Positionsbezug gegen Fremdenfeindlichkeit verstand. Die Studie war aber zugleich auch Ausdruck einer ebenso persönlichen wie fachlichen Neuorientierung, die Rudolf Braun in einem privaten Brief anspricht:

> Seit dem Tod von Prof. Weiss begann für mich eine Zeit des Suchens; es war, wie wenn ein Stern erlosch, nach dem man sich – im Fachlichen wie im Menschlichen – orientierte. Mein stilles Ziel war, in komplementärer Weise in Rand- und Nachbargebieten der Volkskunde weiterzuarbeiten und – gleichsam in einer Symbiose – mit Prof. Weiss zusammen (unter seiner Führung und seinem Geleit), der Volkskunde neue Horizonte zu öffnen. Wie sehr die Volkskunde dies nötig hätte, wissen Sie ja besser als ich. Dieses Ziel liess sich nach dem Tode Prof Weiss' nicht mehr erreichen. Ich fühlte und fühle mich im Kreise der Volkskunde fachlich heimatlos. Immerhin hoffte ich, dass ich als Randexistenz gleichwohl der Volkskunde dienen und das Vermächtnis Prof. Weiss' weitergeben kann (bei einer ersten Vorlesung in diesem Sommersemester konnte ich sehen, in wie mancher Hinsicht die Betrachtungsweise und Problemstellung, die uns Prof. Weiss gelehrt hat, fruchtbar auf entferntere Gebiete angewendet werden können und auf was für Interesse diese Aspekte bei den Soziologen stossen).

25 Ebd., S. 340–341.

26 Ina-Maria Greverus: Anpassungsprobleme ausländischer Arbeiter. Ziele und Möglichkeiten ihrer volkskundlichen Erforschung. In: Hermann Bausinger (Hrsg.): *Populus revisus. Beiträge zur Erforschung der Gegenwart*. Tübingen: TVV 1966, S. 123–143.

> Ich will nicht im einzelnen berichten, wie das Suchen nach neuen Zielen sich gestaltete; um so mehr, als es ja in keiner Weise abgeschlossen ist. Ich kam nach Europa zurück mit der Absicht, bei Prof. Bausinger in Tübingen eine Untersuchung zu beginnen. Bei näherer Betrachtung lehnte ich ab und musste mich nach einer neuen Aufgabe umsehen. Das Fremdarbeiterproblem drängte sich auf (ich war erstaunt zu sehen, dass noch keine grössere empirische Untersuchung über dieses doch dringende nationale Problem unternommen wurde).[27]

Braun war mit dem Verlauf der Studie nicht glücklich, zerrieben zwischen verschiedenen Forschungsaufenthalten im Ausland kam er kaum je richtig dazu, die Daten auszuwerten und das Manuskript zu verfassen. Erst ein längerer Forschungsaufenthalt an der Universität Stanford führte zur Publikation, die dann 1970 endlich erfolgte: „Es ist der würdige Abschluss einer Arbeit, die mir sehr viel Ärger, menschliche Enttäuschung und Ungemach eingetragen hat",[28] schreibt er dazu knapp. Dieses „Ungemach" steigerte sich allerdings noch dadurch, dass die Studie zwar wahrgenommen wurde, im Urteil von Braun aber zu wenig öffentliche Resonanz erzeugte. Dies hatte sicherlich mit dem Publikationstermin zu tun, der zu knapp vor die wichtige Volksabstimmung über die „Überfremdungsinitiative" vom Juni 1970 datierte. Braun hatte ursprünglich beabsichtigt, dass seine Studie bei der Stimmbevölkerung und den Parlamentariern zu einer Objektivierung der Debatte beitragen würde. Nachdem die Initiative, die eine strikte Beschränkung der ausländischen Wohnbevölkerung gefordert hatte, an der Urne knapp gescheitert war, geriet auch die Studie weitgehend in Vergessenheit – bis heute und zu Unrecht.[29]

Tiefenbohrung 3: ‚Aufklärung' und konkretes Engagement. Arnold Niederer und die Kommission für Assimilierungsfragen von Ausländern

Die von Weiss angestoßene Neuausrichtung des Fachs auf Themen des Kulturverständnisses und der Migrationsforschung führte auch sein Nachfolger auf dem Lehrstuhl für Volkskunde an der Universität Zürich, Arnold

27 Rudolf Braun an Lukas Burckhardt, 09.09.1964. Staatsarchiv des Kantons Zürich, W I 41.11.3.

28 Rudolf Braun an Eugen Rentsch, 30.04.1970. Staatsarchiv des Kantons Zürich, W I 41.12.4.

29 Max Matter: Migration, Integration und Zuwanderungsminderheiten als Forschungsfelder der Europäischen Ethnologie. In: Reinhard Johler / Max Matter / Sabine Zinn-Thomas (Hrsg.): *Mobilitäten. Europa in Bewegung als Herausforderung kulturanalytischer Forschung.* Münster / New York / München / Berlin: Waxmann 2011, S. 30–39, hier S. 32.

Niederer, weiter. Und auch er tat dies in politischen Gremien: Niederer wirkte in der 1968 gegründeten Kommission für Assimilierungsfragen von Ausländern der Stadt Zürich und vertrat hier eine Position des Verständnisses und des Austauschs. In der damaligen Diktion war der Zürcher Volkskundeprofessor für die sogenannten kulturellen Aspekte des Themas zuständig.[30] In diesem lokalpolitischen und konkreten Gremium, das zur Beratung der städtischen Entscheidungsträger_innen dienen sollte, wirkte Niederer bis 1974 mit.[31] Seine Voten zeugen von einem Interesse für unspektakuläre, aber lebensnahe Verbesserungen des Alltags von Migrantinnen und Migranten in Zürich. So regte er etwa an, eine Spezialseite in der städtischen Wochenzeitung speziell „als Informationsblatt für die Ausländer herauszugeben"[32] und unterstützte 1970 das Anliegen, die Kommission „um einige Ausländer zu erweitern, damit diese bei den Problemen mitreden können".[33] In eine ähnliche Richtung ging sein Vorschlag, die Mitsprache der ausländischen Wohnbevölkerung zu institutionalisieren; es heißt dazu im Protokoll: „Niederer ergänzt, dass der weltanschauliche Standpunkt zum Ausdruck komme: es gehört zur Würde des Menschen, dass er mitbestimmen kann."[34] Mehrmals wies er auf die unmenschlichen Widersprüche der schweizerischen Migrationspolitik hin, die dazu führten,

> dass sich die Schulbehörden bemühen, die Ausländerkinder durch Eingliederung in unser Schulsystem zu assimilieren, ohne dass die Eltern, sofern es sich nicht um Niedergelassene handelt, die Gewähr haben, mit ihren Kindern in unserem Lande verbleiben zu können.[35]

Dieses alltagspraktische politische Engagement war eng verknüpft mit Niederers persönlichen politischen Positionen und seiner starken Affinität zum südeuropäischen Raum, dem geographischen Herkunftsgebiet zahlreicher

30 Städtische Kommission für Ausländerfragen: Protokoll der 19. Sitzung vom 21. Mai 1974. Stadtarchiv Zürich, V.F.a.34.

31 Ueli Gyr: „... mit Bezug auf..." Einblicke in die Forschungs- und Lehrtätigkeit des Volkskundlers Arnold Niederer. In: *Schweizerisches Archiv für Volkskunde* 76 (1980), S. 3–76, hier S. 34. Die genannte Zeitdauer bis 1976 ist falsch.

32 Städtische Kommission für Ausländerfragen: Protokoll der 3. Sitzung vom 26. Februar 1969. Stadtarchiv Zürich, V.F.a.34.

33 Städtische Kommission für Ausländerfragen: Protokoll der 7. Sitzung vom 12. Juni 1970. Ebd.

34 Städtische Kommission für Ausländerfragen. Protokoll der 17. Sitzung vom 5. Februar 1974. Ebd.

35 Arnold Niederer an Dr. P. Gessler, Präsident der Subkommission Schulung der Städtischen Kommission für Ausländerfragen, 13.03.1972. Stadtarchiv Zürich, V.B.c.64.

Arbeitsmigrant_innen ab Mitte der 1960er Jahre. So engagierte sich Niederer öffentlichkeitswirksam mit Vorträgen, Zeitungsartikeln und Aufsätzen gegen die fremdenfeindliche „Überfremdungsinitiative" vom Juni 1970. Niederer war einer der wenigen damaligen Wissenschaftler, die mit ihren Forschungsthemen im innenpolitisch aufgeheizten Klima der späten 1960er Jahre auch politische Positionen verbanden. Deutlich wird beim Engagement von Arnold Niederer, dass dieser zwar durchaus gesellschaftspolitisch wirksames Wissen und Handlungsanleitungen anbieten wollte: ‚Aufklärung' war das damalige Schlagwort. Zugleich erkannte er auch strategisch die Möglichkeiten eines gesellschaftlich heiß debattierten Diskurses, um das Fach in der Schweiz neu zu positionieren und die Migrationsfrage als eine „reale Chance zur wirksamen Imagekorrektur"[36] der Volkskunde zu nutzen.

Fazit

Die drei fokussierten Kooperationen der Volkskunde im Rahmen des demokratischen Systems der Schweiz sind stets auch als Versuche zu verstehen, eine in der Schweiz bereits sehr früh in eine fachliche Krise geratene Disziplin wieder zu stabilisieren.[37] Diese Krise manifestierte sich in der Schweiz nicht primär als Infragestellung von außen, sondern zeigte sich in einer von wichtigen Exponenten früh geäußerten Einsicht in die Notwendigkeit einer fachlichen Reform von innen. Gesellschaftspolitisches Engagement verhalf dem Fach zu jener Ressource, die in der Wissenschaftspolitik und in der gesellschaftlichen Debatte ab Mitte der 1960er Jahre unverzichtbar wurde: Relevanz. Fragen der Migration – in der damaligen Diktion ‚Akkulturationsprobleme der Fremdarbeiter' – wurden damit zum zentralen Gegenstandsbereich einer sich neu als „erklärend-verstehenden Sozialwissenschaft"[38] positionierenden Disziplin.

Wenn wir auf die Auswirkungen dieser politischen Verwendungen und Funktionalisierungen der Volkskunde zwischen 1960 und 1980 blicken, dann zeigt sich ein Muster, das bereits in den 1930er Jahren sichtbar wurde. Die offizielle Politik erachtete das Fach als wichtig im Bezug auf staatspolitisches Handeln. Einen Hinweis darauf gibt die Nennung der Volkskunde im Forschungsbericht

36 Gyr: „... mit Bezug auf...", S. 34.

37 Konrad J. Kuhn: Europeanization as Strategy. Disciplinary Shifts in Switzerland and the Formation of European Ethnology. In: *Ethnologia Europaea* 45 (2015), S. 80–97.

38 Arnold Niederer: Zur gesellschaftlichen Verantwortung der gegenwärtigen Volksforschung. In: Hans Friedrich Foltin / Ina-Maria Greverus / Joachim Schwebe (Hrsg.): *Kontakte und Grenzen. Probleme der Volks-, Kultur- und Sozialforschung*, Göttingen: Schwartz 1969, S. 1–11.

des Schweizerischen Wissenschaftsrates von 1973 – sie wird hier unter „besonders förderungswürdig" aufgeführt.[39] Argumentiert wird damit, nur eine nationale Forschung könne dabei helfen, staats- und gesellschaftspolitisch relevante Probleme zu bewältigen.[40] Die Volkskunde wird hier einerseits für die Erforschung auch „schweizerischer Bevölkerungsgruppen in Anlehnung an moderne kulturanthropologische Fragestellungen" empfohlen, andererseits wird dem Fach zugetraut, sich als „Europäische Ethnologie" zu erneuern und dafür Förderung und Finanzen zu erhalten. Sprechend ist diesbezüglich die explizite Nennung von „Forschungsunternehmen [...] [die Resultate] zur Lösung praktischer Probleme liefern [...] wie z. B. Abbau des Kulturgefälles zwischen fortgeschrittenen und zurückgebliebenen Regionen, Eingliederung ausländischer Arbeitskräfte usw."[41] Solche Relevanzzuweisungen ermöglichten es dem Fach, in einer Phase der disziplinären Unsicherheit und des zeitgleichen Universitätsausbaus politische wie akademische Stabilität zu finden. Der Politisierungsschub, der nicht nur, aber auch die Volkskunde erfasste, führte zu neuen Perspektiven, höheren Studierendenzahlen und verstärkter staatlicher Forschungsförderung. Dass die Volkskunde in der Schweiz damit maßgeblich daran beteiligt war, eine kritische Migrationsforschung zu etablieren, die für ein Umdenken im Denken über Zuwanderung plädierte und auf demokratischer Basis eine dringend nötige Offenheit für neue Realitäten und Lebenswelten einforderte, ist eine wissenschaftliche wie staatspolitische Leistung, die disziplinär leider nur allzu rasch wieder verloren ging und an die erst in jüngster Zeit wieder angeknüpft wird. Wie stark eine kritische Migrationsforschung damals eine Pioniertat war, die auch heute nichts von ihrer Aktualität verloren hat, wird einem beim Blick auf die rechtskonservativ dominierten gegenwärtigen Migrationsdebatten deutlich.

Die gesellschaftspolitische Ausrichtung der Volkskunde ab 1960 verweist aber noch auf eine andere Ebene der Beziehung zwischen Wissenschaft und Politik. Diese Beziehung ist funktional stets sehr ähnlich: Wie bereits in der Phase zwischen 1930 und 1950 konnte die Volkskunde auch zwischen 1960 und 1980

39 Urs Hafner: *Vom Wissenschaftsrat zum Innovationsrat. Die historische Entwicklung des Schweizerischen Wissenschaftsrates in der Aussensicht*. Bern: SWIR 2015, S. 15. Vgl. auch Claudia Honegger / Hans-Ulrich Jost / Susanne Burren / Pascal Jurt: *Konkurrierende Deutungen des Sozialen. Geschichts-, Sozial- und Wirtschaftswissenschaften im Spannungsfeld von Politik und Wissenschaft*. Zürich: Chronos 2007, S. 111.

40 Schweizerischer Wissenschaftsrat (Hrsg.): *Forschungsbericht*, Bd. 1. Bern: SWR 1973, S. 143–145.

41 Schweizerischer Wissenschaftsrat (Hrsg.): *Beilagen zum Forschungsbericht – documents annexes au rapport sur la recherche*, Bd. 2. Bern: SWR 1973, S. 355.

beträchtliche diskursive, symbolische und auch finanzielle Ressourcen für ihre Forschungsprojekte mobilisieren. Im ‚Umbruch' der deutschsprachigen Volkskunde Ende der 1960er Jahre hin zu einer gesellschaftspolitischen Dimension zeigt sich also auch viel Kontinuität bezüglich der staatspolitischen Funktionalisierung. Neu war allerdings die Position des Fachs: War die Volkskunde früher staatsaffirmativ und nützlich für patriotische Setzungen, stand das Fach nun bei der Bearbeitung von gesellschaftlichen Gegenwartsthemen in einer potentiell kritisch-analytischen Distanz zur staatlichen Macht.

Wenn wir uns die gegenwärtig in der Schweiz, aber auch anderswo virulenten Debatten um den Nutzen der Geistes- und Sozialwissenschaften anschauen,[42] dann gründet viel dieses aktuellen Legitimationsdrucks genau in der damals angelegten Ausrichtung auf gesellschaftspolitische Themen. Oder anders formuliert: Wenn sich die rechtspopulistische Schweizerische Volkspartei (SVP) 2015 darüber ärgerte, dass in der Schweiz „viel zu viele Psychologen, Ethnologen, Soziologen, Historiker und Kulturwissenschaftler ausgebildet werden" und als Lösung die pauschale Halbierung der Studierendenzahlen dieser Fächer forderte,[43] dann zielte dieser Angriff bewusst und in der eigenen Logik ja durchaus konsequent auf Disziplinen, die ihr Potential als Demokratiewissenschaft ausspielen, die ihre Deutungs- und Übersetzungsleistungen gesellschaftlich einbringen und die kritisches Denken ausbilden. Wenn sich darunter explizit auch die Empirische Kulturwissenschaft – also die erneuerte ehemalige Volkskunde – wiederfindet, dann macht sie also vielleicht einiges richtig!

42 Vgl. dazu die seit 2016 laufende Kampagne für die Relevanz der Geisteswissenschaften (http://www.lisa.gerda-henkel-stiftung.de/kampagne_geisteswissenschaften (Zugriff am 20.05.2016)).

43 Igor Kravarik: SVP will Bildung umkrempeln. Ethnologen, Psychologen, Soziologen raus! In: *Blick*, 12.03.2015. http://www.blick.ch/news/politik/svp-will-bildung-umkrempeln-ethnologen-psychologen-soziologen-raus-id3559482.html (Zugriff am 20.05.2016). Interessanterweise kombinierte die Boulevardzeitung *Blick* den Bericht über den SVP-Vorstoß mit einer Online-Umfrage für die Leser_innen, dabei lautete eine der (suggestiven) Antworten auf die Voting-Fragen explizit: „Ja, wer braucht denn heute noch Volkskundler?" – eine Meinung, die 51,5 % der Abstimmenden teilten!

Sebastian Pampuch

Politiken der Erinnerung und wissenschaftliche Praxis

Postkoloniale Verflechtungen des ‚anderen' Deutschland als auffälliges Desiderat der Europäischen Ethnologie

Mithilfe eines shakespearehaften Plots aus *Romeo und Julia* erzählt die Fernsehserie *Weissensee* (D 2010–, ARD) die Geschichte zweier ostdeutscher Familien in der Deutschen Demokratischen Republik der 1980er Jahre. Staatssicherheit, Systemkonformität und oppositionelles Verhalten sind ihre zentralen Motive, wesentlicher Schauplatz ist der gleichnamige Ortsteil im Osten Berlins. Der krisenhaft-repressive, in der Bundesrepublik Deutschland aufgehende Staatssozialismus der DDR wird zur politisch aufgeladenen Kulisse einer tragisch endenden Liebesgeschichte. So gut wie alle Figuren in *Weissensee* sind weiß, und wie so oft bei deutschen Filmproduktionen über die DDR ist ihre Drehbuchautorin Annette Hess ein Kind der alten Bundesrepublik.[1]

1 Mit *Good Bye Lenin!* (D 2003, R: Wolfgang Becker) und *Das Leben der Anderen* (D 2006, R: Florian Henckel von Donnersmarck) stammen die beiden bislang international erfolgreichsten deutschen Filme, die nach der Wende zum Thema DDR gedreht wurden, von westdeutschen Regisseuren; der Regisseur von *Weissensee*, Friedemann Fromm, ist ebenfalls Westdeutscher. Angesprochen auf die Kritik, wieso es beim Thema DDR immer um die Stasi gehen müsse, offenbart Annette Hess, die Drehbuchautorin von *Weissensee*, dann auch eine sehr westdeutsche Vorstellung davon, was Zuschauer*innen von der medialen Aufbereitung der DDR erwarten: „Ich meine, dass man die DDR gar nicht ohne die Stasi erzählen kann. Die Unterdrückung ist allgegenwärtig, auch wenn sie nicht explizit thematisiert wird. Nehmen wir ein Beispiel: Man erzählt einen Film über eine Frau, die 1983 in Dessau Brustkrebs bekommt. Als Zuschauer wartet man da die ganze Zeit auf die Stasi, und wenn sie dann nicht vorkommt, denkt man: Aha, dieser Film soll uns zeigen, dass nicht alles in der DDR mit der Stasi zu tun hatte." (Anne Fromm: „Wir kamen vor dem Hype". Annette Hess spricht über ihre Faszination für die DDR, erwartbaren Erfolg und warum Geschichten nicht ohne Liebe funktionieren. In: *die tageszeitung*, 29.09.2015. http://www.taz.de/!5232854/ (Zugriff am 05.01.2017).)

An diese Serie muss ich als weißer Westdeutscher denken, während ich ein Gedächtnisprotokoll lese, in dem ich die Eindrücke eines fast sechsstündigen Interviews notiert habe. Geführt habe ich es 2015 mit Asaph Makote Mohlala, einem schwarzen, aus Südafrika stammenden Bewohner des realen Weißensees.[2] Zusammen mit seiner ostdeutschen Ehefrau und zwei gemeinsamen Kindern lebt er dort seit 1990 – dem Jahr von Nelson Mandelas Entlassung aus fast dreißig Jahren Haft und dem der deutschen Wiedervereinigung. Die Zugehörigkeit zu Umkontho we Sizwe (Speer der Nation), dem militärischen Arm des African National Congress (ANC), brachte meinem Interviewpartner den Kampfnamen „Mac Bango" ein. Im Zuge der Aufhebung der Apartheidgesetze hat er 1992 vom wiedervereinigten Deutschland aus die Staatsbürgerschaft jenes Landes angenommen, in dessen Townships er 1954 hineingeboren und die ihm bis dahin vorenthalten worden war. Nachdem er mithilfe des ANC in den 1970er Jahren zuerst die südafrikanische Grenze zu Swasiland und dann dessen Grenze zu Mosambik illegal überquert hatte, betrat er die DDR erstmals 1984. Der massive Nachwenderassismus, der auch vor dem bürgerlichen Weißensee nicht Halt machte, hat den privaten PKW zu seinem bevorzugten Verkehrsmittel gemacht. Als weitere Vorsichtsmaßnahme hat er es sich angewöhnt, spätestens um 21:00 Uhr seine Wohnungstür hinter sich zu schließen. Woher der abrupte Wandel gerade im Verhalten so vieler Ostdeutscher ihm gegenüber rührt, kann er sich nicht wirklich erklären; wenn schwarze Bekannte aus den westlichen Stadtteilen Berlins von seinem Wohnort hören, schütteln sie nur verständnislos den Kopf. An seinen ausschließlich positiven Erinnerungen an die DDR ändert das nichts.

Das Bild, das mir Asaph Mohlala 25 Jahre nach der Wiedervereinigung von der DDR vermittelt, und das der erstmals 2010 ausgestrahlten Serie *Weissensee* könnten unterschiedlicher nicht sein: in ihrer Gegenüberstellung wirken sie wie zwei miteinander konkurrierende, sich gegenseitig ausschließende Diskurse der Unterdrückung.[3] Auf der einen Seite steht das von einer Westdeutschen erzählte, antikommunistisch konnotierte Narrativ von weißen Deutschen, die den

2 Im Unterschied zur Serie wird der Berliner Ortsteil mit ß geschrieben.

3 Paul Zeleza argumentiert, dass Exilierte, die die Politiken ihres Gastlandes ignorieren und einseitig auf die Verwüstungen ihres Heimatlandes fixiert sind, riskierten, exzeptionelle Diskurse der Unterdrückung zu produzieren (ders.: The Politics and Poetics of Exile. Edward Said in Africa. In: *Research in African Literatures* 36,3 (2005), S. 1–22, hier S. 8). Umgekehrt wäre dann über *Weissensee* zu sagen, dass die einseitige Fokussierung auf die innenpolitischen Repressalien der DDR und die Ausblendung der weiteren Welt einen ebenso exzeptionellen Diskurs hervorbringen.

Repressalien des ebenfalls weißen SED-Regimes ausgesetzt waren, auf der anderen Seite das antirassistisch konnotierte Narrativ eines schwarzen Südafrikaners, der in Folge des weißen Apartheidregimes in das Exil der DDR gelangte und nach deren Beitritt zur BRD nicht mehr gefahrlos auf die Straße gehen kann. Und trotzdem sind sie Teil derselben Geschichte. Doch während das in der Serie bemühte Narrativ um Stasi, Mauerfall und Wende den meisten Deutschen vertraut sein dürfte und Millionen Zuschauer*innen vor die Fernseher lockt, sind die komplexen Ursachen, die Asaph Mohlala nach Weißensee geführt haben, seit 1990 kaum einer/m Deutschen erzählt worden.

Der Weg Mohlalas – einem sogenannten Soweto-Kid – in das Exil der DDR beginnt 1976 mit Aufständen junger Schwarzer in den südafrikanischen Townships und führt von dort in die Camps des ANC in den afrikanischen *Frontline States*.[4] Vom Tansania Julius Nyereres geht es noch im gleichen Jahr weiter in ein sowjetisches Militärlager auf die Krim und von dort zurück auf den afrikanischen Kontinent in das kriegsgeplagte, auch gegen südafrikanische Truppen kämpfende Angola Agostinho Netos.[5] Nach einem erneut halbjährigen Aufenthalt im sowjetischen Simferopol 1979 – diesmal für eine medizinische Ausbildung – und zwei Jahren als medizinischer Assistent in einem inmitten des angolanischen Kriegsgeschehens gelegenen ANC-Camp folgen 1982 eine dreimonatige medizinische Fortbildung in Dänemark und anschließend die erneute Rückkehr nach Angola. 1984 führt ihn sein Weg zu einer vierjährigen medizinischen Ausbildung in das sachsen-anhaltinische Quedlinburg. Auf einem Treffen der Students Union des ANC in Potsdam betritt dann ein weibliches FDJ-Mitglied die Bühne – der Beginn einer ostdeutschen Liebesgeschichte, wie sie westdeutschen Filmemacher*innen bis heute nicht einfallen würde.[6] 1988 folgt die dritte Rückkehr in das noch immer nicht befriedete Angola, 1990 die Rückkehr zur Mutter des bis dahin bereits geborenen ersten Kindes in die gerade noch

4 Als *Frontline States* bezeichnete sich ein Zusammenschluss von unabhängigen Staaten im südlichen Afrika in dem Bemühen, das südafrikanische Apartheidregime auf dem Kontinent zu isolieren.

5 Julius Nyerere, erster Ministerpräsident Tansanias, und Agostinho Neto, erster Staatspräsident Angolas, waren zentrale Figuren in der Dekolonisation des südlichen Afrikas; unter ihrer jeweiligen Führung kam es in beiden Ländern zu unterschiedlichen Experimenten mit afrikanischen Sozialismen.

6 Am nächsten käme solch einem Versuch die von dem westdeutschen Jürgen Vogel geplante, aber nie realisierte Verfilmung von Jana Simons Sachbuch *Denn wir sind anders. Die Geschichte des Felix S.*; titelgebender Protagonist ist der in der DDR geborene und aufgewachsene Enkelsohn zweier südafrikanischer Exilierter, deren Geschichte ebenfalls behandelt wird (Jana Simon: *Denn wir sind anders. Die Geschichte des Felix S.* Berlin: Ullstein 2011).

existierende DDR. Deren Ende und unerwarteten Beitritt zur Bundesrepublik – letztere war zusammen mit anderen kapitalistischen Demokratien wie den USA jahrzehntelang ein verlässlicher Stützpfeiler des Apartheidregimes – kommentiert Mohlala, der vom Aussehen und Habitus eines ideologisch verbrämten Stasioffiziers, wie er in *Weissensee* das repressive DDR-Regime personifiziert, denkbar weit entfernt ist, lakonisch mit Worten, die – ins Deutsche übersetzt – ebenso gut vom besagten Offizier stammen könnten: „For me, it was a pity."

Afrikanisches Exil in der DDR

Dieser Ausschnitt aus meinen Feldforschungen und die weiteren Ausführungen dazu im folgenden Text sind ein Zwischenergebnis ethnographischer Forschungen, in denen ich die Biographien und Alltagswelten von Mitgliedern afrikanischer Oppositions- und Befreiungsbewegungen, die in der DDR im Exil gelebt haben, historisch kontextualisiere und vor dem Hintergrund der Debatte um die sozialistische Teilvergangenheit Deutschlands diskursiv zu verorten versuche.[7] Der Zeitraum, in dem diese Menschen in Folge von Dekolonisation und Kaltem Krieg in die DDR gelangten, reicht von 1960 bis in die 1980er Jahre wie in dem eingangs skizzierten Fall. Aufmerksam auf derartige Biographien und die darin sichtbar werdenden Verflechtungen zwischen dem Osten Deutschlands und dem afrikanischen Kontinent wurde ich durch eine zufällige Wohnungsnachbarschaft mit dem Malawier Mahoma Mwaungulu, der 2004 im Alter von 72 Jahren in Berlin verstarb. Bei gelegentlichen Gesprächen hatte mir Mwaungulu erzählt, von 1960 bis 1982 als Staatenloser in der DDR gelebt zu haben und dann nach Westberlin ausgewiesen worden zu sein, wo ihm die Bundesrepublik schließlich Asyl gewährt habe.
Nach einer Vorrecherche zu dem damals noch überschaubaren Forschungsstand über die Beziehungen zwischen der DDR und Afrika entschloss ich mich einige Jahre nach Mwaungulus Tod zu der Rekonstruktion seiner Migrationen.[8] Mein erstes Erkenntnisinteresse zielte auf die hinter der Ausweisung aus der DDR und

7 Promotionsprojekt am Institut für Europäische Ethnologie der Humboldt-Universität zu Berlin, betreut von Beate Binder und Andreas Eckert; seit Mai 2014 gefördert durch das Projekt für HochschulabsolventInnen mit Behinderung „PROMI – Promotion inklusive" (http://promi.uni-koeln.de/).

8 Sebastian Pampuch: *Afrikanische Migrationserfahrungen mit zwei deutschen Staaten. Rekonstruktion eines migratorischen Lebensweges über die Grenze zweier deutscher Staaten hinweg.* Magisterarbeit, Humboldt-Universität zu Berlin 2008. Siehe auch meinen Kurzaufsatz S. P.: Ein malawischer Exilant im geteilten Berlin. Mahoma Mwakipunda Mwaungulu. In: Oumar Diallo / Joachim Zeller (Hrsg.): *Black Berlin. Die deutsche Metropole und ihre afrikanische Diaspora in Geschichte und Gegenwart.* Berlin: Metropol 2013, S. 151–157.

der Anerkennung als Asylbewerber in der Bundesrepublik verborgenen Logiken zweier deutscher Grenzregime im Umgang mit einem Afrikaner, der – wie ich im Zuge seiner Trauerfeier überraschend festgestellt hatte – aufgrund seines politischen Engagements in der afrikanischen Community Berlins hohes Ansehen genoss. An seiner innerdeutschen Ausweisung interessierten mich anfangs also vor allem Mwaungulus Aushandlungsprozesse mit diesen Grenzregimes und die Handlungsspielräume, die sich ihm dabei boten. Angesichts seines komplexen Lebenslaufs – Mwaungulus Migrationen führten über das koloniale Südostafrika, Ghana als dem ersten unabhängigen Staat des subsaharischen Afrikas, Malawi und Tansania bis nach Kuba – kam ich jedoch nicht umhin, mich zum Verständnis der strukturellen Ebene eingehender mit der Dekolonisation Afrikas und den entsprechenden Afrikapolitiken beider deutscher Staaten zu beschäftigen. Recht bald verfestigte sich der Eindruck, dass solch eine ‚Süd-Ost-West'-Migration sehr viel deutlicher als Migrationen, die sich auf den globalen Süden[9] und den westlichen Teil des Nordens beschränken, in das nicht nur von der Migrations- und Rassismusforschung, sondern allgemeiner von der (Europäischen) Ethnologie beziehungsweise den Kultur- und Sozialwissenschaften vernachlässigte Feld politökonomischer Fragestellungen führt.[10] Zur Überprüfung dieser These generierte ich aus dem Netzwerk Mwaungulus heraus weitere Fallbeispiele und traf dabei vermehrt auf südafrikanische ANC-Mitglieder wie Mohlala.[11]

9 Für eine Problematisierung der Bezeichnung „Globaler Süden" vgl. Felix Wemheuer: Einleitung. Marxismus und der globale Süden. In: Ders. (Hrsg.): *Marx und der globale Süden*. Köln: PapyRossa 2016, S. 7–29, hier S. 10–12. Demnach habe Arif Dirlik darauf hingewiesen, „dass das Konzept des globalen Südens als scheinbar neutrale und unpolitische Alternative seit den späten 1970ern von der Weltbank und internationalen Entwicklungsorganisationen propagiert wurde" (ebd., S. 12).

10 Für eine Kritik an der Vernachlässigung marxistischer Ansätze und Vermeidung entsprechender Termini in der deutschen Analyse sozialer Ungleichheiten in der Soziologie siehe Manuela Boatcă: *Global Inequalities beyond Occidentalism*. Farnham: Ashgate 2015, hier S. 25, Anm. 1. Eine aktuelle Diskussion marxistischer Ansätze in unserem Vielnamenfach bietet Ove Sutter am Beispiel Antonio Gramscis (Ove Sutter: Alltagsverstand. Zu einem hegemonietheoretischen Verständnis alltäglicher Sichtweisen und Deutungen. In: *Österreichische Zeitschrift für Volkskunde* 119,1–2 (2016), S. 41–70). Ein Interesse an politökonomischen Ansätzen zeigt sich auch in der von Sutter 2015 organisierten Tagung *Ästhetisierung der Arbeit. Kulturanalysen des kognitiven Kapitalismus* der dgv-Kommission Arbeitskulturen. In diesem Sinne anregend auch Moritz Ege: Policing the Crisis. Zum Verhältnis von Europäischer Ethnologie und Cultural Studies. In: Ders. / Irene Götz / Johannes Moser (Hrsg.): *Europäische Ethnologie in München. Ein kulturwissenschaftlicher Reader*. Münster: Waxmann 2015, S. 53–86.

11 Mohlala sowie einen weiteren ANC-Exilanten recherchierte ich über den in Berlin lebenden, südafrikanischen Künstler Thabo Thindi und dessen Projekt *Exile Faces*; Thindi lernte ich auf der Trauerfeier des verstorbenen ANC-Exilanten Eric Singh kennen, auf den ich wiederum

Die für mich wesentliche Gemeinsamkeit dieser Menschen und die epistemische Besonderheit ihrer Lebensgeschichten sehe ich in ihrer Eigenart, im Rahmen antikolonialer, marxistisch beeinflusster Bewegungen der ‚Dritten Welt'[12] gegen europäische Kolonialmächte beziehungsweise die aus diesen hervorgegangenen Siedlerregime opponiert zu haben. In ihrem Exil erfuhren diese Menschen also sowohl die Solidarität der ‚Zweiten Welt', die – wie die Ausweisung des Malawiers zeigt – immer auch ambivalent war, als auch deren abruptes Ende. Im Beitritt der DDR zur Bundesrepublik erlebten sie dann die Auflösung einer sozialistischen deutschen Gesellschaftsformation, die ihre politischen Ziele im Wesentlichen unterstützt hatte, in ihrem kapitalistischen deutschen Gegenpart, gegen dessen neokoloniale Politiken als Teil der ‚Ersten Welt' die politischen Kämpfe dieser Exilierten ausnahmslos gerichtet waren.

Das Exil auslösende Moment waren demnach die imperialen Politiken jener Länder, die während des Kalten Krieges die ‚Erste Welt' formierten beziehungsweise der aktive Widerstand gegen die daraus resultierenden (neo)kolonialen Praktiken vor Ort. Zur verbindenden strukturellen Ebene wird dabei der sich von Europa ausbreitende, nach Rohstoffen und Expansionsraum strebende (Industrie-)Kapitalismus des 19. und 20. Jahrhunderts (der seine Vorgeschichte in der Kolonisierung Amerikas hat), wie er etwa von der politischen Kultur- und Sozialanthropologie im Anschluss an marxistische sowie weltsystem- und dependenztheoretische Ansätze konzipiert worden ist.[13] Mit Blick auf Europa

durch meine Forschung zu Mwaungulu gestoßen war, da sich beide persönlich gekannt hatten. Mit einer Ausnahme besteht mein bisheriges Sample nur aus Männern. Voraussichtlich hinzuziehen werde ich noch die Biographien zweier weißer Mitglieder des ANC beziehungsweise der mit diesem alliierten South African Communist Party. Darunter befindet sich der verstorbene Ehemann einer vom Apartheidregime als *coloured* klassifizierten ANC-Exilantin aus meinem Sample sowie eine weitere Frau. Mich interessieren insbesondere Exilierte, die nach 1990 in Deutschland geblieben sind.

12 Hier und im Folgenden beziehe ich mich bei der Verwendung der Bezeichnung ‚Dritte Welt' im historischen Sinn auf deren affirmativen, politischen Charakter im Modell der drei Welten (siehe Vijay Prashad: *The Darker Nations. A People's History of the Third World*. New York: New Press People's History 2007).

13 Z. B. Joan Vincent (Hrsg.): *The Anthropology of Politics. A Reader in Ethnography, Theory, and Critique*. Malden / London: Blackwell 2002; Eric R. Wolf: *Die Völker ohne Geschichte. Europa und die andere Welt seit 1400*. Frankfurt am Main: Campus 1986; Donald V. Kurtz: *Political Anthropology: Paradigms and Power*. Boulder: Westview 2001. In der Einleitung des Sammelbands *Formationen des Politischen* von Jens Adam und Asta Vonderau scheint dieser politökonomische Strang der Kultur-/Sozialanthropologie ausgeklammert (dies.: Formationen des Politischen. Überlegungen zu einer Anthropologie politischer Felder. In: Dies. (Hrsg.): *Formationen des Politischen: Anthropologie politischer Felder*. Bielefeld: Transcript 2014, S. 7–32). Mit Sherry Ortner ließe sich diese Ausblendung aus der Kluft in der US-amerikanischen Kulturanthropologie der 1960er/70er Jahre zwischen einer stärker auf Marx rekurrierenden,

wird diese strukturelle Ebene insofern überdeutlich, als diese Exile in die räumliche Sphäre eines als Korrektiv des kapitalistischen Wirtschaftssystems entstandenen Projekts (Sozialismus/Kommunismus) führten. Mit dem Beitritt der DDR zur Bundesrepublik endeten schließlich all diese Exile in einer Art ironischen (oder nur folgerichtigen?) Wendung in einem der nördlichen Zentren desselben wirtschaftspolitischen Systems – dem westlichen Kapitalismus –, in dessen südlichem Expansionsraum sie Jahrzehnte zuvor ihren Anfang genommen hatten.

‚Multi-sited biographies on an awkward scale'[14]

George Marcus bezeichnet lebensgeschichtliche Forschungen als potenzielle Leitfäden zur Skizzierung ethnographischer Räume innerhalb von Systemen, die von kategorischen Unterscheidungen gebildet werden, welche diese Räume andernfalls im Verborgenen belassen; dabei müsse es sich nicht zwangsläufig um subalterne Räume handeln – möglicherweise könnten sie aber in subalternen Lebensgeschichten am deutlichsten zum Vorschein gebracht werden.[15] Jean und John Comaroff führen diesen Vorschlag weiter zu einer multidimensionalen Ethnologie, mit der sie global beeinflusste Vorgänge im postkolonialen Südafrika erforschen wollen. Erst die Verknüpfung von Phänomenologischem mit Politischem ermögliche die Erfassung der diskursiven Ströme, die um translokal gewordene ‚Forschungsobjekte' der Postkolonie fluktuierten. Indirekt und mit dem ihnen typischen Pathos verweisen auch sie dabei auf das Potenzial globaler Lebensläufe: Das Ziel müsse die Etablierung einer Anthropologie sein, die

‚materialistischen' Strömung um Eric Wolf und einer stärker auf Max Weber rekurrierenden, ‚kulturalistischen' Strömung um Clifford Geertz erklären (Sherry B. Ortner: Dark Anthropology and Its Others: Theory since the Eighties. In: *HAU: Journal of Ethnographic Theory* 6,1 (2016). http://dx.doi.org/10.14318/hau6.1.004 (Zugriff am 23.03.2017), S. 47–73, hier S. 49), in deren Folge letzterer die Fachdebatten dominiert habe; erst spätere postkoloniale und feministische Ansätze hätten in den USA zu einer Rückbesinnung auf Fragen von Macht und Ungleichheit geführt. In der Ausblendung politökonomischer Ansätze innerhalb einer europäisch-ethnologischen Anthropologie des Politischen würde sich dieser Bruch dann weiter fortschreiben. Von frühem Antibolschewismus zeugt bereits Malinowskis Vorwort von 1938 in *Facing Mt. Kenya* (Bronislav Malinowski: Introduction. In: Yomo Kenyatta: *Facing Mt. Kenya. The Tribal Life of the Gikuyu*. New York: Vintage 1965, S. vii–xiii, hier S. ix–x).

14 In Anlehnung an die Titel folgender Aufsätze: George E. Marcus: Ethnography in/of the World System. The Emergence of Multi-Sited Ethnography. In: *Annual Review of Anthropology* 24,1 (1995), S. 95–117; Jean Comaroff/John Comaroff: Ethnography on an Awkward Scale. Postcolonial Anthropology and the Violence of Abstraction. In: *Ethnography* 4,2 (2003), S. 147–179.

15 Marcus: Ethnography, S. 110.

sich das Bedürfnis zu ihrem Mandat macht, den sich überschneidenden Schicksalen menschlicher Leben einen Sinn zu geben, wo auch immer diese ausgelebt werden.[16]

Heruntergebrochen auf die von mir untersuchten Exilbiographien und die darin zutage tretenden ‚verborgenen Räume' (Marcus) oder ‚diskursiven Ströme' (Comaroffs) ist festzuhalten: Weite Teile der sich dekolonisierenden ‚Dritten Welt' einte mit der ‚Zweiten Welt' das letztlich gescheiterte Aufbegehren gegen die politische Ökonomie des Westens.[17] Entsprechend mussten antikoloniale Bewegungen aus dem südlichen Afrika vor dem Hintergrund des auseinanderbrechenden Ostblocks als Konzession an den Westen, damit dieser die Unterstützung des Apartheidregimes beendet, jede Hoffnung auf eine grundlegende Veränderung des *racial capitalism*, zu dem die europäische Kolonialexpansion auf nahezu globaler Ebene beigetragen hat und der sich im südafrikanischen Apartheidregime letztlich nur am deutlichsten manifestierte, aufgeben.[18]

In ihrem viel zitierten Aufsatz „Thinking between the Posts. Postcolonialism, Postsocialism, and Ethnography after the Cold War" haben Sharad Chari und

16 Comaroff / Comaroff: Ethnography, S. 172. Petr Lozoviuk räumt der strukturellen Ebene ebenfalls einen hohen Erkenntniswert ein, wenn er über Methoden nachdenkt, die der Europäischen Ethnologie eine nachträgliche Erforschung realsozialistischer Gesellschaftsformationen ermöglichen und ihm biographische Forschung dafür als probates Mittel erscheint. Allerdings evoziert er dabei weniger jenen internationalistischen Impetus, den der Realsozialismus auch besaß und der die Volkskunde/Europäische Ethnologie als Kulturwissenschaft eigentlich reizen müsste, sondern mehr das Bild eines kleinstaatlichen Osteuropas. (Petr Lozoviuk: Realsozialismus als Kulturtyp und Möglichkeiten seiner ethnologischen Erforschung. In: *Volkskunde in Sachsen* 17 (2005), S. 161–175, hier S. 165.) Eine stärkere Berücksichtigung dieses Internationalismus' – und die Einbeziehung tschechischer Vietnames*innen bei der Interviewführung – vermisse ich auch in seiner originellen Studie über die vietnamesische Diaspora in Tschechien (ders.: „Zwischen Dresden und Prag liegt Vietnam". Die Vietnamesen im sächsisch-tschechischen Grenzland. In: *Volkskunde in Sachsen* 22 (2010), S. 215–239).

17 Zu diesen „verborgenen" und in den von mir untersuchten Exilen sichtbar werdenden Räumen gehören auch die bis in die Zwischenkriegszeit zurückreichenden antikolonialen Politiken der Kommunistischen Internationalen, in die Schwarze wie George Padmore oder James La Guma ebenso involviert waren wie der Weiße Willi Münzenberg. Diese Historisierung der DDR-Solidarität wird aufgrund eines (nicht nur) in der Zeitgeschichte vorherrschenden methodischen Nationalismus und Eurozentrismus in aller Regel vergessen oder als irrelevant erachtet. Zur Historisierung z. B. Hakim Adi: *Pan-Africanism and Communism. The Communist International, Africa and the Diaspora 1919–1939*. Trenton: Africa World 2013; Holger Weiss: *Framing a Radical African Atlantic. African American Agency, West African Intellectuals and the International Trade Union Committee of Negro Workers*. Leiden: Brill 2014.

18 Eine gute Darstellung der gescheiterten Bemühungen um eine neue Weltwirtschaftsordnung bietet Vijay Prashad: *The Poorer Nations: A Possible History of the Global South*. London: Verso 2014. Zum Begriff *racial capitalism* siehe Robbin D. G. Kelley: Foreword. In: Cedric J. Robinson: *Black Marxism. Making the Black Radical Tradition*. Chapel Hill: North Carolina UP 2000, S. xi–xxvi, hier S. xiii.

Katherine Verdery auf genau diesen Aspekt aufmerksam gemacht.[19] Das tatsächliche Ausmaß der Unterstützung, die sozialistische Länder antikolonialen Befreiungsbewegungen wie dem ANC boten, scheint ihnen damals allerdings noch unbekannt gewesen zu sein. Es waren eben nicht nur „einige" Mitglieder des ANC und der South African Communist Party, die in Ländern wie der Sowjetunion, der DDR, Kuba und anderen „Regionen unter sowjetischer Kontrolle" im Exil lebten[20]; allein die DDR bildete in der mecklenburgischen Provinz über einen Zeitraum von etwa zehn Jahren mehr als 1.000 ANC-Mitglieder militärisch aus,[21] die zahlreichen ANC-Stipendiat*innen und Auszubildenden in zivilen Berufen nicht eingerechnet. Angesichts einer derart umfangreichen Unterstützung für nur eine von zahlreichen antikolonialen Bewegungen aus dem südlichen Afrika in einem einzelnen sozialistischen Land ließe sich Charis und Verderys Frage, ob es möglich sei, dass die Existenz der Sowjetunion die Apartheid in Südafrika verlängert haben könnte, ebenso gut umkehren: Wäre es möglich, dass *ohne* die Existenz der Sowjetunion die Apartheid in Südafrika auch heute noch fortbestehen würde?[22]

Die DDR und Afrika oder Ausschlüsse disziplinärer Raumproduktionen

Als (weißer) Westdeutscher, der den im Osten Deutschlands aggressiveren Nachwenderassismus in Teilen Berlins und Brandenburgs im Alltag beobachten konnte,[23] hatte ich während meines Studiums der Europäischen Ethnologie

19 Sharad Chari / Katherine Verdery: Thinking between the Posts. Postcolonialism, Postsocialism, and Ethnography after the Cold War. In: *Comparative Studies in Society and History* 51,1 (2009), S. 6–34, hier S. 21–22.

20 Ebd., S. 22.

21 Hans-Georg Schleicher: The German Democratic Republic and the South African Liberation Movement. In: South African Democracy Education Trust (Hrsg.): *The Road to Democracy in South Africa*, Bd. 3: International Solidarity. Pretoria: Unisa 2008, S. 1069–1153, hier S. 1131.

22 Chari / Verdery: Thinking, S. 21. Zur Spezifik Südafrikas siehe Stuart Hall: ‚Rasse', Artikulation und Gesellschaften mit struktureller Dominante. In: *Rassismus und kulturelle Identität. Ausgewählte Schriften 2.* Hamburg: Argument 1994, S. 89–136, hier S. 93–105. Zur ungeklärten Debatte, ob der Kalte Krieg antirassistische Politiken kapitalistischer Demokratien verzögerte oder beförderte, vgl. auch John Munro: Imperial Anticommunism and the African American Freedom Movement in the Early Cold War. In: *History Workshop Journal* 79,1 (2015), S. 52–75, hier S. 53–54. (Ebd., S. 59 listet er als häufigen Gast kommunistisch organisierter Antirassismuskampagnen in den USA auch Franz Boas, der selbst kein Parteimitglied war.)

23 Dass der Osten Deutschlands fremdenfeindlicher (bzw. rassistischer) als der Westen ist und es selbstverständlich auch in der DDR Rassismen gab, kommt eindringlich in einem Gespräch zwischen dem aus der DDR stammenden Migrationsforscher Patrice G. Poutrus, Sohn einer ostdeutschen Mutter und eines ägyptischen Vaters, und der ebenfalls aus der DDR stammenden

an der Berliner Humboldt-Universität – bekanntermaßen im ehemaligen Ostteil der Stadt gelegen – selbstverständlich etwas über Edward Saids *Orientalismus*,[24] osteuropäische Transformationsprozesse oder auch über den polemischen Charakter der Nachwendedebatte um die DDR-Vergangenheit gelernt. Von Beziehungen der DDR oder gar Osteuropas zu antikolonialen Bewegungen der ‚Dritten Welt' hatte ich hingegen nie gehört. Eine entsprechende Wissensdistribution nach 1990 blieb einigen wenigen ostdeutschen Stimmen in der Afrikanistik vorbehalten, die derart marginal verlief, dass sie nicht einmal im Zuge der Rezeption postkolonialer Theorie das Interesse der deutschen Sozial- und Kulturwissenschaften wecken konnte. Das lag sicherlich auch an der damals noch geringen Zahl von Studien zur Migration in die DDR.[25]
Umso mehr überraschte mich das affirmative Verhältnis, in dem diese Exilbiographien zum Realsozialismus der DDR stehen – selbst im Fall des ausgewiesenen, psychisch davon schwer belasteten Mwaungulu lässt sich der Möglichkeitsraum, den die DDR zum Verfolgen seiner politischen Ziele darstellte, nicht übersehen. Bestätigt fand ich diesen Eindruck durch vereinzelte Beobachtungen wie der des afrikanisch-amerikanischen Wissenschaftlers John W. Long. Er hatte Mwaungulu ebenfalls persönlich gekannt und aufbauend auf Interviews, die er mit ihm und anderen länger in der DDR lebenden Afrikanern geführt hatte, in einem Konferenzvortrag an der Freien Universität Berlin 2006 konstatiert:

> In reviewing the literature on Africans in the former DDR, most of the work on this area has been concentrated on the segregation and the isolation of Africans, the mistreatment of Africans in the work place, and the attacks by Germans on Africans and other racial minorities after the reunification of Germany. [...] However, these incidents do not

Journalistin Abini Zöllner, Tochter einer jüdischen Mutter und eines nigerianischen Vaters, zum Ausdruck (Abini Zöllner: Das Prinzip Ostdeutschland. In: *Berliner Zeitung*, 23.04.2006, S. 33).

24 Edward Said: *Orientalismus*. Frankfurt am Main: Ullstein 1981.

25 Eine an der Migration in die DDR interessierte Wissenschaftlerin wie Sandra Gruner-Domić (dies.: *Kubanische Arbeitsmigration in die DDR 1978–1989. Das Arbeitskräfteabkommen Kuba–DDR und dessen Realisierung*. Berlin: Parabolis 1997) blieb auch am 1992 gegründeten Institut für Europäische Ethnologie trotz des Standorts lange die Ausnahme. Für eine entsprechende Kritik an der deutschen Migrationsforschung siehe Urmila Goel: Ungehörte Stimmen. Überlegungen zur Ausblendung von Migration in die DDR in der Migrationsforschung. In: Duygu Gürsel / Zülfukar Çetin / Allmende e. V. (Hrsg.): *Wer Macht Demo_kratie? Kritische Beiträge zu Migration und Machtverhältnissen*. Münster: Edition Assemblage 2013. http://www.urmila.de/forschung/ostwest/texte/ungehoert.html (Zugriff am 24.03.2017), S. 138–150.

describe the entire relationship between Africans and the former DDR. *My paper will focus on the seldom-discussed area of how many Africans, individually and collectively, interacted with and, in many cases, benefited from the foreign policy efforts of the former DDR.*[26]

Mein Eindruck korrespondierte auch mit dem für eine eher ,volkskundlich' orientierte Ethnologie[27] anregenden Argument des ostdeutschen Diplomatenpaars Ilona und Hans-Georg Schleicher. Bereits 1997 hatten sie mit Blick auf die Afrika-Politiken der DDR und den entsprechenden individuellen Beitrag einiger ihrer Bürger*innen folgende These aufgestellt:

> [D]ie historisch-konkrete Analyse der vielfältigen Zusammenarbeit mit den Befreiungsbewegungen in ihrem Bezug zu innergesellschaftlichen und internationalen Faktoren [...] könne [...] dazu beitragen, der von der DDR geleisteten Solidarität, ihren Stärken wie ihren Schwächen, gerecht zu werden. *Damit sollte es möglich werden, Zugang zu einem Erbe zu finden, das Ostdeutsche selbstbewußt in das vereinte Deutschland einbringen können.*[28]

Ausgerechnet Afrika – dieses imaginierte ,Andere' Europas schlechthin – wird hier über den nach 1990 verdrängten Internationalismus der DDR zur Stärkung des ostdeutschen Selbstbewusstseins aufgerufen.[29] In unserem kleinen und zumindest in Teilen immer noch um Abgrenzung zur außereuropäisch

26 John W. Long: Partners in International Socialist Solidarity or just Guest Workers. Africans in the Former German Democratic Republic (DDR). In: Peggy Piesche / Timo Wandert (Hrsg.): *Black European Studies in Transnational Perspective, Conference Reader, 2. internationale Konferenz*. Berlin: Freie Universität 2006. http://www.best.uni-mainz.de/dokumente/ConferenceReaderBESTBerlin.pdf (Zugriff am 24.03.2017), S. 134–136, hier S. 134 (Herv. O. P.). Selbstverständlich hat sich die Forschung zu Afrikaner*innen in der DDR seitdem weiter ausdifferenziert. Trotzdem scheint mir Longs frühe Beobachtung gerade für die deutschsprachige Forschung im Wesentlichen immer noch zutreffend.

27 Gemeint im ironischen Sinn einer europäischen ,Regionalwissenschaft'.

28 Ilona Schleicher / Hans-Georg Schleicher (1997): *Die DDR im südlichen Afrika. Solidarität und Kalter Krieg*. Hamburg: Institut für Afrika-Studien 1997, S. VI–VII (Herv. O. P.).

29 Dass die wenigen deutschen Autor*innen, die positive Seiten der Internationalen Solidarität der DDR betonen – wie hier die Schleichers –, fast ausnahmslos ostdeutscher Herkunft sind, entweder politisch oder wissenschaftlich in die Afrika-Politiken der DDR involviert waren und in diesem Sinne immer auch gegen die Entwertung der eigenen DDR-Biographien anschreiben, hat Toni Weis zu Recht problematisiert; allerdings unterschätzt er dabei die Dynamiken des Beitrittsprozesses. (Toni Weis: The Politics Machine: On the Concept of 'Solidarity' in East German Support for SWAPO. In: *Journal of Southern African Studies* 37,2 (2011), S. 351–367, hier S. 354–355.)

forschenden Schwesterdisziplin bemühten Fach, das zugleich in einer leicht paradoxen Bewegung Leitdebatten der anglophonen Sozial- und Kulturanthropologie, die auch auf Forschungen im globalen Süden gründen, übernimmt, hat diese These der beiden Schleichers zu keiner Beschäftigung mit diesem Feld geführt. Vermutlich wurde sie als Äußerung innerhalb der eher noch kleineren Afrikanistik auch einfach nicht wahrgenommen. Der disziplinären Raumproduktion unseres Fachs entziehen sich diese Verflechtungen wie nur wenig andere. Diese Raumproduktion – neben einer in der fachlichen Identität begründeten bzw. aus der Herausbildung der Volkskunde als wissenschaftliche Disziplin resultierenden Problematik – ist zu Recht in die Kritik geraten:

> Zwar werden postkoloniale Ansätze zur Analyse des postsowjetischen Imperiums, etwa in der Slawistik, herangezogen [...], sie bleiben jedoch meist auf die unmittelbaren Satellitenstaaten der Sowjetunion beschränkt, d. h. auf den näheren Osten Europas. So kommen deren Beziehungen zum postkolonialen sozialistischen „Süden" wie auch die transnationalen Beziehungen der blockfreien Staaten kaum in den Blick. Auch hier spielen spezifische disziplinäre Raumproduktionen – und deren Ausschlüsse – eine unverkennbare Rolle. Umgekehrt bleibt die postsozialistische Dimension in der Betrachtung der postkolonialen Welt weitgehend ausgeblendet, so dass – auch aufgrund theoretischer Bindungen an Kapitalismustheorie und -kritik – der Eindruck entsteht, Postkolonialismus sei (nur) eine Auseinandersetzung mit der kolonialen Hegemonie des westlichen Kapitalismus. Zugespitzt könnte man sagen, dass die Wirkungen des Kalten Krieges sich auch in der imaginären Geographie eines auf den „Westen" bezogenen postkolonialen „Südens" und eines auf den „Osten" bezogenen Postsozialismus fortschreiben – wobei sich beide gegenseitig ausblenden.[30]

Zur Marginalisierung politökonomischer Ansätze in der westlichen Wissenschaft

Der in den Exilbiographien zu Tage tretende Bedeutungszusammenhang und die zitierten Beobachtungen von Long und den Schleichers verweisen aber noch auf eine diffizilere Ebene, die sich in dem oben angeführten Argument

30 Shalini Randeria / Regina Römhild: Das postkoloniale Europa: Verflochtene Genealogien der Gegenwart. Einleitung zur erweiterten Neuauflage. In: Dies. / Sebastian Conrad (Hrsg.): *Jenseits des Eurozentrismus. Postkoloniale Perspektiven in den Geschichts- und Kulturwissenschaften*. 2., erw. Aufl. Frankfurt am Main: Campus 2013, S. 9–31, hier S. 16–17, 19.

von Regina Römhild und Shalini Randeria höchstens erahnen lässt.[31] Die Vernachlässigung von Fragen ökonomischer Umverteilungspolitiken zugunsten von stärker auf Anerkennung zielenden, das politökonomische System des Kapitalismus beziehungsweise dessen Produktionsweise nicht mehr unmittelbar adressierenden Politiken stellt für Nancy Fraser ein zentrales Merkmal der postsozialistischen Verfasstheit westlicher Gesellschaftsformationen dar.[32] Nun zielen die in den Exilen sichtbar werdenden Verflechtungen aber genau auf jenes politökonomische System und seine rassifizierenden Praktiken. Worauf ich damit hinaus möchte: ,Verborgene Räume' (Marcus) oder ,diskursive Ströme' (Comaroffs), in denen politökonomische Prozesse des Kapitalismus in ihrer globalen Verflochtenheit mit rassifizierenden Praktiken andere Formen

31 Regina Römhilds und Shalini Randerias Argumentation ist auch noch um die Beobachtung zu ergänzen, dass bei der Anwendung postkolonialer Ansätze im postsozialistischen Raum gerne deren marxistischer Anteil unterschlagen wird. Siehe die 2016 an der Princeton University abgehaltene Konferenz *Imperial Reverb. Exploring the Postcolonies of Communism* (https://imperialreverb.princeton.edu (Zugriff am 20.03.2017)). Arif Dirlik empfahl bereits 1994, die Aufmerksamkeit auf die Rezeption postkolonialer Theorie bzw. die daraus resultierende Weiterverwendung des Begriffs des Postkolonialen zu richten (Arif Dirlik: The Postcolonial Aura: Third World Criticism in the Age of Global Capitalism. In: *Critical Inquiry* 20 (1994), S. 328–356, hier S. 328). Die anregendste Auseinandersetzung mit postkolonialer Theorie und der Schwierigkeit, die materiell gebeutelte Wissenschaftler*innen in Afrika damit haben müssen, bietet Paul T. Zeleza: The Troubled Encounter Between Postcolonialism and African History. In: *Journal of the Canadian Historical Association* 17,2 (2006), S. 89–129. Zur Kritik an postkolonialer Theorie siehe auch die lesenswerte Einführung von Maria do Mar Castro Varela / Nikita Dhawan: *Postkoloniale Theorie. Eine kritische Einführung*. 2., komplett überarb. Aufl. Bielefeld: Transcript 2015, S. 285–338.

32 Nancy Fraser: From Redistribution to Recognition? Dilemmas of Justice in a "Post-Socialist" Age. In: *New Left Review* 212 (1995), S. 68–93. (Dt.: Von der Umverteilung zur Anerkennung? Dilemmata der Gerechtigkeit in ,postsozialistischer' Zeit. In: Dies.: *Die halbierte Gerechtigkeit. Schlüsselbegriffe des modernen Sozialstaats*. Frankfurt am Main: Suhrkamp 2001, S. 23–66.) In seinem Vorwort zur englischen Neuausgabe von Frantz Fanons *Die Verdammten dieser Erde* unterstützt selbst der oft als Kulturalist kritisierte Homi Bhabha diese Beobachtung: „[...] Fanon's demand for a fair distribution of rights and resources makes a timely intervention in a decade-long debate on social equity that has focused perhaps too exclusively on the culture wars, the politics of identity, and the politics of recognition." (Homi K. Bhabha: Foreword: Framing Fanon. In: Frantz Fanon: *The Wretched of the Earth*. New York: Grove 2004, S. vii–xli, hier S. xviii.) Auch Arjun Appadurai, der in *Modernity at Large* marxistisch inspirierte, weltsystemische Ansätze wie die von Eric Wolf, Samir Amin oder Immanuel Wallerstein als verschroben („quirky") und für das Verständnis eines desorganisierten Kapitalismus ungeeignet bezeichnete, reagierte in *Geographie des Zorns* auf Kritiken, die ihm ein zu positives Bild der Globalisierung und die Vernachlässigung globaler Ungleichheiten vorgeworfen hatten. (Arjun Appadurai: Disjuncture and Difference in the Global Cultural Economy. In: Ders.: *Modernity at Large*. Minneapolis: University of Minnesota Press 1996, S. 27–47, hier S. 33; ders.: *Die Geographie des Zorns*. Frankfurt am Main: Suhrkamp 2008, S. 7.)

der Diskriminierung in den Hintergrund drängen, fügen sich nur schwer in die Wissenschaftspraxis heutiger kapitalistischer Demokratien, in die Fragen radikaler Identitäts- und Anerkennungspolitiken – so prekär der ihnen zugestandene Raum auch ist – systemisch offenbar leichter zu integrieren sind.[33]

Was aber bedeutet das für die theoretische Konzeptionalisierung von Rassismus? Manuela Bojadžijev sieht im Fehlen einer „kritisch-materialistischen Fundierung“ eine Schwäche der kritischen deutschen Rassismusforschung,[34] während Andreas Eckert am Schluss seines Portraits über den aus Kamerun stammenden, leicht ironisch als „postkolonialer Star“ titulierten Achille Mbembe schreibt, dass der „Zusammenhang zwischen Kolonialismus, Rassismus und Kapitalismus [...] auch hierzulande endlich einer fundierten Debatte bedarf“[35]. In Erzählungen wie denen Mohlalas oder Mwaungulus tritt dieser Zusammenhang offen zutage. Nur passen sie nicht zu jenem dominanten Narrativ, das die DDR ausschließlich auf ihre repressiven Seiten reduziert wie in der Serie *Weissensee*. Letzteres Narrativ folgt einem exklusiv deutschen Blick, der die DDR als weißes Land imaginiert, ihre Innenpolitik fokussiert und zur Vermeidung irritierender Zwischentöne das Geschehen auf der Südhalbkugel ausblenden muss, in das sozialistische Länder wie die DDR massiv involviert waren: Eine staatlich verordnete Unterstützung für antikoloniale Bewegungen in der ‚Dritten Welt‘ hat in diesem eurozentristischen Narrativ keinen Platz.

Dies führt zu der Frage nach normativen Setzungen in der Wissenschaft. Inwiefern könnten sich derartige Setzungen beispielsweise aus der in seinen jüngeren Ausprägungen kaum erforschten Spezifik des bundesrepublikanischen Antikommunismus ergeben, der mit der DDR jahrzehntelang einen quasinationalen Bezugspunkt hatte und der nach 1990 nicht einfach verschwunden ist?[36] Indizien, die solch eine Annahme stärken, finden sich mehr als genug: so

33 In Vorwegnahme des Vorwurfs, einem (zu Recht kritisierten) ökonomischen Reduktionismus das Wort zu reden, kann ich hier nur an die vernachlässigte Kritik am Eurozentrismus so einflussreicher Intellektueller wie Michel Foucault erinnern (siehe z. B. Gayatri C. Spivak: Can the Subaltern Speak? In: Cary Nelson / Lawrence Grossberg (Hrsg.): *Marxism and the Interpretation of Culture*. Urbana: University of Illinois Press 1988, S. 271–313. (Dt.: *Can the Subaltern Speak? Postkolonialität und subalterne Artikulation*. Wien: Turia + Kant 2007)).

34 Manuela Bojadžijev: Zur Entwicklung kritischer Rassismustheorie. In: Dirk Martin / Susanne Martin / Jens Wissel (Hrsg.): *Perspektiven und Konstellationen kritischer Theorie*. Münster: Westfälisches Dampfboot 2015, S. 49–69, hier S. 64.

35 Andreas Eckert: Der Ausgang aus der großen Nacht. Über Achille Mbembe. In: *Merkur*, 07/2016, S. 59–65, hier. S. 65.

36 Boris Spernol: Antikommunismus nach 1945. Der Giftschrank der Geschichte. In: *die tageszeitung*, 08.11.2011. http://www.taz.de/!81411/ (Zugriff am 18.05.2014).

zum Beispiel in empirisch gesättigten Beobachtungen wie denen Sofi Gerbers, wonach nahezu die einzige Bedeutung, die im nationalen Diskurs der Bundesrepublik Deutschland der DDR und ihrer Geschichte zugestanden werden würde, diejenige sei, das ‚Andere' zu repräsentieren – also alles, was Deutschland beziehungsweise die alte/neue Bundesrepublik nicht sei: undemokratisch, autoritär und rückwärtsgewandt.[37] Ähnlich wie Gerber argumentiert Paul Cooke, der zur Analyse des deutschen Nachwendediskurses in seltener Originalität auf postkoloniale Theorien zurückgegriffen hat,[38] oder Raj Kollmorgen. Gleichfalls unter partiellem Rückgriff auf postkoloniale Ansätze, aber wie auch Cooke und Gerber unter Ausklammerung des DDR-Internationalismus, verfasste Kollmorgen einen Sammelbandbeitrag mit folgendem Titel: „Subalternisierung. Formen und Mechanismen der Missachtung Ostdeutscher nach der Vereinigung"[39]. Während Teile der deutschen Kultur- und Sozialwissenschaften also einerseits postkoloniale Theorie und den darin von Gayatri Spivak popularisierten, auf Antonio Gramsci zurückgehenden Begriff der Subalternität zelebrieren, wird andererseits von einer schwedischen Ethnologin, einem britischen Medienwissenschaftler und einem ostdeutschen Soziologen Ostdeutschen im gegenwärtigen Deutschland ein ganz ähnlicher Status zugeschrieben.[40] Für die deutsche Wissenschaft bedeutet das im Umkehrschluss, dass sich die Marginalisierung politökonomischer Theorien am Phänomen der weitgehenden Verdrängung ostdeutscher Wissenschaftler*innen wie in keinem anderen westlichen Land konkretisieren lässt.

37 Sofi Gerber: Is East Going West – or Is the West Moving East? Renegotiating the East-West-Boundary in Unified Germany. In: *Ethnologia Europaea* 38,2 (2008). https://www.mtp.dk/details.asp?eln=500290 (Zugriff am 23.03.2017), S. 66–83, hier S. 69.

38 Paul Cooke: *Representing East Germany since Reunification. From Colonization to Nostalgia*. Oxford: Bloomsbury 2005. Cooke griff damit die Argumentation auf, wonach die DDR bzw. Ostdeutschland im Zuge des Beitrittsprozesses kolonialisiert worden sei (vgl. Wolfgang Dümcke / Fritz Vilmar (Hrsg.): *Kolonialisierung der DDR. Kritische Analysen und Alternativen des Einigungsprozesses*. Münster: Agenda 1995). Dass die Verwendung dieses Begriffs angesichts der teils genozidalen Praktiken europäischer Kolonialmächte in den Amerikas, Afrika und Asien für das Voranbringen des Anliegens derjenigen, die ihn im Kontext West-/Ostdeutschland nutzen, eher kontraproduktiv ist, muss hier nicht weiter ausgeführt werden.

39 Raj Kollmorgen: Subalternisierung. Formen und Mechanismen der Missachtung Ostdeutscher nach der Vereinigung. In: Ders. / Frank Thomas Koch / Hans-Liudger Dienel (Hrsg.): *Diskurse der deutschen Einheit: Kritik und Alternativen*. Wiesbaden: Springer 2011, S. 301–359.

40 Vgl. auch die interviewbasierte, Theorien von Pierre Bourdieu und Erving Goffman nutzende Studie von Dan Bednarz: *East German Intellectuals and the Unification of Germany. An Ethnographic View*. Cham: Palgrave Macmillan 2017.

Ostdeutsche in der deutschen Wissensproduktion nach 1990

2002 veröffentlichte die *Frankfurter Rundschau* einen ganzseitigen Aufruf, der von überwiegend jüdischen marxistischen Intellektuellen, die der Nationalsozialismus aus Deutschland und Mitteleuropa vertrieben hatte, unterzeichnet war. Prominentester Unterzeichner war Eric Hobsbawm.[41] Zwölf Jahre nach dem Beitritt der DDR zur Bundesrepublik Deutschland forderten Hobsbawm und die acht Mitunterzeichner*innen die Integration ostdeutscher Sozial- und Geisteswissenschaftler*innen in den deutschen Wissenschaftsbetrieb. Sie begründeten ihre Forderung unter anderem damit, dass ohne ostdeutsche Intellektuelle in qualifizierten Berufen die in der früheren DDR sich ausbreitende Enttäuschung über den als ‚Anschluss' empfundenen Prozess der ‚Überstülpung' westdeutscher Strukturen und Denkweisen, vor allem aber über die wirtschaftlichen Zerstörungen und damit der Massenarbeitslosigkeit, nicht überwunden werden könne. Acht Jahre nach diesem vergeblichen Aufruf – das heißt 2010 – schrieb die *Süddeutsche Zeitung*, dass 95 Prozent der Professuren in den Geistes- und Sozialwissenschaften selbst an ostdeutschen Universitäten von Westdeutschen besetzt sind.[42] Ich konzentriere mich im Folgenden auf die für mein Feld relevanten Implikationen in den Regionalwissenschaften und gehe hier nicht weiter der Frage nach, wie sich die deutschsprachige Europäische Ethnologie mit diesem Phänomen befasst hat. Meinem Eindruck nach gilt aber auch für sie, was Kollmorgen folgendermaßen ausdrückt:

41 Nachgedruckt in Stefan Bollinger / Ulrich van der Heyden / Mario Keßler (Hrsg.): *Ausgrenzung oder Integration? Ostdeutsche Sozialwissenschaftler zwischen Isolierung und Selbstbehauptung.* Berlin: Trafo 2004, S. 329–331, hier S. 330.

42 Christoph Cadenbach / Bastian Obermayer: Geschlossene Gesellschaft. *Süddeutsche Zeitung. Magazin* 30 (2010). http://sz-magazin.sueddeutsche.de/texte/anzeigen/34445/Geschlossene-Gesellschaft (Zugriff am 18.03.2017). Eine 2016 veröffentlichte Studie nennt einen noch weiter gesunkenen Anteil ostdeutscher Eliten, ohne allerdings das Lehrpersonal an Hochschulen dabei einzubeziehen (Michael Bluhm / Olaf Jacobs: *Wer beherrscht den Osten? Ostdeutsche Eliten ein Vierteljahrhundert nach der deutschen Wiedervereinigung.* Institut für Kommunikations- und Medienwissenschaft der Universität Leipzig in Zusammenarbeit mit dem Mitteldeutschen Rundfunk, 2016. http://www.mdr.de/heute-im-osten/wer-beherrscht-den-osten-studie-100-downloadFile.pdf (Zugriff am 18.03.2017)). Für ein aktuelles, von dem westdeutschen Soziologen Heinrich Best angeleitetes Projekt der Deutschen Gesellschaft e. V. zur Unterrepräsentation ostdeutscher Eliten, in das auch Raj Kollmorgen involviert ist, siehe Ostdeutsche Eliten. Träume, Wirklichkeiten und Perspektiven. http://www.deutsche- gesellschaft-ev.de/veranstaltungen/konferenzen-tagungen/552-2017-expertenforum-symposium-ostdeutsche-eliten.html (Zugriff am 20.03.2017).

> Gerade im akademisch-professionellen Bereich dominieren bis heute Akteure mit westdeutscher Herkunft und westdeutscher Sozialisation, für die das Thema schon deshalb wenig attraktiv erscheinen muss, weil es die Beschäftigung mit der eigenen Rolle im akademischen Vereinigungsgeschehen und der offenkundigen Ungleichheit zwischen Ost- und Westdeutschen in der Besetzung von Spitzenpositionen evoziert [...].[43]

Hinsichtlich der Wissensproduktion in den Regionalwissenschaften diagnostiziert hingegen Dietmar Rothermund eine Introvertiertheit Deutschlands, die mit der Wiedervereinigung noch zugenommen habe:

> Die Möglichkeiten, die in der DDR geschaffen wurden, wo es mehr Interesse an Gegenwartsgeschichte und Außereuropa gab, aber für Deutschland insgesamt unter den falschen Vorzeichen, hat man leider nicht genutzt, sondern nach der Wiedervereinigung praktisch alles abgewickelt [...], weil zum Teil die Fachvertreter Marxisten gewesen waren und nun persona non grata. Die Chancen, welche die Wiedervereinigung in diesem Bereich bot, sind gleichsam ausgeschlagen, ja systematisch unterdrückt worden.[44]

Ähnlich argumentiert Felix Wemheuer in seiner Einleitung zu dem jüngst erschienenen Sammelband *Marx und der globale Süden*. Ausgehend von der Beobachtung, dass postkoloniale Theorie an angloamerikanischen Universitäten in den letzten zwei Jahrzehnten Marxismus als kritische Methode der Forschung des globalen Südens weitgehend abgelöst habe, konstatiert er für Deutschland folgendes:

> An deutschen Universitäten spielen marxistische Theorien selbst im Vergleich zu den USA eine sehr marginale Rolle. Forschung in der DDR, die sich mit außereuropäischen Gesellschaften beschäftigte, wurde nach der deutschen Wiedervereinigung 1990 abgewickelt. Nur einige wenige WissenschaftlerInnen konnten ihre akademische Laufbahn

43 Raj Kollmorgen: Außenseiter der Macht: Ostdeutsche in den bundesdeutschen Eliten. In: Ulrich Busch / Michael Thomas (Hrsg.): *Ein Vierteljahrhundert deutsche Einheit. Facetten einer unvollendeten Integration*. Berlin: Trafo 2015, S. 189–220, hier S. 190. Einen Einblick in das ‚Vereinigungsgeschehen' unserer Disziplin bietet Teresa Brinkel: *Volkskundliche Wissensproduktion in der DDR: Zur Geschichte eines Faches und seiner Abwicklung*. Wien: Lit 2012, S. 197–236.

44 Dietmar Rothermund: Indien und der Rest der Welt. Möglichkeiten und Grenzen der außereuropäischen Geschichte in Deutschland (D. R. im Gespräch mit Andreas Eckert). In: *Neue politische Literatur* 48,1 (2003), S. 5–14, hier S. 9.

unter Schlagworten wie Globalgeschichte oder Iberische und Lateinamerikanische Geschichte im bundesdeutschen System fortsetzen. Auch an westdeutschen Universitäten ist von der einstigen, wenn auch bescheidenen institutionellen Verankerung des westlichen Marxismus wie z. B. der Marburger Schule oder einer mit Marx verbundenen Frankfurter Schule kaum noch etwas übrig.[45]

Ich will damit selbstverständlich nicht suggerieren, dass weiße, ostdeutsche Wissenschaftler*innen in besonderer Weise dazu befähigt wären, Erfahrungen, die schwarze Afrikaner*innen mit der DDR gemacht haben, zu erforschen; ebenso wenig trifft das für mich selbst zu. Diesbezüglich wären vielmehr die krasse Unterrepräsentation schwarzer Wissenschaftler*innen an deutschen Universitäten und die ihr zugrundeliegenden, rassistischen Logiken deutscher Bildungseinrichtungen in den Blick zu nehmen. Aber die geringe Zahl von Professor*innen aus der DDR beziehungsweise mit ostdeutschem Hintergrund in den Geistes- und Sozialwissenschaften trägt sicherlich mit dazu bei, dass der Internationalismus der DDR mit seiner positiven Verbindung zu dekolonialen Prozessen trotz des gewachsenen Interesses an Themen rund um den europäischen Kolonialismus solch ein randständiges und einseitig behandeltes Thema werden konnte.[46]

Schluss und Ausblick: eine „moralische Ökonomie des Postsozialismus"?

Peter Niedermüller skizzierte 2004 das Konzept einer „moralischen Ökonomie des Postsozialismus".[47] Dieser originär europäisch-ethnologische Ansatz scheint mir zur Erklärung der oben beschriebenen Phänomene und für weitere

45 Wemheuer: Einleitung, S. 9–10.

46 Die einzige mir bekannte Promovierende, die noch zu afrikanischem Exil in der DDR arbeitet, ist die weiße, ostdeutsche Politologin Anja Schade, die trotz ihrer exzellenten Diplomarbeit keine Förderung dafür finden konnte (dies.: *„Solidarität hilft siegen!" – die DDR aus den Augen des ANC: ein Perspektivwechsel als Beitrag zu der innerdeutschen Geschichtsaufarbeitung.* Diplomarbeit, Freie Universität Berlin 2004). Aufmerksam auf das Thema wurde Schade durch ein Seminar des ostdeutschen Afrika-Historikers Ulrich van der Heyden, der damals als Privatdozent an der Freien Universität Berlin unterrichtete.

47 Niedermüller verwendet den Begriff „moralische Ökonomie" unabhängig von dem britischen Historiker Edward P. Thompson, der ihn Anfang der 1970er Jahre im Sinne einer von moralischen Werten wie gegenseitiger Unterstützung getragenen Ökonomie prägte; bei Niedermüllers Begriffsverwendung werden miteinander konkurrierende Interpretationen eines nationalen Geschichtsverständnisses, deren wesentliche Gemeinsamkeit ihre Abgrenzung von allem Sozialistischen ist, zum moralisch aufgeladenen und quasi-ökonomischen Aushandlungsgegenstand ideologisch-politischer Kämpfe innerhalb postsozialistischer Gesellschaften. (Peter Niedermüller: Der Mythos der Gemeinschaft. Geschichte, Gedächtnis und Politik im heutigen

Forschungen dazu nützlich. Niedermüllers Ausführungen nach argumentiere die politische Elite in postsozialistischen Ländern unerbittlich, dass der Sozialismus nicht nur die Wirtschaft ruiniere und die politische Demokratie unterdrücke, sondern auch die Moral der Gesellschaft zerstöre oder wenigstens stark beschädigt habe. Diese Argumentation, so Niedermüller weiter, stelle den Sozialismus als einen geschichts-, moral- und ethiklosen sozialen Raum dar, in dem sich Verhaltensformen, gesellschaftliche Normen und Werte sowie alltagsweltliche Einstellungen entwickelt hätten, die für eine nichtsozialistische Gesellschaft intolerabel seien. Entsprechend sei das zentrale Ziel postsozialistischer Politik, den absoluten Bruch mit dem Sozialismus in allen Bereichen des politischen und gesellschaftlichen Lebens zu vollziehen, politische, historische, aber auch alltagsweltliche Kontinuitäten aufzuheben und die kulturellen Einstellungen der Menschen prinzipiell zu ändern. Diese moralische Ökonomie des Postsozialismus funktioniere und wirke in den verschiedensten gesellschaftlichen Bereichen und in zutiefst widersprüchlichen ideologischen Kontexten.[48]
Aufmerksam auf diesen Text wurde ich auf einer soziologischen Tagung mit dem Titel „Die DDR im sozialen Gedächtnis – theoretische und empirische Zugänge". Eine der Referentinnen dort, Sabine Kittel, wandte Niedermüllers Text nicht etwa auf Vorgänge in Polen oder Ungarn an, sondern auf die Bundesrepublik Deutschland im fünfundzwanzigsten Jahr der Wiedervereinigung. Ihr Vortrag lautete „Die vergiftete Erinnerung an die DDR". Entgegen den Konjunkturen auch in unserem Fach scheint also weiterhin Bedarf an einer europäisch-ethnologischen Wissensproduktion zu diesem Feld zu bestehen. Dass dieser nicht nur geografisch seltsam periphere Raum in seiner Verflochtenheit mit jenem ungleich größeren Raum, der heutzutage als ‚Globaler Süden' bezeichnet wird, die *ökonomische* Dimension des Politischen drastisch vor Augen führt, habe ich am Beispiel des afrikanischen Exils und der deutschen Nachwendewissenschaft aufzuzeigen versucht.

Osteuropa. In: Andrei Corbea-Hoisie / Rudolf Jaworski / Monika Sommer (Hrsg.): *Umbruch im östlichen Europa. Die nationale Wende und das kollektive Gedächtnis*. Innsbruck: Studien 2004, S. 11–26.)

48 Ebd., S. 11–12. Niedermüller hat meines Wissens auch als einer der ersten in unserem Fach außereuropäische bzw. nichtwestliche Theorien zur Erforschung postsozialistischer Gesellschaftsformationen in Europa empfohlen (siehe ders.: Transformationen der Moderne: ein Ost-West-Vergleich? In: Beate Binder / Silke Gottsch / Wolfgang Kaschuba (Hrsg.): *Ort. Arbeit. Körper. Ethnografie europäischer Modernen*. Münster: Waxmann 2005, S. 55–66, hier S. 59–60).

Ingo Schneider

Kultur als Argument und Mythos

Über die Verantwortung von Wissenschaft und Politik für die Erfindung ‚ethnischer Differenz' in der Region Trentino – Südtirol

Wissenschaft und Politik: Eine gefährliche Allianz

Wie im Untertitel angekündigt geht es in diesem Beitrag um die Verantwortung von Wissenschaft und Politik in der Gestaltung des Zusammenlebens der mehrsprachigen Bevölkerung der heutigen Provinz Bozen. Insbesondere interessiert dabei die Rolle beider gesellschaftlichen Akteure für und bei der Erfindung und Etablierung einer ‚Erzählung' über angeblich unüberbrückbare ethnische, sprich: kulturelle Unterschiede zwischen den italienisch- und deutschsprachigen Bewohner*innen Südtirols. Der ethnologische/kulturanthropologische Blick richtet sich aber nicht so sehr auf die Praktiken von Wissenschaft und Politik und der durch diese hergestellten Ordnungen an sich.[1] Er wendet sich vielmehr den Argumenten und Strategien, man könnte auch sagen: den einzelnen Motiven der Erzählung zu, durch welche in der besonderen Situation Südtirols ein Mythos im Sinne von Roland Barthes geschaffen wurde.[2]

Auf einer grundsätzlichen Ebene zielt der Beitrag aber durchaus auch auf Fragen der Verantwortung der Geistes- und Sozialwissenschaften im Allgemeinen und der Empirischen Kulturwissenschaft (als Nachfolgedisziplin der vormaligen Volkskunde) im Besonderen, wie sie im einleitenden Beitrag von Johanna Rolshoven skizziert wird. Indem er dem Politischen als den lebensweltlichen

1 Mit Bezug auf die politikwissenschaftliche Trias von Inhalten (*policy*), Strukturen (*polity*) und Prozessen (*politics*) wäre damit die dritte Ebene der Prozesse (*politics*) anvisiert. Siehe auch Klaus Schönberger: Zur Spezifik des Politischen in der Empirischen Kulturwissenschaft, in diesem Band, S. 35.

2 Roland Barthes: *Mythen des Alltags*, aus d. Franz. v. Horst Brühmann. Berlin: Suhrkamp 2010, S. 251–316.

Auswirkungen politischer Prozesse auf den Alltag der Menschen nachspürt, möchte er ein Anwendungsbeispiel für dessen elementare gesellschaftliche Dimension vorführen, ein Beispiel – im Sinne von Chantal Mouffe – für die konfliktbeladene „Art und Weise [...], in der die Gesellschaft eingerichtet ist".[3] Durch die Beschäftigung mit den Verantwortlichkeiten früherer Generationen von Wissenschaftler*innen stellen sich zugleich auch Fragen nach dem Ethos heutiger geistes- und sozialwissenschaftlicher Forschung.[4]

Mein Interesse für das Zusammenleben der Sprachgruppen in Südtirol wurde durch zwei Forschungsprojekte geweckt, die sich mit den Grenzen und Grenzorten des ehemaligen Kronlandes Tirol befassten.[5] Es ging dabei insbesondere um die Frage, welche Konsequenzen der Auf- und Abbau der Grenzen aus einer praxistheoretischen Perspektive für die Menschen vor Ort hatten bzw. noch immer haben: Während die Bedeutung der Außengrenze nach dem österreichischen Beitritt zum Schengen-Abkommen immer mehr zurückging, blieb eine andere Grenze – zugleich unsichtbar und dennoch wirkmächtig – im Inneren des Landes bestehen: jene zwischen seinen italienisch- und den deutschsprachigen Bewohner*innen.[6]

Die Gründe für die bis heute bestehende Wirkmächtigkeit dieser inneren Grenze liegen in der Geschichte des ehemaligen Kronlandes Tirol, insbesondere seines südlichen Teils, der heutigen italienischen Provinzen Bozen und Trient. Tirol besaß seit Jahrhunderten eine gemischtsprachige Bevölkerung. Bedingt durch das wirtschaftliche und soziale Gefälle zwischen deutsch- und italienischsprachigen Tiroler*innen waren die Beziehungen zwischen den Sprachgruppen schon lange belastet. Diese Beziehungen verschlechterten sich nach dem Ende des Ersten Weltkriegs dramatisch, als der südliche Teil Tirols und das heutige Trentino dem italienischen Staat angegliedert wurden. Insbesondere der Mussolini-Faschismus und die politisch gesteuerte Ansiedlung weiterer italienischer Bevölkerung während des *Ventennio* wirkten sich prägend nachteilig auf

3 Chantal Mouffe: *Über das Politische. Wider die kosmopolitische Illusion.* Frankfurt am Main: Suhrkamp 2007, S. 15; siehe Johanna Rolshoven: Dimensionen des Politischen. Eine Rückholaktion, S. 15–34 in diesem Band.

4 Vgl. ebd.

5 Ingo Schneider / Oliver Haid / Reinhard Bodner / Martin Steidl (Hrsg.): *Grenzgänge. Orte des Durch- und Übergangs in der „Europaregion Tirol"*. Innsbruck / Wien / Bozen: StudienVerlag 2009; Andrea di Michele / Emanuela Renzetti / Ingo Schneider / Siglinde Clementi (Hrsg.): *An der Grenze. Sieben Orte des Durch- und Übergangs in Tirol, Südtirol und im Trentino aus historischer und ethnologischer Perspektive*. Bozen: Raeatia 2012. (Ital. *Al confine. Sette luoghi di transito in Tirolo, Adige e Trentino*. A Cura di Bolzano: Raetia 2012.)

6 Die ladinischsprachige Bevölkerung stand und steht noch immer zwischen den beiden großen Sprachgruppen.

die gesellschaftliche und politische Lage in der Region aus. Erst 1972 wurde mit dem zweiten Autonomiestatut[7] im Prinzip die Basis für ein friedvolles Miteinander geschaffen. Dennoch sehen wir in Südtirol heute nach wie vor eine in vielen gesellschaftlichen Bereichen segregierte Gesellschaft, sehen wir statt eines Mit- ein Neben-, wenn nicht gar Ohne-Einander der Sprachgruppen; freilich nicht an der Oberfläche – da wirkt alles ‚entspannt' –, sondern darunter.
Ich möchte im Folgenden den Gründen dieser Situation nachgehen, die aus der historischen Entwicklung allein nicht überzeugend erklärbar ist. Die Begründung scheint auf den ersten Blick relativ einfach zu finden zu sein: Es sind nicht die Menschen selbst, es war und ist zum Teil noch heute die Politik, die einer Entspannung im Wege steht. Anders gesagt: Die gesellschaftliche Segregation ist politisch gewollt. Sie sichert allen Parteien im Land Wählerstimmen. Schaut man näher hin und fragt danach, wie die so lange währende Segregation im Detail begründet wird, wird die Sache wissenschaftlich interessant. Die Trennung der Sprachgruppen wurde und wird nämlich – wenig überraschend – kulturalistisch begründet: mit der bereits genannten ‚Erzählung' über unüberwindbare ethnische/kulturelle Unterschiede. Und diese Erzählung wurde ganz wesentlich von Wissenschaftler*innen geschrieben.
Die Wissenschaften trifft also – das ist die These dieses Textes – eine entscheidende Verantwortung für die Erfindung und Fortschreibung der oben skizzierten ethnografischen Erzählung. Generationen deutsch-, aber auch italienischsprachiger Wissenschaftler*innen ließen sich in den Dienst der Politik stellen, indem sie mit ihren Arbeiten die Unterschiede anstelle der Gemeinsamkeiten zwischen den Menschen in Südtirol betonten. Kultur wurde in diesem Prozess zum Argument der Durchsetzung von Macht- und Herrschaftsansprüchen.

Vorspiel

Die Wurzeln der ‚ethnografischen Erzählung'[8] reichen ins 19. Jahrhundert zurück. Schon damals kam es zu einer unglücklichen Verschränkung politischer und wissenschaftlicher Aktivitäten. Im Zuge der Einigung Italiens nach

7 Das erste Autonomiestatut, unmittelbar nach dem Ende des Zweiten Weltkriegs beschlossen, wurde nicht umgesetzt.

8 Eine wesentlich ausführlichere Fassung der folgenden Überlegungen wird in Bälde in italienischer Sprache erscheinen. Ingo Schneider: La cultura come argomento e mito. La responsabilità della scienza e della politica per la creazione di una "narrazione etnografica" sull'Alto Adige. In: Quinto Antonelli / Josef Berghold / Giorgio Mezzalira / Cesare Poppi (Hrsg.): *Storia regionale del Trentino Alto Adige nel XX secolo*, Bd. 4: Cultura. Trento: Fondazione Museo Storico del Trentino 2018 (im Erscheinen).

der Errichtung des Königreichs entstand in den damals noch zur Habsburger Monarchie zählenden Gebieten um Triest und Trient die Bewegung des Irredentismus (von *terre irredenta*: das [noch] *unbefreite Land, verlorene Land*). Die Irredentisten verfolgten das Ziel, auch diese Gebiete der jungen Nation einzuverleiben. Bereits damals ließen sich die Wissenschaften politisch vereinnahmen. Vertreter der italienischen Wissenschaft stellten die Behauptung auf, die Region bis zur Brennergrenze sei an sich ‚schon immer' italienisches Stammland gewesen, das lediglich in den letzten Jahrhunderten ‚germanisiert' worden sei. Deutschsprachige Wissenschaftler begannen ihrerseits, sich auf unterschiedlichen Wegen für die Erhaltung des ‚Deutschtums' im heutigen Trentino einzusetzen. Sie bemühten sich etwa um die Errichtung von deutschen Schulen, stellten aber auch durch Forschungen in entlegenen deutschen Sprachinseln die These auf, dass weite Teile der nördlichen Provinzen Italiens ehemals ‚rein' deutsches Siedlungsgebiet gewesen seien. Zu Beginn des 20. Jahrhunderts entluden sich die Spannungen erstmals im Umfeld der Universität Innsbruck. Am 3. November 1904, am Abend der Eröffnung einer eigenen italienischen rechtswissenschaftlichen Fakultät in Innsbruck, kam es zu tumult- und pogromartigen Ereignissen mit zahlreichen Verletzten und einem Todesopfer sowie zur Inhaftierung zahlreicher angereister italienischer Studenten. Die völlig zerstörte italienische Fakultät nahm infolge der Ausschreitungen nie ihren Betrieb auf. Die später so bezeichneten *Fatti di Innsbruck* trugen wesentlich zur Verschlechterung der Beziehungen zwischen deutsch- und italienischsprachigen Tiroler*innen bei.[9]

Die Rolle der Universität Innsbruck bis zum Friedensvertrag von St. Germain

Unmittelbar nach der Unterzeichnung des Waffenstillstands am 3. November 1918 begannen italienische Truppen vor dem Hintergrund des Londoner Geheimvertrags von 1915, das südliche Tirol bis zur Brennergrenze zu besetzen. Praktisch zeitgleich setzten intensive Bemühungen der Universität Innsbruck um den Erhalt der südlich des Brenners gelegenen Gebiete ein.[10] Die Hoffnungen des akademischen Senats stützten sich auf das 14 Punkte umfassende Programm des amerikanischen Präsidenten Thomas Woodrow Wilson vom 8. Januar 1918, das

9 Siehe dazu Michael Gehler / Günther Pallaver (Hrsg.): *Universität und Nationalsozialismus. Innsbruck 1904 und der Sturm auf die italienische Rechtsfakultät*. Trento: Museo Storico del Trentino 2013; Gerhard Oberkofler: *Die Rechtslehre in italienischer Sprache an der Universität Innsbruck*. Innsbruck: Österreichische Kommissionsbuchhandlung 1975.

10 Siehe dazu ausführlich Gerhard Oberkofler: Der Kampf der Universität Innsbruck um die Einheit des Landes Tirol (1918–1920). In: *Tiroler Heimatblätter* 4 (1980), S. 78–89.

unter anderem eine „Berichtigung der Grenzen Italiens nach den klar erkennbaren Linien der Nationalität" (Punkt 9)[11] vorsah. Darauf aufbauend hatte der akademische Senat eine ganze Reihe von Aktivitäten gesetzt. Eine davon sei etwas genauer vorgestellt, um einen Eindruck von der damaligen Stimmung zu vermitteln. Der Senat beauftragte den Historiker und Volkskundler Hermann Wopfner, damals Dekan der Philosophischen Fakultät, den Kunsthistoriker Moritz Dreger und den Germanisten Eduard Joseph Wackernell mit der Abfassung einer offiziellen Denkschrift, die noch im Dezember 1918 (mit einer Sprachkarte) erscheinen sollte.[12] Beigelegt war ein Flugblatt, das die kulturalistische und essentialistische Grundthese der Denkschrift erkennen ließ: die Behauptung einer „natürlichen Einheit"[13] von Raum, Kultur und Mensch. Auf diese Weise sollte *Die Einheit Deutschtirols* – so der Titel der Schrift – wissenschaftlich bewiesen und eine Basis geschaffen werden, um die als Unrecht empfundene Teilung Tirols politisch wieder rückgängig zu machen. Die Sprache der binnen eines Monats verfassten Denkschrift ist pathetisch, die Argumentation völkisch und kulturalistisch:

> Dagegen erhebt die Tiroler Universität als geistige Führerin ihres Alpenvolkes warnend und beschwörend ihre Stimme [...], indem sie auf die natürlichen Notwendigkeiten des ungeteilten Weiterbestandes dieses Landes wenigstens in seinen deutschsprachigen Gebieten nördlich der Salurner Klause mit unwiderleglichen Gründen wissenschaftlicher Forschung eintritt.[...] Wir wenden uns mit dieser Denkschrift an Ihr hohes Verständnis für wahre und echte Volkskultur, [...] und bitten sie, [...] das Tirolervolk aber im Kampfe um seine Bergheimat, um seine eigenartige Kultur tatkräftig zu unterstützen.[14]

Der Hauptteil der Denkschrift stammt aus der Feder Wopfners, der ihr zwei Aufgaben zuordnete: einerseits „der Annexion Deutsch-Südtirols mit den Waffen der Wissenschaft entgegenzutreten", anderseits sollte sie „dauernde Feindschaft zwischen dem deutschen und dem italienischen Volk" verhindern.[15] „Nie

11 Die 14 Punkte der Botschaft des Präsidenten der Vereinigten Staaten von Amerika Woodrow Wilson an den US-Kongreß. Vom 8. Januar 1918. http://www.documentarchiv.de/in/1918/14-punkte-wilsons.html (Zugriff am 12.07.2017).

12 Hermann Wopfner / Moritz Dreger / Joseph Wackernell: *Die Einheit Deutschtirols. Denkschrift des akademischen Senats der Universität Innsbruck*. Innsbruck: Tyrolia [1918].

13 Flugblatt als Beilage zu ebd.

14 Ebd.

15 Wopfner / Dreger / Wackernell: *Die Einheit Deutschtirols*, S. 4.

und nimmer", so Wopfner resümierend, „können sich die Deutschen mit dem Gedanken aussöhnen, daß Hunderttausende ihrer Volksgenossen durch schnöde Gewalt der italienischen Fremdherrschaft unterworfen werden."[16] Und er schloss mit der geradezu als Drohung aufzufassenden Frage: „Sollte nun der Gewinn der Brennergrenze für das italienische Volk wirklich groß genug sein, um dafür die dauernde Feindschaft des deutschen Volkes einzutauschen?"[17] Die Beiträge Dregers und Wackernells fielen mit jeweils knapp fünf Seiten vergleichsweise kurz aus, sind aber von derselben Idee der Behauptung von Gebietsansprüchen durch kulturelle Argumente, in diesem Fall Erzeugnisse der Hochkultur, getragen.
Das Flugblatt bildete den Auftakt zu einer Reihe weiterer, teilweise ‚origineller' Bemühungen. So unterstützte die Universität Innsbruck zu Beginn des Jahres 1919 eine Propaganda-Postkarten-Aktion, die die nationale Situation Tirols kartographisch darstellte. Die Postkarten sollten möglichst zahlreich im In- und Ausland versandt werden. Die Universität forderte die Studierenden auf, sich an dieser Aktion zu beteiligen.[18] Selbst nachdem Wilson von seinem 14-Punkte-Programm abgerückt war und sich die Durchsetzung der italienischen Gebietsansprüche immer mehr abzeichnete, bemühte sich die Universität durch Resolutionen, Kundgebungen, Interventionen in Wien und Rundschreiben weiter, die Teilung des Landes zu verhindern. In die beibehaltene natur-/kulturräumliche Argumentation mischten sich dabei immer deutlicher Elemente deutschtümelnder, nationalistischer Rhetorik.[19] Trotz aller Bemühungen besiegelte der Vertrag von St. Germain im September 1919 die Abtretung des deutschsprachigen südlichen Tirols, des Kanaltals sowie des Trentino an Italien. Die vom Akademischen Senat aus Anlass der förmlichen Annexion des nunmehrigen Südtirols am 10. Oktober 1920 abgehaltene Trauerfeier muss so gesehen als Symbol der Machtlosigkeit gesehen werden.

16 Wopfner / Dreger / Wackernell: *Die Einheit Deutschtirols*, S. 39.

17 Ebd., S. 40.

18 Siehe dazu Oberkofler: Der Kampf der Universität Innsbruck, S. 81.

19 So schrieb etwa der damalige Rektor Karl Lamp in einem Rundschreiben an alle deutschsprachigen Universitäten und Hochschulen vom Juni 1919, dass Tirol „durch die Blutsgemeinschaft seiner rein deutschen Bewohner [...] von der Salurner Klause bis zu seiner Nordgrenze, dem Karwendelgebirge zu einer unzerreißbaren Einheit verwachsen" sei (Karl Lamp: Rundschreiben, Juni 1919. Universitätsarchiv Innsbruck, R Nr. 628/1919, zit. n. Oberkofler: Der Kampf der Universität Innsbruck, S. 83).

Individuelle und institutionelle Akteure an der Innsbrucker Universität nach dem Ersten Weltkrieg

In den folgenden Jahren verstand sich die Universität Innsbruck als Ganzes weiterhin als diejenige wissenschaftliche Institution, die „sich für die Erhaltung der geistigen Bande mit dem tirolischen Süden […] in besonderem Maße mitverantwortlich weiß".[20] Aber auch einzelne Professoren hatten sich den Einsatz für Deutschsüdtirol zum Ziel ihrer wissenschaftlichen Arbeit gemacht; teilweise wohl auch, weil sie sich selbst vorwarfen, auf die pseudowissenschaftlichen Begründungen der Brennergrenze durch Ettore Tolomei und seinen Kreis zu spät reagiert, also in gewisser Weise versagt zu haben.[21] Stellvertretend für eine Reihe in Innsbruck tätiger Wissenschaftler sei auf das Wirken des bereits genannten Wopfner eingegangen. Bereits 1920 gründete Wopfner die bis heute existierende Schriftenreihe „Tiroler Heimat. Beiträge zu ihrer Kenntnis und Wertung" mit dem Ziel, „den Kampf für die Freiheit und Selbstbestimmung… mit allen gerechten Mitteln"[22] zu führen:

> Zum geistigen Rüstzeug dieses Kampfes gehört der Nachweis der Einheit Tirols, der Einheit seiner Geschichte, seiner natürlichen Beschaffenheit, seines Volkstums und seiner eigenartigen Kultur; diesem Nachweis sollen die Abhandlungen im vorliegenden Almanach und in seinen Fortsetzungen dienen.[23]

1923 erwirkte Wopfner beim Unterrichtsministerium in Wien die Errichtung des Instituts für geschichtliche Siedlungs- und Heimatkunde der Alpenländer als Annex seiner Lehrkanzel.[24] Auch hier dachte Wopfner eindeutig an Südtirol, wenn er dem Institut die Aufgabe stellte, „die kulturelle Entwicklung der Heimat als Teilerscheinung der allgemeinen, insbesondere der deutschen

20 Adolf Günther: Geleitwort. In: Universitätsamt Innsbruck / Tiroler Landes-Verkehrsamt (Hrsg.): *Die Universität Innsbruck. Aus Geschichte und Gegenwart.* Innsbruck / Wien / München: Tyrolia [1928], S. 5.

21 Die Nennung von Namen, ohne auf die betreffenden Schriften einzugehen, scheint mir nicht sinnvoll zu sein (vgl. dazu ebd., S. 230).

22 Hermann Wopfner: Vorwort. In: *Tiroler Heimat* 1 (1921), S. 3. Den größten Teil des ersten Bandes der Zeitschrift nahm ein Aufsatz Wopfners ein, in dem er den Nachweis erbringen wollte, dass Tirol seit der Völkerwanderungszeit in erster Linie durch deutsche Stämme besiedelt worden sei (ders.: Tirols Eroberung durch deutsche Arbeit. In: Ebd., S. 5–38).

23 Ebd., S. 3.

24 Siehe dazu Gerhard Oberkofler: *Die geschichtlichen Fächer an der Philosophischen Fakultät der Universität Innsbruck 1850–1945.* Innsbruck: Österreichische Kommissionsbuchhandlung 1969, S. 147–151.

Kulturgeschichte zu erfassen und darzustellen."[25] 1926 erschien Wopfners Studie *Deutsche Siedlungsarbeit in Südtirol*[26]. Mit den Mitteln der Siedlungskunde, Rechtsgeschichte und Toponomastik versuchte Wopfner den Nachweis zu führen, dass das nunmehrige Südtirol seit Jahrhunderten ein deutsches Land gewesen wäre und auch die Ladiner nicht als Italiener aufzufassen seien. Seinem Engagement für Südtirol blieb Wopfner zeitlebens treu, vor allem auch in seinem Lebenswerk, dem *Tiroler Bergbauernbuch*, von dem zu seinen Lebzeiten nur eine erste Lieferung erscheinen konnte.[27]

Wissenschaft im Dienste der Politik: Die NS-Zeit

In den 1930er Jahren verstärkte sich vor allem eine Tendenz: Die Wissenschaften gerieten immer mehr in den Sog der großen Politik, d. h., die politische Instrumentalisierung weiter Teile der deutschsprachigen Wissenschaft insbesondere für die Legitimierung nationalsozialistischer Expansionspolitik erreichte ungeahnte Dimensionen. Die Frage der Tiroler Landeseinheit geriet vor diesem Hintergrund zu einem Mosaikstein in der übergeordneten Frage des Grenz- und Auslandsdeutschtums. Nichts desto weniger gab es eine Vielzahl einschlägiger Aktivitäten, die sich vor allem im Rahmen dreier NS-Wissenschaftsinstitutionen vollzogen. Die erste war die Stiftung für deutsche Volks- und Kulturbodenforschung Leipzig[28], deren zentrale Aufgabe die wissenschaftliche Konstruktion ethnischer Grenzen unter dem Schlagwort ‚Volk und Raum' und damit

25 Wopfner am 30.06.1923, zit. n. Oberkofler: Der Kampf der Universität Innsbruck, S. 87. Dass das Institut dieser Aufgabe in den Folgejahren nicht im Sinne Wopfners nachkam, lag daran, dass es rasch unter den Einfluss Adolf Helboks geriet, dessen überregionale, deutschnationale Ausrichtung kein besonderes Interesse an Südtirol zuließ. Oberkofler zufolge sei das Institut erst wieder unter Franz Huter zur Beschäftigung mit der Südtirolfrage zurückgekehrt (siehe Oberkofler: Der Kampf der Universität Innsbruck, S. 89, Anm. 56).

26 Hermann Wopfner: *Deutsche Siedlungsarbeit in Südtirol. Eine volkskundliche Studie.* Innsbruck: Wagner 1926.

27 Hermann Wopfner: *Bergbauernbuch*, hrsg. v. Nikolaus Grass, unter Mitarb. v. Dietrich Thaler. 3 Bde. Innsbruck: Wagner 1995–1997. Die Veröffentlichungen in den Schlern-Schriften und damit im Wagner'schen Universitätsverlag ist freilich auch kein Zufall. Dass es erst in den 1990er Jahren unter großem Aufwand veröffentlicht wurde, stellt auch für unser Thema ein interessantes Kapitel der Wissenschaftsgeschichte dar. Auf weitere in Innsbruck tätige Wissenschaftler, die sich wissenschaftlich um Südtirol bemüht hatten, kann hier nicht eingegangen werden. Genannt sei lediglich der Historiker Otto Stolz, der sich auf dem Feld der Urkunden betätigt hatte (Otto Stolz: *Die Ausbreitung des Deutschtums in Südtirol im Lichte der Urkunden.* 5 Bde. München / Berlin: Oldenbourg 1927–1934).

28 Vgl. dazu die Dissertation von Michael Fahlbusch: *„Wo der deutsche … ist, ist Deutschland!" Die Stiftung für deutsche Volks- und Kulturbodenforschung in Leipzig 1920–1933.* Bochum: Brockmeyer 1994; Ingo Haar: Leipziger Stiftung für deutsche Volks- und Kulturbodenforschung. In:

die Infragestellung der nationalen Grenzen nach dem Ersten Weltkrieg darstellte. Die Stiftung war nur am Rande, aber dennoch für Südtirol wirksam, u. a. hatte sie das wissenschaftliche Großprojekt des *Atlas der deutschen Volkskunde*[29] mit auf den Weg gebracht, in dessen Erhebungen und Karten Südtirol selbstverständlich einbezogen wurde.

Wesentlich unmittelbarer befasste sich ein zweiter institutioneller Akteur mit Südtirol: die Alpenländische Forschungsgemeinschaft (AFG)[30]. 1931 gegründet, hatte sie ihren Sitz in Innsbruck und stand unter der Leitung in Innsbruck tätiger Wissenschaftler.[31] Der Schwerpunkt der Tätigkeit der AFG lag auf Tirol. Hier galt es, die Herrschaftsansprüche Italiens auf Südtirol durch historische und siedlungsgeografische, volkskundliche, sprachwissenschaftliche, aber auch kunsthistorische Forschungen zu widerlegen. Die AFG förderte Wissenschaftler aus Südtirol, Archive, Vereine und Museen, aber auch Publikationsorgane und Verlage. Exemplarisch genannt sei das bereits 1926 begonnene und jahrzehntelang fortgeführte *Tiroler Urkundenbuch* des in Bozen geborenen Historikers Franz Huter, der ab 1942 selbst Leiter der AFG war.[32] Über die Absicht des umfangreichen Editionsvorhabens schrieb Huter: „Denn nur aus den Urkunden kann der unumstössliche Beweis erbracht werden, dass Südtirol vom Brenner bis Salurn bereits im früheren Mittelalter ein deutsches Land geworden ist […].“[33] Dass das *Tiroler Urkundenbuch* erst 2009 fertiggestellt wurde, kann bei aller Wertschätzung einer derartigen Quellenedition auch als Indiz für ideologische Kontinuitäten bis in die Gegenwart gelesen werden.

Ein dritter wichtiger institutioneller Akteur war die Kulturkommission für Südtirol des SS-Ahnenerbes.[34] Sie wurde nach dem offiziell erklärten Verzicht

Ders. / Michael Fahlbusch, unter Mitarb. v. Matthias Berg (Hrsg.): *Handbuch der völkischen Wissenschaften. Personen – Institutionen – Forschungsprogramme – Stiftungen*. München: Saur 2008, S. 374–382.

29 Siehe dazu Haar: Leipziger Stiftung für deutsche Volks- und Kulturbodenforschung, S. 381.

30 Siehe dazu Michael Fahlbusch: *Wissenschaft im Dienste der nationalsozialistischen Politik? Die „volksdeutschen Forschungsgemeinschaften“ von 1931–1945*. Baden-Baden: Nomos 1999; ders.: Alpenländische Forschungsgemeinschaft. In: Haar / Fahlbusch (Hrsg.): *Handbuch der völkischen Wissenschaften*, S. 27–38.

31 Fahlbusch: *Wissenschaft im Dienste der nationalsozialistischen Politik*, S. 299.

32 Ebd.

33 Gerhard Oberkofler zitiert dieses Schreiben in seiner Biografie über Huter ohne Quellenangabe (siehe Gerhard Oberkofler: *Franz Huter. Soldat und Historiker Tirols*. Innsbruck: Studienverlag 1999, S. 42).

34 Michael Kater: *Das „Ahnenerbe“ des SS 1935–1945. Ein Beitrag zur Kulturpolitik des Dritten Reiches*. Stuttgart: de Gruyter 1974. Über die Kulturkommission für Südtirol haben als erste Peter Assion und Peter Schwinn gearbeitet (vgl. Peter Assion / Peter Schwinn: Migration,

Hitlers auf Südtirol und der in Folge beschlossenen Umsiedlung der deutsch- und ladinischsprachigen Südtiroler*innen vom SS-Reichsführer Heinrich Himmler als eine dem SS-Ahnenerbe eingegliederte, wissenschaftliche Kommission installiert. Sie hatte zwei Aufgaben zu erfüllen: die Registrierung allen deutschen Kulturguts in Südtirol sowie dessen Sicherstellung und ‚Rückführung' nach Deutschland, was *de facto* staatlich organisiertem Kunstraub gleichkam, sowie die Durchführung umfassender Erhebungen zur deutschen und ladinischen ‚Volkskultur'. Dahinter stand die aberwitzige Idee, den nach der erzwungenen Staatsbürgerschaftsoption[35] umsiedlungswilligen Südtiroler*innen ein möglichst getreues Abbild ihrer gesamten materiellen und geistigen ‚Volkskultur' in das neue Siedlungsgebiet im Deutschen Reich nachzuliefern. Der Reichsgeschäftsführer des Ahnenerbes und Leiter der Kulturkommission Wolfram Sievers sah die Aufgabe der Kulturkommission freilich etwas differenzierter. Ihm ging es um die paradigmatische Konstruktion nicht nur des ‚rein deutschen', sondern des ‚germanischen' Charakters der Südtiroler ‚Volkskultur' (wurden die Südtiroler Bergbauern doch zunehmend als *die* deutschen Bauern schlechthin inszeniert). Diese sollte dann befreit bzw. ‚gesäubert' von allen religiösen Elementen den ins Reich umgesiedelten Südtiroler*innen zum Zwecke eines ‚artgemäßen Neuaufbaus' zur Verfügung gestellt werden. Auf die Details der Organisation und Durchführung dieses gewaltigen Vorhabens kann hier nicht eingegangen werden.[36] Erwähnt sei lediglich, dass Teile der nach dem Krieg verschollenen Erhebungsmaterialien aus den Bereichen Volksschauspiel und -brauch, Baukultur und Volkserzählung erst Jahrzehnte später publiziert

Politik und Volkskunde 1940/43. Zur Tätigkeit des SS-Ahnenerbes in Südtirol. In: Ina-Maria Greverus / Konrad Köstlin / Heinz Schilling (Hrsg.): *Kulturkontakt – Kulturkonflikt. Zur Erfahrung des Fremden*. Frankfurt am Main: Institut für Kulturanthropologie der Universität Frankfurt 1988, S. 221–226; Peter Schwinn: Auf Germanensuche in Südtirol. Zu einer volkskundlichen Enquete des SS-Ahnenerbes. In: *Jahrbuch für Volkskunde* N. F. 12 (1989), S. 85–98; Peter Schwinn: „SS-Ahnenerbe" und „Volkstumsarbeit" in Südtirol 1940–1943. In: Reinhard Johler / Ludwig Paulmichl / Barbara Plankensteiner (Hrsg.): *Südtirol im Auge der Ethnographen*. Wien / Lana: Edition per Procura, S. 91–104.

35 Siehe dazu *Option Heimat Opzioni. Eine Geschichte Südtirols. Una Storia dell'Alto Adige*. Katalog zur Ausstellung des Tiroler Geschichtsvereins, Bozen. Innsbruck: Tiroler Geschichtsverein 1989; zuletzt Eva Pflanzelter: *Option und Gedächtnis. Erinnerungsorte der Südtiroler Umsiedlung*. Bozen: Raetia 2015.

36 Siehe dazu auch Anka Oesterle: Die volkskundlichen Forschungen des „SS-Ahnenerbes" mit Berücksichtigung der „Kulturkommission Südtirol". In: Johler / Paulmichl / Plankensteiner (Hrsg.): *Südtirol im Auge der Ethnographen*, S. 76–89; Schwinn: „SS-Ahnenerbe" und „Volkstumsarbeit" in Südtirol 1940–1943, S. 104; Michael Wedekind: Kulturkommission des „SS-Ahnenerbes" in Südtirol. In: Haar / Fahlbusch (Hrsg.): *Handbuch der völkischen Wissenschaften*, S. 356–367.

wurden. Die problematischen Umstände des Zustandekommens der Materialien wurden dabei entweder überhaupt verschwiegen oder nur verkürzt bzw. nicht ihrer Bedeutung entsprechend aufgearbeitet.[37] Auch das ist als eine Facette der ‚ethnografischen Erzählung' zu sehen.

Wissenschaft und Politik nach dem Zweiten Weltkrieg

Mit dem Ende des Zweiten Weltkriegs war klar geworden, dass es zu keiner Veränderung der Grenzen zwischen Österreich und Italien kommen würde. Das Gruber-De-Gasperi-Abkommen sicherte den deutsch- und ladinischsprachigen Südtiroler*innen im Prinzip volle Gleichberechtigung mit den italienischsprachigen Einwohner*innen Südtirols zu. Die Realität sah aber anders aus. Erst das zweite Autonomie-Statut für die Region Trentino-Südtirol (1972) schuf den gesetzlichen Rahmen für die Umsetzung der versprochenen Selbstverwaltung.[38] Dennoch sehen wir in den folgenden Jahrzehnten südlich wie nördlich des Brenners ein von Politik und Wissenschaft getragenes dichtes Geflecht von Aktivitäten, dass die Betonung der Unterschiede über die Förderung der Gemeinsamkeiten stellte. Und abermals wird dabei Kultur als Argument, als Mittel der Behauptung und Fortschreibung von Differenz instrumentalisiert. So wurde im Bereich der Bildung und Kultur ein System der Trennung der ‚Volksgruppen' etabliert, das bis heute nicht überwunden ist. Lange Jahre spielte dabei Anton Zelger als verantwortlicher Politiker für deutsches Schulwesen und deutsche Kultur eine Schlüsselrolle. Von ihm stammt der häufig zitierte Ausspruch: „Je besser wir trennen, desto besser verstehen wir uns." Zelger dachte bei Kultur immer auch, wenn nicht gar zuerst, an ‚Volkskultur'. Dementsprechend setzte er politische Macht und Geldmittel überproportional zur Förderung ‚volkskultureller' Verbände wie Blasmusikkapellen, Schützen und Volksbühnen ein.

37 Bzgl. der Veröffentlichungen zur Erzählforschung vgl. Ingrid Tomkowiak / Dietmar Sedlaczek: Nationalsozialismus. In: *Enzyklopädie des Märchens*, hrsg. v. Heidrun Alzheimer / Rolf-Wilhelm Brednich / Hermann Bausinger / Wolfgang Brückner et al., Bd. 9. Berlin: de Gruyter 1999, Sp. 1243–1255.

38 Das Sonderstatut für die Region Trentino – Südtirol. In: Südtiroler Landesregierung (Hrsg.): *Das neue Autonomiestatut*. 14. Auflage. Bozen: Presseamt 2009, S. 63–107. Das zweite Autonomiestatut hat die Situation der deutschsprachigen Südtiroler*innen entscheidend verbessert, d. h. ihre jahrzehntewährende Benachteiligung aufgehoben. Die Lage hat sich nun allerdings zum Nachteil der italienischen Südtiroler*innen gewendet (siehe dazu Lucio Giudiceandrea: *Spaesati. Italiani in Südtirol*. Bolzano: Raetia 2007). Dass das Autonomiestatut *de facto* durch einzelne seiner Bestimmungen wie dem „ethnischen Proporz" heute einer Entspannung im Wege steht, sei hier nur angemerkt.

Er argumentierte aber auch – vollkommen einig mit der Linie der Südtiroler Landespolitik – offen gegen eine eigene Universität in Südtirol und eine zweisprachige Landesbibliothek. Zu denken ist weiters an das Südtiroler Kulturinstitut, das bereits in den 1950er Jahren als ein Instrument des Widerstands gegen eine angeblich drohende italienische Kulturhegemonie gegründet worden war. Auf dessen Webseite steht noch heute der Satz: „Zu den Hauptaufgaben des Instituts gehört die Pflege von Kontakten zum deutschen Kulturraum, insbesondere zu Nord- und Osttirol sowie zum übrigen Österreich."[39] Und um noch zwei Bereiche der Kultur- und Bildungspolitik zu nennen, an dessen Umsetzung die Wissenschaften, darunter auch die ehemalige Volkskunde, mitwirkten: Zum einen repräsentiert die Südtiroler Museumslandschaft bis heute fast ausschließlich die deutschsprachigen Bewohner*innen des Landes. Die Italiener*innen sind nicht nur unterrepräsentiert, sie waren bis vor kurzem in den Südtiroler Museen schlichtweg nicht vorhanden. Zum anderen trugen die regionalen wissenschaftlichen Publikationsorgane mit ihrer Fokussierung auf ‚deutsche Kultur' zur Fortschreibung der Erzählung über die unüberwindbare ‚ethnischen Differenz' zwischen den Bewohner*innen der Provinz Bozen bei.[40]

Dass eine derart hegemoniale Kulturpolitik der Annäherung der Sprachgruppen im Wege stehen musste, versteht sich von selbst. Man muss aber auch sehen, dass Generationen aufgeschlossener Südtiroler*innen unter dieser Situation leiden, wenn nicht in ihr zerbrechen mussten. Georg Kaser, der früh verstorbene Poet, fand für diese Generation die treffenden Worte: „Eingeklemmt waren sie, eingeklemmt zwischen den Kulturen [...]"[41].

Wie erwähnt hatten auch im nördlichen Tirol Politik und Wissenschaft ihren Anteil an der Fortschreibung der gesellschaftlichen Segregation in Südtirol. Verantwortlich dafür waren zu einem wesentlichen Teil personelle und institutionelle Kontinuitäten, auf die hier nicht näher eingegangen werden kann. So gelang es etwa den führenden Köpfen der Alpenländischen Forschungsgemeinschaft Raimund von Klebelsberg und Franz Huter, ihre akademischen

39 http://www.kulturinstitut.org/hauptnavigation/ueber-uns.html (Zugriff am 05.02.2015).

40 Neben der bereits genannten, bis heute existierenden *Tiroler Heimat* sei auf die in Südtirol erscheinende Zeitschrift *Der Schlern* und auf die Reihe *Schlern-Schriften* hingewiesen. Eine erfreuliche Ausnahme im wissenschaftlichen Publikationswesen bildet die seit 1992 erscheinende Zeitschrift *Geschichte und Region/Storia e Regione*, die sich „als zweisprachiges Forum für innovative Geschichtsschreibung im zentralen Alpenraum – als Gegenpol zur herkömmlichen Landesgeschichte" versteht (http://geschichteundregion.eu/it/home (Zugriff 10.07.2015)).

41 Zit. n. Nina Schröder: Kultur als Zerreißprobe. Zwischen offizieller Landeskultur und alternativer Subkultur. In: Gottfried Solderer (Hrsg.): *Das 20. Jahrhundert in Südtirol*. Bozen: Raetia 2002, S. 174–205, hier S. 175.

Karrieren an der Innsbrucker Universität erfolgreich weiter- und ihre auf Deutschsüdtirol fokussierten Forschungen fortzuführen. Aber auch die offizielle Landespolitik maß der ‚Südtirolfrage' weiterhin große Bedeutung bei. So gab es etwa bis in die 1990er Jahre im Amt der Tiroler Landesregierung ein eigenes „Referat S/Referat für Südtirol". Seine Aufgabe bestand im Wesentlichen aus Informationsbeschaffung und wissenschaftliche(r) Politikberatung, aber auch der ständigen Information des Tiroler Landtags über die Lage in Südtirol.[42]

Kultur als Argument und Mythos – Fazit

In den letzten Jahren mehren sich endlich die Anzeichen für eine Entspannung der Lage. Andererseits ist nicht zu übersehen, dass sich die eingangs angesprochene innere Grenze, das Nebeneinanderher-Leben von deutsch- und italienischsprachigen Südtiroler*innen verfestigt haben. Ein offenes Miteinander sehen wir bisher nur in bestimmten gesellschaftlichen Bereichen, vor allem in der jungen Kunst-, Kreativ- und Medienszene.[43]

Es geht mir in diesem Beitrag darum zu zeigen, dass und wie Kultur in der besonderen Situation Südtirols als politisch-strategisches Argument für Herrschaftsansprüche instrumentalisiert wurde und dass und wie Wissenschaft und Politik in diesem Bestreben lange Zeit gemeinsame Sache machten. Ein erstes, wissenschaftshistorisches Interesse zielt auf die exemplarische Aufdeckung dieser engen Verflechtungen von Wissenschaft und Politik. Dabei wird deutlich, dass sich eine ganze Reihe von Disziplinen über einen überraschend langen Zeitraum politisch instrumentalisieren ließ. Man kann und muss die Sache aber auch anders herum betrachten: Eine ganze Reihe von Wissenschaftler*innen, ja zeitweise die Leitungsgremien der Universität Innsbruck versuchten mit Mitteln der Wissenschaft, in die große Politik einzugreifen. Wir wissen heute, dass diese Versuche am Lauf der Geschichte, an den politischen Tatsachen nichts zu ändern vermochten; soviel zum Gewicht der Wissenschaften in politischen Konflikten. Für einen Außenstehenden ist das Ausmaß dieser Indienststellung dennoch verwunderlich.

Ein zweites, kulturtheoretisches Interesse dieses Beitrags gilt den konkreten Argumentationsstrategien von Wissenschaft und Politik. Auch wenn hier nur

42 Welche Bedeutung die Nordtiroler Politik der ‚Südtirolfrage' beimaß, erhellt aus dem Umstand, dass diese bei den Sitzungen des Landtags über viele Jahre hin den ersten Tagesordnungspunkt darstellte.

43 Vgl. z. B. das mehrsprachige Online Magazin *franzmagazine* (Zugriff am 13.05.2017).

die deutschsprachige Seite untersucht wurde, ist mitzudenken, dass von italienischer Seite im Grunde dieselben Argumente verwendet wurden. Immer wurden Geschichte, Besiedlung, Sprache, Kunst, Literatur, wurden Alltagskultur, Traditionen und Bräuche ins Treffen geführt. Immer wurde somit Kultur als politisch-strategisches Argument für Herrschaftsansprüche instrumentalisiert, wurde mithin das „moralische Kapital der Kultur für unmoralische Zwecke missbraucht".[44] Und einmal mehr müssen wir die politische Instrumentalisierbarkeit geistes-, aber auch naturwissenschaftlicher Forschung konstatieren und speziell die Gefährlichkeit von Konzepten wie Ethnizität und Kultur.[45] Aus kulturtheoretischer Sicht lassen sich die sich hier abzeichnenden Diskurse um ethnische Identität und Abgrenzungen als ein Musterbeispiel eines Mythos im Sinne Roland Barthes' deuten. Der Mythos trägt nach Barthes als Metasprache und Kommunikationssystem die zentrale Idee der Naturalisierung in sich, mit anderen Worten: Er tendiert immer dazu, Geschichte in Natur zu verwandeln.

> Die Semiologie hat uns gelehrt, dass der Mythos die Aufgabe hat, eine historische Intention in Natur, etwas Zufälliges als Ewiges zu begründen. [...] Die Dinge verlieren in ihm die Erinnerung daran, dass sie hergestellt sind.[46]

Genau das ist in der besonderen Situation Südtirols passiert. Politischer Wille – oder sollte man besser sagen: politische Willkür? – ließ die historische Realität eines über Jahrhunderte gewachsenen mehrsprachigen Gebiets vergessen und die Erinnerung beinahe verloren gehen, dass die ‚ethnischen' oder ‚kulturellen' Unterschiede zu einem ganz wesentlichen Teil erfunden wurden.

44 Wolfgang Kaschuba: Kulturalismus. Vom Verschwinden des Sozialen im gesellschaftlichen Diskurs. In: Ders. (Hrsg.): *Kulturen – Identitäten – Diskurse. Perspektiven europäischer Ethnologie*. Berlin: Akademie 1995, S. 11–30, hier S. 13.

45 Eric Wolf: Gefährliche Ideen. Rasse, Kultur, Ethnizität. In: *Historische Anthropologie* 1,3 (1993), S. 331–346.

46 Barthes: *Mythen des Alltags*, S. 294–295.

Ästhetisierungen des Politischen

Helmut Groschwitz

Postkoloniale Volkskunde

Eine Annäherung über das Museum

Ausgangspunkt der folgenden Überlegungen zu einer postkolonialen Volkskunde ist ein Ausstellungsprojekt. Im Rahmen des „Humboldt Lab Dahlem“[1] habe ich die Intervention „EuropaTest“ kuratiert, in der nach den Verbindungen von außereuropäischen und europäischen Sammlungen gefragt wurde. Das Projekt entstand vor dem Hintergrund der Entscheidung, dass für das Humboldt-Forum nur die ‚außereuropäischen‘ Ethnographika ins rekonstruierte Berliner Stadtschloss ziehen sollen, nicht aber die europäischen und volkskundlichen Sammlungen, womit die kolonialen Blickregime auf ‚die Anderen‘ zementiert würden. Das Ausstellungsprojekt, das als eines der wenigen einen sammlungsübergreifenden Zugang hatte, thematisierte u. a. kulturelle Verwobenheiten, Reflexionen zur Sammlungs- und Institutionsgeschichte sowie die Hinterfragung einer Grenzziehung zwischen ‚Europa‘ und ‚Außereuropa‘.[2] Im Zuge der Umsetzungen tauchte mehrfach die Frage auf, inwieweit die postkolonialen Diskurse nicht auch für die volkskundlichen und kulturhistorischen Museen relevant sind und wie sie dort aufgegriffen oder verweigert werden.

1 Das „Humboldt Lab Dahlem“ war ein von der Kulturstiftung des Bundes gefördertes Vorbereitungsprojekt zum künftigen Humboldt-Forum in Berlin (Laufzeit 2012–2015). Projektarchiv unter: http://www.humboldt-lab.de/projektarchiv/probebuehne-4/europatest/teaser/index.html (Zugriff am 31.10.2017).

2 Helmut Groschwitz: Und was ist mit Europa? Zur Überwindung der Grenzen zwischen ‚Europa‘ und ‚Außer-Europa‘ in den ethnologischen Sammlungen Berlins. In: Michael Kraus / Karoline Noack (Hrsg.): *Quo vadis Völkerkundemuseum? Aktuelle Debatten zu ethnologischen Sammlungen in Museen und Universitäten.* Bielefeld: Transcript 2015, S. 205–225.

Bei den ethnologischen Museen scheint die Notwendigkeit einer postkolonialen Revision auf der Hand zu liegen, sie sind von ihrer Genese her und durch das Gros ihrer Sammlungserwerbungen aus außereuropäischen Regionen in unterschiedlicher Weise in das System des europäischen Kolonialismus eingebunden. Daher wird nach den Umständen des Erwerbs von Objekten gefragt, nach dem Umgang mit *human remains* in den Sammlungen und den Modi von möglichen Repatriierungen. Es werden die Prämissen von Repräsentation und Ausstellung hinterfragt, Sammlungsgeschichten thematisiert und im Co-Kuratieren mit Vertreter_innen der sogenannten *source communities* neue Formen der Zusammenarbeit sowie eines *shared heritage* gesucht;[3] ebenso eignen sich ethnologische Sammlungen hervorragend, um Kolonialgeschichte zu thematisieren.[4]

Sind solche Aspekte und Diskurse auch relevant für das Fach Volkskunde, das gerade wissenschaftsgeschichtlich für den Blick auf das ‚Eigene' steht, sowie für die volkskundlichen und kulturhistorischen Museen? Hatten die dortigen Sammlungsbestände nicht oft genug eher das Stadium des Abgelegten oder Verworfenen durchlaufen, bevor sie ins Museum kamen? Liegt die Kompetenz etwa eines Freilichtmuseums nicht gerade bei der Fokussierung auf das Regionale, den Entwicklungen, Praktiken und Besonderheiten vor Ort? Der vorliegende Essay möchte hierzu vier Annäherungen skizzieren: 1) die Ausblendung des Kolonialen im Alltag, 2) eine Volkskunde des postkolonialen Alltags, 3) die Konstruktionen der ‚Anderen' sowie 4) die Gründung der Volkskunde im Zeitalter des Kolonialismus. Dabei werden jeweils Museen und Ausstellungen als Kontaktstellen von Wissensproduktion und Öffentlichkeit angesprochen, insofern sie sich als Ausdruck von Verweigerung, als Diskursraum oder als Agenturen einer kritischen Auseinandersetzung und Weiterentwicklung zeigen. Daher steht hier auch nicht ein Abriss der sehr heterogenen und teils widersprüchlichen postkolonialen

3 Vgl. Hermann Parzinger: Der vergessene Krieg der Deutschen. In: *Spiegel Online*, 27.02.2017. http://www.spiegel.de/kultur/gesellschaft/tansania-der-vergessene-krieg-maji-maji-aufstand-a-1136360.html (Zugriff am 28.02.2017); Larissa Förster: Öffentliche Kulturinstitution, internationale Forschungsstätte und postkoloniale Kontaktzone. Was ist ethno am ethnologischen Museum? In: Thomas Bierschenk / Matthias Krings / Carola Lentz (Hrsg.): *Perspektivwechsel. Ethnologie im 21. Jahrhundert*. Berlin: Reimer 2013, S. 189–210.

4 Vgl. die *Humboldt-Lab-Dahlem*-Intervention „(K)ein Platz an der Sonne" (http://www.humboldt-lab.de/projektarchiv/probebuehne-7/kein-platz-an-der-sonne/teaser/index.html (Zugriff am 31.10.2017)).

Theoriebildung[5] zur Debatte, sondern vielmehr die Frage nach dem möglichen (Selbst-)Verständnis der Volkskunde als (post-)kolonialer Disziplin.
Der postkoloniale Blick richtet sich meist auf den von europäischen Staaten ausgehenden Kolonialismus der Neuzeit, während frühe Formen der Kolonialisierung (z.B. in der Antike im Mittelmeerraum), innerkontinentaler Kolonialismus, auch auf anderen Kontinenten (z.B. das Inka-Reich oder China),[6] die Betrachtung von innereuropäischen Kolonien (z.B. Zypern, Irland, Grönland) und Formen der inneren Kolonialisierung (z.B. im Habsburgerreich[7]) erst allmählich genauer betrachtet werden. Für die Markierung des Zugangs ist die Polyvalenz des Präfix *post* in postkolonial problematisch, die sowohl zeitliche, räumlich wie inhaltliche und strukturelle Aspekte umfasst,[8] explizit wird das Nachwirken kolonialer Strukturen betrachtet.[9] Hinzu kommen die Überschneidungen zu den kritischen Auseinandersetzungen mit Nationalismus, Rassismus, Sexismus und Kapitalismus. Postkoloniale Zugänge sind nicht auf die europäischen Kolonialmächte im engeren Sinne festgelegt und beziehen sich auf die dahinterstehenden diskursiven Mechanismen. Sie sind auch auf jene Länder anwendbar, die keine Kolonialmächte im engeren Sinne waren – wie etwa die Schweiz –[10], sowie Länder, die keine Kolonien waren, aber doch kolonial beeinflusst wurden – wie etwa Thailand. Postkoloniale Fragestellungen machen nicht an Ländergrenzen halt, auch wenn die je unterschiedlichen nationalen Entwicklungen zu berücksichtigen sind.

5 Vgl. zusammenfassend María do Mar Castro Varela / Nikita Dhawan: *Postkoloniale Theorie. Eine kritische Einführung*. 2., vollst. überarb. Aufl. Bielefeld: Transcript 2012; Sebastian Conrad / Shalini Randeria / Regina Römhild (Hrsg.): *Jenseits des Eurozentrismus. Postkoloniale Perspektiven in den Geschichts- und Kulturwissenschaften*. 2., erw. Aufl. Frankfurt am Main: Campus 2013.

6 Vgl. dazu die Tagung *Forms of Continental Colonialism – The 'Other' Colonialism* (13.–15.07.2016) in Halle an der Saale, Max Planck Institute for Social Anthropology, Prof. Dr. Dittmar Schorkowitz.

7 Vgl. Johannes Feichtinger / Ursula Prutsch / Moritz Csáky (Hrsg.): *Habsburg Postcolonial. Machtstrukturen und kollektives Gedächtnis*. Innsbruck / Wien / München / Bozen: Studien-Verlag 2003; Manuela Boatcă: Die östlichen Ränder des Empire. Kolonialität im Rumänien des 19. Jahrhunderts. In: Conrad / Randeria / Römhild (Hrsg.): *Jenseits des Eurozentrismus*, S. 322–344.

8 Castro / Dhawan: *Postkoloniale Theorie*, S. 23–27.

9 Vgl. dazu auch das Themenheft *Edition Le Monde Diplomatique* 18 (2016): Auf den Ruinen der Imperien. Geschichte und Gegenwart des Kolonialismus.

10 Patricia Purtchert / Barbara Lüthi / Francesca Falk (Hrsg.): *Postkoloniale Schweiz. Formen und Folgen eines Kolonialismus ohne Kolonien*. Bielefeld: Transcript 2012.

Die ‚Leerstelle' des deutschen Kolonialismus und die Nichtwahrnehmung kolonialer Blickregime

Während in zahlreichen akademischen Disziplinen – auch in der Volkskunde – postkoloniale Zugänge schon lange aufgegriffen werden,[11] ist im öffentlichen und politischen Diskurs in Deutschland das Verständnis für eine (post-)koloniale Betrachtung der deutschen Geschichte und Gegenwart noch ausbaubedürftig. Als Gründe für diese Zurückhaltung werden für Deutschland die relativ kurze Kolonialzeit im engeren Sinn (1884/85–1919), die Konzentration auf die Aufarbeitung der NS-Zeit nach 1945 und die geringen Bevölkerungsanteile aus den ehemaligen Kolonien gesehen. Hierbei kann die formale (wenn auch nicht mit Entschädigungszahlungen verbundene) Anerkennung des Völkermordes an den Herero und Nama in der ehemaligen deutschen Kolonie Südwestafrika durch die deutsche Bundesregierung 2015/16[12] als großer Schritt für eine stärkere Bewusstwerdung gewertet werden.

Als gutes Beispiel für die Ungleichzeitigkeiten in der Reflexion von Kolonialismus im Museum kann das Deutsche Historische Museum in Berlin dienen. Auf der einen Seite wird die koloniale Vergangenheit in der Dauerausstellung weitgehend ausgeklammert. Anschaulich sichtbar wird dies, wenn die Wandlungen dessen, was einmal Deutschland wird, rein auf den europäischen Kontinent projiziert (Abb. 1) werden; die zwischenzeitlich außereuropäischen Gebiete des Deutschen Reiches bleiben unsichtbar. Lediglich eine halbversteckte Vitrine geht auf die deutschen Kolonialregime ein, weshalb es lange Zeit vor allem eine extern erarbeitete Intervention war,[13] die eine zusätzliche postkoloniale Lesart der Ausstellung anbot. Auf der anderen Seite steht die 2016 eröffnete Sonderausstellung *Deutscher Kolonialismus*,[14] die einen vertieften Blick erlaubt. Doch inwieweit sich diese aktuelle Auseinandersetzung auch in die Dauerausstellung

11 Vgl. Julia Reuter / Alexandra Karentzos (Hrsg.): *Schlüsselwerke der Postcolonial Studies*. Wiesbaden: Springer VS 2012; Conrad / Randeria / Römhild (Hrsg.): *Jenseits des Eurozentrismus*; Labor für kritische Migrations- und Grenzregimeforschung (Hrsg.): *Kritnet*. http://kritnet.org/category/horizontal/publikation (Zugriff am 04.02.2017).

12 Vgl. afp / stk: Gräuel an Herero als Völkermord klassifiziert. In: *Die Zeit Online*, 13.07.2016. http://www.zeit.de/politik/deutschland/2016-07/bundesregierung-herrero-massaker-voelkermord (Zugriff am 04.02.2017).

13 Projektgruppe Kolonialismus im Kasten? https://www.kolonialismusimkasten.de (Zugriff am 04.02.2017).

14 14.10.2016–14.05.2017 (Stiftung Deutsches Historisches Museum (Hrsg.): *Deutscher Kolonialismus. Fragmente seiner Geschichte und Gegenwart*. Ausstellungkatalog. Darmstadt: WBG 2016).

Abb. 1: Projektion von deutschen Staatsgebilden auf eine Reliefkarte in der Dauerausstellung des Deutschen Historischen Museums in Berlin.

einschreiben wird, bleibt abzuwarten. Aussagekräftig in Hinblick auf die öffentliche Wahrnehmung der deutschen Kolonialzeit ist dabei das Gästebuch der Sonderausstellung, das ein weites Spektrum von Lob für das Ansprechen eines problematischen Kapitels deutscher Geschichte bis hin zu rassistischen und die Kolonialzeit relativierenden, wenn nicht verherrlichenden Einträgen enthält. Die Nichtwahrnehmung kolonialer Blickregime zeigt sich vielfältig in verborgener Form. Das beginnt z. B. mit der allgemein verbreiteten eurozentristischen Rede von der ‚Entdeckung Amerikas' 1492 – besser wäre es zu sagen: der Beginn der Eroberung der Amerikas durch europäische Mächte; analog kann dies für Australien und andere Weltregionen gelten – und reicht zu der häufigen Verwendung der Weltkarte in Mercatorprojektion mit ihren extremen Verzerrungen der Größenverhältnisse, die die Äquatorialgebiete benachteiligt. So skizzenhaft diese Aufzählung ist, verdeutlicht sie doch, wie die Gegenwart von Spuren des Kolonialen durchzogen ist.

Volkskunde des (post-)kolonialen Alltags

Ausgehend vom Blick auf den Alltag und die kulturellen Praktiken setzt eine Volkskunde des Kolonialen an verschiedenen Stellen an. Da ist zum einen die Frage nach den Lebenswelten in den Kolonien und nach den damit verbundenen Austauschprozessen mit der Kolonialmacht Deutschland sowie den Abgrenzungsstrategien.[15] Da sind weiterhin die Verflechtungen und translokalen Praktiken im Zuge von Auswanderungen und Migrationen in eigene oder fremde Kolonien zu nennen, die entlang einer (post-) kolonialen Infrastruktur agierten. Schließlich sind es die kolonialen Bilderwelten und Stereotype in populären Medien,[16] als merkantile Zeichen (Abb. 2), über ‚Völkerschauen'[17] oder die kolonial erschlossenen Warenwelten, die den Alltag in Deutschland tiefgreifend beeinflussten. Die Beziehungen zu den Kolonien bereiteten auch kapitalistische und disziplinierende Strukturen im Inland vor. Die Industrialisierung in Europa war abhängig von aus den Kolonien importierten Nahrungsmitteln, speziell Rohrzucker, sowie von den Kolonien als Absatzmärkten für Industrieprodukte.[18]

Abgesehen von solchen historischen Zugängen ist auch der heutige Alltag in Europa postkolonial geprägt. Angefangen bei den transkontinentalen Warenströmen über die globalisierte populäre Unterhaltungsindustrie bis hin zur selbstverständlichen Verwendung von kolonialzeitlich geprägten Kategorisierungen wie etwa der des ‚Hinduismus'[19] – die global vernetzte Welt ist nicht denkbar ohne den europäischen Kolonialismus und die sich daraus weitertragenden Strukturen von Ungleichheiten und Machtausübung, die Austauschprozesse und

15 Vgl. Eberhard Schmitt: *Das Leben in den Kolonien*. Wiesbaden: Harrassowitz 2003; Andreas Eckert / Albert Wirz: Wir nicht, die Anderen auch: Deutschland und der Kolonialismus. In: Conrad / Randeria / Römhild (Hrsg.): *Jenseits des Eurozentrismus*, S. 502–525; Livia Loosen: *Deutsche Frauen in den Südsee-Kolonien des Kaiserreichs. Alltag und Beziehungen zur indigenen Bevölkerung, 1884–1919*. Bielefeld: Transcript 2014.

16 Vgl. Hans Dachs: *Ferne Länder. Bildberichte und Phantasiebilder*. Regensburg: Universitätsverlag Regensburg 2001; Stefanie Wolter: *Die Vermarktung des Fremden. Exotismus und die Anhänge des Massenkonsums*. Frankfurt am Main / New York: Campus 2005; Joachim Zeller: *Weiße Blicke, Schwarze Körper. Afrikaner im Spiegel westlicher Alltagskultur*. Erfurt: Sutton 2010.

17 Vgl. Jan-Erik Steinkrüger: *Thematisierte Welten. Über Darstellungspraxen in Zoologischen Gärten und Vergnügungsparks*. Bielefeld: Transcript 2013.

18 Vgl. Fernando Ortiz: *Tabak und Zucker. Ein kubanischer Disput* [1940]. Frankfurt am Main: Insel 1987; Sidney W. Mintz: *Sweetness and Power. The Place of Sugar in Modern History*. New York: Penguin 1986.

19 Bettina Bäumer: Hinduismus. In: Johann Figl (Hrsg.): *Handbuch Religionswissenschaft. Religionen und ihre zentralen Themen*. Innsbruck: Tyrolia 2003, S. 315–336; Silvy Chakkalakal: Die deutsche Entdeckung Indiens um 1800. Bilder des Wissens in F.J. Bertuchs „Bilderbuch für

Abb. 2: Mohrenapotheke in Graz mit der Klischeedarstellung eines bettelnden Afrikaners.

Aneignungen, die transkulturellen Ko-Produktionen und Abgrenzungen. Die gegenwärtige Alltagskultur trägt den Kolonialismus als Roten Faden in sich – was in den häufig eurozentristisch oder regional ausgerichteten volkskundlichen und kulturhistorischen Museen und Ausstellungen aber kaum sichtbar wird. Gelegentlich wird Kolonialismus indirekt in Ausstellungen thematisiert, etwa wenn es um ‚Kolonialwaren' oder die Bildproduktionen des Fremden und Exotischen,[20] um Druckgrafiken und Sammelalben oder um populäre Literaturen und Kinderbücher geht. In der Regel bleibt das Koloniale dabei aber eine Randerscheinung, die sozusagen am Rand des Horizonts kurz aufscheint, aber nicht zur Substanz gehört.

Deutlicher sichtbar und daher auch entschiedener angreifbar sind koloniale Erinnerungskulturen, die sich z. B. in Orts- und Straßennamen oder Denkmälern

Kinder" (1790–1830). In: Beate Binder / Moritz Ege / Anja Schwanhäußer / Jens Wietschorke (Hrsg.): *Orte – Situationen – Atmosphären. Kulturanalytische Skizzen*. Frankfurt am Main: Campus 2010, S. 199–221, hier S. 206.

20 Vgl. Ulrich Nußbeck: *Schottenrock und Lederhose. Europäische Nachbarn in Symbolen und Klischees*. Berlin: Verein der Freunde des Museums für Volkskunde 1994.

manifestieren.[21] Sie dienen auch als geeigneter Angriffspunkt für eine Thematisierung kolonialer Geschichte und Gewalt, verbunden mit Umbenennungen oder dem Anbringen von Erklärungstafeln. Dass hierbei um jeden Namen und jedes Denkmal lange gerungen wird, zeigt wiederum die nach wie vor zähen Aushandlungen in Hinblick auf eine Revision des Blicks auf die Kolonialzeit und ihrer Verbrechen. Auch die Kontinuität einer eher verborgenen, teilweise revanchistischen kolonialen Erinnerungskultur[22] bedarf noch einiger Forschungsarbeit. Ein öffentlich sehr kontrovers wahrgenommenes Feld sind schließlich Brauchgestalten, deren kolonial-rassistischer (z. B. der Zwaarte Piet in den Niederlanden[23]) oder rassistischer Ursprung (z. B. Klischeefiguren in Karnevalsumzügen[24]) zunehmend zur Diskussion bzw. Disposition stehen. Dies sollte aber auch vor dem Hintergrund einer generellen Hinterfragung von pejorativen oder exkludierenden Brauchgestalten bzw. Performanzen gesehen werden.[25]

Konstruktionen des ‚Anderen' und eine geteilte Geschichte

Die postkolonialen Theorien ermöglichen es, über die Kolonien und die damit verbundenen Macht- und Ausbeutungsstrukturen selbst hinauszugehen und nach den zugrundeliegenden Mechanismen zu fragen, z. B. nach der diskursiven Konstruktion des ‚Anderen'. Dieses Othering war kolonialen und hegemonialen Strukturen vorausgegangen und legitimierte bzw. formierte diese. Es kann genauso im Blick auf Minderheiten oder Marginalisierte innerhalb Europas beobachtet werden, wie dies z. B. Walter Leimgruber am Beispiel der Ethnisierung der Jenischen gezeigt hat.[26] Beim Othering greift die Gleichzeitigkeit

21 Vgl. Eva Bahl / Sarah Bergh / Tahir Della / Zara S. Pfeiffer / Martin W. Rühlemann (Hrsg.): *Decolonize München. Dokumentation und Debatte.* Ausstellungkatalog Münchner Stadtmuseum. Münster: Edition Assemblage 2015.

22 Britta Schilling: *Postcolonial Germany. Memories of Empire in a Decolonized Nation.* Oxford: Oxford UP 2014.

23 Vgl. stellvertretend für die Berichterstattung um die Proteste Sarah Maria Brech: Der Nikolaus zieht unter Polizeischutz ein. In: *Die Welt*, 12.11.2016. https://www.welt.de/vermischtes/article159450448/Der-Nikolaus-zieht-unter-Polizeischutz-ein.html (Zugriff am 04.02.2017).

24 Vgl. u. a. Andreas Beck: Fastnachtsverein unter Polizeischutz. In: *FAZ*, 24.02.2017. http://www.faz.net/aktuell/gesellschaft/menschen/fastnachtsverein-wegen-rassismusvorwurf-unter-polizeischutz-14893341.html (Zugriff am 28.2.2017).

25 Vgl. Konrad Kuhn: Die dunkle Seite des Kulturerbes. Grenzziehungen und Ausschlussmechanismen in Bräuchen und Ritualen. In: Jacques Picard / Silvy Chakkalakal / Silke Andris (Hrsg.): *Grenzen aus kulturwissenschaftlichen Perspektiven*. Berlin: Panama 2016, S. 85–102.

26 Walter Leimgruber: Eine lokale Kultur im Sog globaler Tendenzen: Die Jenischen. In: Rainer Alsheimer / Alois Moosmüller / Klaus Roth (Hrsg.): *Lokale Kulturen in einer globalisierenden Welt*. Münster: Waxmann 2000, S. 165–184.

von Homogenisierung eines Eigenen und der Produktion von Differenz, die etwa als Orientalismus oder Balkanismus über die Kategorisierung und Abwertung der ‚Anderen' die eigenen Identitätskonstruktionen hervorbringen und stützen. Seit dem Wegfall der Blockteilung der Welt wurde mittlerweile ‚der Islam' erfolgreich als das bedrohliche ‚Andere' aufgebaut,[27] gegenüber dem sich die als fortschrittlich, demokratisch und aufgeklärt dargestellte westliche Welt behaupten müsse.

Das Othering als virulente Strategie lässt sich zudem in den aktuellen Diskursen um Migration, Integration, Flucht und Abschottung verfolgen. Die koloniale Grenzziehung zwischen eigen und fremd hat sich längst von internationalen hin zu innerstaatlichen Aushandlungen verschoben und diversifiziert. In den aktuellen essentialistischen Identitätsdiskursen um das ‚Eigene' aus dem politisch konservativen bis rechtspopulistischen Spektrum werden koloniale Grenzziehungen und Stereotype aufgegriffen und aktualisiert. Für die Museen stellen sich damit zunehmend Forderungen nach einer Dekonstruktion des Othering und der Repräsentation auch historischer Diversität;[28] das Wiedererscheinen überwunden geglaubter völkischer Ideologeme fordert eine neue Hinterfragung der eigenen Ausstellungen heraus.

Eine anregende museale Strategie ist die Blickverschiebung auf die transnationalen und -kulturellen Verwobenheiten und eine gemeinsame Geschichte. Die Ausstellung *WeltKultur/GlobalCulture*[29] hat hierzu eine Fülle von oft überraschenden Beispielen aus der ganzen Welt zusammengetragen. Stellvertretend kann hier ein Paar von Teegläsern stehen (Abb. 3). Deren tulpenartige Form wurde im 19. Jahrhundert während der Mode des Orientalismus in Wien gestaltet, in Glashütten des Böhmerwaldes produziert und war ein Exportschlager, gerade in den Mittleren Osten. Im 20. Jahrhundert kam die Glasform dann mit Gastarbeitern nach Mitteleuropa ‚zurück'. Die beiden Gläser bieten die Möglichkeit, eine mehrschichtige Verflechtungsgeschichte und kulturelle Ko-Produktion nachzuzeichnen.

Solchen Beispielen der Dekonstruktion von essentialistischen Kulturvorstellungen stehen wiederum neokoloniale Ausstellungskonzepte gegenüber. Die Stiftung Haus der Geschichte der Bundesrepublik Deutschland präsentiert in

27 Thomas Bauer: *Die Kultur der Ambiguität. Eine andere Geschichte des Islam*. Berlin: Verlag der Weltreligionen 2011, S. 11–12.

28 Vgl. Hermann Heidrich (Hrsg.): *Fremde auf dem Land*. Bad Windsheim: Fränkisches Freilandmuseum 2000.

29 Seit 2014, Badisches Landesmuseum Karlsruhe, kuratiert von Schoole Mostafawy (Schoole Mostafawy (Red.): *WeltKultur/GlobalCulture. Führer durch die kulturgeschichtliche Abteilung*. Ausstellungskatalog Badischen Landesmuseum Karlsruhe. Karlsruhe: Info 2014).

Abb. 3: Teegläser (19. bzw. 20. Jhd) aus der Ausstellung *WeltKultur/GlobalCulture* im Badischen Landesmuseum Karlsruhe.

Berlin eine eigene Ausstellung zum *Alltag in der DDR*.[30] Entgegen dem neutralen Titel geht es in der Ausstellung um die politische und ideologische Durchdringung des Alltags in der DDR mit einem einseitigen Blickwinkel. Ein Alltag jenseits von Politik und Ideologie, auch und gerade wenn er sich der Politik entzieht, bleibt weitgehend unsichtbar. Die DDR wird als das ‚Andere' zur BRD markiert, sie wird als homogene und zeitlich unstrukturierte Epoche dargestellt, womit die Historizität verweigert wird, und den Menschen wird ihre Agency weitgehend abgesprochen. Hier kann von einer retrospektiven Ausgrenzung gesprochen werden, der im Sinne eines Siegerdiskurses kolonialen Diskursformen folgt. Eine Möglichkeit, dies zu vermeiden, wäre eine vorurteilsfreie Ausstellung zu einer gemeinsamen Geschichte mit all ihren Verwobenheiten.

30 Museum in der Kulturbrauerei, Berlin. http://www.hdg.de/museum-in-der-kulturbrauerei (Zugriff am 04.02.2017).

Moderne, Kolonialismus und Volkskunde

Noch einen Schritt tiefergehend ist schließlich zu fragen, inwieweit der Kolonialismus als essentieller Teil der Genese moderner europäischer Gesellschaften sowie der Volkskunde als Disziplin zu sehen ist. Indem die Kolonien nicht nur als ausgelagerte Empfänger von Befehlen zu sehen sind, sondern stets auch zurückwirkten, angefangen von der herausfordernden Existenz eines Fremden, das diskursiv bewältigt werden muss, bis hin zu ökonomischen Verflechtungen, lässt sich europäische Geschichte – und damit auch Alltagsgeschichte – nicht ohne die Kolonien denken. Welchen Platz die Wahrnehmung der Kolonien im Alltag der breiten Bevölkerung einnahm, bedürfte dabei eigener Forschungen. Zudem ist der Blick auf die Moderne als europäische und dann *exportierte* Erfindung inzwischen hinterfragt worden; nunmehr rücken ergänzend Fragen nach einer *geteilten Geschichte*, in ihrer Doppelbedeutung als *shared* und *divided*, der Wiederherstellung der Coevalness,[31] der Historizität indigener Gesellschaften, sowie nach der Moderne[32] als einem globalen Produkt vor transkulturellem Hintergrund in den Fokus. Sofern das Konzept der europäischen Moderne im Zusammenhang von Kolonialismus und Nationenbildung steht, hinterfragt ein postkolonialer Blick auch dieses Masternarrativ und rückt Europa aus dem Zentrum. Die Volkskunde des 19. und frühen 20. Jahrhunderts erscheint dann nicht nur als Teil der Moderne,[33] sondern lässt sich auch als in das System des Kolonialismus eingebunden lesen. Das beginnt mit der Frage nach der ethnographischen Produktion von Herrschaftswissen, wie sie die Kameralistik oder spätere Forschungsreisen, gerade in die innereuropäischen Kolonien, auszeichnen.[34] Dazu zählen die hegemonialen Kategorisierungen und Grenzziehungen, die mit einem aufklärerischen Instrumentarium eine Disambiguierung von kulturellen

31 Johannes Fabian: *Time and the Others. How Anthropology Makes Its Object.* New York: Columbia UP 1983.

32 Sebastian Conrad / Shalini Randeria: Einleitung: Geteilte Geschichten – Europa in einer postkolonialen Welt. In: Conrad / Randeria / Römhild (Hrsg.): *Jenseits des Eurozentrismus*, S. 39–44. Paola Ivanov: Rethinking Coevalness. Entangled History and the Objects of Ethnological Museums. In: Melanie Klein / Tomoko Mamine / Georg Vasold (Hrsg.): *Questioning Narratives, Negotiating Frameworks. Art/Histories in Transcultural Dynamics, Late 19th to Early 21st Centuries* (im Erscheinen).

33 Vgl. Konrad Köstlin / Herbert Nikitsch (Hrsg.): *Ethnographisches Wissen. Zu einer Kulturtechnik der Moderne.* Wien: Institut für Volkskunde 1999; Gisela Welz: Ethnografien europäischer Modernen. In: Beate Binder / Silke Göttsch / Wolfgang Kaschuba / Konrad Vanja (Hrsg.): *Ort. Arbeit. Körper. Ethnografie Europäischer Modernen.* Berlin 2005, S. 19–31.

34 Christian Marchetti: *Balkanexpedition. Die Kriegserfahrung der österreichischen Volkskunde – eine historisch-ethnographische Erkundung.* Tübingen: Tübinger Vereinigung für Volkskunde 2013.

Erscheinungen vorantrieben, Differenz produzierten und Deutungsmacht manifestierten.[35] Dies half im Prozess der Nationalstaatsbildung, ein ‚Wir' zu generieren, dem das ‚Ihr' der kolonialen ‚Anderen' gegenüberstand. Dazu zählt auch das Konzept der Moderne als globaler Fortschrittsindikator, dem als Gegenseite ‚primitive', ‚rückständige' und ‚abergläubische' Gesellschaften gegenüberstehen – sowohl außerhalb als auch innerhalb Europas.[36] Diese Moderne wurde in der Umkehr als Affordanz für ethnographisches Forschen und Sammeln gesehen und wirksam. Sie wurde verantwortlich gemacht für das Verschwinden nicht nur außereuropäischer Kulturen, sondern auch der eigenen ‚Volkskultur'. Über die als ‚primitiv' markierten ‚Anderen' und die diskursiv konstruierte ‚Volkskultur' als das notwendige Gegenüber konnte die europäische Moderne sichtbar gemacht werden und als Legitimationsfolie für hegemoniales Handeln auf verschiedenen Ebenen dienen.

Ein Element des Fortwirkens ‚moderner' Kategorisierungen und Abgrenzungen zeigt sich auch in der Ausdifferenzierung von Museen in Deutschland, die sich aus den genannten kolonialen Paradigmen einer Trennung in ‚Wir und die Anderen' speist. Dazu zählen einerseits die je eigenen Entstehungsgeschichten von volkskundlich-kulturhistorischen sowie ethnologischen Museen,[37] wiederum von diesen unterschieden die technischen und naturkundlichen Museen mit ihren nur scheinbar natürlichen Kategorisierungen.

Dekolonialisierung volkskundlicher und kulturhistorischer Museen?

Museen waren und sind als Schnittstellen zwischen politischen und akademischen Diskursen mit der Öffentlichkeit, als Materialisationen und Stabilisatoren von Wissensordnungen und Paradigmen, als Anschauungsorte für das ‚Fremde' und ‚Exotische' bzw. für das ‚Eigene' vielfältig in koloniale Strukturen eingebunden. Sie sind genauso geeignet, an einer Revision des Kolonialen mitzuwirken, und bieten die Möglichkeit, koloniale Geschichte und postkoloniale Gegenwart zu diskutieren: 1) Das Koloniale ist nicht etwas, das ‚irgendwo in Übersee' passiert ist, sondern mehr oder weniger deutliche Verbindungen in den

35 Bauer: *Die Kultur der Ambiguität.*

36 Gottfried Korff: Volkskunst und Primitivismus. Bemerkungen zu einer kulturellen Wahrnehmungsform um 1900. In: *Österreichische Zeitschrift für Volkskunde* 48,97 (1994), S. 373–394.

37 Vgl. Helmut Groschwitz / Beatrix Hoffmann-Ihde: Sammeln für die Nation. Adolf Bastian, Rudolf Virchow und die Gründung der ethnographischen Museen in Berlin (erscheint im Tagungsband *Artisten (in) der Kontaktzone*, Gesellschaft für Ethnographie, 27.–29.01.2017, Berlin).

Alltag aufwies und dort Spuren hinterließ. Daher sollte es durchaus in die ‚Kettfäden' des Gewebes der Dauerausstellungen aufgenommen werden – im Rahmen einer angemessenen Perspektivierung. 2) Das Herausarbeiten der Entanglements, der kulturellen Verwobenenheiten und der ‚geteilten Geschichte(n)' bieten die Möglichkeit, die Dichotomien von ‚eigen' und ‚fremd' durch übergreifende, gemeinsame Narrative zu überwinden. Auch sollten bisherige Strategien von kulturellen Verortungen und Vereinnahmungen, von Homogenisierungen und Enthistorisierungen hinterfragt und zugunsten einer ambigen Offenheit aufgelöst werden.[38] 3) Das Aufzeigen der Agency der Menschen und die (retrospektive) Artikulation der Stimmen der bisher Ungenannten macht deutlich, dass auch historisch eine deutlich heterogenere Gesellschaft existierte, als dies manche Vorstellungen von Leitkultur und autochthoner Bevölkerung implizieren. 4) Die vorhandenen Exponate ermöglichen es, über historische Zusammenhänge und Machtverhältnisse, über koloniale Verbindungen nachzudenken und durch ein gemeinsames Sprechen darüber neue Beziehungen aufzubauen. Dies gilt auch für koloniale und rassistische Brauchformen und -requisiten. Es geht dabei weniger darum, diese nur aus dem Alltag auszuschließen, sondern vielmehr darum, die Diskussionen zu nutzen, um innergesellschaftliche Differenzierungen und Konflikte zu thematisieren. 5) Dem kolonialen Konstrukt einer Trennung von kulturellen Narrativen und der Differenz von ‚Völkern' steht heute eine Gesellschaft mit hoher kultureller Diversität gegenüber. Auch diese sollte sich entsprechend in den volkskundlichen und kulturhistorischen Museen wiederfinden.

Eine Kritik der postkolonialen Kritik im Museum

Eine Gefahr postkolonialen Ausstellens besteht darin, dass der postkoloniale Blick wiederum die Wahrnehmung einseitig formiert,[39] essentialistische Kulturvorstellungen reproduziert und damit die Betonung von (ethnischer) Identität und Differenz in den Vordergrund tritt.[40] In der Ausstellung *Ware & Wissen*[41] des Frankfurter Weltkulturenmuseums waren u. a. historische Fotografien von

38 Helmut Groschwitz: Das Museum als Strategie der kulturellen Ambiguitätsbewältigung. In: Hans Peter Hahn (Hrsg.): *Ethnologie und Weltkulturenmuseum. Positionen für eine offene Weltsicht.* Berlin: Vergangenheitsverlag 2017, S. 139–172.

39 Vgl. Thomas Hauschild: Zur Kritik der postkolonialen Kritik. Spurensuche in Malinowskis ethnologischen Fotografien. In: *Fotogeschichte* 84,22 (2002), S. 13–32; Castro / Varela: *Postkoloniale Theorie*, S. 111–135.

40 Anil Bhatti: Kulturelle Vielfalt und Homogenisierung. In: Feichtinger / Prutsch / Csáky (Hrsg.): *Habsburg Postcolonial*, S. 55–68.

41 16.01.2014–04.01.2015, kuratiert von Clémentine Deliss und Yvette Mutumba.

Menschen aus afrikanischen Kolonien zu sehen. Die Inszenierung der Fotografien zielte auf die Kritik an der unwürdigen Darstellung der Menschen durch die Kolonialmacht und damit an der fotografischen Praxis – sowie an der eigenen Sammlung. Unbenommen dieser Kritik hätte sich hier aber ergänzen lassen, dass jene Art der fotografischen Darstellung zeitgleich ebenso in Mitteleuropa zu finden ist, auch – aber nicht nur – im Zusammenhang mit Minderheiten, Marginalisierten und Kriminalisierten. Der kritische Blick auf die eigene Fotosammlung des Museums blendet damit aus, dass diese Praxis nicht nur auf die ‚Anderen' angewandt wurde, sondern auch Parallelen innerhalb der eigenen Gesellschaft hat, womit sich ein erweitertes Bild ergäbe. Wesentlich übergreifender hat hier etwa die Ausstellung *Gestellt. Fotografie als Werkzeug in der Habsburgermonarchie* im Wiener Volkskundemuseum[42] die kategorisierenden Darstellungen deutlich gemacht, die in Fotografien und Fotoserien sichtbar werden. Sowohl die Konstruktionen von ‚Völkern', deren Identifizierung und Festlegung als auch die damit verbundenen Zuschreibungen werden hier als diskursive Machtpraktiken entlarvt.

Ein anderes Beispiel zeigt die Problematik der einseitigen Betrachtung: Im Kölner Rautenstrauch-Joest-Museum steht in der Dauerausstellung ein begehbarer Kasten. Der „Klischee-Container" thematisiert Stereotype in Bezug auf als „afrikanisch" wahrgenommene Menschen und bedient sich hier zahlreicher Zitate, Bildmedien (z. B. Werbung, Karikaturen) sowie europäischer Objekte, darunter ein Bilderbuch (*Zehn kleine Negerlein*) oder eine Apothekendose mit „Mumia" (gemahlene ägyptische Mumien zur oralen Einnahme, hier in Kontrastierung zum Klischee des afrikanischen Kannibalen). Diese Ausstellungseinheit thematisiert sehr anschaulich die fortdauernden kolonialen und rassistischen Blickregime von Europäern auf Afrikaner – es ist ein Blick in den Spiegel und diese Einheit würde in jedes volkskundliche Museum passen. Leider bleibt sie aber auch hier in einer Einseitigkeit verhaftet, die nur die Kritik am europäischen Blick thematisiert und damit sowohl innerafrikanische als auch innereuropäische Stereotype, Blickregime und Rassismen ausblendet. Hier wäre eine übergreifende Darstellung zum global relevanten Problem des Rassismus hilfreich.

42 30.04.2014–30.11.2014, kuratiert von Herbert Justnik.

Ausblick

Der vorliegende Beitrag beschreibt ein prinzipielles Paradox: Es wird nach der möglichen Besonderheit einer postkolonialen Volkskunde gefragt und gleichzeitig davon ausgegangen, dass die koloniale Durchdringung des Alltags umfassend ist, dass Kolonialismus nicht an Ländergrenzen und der Existenz ‚eigener Kolonien' halt macht, dass zudem schon die Fachgenese der Volkskunde eingebunden ist in die Dispositive von Kolonialismus und Moderne. Daher mögen diese Zeilen als Anregung gelesen werden zu hinterfragen, wo es weiterhin ein Othering in den Ausstellungen gibt oder ein solches, z. B. in Identitätsdiskursen, von außen angefragt wird. In den akademischen volkskundlichen Diskursen und einigen Ausstellungen sind postkoloniale Theoreme längst präsent und in die Präsentationen integriert. Doch gerade die national ausgerichteten Museen verfolgen eine nicht mehr zeitgemäße Konstruktion des Eigenen, die gleichzeitig stets ein korrespondierendes ‚Nicht-Wir' impliziert.

Dies macht aber auch die prinzipielle Problematik volkskundlich-kulturhistorischer Museen aus. Sofern der zentrale Bezugspunkt der Institution eine Nation oder eine bestimmte ethnisierte Gruppe ist – und nicht eine heterogene und nichtessentialistisch betrachtete Gesellschaft –, ist zu fragen, ob nicht automatisch die Produktion eines ‚Wir-und-die-Anderen' erfolgt. Anschauliche Beispiele, dies zu umgehen, finden sich etwa im Kreuzberg-Friedrichshain-Museum oder dem Neukölln-Museum in Berlin. Dabei geht es weniger darum, stets das (Post-)Koloniale in seiner Vielschichtigkeit sichtbar zu machen, als vielmehr darum, durch und über die Ausstellungen die Folgen des Kolonialismus und das Weiterleben kolonialer Blickregime und Diskurse zu reflektieren, damit an einer gemeinsamen Geschichte zu arbeiten und die koloniale Strategie der Trennung kultureller Narrative zu überwinden. Die Stärke volkskundlich-kulturhistorischer Ausstellungen besteht ja gerade darin, dass das Eingebundensein des Einzelnen oder einer Region in größere Einheiten, aber auch die Agency der lokalen Bevölkerung sichtbar gemacht werden kann – hier lässt sich der postkoloniale Zugang sehr gut umsetzen.

Elke Krasny

Neue Praktiken von Bürger_innenschaft und das globale Kunstmuseum

Eine feministische Annäherung

Im 21. Jahrhundert werden Städte an ihren Museen erkannt. Zeitgenössische Kunstmuseen sind Ikonen der Globalisierung und verkörpern eindeutig wiedererkennbare, medial zirkulationstaugliche kulturelle Infrastrukturen, deren Architekturen, seien es Neubauten oder Bestandserweiterungen, sich durch spektakuläre Experimentierfreudigkeit auszeichnen. Keineswegs kann die Verstrickung dieser Museumsbauten in die Dynamiken von Städtewettbewerben und die Beschleunigung verräumlichter Ungleichheit durch Gentrifizierung außer Acht gelassen werden. Hier jedoch verfolgt meine Argumentation ein anderes Ziel. Das Museum wird als öffentlicher Raum von globaler Reichweite begriffen; es bietet eine relevante materielle Infrastruktur, die für Rituale emergenter Praktiken neu zu definierender, globaler Bürger_innenschaft von Nutzen sein könnten.[1] Diese eminent politische Dimension des Museums wird aus der Perspektive seiner historischen Genealogie begriffen, die eng mit der Konzeption von Staatsbürgerschaft in der Moderne zusammenhängt. Dieser Zusammenhang wird reaktiviert, um aktuelle Transformationen von Staatsbürger_innenschaftlichkeit mit einer Neupositionierung der öffentlichen Funktion von Museen als zusammengehörig zu denken. Wiewohl die Argumentation hier auf die historische Kategorie des Kunstmuseums, wie sie durch den Louvre exemplarisch etabliert wurde, und die globale zeitgenössische Bedeutsamkeit dieser Museumskategorie fokussiert, muss hinkünftig solch eine Theoretisierung der politischen

1 Vgl. Carol Duncan: Art Museums and the Ritual of Citizenship. In: Ivan Karp / Steven Lavine (Hrsg.): *Exhibiting Cultures. The Poetics and Politics of Museum Display*. Washington / London: Smithsonian Institution Press / American Association of Museums 1991, S. 88–103.

Dimension des Zusammenhanges von Staatsbürgerschaftlichkeit und Museum, welche gleichermaßen die je spezifische historische Genealogie und die zeitgenössische Funktion in den Blick nimmt, auch für andere Museen – wie ethnografische, historische naturkundliche, städtische und volkskundliche – geleistet werden.

Faktoren, die heute die Welt prägen wie internationale Arbeitsteilung, transnationale Biografien, Kriege sowie ökonomische und ökologische Krisen, die Menschen zur Flucht zwingen, transformieren bestehende Konzeptionen von staatsbürgerschaftlichen Rechten und Pflichten. Ebenso verändern internationale Akteur_innennetzwerke und informelle Praktiken Idee wie Status von Staatsbürger_innenschaftlichkeit.[2] Die Globalisierungstheoretikerin Saskia Sassen hat die globale Stadt als jenen Ort identifiziert, an dem Staatsbürger_innenschaft zunehmend „denationalisiert" und „informell" praktiziert wird.[3] Neue politische Subjekte, ‚Hausfrauen', die herkömmlich nicht als solche erkannt werden, oder ‚Immigranten ohne Dokumente', die formal-rechtlich nicht als solche anerkannt sind, stellen hier ihre Handlungsmacht unter Beweis. So ermöglicht die globale Stadt „die teilweise Neuerfindung von Bürger_innenschaft", deren Handlungsspektrum von „Protesten gegen Polizeigewalt und Globalisierung bis zu Politiken sexueller Präferenzen" reicht.[4]

Erkennungszeichen globaler Städte ist, wie ausgeführt, das globale Kunstmuseum. Verfügt dieses als öffentlicher Raum über eine kulturelle Infrastruktur, die an dem Erscheinen der derzeitigen radikalen Veränderungen von Bürger_innenschaft mitwirken kann? [5] Diese Frage wird hier gestellt. Über die Frage hinausgehend formuliere ich auch die Forderung, dass es sich bei diesen notwendigen Veränderungen um eine öffentliche Aufgabe des globalen Museums handelt. Diese Forderung wird ausgehend von einer feministischen Analyse

2 Vgl. Saskia Sassen: The Repositioning of Citizenship. Emergent Subjects and Spaces for Politics. In: *The New Centennial* 3,2 (2003), S. 41–66.

3 Vgl. Saskia Sassen: *Global City. New York, London, Tokyo.* Princeton: Princeton UP 2001.

4 Ebd., S. 43–44.

5 Hinweis darauf, dass im globalen Museum über die Frage von zukünftiger Staatsbürger_innenschaftlichkeit und die Aufgabe der Institution nachgedacht wird, ist die Serie von Diskussionsveranstaltungen zum Thema *Global Communities und Critical Citizenship*, die im März 2014 in der Tate Modern (London) stattfand (siehe http://www.tate.org.uk/whats-on/tate-modern/global-communities-and-critical-citizenship (Zugriff am 12.03.2017)). *Citizens and Borders* ist eine Initiative im Museum of Modern Art New York, die seit 2015 sowohl mit Ausstellungen als auch einem Vermittlungsprogramm Beziehungen zwischen der Museumssammlung und Fragen von Migration herstellt (siehe https://www.moma.org/calendar/exhibitions/3813?locale=en (Zugriff am 12.03.2017)).

der Genealogie von moderner Staatsbürgerschaft und modernem Kunstmuseum, den zwei nationalstaatlich formierten Institutionen, welche die Französische Revolution bei der Eröffnung des Louvre paradigmatisch miteinander verbunden hat, entwickelt.

Der vorliegende Beitrag verbindet kritische Museumstheorie, insbesondere die von Carol Duncan vorgelegte Analyse zu Ritualen von Bürger_innenschaft im Kunstmuseum, mit Einsichten der Forschungen zu Staatsbürger_innenschaft, vor allem der feministischen Analyse von Joan Wallach Scott und der bereits genannten, von Saskia Sassen entwickelten Perspektive auf Global Citizenship.[6] Die Forderung des Rechts auf Museum als Erscheinungsraum für plurale Handlungen politischer Subjekte, unabhängig von ihrem rechtlich-formalen Status als Bürger_innen, wird ausgehend von der durch Judith Butler unter Bezugnahme auf Hannah Arendt entwickelten „performativen Theorie der Versammlung" formuliert.[7]

Staatsbürgerschaft und Museum

Die kritische Museumstheorie hat Mitte der 1990er Jahre wesentliche Arbeiten zum konstitutiven Zusammenhang zwischen Staatsbürger_innenschaft und Museum vorgelegt. Tony Bennetts *The Birth of the Museum. History, Theory, Politics* aus dem Jahr 1995 hat dies geschult an Michel Foucault und Antonio Gramsci aus der Perspektive von Macht, Hegemonialität und Repräsentation aufgezeigt. Wichtig für die Argumentation hier ist Bennetts Postulat, dass „alle Bürger_innen ein kulturelles Recht auf Museum" haben.[8] Carol Duncan veröffentlichte 1991 den Essay „Art Museums and the Ritual of Citizenship", in dem sie aus anthropologischer Sicht die „politischen und ideologischen Aufgaben" des Museums als Ritual staatsbürgerschaftlicher Zugehörigkeit analysiert.[9] Daraus lässt sich für das globale Museum heute das Recht auf Rituale neu zu definierender (staats)bürger_innenschaftlicher Zugehörigkeit ableiten.

6 Vgl. Duncan: Art Museums and the Ritual of Citizenship; Joan Wallach Scott: French Feminists and the Rights of 'Man'. Olympe de Gouges's Declarations. In: *History Workshop* 28 (1989), S. 1–21; Sassen: The Repositioning of Citizenship.

7 Judith Butler: *Anmerkungen zu einer performativen Theorie der Versammlung*, aus d. Amerik. v. Frank Born. Frankfurt am Main: Suhrkamp 2015.

8 Vgl. Tony Bennett: *The Birth of the Museum. History, Theory, Politics.* London / New York: Routledge 1995, S. 8.

9 Duncan: Museums and the Ritual of Citizenship, S. 90.

Das erste Museum, das dieses neue Ritual für Staatsbürger prototypisch verkörperte, war der Louvre in Paris. Vier Jahre vor der radikalen Öffnung des Louvre für alle war 1789 die *Deklaration der Menschen- und Bürgerrechte* erfolgt. Erstmals, wie der Staatsbürgerschaftshistoriker William Rogers Brubaker feststellt, werden bürgerliche Rechte, Freiheiten und Pflichten durch die Französische Revolution auf der Ebene des Nationalstaats verankert. Erbe dieser politisch-philosophischen Genealogie von Staatsbürgerschaft ist die Differenz zwischen Staatsbürger und *l'étranger*.[10] Rogers Brubaker beschreibt ausführlich die xenophobe Struktur, die auf der Verkoppelung von Staatsbürgerschaft und Nationalstaat beruht.[11] Der Nicht-Staatsbürger, der Fremde, der Ausländer wird zur „legalen Kategorie" ebenso wie zum „politischen Schimpfnamen", der für „Außenseitertum" steht.[12] Frauen, wie Brubaker anmerkt, werden in der Deklaration nicht erwähnt. Die politische Relevanz der sexualisierten Diskriminierung wird von ihm nicht näher untersucht. Die Gender-Historikerin Joan Wallach Scott hat herausgearbeitet, dass der Ausschluss von Frauen aus der Staatsbürgerschaft explizit an ihre weiblichen Körper gebunden war.[13] Für jemanden mit einem weiblichen Körper gab es keinen Weg zum legalen Status der Staatsbürgerschaft.[14] Die Idee des Subjekts, die der Formierung des Staatsbürgers zugrunde lag, war androzentrisch. Körper lieferten die Gründe für den politischen Ausschluss aus Status und Idee von Staatsbürgerschaft. Dies liegt der xenophoben und sexualisierten Konzeption nationalstaatlicher Staatsbürgerschaft in der Französischen Revolution zugrunde, die als paradigmatische

10 William Rogers Brubaker: The French Revolution and the Invention of Citizenship. In: *French Politics and Society* 7,3 (1989), S. 31–49, hier S. 44.

11 Ebd., S. 42–47.

12 Ebd., S. 44.

13 Joan Wallach Scott: French Universalism in the Nineties. In: Marilyn Friedman (Hrsg.): *Women and Citizenship*. Oxford: Oxford UP 2005, S. 35–51, hier S. 37.

14 Dieser Ausschluss der Frauen aufgrund der körpergebundenen Konzeption von Staatsbürgerschaft sorgte bereits während der Französischen Revolution, so Scott, für politische Debatten unter den männlichen Revolutionären. Die *Deklaration der Frau und Bürgerin* aus dem Jahr 1791 von Olympe de Gouges ist, wie Scott zeigt, nicht einfach eine Ausdehnung der bestehenden Rechte von Männern auf Frauen. Vielmehr plädierte Olympe de Gouges dafür, dass die Staatsbürgerinnenrechte für Frauen genau auf ihrer körperlichen Differenz beruhen. Die Frage nach Wirkung und Status von Differenzen in der Konzeption von Gleichheit, Freiheit und Gerechtigkeit, auch in Hinblick auf Staatsbürgerschaftlichkeit, ist bis heute in feministischen, LGBTQIA, post-kolonialen, dekolonialen, queeren sowie Crip-Theorien und aktivistischen Debatten von Relevanz. Wesentliche Beiträge zu dieser Diskussion wurden unter anderem vorgelegt von Iris Marion Young, M. Jacqui Alexander, Yuval Davis, Chantal Mouffe, Lauren Berlant und Elizabeth Freeman, David Bell und Jon Binnie, Athena Athanasiou, Manuela Boatcă, Mariá do Mar Castro Varela und Nikita Dhawan sowie Judy Rohrer.

westliche politisch-administrative und kulturell-substantive Konzeption anzusehen ist. Die Geschlechterdifferenz war die grundlegende Trennung, die sich mit der Vorstellung der unteilbaren Nation nicht vereinbaren ließ.[15]

Wie wirkte sich dies auf die Rituale der Staatsbürgerschaft und die politische Aufgabe des Kunstmuseums, nationale Gemeinschaftlichkeit herzustellen, aus? Hier gilt es, in Erinnerung zu rufen, dass die Öffnung des Louvre am 10. August 1793 zeitgleich mit der *Fête de l'unité et l'indivisibilité de la République française* zelebriert wurde. Der Museumsforscher Andrew McClellan hat in seiner Studie zum Louvre auf die Bedeutsamkeit dieser Verbindung hingewiesen.[16] Frauen waren zwar ihrer Körper wegen von der Staatsbürgerschaft mit dem Argument ausgeschlossen, sie gefährdeten die Unteilbarkeit der Nation. Der Feier von Einheit und Unteilbarkeit mussten sie jedoch keineswegs fernbleiben. Der Louvre stellte den öffentlichen Raum zur Verfügung, in dem der Bürger allen Grund hatte, sich wie „ein freier Mann" zu benehmen.[17] Strukturell lieferte das Museum Frauen keine politischen Gründe, sich wie eine freie Frau zu benehmen. Sie durften öffentlich die Rechte des Mannes und Bürgers mitfeiern. Rechte als Frau und Bürgerin gab es, wie ich anhand der Positionen aus der feministischen Geschichtswissenschaft und der Staatsbürgerschaftsforschung gezeigt habe, keine zu feiern.

Was bedeutet diese historische Genese für die Rituale der Staatsbürgerschaft im Museum aus feministischer Perspektive? Duncan zeigt, dass die Erfindung des „Großen Künstlers" mit dem Museumsritual der Staatsbürgerschaft zusammenhängt.[18] Die damit einhergehende institutionelle Diskriminierung all jener, die der Kategorie des Großen Künstlers nicht entsprechen, hat zu einer umfassenden und scharfen feministischen und postkolonialen Kritik geführt. Nicht jedoch in derselben Schärfe verfolgt hat die Kritik die Ursache für die sexualisierte, xenophobe und rassifizierende Ungleichheit der modernen Institution Museum, die in ihrer Berufung auf die androzentrische Idee von Staatsbürgerschaft begründet ist. Deshalb, so ließe sich argumentieren, wird aktuell kaum aus feministischer, queerer oder antirassistischer Perspektive der Anspruch erhoben, das globale Museum wäre als öffentlicher Raum nützlich für die Entwicklung von Ritualen, die Bürgerschaftlichkeit neu definieren. Doch gerade weil die politische

15 Wallach Scott: French Universalism in the Nineties, S. 37.

16 Andrew McClellan: *Inventing the Louvre. Art, Politics, and the Origins of the Modern Museum in Eighteenth-Century Paris*. Berkeley: University of California Press 1994, S. 95.

17 Ebd., S. 99.

18 Duncan: Museums and the Ritual of Citizenship, S. 96.

Dimension des Museums historisch in den Ritualen von Staatsbürgerschaft liegt, ist es von strategischem Interesse, heute die Infrastruktur des Museums als öffentlichen Raum für neue aktive Rituale, für Kämpfe um globale Staatsbürger_innenschaft zu begreifen, mit Butler gesprochen als „materielle Stütze des Handelns" für den Arendtschen Erscheinungsraum.[19]

Vom Recht auf Erscheinen im Museum

Ausgehend von einem politisch-philosophischen Interesse an Versammlungen im öffentlichen Raum, das durch die Ereignisse auf dem Tahrir-Platz im Jahr 2010 geweckt wurde, hat Butler *Anmerkungen zu einer performativen Theorie der Versammlung* verfasst. Sie betont die Zentralität materieller Infrastruktur für die Ermöglichung von körpergebundenem, pluralem Handeln und dessen öffentlichem Erscheinen. Darin liegt die politische Dimension von öffentlichem Raum, am Zustandekommen des Erscheinungsraums konstitutiv unterstützend mitzuwirken. Arendt hat diesen wie folgt gefasst:

> Dies räumliche Zwischen ist der Erscheinungsraum im weitesten Sinne, der Raum, der dadurch entsteht, daß Menschen voreinander erscheinen, und in dem sie nicht nur vorhanden sind wie andere belebten [*sic!*] oder leblosen Dinge, sondern ausdrücklich in Erscheinung treten.[20]

Während für Arendt der Erscheinungsraum ausschließlich auf der körperlichen Ko-Präsenz derer beruht, die einander als in Erscheinung Tretende erkennen, ist für Butler der materielle öffentliche Raum wesentlich in seiner Mitwirkung am Erscheinungsraum. Folgendes ist nun von Interesse im Zusammenhang des globalen Museums und seiner Aufgabe in der Neudefinition von Bürgerschaftlichkeit: Zum einen die Körpergebundenheit, die historisch für die Konzeption von Staatsbürgerschaft als Begründung diente, Ungleichheit aus den Verschiedenheiten von Körpern abzuleiten. Körpergebundenheit ist aber auch für die Konzeption von Handlungsmacht wesentlich. Alle Körper in ihren Differenzen sind handlungsmächtig, auch die Körper all derer, die keinen formal-rechtlichen Status als Staatsbürger_innen haben. Alle Körper haben, wie Arendt postuliert, „das Recht, Rechte zu haben."[21] Dieses Recht auf Rechte muss handelnd zur

19 Butler: *Anmerkungen zu einer performativen Theorie der Versammlung*, S. 98.
20 Hannah Arendt: *Vita activa oder vom tätigen Leben*. München: Piper 2007, S. 250.
21 Butler: *Anmerkungen zu einer performativen Theorie der Versammlung*, S. 68.

Erscheinung gebracht werden können. Zum anderen die materielle Infrastruktur des Erscheinungsraums. Diese, so Butler, stützt und ermöglicht, ist aber auch genau das, worüber die Kämpfe um Verteilungsgerechtigkeit und Ressourcenpolitik ausgetragen werden.[22] An dieser Stelle möchte ich nochmals in Erinnerung rufen, dass es laut Bennett ein kulturelles Recht auf das Museum gibt. Dies ist nun von Interesse für die aus dem zuvor Dargelegten abzuleitende Forderung, dieses kulturelle Recht auf Museum für das Handeln von Körpern zu aktivieren, die ihr Recht auf Rechte öffentlich zur Erscheinung bringen.

Transformationen von Staatsbürgerschaft

Auf der abstrakten Ebene hat sich Staatsbürgerschaft, wie Sassen argumentiert, im letzten Jahrhundert wenig verändert.[23] Es ist jedoch wesentlich, hier darauf zu verweisen, dass es durchaus rechtliche und substantive Veränderungen gab, vor allem, wie Sassen betont, haben „feministische und rassenkritische Forschungen das Versagen gender- und rassenneutraler Staatsbürgerschaftskonzeptionen deutlich gemacht."[24] Beispiele aktueller Kämpfe um Neudefinitionen reichen von Bewegungen wie *No One Is Illegal* oder *Black Lives Matter* über die Organisation der *Sans-Papiers* in Frankreich, dem *Day Without Immigrants* in den USA, politischer Flüchtlingsselbstorganisation, dem Recht auf reproduktive Gesundheit von Transsexuellen und Transgenders bis zum Recht auf religiöse Verschleierung.

Die globale Stadt, wie Sassen ausführt, ist der Ort, an dem Staatsbürger_innenschaft derzeit teilweise neu positioniert wird, und dies erfolgt insbesondere durch die „Praktiken der Ausgeschlossenen".[25] Aus diesem Grund ist das globale Museum, Identifikator globaler Städte, eine nützliche materielle Stütze, die emergente Staatsbürger_innschaft als Erscheinungsraum beanspruchen kann. Hatte das moderne Museum, so Duncan, die politische Bedeutung, Rituale der Staatsbürgerschaft durch Kunstverständnis einzuüben, Rituale, die von ihr als *passive* diagnostiziert wurden, so wird hier gefordert, das globale Museum für aktive Rituale globaler Staatsbürger_innenschaft als gemeinsames körpergebundenes Handeln, in Allianz mit künstlerischen Artikulationen, zu beanspruchen.[26]

22 Ebd., S. 100.
23 Siehe Sassen: The Repositioning of Citizenship, S. 41.
24 Ebd., S. 49.
25 Ebd.
26 Duncan: Art Museums, S. 94.

Wiewohl sich im 21. Jahrhundert viele künstlerische und kuratorische Arbeiten mit der Verhandlung der Fragen von Zugehörigkeit, Rechten, Staatlichkeit und Allianzen gegen sexualisierte und rassifizierte epistemische und politische Gewalt befassen, wird hier die Forderung ausgesprochen, das globale Museum – für viele kritische Praktiker_innen und aktivistische Künstler_innen ein Ort, der in zeitgenössische globale Ungleichheit verwickelt ist und unter dem Verdacht der spektakularisierenden wie kommodifizierenden Pazifizierung radikaler politischer künstlerischer Artikulationen steht – als öffentlichen Erscheinungsraum zu nutzen, in dem sich Körperallianzen in ihrer Pluralität artikulieren.[27]

„Kein einzelner Körper stellt den Erscheinungsraum her."[28]

Der Louvre, der Kunstmuseumsprototyp, stand für die „Verkörperung von Freiheit, Gleichheit und Brüderlichkeit".[29] Freiheit und Gleichheit waren jedoch höchst ungleich verteilt. Brüderlichkeit benennt den sexualisierten Ausschluss von Frauen wörtlich. Aus den daraus gewonnenen Einsichten müssen an das globale Museum heute andere Ansprüche für neue Praktiken von globaler Bürger_innenschaftlichkeit als aktive Rituale gemeinsamen politischen Handelns gestellt werden. Es sind Körperallianzen vorstellbar, die Staatenlose, Migrant_innen, Asylsuchende, Staatsbürger_innen, Kritiker_innen nationalstaatlich definierter Staatsbürger_innenschaft, geflüchtete Menschen, gegen sexualisierende, rassifizierende oder religiöse Diskriminierungen Eintretende als gemeinsam Handelnde versammeln, um das Museum als Unterstützung für ihr Erscheinen zu nutzen, um das Museum in einen tatsächlichen globalen Erscheinungsraum zu transformieren.

27 Stellvertretend für viele künstlerische und kuratorische Arbeiten, die mit Fragen von Rechten befasst sind, seien folgende hier genannt: *Land of Human Rights*. Graz: rotor 2007; Tania Bruguera: *Immigrant Movement International* (seit 2010); *Refugee Arts Project* in Australien (seit 2010); *Gulf Labor Artist Coalition* (seit 2011); Jonas Staal: *New World Summit* (seit 2012); Frederike Hansen und Tone Olaf Nielsen: *CAMP Center for Art on Migration Politics*, Kopenhagen (seit 2015) sowie die *Nasty Women Exhibitions* (2017).

28 Butler: *Anmerkungen zu einer performativen Theorie der Versammlung*, S. 105.

29 Andrew McClellan: A Brief History of the Art Museum Public. In: Ders. (Hrsg.): *Art and Its Publics. Museum Studies at the Millenium*. Malden: Blackwell 2003, S. 1–50, hier S. 5.

Katharina Eisch-Angus / Toni Janosch Krause / Mateja Marsel /
Susanne Schicho / Melanie Strutz

Die Ästhetik des Unheimlichen

Volkskundlich-künstlerische Performativität zwischen Assoziation und Ideologie: eine Begehung des Trachtensaals im Grazer Volkskundemuseum

Was denkt man, als Kulturanthropologin oder Europäischer Ethnologe, als Volkskundlerin oder Alltagskulturwissenschaftler, wenn man das Wort ‚Trachtensaal' hört? Vermutlich Ähnliches, wie die meisten studentischen Teilnehmer_innen im zweisemestrigen Projektseminar *Der steirische Blick. Ästhetische Performanz und die Volkskunde,* das im März 2015 am Institut für Volkskunde und Kulturanthropologie der Karl-Franzens-Universität Graz begann und das das Raumensemble des sogenannten Trachtensaals im Grazer Volkskundemuseum in den Blick nahm.[1]

Von ihrem fachlichen Selbstverständnis geprägt gab es bei vielen Teilnehmer_innen zunächst eine Abwehrreaktion gegenüber dem Thema. Es schien zu volkskundlich und zu staubig. Noch bevor wir uns aber auf akademische Diskussionen einließen, sammelten wir in Wahrnehmungsbegehungen und Forschungstagebüchern unsere anfänglichen Eindrücke und assoziativen Gefühle, die wir anschließend austauschten und zusammenführten. Wir nutzten also das freie Assoziieren als Erkenntnismittel und ersten Zugang. Wir wollten wissen, wo uns unsere Assoziation und unsere Abwehr hinführen würden. Was fanden wir bei diesen ersten Besuchen im Grazer Trachtensaal? Im gedämpften Licht eines langgestreckten, weiß gestrichenen Raums sind – einer naturkundlichen Museumsschau gleich – acht große Vitrinen aufgereiht, aus denen insgesamt

1 Es entstanden die Publikation: Katharina Eisch-Angus (Hrsg.): *Unheimlich heimisch. Kulturwissenschaftliche BeTRACHTungen zur volkskundlich-musealen Inszenierung.* Wien: Löcker 2016, sowie unter der Leitung von Erika Thümmel die Ausstellungsintervention: *Unheimlich heimisch. Volkskundlich-künstlerische Erkundungen zum Steirischen Trachtensaal* von März 2015 bis Juni 2016.

42 in Lebensgröße handgeschnitzte, farbig gefasste und mit bunten Gewändern bekleidete Holzfigurinen ins Leere zu starren scheinen. Sie sollen uns die Entwicklungsgeschichte der Kleidung von der Hallstattzeit bis zum Ende des 19. Jahrhunderts auf dem Gebiet der Steiermark zeigen. Konzipiert wurde der 1938 eröffnete Saal vom damaligen Leiter des Volkskundemuseums und späteren Volkskundeprofessor Viktor Geramb, der mit Alexander Silveri bewusst einen jungen Künstler beauftragte, der sich zuvor bereits für expressive Skulpturen vor allem im Sakralbereich einen Namen gemacht hatte.

Lebensnaher Horror

Sobald wir begannen, unsere unterschiedlichen Assoziationen zusammenzuführen, wurden die Ambivalenzen deutlich, mit denen uns das Trachten-Raum-Ensemble begegnete.[2] Der Trachtensaal, der im Komplex des Steirischen Volkskundemuseums einen eigenen Anbau einnimmt, wurde von Teilnehmer_innen als mächtig, aber auch als am Rand stehend und eng beschrieben, als freundlich und offen, mehr aber noch als düster und unheimlich. Diese Düsternis und das Bedrückende des Saals lassen sich zum Teil durch die Gegebenheiten des Raumes erklären. Die Architektur des eigens errichteten Anbaus wurde dezidiert modern und lichtdurchflutet angelegt,[3] während mittlerweile aus konservatorischen Gründen eine eher schummrige Atmosphäre herrscht. Allerdings fokussierten sich diese atmosphärischen Eindrücke immer mehr auf die Figurinen, denen in unseren Forschungstagebüchern eine Vielzahl an Eigenschaften zugeschrieben wurden. Die meisten davon waren negativ. Sie umfassten Begriffe wie „starr", „bedrohlich", „finster", „kantig" und „düster". Besonders häufig kamen Begriffe wie „tot" oder „leblos" vor.[4]

Während wir diese Zuschreibungen zunächst auf unser Unbehagen gegenüber politischen Besetzungen der Tracht oder auch auf unsere fachgeschichtlichen Vorbehalte als Volkskundler_innen zurückführten, überzeugte uns eine Assoziationsübung, die Michaela Haibl im Laufe unserer Projektarbeit mit ihren Studierenden der Anthropologie des Textilen an der TU Dortmund machte, eines Besseren. Auch diese Gruppe reagierte auf Bilder der Holzfigurinen des Trachtensaals mit ähnlichen Begriffen. Zugleich wurden die Puppen jedoch in

2 Vgl. Susanne Schicho: Wer hat Angst vorm Trachtensaal? Assoziative Raumbegehungen. In: Eisch-Angus (Hrsg.): *Unheimlich heimisch*, S. 59–72.

3 Der Raum wurde vom Architekten Wilhelm Jonser nach stilistischen Vorgaben der Bauhauszeit konzipiert und auf Licht und Modernität hin ausgelegt.

4 Wahrnehmungsprotokolle der Studierenden, März 2015.

Abb. 1: Aus der Intervention *Unheimlich heimisch*, 2016.

den schriftlichen Reaktionen der Dortmunder Studierenden auch als „lebensnah", oder „lebensecht" beschrieben – dies teils in denselben Notizen, in denen die Figurinen als „aus dem Leben gerissen" oder als „tot" empfunden wurden.[5] Auch hier also zeigten sich wieder deutliche Ambivalenzen. Wir hatten das Gefühl, dass, egal aus welcher Perspektive wir den Trachtensaal wahrnahmen, er immer sein eigenes Gegenteil schon in sich trug.
Diese irritierende Beobachtung führt zu Sigmund Freud und zu der Weise, in der er über etymologische und kulturhistorische Zusammenhänge, vor allem aber auch unter Einbeziehung des assoziativen Denkens dem Unheimlichen als abseitigem Gegenstand ästhetischer Forschung nachspürt.[6] Dieser Ansatz entspricht den methodischen Zugangsweisen unserer Gruppe, mit denen wir dem Trachtensaal kulturanalytisch auf die Schliche kommen wollten. Wir lernten den Saal als einen atmosphärischen Bedeutungsraum zu verstehen, der nicht

5 Brainstorming Studierender in Dortmund zu den Fotos zum Trachtensaal, 27.10.2015.

6 Vgl. Sigmund Freud: Das Unheimliche [1940]. In: Ders.: *Gesammelte Werke. Chronologisch geordnet*, Bd. 12: Werke aus den Jahren 1917–1920, hrsg. v. Anna Freud. Frankfurt am Main: Fischer 1999, S. 229–268.

nur individuelle Gefühle hervorruft, sondern kulturelle Zusammenhänge und gesellschaftliche Auseinandersetzungen in Szene setzt, die tief im kollektiven Gedächtnis verankert sind.

Oberflächlich betrachtet, liegt das Gefühl von Grusel und Horror, das viele Menschen im Grazer Trachtensaal empfinden, an der befremdlichen Physiognomie der Figurinen – Köpfe und Hände wirken teils überproportioniert. Damit aber übernehmen die Figurinen eine typische Machart der Horrorfiguren, Marionetten und Automaten der Populärkultur, von der aus sich wiederum Bezüge zur archaischen Totenplastik herstellen lassen.[7] Indem die Holzfigurinen einerseits lebendige Menschen nachzuahmen versuchen, sich aber andererseits (ähnlich wie ihre populärkulturellen oder kunstgewerblichen Kolleg_innen auf dem Jahrmarkt, im Wachsfigurenkabinett oder Film) auch in der Funktion menschlich gemachter Requisiten im Museum verorten, öffnen sie Ambivalenzen zwischen Leben und Tod. Sie legen Zweifel an der Beseelung eines anscheinend lebenden Wesens nahe und rühren umgekehrt an die irrationale Angst vor der Beseelung unbelebter Skulpturen. Damit erwecken sie ein Gefühl des Unheimlichen in besonderer Deutlichkeit. Dieser Eindruck verringert sich keineswegs dadurch, dass wir mit rationalistisch-aufgeklärter Überlegenheit den nüchternen Sachverhalt erkennen und unterscheiden können, ob es sich um echte Personen oder leblose Gegenstände handelt. Dass die Figurinen teils sogar Porträts echter Menschen sind, verstärkt die Ambivalenz zwischen Leben und Tod eher noch.[8]

Auf diese Weise gleicht der Trachtensaal, der nach der Wiedereröffnung 2003 als *Museum im Museum* deklariert wurde, einer sakralen Ahnengalerie, die Vergangenes zeigt, das schon zu Gerambs Lebzeiten ins Museum gehört hatte.[9] Indem der Trachtensaal vorgibt, die Tracht in ihrer Zeit, ihrem Raum und ihrer alltäglichen Verwendung zu verorten, scheint er wie ein Grab die Sozialordnung wiederherzustellen, die durch den Tod durcheinandergebracht wurde. Er will uns

7 Vgl. Julius von Schlosser: *Tote Blicke. Geschichte der Porträtbildnerei in Wachs. Ein Versuch*, hrsg. v. Thomas Medicus. Berlin: Akademie 1993; Hans Belting: *Bild-Anthropologie. Entwürfe für eine Bildwissenschaft*. München: Fink 2011.

8 Vgl. Toni Janosch Krause: Von lebendigen Toten. Wie aus Figurinen Figuren werden. In: Eisch-Angus (Hrsg.): *Unheimlich heimisch*, S. 87–97.

9 Geramb selbst war sich der Weiterentwicklung der Tracht in Kontexten von Alltagsgebrauch und Mode stets bewusst. Er schreibt: „[...] eine zeitgemäße Tracht – und wirklich nur eine solche hat die Möglichkeit, wirklich lebendige Tracht zu sein! – muß den Menschen der Gegenwart, muß dem Rhythmus und den Lebensformen der Zeit zu Gesicht stehen, sonst wird sie eine aussichtslose und törichte Maskerade, bestenfalls eine ‚Sommerfrischemode', die von vornherein zu raschem Absterben verurteilt ist." (Viktor Geramb: *Zeitgemäße Steirer-Trachten*. Graz: Heimatwerk des Steirischen Volkskunde Museums 1936, S. 1.)

Abb. 2: Aus der Intervention *Unheimlich heimisch*, 2016.

etwas vermitteln – oder vielmehr wollen wir, dass er uns etwas vermittelt. Dies lässt ihn zu einem ambivalent besetzen Gefühlsraum werden, in dem mit Freud das im Unheimlichen enthaltene Heimliche bzw. Heimische als „ein Wort [aufscheint], das seine Bedeutung nach einer Ambivalenz hin entwickelt, bis es endlich mit seinem Gegensatz unheimlich zusammenfällt."[10]

Ambivalentes Trachtentheater

Die ästhetischen und kulturhistorischen Dimensionen der Bildhauer-Figurinen im Trachtensaal, die hier angedeutet wurden, sind jedoch nur ein Aspekt, dem die Projektgruppe assoziierend und diskutierend nachzugehen versuchte. Ein anderer scheint in der Thematik der Tracht auf, die während der Forschung ebenfalls viele ambivalente Emotionen und Assoziationen hervorrief und um die wir bei der Auseinandersetzung mit dem Trachtensaal nicht herumkamen. Dass Tracht polarisiert, zeigte sich an den hitzigen Diskussionen innerhalb unserer Projektgruppe in besonderem Maße. Da unsere persönliche Einstellung zur

10 Freud: Das Unheimliche, S. 237.

Tracht unabdingbar auch unsere Forschung beeinflusste, war es uns wichtig, einander in einem Gruppengespräch die Rolle von Tracht in unseren eigenen Biografien offen darzulegen, um sich der eigenen Position bewusst zu werden und reflektierend damit umgehen zu können. Unsere erzählten biografischen Erlebnisse und Assoziationen verschafften uns Zutritt zu den Diskursfeldern, die sich um die Thematik der Tracht spinnen und die auch im Trachtensaal mitschwingen. Ganz unterschiedliche Perspektiven kamen in unserer Diskussion zum Tragen: Manche von uns bewundern das Handwerk, die Haptik und die Schönheit der Stoffe und Muster. Andere fühlen sich im Dirndl einfach immer gut angezogen, für sie ist das Tragen von Tracht eine ästhetische, emotionale und sinnliche Erfahrung.[11] Sie verspüren eine Lust, Tracht zu tragen.[12] Dem stehen negative Assoziationen der Tracht etwa mit Uniformierung und dem Zwang, Tracht zu tragen, gegenüber, z. B. wenn sie als Berufskleidung in Gastronomie und Tourismusbranche das Image eines ganzen Ortes mitkonstruieren soll. Dazu kommen nicht zuletzt die politischen Diskurszusammenhänge, innerhalb derer sich konservative und rechte Parteien bzw. deren Mitglieder gerne in Tracht zeigen. In diesem Zusammenhang – und das gilt erst recht, wenn man in einer kritischen Volkskunde und Kulturanthropologie sozialisiert wurde – irritiert es, wie Tracht heute wieder (und dies gerade auch bei vielen jungen Menschen) präsent und modern ist. An Trachten-Events wie dem ‚Aufsteirern'[13], welches 2002 von dem FPÖ-Politiker Leopold Schöggel als ‚Steirisches Volkskulturfest' initiiert wurde, oder auch am bayerischen Oktoberfest zeigt sich eine (spielerische) Lust am In-eine-andere-Haut-Schlüpfen, an einer Trachten- und Selbstinszenierung. Alte Trachtenelemente werden mit modernen Farben und Schnitten kombiniert, oft verknüpft mit der Vorstellung einer ‚guten alten Zeit' – häufig aber auch nicht.

11 Vgl. Birgit Langenegger: Tracht tragen, ein Erlebnis. In: Dies. / Thomas Antonietti (Hrsg): *Tracht tragen, Appenzell, Lötschental, überall.* Ausstellungskatalog Museum Appenzell und Lötschental. Baden: hier+jetzt 2006, S. 8–38, hier S. 8.

12 Vgl. Mateja Marsel: Trachttragen zwischen Lust und Angst. In: Eisch-Angus (Hrsg.): *Unheimlich heimisch,* S. 157–168.

13 Dabei handelt es sich um ein inzwischen dreitägiges Festival, welches jährlich in der Grazer Innenstadt stattfindet und 2016 ca. 100.000 Besucher_innen zählte; damit gehört es zu den größten volkskulturellen Veranstaltungen Österreichs. (Vgl. https://www.steirische-spezialitaeten.at/aufsteirern (Zugriff am 10.02.2017).)

Abb. 3: Der Trachtensaal anlässlich einer Light-Painting-Aktion, 2015.

Diese spielerischen Inszenierungen sind allerdings nichts Neues. Denn auch Viktor Geramb engagierte sich für die Organisation von Trachtenfesten,[14] und sein Weggefährte Konrad Mautner stellte der Ausseer[15] Bevölkerung die Stücke aus seiner Trachtenkammer für Feste zu Verfügung.[16] Er war Mitbegründer des Vereins zur Erhaltung und Förderung obersteirischer Volkstrachten, Volksgebräuche und Volkskunst in der Obersteiermark, welcher in der Bevölkerung das Bewusstsein für ‚richtige' Tracht fördern wollte.[17] Mautners

14 Vgl. Helmut Eberhart: „Innere Politik ist zum großen Teil angewandte Volkskunde ...". In: Alfred Ableitinger (Hrsg.): *Bundesland und Reichsgau. Demokratie, „Ständestaat" und NS-Herrschaft in der Steiermark 1918 bis 1946.* Wien / Köln / Weimar: Böhlau 2015, S. 135–162, hier S. 147.

15 Der Wiener Unternehmer und passionierte Volkskundler Konrad Mautner verbrachte seit seinem fünften Lebensjahr jeden Sommer mit seiner Familie im Ausseer Land und begann schon sehr früh, sich mit den dortigen Trachten und Liedern zu beschäftigen.

16 Vgl. Viktor Geramb (Hrsg): *Steirisches Trachtenbuch*, begonnen u. begründet v. Konrad Mautner, Bd. 1. Graz: Leuschner & Lubensky 1935, S. 6.

17 Vgl. Martin Pollner: *Historische Strukturen der Stadtgemeinde Bad Aussee und des Ausseerlandes.* Wien: Jesina 2005, S. 73; Johanna Westermaier: Gründerfiguren und Figurinen. Zur bürgerlichen Geschichte des musealen Genres ‚Trachtensaal'. In: Eisch-Angus (Hrsg.): *Unheimlich heimisch*, S. 101–119.

kultur- und alltagsgeschichtliche Trachtenforschungen bilden die Grundlage für den Trachtensaal. Er wird noch heute als Trachtenforscher und Bewahrer der ‚Steirischen Volkskultur' des Ausseer Landes verehrt. Auf der einen Seite beschworen diese frühen Trachtenforscher also das Ursprünglich-Authentische, das sie andererseits ganz unauthentisch in Szene setzten. Diese ambivalente Performativität spiegeln auch die historischen Trachtensäle und Vorgänger der Grazer Inszenierung, die ab 1900 in deutschen und österreichischen Museen eingerichtet wurden[18] und die sich mit ihren bunten Trachtenfigurinen in starr aufgereihten Vitrinen als ‚gefrorenes Theater' lesen lassen.

Tracht zu tragen ist auch heute noch – oder wieder – performativ, es passiert in der Öffentlichkeit, es macht Spaß und schafft ein Gemeinschaftsgefühl: Dirndl und Lederhose vermitteln, zumindest temporär, auch für Tourist_innen ein Gefühl von Teilhabe und Willkommen-Sein. Das Fremde wird zum Eigenen, indem man es anzieht.[19]. Andererseits inszeniert die normativ gepflegte Tracht ausschließende Grenzen zwischen ‚uns' und den ‚anderen', die durch die Zuschreibung von Tradition und Authentizität unantastbar gemacht werden. Tracht bewegt sich solchermaßen zwischen Ästhetik und ideologischer Verhaftung, zwischen der Lust des Trachten-Tragens und der Angst vor der Lust der anderen an der Tracht. Es ist die Uneindeutigkeit, die unter der bunten Fassade mitschwingt, die ambivalente Gefühle erzeugt und so vielen aus unserer Gruppe Angst machte.

Damit jedoch sind die Bedeutungsdimensionen des Trachten-Tragens und des Trachtensaals noch keineswegs ausgeschöpft. Wenn wir uns als Forschende des Fachs Volkskunde/Europäische Ethnologie/Kulturanthropologie mit Tracht und Trachtensaal beschäftigen, ist darüber hinaus auch noch das belastende Wissen über die deutschnationale Volkskunde und Trachtenpflege präsent und führt ebenfalls zu abwehrenden Reaktionen auf diese ‚allzu volkskundlichen' Themengebiete. Dies leitet zu einem weiteren Deutungsfeld, das im Gedächtnis des Grazer Trachtensaals wirksam ist, über.

18 Vgl. Claudia Selheim: *Die Entdeckung der Tracht um 1900. Die Sammlung Oskar Kling zur ländlichen Kleidung im Germanischen Nationalmuseum*. Bestandskatalog. Nürnberg: Verlag des Germanischen Nationalmuseums 2005, S. 20.

19 Vgl. Ulf Poschardt: *Anpassen*. Hamburg: Rogner & Bernhard 1998, S. 471.

Die Spur des Nationalsozialismus

Das Jahr 1938, in dem der Trachtensaal unter der Bezeichnung *Trachtengalerie* eröffnet wurde, evozierte bei uns wie bei vielen anderen Museumsbesucher_innen die Assoziation eines Machwerks der von den Nationalsozialist_innen instrumentalisierten Volkskunde. 1938 ist zudem das Jahr des sogenannten Anschlusses Österreichs an das nationalsozialistische Deutschland, was für uns diese ‚Kategorisierung' nahelegte und mit dafür sorgte, dass uns während der Beschäftigung mit diesem Raum ein unheimliches Gefühl beschlich.

Allerdings zeigte uns die genauere Recherche der Entstehungsgeschichte des Trachtensaals und der Ambitionen Viktor Gerambs, dass in Wirklichkeit alles viel komplexer, weil widersprüchlicher ist, als bei vorschneller Betrachtung angenommen.[20] Hier stießen wir erneut auf eine Vielzahl ambivalenter Sachverhalte. Einer davon ist, dass 1938 das Tragen von Tracht weltweit hochaktuell war. Trachtenmode aus Österreich zierte Modemagazine in Paris und New York, was manche Nationalsozialist_innen empörte, die von der deutschen ‚Einheitstracht' träumten.[21] Diese Empörung gipfelte darin, dass im Mai 1938 ein generelles Trachtenverbot für Jüdinnen und Juden propagiert und eine Normierung germanischer Tracht verfolgt wurde, die auf die ‚Ausmerzung' alles ‚Fremden' zielte. In weiterer Folge wurde im Juni 1938 ein solches Trachtenverbot vom Salzburger Polizeidirektor erlassen.[22]

Diese Feststellung führt uns zu Viktor Geramb und seinem Weggefährten Konrad Mautner, Sohn einer jüdischen Großindustriellenfamilie, der jedoch die Gräueltaten des NS-Regimes durch seinen vorzeitigen Tod 1924 nicht miterleben musste. Er selbst blieb, anders als seine Familie, vom Trachtenverbot, der Enteignung, Vertreibung und schließlich von Auschwitz verschont.[23] Bis 1939 wird

20 Vgl. Hans-Peter Weingand: Fünf populäre Irrtümer über den Trachtensaal. In: Eisch-Angus (Hrsg.): *Unheimlich heimisch*, S. 237–249.

21 Vgl. ebd., S. 240; Isabella Belting (Hrsg.): *„Gretchen mag's mondän." Damenmode der 1930er Jahre*. Ausstellungskatalog Münchner Stadtmuseum. München: Hirmer 2015, S. 180–193 (Kap. „Tracht und Dirndlkleider"); Heinz Schmitt: Theorie und Praxis der nationalsozialistischen Trachtenpflege. In: Helge Gerndt (Hrsg.): *Volkskunde und Nationalsozialismus*. München: Münchner Vereinigung für Volkskunde 1987, S. 205–213.

22 Vgl. Roswitha Orač-Stipperger: Verwehrte Sehnsucht. In: Dies. / Eva Kreissl: *Gewandgeschichten. Gesammelt – erforscht – ausgestellt*. Graz: Universalmuseum Joanneum 2013, S. 32–33, hier S. 32; Eva Kunze: Konrad Mautner: Volkskultur als Flucht oder Identitätsstiftung. In: Eisch-Angus (Hrsg.): *Unheimlich heimisch*, S. 131–140, hier S. 138.

23 Vgl. ebd., S. 137; Melanie Strutz: Schützen und Bewahren. Die Konstanten der Heimatschutzbewegung im Kontext des Trachtensaales des Grazer Volkskundemuseums. In: Eisch-Angus (Hrsg.): *Unheimlich heimisch*, S. 143–153, hier S. 151–152.

er in den Lieferungen des Steirischen Trachtenbuches neben Viktor Geramb als Initiator und Mitautor geführt, was Geramb wiederum Kritik von Seiten des NS-Regimes einbrachte.[24] Geramb, von dem die Aussage überliefert ist: „Es gibt keine minderwertige Rasse, wohl aber Minderwertiges in jeder Rasse",[25] hatte mit den Ausgrenzungen und ‚Säuberungen' der Nazis wenig gemein.

Wie so viele aus ihrer Zeit waren Geramb und Mautner unter dem Einfluss der technischen Moderne und des Ersten Weltkriegs von einer Sehnsucht nach heimatlicher Idylle und „Urverbundenheit"[26], sozusagen nach dem festen „Mutterboden"[27], getrieben. Dieses Bestreben stellte nicht selten einen Nährboden für nationalistische und rassistische Denkweisen dar, welche schließlich vom NS-Regime aufgegriffen und bis zum abscheulichen Exzess forciert wurden. Dieser Widerspruch zeigt sich deutlich in der Figur Gerambs, der sich einerseits vom Gedankengut und mehr noch von faschistischen und nationalsozialistischen Handlungsweisen distanzierte, der aber andererseits eine ebensolch anmutende Rhetorik pflegte, wenn er beispielsweise ein „verlorenes Paradies" im „vulgushaften Volksleben" beschwörte.[28] Geramb steht damit für eine Irritation, die unsere Wahrnehmungen und Assoziationen hinsichtlich des Trachtensaals begleitete und beeinflusste.

Entsprechend assoziierten wir die Trachtensaal-Figurinen mit ihren starren Blicken und den grobschlächtigen Körpern etwas vorschnell mit der ‚Blut-und-Boden'-Ideologie. Mit dem Wissen um den Schöpfer der überwiegenden Zahl der Figurinen, den Künstler und Bildhauer Alexander Silveri, wurde diese Sichtweise relativiert. Nicht nur hatte sich Silveri selbst in seinem Schaffen immer konsequenter der Anti-Kriegskunst zugewandt, sondern auch der Stil der Neuen Sachlichkeit, dem die Trachtensaal-Figurinen zuzuordnen sind, hatte sich in

24 SS-Sturmbannführer Dr. Karl Astel, Direktor der Universitätsanstalt für menschliche Erbforschung und Rassenpolitik an der Universität Jena, an SS-Gruppenführer Karl Wolff, Chef des persönlichen Stabes Reichsführer SS, 14.06.1938. Bundesarchiv, Berlin, R 58/7268, fol. 3.

25 Michael J. Greger / Johann Verhovsek: *Viktor Geramb 1884–1958. Leben und Werk.* Wien: Verein für Volkskunde 2007, S. 69.

26 Viktor Geramb: Urverbundenheit. In: *Hessische Blätter für Volkskunde* 36 (1937), S. 1–31.

27 Viktor Geramb: Einleitung. In: Ders. (Hrsg.): *Steirisches Trachtenbuch.* S. 3–4; vgl. auch Judith Hafner: Vom Erben. Verlorenes Paradies und reaktionäre Idylle. Die wissenschaftsgeschichtliche Bürde des Trachtensaals. In: Eisch-Angus (Hrsg.): *Unheimlich heimisch,* S. 215–223.

28 Vgl. Viktor Geramb: Der Volksbegriff in der Geistesgeschichte und in der Volkskunde. In: *Zeitschrift für Volkskunde* 1–2 (1956), S. 7–34, hier S. 34; Hafner: Vom Erben.

seiner weiteren Entwicklung immer deutlicher zwischen zwei Polen, dem der totalitären Pose und dem der Expressivität der ‚Entarteten Kunst', bewegt.[29]

Die Scham der Volkskunde und die Potentiale der Vieldeutigkeit in Kultur und Kulturanalyse

Womöglich, so lässt sich daraus folgern, ist es also der Wunsch nach eindeutigen Zuschreibungen, der sich hinter unserer anfänglichen assoziativen Abwehr vermuten lässt. Vielleicht spielt hier aber auch die Abwehr einer Geschichte eine Rolle, die in unser Fach eingebunden ist und die es zu einer besonderen Projektionsfläche der ‚unheimlich heimischen' Verstrickungen auch noch der Gegenwartgesellschaft macht. So erfahren wir eine aktuell aufkommende, vermeintlich wertfreie Lust am Tragen von Tracht[30] und das gleichzeitige Erstarken von (rechts-)populistischer Politik als unheimlich. Etwas mit Scham blicken wir angesichts solcher Entwicklungen auf unsere eigene Fachgeschichte, wissen wir doch um die Gefahr eines allzu leichten Abdriftens in nationalisierende, ‚heimattümelnde' und ausgrenzende Denkmuster, die als scheinbar einfache Antwort auf die komplexen Herausforderungen und Probleme unserer Zeit angeboten werden.

Alle diese diskursiven Widersprüchlichkeiten, die uns im Trachtensaal sowie in den Figuren Geramb und Mautner begegnet waren, führten schließlich dazu, diese Vieldeutigkeit als zentrales Ergebnis unserer Forschungen anzunehmen.[31]

Was vorausgehend in drei thematischen Richtungen präsentiert wurde, sind ambivalente Sinnzusammenhänge, die sich aus unseren eigenen und den Assoziationen anderer zum performativem Ensemble des Trachtensaals im Grazer Volkskundemuseum ableiten lassen. Die Anmutungen, Eindrücke und Ängste, die die verschiedenen Projektbeteiligten ebenso wie viele Museumsbesucher_innen mit dem Raumambiente des Trachtensaals und deutlicher noch mit seinen bemalten und bekleideten Holzfigurinen verbanden, sind individuell und vielfältig, sie sind von der aktuellen Situation und jeweiligen Perspektive der Betrachter_innen ebenso abhängig wie von deren persönlichem Herkommen. Trotzdem konnten wir beobachten, wie sich in den

29 Vgl. Christa Meinx: Die künstlerische Sprache des Alexander Silveri. In: Eisch-Angus (Hrsg.): *Unheimlich heimisch*, S. 75–85, hier S. 84–85.

30 Vgl. Marsel: Trachttragen zwischen Lust und Angst.

31 Vgl. dazu Eva Kunze: Konrad Mautner; Strutz: Schützen und Bewahren; Hafner: Vom Erben.

Forschungsaufzeichnungen und Diskussionen der Projektgruppe vergleichbare Motive wiederholten; zunehmend förderten die Diskussionen über den Trachtensaal Bilder und Diskursfiguren zutage, die sich auch in anderen Kontexten – wie beispielsweise denen der Populärkultur, der Tracht und des Gedächtnisses von völkischer Volkskunde und Holocaust – finden.[32] Hier öffneten sich unterschiedliche Deutungsfelder, deren Bezüge zueinander durch vergleichbare emotionale Besetzungen und assoziative Bilder von Forschenden und Beforschten zutage traten: von Menschen, die teils einen gemeinsamen Diskurszusammenhang rund um das Grazer Volkskundemuseum teilten, teils aber auch nicht in Kontakt miteinander standen, so wie die Studierenden in Graz und in Dortmund, oder aber diejenigen, die sich in gegenwärtigen und in vergangenen Zeiten über den Trachtensaal und die ihn berührenden Themen verständig(t)en. Hier kann und muss auf die Wirksamkeit kollektiver Gedächtnisinhalte geschlossen werden, die in der irritierenden Begegnung mit dem Trachtensaal virulent wurden und deren Analyse überhaupt erst die kulturelle und gesellschaftlich-politische Signifikanz eines so abseitig scheinenden Forschungsgegenstands wie dem Grazer Trachtensaal erschließen kann. Dies allerdings erforderte eine ethnografische Methodik, die Übersetzungsprozesse zwischen singulären Wahrnehmungen und überindividuellen Diskurszusammenhängen sichtbar macht und dabei gerade auch die emotional unterlegten Assoziationen, die im Forschungsfeld ganz offensichtlich die Vermittlung zwischen Individualität und Kollektivität besorgen, analytisch fruchtbar werden lässt. In dieser Wechselwirkung galt es zu zeigen, wie flüchtige Assoziationsbilder sich zu überindividuellen Motiven formen, deren ambivalente Emotionalität zwischen alltäglicher Vertrautheit einerseits, Angst und Horror andererseits dann doch einer stereotypen Erstarrung entgegenwirkte und spannende Auseinandersetzungen auf der individuellen Ebene der Projektgruppe vorantrieb. Dabei boten sich die ethnografisch aufgezeichneten Gefühle und die Bilder, die sich mit ihnen assoziativ verknüpften, als Schlüssel zu einem Verständnis des ästhetischen Raumensembles des Trachtensaals und seiner hölzernen Theaterbesatzung an. Wir brauchten sie, um die rätselhafte und vielfach unheimliche ästhetische, ideologische und politische Tragweite des Trachtensaals überhaupt erst interpretieren zu können.

32 Bahnbrechend ist hierzu die von Peter K. Manning dargestellte methodische Verbindung von ethnografischer Feldforschung und pragmatischer Semiotik beispielsweise hinsichtlich der prozessualen und multi-perspektivischen Analyse diskursiver Cluster im Forschungsmaterial (vgl. ders.: *Semiotics and Fieldwork*. Newbury Park: Sage 1987).

Entsprechend wurde es notwendig, die Ansätze einer kritischen Diskursanalyse nicht nur historisch-zeitgeschichtlich zu vertiefen, sondern sie auch durch die Zugangsweisen des assoziativen Deutens und *szenischen Verstehens* zu erweitern. Hier kommt die vom Soziologen und Psychoanalytiker Alfred Lorenzer entworfene Konzeption des szenischen Verstehens ins Spiel, die vorsprachliche, emotional besetzte Assoziationen als je schon sozial und kollektiv gefasst ansieht.[33] Im Sinne Lorenzers und Freuds konnten die rätselhaften Gefühle von Faszination und heftiger Abwehr, die der Trachtensaal immer wieder auslöste, als Indikatoren kultureller Diskurse lesbar gemacht werden. Diese rühren an gesellschaftlich Riskantes oder Tabuisiertes, an Ambivalenzen und Widersprüche, die sich – zwischen Nationalismus, Nationalsozialsozialismus und Tod einerseits, dem volkskulturell Anheimelnden, Lebensfrohen und Sehnsuchtsvollen andererseits – in der Inszenierung des Trachtensaals abbilden.[34]
Wie die Subjektivität von Forschenden und Beforschten in den dialogischen Forschungsprozessen der Ethnografie systematisch als erkenntnisleitendes Instrument eingesetzt werden kann, steht gegenwärtig wieder im Zentrum fachlicher Diskussionen um die supervisorische Deutungsarbeit sowie auch das Revival der Ethnopsychoanalyse in der Europäischen Ethnologie. Allerdings ist diese methodisch auf die bedeutungsgenerierende Dynamik von Übertragung und Gegenübertragung in der intersubjektiven Beziehung angewiesen, während wir in unserem Museumsprojekt auf das Problem stießen, dass wir zwar durchaus Dialoge mit den Trachtensaalfigurinen führten, es sich bei diesen aber – dem ambivalenten Topos der lebenden Toten zum Trotz – um nicht-belebte Skulpturen handelt. Hier half Umberto Ecos Ansatz der strukturellen Uneindeutigkeit

33 Vgl. Alfred Lorenzer: Sprache, Lebenspraxis und szenisches Verstehen in der psychoanalytischen Therapie. In: Ulrike Prokop / Bernard Görlich (Hrsg.): *Szenisches Verstehen. Zur Erkenntnis des Unbewußten*. Marburg: Tectum 2006, S. 13–38; Schicho: Wer hat Angst vorm Trachtensaal?, S. 60–61.

34 Die Grundlagen dieser methodischen Überlegungen reichen ein gutes Jahrhundert zurück auf die Grundlegung von Semiotik und Psychoanalyse, die beide auf ähnliche Weise die sinnstiftende Kraft der Assoziation betonten: Hier entspricht die von Charles Sanders Peirces begründete pragmatische Zeichentheorie, die Prozesse kultureller Sinnstiftung im Dreieck von Gegenstand, Bedeutung und Handlungssituation erklärt, den Überlegungen der Psychoanalyse, die im psychoanalytischen Dialog zwischen Übertragung und Gegenübertragung nicht nur biografischen Verbindungen, sondern auch den Inhalten des kulturellen Unbewussten nachgeht. (Vgl. dazu Jochen Bonz / Katharina Eisch-Angus: Sinn und Subjektivität. Traditionen und Perspektiven des Methodeninstruments Ethnopsychoanalytische Deutungswerkstatt/ Supervisionesgruppe für Feldforscher*innen. In: Ders. / dies. / Marion Hamm / Almut Sülzle (Hrsg.): *Ethnografie und Deutung. Gruppensupervision als Methode reflexiven Deutens*. Wiesbaden: Springer VS 2017, S. 27–58.)

des *offenen Kunstwerks* weiter, zusammen mit der Bild-Anthropologie Hans Beltings, der die kulturgeschichtlichen Einschreibungen der menschlichen Kunstfigur von der Antike in die Gegenwartskunst verfolgt.[35] Viktor Geramb verkannte eben diese assoziative Aufladung des künstlerischen Menschenbilds, die die europäische Kulturgeschichte im Spannungsfeld von Blasphemie, Lebens- und Todesnähe durchzieht, indem er auf das Genre des Trachtensaals zurückgriff und darüber hinaus sein Konzept einer Genealogie der Kleidung dezidiert mit Hilfe eines Künstlers umzusetzen suchte.[36] Während Geramb darauf zielte, mit künstlerischem Können und Prestige die Ambivalenzen von Tracht, Volkskunde und alltäglicher Lebenswelt in den wissenschaftlichen Schaukästen seiner Zeit museal stillzustellen, konnte der 1936 beauftragte Bildhauer Alexander Silveri expressiv und imaginativ die innere Ambivalenz und die assoziative Bedeutungsvielfalt des figürlich-skulpturellen Kunstwerks einsetzen, sie seinen Figurinen sozusagen ins Gesicht schreiben.

Dies wiederum ermöglicht es uns auch noch acht Jahrzehnte später, über die starren Blicke der Figurinen und die performativen Anmutungen des Saals etwa als Wachsfigurenkabinett, Jahrmarktsspektakel oder Naturkundemuseum assoziativ zu den Diskursen der Entstehungszeit des Saals Zugang zu erhalten – insofern, als deren emotionale Spannungen auch noch in den unseren enthalten sind und in heutigen Diskursen über Tracht und Volkskultur, Ideologie und Nationalismus weitergeführt werden. In einem zweiten Schritt und mindestens ebenso wichtig ist es, mögliche Deutungszusammenhänge im Ausgang von diesen assoziativen Brücken durch eine sorgfältige diskursanalytische Kontextualisierung zu erschließen, die zugleich auch den Spezifika und Unterschieden unseres Forschungsgegenstands gerecht werden kann.

Über all dem steht das Wissen darum, dass eine volkskundliche Alltagswissenschaft ihrem Gegenstand nur dann gerecht werden kann, wenn sie das Ambivalente und Uneindeutige als Charakteristikum des Kulturellen zulässt. Aus der Perspektive eines klassischen Wissenschaftsverständnisses, dem Geramb den Saal und seine Volkskunde trotz oder auch wegen seiner eigenen Verbundenheit mit der Vielfalt des Volkskulturellen einpassen wollte, muss eine solche Uneindeutigkeit, das Vermischte, Diffuse, Emotionale des Alltagsweltlichen unheimlich erscheinen. Damit sind wir bei unserem Ausgangspunkt

35 Vgl. Umberto Eco: *Das offene Kunstwerk*. Frankfurt am Main: Suhrkamp 1977; Belting: *Bild-Anthropologie*.
36 Vgl. Weingand: Fünf populäre Irrtümer über den Trachtensaal, S. 239.

des Unheimlichen, das – in abwehrender oder durchaus lustvoller Manier – die Assoziationen von Studierenden, Besucher_innen und dem wissenschaftlich-musealen Umfeld des Volkskundemuseums bestimmte.

Sigmund Freud hat das Unheimliche als Gegenstand einer Ästhetik beschrieben, die er wiederum als „Lehre von den Qualitäten unseres Fühlens" begreift.[37] Von hier aus kommt er auf eine innere Ambivalenz des Unheimlichen als „das ehemals Heimische, Altvertraute",[38] „etwas dem Seelenleben von alters her Vertrautes", das gleichwohl „im Verborgenen hätte bleiben sollen und hervorgetreten ist".[39] Damit können wir die Wirkung der Trachtenfigurinen nicht nur als Angst vor der Beseelung der unbelebten Skulptur erklären, die zur archaischen Totenplastik geradeso gehört wie zu den Marionetten und Automaten der Populärkultur seit Ende des 19. Jahrhunderts. Vielmehr werfen die Anstößigkeit und Peinlichkeit des Trachtensaals, die wir in vielen Reaktionen wahrnehmen konnten, Schlaglichter auf das Selbstverständnis eines Fachs, dem es gerade um die Wahrnehmung des Eigenen im Fremden geht. Der Trachtensaal mit seinen bekleideten und bemalten Marionetten, die ländliche Alltagskultur aus zweitausend Jahren repräsentieren sollen, konfrontiert uns als Volkskundler_innen und Europäische Ethnolog_innen mit den Abwertungen seitens eines idealistischen Kunstverständnisses ebenso wie einer objektivistischen Wissenschaft. Die Volkskunde erlebt mit dieser immer noch gängigen Deklassierung des Gemeinen, Bunten und Alltäglich-Menschlichen die Abwertung ihrer alltäglichen Forschungsgegenstände, sie wird also selbst zu gesunkenem Kulturgut. Zugleich weiß sie, wie schnell der Wunsch, das Alltägliche auf Eindeutigkeit, Wahrheit und Authentizität zuzuschneiden, zur Ideologie werden kann.

Vielleicht kommt in der Weise, in der die Grazer Trachtenfigurinen trotz ihrer Vielfalt in Mode, Sprache, Klasse oft und voreilig mit ‚Blut und Boden' kurzgeschlossen werden, ein abwehrendes Wiedererkennen der bürgerlichen Sehnsucht nach dem Unvermischten, Ungeteilten und einem vorhistorischen Unpolitischen zum Ausdruck, das die Trachtenforscher_innen vor und nach dem Ersten Weltkrieg geprägt hatte? Und vielleicht spricht daraus auch eine Überforderung angesichts der Aufgabe, mit dem ambivalenten Gedächtnis des Holocaust umzugehen, das im Grazer Trachtensaal an dessen jüdischen Urheber Mautner erinnert, aber auch an die mörderische Engführung der primitivistischen Genealogien

37 Freud: Das Unheimliche, S. 229.
38 Ebd., S. 259.
39 Ebd.

des 19. und frühen 20. Jahrhunderts in Rassentheorie und Genetik? Die Forschungsarbeit der Projektgruppe fiel in eine Zeit, in der einmal wieder die Schließung des Grazer Volkskundemuseums und des Trachtensaals konkret anvisiert war. Sie entwickelte sich auch aus der anfänglichen Unlust und Abwehr vieler Studierenden gegen das Thema zu einem engagierten Plädoyer, den ästhetisch-performativen und politischen Dimensionen des Volkskundlichen auch weiterhin ins Gesicht zu schauen.

Kulturanalyse des Politischen I: Kritik der Policy

Jens Adam[1]

Paradoxien des A-/Politischen:

Anthropologische Perspektiven auf humanitäre Hilfe und ihr Beitrag zu einer Humanitarismuskritik

„Die humanitäre Hilfe hat sich immer als eine Insel verstanden, auf der es nur um das Humanitäre geht und die Politik draußen bleiben muss", erklärt mir der Mitarbeiter einer humanitären Organisation am Rande einer Tagung in Berlin, die Praktiker_innen, Theoretiker_innen, journalistische und zivilgesellschaftliche Begleiter_innen humanitärer Hilfe zusammenbringt, um aktuelle Herausforderungen, Zuständigkeiten und Spannungsfelder innerhalb dieses transnational operierenden Arbeitsfeldes zu diskutieren. „Diese Trennung lässt sich immer weniger aufrechterhalten", fährt mein Gesprächspartner fort. „Früher waren wir ein kleines, abwegiges Feld. Jetzt werden wir immer wichtiger, von der Politik einbezogen und auch von anderen, ökonomischen Logiken ergriffen. Um dieses Dilemma geht es hier."[2]

Diese kurze Sequenz verweist auf diskursive Verschiebungen und geopolitische Veränderungen, welche die humanitäre Hilfe in den letzten Jahren erfasst und gerade im Verhältnis zur offiziellen Politik sowie zu staatlicherseits vorangetriebenen Policies – etwa Entwicklungs- oder Sicherheitspolitik – neu positioniert haben. Die Begründungen militärischer Interventionen oder ganzer Kriege

1 Ich danke Michi Knecht (Bremen) für zahlreiche, substanzielle Kommentare zu einer früheren Version dieses Textes.

2 Feldnotizen vom *Internationalen Forum: Humanitäre Hilfe – wessen Aufgabe ist das eigentlich? Gute Humanitäre Hilfe braucht ein starkes gesellschaftliches Fundament*, Berlin, 14.–15.04.2016.

durch westliche Regierungsvertreter als „humanitär“[3] – da die Rettung von zivilen Leben die zentrale Zielsetzung darstelle – sind ebenso Ausdruck dieser Entwicklung wie die Versuche hochrangiger Verteidigungspolitiker, die Arbeit humanitärer Organisationen als *softpower* und somit als Begleitmaßnahmen militärischer Operationen in ihre sicherheitspolitischen Zielsetzungen zu integrieren.[4] Ganze Ministerien oder zumindest einzelne Abteilungen führen inzwischen „humanitäre Hilfe“ in ihrem Namen; und nicht zuletzt tragen Debatten zum Umgang mit Geflüchteten und zu den lebensbedrohenden Konsequenzen einer Abschottung Europas gegenüber Migrationsbewegungen dazu bei, humanitäre Fragestellungen vermehrt ins Zentrum politischer Auseinandersetzungen zu rücken.

Bereits diese kurze Aufzählung verdeutlicht, dass humanitäre Hilfe an Bruchlinien und Reibungsflächen der gegenwärtigen Weltordnung operiert: In ihren transnationalen Praxisfeldern kreuzen sich eine Vielzahl von politischen Prozessen und Machtvektoren. Vor diesem Hintergrund erscheint die Klage meines Gesprächspartners ebenso nachvollziehbar wie irritierend – nachvollziehbar, da durch diese Entwicklungen tatsächlich zentrale Grundlagen des etablierten Selbstverständnisses und der Handlungsfähigkeit humanitärer Hilfe berührt werden; irritierend, da diese Orientierung am Ideal einer ‚apolitischen Insel‘ auch als Weigerung gelesen werden kann, die politischen Verwebungen und Effekte der eigenen Praxis einzubeziehen.

In diesem Beitrag möchte ich dieses Paradox des A-/Politischen näher beleuchten, indem ich das Verhältnis zwischen ‚humanitärer Hilfe‘ und ‚Politik‘ durch zwei konzeptionelle Erweiterungen neu zu perspektivieren versuche: Zum einen bette ich aktuelle Diskussionen zu den Aufgaben und Risiken *humanitärer Hilfe* in das breitere Feld einer anthropologischen Kritik des *Humanitarismus* ein; zum anderen ergänze ich die engere Vorstellung von *der Politik* – als Gegenpol zur Sphäre des Humanitären – durch den Begriff des *Politischen*, wie er in zeitgenössischen anthropologischen Forschungen entwickelt wird. Eine solche Untersuchung ist aus zumindest zwei Gründen von Interesse für eine Europäische Ethnologie, die sich vermehrt den Dimensionen des Politischen zuwendet: Einerseits lassen sich anhand dieser Neupositionierungen der humanitären

3 So etwa die Kommentare zu den NATO-Angriffen auf Serbien im Rahmen des Kosovo-Krieges durch den tschechischen Präsidenten Václav Havel oder dem britischen Premierminister Tony Blair; Blair begründete gleichfalls den Angriff seines Landes und der USA auf den Irak (2003) durch eine ähnliche Argumentation.

4 So etwa durch den damaligen Nato-Generalsekretär Anders Fogh Rasmussen im Jahr 2010 in Bezug auf Afghanistan.

Hilfe – ganz im Sinne einer *Anthropology of Policy* – gegenwärtige Auseinandersetzungen um Grundbegriffe des gesellschaftlichen und politischen Zusammenlebens ebenso nachzeichnen wie das hiermit verbundene Auftauchen neuer Regierungslogiken und politischer Rationalitäten;[5] andererseits stellt sich die humanitäre Hilfe als eines der Felder dar, in denen sich ein zeitgenössisches postkoloniales Europa mit ‚Welt' verbindet. Sie rückt somit in den Fokus einer anthropologischen Europäisierungsforschung, die inzwischen begonnen hat, ‚Europa' als Produkt und Produzentin seiner vergangenen und gegenwärtigen globalen Verflechtungen analytisch in den Blick zu nehmen.[6]

Die Eingangssequenz führt mitten hinein in den etablierten Modus der Selbstbeschreibung humanitärer Helfer_innen von ihrem Auftrag und somit in ein sowohl rechtlich konfiguriertes als auch moralisch unterlegtes Praxis- und Diskussionsfeld: Im Zentrum steht hierbei die Intention, im Namen einer *ungeteilten Menschheit* in Kontexten von Kriegen, Katastrophen oder Epidemien jedem Menschen – ungeachtet jeweils wirkmächtiger Kategorisierungen entlang von Geschlecht, Alter, Religion, Ethnie, sozialer Position oder politischer Überzeugung – den Zugang zu medizinischer Grundversorgung zu gewährleisten und sein Überleben zu sichern. Die Basis und unabdingbare Voraussetzung für die Durchführung solcher humanitären Einsätze stellen die Vereinbarungen des humanitären Völkerrechts dar – am bekanntesten die vier Genfer Konventionen –, die der Ausübung von Gewalt innerhalb von internationalen militärischen Konflikten gewisse Grenzen auferlegen, einige Waffenformen ganz verbieten und Schutzklauseln für Verwundete, Kriegsgefangene oder medizinische Einrichtungen enthalten. Aus diesen Vereinbarungen leiten sich die Prinzipien ab, an denen sich Einsätze zu orientieren haben, um im herkömmlichen Sinne als humanitär zu gelten: *Menschlichkeit*, *Unparteilichkeit* im Hinblick auf die Gewährung medizinischer Hilfe, operative *Unabhängigkeit* von politischen Vorgaben, militärischen Verbänden oder staatlichen Interessen und *Neutralität* gegenüber allen Konfliktparteien als Voraussetzung, um Zugang zu Hilfsbedürftigen zu

5 Cris Shore / Susan Wright (Hrsg.): *Anthropology of Policy. Critical Perspectives on Governance and Power*. London / New York: Routledge 1997; dies. / Davide Però (Hrsg.): *Policy Worlds. Anthropology and the Analysis of Contemporary Power*. New York / Oxford: Berghahn 2011; Jens Adam / Asta Vonderau (Hrsg.): *Formationen des Politischen. Anthropologie politischer Felder*. Bielefeld: Transcript 2014.

6 Jens Adam / Regina Römhild / Manuela Bojadžijev / Michi Knecht / Paweł Lewicki et al. (Hrsg.): *Europa dezentrieren. Globale Verflechtungen neu denken*. Frankfurt am Main / New York: Campus 2018 (im Erscheinen).

bekommen. Gerade anthropologische Perspektiven vermögen herauszuarbeiten, dass jeder dieser Begriffe vielfältig umstritten ist und in der Übersetzung in die Arbeitspraxis zu Reibungen und Problemen führen kann. Dennoch ist die Feststellung wichtig, dass humanitäre Helfer_innen diese Prinzipien nicht einfach als ethisch wünschenswerte Leitmotive betrachten, sondern als Bedingungen für die Gewährleistung eines akzeptablen Niveaus von Un-/Sicherheit in der Durchführung humanitärer Einsätze in Kriegs- und Krisengebieten.

Das Bild von den Trägern humanitärer Hilfe wird in diesem etablierten Beschreibungsmodus durch transnational tätige Nichtregierungsorganisationen, UN-Agenturen sowie weitere supranationale, kirchliche oder zivilgesellschaftliche Akteure beherrscht, die allerdings – in einem unterschiedlichen Ausmaß – auch auf staatliche Geldgeber angewiesen sind. Gleichzeitig dominiert eine Vorstellung von klar verteilten Subjektpositionen: Auf der einen Seite gibt es die mobilen ‚Helfer_innen', die sich zumeist aus westlichen Ländern temporär in Kriegs- und Katastrophengebiete begeben; auf der anderen Seite befinden sich die ‚Hilfsempfänger_innen', die bisher in der Regel in den Ländern des Globalen Südens situiert werden – anders formuliert: Subjektpositionen und Interaktionsformen innerhalb des humanitären Feldes spiegeln relativ ungebrochen globale Asymmetrien wider.

Die Besonderheiten humanitärer Hilfe im Verhältnis zu anderen Sektoren globaler Hilfsunternehmungen lassen sich anhand einer idealtypischen Differenzierung weiter illustrieren, welche Erica Bornstein und Peter Redfield erarbeitet haben.[7] Sie verdeutlichen die Unterschiede zwischen Menschenrechtsarbeit, Entwicklungszusammenarbeit und humanitärer Hilfe im Selbstverständnis und den Arbeitsformen ihrer zentralen Akteure entlang von Kategorien wie Zeitlichkeit oder jeweils leitenden Vorstellungen von Wohlbefinden und gutem Leben: Demnach fokussieren Menschenrechtsarbeiter_innen in der Regel *vergangene Rechtsverletzungen*, die sie mittels juristischer Praxen und Sprechweisen zu dokumentieren, aufzuklären und nach Möglichkeit vor Gericht zu bringen versuchen; *Gerechtigkeit* gilt hierbei als die wesentliche Grundbedingung menschlichen Wohlbefindens und Zusammenlebens. Die Entwicklungszusammenarbeit betrachtet hingegen den *ökonomischen Mangel* als Kernproblem menschlicher Existenz und versucht entsprechend die materiellen Lebensbedingungen von Kollektiven in der *Zukunft* zu verbessern. Die humanitäre Hilfe wiederum ist in

7 Peter Redfield / Erica Bornstein: An Introduction to the Anthropology of Humanitarianism. In: Dies. (Hrsg.): *Forces of Compassion. Humanitarianism between Ethics and Politics*. Santa Fe: School for Advanced Research Press 2011, S. 3–30, hier S. 5–6.

dieser Lesart primär auf die *physische Integrität und Gesundheit* von Menschen ausgerichtet und folgt einem klar *präsentistischen Ethos*: Im Zentrum steht hier also das aktuelle Leiden, das gerade jetzt am meisten bedrohte Leben, das es zu retten oder zu schützen gilt. Entsprechend dominiert hier eine moralisch unterlegte, medizinische Sprache.
Fraglos verwischen die Grenzen zwischen diesen drei Modi transnationaler Interventionen gerade in der Arbeitspraxis zunehmend – etwa wenn humanitäre Organisationen AIDS-Präventions- oder Impfkampagnen durchführen, an der Entwicklung von Medikamenten für Krankheiten mitwirken, die der Pharmaindustrie nicht profitabel genug erscheinen, oder sich um die Wiederansiedlung und Reintegration von Vertriebenen kümmern. Dennoch vermag diese Idealtypik auch weiterhin das naturalisierte Ausgangsproblem humanitärer Hilfe, die ihr eingeschriebene Spezifik und somit auch den etablierten Modus der Selbstbeschreibung ihrer Akteure zu verdeutlichen. Die Klage meines Gesprächspartners in der Eingangssequenz lässt sich auch als ein situatives Unvermögen verstehen, diese für die aktuelle Situation so konstitutiven Verwischungen und Überschneidungen in die Konzipierung des eigenen Arbeitsfeldes zu integrieren.

Die Beziehungen zwischen humanitären Bewegungen und Anthropologie sind als „unbequem vertraut“ beschrieben worden – etwa, da man den Referenzpunkt ‚Menschheit‘ oder auch die Verwurzelung in philanthropischen Bewegungen des 19. Jahrhunderts teile.[8] Hinzu kommt, dass viele der klassischen Forschungsgebiete der außereuropäischen Ethnologie zu den primären Einsatzgebieten humanitärer Hilfe geworden sind, da sich schwer beherrschbare Epidemien, Naturkatastrophen oder Gewaltformationen insbesondere in ehemals kolonial dominierten Gebieten des Globalen Südens ereignen. In solchen geographischen Überschneidungen – aber auch etwa in medizinethnologischen Expertisen – liegt ein Interesse humanitärer Helfer_innen an anthropologischen Wissensbeständen begründet, das aber zumeist selektiv bleibt. Diesen Zusammenhang möchte ich anhand meiner eigenen Kooperation mit humanitären Akteuren erläutern: Vor einigen Jahren wurde ich eingeladen, im Rahmen eines europäischen Studiengangs, der Studierende mittels eines interdisziplinären akademischen Programms zu humanitären Helfer_innen ausbildet, das Modul „Anthropology in Humanitarian Action“ zu unterrichten. Zu meinen ersten Aufgaben gehörte es, anthropologisches Wissen zu identifizieren, das für diese

8 Ebd., S. 20.

Zielgruppe von Relevanz sein könnte, und curricular aufzubereiten. Aus diesen Überlegungen entstand ein Seminarplan, der drei Lerninhalte zentral setzte: erstens die Vermittlung analytischer, anthropologisch-informierter Perspektiven auf gewisse Grundbegriffe, die auch im Umfeld eines humanitären Einsatzes genutzt und mobilisiert werden – etwa ‚Krieg', ‚Ethnizität', ‚Kultur' oder ‚gutes Leben'; zweitens die Reflexion der postkolonialen, gewalt- und hierarchiedurchzogenen Welt(un)ordnung, in der humanitäre Hilfe situiert ist; und drittens die Heranführung an ‚Ethnographie' als einen Modus der Wissensgenerierung, der humanitäre Helfer_innen darin unterstützen könnte, sich in den komplexen, chaotischen Konstellationen nach einer Naturkatastrophe oder in einem bewaffneten Konflikt besser zurechtzufinden. Nicht zuletzt aufgrund der Vielzahl möglicher Einsatzgebiete verzichtete ich auf die Vermittlung von spezifischen Expertisen zu ‚Kultur' als einem in einer jeweiligen Region geteilten Praxis- und Bedeutungssystem. Vor diesem Hintergrund erschien es mir bemerkenswert, dass eine der ersten Fragen in der ersten Stunde meiner Lehrtätigkeit genau in die Richtung auf ein konkreteres, anwendungsorientiertes Wissen zielte, das in unserer Disziplin vermutet wurde. Eine Ärztin, die bereits an einer Reihe von humanitären Einsätzen teilgenommen hatte, berichtete von einem Erlebnis in Westafrika: Sie seien als humanitäre Helfer_innen in ein Dorf gekommen, in dem die lokale Gemeinschaft eine Frau als „Hexe" identifiziert und verurteilt habe und im Begriff stand, sie zu töten. „Wie sollen wir in so einer Situation reagieren?", fragte sie mich – eingreifen auf Basis der universalen Überzeugung vom Wert jedes menschlichen Lebens oder gewähren lassen, gewissermaßen aus Respekt gegenüber einer anderen, lokal situierten Kultur und sozialen Ordnung?
Eine solche Frage führt mitten hinein in die politischen oder moralischen Brechungen und Herausforderungen humanitärer Begegnungen, die häufig sehr akut und risikoreich bearbeitet werden müssen. An dieser Stelle interessiert mich aber zunächst, welche Erwartungen und welche Kompetenzvermutung an unser Fach in dieser Frage anklingen. Insbesondere da eine solche Zuschreibung von Zuständigkeiten nicht unüblich ist: Anthropolog_innen werden zumeist gefragt, wenn der ‚kulturelle Kontext' an einem Einsatzort Probleme bereitet, wenn also etwa der Ablauf einer humanitären Operation gestört wird und die Gründe hierfür in der ‚anderen Kultur' vermutet werden. Sie gelten hier also als Expert_innen für ein zutiefst reduktionistisches, empirisch und theoretisch zunehmend unhaltbares Konzept von einer abgrenzbaren ‚Kultur' als Kausalfaktor für ‚irrationales' menschliches Handeln – ein Verständnis, von dem sich die anthropologischen Disziplinen selbst in unterschiedlichen reflexiven Bewegungen längst gelöst haben. So berichtete mir etwa eine Medizinanthropologin, die regelmäßig für eine humanitäre Organisation arbeitet, dass die Anfragen

immer dann kommen, wenn etwas nicht nach Plan laufe: Ein Impfprogramm lässt sich in sechs Dörfern durchführen, ein siebtes Dorf weigert sich – warum? In ähnlicher Weise schreibt Didier Fassin – der nicht nur zur humanitären Hilfe geforscht, sondern sich selbst in einer Organisation prominent engagiert hat –, dass er von humanitären Helfer_innen primär dann explizit als „Anthropologe" angesprochen werde, wenn sie sich „kulturelle Schlüssel" zum Verständnis des „Widerstandes der Bevölkerung" gegen ihre wohlgemeinten Maßnahmen erhofften.[9] Fassin berichtet weiter von den Schwierigkeiten, seine Gesprächspartner von einer anderen Kompetenz der Anthropologie zu überzeugen, die zumindest darin bestünde, analytische Perspektiven auf eine humanitäre Operation in ihrer Gesamtheit, mit allen beteiligten Akteuren zu werfen und hierbei eben auch die humanitären Helfer_innen mit ihren Grundsätzen, Rationalitäten, Praxen, Infrastrukturen und Technologien in die kritische Befragung einzubeziehen. Stattdessen stellten nahe an den Selbstbeschreibungen humanitärer Organisationen verfasste Untersuchungen, die häufig Kritik an den Geldgebern, der Weltordnung, dem Handeln und Nichthandeln von Staaten, an Kombattant_innen oder lokalen Autoritäten formulierten, aber kaum die eigenen Vorgehensweisen und Problemdefinitionen in Zweifel zögen, einen zentralen Strang in der wissenschaftlichen Begleitung humanitärer Hilfe dar.
Gerade auch in Abgrenzung zu solchen Rollenerwartungen an unsere Disziplin und einer nicht hinreichend entwickelten analytischen Kritik humanitärer Unternehmungen hat sich eine anthropologische Perspektive herausgebildet, die deutlich über ein Interesse an konkreten Abläufen und Störungen einzelner humanitärer Einsätze hinausgeht und stattdessen *Humanitarismus als eine historisch fließende Form* fokussiert, die sich im Zuge der europäischen Moderne um die Frage des Umgangs mit dem Leiden der – insbesondere auch weit entfernten – ‚Anderen' konfiguriert hat[10] und auf eine ganz bestimmte Weise affektive Momente mit moralischen Positionen, ethischen Forderungen und politischen Handlungserwartungen verbindet.[11] Genealogien des Humanitarismus – wie sie etwa wiederum Bornstein und Redfield erarbeitet haben – verweisen

9 Didier Fassin: Noli Me Tangere. The Moral Untouchability of Humanitarianism. In: Bornstein / Redfield (Hrsg.): *Forces of Compassion*, S. 35–52, hier S. 40.

10 Thomas Haskell: Capitalism and the Origins of Humanitarian Sensibility. In: Thomas Bender (Hrsg.): *The Antislavery Debate*. Berkeley / Los Angeles / London: University of California Press 1995, S. 107–160.

11 Miriam Ticktin: Transnational Humanitarianism. In: *Annual Review of Anthropology* 43 (2014), S. 273–89; Didier Fassin: Inequalities of Lives, Hierarchies of Humanity. Moral Commitments and Ethical Dilemmas. In: Ilana Feldman / Miriam Ticktin (Hrsg.): *In the Name of Humanity. The Government of Threat and Care*. Durham / London: Duke UP 2010, S. 238–255.

insbesondere auf seine Formierung im Zuge einer kritischen intellektuellen oder zivilgesellschaftlichen Begleitung der Auswirkungen europäischer Machtprojekte – etwa imperiale Expansionen, Kolonialismus, Sklaverei oder Kapitalismus – auf die Gesundheit, körperliche Integrität und das Überleben der von ihnen erfassten Menschen.[12] Sie verweisen aber auch auf einzelne Ereignisse, die zur Etablierung und Ausdehnung dieser diskursiven Formation beitrugen: die Zerstörungen durch das Erdbeben von Lissabon im Jahre 1755 etwa; insbesondere aber auch die Berichte des Schweizer Geschäftsmannes Henry Dunant von der Not der Soldaten auf den norditalienischen Schlachtfeldern von Solferino aus dem Jahr 1862, die letztlich zu einer breiten Bewegung zur „Zivilisierung des Krieges", zur Gründung des Internationalen Komitees vom Roten Kreuz und der Verabschiedung der ersten Genfer Konvention geführt haben.

Von unterschiedlichen Autor_innen wurde herausgearbeitet, dass sich diese fließende Form etwa seit den 1970er Jahren allmählich verdichtet und zugleich deutlich an politischer Relevanz gewonnen hat. Didier Fassin und Mariella Pandolfi betrachten die Invasion Indiens in Ostpakistan (1971) als Anfangspunkt der graduellen Etablierung eines neuen Paradigmas in der internationalen Politik, das militärische Interventionen mit der Intention, bedrohtes Leben zu schützen, begründet und hierbei das völkerrechtliche Prinzip der staatlichen Souveränität zunehmend missachtet – ein Paradigma, das seit Ende der Blockkonfrontation immer häufiger zur Legitimierung von Kriegen auch ohne UNO-Sicherheitsratsbeschluss herangezogen worden ist.[13] Etwa zeitgleich lässt sich die Neukonfigurierung des politisch-moralischen Projekts einer intervenierenden Notfallmedizin und Katastrophenhilfe beobachten, das insbesondere durch transnational operierende, aber von westlichen Zivilgesellschaften getragene Nichtregierungsorganisationen vorangetrieben wird und bereits in der Eingangssequenz greifbar wurde. Zwei Schlussfolgerungen aus diesen Entwicklungen erscheinen zentral:

Zum einen lässt sich das Zusammenfließen ursprünglich getrennter Praxisfelder, Diskurse, militärischer, medizinischer, rechtlicher Wissensformen und Regularien sowie infrastruktureller Arrangements zu einem „Dispositiv"[14] nachzeichnen – einer neuen Form globaler Regierungsführung, die insbesondere auf die

12 Redfield / Bornstein: Introduction, S. 13–20.

13 Didier Fassin / Mariella Pandolfi: Introduction: Military and Humanitarian Government in the Age of Intervention. In: Dies. (Hrsg.): *Contemporary States of Emergency. The Politics of Military and Humanitarian Interventions.* New York: Zone 2013, S. 9–25, hier S. 11.

14 Siehe dazu Michel Foucault: *Dispositive der Macht. Über Sexualität, Wissen und Wahrheit.* Berlin: Merve 1978, S. 119–120.

Regulierung bedrohter oder prekärer Leben ausgerichtet ist und auf immer neuen Kombinationen von „Mitleid" und „Repression" aufbaut.[15] Aus dieser Perspektive sind fraglos auch ,unabhängige' humanitäre Organisationen auf vielfältige Weise unausweichlich in diesem militärisch-humanitären Dispositiv verfangen; die Hoffnung auf eine ,apolitische Insel' erscheint entsprechend als eine naive Illusion.

Zum anderen kristallisiert sich dieses politisch-moralische Projekt der Sorge um das Leiden der ,Anderen' als ein wirkmächtiger Modus heraus, über den sich ein zeitgenössisches Europa mit ,Welt' verknüpft und hierdurch zugleich (post)koloniale Asymmetrien, die dieses Verhältnis konstituieren, reproduziert: So lässt sich etwa monieren, dass strukturelle, ökonomische oder politische Rahmenbedingungen, die Notfallsituationen maßgeblich hervorrufen, durch den dominanten präsentistischen Ethos kaum angegangen werden; gleichfalls erfährt das Bild von einer „Welt im Ausnahmezustand", in der gerade westliche Akteure zu – militärischen oder humanitären – Interventionen im Namen der ,Menschheit' berechtigt seien, eine zunehmende Enthistorisierung und Naturalisierung.[16] Kritiker_innen verweisen weiterhin darauf, dass das Mitgefühl, das in humanitären Unternehmungen mobilisiert werde, immer von ,oben nach unten' – und häufig von ,Europa' in die ,Welt' – fließe und eigentlich nicht gleichberechtigt erwidert werden könne.[17] Auch in den ganz konkreten Organisationsweisen humanitärer Einsätze kristallisieren sich „Hierarchien des Lebens" heraus,[18] wie sich anhand der Erzählung einer deutschen Helferin von ihrem Einsatz in Haiti – kurz nach dem Erdbeben im Jahr 2010 und während der drohenden Ausbreitung von Epidemien – verdeutlichen lässt: Ein europäischer Kollege sei an einer Blinddarmentzündung erkrankt und wurde – im krassen Gegensatz zu der lokalen Bevölkerung – mit einem Hubschrauber nach Florida ausgeflogen und somit der Versorgung durch die im Aufbau befindlichen Notfallmedizin vor Ort entzogen. Eine der schmerzvollen Erfahrungen humanitärer Helfer_innen besteht laut Fassin darin, dass man sich im Zuge eines Einsatzes in Konstellationen wiederfindet, in denen sich der Bruch mit den eigenen Grundsätzen als unumgehbar erweist – zu fiktiv erscheint etwa das Ideal von der *ungeteilten Menschheit* in der Praxis, zu wirkmächtig die historisch gewachsenen, ökonomisch und politisch

15 Didier Fassin: *Humanitarian Reason. A Moral History of the Present.* Berkeley / Los Angeles / London: University of California Press 2012, S. X; Ilana Feldman / Miriam Ticktin: Introduction. Government and Humanity. In: Dies. (Hrsg.): *In the Name of Humanity*, S. 1–26.

16 Fassin / Pandolfi: Introduction, S. 13.

17 Fassin: *Humanitarian Reason*, S. 4.

18 Ebd., S. 223–242.

reproduzierten Hierarchien und zu gering das Vermögen humanitärer Akteure, diese Präkonfigurationen zu verlassen, geschweige denn umzuwerfen.

Vieles an diesen Kritiken ist gerechtfertigt und unverzichtbar.[19] Dennoch laufen sie Gefahr, äußerlich zu bleiben und den politischen, physischen und epistemologischen Risiken, die ein humanitäres Engagement in Kriegs- und Katastrophengebieten mit sich bringt, nicht ganz gerecht zu werden. Schließlich arbeiten humanitäre Akteure in Feldern, in denen man vor Entscheidungen gestellt wird, die sich häufig kaum ‚moralisch sauber' und politisch befriedigend lösen lassen – im Unterschied zu vielen ihrer Kritiker_innen gehen sie diese Wagnisse aber ein. Es droht also mitunter aus dem Blick zu geraten, wie herausfordernd sich der Umgang mit den vielschichtigen politischen Verflechtungen in der Praxis eines humanitären Einsatzes oder die Notwendigkeit, Herangehensweisen zu entwickeln, die an humanitäre Prinzipien anschließen und dennoch in den brüchigen Handlungskontexten umsetzbar erscheinen, darstellen. Einige dieser Risiken klingen in einer zweiten Berliner Sequenz an.

In einem semi-öffentlichen „Hintergrundgespräch"[20] zeichnen der Geschäftsführer einer humanitären Organisation und ein außenpolitischer Berater der deutschen Bundesregierung ebenso detailinformiert wie illusionslos das Bild einer „Welt in permanenter Unordnung": die Kriege in der Ukraine, in Afghanistan und in Syrien mit ihren komplexen Konfliktlinien und Akteurskonstellationen, die Fluchtbewegungen, die prekäre Situation in Auffanglagern in Griechenland und entlang der ‚Balkanroute', die Krise Europas und immer wieder die Angriffe auf Krankenhäuser in Kriegsgebieten bilden zentrale Motive dieser Lagebeschreibung: „Die humanitäre Situation ist so schwierig wie seit dem 2. Weltkrieg nicht mehr", fasst der außenpolitische Berater zusammen und drückt sein Interesse an Kooperationen mit humanitären Organisationen aus, die „häufig schon vor Ort sind, wenn die Politik erst beginnt, sich diesen Regionen zuzuwenden". Im Gegenzug formuliert der Geschäftsführer sein Verständnis von der Rolle humanitärer Organisationen in derart umkämpften Kontexten: „Was wir tun, folgt keiner politischen Zielsetzung. Wir mindern nur die Symptome von Konflikten, Lösungen müssen von der Politik erarbeitet werden. Allerdings gibt es Momente, in denen wir die Politik um Hilfe bitten." Ein Wechselspiel zwischen apolitischer Positionierung und aktiver Mobilisierung von

19 Siehe zu dem Problem und den Möglichkeiten einer Formulierung von Kritik an humanitären Unternehmungen insbesondere Fassin: Noli Me Tangere sowie Ticktin: Transnational Humanitarianism.

20 Für die gesamte Sequenz: Feldnotizen, Sommer 2016.

Beziehungen mit der offiziellen Politik wird anhand seiner Äußerungen zu möglichen deutschen Waffenlieferungen und der Beteiligung an Kampfeinsätzen im Nahen und Mittleren Osten greifbar:

> Eine Beurteilung, ob Waffenexporte richtig oder falsch sind, steht uns als humanitärer Organisation nicht zu. Das ist nicht unsere Frage. Uns interessiert, ob Deutschland die Bombardierung von Krankenhäusern auf die Tagesordnung internationaler Gespräche setzen und auf Kriegsparteien Einfluss nehmen kann, die Grundsätze des humanitären Völkerrechtes einzuhalten.

An dieser Sequenz erscheinen zumindest zwei Beobachtungen bemerkenswert: Zunächst tritt hier die Vorstellung von ‚Politik' als einem eindeutig externen Bereich, den humanitäre Akteure situativ anrufen und einbinden können, besonders klar hervor. Gleichzeitig sticht die Zurückhaltung, zu grundlegenden Fragen staatlichen Handelns auf internationalen Bühnen politische Bewertungen zu formulieren, deutlich heraus. Waffenlieferungen oder Kampfeinsätze werden nur dann thematisiert, wenn sie humanitäre Handlungsräume nachhaltig berühren und gefährden – entweder als offensichtlicher Rechtsbruch von eigentlich bindenden Grundsätzen des humanitären Völkerrechts oder als eher verfahrenstechnische Störung der Möglichkeit, humanitäre Einsätze in ihrer üblichen Form zu realisieren. Aus solchen Aussagen spricht ein pragmatischer Realitätssinn, der sich in den alltäglichen Navigationen eines humanitären Akteurs durch die riskanten Felder humanitärer Hilfe herausbildet und das eigene Handlungsvermögen kritisch einzuschätzen weiß: Einerseits geht es sicherlich immer um den Schutz der eigenen Mitarbeiter_innen, ihrer Arbeitskontexte und Patient_innen als zentrale Aufgaben eines Geschäftsführers; andererseits scheinen sich gerade durch eine taktische Entpolitisierung der eigenen Herangehensweisen und die Betonung der begrenzten Zuständigkeiten einer humanitären Organisation strategisch wichtige Diskussions- und Interaktionsräume mit politischen Entscheidungsträger_innen zu öffnen, die im Falle von konfrontativeren Sprechweisen womöglich verschlossen blieben – anders formuliert: Der demonstrative Rückzug in eine apolitische Sphäre des Humanitären sollte hier nicht als ein naiver Verzicht auf politische Positionierungen verstanden werden, sondern als eine durchaus politisch durchdachte Wahl, die in gewaltdurchzogenen, massiv verkanteten Feldern mitunter die einzige Möglichkeit darstellt, um überhaupt Zugänge und Handlungsfähigkeit zu erlangen.
So plausibel die strategischen Gewinne einer solchen Apolitik auch erscheinen mögen – sie geschehen hier um den Preis einer Ausblendung der eigenen

Verflechtungen mit dem humanitär-militärischen Dispositiv, das in wechselhaften transnationalen Gefügen prekäre Leben erfasst und zu regulieren sucht; die vielfältigen politischen Effekte der eigenen Rationalitäten und Vorgehensweisen drohen aus dem Blick zu geraten. Solche Ausblendungen werden besonders deutlich, wenn man die Vorstellung einer abgrenzbaren Sphäre der offiziellen Politik hinter sich lässt und stattdessen *das Politische* als eine Aneinanderreihung von häufig erratischen Machteffekten konzipiert, die gerade in Weltregionen, in denen sich imperiale Formationen,[21] Gewalt und internationale Interventionen übereinander lagern, kaum einen Bereich des menschlichen Zusammenlebens unberührt lassen. Entsprechend haben anthropologische Studien in (Post-)Konfliktkonstellationen wie Bosnien-Herzegowina, Palästina oder Zypern aufgezeigt, wie solche Machteffekte nicht nur kollektive Lebensräume beschädigen und individuelle Lebensprojekte zerstören, sondern selbst Alltagsgespräche, Affekte, Träume oder Vorstellungen von Zeitlichkeit durchwandern.[22] Neue transnationale politische Gefüge tauchen auf, ohne sich zu einem kohärenten, logischen Feld zusammenzufügen: So hat etwa Elizabeth Dunn auf eindrückliche Weise nachgezeichnet, wie unterschiedliche staatliche Instanzen, supranationale Agenturen und transnationale Nichtregierungsorganisationen mit ihren jeweiligen Zielvorstellungen, Interessen, bürokratischen Verfahren und materiellen Ressourcen auf die Leben von Kriegsflüchtlingen in Georgien einwirken und als Ergebnis eine kaum durchschaubare „Adhocracy" hervorbringen, deren chaotischen Effekte es den Empfänger_innen dieser Hilfsleistungen weitgehend unmöglich machen, ihre eigene Zukunft zu gestalten.[23] Humanitäre Akteure operieren an all diesen Orten entsprechend nicht in apolitischen Sphären, sondern sind in die Emergenz flüchtiger, transnationaler Formationen des Politischen auf vielfältige Weise verwoben.

Aus der Perspektive solcher anthropologischer Studien stellen die Interventionszonen humanitärer Hilfe also keine isolierbaren Inseln dar, sondern lassen sich ganz im Gegenteil als *Kreuzungspunkte vielfältiger geopolitischer, biopolitischer und kosmopolitischer Vektoren und Dynamiken* konzipieren: Denn hier treten

21 Ann Laura Stoler / Carole McGranahan / Peter C. Perdue: *Imperial Formations*. Santa Fe / Oxford: School for Advanced Research Press / Currey 2007.

22 Siehe hierzu Yael Navaro-Yashin: 'Life is Dead Here'. Sensing the Political in 'No Man's Land'. In: *Anthropological Theory* 3,1 (2003), S. 107–125; Stef Jansen: *Yearnings in the Meantime. 'Normal Lives' and the State in a Sarajevo Apartment Complex*. New York / Oxford: Berghahn 2015.

23 Elizabeth Cullen Dunn: The Chaos of Humanitarian Aid. Adhocracy in the Republic of Georgia. In: *Humanity* 3,1 (2012), S. 1–23.

erstens die Reibungen und Dysfunktionalitäten einer *Geopolitik* unter den Rahmenbedingungen von Globalisierungsprozessen in ihrer ganzen Brutalität zutage; hier verdichten sie sich in den verheerenden Konsequenzen von – immer auch durch menschliches Handeln co-produzierten – „Naturkatastrophen"[24], in schwer einhegbaren Gewaltkonstellationen oder in der Ausbreitung von Krankheiten, die unter anderen Umständen häufig medizinisch beherrschbar wären. Gleichfalls werden hier die Unzulänglichkeiten der etablierten Institutionen eines immer brüchiger werdenden internationalen Staatensystems im Umgang mit solchen Ereignissen, global mobilen Risiken oder systemischen Ungleichheiten besonders deutlich.[25] Zweitens kommt hier eine Vielzahl von *biopolitischen* Techniken und Verfahren[26] zur Anwendung, die prekäre Leben auf unterschiedliche Weise erfassen, retten oder riskieren. Diese reichen vom Aufbau von Flüchtlingslagern und Feldkrankenhäusern, der Schaffung von ‚humanitären Korridoren' in Kriegsgebieten bis zur Realisierung von Programmen gegen Unterernährung, Trauma und Epidemien.[27] Vor dem Hintergrund begrenzter finanzieller Mittel oder schwieriger Zugänge sind solche Maßnahmen immer selektiv: Einsatzgebiete oder Standorte für medizinische Einrichtungen werden gegeneinander abgewogen; immer wieder müssen medizinische Versorgungsprogramme auf die bedrohtesten Gruppen beschränkt werden. Solche Verfahren üben multiple Machteffekte aus, indem sie etwa Lebenschancen unterschiedlich verteilen oder auch Individuen als ‚Risikogruppe' oder ‚Flüchtlinge' kategorisieren. Darüber hinaus lassen sich Flüchtlingslager als Bestandteile einer Infrastruktur verstehen, die darauf ausgerichtet ist, die ‚unerwünschten Armen' des Globalen Südens von den Wohlstandsinseln des Nordens fernzuhalten.[28] Aus diesem Blickwinkel betrachtet, unterstützen humanitäre Unternehmungen die Kategorisierung und das Management von ‚prekären Bevölkerungen', deren biologisches Leben in brüchigen transnationalen Zonen bewahrt wird, denen aber zugleich die politischen Rechte von Staatsbürger_innen vorenthalten werden. Und drittens lassen sich diese Interventionszonen als *kosmopolitische* Settings verstehen, in

24 Siehe hierzu etwa Susanne M. Hoffman / Anthony Oliver-Smith (Hrsg): *Catastrophe & Culture. The Anthropology of Disaster.* Santa Fe: School of American Research Press 2002.

25 Arjun Appadurai: *Die Geographie des Zorns.* Frankfurt am Main: Suhrkamp 2008; Ulrich Beck: *Die Neuvermessung der Ungleichheit unter den Menschen. Soziologische Aufklärung im 21. Jahrhundert.* Frankfurt am Main: Suhrkamp 2008.

26 Michel Foucault: *In Verteidigung der Gesellschaft.* Frankfurt am Main: Suhrkamp 1999, insb. S. 276–305.

27 Didier Fassin: *Humanitarian Reason*, S. 226.

28 Michel Agier: *Managing the Undesirables. Refugee Camps and Humanitarian Government.* Cambridge / Malden: Polity 2012.

denen unterschiedliche Visionen von ‚Welt' und der sie bevölkernden ‚Menschheit' aufeinandertreffen.[29] Im Zuge ihrer Einsätze mobilisieren humanitäre Helfer_innen ihre Grundbegriffe von einer *ungeteilten Menschheit* und einer *Welt im permanenten Ausnahmezustand*, in der Interventionen westlicher Akteure gerechtfertigt und notwendig sind, bis in die abgelegensten Orte ihres Engagements. Ein fataler Effekt gerade ihrer vorgeblichen Apolitik besteht in der Universalisierung der eigenen Rationalitäten, die somit einer breiteren politischen Debatte entzogen werden. Hierbei droht aus den Blick zu geraten, dass es sich auch bei diesen Grundbegriffen und Rationalitäten um situiertes Wissen und partielle Wahrheiten handelt – ein Wissen, das sich in modernen westlichen Gesellschaften als „humanitäre Vernunft"[30] konfiguriert hat und deren Bürger_innen die Möglichkeit gibt, sich innerhalb einer asymmetrischen Weltordnung als solidarisch zu imaginieren, ohne die zutiefst ungleiche Verteilung von Gesundheit, Lebenschancen, Wohlstand und Gewalt wirklich nachhaltig angehen zu müssen. Aus dieser Perspektive lassen sich solche Herangehensweisen als Ausdruck einer Selbstbespiegelung westlicher Öffentlichkeiten kritisieren, welche die eigenen Verwebungen in die Produktion von Kriegen und Katastrophen jenseits ihrer Grenzen ausblendet und als ‚Hilfsempfänger_innen' kategorisierte Kollektive auch weiterhin zu ‚Europas Anderen' macht. Aber auch eine solche Kritik hat ihre blinden Flecken: Denn die humanitäre Praxis ruft zweifelsohne transnationale Felder temporärer Interaktion und unmittelbarer Solidarität hervor, in denen ‚Menschheit' nicht einfach eine abstrakte Projektion bleibt, sondern in der direkten Begegnung mit dem Leiden der ‚Anderen' sowie in der Erfahrung, dass „unsere jeweils eigenen Angelegenheiten zu einem gemeinsamen Problem, einem Problem für uns alle geworden sind", konkret werden kann.[31] In dieser Beziehungsarbeit in einer asymmetrischen Welt, der sich humanitäre Akteure stellen, liegen entsprechend Potenziale begründet, die vorgeblich universalen Rationalitäten der humanitären Hilfe grundlegend herauszufordern. Die interessante Frage scheint mir zu sein, ob sich hier, in den Kriegs- und Katastrophengebieten des Globalen Südens, Arenen einer breiter

29 Kosmopolitik hier im Anschluss an Bruno Latour: Whose Cosmos, Which Cosmopolitics? Comments on the Peace Terms of Ulrich Beck. In: *Common Knowledge* 10,3 (2004), S. 450–462.

30 Nach Didier Fassin: *Humanitarian Reason*.

31 So in einer grundsätzlicheren Formulierung (ohne Bezugnahme auf humanitäre Hilfe): Marina Garcés im Gespräch mit Barbara Eisenmann. Deutschlandfunk. In: *Deutschlandfunk Online*, 23.05.2016. http://www.deutschlandfunk.de/spanisches-denken-die-philosophin-marina-garces.1184.de.html?dram:article_id=351604 (Zugriff am 19.04.2017).

angelegten *Kosmopolitik* herausbilden können, von denen offenere, symmetrischere, emanzipatorische, letztlich radikalere Debatten zu den Grundbegriffen des Zusammenlebens in der geteilten Welt ihren Ausgang nehmen können. In diesen Arenen ließen sich Grundzüge eines *reflexiven Humanitarismus* erarbeiten, der perspektivisch auch in die operativen Zentren der humanitären Hilfe und die Entstehungskontexte der „humanitären Vernunft" in den Metropolen und Öffentlichkeiten eines global verflochtenen Europas zurückfließt.

Die Anthropologie hat im Rahmen ihrer empirisch unterlegten Humanitarismuskritik unter Beweis gestellt, dass sie über methodologische und konzeptionelle Zugänge verfügt, um die transnationalen Interaktionsfelder an den Kreuzungspunkten geopolitischer, biopolitischer und kosmopolitischer Vektoren und Dynamiken kritisch in den Blick zu nehmen. Hierdurch lassen sich die vielschichtigen Genealogien humanitärer Praxen und Rationalitäten ebenso herausarbeiten wie die neuen, vielgestaltigen und immer brüchigen politischen Formationen, die sich zur Regulierung prekär gewordener Leben herausbilden – Formationen, an deren Entstehung humanitäre Nichtregierungsorganisationen maßgeblich beteiligt sind. Ethnographische Studien können das bemerkenswerte Insistieren humanitärer Helfer_innen auf dem unverbrüchlichen Recht eines jeden Menschen, Zugang zu einer medizinischen Versorgung zu erhalten, ebenso sichtbar machen wie die politischen und moralischen Dilemmata, die sich aus den Bemühungen um apolitische Positionierungen ergeben. Die Anthropologie hat somit längst den ihr ursprünglich von humanitären Akteuren zugewiesenen *culture slot* verlassen und eröffnet wertvolle analytische Perspektiven gerade auch auf die multiplen Effekte, unintendierten Hierarchisierungen und vielfältigen Verflechtungen humanitärer Unternehmungen. Sie trägt somit zu einer Verbreiterung des Reflexionspotenzials innerhalb dieses transnational verwobenen Arbeits- und Diskussionsfeldes bei. Ein kommender Schritt könnte darin bestehen, die Erarbeitung eines *reflexiven Humanitarismus* aktiv zu begleiten und sich hierzu in die Entwicklung der skizzierten Arenen einer erweiterten Kosmopolitik einzuschalten, in denen es – gerade auch ausgehend von den Kernanliegen der humanitären Hilfe – neue, konkrete, gerechtere Visionen vom Zusammenleben in einer geteilten Welt auszuhandeln gilt.

Lee Hielscher

„Wir machen auch vor Roma nicht halt!“

Integration und Rassismusverständnis im Kontext gadjistischer Dominanz

Eine Debatte und Auseinandersetzung über Rassismus steht sich stets selbst im Wege. Denn eine der Grundparadoxien, von denen jede Rassismusanalyse ausgeht, ist der Umstand, dass die Emergenz des Rassismus mit einem rassismuskritischen Blick auf gesellschaftliche Verhältnisse überall sichtbar ist, zugleich aber jeder Hinweis darauf in Frage gestellt und abgestritten wird. Rassistisch, das sind immer nur die ‚Anderen‘. Wird jedoch eine Person damit konfrontiert, dass sie von einem rassistischen Verhältnis profitiert oder es selbst erst schafft, kommt die Feststellung einem Affront gleich. So wie jede Analyse von Macht deckt eine Rassismusanalyse Herrschaftsverhältnisse auf, was immer zu Konflikten führen kann, weil damit benannt wird, wer gegebenenfalls wie von der Schlechterstellung der ‚Anderen‘ profitiert. Dies könnte im Prinzip auch zur widerständigen Zurückweisung dieser Herrschaft führen.

Alana Lentin und Gavan Titley haben dieses fehlende Verständnis für Rassismus systematisch untersucht und stellen fest:[1] Wer als Teil eines rassistischen Verhältnisses bezeichnet wird, fühlt sich in der Regel tief beleidigt und schlecht behandelt. Jeder demokratische Staat muss Rassismus ausschließen, um sich auf die Menschenrechte zu berufen. Daraus folgt jedoch keine Auseinandersetzung mit Rassismus, stattdessen wird Rassismus geleugnet, in den Verantwortungsbereich *politisch-extremistischer* Randgruppen oder in die Vergangenheit ausgelagert. Für Gesellschaften nach dem Kolonialismus und dem Nationalsozialismus

1 Vgl. Alana Lentin / Gavan Titley: *The Crisis of Multiculturalism. Racism in a Neoliberal Age.* London: Zed 2011.

stellt Lentin das Selbstverständnis einer überwundenen Zeit des Rassismus fest und bezeichnet unsere heutige Zeit als postrassistische Ära:

> Motile, or polyvalent, racism – a racism that, I want to argue, is more insidious because it is able to hide its trace, is dependent on frozen racism. By fixing 'real' racism in these past events, events in a present considered postracial – a time when we can all agree about the horror of racisms past – contemporary racism becomes debatable.[2]

Doch, wenn wir uns anschauen, dass Menschen, die nie Träger einer anderen Staatsbürgerschaft als der deutschen waren, aufgrund ihres Namens immer noch auf eine ‚eigentliche' und ‚ursprüngliche' Herkunft angesprochen werden, sehen wir schon an solchen Alltagsbeispielen, dass Episteme biologischer Differenz, also ‚rassische' Unterschiede, bis heute nichts an ihrer Wirkmächtigkeit verloren haben. Trotzdem steht die Realität des Rassismus beständig in Frage. Wie sich rassistische Machtdifferenzierungen bis heute realisieren, zeigt sich deutlich in der Lebenssituation von Rrom*nja in Europa.

Das rassistische Kontinuum und seine kontinuierliche Leugnung

Der dominanzgesellschaftliche Umgang mit Rrom*nja[3] zeichnet sich ebenso durch Paradoxie aus. Rrom*nja erleben allerorts rassistische Ausgrenzung, zugleich ist aber weithin bekannt, dass Rrom*nja jene sind, die Diskriminierung erfahren. Die Verfolgung von Rrom*nja im Nationalsozialismus wurde erst ab 1982 von staatlicher Seite als rassistische Verfolgung anerkannt. Bis zu diesem Zeitpunkt war die Bundesregierung weiter der nationalsozialistischen Auffassung gefolgt, dass Rrom*nja auf Grund ihres sozialen Fehlverhaltens deportiert wurden und verweigerte daher den Opfern die Entschädigung und Aufarbeitung des Porrajmos[4]. Möglich wurde eine Wende nur, weil Rrom*nja und Sint*izze die Orte der rassistischen Verfolgung und Vernichtungen, wie das Konzentrationslager Dachau und das Bundeskriminalamt, besetzten und

2 Alana Lentin: The Disruption of Postracial Certainty as an Antiracist Urgency. Keynote at the Berlin Jewish Museum, November 2015, S. 15. http://www.academia.edu/20337231/The_Disruption_of_Postracial_Certainty_as_an_Antiracist_Urgency_-_Transcript (Zugriff am 20.07.2017).

3 Roma (Romanes für Mensch) ist der 1973 vom Weltromakongress festgelegte Name für sehr heterogene Minderheiten in Europa mit sich überschneidenden Rassismuserfahrungen. Die Schreibweise Rroma entspricht einer korrekten Transkription des Wortes aus dem Romanes, Rrom*nija ist eine mögliche gegenderte Form.

4 Bezeichnung für den Völkermord an den europäischen Roma in der Zeit des Nationalsozialismus.

der deutschen Gesellschaft vor Augen führten, was an diesen Orten geschehen ist.[5] Es war notwendig, als lebende Beweise des Porrajmos vor Ort zu sein, da alle anderen Beweise und Zeugnisse des Rassismus gegen Rrom*nja ignoriert wurden.

Auch wenn gemeinhin bekannt ist, dass Rrom*nja vielerorts verfolgt und diskriminiert wurden und werden, entfaltet dies kaum eine Wirkung auf die Erteilung von Teilhaberechten. Rassismus gegen Rrom*nja wird zwar für die Zeit des Nationalsozialismus eingeräumt, jedoch zugleich auf diese Zeit begrenzt, womit durch die Kämpfe der von nationalsozialistischer Verfolgung Betroffenen kein Fortschritt in dem Verständnis von Rassismus erzielt werden konnte: „Those on the receiving end of racism today are doubted. They are constantly called upon to assess their experiences in relation to the past. If their experiences are not judged comparable, they are rejected."[6]

Während Rassismus als vergangen und damit als unveränderliches Artefakt verstanden wird, zeigt die kritische Analyse des Rassismus, dass seine konkreten Figurationen sich beständig entwickeln, um die Legitimität von Differenz und Ausschluss entgegen sich wandelnder sozialer Rahmenbedingungen zu realisieren. Die Ausschlüsse müssen sich selbst als nicht rassistisch erklären und die Zuschreibungen aktualisieren, um in ihrer Wirkung bestehen zu bleiben. Elisabetha Jonuz liefert dafür den Begriff einer Gesellschaft mit Rassismushintergrund,[7] um zu verdeutlichen, dass rassistische Bilder aus einer Gesellschaft entstehen, welche die ‚Anderen' regieren will. Mit Blick auf die jüngere Geschichte des Rassismus gegen Rrom*nja verweist Jonuz auf spezifische Konjunkturen. So sind Rrom*nja während der Debatte um die bundesdeutsche Asylrechtsreform 1990–1993 die Referenz für ein Gefahrenszenario der Migration – ebenso seit der Weltwirtschaftskrise 2007. Von ihnen wird als ein ‚Ansturm der Armen' gesprochen, obschon Rrom*nja viel früher in großer Zahl in die BRD eingewandert waren – als ‚Gastarbeiter*innen standen sie für einen anderen ökonomischen Faktor und bekamen keine spezifische Aufmerksamkeit.

5 Romani Rose: *Wir wollen Bürgerrechte und keinen Rassismus*. Heidelberg: Zentralrat deutscher Sinti und Roma 1985.

6 Lentin: The Disruption of Postracial Certainty as an Antiracist Urgency, S. 16.

7 Elizabetha Jonuz: Leben in einer Gesellschaft mit Rassismushintergrund. In: Jana Schuch / Isidora Randjelovic (Hrsg.): *Dossier Perspektiven und Analysen von Sinti und Rroma in Deutschland*, 2014. https://heimatkunde.boell.de/2014/12/03/leben-einer-gesellschaft-mit-rassismushintergrund (Zugriff am 25.05.2017).

Derartige Prozesse beschrieben Annita Kalpaka und Nora Räthzel als Rassifizierungen,[8] was ausgehend von Stuart Hall[9] den Blick auf eine machtsensible Gesellschaftsanalyse verschiebt. Elsa Fernandez und Isidora Randjelović greifen derartige Überlegungen auf und fragen, warum ausschließlich jene, die mit Rassismus zu kämpfen haben, Namensgeber für diese Verhältnisse werden? Damit würden sie immer wieder als Grund des Rassismus angerufen, wie sich im Begriff des Antiziganismus zeige. Stattdessen seien gerade jene ins Zentrum zu setzen, welche den Rassismus praktizieren, d. h. die Dominanzgesellschaften, welche Identitäten der ‚Anderen' und ‚Fremden' produzieren, um deren Ausgrenzung zu plausibilisieren. Für Fernandez und Randjelović sind es die Gadje, die Nicht-Rrom*nja, welche Rrom*njaidentitäten konstruieren und instrumentalisieren. Folgerichtig sollte daher über Gadjismus gesprochen werden, wenn es um den Rassismus geht, den Rrom*nja erfahren.[10]

Rassismusanalyse muss daher nicht allein die von Rassismus Betroffenen in den Blick nehmen, sondern den produktiven Charakter des Rassismus und damit die gesellschaftlichen Verhältnisse und die heterogenen Profiteur*innen rassistischer Differenzierungen analysieren. Diese Rückbesinnung auf die Tätigkeit und Wirkmächtigkeit des Rassismus markiert also die als unmarkierte Norm bestehenden Dominanzen innerhalb der Gesellschaft als eine politische Dimension und hinterfragt sie. So wie es hier darauf ankommt, immer wieder der angezweifelten Realität des Rassismus die Verweise auf dessen Wirkmächtigkeit entgegenzuhalten, geht es auch darum, der Auflösung der Wahrnehmung rassistischer Machtdifferenzierungen entgegenzuwirken. Dies gilt innerhalb unserer heutigen postrassistischen Ära umso mehr: „This post-multicultural liberalism hosts a spectrum of political practices, projects of political (re)animation and modes of racialization that require differentiated forms of analysis."[11]

Das besonders Besondere der Integration

Wenden wir also den Blick von der mannigfaltigen rassistischen Verfolgung von Rrom*nja in der Vergangenheit auf die heutige Zeit, ist das Paradox von Anerkennung der Diskriminierung und Abgrenzung von

8 Annita Kalpaka / Nora Räthzel: *Die Schwierigkeit, nicht rassistisch zu sein*. Köln: Dreisam 1994.

9 Stuart Hall: *Rassismus und kulturelle Identität*. Hamburg: Argument 2012.

10 Elsa Fernandez: Überlieferungen und Kontinuitäten. In: Zülfukar Çetin / Savaş Taş (Hrsg.): *Gespräche über Rassismus*. Berlin: Günay 2015, S. 151–160; Isidora Randjelović: Das Homogene sind die Leute, die über Rrom_nja reden. In: Ebd., S. 31–44.

11 Lentin / Titley: *The Crises of Multiculturalism*, S. 92.

bedingungsloser Gleichbehandlung noch deutlicher als zwei Facetten derselben Vergesellschaftungsprozesse zu erkennen. Eine postrassistische Gesellschaft zeichnet sich nicht nur durch die Rückweisung fortdauernder rassistischer Kontinuitäten aus, sondern auch durch eine integrative Hinwendung zu den rassifizierten ‚Anderen'. So wie die von Jonuz beschriebene Sichtbarkeit von Rrom*nja im Kontext soziopolitischer Umbrüche steht, verhält es sich auch mit der dominanzgesellschaftlich gesteigerten Aufmerksamkeit für die Lebenssituation von Rrom*nja. Huub van Baar bezeichnet dies als ein europäisiertes Roma-Bild:

> Die Europäisierung des Roma-Bildes bezieht sich auf die nach dem Fall der Mauer 1989 aufkommende Tendenz, die Roma als eine ‚europäische Minderheit' anzusehen und europaweite Programme zum Zweck ihrer Integration, Entwicklung und Ermächtigung für sie und (wenn auch oft nur dem Namen nach) mit ihnen zu entwerfen[12]

Zahlreiche Maßnahmen zur Verbesserung der sozialen Lage von Rrom*nja werden mittlerweile durch die EU gefördert und dabei größtenteils an die EU-Beitrittsstaaten von 2004 und 2007 adressiert.[13] Mit der zunehmenden Problematisierung von Rrom*nja in deutschen Städten hat sich dies auch in der BRD verstärkt.[14] Richten sich die in osteuropäischen EU-Staaten umgesetzten EU-Förderprogramme gegen die Diskriminierung von Rrom*nja, zielen die in Deutschland geförderten Maßnahmen auf ihre bessere Integration. Während bei Diskriminierung potentiell die Diskriminierenden im Mittelpunkt stehen, sind bei Integrationsmaßnahmen jene im Mittelpunkt, die sich integrieren sollen. Beispielhaft für den Übergang von der rassifizierenden Problematisierung von Rrom*nja hin zu einem Regierungsparadigma der Integration kann die kurze Geschichte einiger von Rrom*nja bewohnter Häuser in Berlin gelten. Insbesondere die Häuser in der Neuköllner Harzer Straße standen seit 2010 im Zentrum einer gesteigerten Hysterie über die Anwesenheit von Rrom*nja aus Rumänien und Bulgarien. Die Häuser wurden gemeinhin als ‚Klein-Bukarest',

12 Huub van Baar: Bordering Europe. Die Ethnisierung der Differenz. In *Polar. Politik, Theorie, Alltag* 15 (2013), S. 91–95, hier S. 92.

13 Zahlreiche Fallbeispiele finden sich in Nidhi Trehan / Nando Sigona (Hrsg.): *Romani Politics in Contemporary Europe*. Basingstoke: Palgrave Macmillan 2009.

14 Bente Gießelmann: *Differenzproduktion und Rassismus. Diskursive Muster und narrative Strategien in Alltagsdiskursen um Zuwanderung am Beispiel Duisburg-Hochfeld*. Bachelorarbeit, Christian-Albrechts-Universität zu Kiel 2013. http://www.diss-duisburg.de/wp-content/uploads/2013/08/Giesselmann-Bente-Differenzproduktion-und-Rassismus-2013.pdf (Zugriff am 26.05.2017).

‚Gewerbe-Ghetto' oder ‚Terrorhäuser' bezeichnet. Da der Großteil der Bewohner*innen zur streng christlichen Pfingstlergemeinde zählte, wurde auch die Kirche auf die Situation aufmerksam. Nachdem sich Mitglieder der katholischen Kirche über die Situation in der Harzer Straße informiert hatten, wurde eine Immobilienfirma der Kirche aktiv. Auf Initiative des Geschäftsführers für den Immobilienbereich Berlin der Aachener Siedlungs- und Wohnungsgesellschaft Köln, Benjamin Marx, erwarb die Aachener SWG das Haus im Jahr 2011 und begann dessen Sanierung mit dem Ziel, ein integratives Wohnprojekt zu schaffen.

Nach einjähriger Renovierungszeit wurden die sechs sanierten Mietshäuser als zusammenhängender Komplex wiedereröffnet. Viele Wohnungen sind auf die Bedürfnisse großer Familien zugeschnitten. Das Haus ist in zahlreichen Farben gehalten, bei der Gestaltung der Gemeinschaftsflächen wurden die Bewohner*innen beteiligt und haben teilweise direkt mitgearbeitet. An der Nordfassade, Richtung Innenstadt, ist ein buntes und riesiges Portrait Arnold Fortuins zu sehen, eines katholischen Priesters, der zahlreiche Rrom*nja und Sinti*zze während des Nationalsozialismus versteckte und vor der Ermordung bewahrte. Er trägt daher auch den Beinamen ‚Oskar Schindler der Roma und Sinti'. Nun steht der Name für den neuen ‚Leuchtturm der Integration' in Berlin.

Innerhalb des Hauses werden verschiedene integrative Praktiken intensiviert. Während von Akteuren der Sozialarbeit immer wieder der mangelnde Wohnraum und drohende Obdachlosigkeit als Problem thematisiert wurden, bietet das Haus nach seiner Renovierung nun etwa 600 Personen eine Unterkunft. Dies ist eine große Gruppe, im Vergleich zu der großen Zahl obdachloser Migrant*innen jedoch nur eine Marginalie. Die im Internet ersichtliche Darstellung[15] des Projekts betont stets zwei Punkte: Das Zusammenleben von Roma und Deutschen in diesem Haus sowie die enge Einbindung in sozialarbeiterische Strukturen. Mehrere soziale Träger haben im Erdgeschoss eigene Räumlichkeiten. Neben Deutsch- und Integrationskursen werden sozialarbeiterisch betreute Familien- und Nachbarschaftstreffs angeboten und Beratung bei Behördengängen zur Verfügung gestellt. Des Weiteren gibt es Ateliers und Werkstätten, in denen Gadjekünstler*innen Kurse für die Rrom*nja Bewohner*innen anbieten. Das von außen wahrnehmbare Bild des Arnold-Fortuin-Hauses prägen Kinder.

Die erwachsenen Bewohner*innen sind nur im Hintergrund vorhanden, die deutschen Bewohner*innen werden lediglich erwähnt, treten aber nie visuell

15 https://www.arnold-fortuin.de/ (Zugriff am 10.04.2017).

in Erscheinung. Die Selbstdarstellung auf der Webseite ist von glücklichen Kindern geprägt, die ihr Wohnumfeld genießen. Auch die Ausgestaltung des Hauses ist von ihnen gezeichnet. Die bunte Fassade des Hauses wirkt wie ein großes Kinderzimmer. Von der Straße aus sind mehrere Spielplätze zu erkennen.
Das Arnold-Fortuin-Haus ist ein Pionierprojekt für die Berliner Rrom*nja-Policy. Keine Orientierung auf ökonomische Verwertbarkeit ist hier erkennbar. Marx Leitspruch, der in der Öffentlichkeitsarbeit des Projekts immer wiederkehrt: „Integration kann gelingen, wenn man Menschen eine Chance gibt", reicht allen symbolisch die Hand, die ihre Lebenssituation verbessern wollen. Eine Einladung zur Teilnahme an Integrationsmaßnahmen. Zugleich aber auch eine Abkehr von der Möglichkeit, sich mit den Gründen der so verschiedenen sozialen Lebenslagen zu beschäftigen. Ein Projekt wie das Arnold-Fortuin-Haus ermöglicht akut benötigte Hilfe, wird jedoch zugleich zu einem selbstreferentiellen Politikum gemacht. Jegliche rassifizierte Grenzziehung bleibt als gegeben bestehen, wie sich Rassismus für zugewanderte Rrom*nja in Berlin realisiert, kommt gar nicht erst in den Blick. So wird im Feld der Integrationspolitik fast ausschließlich über Integrationsmaßnahmen gesprochen, jedoch so gut wie nie über exkludierende Machtverhältnisse. Dies bringt auch ein Beamter in einem Interview auf den Punkt: „Wir zeigen hier in Berlin. Wir wollen Zuwanderung und wir machen auch vor Roma nicht halt!" Damit präsentiert sich eine Hände reichende Dominanzgesellschaft, die folglich Rassismus schon längst überwunden habe. Die inhärenten Grenzen der Rrom*nja-Integrationsprojekte stellen dies aber in Frage. So werden mittlerweile keine Neuvermietungen an Rrom*nja vergeben, um eine ‚Durchmischung' zu erreichen. Dies heißt also, die Rrom*nja im Haus bleiben immer Rrom*nja, sie können selbst nicht für eine Durchmischung sorgen, wenn in ein paar Jahren neue Zuwandernde einziehen. Dies können scheinbar nur Deutsche erreichen.
Rrom*nja sind hier eher ein Element, um ein spezifisches Projekt durchzuführen. Mit der eingegrenzten Bewohner*innengruppe, deren Wohnplatz von der Einordnung in das Projekt abhängt, wird es möglich, Rrom*njafamilien in großem Umfang sozialarbeiterisch zu flankieren. Vom Kleinkind bis zur Großmutter sind alle Rrom*njabewohner*innen in die geclusterten Maßnahmen zur Integrationsförderung eingebunden. Der paternalistische Umgang im Projekt lässt soziale Differenzen unangetastet, doch angesichts der sonst allseits gegen Rrom*nja gerichteten Politiken fällt es schwer, diese zu kritisieren. Mit Blick auf sich revitalisierende Rassismen und eines weithin exkludierenden Sozialstaats ist man froh, dass es diese Häuser gibt. Sollte überhaupt Kritik geübt werden, wo

doch diese Projekte als Kontrapunkte wichtig sind und die Akteure dahinter es ohnehin schwer haben, ein derartiges Projekt umzusetzen? Denn Rrom*nja, das sind diejenigen, für die sich niemand zuständig fühlen will. Dass ihnen ein derartiges Engagement entgegengebracht wird, hat Seltenheitswert.

Außerhalb Neuköllns, im ,Terrorhaus' in der Scharnweberstraße, entstand in der Folge des Arnold-Fortuin-Hauses mit Unterstützung der Stelle des Integrationsbeauftragten ein weiteres Projekthaus. Die ,Bunte 111', welche das erste Kooperationsprojekt zwischen der Stadt Berlin, dem kommunalen Wohnungsbauunternehmen Gewobag und dem Verein Phinove e. V. ist, zeigt, dass die bunten Häuser steigende Konjunktur besitzen.

Ist die Rettung des bedrohten sozialen Friedens also nur durch die leuchtenden Signalfarben des Projekthäusermodells möglich? Sie sollen auffällig aus dem sonstigen Stadtbild herausstechen, um sogleich die Aufmerksamkeit auf sich zu richten und zu zeigen, hier passiert etwas, hier ist es schön, hier lebt man zusammen. Wenn man in die Innenhöfe von Arnold-Fortuin-Haus und Bunte 111 tritt und die bunten Fassaden betrachtet, hat man das Gefühl, in einer Art Integrations-Traumlandschaft zu stehen. Aus jeder Hausecke sprüht die Euphorie über das Zusammenleben entgegen. Zumeist haben die Kinder des jeweiligen Hauses an der bunten Ausgestaltung der Fassaden mitgewirkt, von mehr inklusiven und selbstbestimmten Momenten kann hier jedoch oft nicht berichtet werden. Die Kindergarten-Atmosphäre richtet sich spielerisch an die jüngsten Neuberliner*innen, doch sie scheint auch die Fassade des erwähnten paternalistischen Umgangs zu sein, der alle Bewohner*innen erwartet.

Das Euphorische dieser Wandbilder transportiert den Wunsch, man solle sich hier ganz besonders wohl fühlen. Die Häuser sind wie ihre bunten Fassaden Zeichen einer beständigen Überbetonung. Sie sind besonders und nicht der Regelfall, aber gerade dadurch bedenklich. Denn das Besondere ist zugleich die Unmöglichkeit, aus dem alleinstehenden Pionierprojekt einen Regelfall zu machen. Doch das ist eben das Bedenkliche daran, dass sie immer eine Ausnahme und keinesfalls die Regel sind. Die Projekthäuser bleiben ein Kunstprojekt des Regierens und Ausnivellierens rassifizierender Vergesellschaftungsprozesse.

Rassistische Differenzierungen als politische Dimension begreifen
Integration manifestiert sich hier in einer hierarchischen Beziehung, die durch das Betonen der Rrom*njaidentität der Bewohner*innen und ihrer ‚anderen' Praktiken fundamentiert wird. Anhand der Frage, ob und wie eine erfolgreiche Integration von Rrom*nja überhaupt möglich wäre, zeigt sich eine dominanzgesellschaftliche Normierung, die die Grundkonstellation des ‚Anderen' und seine in Frage stehende Kompatibilität mit dem abgegrenzten ‚Eigenen' selbst beibehält. Während das Rassismusverständnis jedoch nur eine explizit rassistische Weltanschauung als tatsächlichen Rassismus versteht, stellt die Critical Race Theory eben diese Wechselwirkungen und Dynamiken rassistischer Episteme in den Mittelpunkt:

> We need to stop talking about race as *being* something – a category, an identity – but as something that *does* something – a mechanism that produces and reproduces these categories and identities; the places – both geographical and metaphorical – where the racialised are forced to sit.[16]

Dieser Ansatz ist ein notwendiger Ausgangspunkt für eine Anthropologie des Politischen. Es muss jedoch festgestellt werden, dass eine rassismuskritische politische Anthropologie an den Universitäten dramatisch unterrepräsentiert ist. Dabei steht die Ethnologie in doppelter Verantwortung für eine rassismuskritische Positionierung: Zum einen haben Volks- wie Völkerkunde rassistische Episteme mit ihrer Wissensproduktion des ‚Eigenen' und ‚Fremden' zentral ausgestaltet und sind somit in besonderer Weise gefordert, sich zu hinterfragen. Zum anderen ermöglichen die ethnologischen Fächer, die Aushandlungsprozesse von Gesellschaftlichkeit zu fokussieren und die machtvollen Konturierungen des ‚Eigenen' und ‚Fremden', des Konformen und Devianten beständig zu hinterfragen.

16 Lentin: The Disruption of Postracial Certainty as an Antiracist Urgency, S. 8 (Herv. i. Orig.).

Isabel Dean

Zugehörigkeitsdimensionen im *racial neoliberalism*

Gruppenanmeldungen an innerstädtischen Grundschulen in Berlin

Im Frühjahr 2016 titelte die *Berliner Zeitung*: „Wer gut Deutsch spricht, wird besonders gefördert“[1]. Kinder, die an einer Grundschule im Berliner Bezirk Mitte einen verpflichtenden Deutsch-Test bestehen, werden demnach in eine sogenannte Nawi-Klasse (mit naturwissenschaftlichem Schwerpunkt) eingeschult. Hier erhalten sie zusätzlichen Unterricht in Biologie, Chemie und Physik sowie Englischunterricht ab der 1. Klasse. Die Schule hatte die Spezialklassen vor einigen Jahren eingeführt, um, so die *Berliner Zeitung*, auch „Kinder des bildungsbürgerlichen Mittelstandes“ aus dem Ortsteil Alt-Mitte an die Schule zu locken, denn zuvor hatten die Einrichtung fast ausschließlich „Kinder aus armen, oft migrantischen Familien“ aus dem Ortsteil Gesundbrunnen besucht.[2] In die Nawi-Klassen gehen zwar auch Kinder, „deren Eltern aus verschiedenen Herkunftsländern stammen“, in der Tendenz ist an der Schule aber eine Klasseneinteilung entstanden, in der die Kinder nach Herkunft getrennt eingeschult werden.

Nawi-Klassen, teilweise auch „Deutsch-Garantie-Klassen“ genannt, wurden seit dem Schuljahr 2010/11 zunächst in einem Modellprojekt an einer Grundschule in Mitte angeboten;[3] später folgten weitere Grundschulen im selben

1 Martin Klesmann: Schule in Gesundbrunnen. Wer gut Deutsch spricht, wird besonders gefördert. In: *Berliner Zeitung*, 20.04.2016. http://www.berliner-zeitung.de/berlin/schule-in-gesundbrunnen-wer-gut-deutsch-spricht--wird-besonders-gefoerdert-23918116 (Zugriff am 30.01.2017).

2 Ebd.

3 Vgl. u. a. Katrin Lange / Florentine Anders: Modellprojekt: Berliner Schule wirbt Schüler mit Deutsch-Klasse. In: *Berliner Morgenpost*, 14.10.2009. http://www.morgenpost.de/berlin/article104696013/Berliner-Schule-wirbt-Schueler-mit-Deutsch-Klasse.html (Zugriff

Bezirk diesem Beispiel. Doch auch in anderen Berliner Bezirken stießen solche Spezialklassen auf politischer Ebene zunehmend auf Zustimmung. Die Bezirksbürgermeisterin von Neukölln, Franziska Giffey (SPD), begrüßte so in einem Interview auf *neukoellner.net* die Einführung von Deutsch-Garantie-Klassen als geeignete Strategie, um hierüber „bildungsorientierte[n] Eltern" dazu zu bewegen, ihr Kind an sogenannten Problemschulen einzuschulen:

> Wir haben ja auch große Diskussionen in der Stadt gehabt über die Deutsch-Garantie-Klassen, die es in Mitte gibt. Das wurde sehr stark kritisiert. Trotzdem war es an vielen Stellen der einzige Weg, diese Kinder [von ‚bildungsorientierten' Eltern; I. D.] überhaupt an den Schulen zu halten. Hätte man es nicht gemacht, wären die Eltern gegangen. Im Gegensatz dazu ist es problematisch, wenn bei einer ganzen Klasse nicht ein einziger Elternteil Arbeit hat und es ist auch problematisch, wenn zu Hause in kaum einer Familie deutsch gesprochen wird.[4]

Aus der Sicht Giffeys erschien damit, wie auch eine an sie gerichtete Frage auf *neukoellner.net* nahelegt,[5] nicht die Trennung nach Herkunft als „problematisch", sondern eine hohe Konzentration an Kindern, die in ihrem Elternhaus nicht auf Deutsch miteinander kommunizieren und deren Eltern von Arbeitslosigkeit betroffen sind. Aus ihrer Sicht stellen also Deutsch-Garantie-Klassen ein ‚Erfolgsmodell' dar, um die Zusammensetzung an den Schulen zu verändern bzw. zu ‚verbessern'. Giffey spielte hier auf einen potenziellen Effekt von Deutsch-Garantie-Klassen an: die vermeintliche „Optimierung der Schülerpopulation".[6] Diese ist eng verknüpft mit der Einführung performanzorientierter Steuerungsformen im Sinne eines New Public Management seit Mitte der 1990er Jahre. In Berlin wurde mit der Reform des Schulgesetzes vom 1. April 2004 gemäß diesem Verwaltungskonzept „Schulen eine erweiterte

am 30.01.2017); Birger Menke: Berliner Problemkiez: Schule umgarnt Eltern mit Deutsch-Garantie. In: *Spiegel Online*, 16.10.2009. http://www.spiegel.de/lebenundlernen/schule/berliner-problemkiez-schule-umgarnt-eltern-mit-deutsch-garantie-a-655391.html (Zugriff am 30.01.2017).

4 Marion Schulz / Max Büch: „Die Herkunft ist doch völlig egal". Interview mit Franziska Giffey. In: *neukoellner.net*, 30.06.2015. http://www.neukoellner.net/macht-marchen/franziska-giffey-interview-teil-2/ (Zugriff am 30.01.2017).

5 Die Frage lautete: „Das klingt ziemlich elitär. Ist diese Trennung nicht höchst problematisch?" (ebd.)

6 Johannes Bellmann / Manfred Weiß: Risiken und Nebenwirkungen neuer Steuerung im Schulsystem. Theoretische Konzeptualisierung und Erklärungsmodelle. In: *Zeitschrift für Pädagogik* 55,2 (2009), 286–308, hier S. 304.

Selbstständigkeit zugebilligt, die die rechtliche, finanzielle, personalwirtschaftliche, curriculare und schulorganisatorische Ebene betrifft".[7] Außerdem hat sich die sogenannte Outputsteuerung von Schule erhöht, durch die festgelegte politische Zielvorgaben erreicht werden sollen; die Umsetzung wird mittels externer Kontrollen überprüft und vergleichend dokumentiert.[8] Die Qualität der Schulentwicklung wird dabei über Leistungsdaten der Schulinspektion beurteilt,[9] was eine verstärkte Konkurrenz der Schulen untereinander mit sich bringt.[10]

Da sich die Qualität von Schulen somit zunehmend über Effizienz- und Schulerfolgskriterien definiert, versuchen diese dem Konkurrenzdruck zu begegnen, indem sie Einfluss auf die Aufnahme oder Ablehnung von Schüler_innen bzw. die Zuweisung zu besonderen Spezialklassen vornehmen. Verschiedene diesbezügliche Praktiken wie Deutsch-Garantie-Klassen, Montessori-Zweige, aber auch sogenannte Gruppenanmeldungen, bei denen Kinder, die sich bereits kennen, gemeinsam in einer Klasse eingeschult werden, werden gerade deswegen von vielen Institutionen geschätzt und gefördert, da diese die angesprochenen Eltern und deren Kinder als ‚leistungsstark' antizipieren und daher nach Möglichkeit an sich binden wollen.[11]

Grundschulen stellen dabei im Kontext der BRD eine Schulform dar, die formalgesetzlich nicht differenziert ist und deren Zugang weitgehend durch – in Abhängigkeit einzelner Straßenzüge festgelegter – Einzugsgebiete geregelt ist. Diese Einzugsgebiete werden zunehmend von zumeist mittelschichtsangehörigen und *weiß*[12] positionierten Eltern unterlaufen, die vor der Einschulung ihres Kindes

7 Eveline Wittmann: Explizite und implizite Veränderung von Verwaltungskonzepten in der „neuen" Schule – Analysen zum Berliner Schulgesetz. In: Jürgen Buer / Cornelia Wagner (Hrsg.): *Qualität von Schule: Ein kritisches Handbuch.* Frankfurt am Main: Lang 2009, S. 201–216, hier S. 201.

8 Vgl. ebd.

9 Vgl. ebd., S. 211.

10 Vgl. u. a. Barry M. Franklin / Marianne Bloch / Thomas Popkewitz, (Hrsg.): *Educational Partnerships and the State. The Paradox of Governing Schools, Children, and Families.* New York: Palgrave Macmillan 2003; Stephan Gerhard Huber / Xaver Büeler: Schulentwicklung und Qualitätsmanagement. In: Sigrid Blömeke / Gregor Lang-Wojtasik / Thorsten Bohl (Hrsg.): *Handbuch Schule.* Bad Heilbrunn: Klinkhardt 2009, S. 579–587; Thomas Quehl: Die unsichtbare Hand greift nach der Schule. In: *DISS Journal* 16 (2007), S. 19–21.

11 Vgl. Juliane Karakayalı / Birgit zur Nieden: Rassismus und Klassen-Raum. Segregation nach Herkunft an Berliner Grundschulen. In: *sub\urban. Zeitschrift für kritische Stadtforschung* 2 (2013), S. 61–78, hier S. 72; Bellmann / Weiß: Risiken und Nebenwirkungen, S. 295–297.

12 Ich verstehe *weiß* als wirkmächtige und soziostrukturell dominante soziale Positionierung und setze den Begriff kursiv, um seinen gesellschaftlichen Konstruktionscharakter hervorzuheben.

umziehen, Meldeadressen im bevorzugten Einzugsgebiet fingieren, Anträge beim Schulamt auf Umschulung stellen oder ihr Kind auf einer frei wählbaren Privatschule anmelden.[13] In diesem Zusammenhang wird häufig ein vermeintliches ‚Bildungsinteresse' „in einer Art Zirkelschluss daraus abgeleitet, dass Eltern eine bewusste Schulwahl getroffen haben, statt ihre Kinder an der Einzugsgebietsschule anzumelden".[14] Jedoch hängt die Möglichkeit, das eigene Kind außerhalb des Einzugsgebiets einzuschulen, maßgeblich vom Vorhandensein „zeitliche[r], kulturelle[r] und materielle[r] Ressourcen für den Zugang zur Wunschschule" ab.[15] Aus diesem Grund gehe ich davon aus, dass das Interesse an und die Möglichkeit von Schulwahl und den damit verbundenen Aktivitäten als spezifische Praxis ‚Bildungsinteresse' erst im *doing* hervorbringt.[16]

Im vorliegenden Artikel gehe ich der Frage nach, wie sich Praktiken der schulischen Segregation mit elterlichen Schulwahlinteressen und -entscheidungen überlagern. Eine Anthropologie des Politischen ist hierbei hilfreich, um unterschiedliche Handlungsebenen und Referenzsysteme wie institutionelle Praktiken mit politischem und lebensweltlichem Handeln von Individuen zusammen zu denken. Damit sind auch bereits zentrale Aspekte einer ethnographischen Regimeanalyse[17] angesprochen. Diese versteht den Regime-Begriff als eine Reaktion auf aktuelle Transformationen von Macht und Regieren im Sinne des „Foucault'sche[n] Versuch[s] einer generellen Dezentrierung unseres Machtverständnisses".[18] Im vorliegenden Artikel analysiere ich, wie solche veränderten

13 Vgl. Christine Baur: *Schule, Stadtteil, Bildungschancen. Wie ethnische und soziale Segregation Schüler/-innen mit Migrationshintergrund benachteiligt*. Bielefeld: Transcript 2013, hier S. 51; Georg Breidenstein / Jens Oliver Krüger / Anna Roch: „Aber Elite würde ich's vielleicht nicht nennen." Zur Thematisierung von sozialer Segregation im elterlichen Diskurs zur Grundschulwahl. In: *Zeitschrift für Erziehungswissenschaft*, Sonderheft 19 (2014): Elite und Exzellenz im Bildungssystem. Nationale und internationale Perspektiven, S. 165–180, hier S. 166.

14 Juliane Karakayalı / Birgit zur Nieden: Klasseneinteilungen. Zur Geschichte und Gegenwart von Segregation an Berliner Grundschulen. In: Labor Migration (Hrsg.): *Vom Rand ins Zentrum. Perspektiven einer kritischen Migrationsforschung*. Berlin: Panama 2014, S. 77–94, hier S. 79.

15 Baur: Schule, Stadtteil, Bildungschancen, S. 52.

16 Vgl. Karl H. Hörning / Julia Reuter (Hrsg.): *Doing Culture. Neue Positionen zum Verhältnis von Kultur und sozialer Praxis*. Bielefeld: Transcript 2004; Harold Garfinkel: Passing and the Managed Achievement of Sex Status in an Intersexed Person, Part 1. In: Ders.: *Studies in Ethnomethodology*. Englewood Cliffs: Prentice-Hall 1967, S. 116–185.

17 Vgl. den Beitrag von Miriam Gutekunst / Maria Schwertl: Politiken ethnographieren. Die ethnographische Regimeanalyse als situierter Forschungsmodus entlang von Aushandlungen, Kämpfen und Situationen, S. 83–107 in diesem Band.

18 Sabine Hess / Bernd Kasparek / Maria Schwertl: Regime ist nicht Regime ist nicht Regime. Zum theoriepolitischen Einsatz der ethnographischen (Grenz-)Regimeanalyse. In: Andreas Pott / Christoph A. Rass / Frank Wolff (Hrsg): *Migration Regimes. Interdisciplinary Approaches to a Key Concept* (im Erscheinen).

Formen des Regierens auch im Kontext des Übergangs vom Kindergarten zur Schule wirksam werden und wie dabei über die Anrufung der beteiligten Eltern als selbstverantwortliche, zivilgesellschaftlich engagierte Individuen es zunehmend erschwert wird, Formen von (institutioneller) Diskriminierung zu thematisieren oder diese überhaupt als solche kenntlich zu machen.

,Nicht-deutsche Herkunftssprache' als vermeintlicher Marker von Schulqualität

Auch wenn Giffey Deutsch-Garantie-Klassen also positiv bewertet, wurden diese in Berlin-Neukölln bislang nicht umgesetzt. Stattdessen wurde hier ganz auf Gruppenanmeldungen an ,Brennpunkt'- bzw. ,Problemschulen' gesetzt, die sie im Interview als ebenso wirksames Mittel angesprochen hatte, um „bildungsnahe[] Eltern" an die Schulen zu holen:

> Dann haben wir jetzt erste Elterninitiativen, die ihr Kind auf die Kiez-Schule vor Ort schicken, nicht weggehen wollen und sich mit Gleichgesinnten zusammenschließen. Sie sorgen dafür, dass eine Gruppe von bildungsnahen Eltern sich gemeinsam entschließt, dort hinzugehen.[19]

Dass diese Eltern „nicht weggehen wollen", spielt auf den ansonsten verbreiteten *white flight* vor der Einschulung des Kindes an. Zwar ziehen überwiegend junge, finanziell- wie auch bildungsprivilegierte Familien verstärkt „anstatt wie früher in ländliche Regionen – in innenstadtnahe, vormals durch die Gastarbeiter_innenmigration und die Arbeiter_innenschicht geprägte Stadtteile"[20] und fühlen sich durch die migrationsbedingte Diversität in ihrem Wohnumfeld hinsichtlich ihres Lebensstils und ihrer Konsumkultur ,bereichert',[21] ohne dass dies zwangsläufig zu verstärkten Kontakten zwischen den Bewohner_innen in diesen Quartieren führen muss.[22] Ein Wandel dieser vermeintlich unproblematischen Wahrnehmung des sozialen Umfelds erfolgt jedoch verstärkt mit dem

19 Schulz / Büch: „Die Herkunft ist doch völlig egal".

20 Karakayalı / zur Nieden: Rassismus und Klassen-Raum, S. 67.

21 Vgl. TOPOS Stadtforschung: *Sozialstrukturentwicklung in Nord-Neukölln*, 2011. http://www.quartiersmanagement-berlin.de/fileadmin/content-media/Nachrichten/Neukoelln/2011/NNK_TOPOS_End.pdf (Zugriff am 30.01.2017), S. 35.

22 Vgl. Talja Blokland / Gwen van Eijk: Do People Who Like Diversity Practice Diversity in Neighbourhood Life? Neighbourhood Use and the Social Networks of 'Diversity-Seekers' in a Mixed Neighbourhood in the Netherlands. In: *Journal of Ethnic and Migration Studies* 36,2 (2010), S. 313–332.

Schuleintritt des Kindes. Anders als ein heterogenes *Wohn*umfeld erachten viele dieser Eltern ein heterogenes *Schul*umfeld – v. a. in Bezug auf sozioökonomisch benachteiligte und zumeist als muslimisch markierte Schüler_innen – zunehmend ablehnend.[23]

Neben anderen schulbezogenen Statistiken und Leistungsdaten wird auch der Anteil an Kindern ‚nicht-deutscher Herkunftssprache' (*ndH*)[24] einer Schule in den auf der Senatshomepage öffentlich zugänglichen Schulprofilen aufgeführt.[25] Auch wenn *ndH* eine sehr schwammige Kategorie ist und „nichts über die Deutschkenntnisse eines Kindes" aussagt, erscheint sie „wie eine Markierung, die die Kategorisierung als ‚Ausländer_in ' ablöst".[26] Im Zeitraum meiner Forschung 2011 bis 2014 – und damit bereits vor den aktuell medial, politisch und wissenschaftlich viel diskutierten Migrationsbewegungen des ‚Sommer der Migration' im Jahr 2015 – nutzten viele ‚bildungsprivilegierte', häufig *weiß*

23 Vgl. Sachverständigenrat Deutscher Stiftungen für Integration und Migration (SVR) (Hrsg.): *Segregation an Grundschulen. Der Einfluss elterlicher Schulwahl*, 2012. http://www.svr-migration.de/wp-content/uploads/2014/11/Segregation_an_Grundschulen_SVR-FB_WEB.pdf (Zugriff am 05.01.2017), S. 7.

24 Die Kategorie ‚nicht-deutsche Herkunftssprache' (ndH) wurde in Berlin im Jahr 1996 im – zu diesem Zeitpunkt gültigen – Schulgesetz alter Fassung eingeführt, um die Schüler_innenschaft nicht länger nach Nationalität zu erfassen (vgl. Ingrid Gogolin / Ursula Neumann / Lutz Reuter: Schulbildung für Minderheiten. Eine Bestandsaufnahme. In: *Zeitschrift für Pädagogik* 44,5 (1998), S. 663–678, hier S. 674). Die Kategorie kommt auch im seit 2004 gültigen Schulgesetz zum Tragen (vgl. http://gesetze.berlin.de/jportal/?quelle=jlink& query=SchulG+BE&psml= bsbeprod.psml&max=true&aiz=true (Zugriff am 30.01.2017)). Wie *ndH* genau definiert wird, ist im Einzelnen der Aus- und Festlegung der Senatsbildungsverwaltung für Bildung, Jugend und Wissenschaft (SenBJW) überlassen (vgl. Larisa Vasilyeva: *Zum Merkmal der „nichtdeutschen Herkunftssprache" (ndH) in der schulischen Sprachförderung im Land Berlin*, 2013. https://publishup.uni-potsdam.de/opus4-ubp/files/.../vasilyeva_ master.pdf (Zugriff am 30.01.2017), S. 17). In den Schulstufenverordnungen der SenBJW für den Grundschulbereich sowie für die Sekundarstufe wird der Begriff der Herkunftssprache als „Kommunikationssprache innerhalb der Familie" definiert, ohne dass dabei deren quantitativer und qualitativer Umfang näher bestimmt wäre (vgl. http://www.berlin.de/imperia/md/content/sen-bildung/rechtsvorschriften/grundschulverordnung.pdf?start&ts=1285241747& file= grundschulverordnung.pdf (Zugriff am 05.01.2017), § 17 Absatz 1; https://www.berlin.de /imperia/md/content/sen-bildung/rechtsvorschriften/vo_sek_i_neuerung.pdf?start&ts=1297246277&file=vo_sek_i_neuerung.pdf (Zugriff am 05.01.2017), § 17 Absatz 1). Nur einzelne Formulare der SenBJW legen nahe, dass es sich um die „überwiegend" in einer Familie gesprochene Sprache handelt (vgl. https://www.berlin.de/.../leistungsbereich/mdb-antrag_efoeb_1_4.pdf (Zugriff am 09.01.2017); https://secure.scolibri.com/uploads/attachments/Post/dfd28a36/originals/anmeldunghort_ab_5_klasse.pdf (Zugriff am 09.01.2017)).

25 Vgl. https://www.berlin.de/sen/bildung/schulverzeichnis_und_portraets/anwendung/ (Zugriff am 30.01.2017).

26 Karakayalı / zur Nieden: Rassismus und Klassen-Raum, S. 68.

positionierte Eltern einen hohen *ndH*-Anteil als Negativfolie. Sie setzten ihn mit als muslimisch markierten Familien an der Schule gleich und unterstellten diesen nicht nur geringe Kenntnisse der deutschen Sprache, sondern auch einen Mangel an gemeinsam geteilten Werten und Normen. Aus diesem Grund versuchten sie, ihr Kind an einer Schule mit einem möglichst geringen *ndH*-Anteil einzuschulen.[27] Andere Eltern dieser Klientel meldeten ihr Kind nur an Schulen mit einem hohen *ndH*-Anteil an, wenn diese Nawi-Klassen, Montessori-Zweige oder Gruppenanmeldungen garantierten.

Vor dem Hintergrund sozialer Abstiegsängste und einer von Heinz Bude konstatierten zunehmenden „Bildungspanik"[28] erscheint die Wahl einer ‚besseren Schule' außerhalb des Einzugsgebiets bzw. o. g. spezieller Angebote an diese Elterngruppen als Ausdruck von „Schließungsprozesse[n] innerhalb der bürgerlichen Mitte".[29] Dabei gehen verschiedene Studien davon aus, dass diese Eltern bei ihren Schulwahlentscheidungen durchaus „partikulare gegen universalistische Interessen"[30] abwägen, das Motiv der Sorge und Verantwortung für das eigene Kind aber i. d. R. die Orientierung an Chancengleichheit zu relativieren und einzuschränken vermag.[31] Die genannten Studien erfassen damit die Selbstkonzepte und subjektiven Bedeutungszusammenhänge dieser Eltern, häufig jedoch ohne diese explizit in ihrer jeweils spezifischen, historisch-politischen sowie (migrations-)gesellschaftlichen Situierung zu verorten. Ich versuche daher, diese Engführung zu vermeiden, und begreife die hier genannte Abgrenzung ‚nach unten' (auch) als Ausdruck einer postliberalen Spielart des modernen

27 Vgl. SVR (Hrsg.): *Segregation an Grundschulen*, S. 6–8.

28 Heinz Bude: *Bildungspanik. Was unsere Gesellschaft spaltet*. Bonn: bpb 2011.

29 Nora Knötig: Schließungsprozesse innerhalb der bildungsbürgerlichen Mitte. In: Nicole Burzan / Peter A. Berger (Hrsg.): *Dynamiken (in) der gesellschaftlichen Mitte*. Wiesbaden: VS 2010, S. 331–354, hier S. 331.

30 Silke Trumpa: *Elternperspektiven: Rekonstruktionen an einer Freien Schule*. Opladen: Budrich 2010, S. 12.

31 Vgl. Breidenstein / Krüger / Roch: „Aber Elite würde ich's vielleicht nicht nennen", S. 178. Auch internationale Forschungen zur Schulwahl betonen, dass sich schulwahlpraktizierende Elterngruppen vor allem aus der Sorge um das eigene Kind gegenüber "poor and minority pupils" abgrenzten (vgl. Agnès van Zanten: Middle-Class Parents and Social Mix in French Urban Schools. Reproduction and Transformation of Class Relations in Education. In: *International Studies in Sociology of Education* 13,2 (2003), S. 107–124, hier S. 109). Im Zuge einer verstärkten neoliberalen Deregulierung und Privatisierung des Schulsektors würden sich zudem viele Eltern zunehmend verpflichtet und verantwortlich fühlen, ihrem Kind die ‚besten Bildungschancen' zu gewähren (vgl. u. a. Martin Forsey: No Choice but to Choose. Selecting Schools in Western Australia. In: Ders. / Scott Davies / Geoffrey Walford (Hrsg.): *The Globalisation of School Choice?* Oxford: Symposium 2008, S. 73–94).

(institutionellen) Rassismus,[32] der nach Étienne Balibar auf zwei unterschiedlichen Vorstellungen beruht: Zum einen auf der Ethnisierung sozialer Verhältnisse, zum anderen auf einem Aktivierungsmodell, das eine „Selektion institutionalisiert, deren untere Grenze die soziale Eliminierung der ‚Unfähigen' und ‚Unnützen' darstellt".[33] Ich möchte im Folgenden die elterlichen Aussagen nicht auf ihren Gehalt insbesondere an antimuslimischem Rassismus[34] ideologiekritisch untersuchen,[35] sondern aus einer rassismuskritischen Perspektive heraus die *Effekte* der damit verbundenen Praktiken und Handlungen in den Blick nehmen.

Auf institutioneller Ebene sind dabei allerdings die Kriterien, nach denen Schüler_innen zur Kategorie ‚Nicht-deutsche Herkunftssprache' zugeordnet werden, faktisch nicht eindeutig geregelt: Wie *ndH* erfasst wird, ist in der Praxis den Schulen überlassen und wird von diesen uneinheitlich angewandt und umgesetzt. In der Konsequenz

> bleibt [...] unklar, ob es sich bei dieser Angabe um eine Selbstbeschreibung der Eltern handelt, ob diese Zuordnung von den Sekretär_innen bei der Anmeldung vorgenommen wird oder welche anderen Praktiken angewandt werden.[36]

Trotz der uneinheitlichen Erhebungspraxis, durch die die Aussagekraft der Zuordnung *ndH* hinsichtlich der tatsächlichen Deutschkenntnisse bzw. eines eventuellen Förderbedarfs in Deutsch sehr gering ist, wird, so Juliane Karakayalı und Birgit zur Nieden, „die angebliche ‚Bildungsferne' der Kinder mit

32 Vassilis Tsianos / Marianne Pieper: Postliberale Assemblagen. Rassismus in Zeiten der Gleichheit. In: Sebastian Friedrich (Hrsg.): *Rassismus in der Leistungsgesellschaft. Analysen und kritische Perspektiven zu den rassistischen Normalisierungsprozessen der „Sarrazindebatte"*. Münster: Edition Assemblage 2011, S. 114–132, hier S. 117–118.

33 Étienne Balibar: Die Rückkehr des Konzeptes der „Rasse". In: *Springerin* 3 (2008), S. 18–24, hier S. 23.

34 Vgl. u. a. Iman Attia: *Die „westliche Kultur" und ihr Anderes. Zur Rekonstruktion von Orientalismus und antimuslimischem Rassismus*. Bielefeld: Transcript 2009, S. 55; dies.: Zum Begriff des antimuslimischen Rassismus. In: Zülfukar Çetin / Savas Tas (Hrsg.): *Gespräche über Rassismus. Perspektiven und Widerstände*. Berlin: Günay 2015, S. 17–29.

35 In diesem Zusammenhang haben bereits in den 1980er Jahren Annita Kalpaka und Nora Räthzel auf die grundsätzliche „Schwierigkeit, nicht rassistisch zu sein" hingewiesen (dies.: *Die Schwierigkeit nicht rassistisch zu sein*. Leer: Mundo 1990). Zudem können auch Personen, die sich als links oder linksliberal verstehen, „Rassismus wider Willen" ausüben (Anja Weiß: *Rassismus wider Willen. Ein anderer Blick auf eine Struktur sozialer Ungleichheit* [2001]. Wiesbaden: Springer VS 2013).

36 Karakayalı / zur Nieden: Rassismus und Klassen-Raum, S. 68.

ndHs als ein Hindernis für die Bildung der eigenen Kinder betrachtet".[37] In der Kategorisierung als ‚bildungsfern' „verkehrt sich die tatsächlich vorhandene Benachteiligung von Kindern mit Migrationshintergrund im deutschen Schulsystem in deren Stigmatisierung":[38] Formen von institutioneller Diskriminierung[39] und rassistisch strukturierten Ungleichheiten geraten so aus dem Blick. Jedoch löst *ndH* nicht einfach die Kategorie ‚Ausländer' ab, sondern operiert als „[p]ostliberale rassistische Strategie[] [...] wesentlich fluider als jene des traditionellen Rassismus".[40] Damit kann sie auch auf institutioneller Ebene „jederzeit als Segregationskriterium herangezogen werden, genauso aber unberücksichtigt bleiben".[41] Karakayalı und zur Nieden kommen daher zu dem Schluss:

> Der Diskurs der ‚Bildungsferne' legitimiert [...] Ausgrenzung entlang rassistischer Kriterien und mündet in Praktiken der Segregation in der Institution Schule, ohne sich einer explizit rassistischen Rhetorik zu bedienen.[42]

Für sich genommen sind segregierende Praktiken wie Klasseneinteilungen nach Herkunft in Berlin rechtlich nicht zulässig. In dem seit 2004 gültigen „Schulgesetz für das Land Berlin" (Schulgesetz – SchulG)[43] ist in § 15 Absatz 1 festgelegt, dass alle Schüler_innen in ihren jeweiligen Schulen gemeinsam unterrichtet werden sollen, so z. B. auch Kinder ‚deutscher' und ‚nicht-deutscher Herkunftssprache'. Allerdings werden Karakayalı und zur Nieden zufolge solche „Klasseneinteilungen nach Herkunft [...] in vielen Berliner Schulen vollzogen – meist jedoch, ohne mediale Aufmerksamkeit zu erregen".[44] Giffey sprach im Interview mit *neuköllner.net* von Eltern initiierte Initiativen zur Gruppeneinschulung an, daneben werden Gruppenanmeldungen z. T. aber auch von Kitas selbst angeboten. Im Kontext des insbesondere von der Erziehungswissenschaft

37 Ebd., S. 72.

38 Ebd., S. 70.

39 Vgl. Mechtild Gomolla / Frank-Olaf Radtke: *Institutionelle Diskriminierung. Die Herstellung ethnischer Differenz in der Schule.* Opladen: Leske & Budrich 2002.

40 Marianne Pieper / Efthimia Panagiotidis / Vassilis Tsianos: Konjunkturen der egalitären Exklusion. Postliberaler Rassismus und verkörperte Erfahrung in der Prekarität. In: Marianne Pieper / Thomas Atzert / Serhat Karakayalı / Vassilis Tsianos (Hrsg.): *Biopolitik in der Debatte.* Wiesbaden: VS 2011, S. 193–226, hier S. 195.

41 Karakayalı / zur Nieden: Rassismus und Klassen-Raum, S. 70.

42 Ebd., S. 72.

43 Vgl. http://gesetze.berlin.de/jportal/?quelle=jlink&query=SchulG+BE&psml=bsbeprod.psml&max=true&aiz=true (Zugriff am 30.01.2017).

44 Karakayalı / zur Nieden: Geschichte und Gegenwart von Segregation, S. 77.

„häufig als problembehaftet“[45] angesehenen Übergangs von der Kita zur Grundschule wurden seit Beginn der 2000er Jahre Kooperationen zwischen Kita und Grundschule in den in allen Bundesländern der BRD geltenden Erziehungs- und Bildungsplänen fest verankert. Bestandteil dieser Kooperationen sind u. a. gemeinsame Einschulungen von Kindern mit in der Kita gewachsenen Bindungen. Um den Übergang zu erleichtern, sollen diese von einer kooperierenden Grundschule bei ihrem Schuleintritt als Gruppe aufgenommen werden.
Im Kontext Berlins versuchen dabei insbesondere ‚Brennpunktschulen' in traditionell durch die Arbeitsmigration der sogenannten Gastarbeiterperiode zwischen 1955 und 1973[46] geprägten Westberliner Ortsteilen wie Kreuzberg, Neukölln oder Wedding, die durch aktuelle und vielfältige Gentrifizierungsprozesse charakterisiert sind, sinkenden Schüler_innenzahlen entgegenzuwirken und auch für Eltern attraktiv zu werden, die ihr Kind eigentlich auf eine andere Schule schicken würden. Seit einigen Jahren kooperieren daher viele dieser problematisierten Grundschulen mit nahegelegenen Kitas, häufig solchen, die überwiegend von einer Mittelschichtsklientel besucht werden. Dazu werben sie an diesen Kitas für die Option der Einschulung einer Kitagruppe, sie treten also direkt an bestimmte Gruppen von Eltern heran und informieren diese über die ihnen gebotenen Möglichkeiten. Über die Kooperationen zwischen Kita und Grundschule hinausgehend bieten problematisierte Grundschulen zunehmend auch die Option der gemeinsamen Einschulung mehrerer Kinder in eine Klasse *unabhängig* von der zuvor besuchten Kita. Dem Angebot der Schulen nach Gruppeneinschulung entsprechen auf der anderen Seite auch wiederum Initiativen von Eltern, die mit dem Wunsch nach Gruppenanmeldung ihrer Kinder an Einzugsgebietsschulen herantreten. Dazu vernetzen sie sich teilweise aktiv mit anderen

45 Gabriele Faust: Übergänge gestalten – Übergänge bewältigen. Zum Übergang vom Kindergarten in die Grundschule. In: Werner Thole / Hans-Günther Rossbach / Maria Fölling-Albers / Rudolf Tippelt (Hrsg.): *Bildung und Kindheit. Pädagogik der Frühen Kindheit in Wissenschaft und Lehre*. Opladen / Farmington Hills: Budrich 2008, S. 225–240, hier S. 225.

46 Ab den späten 1950er Jahren kam es in der BRD zur gezielten und gesteuerten Anwerbung von sogenannten Gastarbeitern, d. h. von Arbeitsmigrant_innen aus verschiedenen Mittelmeerländern mit einer zunächst zeitlich begrenzten Aufenthaltsdauer. Viele von ihnen blieben auch nach dem Anwerbestopp 1973 und ließen sich dauerhaft in der BRD nieder; sie und ihre Nachkommen stellen die größte Gruppe von Arbeitsmigrant_innen in Deutschland dar. (Vgl. Klaus Ronneberger / Vassilis Tsianos: Panische Räume. Das Ghetto und die „Parallelgesellschaft“. In: Sabine Hess / Jana Binder / Johannes Moser (Hrsg.): *No integration?! Kulturwissenschaftliche Beiträge zur Integrationsdebatte in Europa*. Bielefeld: Transcript 2009, S. 137–152, hier S. 138–139; Lena Katharina Deniz Onur: *Bildung und Migration. Die Selbstorganisation der Migranten als Reaktion auf die Bildungsbenachteiligung am Beispiel von weiterführenden Privatschulen*. Dissertation, Universität zu Köln 2010. http://kups.ub.uni-koeln.de/4498/ (Zugriff am 30.01.2017), S. 10.)

Eltern, um in einer Schulklasse ‚Gleichgesinnte' zu versammeln. Die Eltern dieser Kinder fordern häufig von den Schulen ein bestimmtes Lehrer_innenteam oder eine Klasse mit einem besonderen Profil (z. B. Montessori-Pädagogik). Die Schulen könnten hier Grenzen setzen, tun dies jedoch nicht immer, da sie selbst von den Gruppenanmeldungen profitieren: Ein Beispiel dafür sind steigende Schüler_innenzahlen, was nicht zuletzt drohende Schulschließungen abwendet. Auch der oben genannte Konkurrenzdruck zwischen Schulen führt dazu, dass diese die Bedingungen der Gruppenanmeldungseltern häufig akzeptieren, um von einer vermeintlich leistungsstarken Schüler_innenklientel zu profitieren.

Subtile Zugangsbarrieren zu den Gruppenanmeldungen

Ein Beispiel für die organisierte Einführung solcher Gruppenanmeldungen durch Eltern stellt die Berlin-Neuköllner Initiative „Kiezschule für alle" dar. Sie existiert seit 2011 und wirbt dafür, dass Familien ihr Kind auf eine von zwei der Grundschulen im Stadtviertel schicken, mit denen sie kooperiert. Um auch andere Eltern von den beiden Kiezschulen zu überzeugen, organisiert sie vor dem Schuleintritt des Kindes Treffen mit interessierten Familien und vernetzt diese, bietet Hospitationen im Unterricht an und führt Informationsveranstaltungen in umliegenden Kitas durch. In regelmäßigen Abständen, d. h. im Frühjahr vor den Tagen der offenen Tür und im Herbst vor den Anmeldeterminen an den Schulen, bringt die Initiative Aushänge in Kinderläden, Kitas und auf Spielplätzen an und legt Flugblätter an Orten aus, die häufig von der anzusprechenden Elterngruppe frequentiert werden: Dazu gehören neben Kinderläden und Kitas auch neu eröffnete familienorientierte Cafés – meist mit Spielecke und Kindersitzen ausgestattet und mit Babyccino im Angebot.[47] Die Initiative stellt sich in ihrem Flugblatt folgendermaßen vor:

> Die „Kiezschule für alle": Das sind wir – Eltern, die ihre Kinder nicht zu weit entfernten Schulen fahren oder der Schule wegen umziehen wollen. Die „Kiezschule" ist eine Initiative von Eltern für Eltern im Schillerkiez, die NeuköllnerInnen bleiben und ihre Kinder zusammen einschulen möchten.

47 Teile des folgenden Abschnitts basieren auf einem gemeinsam mit Anna Roch und Georg Breidenstein verfassten Artikel (vgl. Anna Roch / Isabel Dean / Georg Breidenstein: Between 'Enrichment' and 'Endangerment'. 'Cultural Diversity' and the Politics of Belonging in the Berlin School Choice Discourse. In: *Ethnography and Education* (2017). http://dx.doi.org/10.1080/17457823.2017.1283246 (Zugriff am 28.03.2017), S. 1–17, hier S. 10–12).

Die beiden Schulen, an denen die Initiative „Kiezschule für alle" aktiv ist, hatten vor Aufnahme der Kooperation einen überaus schlechten Ruf. Marianne[48], eine Sprecherin der Initiative, hörte auf dem Spielplatz „permanent von allen Leuten schlimmste (lacht) Schauergeschichten" darüber, „was alles Schreckliches auf den Schulhöfen hier passiert". Bekannte berichteten dabei „von irgendwelchen Prügeleien und irgendwelchen dramatischen Dingen". Marianne bekräftigte, dass für viele Eltern, die potenziell an einer Teilnahme interessiert seien, insbesondere das befürchtete schlechte Schulklima entscheidend gewesen sei:

> Gerade die Kiezschulleute, das ist ein Klientel, da geht es nicht darum: „Das Kind könnte ein' Wissensmangel haben", sondern eher: „Das Kind könnte sich da nicht wohl fühlen, das könnte gemobbt werden. Wie ist das denn? Da sind so viele türkische und arabische Kinder und Familien und was bringen die denn da kulturell ein? Was ist da für eine Atmosphäre in der Klasse?"

Die Initiative „Kiezschule für alle" markierte daher den Gang an die Schulen als eine riskante Angelegenheit. Im Flugblatt der Initiative heißt es so auch: „Wir, die Initiative ‚Kiezschule für alle', sind Eltern, die den ersten Schritt gewagt haben." Marianne sagte über das Hauptmotiv der ersten Eltern, die sich zusammengeschlossen hatten:

> Wir wollen uns sozusagen gegenseitig erst Mal (lacht) / na ja, Mut machen ist so negativ, aber / Also: Wir wollen jetzt zusammen erst mal diese Schulen erkunden und denen auch zugleich dabei helfen, selber ein bisschen populärer zu werden und besser da zu stehen.

Die Eltern, die sich gegenseitig Mut machen mussten und die „den ersten Schritt gewagt haben", sehen sich als Pioniere, die anderen Eltern ihres Sozialmilieus den Weg in die bis dato als gefährlich erscheinenden Schulen ebnen. Die Schulen waren diesen Eltern jedoch nie verschlossen; vielmehr hatten sie die Schulen zuvor bewusst gemieden. Andere Eltern dagegen hatten auch schon vor den ersten Gruppenanmeldungen ihr Kind ganz selbstverständlich an diese Schulen

48 Interview mit Marianne am 06.06.2014 in Berlin-Neukölln. Im Rahmen meines Dissertationsprojekts mit dem Arbeitstitel „Der Berliner Primarbereich als Ort guter ‚Bildung für alle'? Dynamiken rassistischer Diskriminierung im Übergangsbereich von Kita zu Grundschule" habe ich insgesamt ungefähr 35 Interviews mit Eltern, Erzieher_innen, Schulleitungen, Vertreter_innen der Schulverwaltung und Jurist_innen im Zeitraum von Mitte 2011 bis Mitte 2014 geführt. Die Namen aller Interviewpartner_innen wurden dabei anonymisiert.

geschickt, wobei die Entscheidung für die Schule natürlich nicht zwangsläufig die Präferenz für diese beinhalten muss.[49]

Die geteilten Ängste bezüglich der Einzugsgebietsschule sind jedoch offensichtlich so wirkmächtig, dass das Wissen zentral ist, dass die anderen Eltern sich auch bewusst für diese Schule entschieden haben. Somit ist das ‚Wir', auf das sich bspw. die Initiative „Kiezschule für alle" in ihren Flugblättern bezieht, implizit in der Logik der Gruppenanmeldung enthalten: ‚Wir' sind diejenigen, die sich von den Anzeigen angesprochen fühlen, diejenigen, die potentiell die Kiezschule vermeiden würden, deren Entscheidung für die Kiezschule diese aber aufwertet. Dieselben Ängste bezüglich der Einzugsgebietsschule zu teilen, sich für eine Gruppenanmeldung zu interessieren und sich gemeinsam bewusst für die Einzugsgebietsschule zu entscheiden, statt einfach das Kind dort anzumelden, bildet eben jenes ‚Bildungsinteresse' ab, das dann wiederum die Zugehörigkeit konstituiert – die Praxis der Gruppenanmeldung trägt sich also selbst.

Formal sind die Gruppenanmeldungen damit offen für alle Interessierten, die sich zugehörig machen wollen, faktisch gibt es aber doch Zugangs- und Partizipationsbarrieren, die auch einige Eltern selbst als problematisch reflektierten. Obwohl die Mutter Rabea aus einer Kreuzberger Elterninitiative so zunächst betonte, der Zugang sei offen für alle gewesen, schränkte sie ihre Aussage ein, indem sie von „Netzwerken" sprach, über die man in die Gruppen hineinkomme:

> [D]ie sind dann eigentlich wieder zufällig entstanden, die Gruppen. Also wenn du nicht jetzt gerade mit einer Freundin, wo klar ist, dass du gemeinsam in diese Klasse willst, aber / Ja, aber die Sache ist ja, die Schwierigkeit ist natürlich auch: Wie kommst du in dieses Netzwerk rein?[50]

Auch der Vater Timo aus derselben Gruppeneinschulung äußerte, es habe implizite Zugangsbarrieren gegeben. Er sieht es mittlerweile sehr kritisch, dass das erste Treffen seiner Gruppenanmeldung in einer Kirche stattfand: „Ne, wo ich auch im Nachhinein denke: ‚Mann Leute, super Idee!', ne? Ist sozusagen schon in sich eine ausgrenzende Räumlichkeit erst Mal für einige Menschen."[51]

49 Vgl. bezüglich des Berliner Wohnungsmarkts Christine Barwick / Talja Blokland: Segregation durch Diskriminierung auf dem Wohnungsmarkt. In: Britta Marschke / Heinz Ulrich Brinkmann (Hrsg.): *„Ich habe nichts gegen Ausländer, aber …". Alltagsrassismus in Deutschland.* Berlin: Lit 2015, S. 229–243, hier S. 229.

50 Interview mit Rabea am 02.05.2013 in Berlin-Kreuzberg.

51 Interview mit Timo am 26.09.2012 in Berlin-Kreuzberg.

Er kritisierte daher im Rückblick die gesamte Praxis der Vernetzung, die er als potenziell diskriminierend wahrnahm:

> Gerade finden die nächsten Vernetzungsrunden statt für die nächsten Einschulungen nächstes Jahr. Und im Rückblick würde ich sagen oder auch im Vorausblick: „Ich finde das echt *schwierig* so." Also ich glaube sozusagen diese sogenannte Vernetzung, die birgt schon so viel Ausgrenzungspotenzial in sich, dass ich eigentlich sagen würde, das ist keine gute Idee.[52]

Einige der Eltern aus den Gruppenanmeldungen vermuten also selbst, dass sich die Zugänglichkeit zu den ‚Gruppen' subtil gestaltet über informelle Netzwerke, über Wege der Veröffentlichung (Kinderläden, Kitas, Cafés, Facebook) oder über die Charakteristik der Versammlungsorte (Kirchen, Cafés); sie kritisieren zum Teil die damit verbundene Exklusivität. Andere Eltern stellten dagegen die Heterogenität der eigenen Gruppenanmeldung heraus. Melanie aus der Kreuzberger Gruppenanmeldung betonte so bspw.:

> Wir wollten keine *deutsche* Klasse. Das ist auch (schmunzelt) also verrückt, weil diese Gruppe ist so durchmischt, ne? Also es gibt eben ganz viele zweisprachig erzogene Kinder, viele binationale Paare, aber natürlich alle mit einem entsprechenden Bildungshintergrund, das muss man schon sagen.[53]

Während Melanie also zunächst betont hatte, wie ‚vielfältig' und „durchmischt" ihre Gruppe gewesen sei, sprach sie selbst gleichzeitig von „einem entsprechenden Bildungshintergrund", was darauf verweist, dass gerade auch die soziale Schicht/ Klasse dieser Eltern für sie eine zentrale Rolle spielte.[54]
Indem die Akteur_innen der Gruppenanmeldungen sich als „durchmischt" und „binational" darstellten, konnten darüber ungleiche Zugangs- und Partizipationsmöglichkeiten ein Stück weit negiert werden. Eine solche Verschleierung rassistischer und ökonomisierender Verhältnisse vor dem Hintergrund neoliberaler

52 Interview mit Timo am 26.09.2012 in Berlin-Kreuzberg.

53 Interview mit Melanie am 25.10.2012 in Berlin-Kreuzberg.

54 In der Konzeptionalisierung der Gruppenanmeldung als offen für alle Interessierten verschränken und überlagern sich rassistische und ökonomisierende Zuschreibungen und Anrufungen vor dem Hintergrund eines sich als liberal und aufgeklärt verstehenden *antimuslimischen Rassismus* (vgl. u. a. Attia: Die „westliche Kultur" und ihr Anderes; dies.: Zum Begriff des antimuslimischen Rassismus) und bedingen hierüber z. T. wiederum spezifische Ausschlüsse von muslimischen und/oder als muslimisch markierten Personen (auch) mit höheren Bildungsabschlüssen.

gesellschaftlicher Transformationen untersuchen Alana Lentin und Galvan Titley in ihrem Buch *The Crises of Multiculturalism. Racism in a Neoliberal Age.* Sie beziehen sich dabei auf den Begriff des *racial neoliberalism*[55] und analysieren, wie in der „individualizing logic of neoliberalism"[56] eine (neue) Konjunktur des Rassismus[57] als die einer „post-racial [era]"[58] entsteht. In dieser können rassistische Verhältnisse sowie damit verbundene Erfahrungen negiert werden, denn: „Under neoliberalism race is essentially privatized, in the sense of being silenced or made invisible."[59] Somit liegt es in der Verantwortung jedes_r Einzelnen, „to make the best of things"[60]. Wer sich demnach nicht zu einem Teil einer Gruppenanmeldung gemacht hat und im Nachhinein die Diskriminierung der anderen Klassen anprangert, muss sich in dieser individualisierenden Logik zunächst die Frage nach der eigenen Verantwortung stellen lassen.[61]

‚Gemeinwohlorientierung' und Diversity-Management

Marianne von der Initiative „Kiezschule für alle" war sich sicher, dass sie als „Akademikereltern" – wie sie sich selbst und ihren Mann bezeichnete – gegenüber den Kiezschulen eine Verantwortung hätten: „Denn wir sind eigentlich die Eltern, die sie haben wollen." Schließlich sei es für eine Schule

> ganz wichtig, dass sie wirklich eine gute Mischung hat. [...] Gerade die Kiezschulen, die sich ihr Klientel nicht aussuchen, in dem Sinne, dass sie ein Auswahlverfahren machen, sind eigentlich darauf angewiesen, dass da wirklich der Kiez gewissermaßen auch repräsentiert ist, dass da Leute dabei sind aus den unterschiedlichsten sozialen Schichten, aus den unterschiedlichsten ethnischen Herkünften und so weiter.[62]

Für Marianne stellte ein schulisches Auswahlverfahren, wie es üblicherweise von Privatschulen durchgeführt wird, einen Garanten dafür dar, dass sich eine von

55 Vgl. David Goldberg: *The Threat of Race. Reflections on Racial Neoliberalism.* Oxford: Wiley 2009.

56 Alana Lentin / Gavan Titley: *The Crisis of Multiculturalism. Racism in a Neoliberal Age.* London / New York: Zed 2011, S. 168.

57 Vgl. Alex Demirovic / Manuela Bojadzijev: *Konjunkturen des Rassismus.* Münster: Westfälisches Dampfboot 2002.

58 Lentin / Titley: *Crisis of Multiculturalism*, S. 167.

59 Ebd., S. 169.

60 Ebd., S. 168.

61 Vgl. ebd.

62 Interview mit Marianne am 06.06.2014 in Berlin-Neukölln.

ihr als bereichernd und positiv empfundene Diversität in den Schulen widerspiegelt. Sie war dementsprechend überzeugt:

> Und ich finde, dass es letzten Endes ja auch eine Art von Segregation [ist], die an den Schulen schon stattgefunden hat in einer negativen Weise, also [...] dass [...] sozusagen die Akademikereltern weggeblieben sind.

Ihre Aufgabe als „Akademikereltern" an den Kiezschulen sah Marianne darin, durch die eigene Anwesenheit eine Lernumgebung zu schaffen bzw. überhaupt erst zu ermöglichen, die letztendlich allen Kindern nutzt und dazu beiträgt, dass diese ihr volles Potenzial entwickeln können.
Melanie aus einer anderen Elterninitiative sprach in vergleichbarer Weise von den von ihr wahrgenommenen Vorteilen, die es den „türkischen" und „arabischen" Kindern biete, wenn sie mit Kindern aus der Gruppenanmeldung zusammen eine Klasse besuchen:

> [D]ann haben aber natürlich türkische und arabische Eltern das gesehen und haben gesagt: „Das wollen wir auch in unserer Klasse. Ich will das auch für mein Kind. Ich will auch, dass mein Kind natürlich mit deutschen Kindern in einer Klasse ist und dadurch noch Mal einen anderen Hintergrund bekommt und einen anderen Input und auch davon profitieren kann." Was ich total nachvollziehen kann. Wenn natürlich viel mehr deutsche Kinder da sind, wird weniger Türkisch gesprochen in der Klasse, das ist so, die müssen ja alle Deutsch sprechen und auf dem Pausenhof / und dann gibt's auch noch mal andere Freundschaften und und und.

Melanie stellte die Gruppenanmeldungen als Interesse der „türkischen" und „arabischen" Eltern dar, denn aus ihrer Sicht profitierten ausschließlich deren Kinder von der Anwesenheit „deutscher" Kinder in der Klasse, die sie damit zugleich als Sprachvorbilder konzeptionalisierte. Interessant hierbei ist auch, dass für Melanie die „türkischen" und „arabischen" Eltern ganz selbstverständlich nicht zu ihrer „durchmischten", „bilingualen" und „binationalen" (s. o.) Gruppenanmeldung gehörten, sondern vielmehr das konstitutive Außen ihrer Gruppenanmeldung bildeten.
Schlussendlich wird die Gruppenanmeldung als Akt der Verantwortungsübernahme sowohl für die Schulen als auch für die Schüler_innen ausgewiesen, um die an sich als bedrohlich wahrgenommene Heterogenität erst als Bereicherung für alle Kinder empfinden zu können. Marianne erläuterte dies folgendermaßen: „Und ich glaube, dass wir, also dass die ‚Kiezschuleltern' diese Heterogenität einfach verbreitern, meiner Meinung nach in einem positiven Sinn."

Anstatt das Augenmerk also auf die vermutete Verlangsamung des Lerntempos und die schlechte Schulkultur zu legen, rücken die Elterninitiativen die wahrgenommenen positiven Effekte ihrer Präsenz und die ihrer Kinder in den Schulklassen in den Fokus. Die Elterninitiativen scheinen in dem hier anklingenden Verständnis von Diversität in seiner „marktförmigen Ausrichtung"[63] sich und das eigene Kind als zu nutzende Ressource zu begreifen und diese zur ‚Optimierung' und ‚Erweiterung' der Diversität aller zur Verfügung zu stellen; sie praktizieren somit ein aktives Diversity-Management.
Alana Lentin und Gavan Titley sprechen in diesem Zusammenhang von den *politics of diversity*, die als Fortsetzung der (vermeintlich gescheiterten) multikulturellen Gesellschaft nach 9/11 eine „gently unifiying, cost-free form of political commitment"[64] mit dem Ziel der „community cohesion"[65] darstellen. In den *politics of diversity* ist „diversity [...] the managerial view of the field of differences to be harmonized, controlled and made to fit into a coherent [...] whole".[66] Differenz wird dabei als ein Nebeneinander verschiedener Differenzkategorien imaginiert, was einem intersektionalen Verständnis von Differenz entgegensteht, wie es in den antirassistischen, feministischen und queeren Kämpfen etc. zum Tragen kommt, die Lentin und Titley als die *diversity politics*[67] bezeichnen. Anstatt also gesellschaftliche Verhältnisse zu kritisieren, entsteht ein Feld der „non-politics"[68], in der über das Diversity-Management ein harmonisches Miteinander entstehen soll. Auch hierüber wird Rassismus unsichtbar gemacht: „‚Tackling racism' is characterised as a ‚negative activity' that would discourage people from joining and that could ultimately create new divisions."[69]
Die Eltern aus den Gruppenanmeldungen handeln hier in einer den *politics of diversity* entsprechenden Weise. Sie sind bestrebt, mit ihrer als positiv identifizierten Anwesenheit die in den Schulklassen anzutreffende Differenz (verstanden als statische Entitäten wie die ‚türkischen' und ‚arabischen' Kinder) zu einem kohärenten Ganzen, hier einem positiven Schul- und Lernumfeld in den Kiezschulen,

63 Maureen Maisha Eggers: Anerkennung und Illegitimierung. Diversität als marktförmige Regulierung von Differenzmarkierungen. In: Paul Mecheril / Anne Broden (Hrsg.): *Rassismus bildet. Bildungswissenschaftliche Beiträge zur Normalisierung und Subjektivierung in der Migrationsgesellschaft*. Bielefeld: Transcript 2009, S. 59–85, hier S. 60.

64 Lentin / Titley: *Crisis of Multiculturalism*, S. 183.

65 Ebd., S. 184; vgl. Anne-Marie Fortier: Proximity by Design? Affective Citizenship and the Management of Unease. In: *Citizenship Studies* 14,1 (2010), S. 17–30.

66 Ien Ang / Brett St Louis: The Predicament of Difference. In: *Ethnicities* 5,3 (2005), S. 291–304, hier S. 296.

67 Lentin / Titley: *Crisis of Multiculturalism*, S. 183.

68 Ebd., S. 167.

69 Fortier: Proximity by Design?, S. 27.

zu managen. D. h., sie versuchen, dieses Umfeld zu harmonisieren und zu kontrollieren, indem sie über die Zusammensetzung der Schulklassen und die Mitschüler_innen für die eigenen Kinder mitbestimmen. Wenn das Ziel eine harmonische gesellschaftliche Einheit ist, werden ‚weiche' neoliberale Regierungsweisen, die sich in einem „government through community"[70] manifestieren, umso relevanter. Diese basieren auf der „Anrufung der Zivilgesellschaft und lokaler Gemeinschaften, der Aufwertung von Drittem Sektor und ehrenamtlichem Engagement".[71] Dabei ist auch der ‚weiche' Neoliberalismus durch die Logiken des Markts geprägt und fordert Individuen auf, „aktiv und ökonomisch effizient ihr Leben und ihre Bedürfnisse zu regieren".[72] Dementsprechend realisiert sich das ‚*doing* Bildungsinteresse' zunehmend darüber, die eigene Nützlichkeit und das Engagement für die Gemeinschaft herauszustellen, wie auch Nikolas Rose betont:

> Citizens are [...] imagined as bound to communities through ties of allegiance, affinity and mutual recognition, and as acquiring their identities – thought of as a complexity of values, beliefs, norms of conduct, styles of existence, relations to authority, techniques of self-management, ways of resolving dilemmas and coping with fate – in and through these identifications. [...] [C]ommunity, here, includes the values of love, care, notion, emotion, solidarity, sharing, self-sacrifice and so forth [...].[73]

Vor dem Hintergrund einer solchen Verschleierung von Rassismus – über die Individualisierung und ‚Privatisierung' von Rassismus wie auch über die Herstellung einer harmonischen Diversität, wird es insbesondere für die von Segregation und Diskriminierung negativ betroffenen Eltern und Schüler_innen umso schwieriger, die „flüchtigen und schwer fassbaren rassistischen Figurationen zu greifen"[74] und auf sie zu reagieren.[75]

70 Nikolas Rose: The Death of the Social? Refiguring the Territory of Government. In: *Economy and Society* 25,3 (1996), S. 327–356, hier S. 332–337.

71 Susanne Heeg / Marit Rosol: Neoliberale Stadtpolitik im globalen Kontext. Ein Überblick. In: *Prokla* 149,4 (2007), S. 491–510, hier S. 496.

72 Sabine Hess / Henrik Lebuhn: Politiken der Bürgerschaft. Zur Forschungsdebatte um Migration, Stadt und citizenship. In: *sub\urban. Zeitschrift für kritische Stadtforschung* 3,2 (2014), S. 11–34, hier S. 24.

73 Nikolas Rose: Governing Cities, Governing Citizens. In: Engin F. Isin (Hrsg.): *Democracy, Citizenship and the Global City*. London / New York: Routledge 2000, S. 96–109, hier S. 98.

74 Pieper / Panagiotidis / Tsianos: Konjunkturen der egalitären Exklusion, S. 198.

75 Der Frage, wie im Kontext Berlins diese rassistischen Figurationen im Übergangsbereich von Kita zu Grundschule trotz ihrer zunehmenden Verschleierung herausgefordert und in Frage gestellt werden, kann ich im Rahmen dieses Artikels nicht näher nachgehen, beleuchte diese Frage aber in meinem Promotionsprojekt.

Kulturanalysen des Politischen II: Ethnographien politischer Aushandlung

Simone Egger

Yanis Varoufakis und die Ordnung der Kleider

Medien und Ästhetiken des Regierens

Im Rampenlicht

„Ein hochgewachsener Mann, cool gekleidet, nie mit Krawatte, wie auch SYRIZA-Chef Alexis Tsipras. Letzterer erschien selbst am Montag zu seiner Vereidigung als neuer Ministerpräsident mit offenem Kragen",[1] berichtete Zacharias Zacharakis am 27. Januar 2015 in der Online-Ausgabe der *Zeit*. Neben Tsipras ist die Rede von Yanis Varoufakis, der von diesem Tag an griechischer Finanzminister war. Wie in der Vermittlung via Print- und TV-Medien, deren Online-Ausgaben oder von Formaten wie Blogs, Streams und sonstigen Portalen sowie Texten und Debatten in den sozialen Netzwerken mehr als deutlich wird, waren Beiträge zur politischen Strategie der neuen griechischen Regierung im ersten Halbjahr 2015 – und dabei insbesondere in den ersten Monaten des Jahres – auffallend häufig mit einer modischen Stilkritik und Fragen der Ästhetik verbunden. Mode, konstatierte Georg Simmel bereits 1905,

> [...] ist Nachahmung eines sozialen Musters und genügt dabei dem Bedürfnis nach sozialer Anlehnung, sie führt den einzelnen auf die Bahn, die alle gehen, sie führt ein Allgemeines, das das Verhalten jedes einzelnen zum bloßen Beispiel macht.[2]

1 Zacharias Zacharakis: Im Club der linken Dandys. In: *Zeit Online*, 27.01.2015. http://www.zeit.de/politik/ausland/2015-01/yanis-varoufakis-griechenland-finanzminister- syriza-alexis-tsipras (Zugriff am 19.05.2016).

2 Georg Simmel: *Philosophie der Kultur* [1905]. Frankfurt am Main: Zweitausendeins 2008, S. 48.

Den Sozialwissenschaftler beschäftigte die Mode als Phänomen, das untrennbar mit gesellschaftlichen Prozessen verbunden ist und Aussagen über das Verhältnis von Individuum und Kollektiv oder auch über Normierungen treffen lässt. „Nicht weniger aber befriedigt sie das Unterschiedsbedürfnis, die Tendenz auf Abwechslung, Differenzierung, Sich-Abheben."[3] Als „Minister fliegendes Hemd" bezeichnete Julia Damianova den Volkswirt Yanis Varoufakis am 8. Februar 2015 im österreichischen *Kurier*.[4] „Britain is crying out for a politician who looks like Yanis Varoufakis",[5] kommentierte Yiannis Baboulias in der gleichen Woche im britischen *Telegraph*. Und Zacharakis' Überschrift kündete gar von einem „Club der linken Dandys".[6]

Ebenso häufig und einprägsam wie die Medientexte sind vor allem auch die Bilder, auf denen der griechische Ministerpräsident und sein Finanzminister zu sehen sind. Ein vielfach verwendetes Motiv, das beide *Köpfe* zeigt, stammt von der Agentur *Reuters*. Es ist einer Serie entnommen, die der Photograph Alkis Konstantinides am 19. Februar 2015 im Athener Parlament aufgenommen hat.[7] Zahlreiche Medien haben ihre Beiträge mit einem dieser Bilder illustriert und die Aufnahmen – sowohl analog als auch digital – multipliziert. Aus einer ethnographischen Perspektive ist die Berichterstattung als dynamisches System ineinandergreifender Archive und Wissensbestände zu verstehen. Als Datei kann die Aufnahme in unendlicher Zahl kopiert werden – „das Kunstwerk im Zeitalter seiner technischen Reproduzierbarkeit"[8] –, verwendet werden die Photographien von Konstantinides aber wohl deshalb besonders oft, weil sie die Aufgeladenheit der Situation, die Erwartungen, die im Raum stehen, in ihrer ganzen Komplexität präzisieren und das Dargestellte dabei auf Wesentliches reduzieren, auf zwei Protagonisten, die sich unter den Augen der Öffentlichkeit beraten. Die Bilderreihe mit den zentralen Protagonisten eines *anderen* Griechenland wirkt

3 Simmel: *Philosophie der Kultur*, S. 49.

4 Julia Damianova: Minister fliegendes Hemd. In: *Kurier*, 08.02.2015. http://kurier.at/politik/ausland/yanis-varoufakis-minister-fliegendes-hemd/112.562.891. (Zugriff am 17.05.2016).

5 Yiannis Baboulias: Britain Is Crying Out For a Politician Who Looks Like Yanis Varoufakis. In: *The Telegraph*, 04.02.2015. http://www.telegraph.co.uk/men/fashion-and-style/11387891/Britain-is-crying-out-for-a-politician-who-looks-like-Yanis-Varoufakis.html (Zugriff am 17.05.2016).

6 Zacharakis: Im Club der linken Dandys.

7 Vgl. http://de.reuters.com/search/pictures?blob=varoufakis&sortBy=&dateRange (Zugriff am 20. Dezember 2016).

8 Walter Benjamin: *Das Kunstwerk im Zeitalter seiner technischen Reproduzierbarkeit* [1939]. Frankfurt am Main: Suhrkamp 2007.

dabei geradezu ikonisch. Auf dem Doppelportrait spielen Mimik und Gestik sowie die Materialität und Ästhetik der Kleider eine Rolle, der weitaus weniger definierte Hintergrund, zu erkennen ist etwas Rötliches, erschließt sich erst über die Informationen zur Bildproduktion. Die Lage, in der sich die beiden Akteure in diesem Moment befanden, markierte, dramaturgisch betrachtet, einen vorläufigen Höhepunkt im anhaltenden Streit um die griechischen Finanzen. Auch wenn man davon auf dem Photo selbst nichts sehen kann, ist die ungeheure mediale Aufmerksamkeit ein weiterer Gegenstand des Bildes, das überhaupt nur aufgrund des riesigen öffentlichen Interesses existiert. Die Situation lässt sich aus Sicht der Dargestellten auch als eine Demonstration von Gelassen-, Verbunden- und Geschlossenheit im Blitzlichtgewitter interpretieren. Greifbar werden die ökonomischen, politischen und sozialen Dimensionen, die untrennbar mit der Szene verbunden sind, wenn nicht nur zwei Männer, sondern der griechische Ministerpräsident und sein Finanzminister unter turbulenten Bedingungen miteinander kommunizieren. Tsipras im weißen Hemd und Varoufakis im schwarzen Jackett mit rotem Nahtband im hochgeklappten Kragen symbolisieren – in ihren zu diesem Zeitpunkt bereits eingeführten, aber noch nicht abgenutzten Kostümen – einen Standpunkt, der sich in Aussage und Gestalt gegen etablierte Formen und Inhalte wendet und etwas *Neues* aufzurufen versucht. Mit dem Ausdruck *Kostüm* ist in diesem Kontext keine Verkleidung, sondern ein Kleidungsstil gemeint, der eine bestimmte Position unterstreicht. Schon zu Zeiten der Französischen Revolution war eine *andere* Art, sich zu kleiden, sichtbares Kennzeichen der *neuen* politischen Akteure. Ob farblich hervorstechend, bürgerlich akkurat oder gänzlich ohne Accessoires wie die Krawatte trugen die Revolutionäre durchaus plural zur Schau, dass ein *neues* Zeitalter anbrechen sollte.[9] Die Etablierung einer *anderen* Position war – und damit gemeint ist mit Blick auf die griechische Politik im ersten Halbjahr 2015 die vielfach als *neu* aufgefasste *polity* (Verfahren) und *policy* (Inhalte) von Tsipras und Varoufakis innerhalb der *politics* (Prozesse), um die drei Dimensionen von Politik zusammenzudenken – ausschließlich über eine ästhetische Setzung im Diskurs zu behaupten.

9 Brunhilde Wehringer: Mode und Revolution. In: Winfried Engler (Hrsg.): *Die Französische Revolution*. Stuttgart: Steiner 1992, S. 117–124, hier S. 123–124.

Ein griechisches Drama

Von einem „Schicksalsjahr für Griechenland" war schon Anfang des Jahres 2014 im Berliner *Tagesspiegel* zu lesen.[10] Wie zahlreiche andere Medientexte beschäftigte sich der Artikel des Journalisten Gerd Höhler mit der griechischen EU-Ratspräsidentschaft, die – dem halbjährlichen Turnus der Mitgliedsstaaten entsprechend – soeben begonnen hatte. Höhler selbst lebt seit 1979 in Athen und berichtet für verschiedene deutsche Zeitungen über Ereignisse in Griechenland, Zypern und der Türkei. Das Setting seines Beitrags bildete bereits zu Beginn des Jahres 2014 die so genannte Schuldenkrise – gemeint ist damit in erster Linie eine Verschuldungskrise –, mit der Griechenland spätestens seit 2010 zu kämpfen hat. Als Ursachen sind riskante Finanztransaktionen ebenso zu nennen wie anhaltende Korruptionsfälle oder die fehlende Übersicht zu den Einnahmen und Ausgaben des Staates etc.[11] Für die griechische Volkswirtschaft hätten sich die katastrophalen Bilanzen langfristig als Problem erwiesen; als EU-Mitglied verletzte Griechenland mit der Höhe seiner Schulden jedoch noch konkreter die Regeln des europäischen Stabilitätspakts. Auch die Ausführungen im *Tagesspiegel* waren deshalb eingebettet in einen Lagebericht zu den andauernden Verhandlungen des griechischen Staats mit der so genannten Troika, bestehend aus der Europäischen Zentralbank (EZB), dem Internationalen Währungsfonds (IWF) und der EU-Kommission in Vertretung des Ministerrats. Die konservativ-sozialdemokratische Regierung von Präsident Antonis Samaras war zu diesem Zeitpunkt bereits angezählt. Zwar konnte ein Staatsbankrott noch einmal abgewendet werden, auch war im weiteren Verlauf des Jahres 2014 erstmals ein geringes Wachstum zu spüren, zugleich wirkten sich die Effekte der eingeleiteten Sparpolitik jedoch immer deutlicher auf den Alltag der rund 12 Millionen Griech_innen aus.

> Griechenlands Bevölkerung muss bitter für die Versäumnisse der Vergangenheit zahlen. Eine steigende Staatsverschuldung, hohe Arbeitslosenquoten, besonders bei den Jugendlichen, eine Verschlechterung der Gesundheitsversorgung für weite

10 Gerd Höhler: Schicksalsjahr für Griechenland. In: *Der Tagesspiegel*, 02.01.2014. http://www.tagesspiegel.de/wirtschaft/eu-ratspraesidentschaft-schicksalsjahr-fuer-griechenland/9276906.html (Zugriff am 10.04.2016).

11 Vgl. Matt O'Brian: 7 Key Things to Know about Greece's Debt Crisis and What Happens Next. In. *Washington Post*, 05.07.2015. https://www.washingtonpost.com/news/wonk/wp/2015/07/05/as-greece-votes-heres-everything-you-need-to-know-about-the-nations-crisis/?utm_term=.d6256f9532b9 (Zugriff am 18.07.2016); Landeszentrale für politische Bildung in Baden-Württemberg: Ursachen für die Krise in Griechenland. https://www.lpb-bw.de/ursachen_krise_griechenland.html (Zugriff am 02.01.2017).

Bevölkerungsteile, ein schrumpfendes Bruttoinlandsprodukt und eine zunehmende Verarmung nach zahlreichen Sparpaketen, Lohn- und Rentenkürzungen sowie Steuererhöhungen machen den Menschen das (Über-)Leben schwer. Griechenland kennt keine Sozialhilfe und kein Hartz IV. Arbeitslosengeld gibt es nur für ein Jahr.[12]

Während nun griechische Minister_innen angesichts der Kürzungen auf allen Ebenen um Nachsicht baten und Linderungen durchzusetzen versuchten, wurde in der europäischen Öffentlichkeit lautstark über einen möglichen ‚Grexit' gestritten. Über die Bedingungen für die als Hilfspakete bezeichneten Finanzhilfen der EU wurde zwar intensiv gerungen. In den anhaltenden Debatten um die Staatsverschuldung vertrat Athen zu diesem Zeitpunkt aber kaum mehr eigenständige Positionen. Zu dominant wirkte die rational argumentierende Logik der Euro-Gruppe, die auf radikale Sparmaßnahmen setzte und die Vergabe von dringend benötigten Krediten an die gestellten Maßgaben knüpfte. Im Gegenzug war von einem ‚Spardiktat' die Rede. Die zentrale Rolle in den Verhandlungen spielte bis 2017 der konservative deutsche Finanzminister Wolfgang Schäuble, bei dem in der medialen Darstellung wie auch auf dem politischen Parkett viele Fäden zusammenlaufen. Den Vorsitz über die Verhandlungen hat jedoch faktisch die jeweilige/der jeweilige Kommissionspräsident/in der EU.

Eine griechische Allianz

Συνασπισμός της Ριζοσπαστικής Αριστεράς, kurz SYRIZA, heißt übersetzt „Koalition der radikalen Linken".[13] Entstanden war dieser Bund bereits 2004, als sich im Vorfeld der Parlamentswahlen in Griechenland verschiedene linke Parteien und Organisationen zusammengeschlossen hatten, um gemeinsam zur Wahl anzutreten. Nach einer wechselvollen Entwicklung mit Höhen und Tiefen übernahm Alexis Tsipras 2008 den Vorsitz des Bündnisses, das zwar populär geworden war, aber auch wiederholt mit Rückschlägen zurechtkommen musste. Nachdem SYRIZA die Kooperation der Regierung mit der Troika aus der Opposition heraus immer deutlicher kritisiert hatte, gewann die Initiative

12 Ebd.

13 Vgl. Panos Petrou: The Making of SYRIZA. In: *The Socialist Worker*, 11.06.2012. https://socialistworker.org/2012/06/11/the-making-of-syriza (Zugriff am 19.11.2016); International Relations and Peace Affairs Department of SYRIZA: SYRIZA in Brief. From an Electoral Alliance to a Single Party. http://www.syriza.gr/page/who-we-are.html#.WGpI4X3sZ8A (Zugriff am 02.01.2017).

an Kraft. Im Mai 2012 beantragte die Gruppierung schließlich die Zulassung als Partei, dabei ging es insbesondere um die Verteilung von Stimmen im Falle eines Wahlgewinns.[14]

> [...] SYRIZA's main goal was to bring down the government and call for general elections, in order to end the modern Greek tragedy that the Greek people are living through, with an unprecedented unemployment rate of almost 30 % (among young people the unemployment rate is more than 60 %!), with widespread poverty, the over-indebtedness of households, the closing of many small shops and businesses, and a general economic recession that has exceeded 20 % in the past five years.[15]

Nachdem Samaras die Regierungsbildung 2014 nicht mehr gelingen sollte, mussten Neuwahlen angesetzt werden. Im Januar 2015 konnte SYRIZA diese vorgezogenen Parlamentswahlen für sich entscheiden, und Alexis Tsipras wurde Ministerpräsident. In diesem Kontext betrat auch Yanis Varoufakis erstmals die politische Bühne Europas; der Volkswirt übernahm im griechischen Kabinett die Rolle des Finanzministers. Vor dem Hintergrund der anhaltenden Debatten wurde der Wechsel an der Spitze des griechischen Staates viel beachtet; die politischen Ziele, die im Wahlkampf proklamiert worden waren, versprachen nicht nur auf inhaltlicher Ebene einen Kurswechsel. „The media's referring to the new Greek government as ‚far left' or ‚radical left' is just an intellectually lazy acquiescence in the language of the European political and policy establishment",[16] analysierte Tony Aspromourgos, ein Kollege von Varoufakis. „Syriza is merely left-wing, whereas the mainstream European parties supposedly of the centre-left are no longer left-wing at all."[17]

Im Jahr 2000 war Yanis Varoufakis nach 23 Jahren im Ausland dauerhaft nach Griechenland zurückgekehrt, um eine Professur für Wirtschaftstheorie an der Universität von Athen anzunehmen. Varoufakis hatte in Großbritannien Volkswirtschaftslehre studiert und war an verschiedenen Orten, darunter vor allem in Sydney, an der Universität in Lehre und Forschung tätig. Im texanischen

14 Vgl. Petrou: The Making of SYRIZA.

15 Ebd.

16 Tony Aspromourgos: Yanis Varoufakis. From Accidental Economist to Finance Minister. In: *The Conversation*, 28.01.2015. http://theconversation.com/yanis-varoufakis-from-accidental-economist-to-finance-minister-36827 (Zugriff am 16.04.2016).

17 Ebd.

Austin hatte er zuletzt eine Gastprofessur inne.[18] Einer Öffentlichkeit außerhalb akademischer Kreise war Varoufakis in erster Linie durch seine Statements in den Medien bekannt. Mit der Verschärfung des Tons zwischen Griechenland und der EU meldete er sich in seiner Funktion als Wissenschaftler, Volkswirt und Finanzexperte immer öfter zu Wort. Sein Buch *Der globale Minotaurus*, in dem er die Kapitalströme in die USA kritisiert und mit Opfergaben für das nimmersatte Wesen aus der antiken Mythologie vergleicht, war zu diesem Zeitpunkt bereits ein Bestseller und wurde in mehrere Sprachen übersetzt.[19] Tsipras hatte seinen Freund Varoufakis mehrfach danach gefragt, ob er seine analytischen Fähigkeiten nicht für SYRIZA einsetzen will. Der Wirtschaftswissenschaftler, selbst einem linksliberalen Milieu zuzuordnen, lehnte zunächst ab. Am 9. Januar 2015 berichtete er jedoch auf seinem Blog „Thoughts for the Post-2008 World" von einer bevorstehenden Veränderung: „Critical engagement is a form of praxis. But there comes a time when, to retain its relevance, critical thinking must transform itself into direct political action."[20]

Ästhetische Praxis als politische Strategie

Während weiter über Schulden diskutiert wurde und eine Staatspleite näher zu rücken drohte, zogen die *neuen* griechischen Politiker alle Blicke auf sich. Neben den Forderungen nach milliardenschweren Reparationszahlungen der Bundesrepublik Deutschland an Griechenland, ein Zug, der auf dem Spielfeld gewissermaßen mit einem Paukenschlag darauf hindeutete, das von nun an *andere* Saiten aufgezogen werden, war es vor allem das äußere Erscheinungsbild der beiden Hauptakteure, von dem nun berichtet wurde. Aussehen und Auftreten waren zentrale Themen, ob selbst stilisiert, wie in der viel diskutierten Home-Story des französischen Magazins *Paris Match*, die aufgrund ihrer allzu gekünstelt und dabei auch überheblich anmutenden Ästhetik zumeist auf Ablehnung stieß und in ihrer Gesamtheit deutlich machte, dass eine solche Strategie niemals vollständig vorhergesehen werden kann, oder in zahllosen – digitalen wie

18 Vgl. Curriculum Vitae Yanis Varoufakis, 2014. www.econ.uoa.gr/fileadmin/.../CV_Varoufakis_2014_eng.pdf (Zugriff am 02.01.2017).

19 Vgl. Yanis Varoufakis: *Der globale Minotaurus. Amerika und die Zukunft der Weltwirtschaft*. München: Kunstmann 2012.

20 Yanis Varoufakis: Why I Am Running for a Parliamentary Seat on SYRIZA's Ticket. In: *Thoughts for the Post-2008 World*, 09.01.2015. https://yanisvaroufakis.eu/2015/01/ (Zugriff am 05.05.2016).

analogen – Essays und Kommentaren.[21] Mit Wolfgang Schäuble im grauen Anzug und Yanis Varoufakis im blauen Hemd prallten nicht nur divergierende Vorstellungen und Dresscodes aufeinander, sondern auch zwei Generationen, zwei Politikstile, zwei Ordnungssysteme von Welt – aber nicht unbedingt zwei Konzepte von Männlichkeit –, was die Reibung sichtlich verschärfte. Mit Andreas Reckwitz gesprochen, bedienten sich Tsipras und Varoufakis in ihrer vermeintlich ausweglosen Situation, der Krise, einer ästhetischen Praxis, die zum einen die Emanzipation von einer „Zweck-Mittel-Rationalität" zum Ziel hatte und zum anderen „herrschende Wissensordnungen und Wahrnehmungsweisen in Frage stellt[e]".[22] Diese Strategie ist eigentlich ein Stilmittel der Kunstkritik. Übersetzt auf die politische Bühne der EU, wurde über eine veränderte Oberfläche nach außen getragen, was als Policy-Wechsel geplant war. Ohne das Zutun der Medien wäre ein solcher Auftritt nicht denkbar gewesen, dabei setzte die *neue* griechische Regierung auf eine ästhetische Sprache, die sich in idealer Weise inszenieren und kommentieren ließ.

Gerade die Medien nahmen den von Tsipras und Varoufakis als solchen deklarierten und zugleich verkörperten Wandel auf und haben es dadurch erst ermöglicht, die *ultima ratio* des mächtigsten Players, in diesem Fall der Troika, mittels einer signifikanten ästhetischen Position anzugreifen. „Aus dieser Sicht", konstatiert der Politikwissenschaftler Jan-Werner Müller durchaus mit Skepsis, „ist ‚Symbolpolitik' nicht etwas Minderwertiges – langfristig ist Symbolpolitik die wichtigste Politik überhaupt."[23] In einer Moderne, deren Deuten und Handeln wesentlich von der bei Reckwitz angesprochenen *Zweck-Mittel-Rationalität* bestimmt wird, folgt auch die Einordnung von sinnlicher Wahrnehmung und Zeicheninterpretation einer funktionalen Logik. Wie der Kultursoziologe erläutert, steht dabei die Gewinnung von Informationen im Fokus des Erkenntnisinteresses, zugesprochen wird „ein rein kognitiver Wert im Dienste einer affektneutralen Verhaltenssteuerung".[24] In einer so begriffenen „entästhetisierten

21 Vgl. Marie-Pierre Gröndahl / Anne-Sophie Lechevallier: Yanis Varofakis. Avant la bataille. In: *Paris Match*, 13.03.2015. http://www.parismatch.com/Actu/Economie/Avant-la-bataille-Yanis-Varoufakis-725030 (Zugriff am 02.01.2017); Varoufakis schämt sich – ein bisschen. In: *Süddeutsche Zeitung*, 15.03.2015. http://www.sueddeutsche.de/politik/kontroverse-um-homestory-varoufakis-schaemt-sich-ein-bisschen-1.2393941 (Zugriff am 12.05.2016).

22 Vgl. Andreas Reckwitz: Ästhetik und Gesellschaft – ein analytischer Bezugsrahmen. In: Ders. / Sophia Prinz / Hilmar Schäfer (Hrsg.): *Ästhetik und Gesellschaft – Grundlagentexte aus Soziologie und Kulturwissenschaften*. Berlin: Suhrkamp 2015, S. 13–52, hier S. 44, 46.

23 Jan-Werner Müller: Ein linkes Projekt In: *Süddeutsche Zeitung*, 07.07.2015, S. 11.

24 Reckwitz: Ästhetik und Gesellschaft, S. 17.

Moderne"[25], deren Art und Weise insbesondere der Differenzierung in kapitalistischen Systemen entspricht, „erscheint das Ästhetische somit nur mehr als *das Andere* der Moderne".[26] Dieses nicht rationale ‚Andere' dient als Projektionsfläche und lässt sich zugleich projizieren, auf traditionale Gesellschaften und diverse Vergangenheiten wie etwa die klassische Antike, auf nicht westliche Gesellschaften und deren kulturelle Deutungsmuster und Praktiken und nicht zuletzt auf Religionen und deren Genese in vormodernen Zeiten.[27] Die Position ‚des Anderen' hat vor den Augen ungezählter Beobachter_innen nun vor allem Varoufakis eingenommen. Mit seinem Habitus und einem damit verknüpften Lebensstil, der sich in seiner Ordnung der Kleider ebenso ausdrückt wie in sonstigen Gewohnheiten und Materialitäten – wiederkehrend genannt wird in diesem Zusammenhang sein Motorrad, eine Yamaha XJR 1300, vielfach ist der Finanzminister auf Bildern als Fahrer mit Lederjacke zu sehen –, proklamierte er einen Platz in einem Diskurs, in dem ästhetische Qualitäten offenbar wesentlich Einfluss nehmen und damit andere Inhalte befördern können, auch wenn vermeintlich gesetzte rationale Strukturen dominieren. Mit seinem Erscheinen wie mit seinem Sprechen stellte Varoufakis als Persönlichkeit gewohnte Muster in Frage. Der Volkswirt hatte dabei aber auch konkrete Vorstellungen, wie ein *anderes* politisches Programm aussehen kann. Kämpfe um Einflussnahme werden in der Gegenwart jedoch insbesondere auf der Ebene des Zeigens ausgetragen. Die Debatten springen zwischen Oberflächen, ästhetischen Qualitäten, medialer Vermittlung und Inhalten, die in ihrer Komplexität kaum mehr nachzuvollziehen sind. In einer Welt der Sichtbarkeiten ist die Diskussion über Mode deshalb auch als ein Diskursstrang in der politischen Debatte um die Zukunft Europas zu verstehen, semiotisch gedacht sind die Kleider selbst politische Texte, die Bedeutungen erzeugen und transportieren.
Tony Aspromourgos kommentiert die Verbindung von Theorie und Praxis, die der Wissenschaftler Varoufakis als Politiker herstellt:

> It is interesting that a game theory expert should find himself, now, at the centre of this situation. There is a great deal at stake, for the welfare of the people of Greece, the other high-debt States and Europe as a whole, as well as for the viability of the European Union and the euro.[28]

25 Ebd., S. 18.
26 Ebd.
27 Vgl. ebd.
28 Aspromourgos: Yanis Varoufakis.

Als Wissenschaftler hat sich Yanis Varoufakis mit Spieltheorie befasst, und dieser Umstand markiert auch den entscheidendsten Punkt seiner politischen Aktivierung. Der Spieltheorie geht es darum, gegnerische Positionen herauszufordern, indem man Forderungen aufstellt und über kurz oder lang das Gegenüber dazu bringt, die eigenen Positionen zu übernehmen. In der Zusammenschau betrachtet, hat Varoufakis mit der Amtsübernahme eine Art Feldversuch gestartet, wie Aspromourgos resümiert:

> Game theory as a method of research in the social sciences is first and foremost about the logic of strategic interaction between players. The situation that is being played out now, between Greece (as well as others of the ‚south') and the political establishment in Europe, is without doubt a strategic situation. It is a game of high-stakes policy poker with the players on both sides, perhaps engaged in an element of bluff.[29]

Nachdem ein gewisses Staunen über die pure Möglichkeit des ‚Anders-Seins' im öffentlichen Diskurs vorüber war, begannen sich Kritiker_innen auch an dem bewussten Einsatz von Oberflächen und ästhetischen Setzungen festzubeißen: „Varoufakis' first 100 days: All style, no substance?",[30] titelte zum Beispiel der US-amerikanische Nachrichtensender CNBC. Mit seinem Auftreten war es dem neuen griechischen Finanzminister zu Beginn des Jahres 2015 aber dennoch gelungen, sich als sichtbarer Gegenspieler zu positionieren. „Yanis Varoufakis ist, neben Wolfgang Schäuble, der Mann der Stunde in Europa",[31] resümierten Thomas Hüetlin und Dirk Kurbjuweit im Juli 2015 im *Spiegel*. „Als Finanzminister ihrer Länder standen sie sich fünf Monate lang gegenüber."[32] Zu diesem Zeitpunkt war die Amtszeit des Griechen schon wieder vorbei.[33]

Ästhetischer Populismus und Medienkompetenz

Die Wechselwirkungen zwischen Medien, Formen der Wissensaneignung und Politiken sind ein zentrales Thema der globalisierten Weltgesellschaft und damit auch einer Kulturanalyse, die sich mit den alltäglichen Lebenswelten von Menschen befasst. An diesen Kontext knüpft die Frage, wie mit den vielfach

29 Aspromourgos: Yanis Varoufakis.

30 Holly Ellyatt: Varoufakis' First 100 Days. All Style, No Substance? In: *CNBC*, 05.05.2015. http://www.cnbc.com/2015/05/05/varoufakis-first-100-days-all-style-no-substance.html (Zugriff am 17.05.2016).

31 Thomas Hüetlin / Dirk Kurbjuweit: Patsch. In: *Der Spiegel*, 25.07.2015, S. 108–112.

32 Ebd.

33 Varoufakis wirft das Handtuch. In: *Tiroler Tageszeitung Kompakt*, 07.07.2015, S. 1.

gespiegelten Bild- und Referenzwelten der Gegenwart umgegangen wird und welche Bedeutung dabei gerade auch dem Ästhetischen zukommen kann. Wie lässt sich die Rolle, die Yanis Varoufakis über sechs Monate gespielt hat, angesichts der gesellschaftlichen Entwicklungen, ästhetischen Bedingungen und politischen Konstellationen der Gegenwart einordnen? Mit seinem Auftreten auf der politischen Bühne Europas hat der Wissenschaftler empirisch ausgelotet, was theoretisch als Einnehmen einer Sprecherposition innerhalb eines Diskurses bezeichnet werden kann. Seine ästhetische Praxis ist dabei als Strategie zu verstehen; durch das populäre Aufrufen von Oberflächen ist es seiner Figur gelungen, in ihrem ‚Anders-Sein' wahrgenommen zu werden, um eine inhaltliche Gegenposition vertreten zu können.

Dabei scheinen auch theoretische Überlegungen zu einem *linken Populismus* in die Versuchsanordnung eingeflossen zu sein. Studiert hatte Varoufakis im britischen Essex unter anderem bei Ernesto Laclau, der als Vordenker eines linken Populismus gilt. Laclau geht davon aus, dass sich Hegemonie ausschließlich auf populistische Weise erreichen lässt.[34] Die Linke aber definiert sich historisch über die Kritik an herrschenden Verhältnissen und macht Missstände und Mängel sichtbar, betont also das Negative. Die Topoi der Ablehnung müssten jedoch – beispielsweise in Gestalt konkreter Gegenmaßnahmen – in positive Konzepte umformuliert werden, um weite Kreise zu erreichen. Eine solche Strategiewende ist notwendig, meint Laclau, und kann die politische Kultur eines Landes grundlegend verändern.[35] Tsipras und Varoufakis waren in ihrer gemeinsamen Amtszeit schon deshalb populär, weil sie ein Griechenland repräsentiert haben, dass nicht nur geknechtet am Boden liegt; sie haben zumindest die Hoffnung aufkeimen lassen, das etwas anderes möglich ist. Die ästhetische Qualität der ‚Stimmung im Land' und die Frage, wer diese Befindlichkeiten steuern kann, ist ein wesentlicher Aspekt von politischer Macht. Was Populismus nun eigentlich ist, lässt sich, wie Jan-Werner Müller meint, aber gar nicht ohne Weiteres beantworten.[36] Müller kommt angesichts zahlreicher empirischer Fallbeispiele und theoretischer Deutungs- wie Abstraktionsversuche zu dem Schluss, dass die Forderungen des Populismus und seiner Vertreter_innen im Kern stets antidemokratisch und antipluralistisch sind. Laclau kritisiert er insbesondere für seine Nähe zu dem argentinischen Diktator Juan Peron. Die populäre Parole „Wir sind das Volk!", gegenwärtig verwendet von Pegida und

34 Vgl. Ernesto Laclau: *Politik und Ideologie im Marxismus. Kapitalismus, Faschismus, Populismus*. Berlin: Argument 1981.

35 Vgl. Müller: Ein linkes Projekt.

36 Vgl. Jan-Werner Müller: *Was ist Populismus?* Berlin: Suhrkamp 2016.

anderen rechtspopulistischen Gruppierungen und Akteuren, macht moralisch begründet einen Anspruch geltend, der abweichende Positionen selbstredend negiert. Vielheit und Differenz gelten demnach nicht als ‚Normalzustand' einer Gesellschaft, ebenso wenig Prozesshaftigkeiten; stattdessen gilt die Behauptung eines „Wir" in der emotional stark aufgeladenen Gegenwart, die in ihrer Argumentation auch gänzlich ohne Fakten auskommt.[37] Angelehnt an Laclau, bekräftigt Chantal Mouffe jedoch, dass es auch einen linken Populismus geben kann und muss.[38] Unter diesem Konzept versteht Mouffe den Versuch, eine breite Basis von Menschen tatsächlich zu erreichen. Inhaltlich muss es einem solchen Populismus darum gehen, konkrete Probleme und damit verknüpft verantwortliche Akteure anzusprechen – ein Beispiel ist etwa die Privatisierung von staatlichen Einrichtungen in einem neoliberalen System –, anschließend aber nicht in der Kritik zu verharren, sondern immer auch andere Wege aufzuzeigen. Ziel muss es sein, „einen kollektiven Willen zu schaffen, der die Arbeiterklasse mit den sozialen Bewegungen und der verarmenden Mittelschicht zusammenbringt".[39] Varoufakis und Tsipras haben versucht, eine *andere* Position aufzurufen, in die europäische Debatte einzubringen und die griechische Gesellschaft im Kampf gegen das politische Establishment – der EU – zu einen. Im Sinne von Laclau und Mouffe lässt sich diese Art des Agierens also durchaus als linker Populismus bezeichnen.

Mit Blick auf die Dimensionen des Politischen einer Gesellschaft ist es für die Kulturanalyse auch über das konkrete Beispiel aus dem internationalen Politikbetrieb hinaus elementar, nach der Verbreitung und Aneignung von Wissen zu fragen. Die Wirkung und Wahrnehmung von Bildern ist im Kontext von Politiken selbst als performatives Spiel zu verstehen. Untersuchungsfelder, die sich vergleichend anbieten, sind der österreichische Bundespräsidentschaftswahlkampf 2016 und hier insbesondere die mediale Strategie der rechtspopulistischen FPÖ und ebenso die Kommunikation der Gegenspieler_innen. Im öffentlichen wie akademischen Diskurs kann die Rede von einem ‚postfaktischen Zeitalter', in dem Fakten oft nur so attraktiv wie ihre ästhetischen Qualitäten und komplexe Sachverhalte grundsätzlich zu kompliziert erscheinen, analog betrachtet werden. Die entscheidende Frage muss sein, wer mit wem spricht, und wer von wem erreicht werden kann. Vielfach wurde über ein Auseinanderdriften von

37 Vgl. Müller: *Was ist Populismus?*

38 Vgl. Chantal Mouffe / Ernesto Laclau: *Hegemonie und radikale Demokratie. Zur Dekonstruktion des Marxismus* [1985]. Wien: Passagen 2012.

39 Till Briegleb: Neue Chancen. Interview mit Chantal Mouffe. In: *Süddeutsche Zeitung*, 29.12.2016, S. 11.

Angehörigen akademisch gebildeter Eliten und anderen Bevölkerungsschichten diskutiert. Bernhard Pörksen fordert nun gerade die Wissenschaftler_innen auf, nicht in der Klage über ‚das Postfaktische' zu verharren und den Begriff damit festzuschreiben, sondern ihre Verantwortung wahrzunehmen und das beispielsweise in Untersuchungen erworbene Wissen weiterzugeben.[40] Dazu muss eine verständliche Sprache gefunden werden, vor allem aber bedarf es einer Forschung, die bereit ist, Erkenntnisse auch über ihr akademisches Umfeld hinaus zu teilen. Die politische Amtszeit des Wirtschaftswissenschaftlers Varoufakis lässt sich durchaus als Versuch einer solchen Übersetzung von Gesellschaftstheorie in Empirie interpretieren. Eine kulturwissenschaftliche Auseinandersetzung mit dem Politischen und dem alltäglichen Umgang mit Medien scheint unumgänglich, weil sie die Produziertheit und Produzierbarkeit von Positionen greifbar macht, weil sie sich mit ökonomischen und politischen Systemen und ihrer Diskussion in der Berichterstattung befasst, weil sie auf diese Weise auch selbst Erkenntnisse über mediale Netzwerke sammelt und diese Kompetenzen schließlich für die eigene Vermittlung von Wissen anwenden kann. Das politische und ökonomische Geschehen ist immer Ausdruck kulturellen Handelns und Denkens und muss damit selbstverständlich Gegenstand einer Kulturanalyse sein, die sich aktiv in gesellschaftliche Prozesse einbringen will.

40 Vgl. Bernhard Pörksen: Die postfaktische Universität. In: *Die Zeit*, 15.12.2016. http://www.zeit.de/2016/52/wissenschaft-postfaktisch-rationalitaet-ohnmacht-universitaeten (Zugriff am 30.12.2016).

Stephanie Schmidt

Die (An)Ordnung der Körper

Praktiken polizeilichen Handelns

> Die politische Tätigkeit ist jene, die einen Körper von dem Ort entfernt, der ihm zugeordnet war, oder die die Bestimmung eines Ortes ändert; sie lässt sehen, was keinen Ort hatte gesehen zu werden, lässt eine Rede hören, die nur als Lärm gehört wurde.[1]

In seinem 2002 erschienenen Werk *Das Unvernehmen* widerspricht Jacques Rancière der Vorstellung, dass das Politische als universeller Diskurs auf einen friedlichen Konsens zulaufe. Ganz im Gegenteil bilde der Dissens, der Konflikt, das zentrale Element im Politischen. Rancière begreift das Politische als etwas, das die bestehenden Verhältnisse neu ordnet und damit in Opposition zu der etablierten gesellschaftlichen Ordnung steht.[2] Erst der Widerstand sozialer Akteur_innen, ihre zugeteilte Position innerhalb dieser Ordnung nicht zu akzeptieren und diese „Aufteilung des Sinnlichen"[3] in Frage zu stellen, sei eine politische Tätigkeit. Die Form, nicht der Ort oder der Gegenstand der Handlung, ist es damit, die eine Handlung zu einer politischen macht. Sie durchbricht die gesellschaftliche Ordnung und verschafft denjenigen Gehör, für die in der „symbolischen Ordnung der Gemeinschaft der sprechenden Wesen"[4] keine Stimme vorgesehen ist und deren Äußerungen als Lärm wahrgenommen werden.

1 Jacques Rancière: *Das Unvernehmen. Politik und Philosophie.* Frankfurt am Main: Suhrkamp 2014, S. 41.

2 Ebd., S. 44.

3 Ebd., S. 41.

4 Ebd., S. 36.

Gleich Menschen ohne feste Wohnung und Adresse, die als ‚Obdachlose' oder ‚Landstreicher' bezeichnet werden, keinen Ort in der Gesellschaft haben. Ähnlich wie Pierre Bourdieu, der davon ausgeht, dass jene Menschen „sozusagen keine gesellschaftliche Existenz"[5] haben, attestiert ihnen Rancière, dass sie zwar innerhalb einer Gesellschaft da sind, aber nicht dazu gehören. Sie haben keinen Platz innerhalb der Ordnung, keinen Anteil an materiellen und symbolischen Ressourcen – sie bilden so den „Anteil der Anteillosen"[6] in der Gesellschaft. Ihre Äußerungen und ihr Gesagtes werden von Umstehenden nicht als legitime Aussage, sondern als ‚Gebrabbel' oder ‚wirres Gerede', eben als ‚Lärm' verstanden. Diejenige Ordnung, die dafür zuständig ist, dass etwas gesehen und etwas anderes nicht gesehen wird, „dass dieses Wort als Rede verstanden wird und jenes andere als Lärm"[7], bezeichnet Rancière als ‚Polizei'. Damit meint er nicht einen Begriff der Polizei, wie er gemeinhin einen bestimmten, meist uniformierten Teil des Staatsapparats bezeichnet, sondern die etablierte gesellschaftliche Ordnung:

> Die Polizei ist in ihrem Wesen das im Allgemeinen unausgesprochene Gesetz, das den Anteil oder die Abwesenheit des Anteils der Teile bestimmt. [...] Die Polizei ist somit zuerst eine Ordnung der Körper, die die Aufteilung unter den Weisen des Machens, den Weisen des Seins und den Weisen des Sagens bestimmt, die dafür zuständig ist, dass diese Körper durch ihre Namen diesem Platz und jener Aufgabe zugewiesen sind; sie ist eine Ordnung des Sichtbaren und des Sagbaren, die dafür zuständig ist, dass diese Tätigkeit sichtbar ist und jene andere es nicht ist, dass dieses Wort als Rede verstanden wird, und jenes andere als Lärm.[8]

Rancière greift damit einen historischen Polizeibegriff des 15. Jahrhunderts auf, in der die ‚gute Policey' den Zustand ‚guter Ordnung' der Gesellschaft sowie der allgemeinen Wohlfahrt beschrieb. Dort war alles polizeilich, was ordnungsbedürftig schien. So gehörten Landfriedensbruch, Bücherzensus bis hin zur Reglementierung eines zu aufwändigen Luxus bei Festen in den noch

5 Pierre Bourdieu: Ortseffekte. In: Ders. / Gabrielle Balazs / Stéphane Beaud / Sylvain Broccolichi: *Das Elend der Welt. Zeugnisse und Diagnosen alltäglichen Leidens an der Gesellschaft.* Konstanz: UVK 1998, S. 159–167, hier S. 161.

6 Rancière: *Das Unvernehmen*, S. 41.

7 Ebd.

8 Ebd.

sehr unbestimmten Bereich der Polizei.[9] Der Polizeibegriff bezeichnete damit sowohl die ‚gute Ordnung' der Gesellschaft selbst wie auch alle Maßnahmen und Gesetze, die zu ihrer Herstellung und/oder Erhaltung nötig schienen. Damit kümmerte der Staat sich nicht nur darum, die Bürger_innen vor äußeren Gefahren zu schützen, sondern wurde aktiver Förderer der Wohlfahrt. Er griff zunehmend in das Leben der Bürger_innen ein und versuchte, „alle Lebensbereiche mit dem Ziel der Optimierung des Funktionierens des gesellschaftlichen Ganzen zu reglementieren."[10] Erst im 19. Jahrhundert vollzog sich eine zunehmende Ausdifferenzierung von Fachpolizeien in z. B. Armen- und Gesundheitspolizei, Bahnpolizei, Gewerbepolizei oder politische (Geheim-)Polizei. Die Trennung der Ordnungsbehörden von den Polizeibehörden fand sogar erst als Folge der Entpolizeilichung in den Besatzungszonen statt.[11]

Ähnlich dem Begriff der ‚guten Policey' versteht Rancière die Polizei nicht als Institution der exekutiven Staatsmacht, sondern als Ensemble von gouvernementalen Techniken zur Verwaltung und Erhaltung der gesellschaftlichen Ordnung. Die Polizei als Institution, so wie sie gemeinhin verstanden wird, ist für ihn die „niedere Polizei", die als eine bestimmte Form der allgemeinen Ordnung, „das Sinnliche, in dem die Körper der Gemeinschaft verteilt sind, anordnet."[12] Wenn also die Polizei die etablierte gesellschaftliche Ordnung meint, „in der jeder Teil an seinem rechten Platz ist"[13], dann ist es die Aufgabe der Polizist_innen im Alltag, den Subjekten in der Gesellschaft ihren Platz in der sozialen Ordnung zuzuweisen und dies auch gegen deren Widerstand durchzusetzen. Die Polizei ist damit immer das Gegenteil von Politik, die genau diese Ordnung und die Position der Subjekte in ihr in Frage stellt.[14]

Weil die Polizei die Ordnung bildet, die vom Politischen in Zweifel gezogen wird, stehen beide miteinander in Konflikt. In ihren alltäglichen Praktiken tragen die Beamt_innen die verkörperte gesellschaftliche Ordnung auf die Straße, stellen sie performativ her und bestätigen sie dadurch immer wieder neu. In diesem Text soll nun der Frage nachgegangen werden, wie genau die Praktiken polizeilichen

9 Volkmar Götz: *Allgemeines Polizei- und Ordnungsrecht*. 15., überarb. Aufl. München: Beck 2013, S. 16–17.

10 Robin Celikates: Politik und Polizei. Jacques Rancière zur Logik von Entpolitisierungsprozessen. In: *Texte zur Kunst* 55 (2004). https://www.textezurkunst.de/55/politik-und-polizei/ (Zugriff am 15.03.2017).

11 Vgl. Götz: *Allgemeines Polizei- und Ordnungsrecht*, S. 16–17.

12 Rancière: *Das Unvernehmen*, S. 40.

13 Slavoj Žižek: *Die Tücke des Subjekts*. Frankfurt am Main: Suhrkamp 2001, S. 257.

14 Vgl. Rancière: *Das Unvernehmen*, S. 42.

Ordnens aussehen und wie mit ihnen Ordnung hergestellt wird. Im Fokus liegen vornehmlich Praktiken des Alltags, die in ihrer Selbstverständlichkeit oft unhinterfragt sind, während das ereignishafte Aufeinandertreffen von Polizei und Politischem, das in den Medien und den Diskussionen der Öffentlichkeiten breite Resonanz findet, nur eine randständige Rolle spielen wird. Die nachfolgenden Ausführungen basieren auf ethnografischen Felddaten, die über einen Zeitraum von mehr als zwei Jahren in zwei unterschiedlich strukturierten Bereichen der Polizei gesammelt wurden. Als Forschungsfelder dienten zum einen die Bereitschaftspolizei der Länder, die als geschlossene, teils kasernierte Einheiten für den Schutz und die Sicherung von Großveranstaltungen wie Demonstrationen oder Sportereignissen, aber auch etwa Staatsbesuchen verantwortlich sind. Zum anderen handelt es sich um die städtische Schutzpolizei eines sogenannten Brennpunktbezirks in einer deutschen Großstadt, deren zentrale Aufgabe in der Erstermittlung von Straftaten liegt. Dies umfasst sowohl die Anzeigenaufnahme auf der Wache als auch den Funkwagendienst, der alle ‚regulationsbedürftigen Situationen' in ihren ihnen zugeteilten Bereichen bearbeitet. Was als regulationsbedürftig gilt, kann dabei von einer Diebstahlanzeige über einen Einsatz bei häuslicher Gewalt bis hin zu einer Schlägerei auch jemand sein, der Wasser vom Balkon auf seinen Nachbarn schüttet, oder eine Person, die sich in der Dunkelheit verlaufen hat und nicht mehr allein nach Hause findet. Trotz der großen Bandbreite möglicher Situationen, die ein Eingreifen der Polizeibeamt_innen bedeuten können, liegt der Kern der polizeilichen Arbeit bei allen Einsätzen in der Klärung der Situation und der Wiederherstellung der Ordnung.

Die Polizei zwischen Mensch und Mittel

> Peter steht vor einem Plakat und regt sich auf. „Was soll man davon schwadronieren. Auch Mensch. Darum geht es doch gar nicht", sagt er. „Früher haben die viel mehr abbekommen, fragt mal Stefan, was der für Erlebnisse erzählen kann, das jetzt hier ist doch ein Witz!"[15]

Auf dem Plakat ist ein Gesicht in Nahaufnahme gedruckt. In der Mitte ist es zweigeteilt, wenngleich die Gesichtszüge verraten, dass es sich um die gleiche Person handelt. Der Blick ist starr und auf die betrachtende Person gerichtet. Abgesehen davon unterscheiden sich Kleidung und Frisur auf den beiden Seiten.

15 Feldnotiz 16/IX/XXVII, Z. 33–35. Orte und Personen hier und nachfolgend anonymisiert.

Während rechts das rotgefärbte Haar leicht gewellt locker entlang des Körpers fällt, ist es links hochgebunden und daher kaum zu sehen. Auch von der roten Farbe ist nichts erkennbar, denn das Haar und das Gesicht sind mit Asche überdeckt. Über der Augenbraue befindet sich eine schmale, blutende Wunde. Links trägt die Person eine (verdreckte) Uniform der Polizei, rechts ein normales Longshirt. Über dem Bild steht in großen Lettern: „Auch Mensch – Polizei im Spannungsfeld." Darunter sind statistische Zahlen zu Gewalttaten gegen Polizeibeamt_innen von 2011 bis 2014 aufgeführt.

Das Plakat ist Teil einer Serie zu Gewalt gegen Polizist_innen, die als Kampagne von der Jungen Gruppe der Gewerkschaft der Polizei (GdP) initiiert wurde. Ausgangspunkt sind die – laut der Jungen Gruppe – zunehmenden Übergriffe auf Polizeibeamt_innen im Dienst.

> Es gibt immer mehr Menschen, die nicht akzeptieren wollen, dass sie für ihr Fehlverhalten ermahnt, zur Kasse gebeten oder gar strafrechtlich verfolgt werden. Die Schuld an dieser misslichen Situation wird nicht im eigenen Verhalten, sondern bei den staatlichen Anordnungen und Gesetzen gesucht. Unser Rechtsstaat wird zunehmend als repressives Organ empfunden, das die persönliche freiheitliche Entfaltung behindert. Die Polizei als Vertreter dieser staatlichen Gewalt wird dabei immer mehr zum Feindbild. Da der Staat als solcher nicht greifbar ist, richten sich die Aggressionen auf seine ausübenden Repräsentanten.[16]

Die Kampagne möchte „verdeutlichen, dass eine Betrachtung von Polizistinnen und Polizisten als anonymisiertes Feindbild fatale Konsequenzen für unsere Ordnungshüter, ihre Familien und Freunde, letztlich auch für unsere ganze Gesellschaft haben."[17] Indem sie das Mensch-Sein der Beamt_innen hervorhebt, möchte sie zu einem rücksichtsvolleren Umgang mit diesen aufrufen. Dabei ist die Feststellung, dass Polizeibeamt_innen Menschen sind, nicht nur banal, es ist auch kein Alleinstellungsmerkmal der Polizist_innen. Natürlich sind Polizist_innen Menschen, gleichzeitig jedoch sind sie bestimmte Menschen mit einer herausgestellten Position innerhalb der Gesellschaft. Es ist ihnen durch das Gesetz erlaubt, Handlungen auszuführen, die anderen Menschen nicht erlaubt sind und für die sie bestraft werden würden. In ihrem Handeln können sie nicht nur in Grundrechte eingreifen, sondern sie unter bestimmten Voraussetzungen sogar außer Kraft setzen. Polizist_innen können legal Menschen die Freiheit

16 Junge Gruppe: Auch Mensch 2015 – Die Kampagne. http://www.auchmensch.de/assets/downloads/AuchMensch2015_Die_Kampagne.pdf (Zugriff am 15.03.2017).
17 Ebd.

nehmen und sie einsperren, in Wohnungen eindringen, körperliche Gewalt anwenden und sie im Zweifel sogar erschießen. Ihr Handeln ist damit ein spezifisches, denn obwohl sie Teil der gleichen Gesellschaft sind, kommt ihnen darin eine außerordentliche Position zu: Sie handeln, wie andere Menschen nicht handeln dürfen, um zu verhindern, dass das, was sie tun, jeder tut. Und mehr noch: Es ist Teil ihres Alltags. Dies betrifft auch den Raum des eigentlich Privaten. So können sich Polizeibeamt_innen auch außerhalb der regulären Dienstzeit in den Dienst versetzen und dann hoheitliche Maßnahmen treffen, falls dies erforderlich sein sollte. Beobachten sie Straftaten, sind sie zur Verfolgung dieser jederzeit verpflichtet – also auch in ihrer Freizeit. Nur dann, wenn die Beamt_innen selbst oder Verwandte in eine Tat Sachverhalt verwickelt ist, ist das Treffen derartiger Maßnahmen untersagt.[18] Damit sind Polizist_innen privat wie auch im Dienst die Verkörperung des abstrakten Prinzips der gesellschaftlichen Ordnung und eben mehr als nur Menschen.

Noch ein weiteres Element in dieser Kampagnenbeschreibung ist aufschlussreich. So wird implizit unterstellt, dass jene, mit denen die Polizei in Kontakt kommt, tatsächlich auch ein ‚Fehlverhalten' begangen haben, für das sie nun die Konsequenzen tragen müssen. Die Verortung des Fehlverhaltens geschieht also beim sogenannten polizeilichem Gegenüber. Die daraus folgende Konfrontation mit der Polizei wird als „missliche Situation" verstanden, für die die Personen selbst verantwortlich sind. Dies speist sich u. a. aus der Situationseinschätzung der Beamt_innen. Im Alltag der Polizeiarbeit sind die meisten Vorfälle, in die Personen verwickelt sind, keine besonderen Situationen für die Beamt_innen – ihrer Einschätzung nach sind viele Vorfälle unspektakulär. Entsprechend begegnen die Beamt_innen ihnen mit Routinen und erwarten von ihrem Gegenüber einen ähnlich unemotionalen Umgang mit der Situation.[19] Für die Betroffenen einer polizeilichen Maßnahme steht jedoch die Außeralltäglichkeit der Situation im Vordergrund. Gerade im Hinblick auf Zeug_innen oder Opfer kann das routinierte Verhalten der Beamt_innen während der Durchführung polizeilicher Maßnahmen problematisch sein und sie fühlen sich in ihrer subjektiven Verletzbarkeit weder ernst- noch ausreichend wahrgenommen. So kann ein Auffahrunfall mit Lackschaden, bei dem niemand verletzt wurde, für die Betroffenen ganz anders zum Problem werden:

18 Geregelt wird diese Befugnis in der Eingriffsgeneralermächtigung StPO §163 sowie in den Generalklauseln der einzelnen Länderpolizeiverordnungen.

19 Vgl. Rafael Behr: *Polizeikultur. Routinen – Rituale – Reflexionen. Bausteine zu einer Theorie der Praxis der Polizei.* Wiesbaden: VS 2006.

Eine Frau erzählt, dass sie in einen Unfall verwickelt war. Sie war in ein anderes Auto gefahren. [...] „Als dann die Beamten kamen, habe ich einen riesigen Schreck bekommen, als ich sie gesehen habe. Sie waren vollbepackt, mit Schlagstock und Weste und Waffe. Ich dachte, dass ich zwar was falsch gemacht hab, aber doch nicht SO! Ich war sowieso schon aufgeregt und gestresst – und habe mich schuldig gefühlt, wegen des Unfalls. Als dann die Polizei kam, wurde alles schlimmer. Das Schlimmste allerdings war, dass ich wahrheitsgemäß erzählt habe, was passiert ist, und auch, dass ich selbst schuld am Unfall gewesen bin. Da fragt der Polizist mich, ob ich jetzt wirklich zugeben will, dass ich Schuld am Unfall habe. Als ob ich bescheuert wäre. [...] Da stehe ich da und erzähle schon, wahrheitsgemäß, wie es war. Und das ist doch richtig so. Da muss ich mir von der Polizei doch nicht anhören, dass ich bescheuert bin, das zu sagen."[20]

Hier geht der Schreck über das Auftreten der Beamt_innen in Empörung über das Verhalten der Beamt_innen über. Im Bereich der Stadt, in dem der Unfall sich zutrug, ist es üblich, dass die Beamt_innen mit Schutzweste Streife fahren; dass sie diese also auch zu einem Auffahrunfall tragen, ist für sie selbstverständlich. Gleichzeitig verstärkt die martialische Wirkung der Weste samt Waffen am Gürtel das Schuldbewusstsein der Frau. „Ich dachte: Wenn die schon *so* kommen, dann muss es wirklich schlimm gewesen sein, was ich gemacht habe."[21] Für die Beamt_innen jedoch ist die Weste alltäglicher Teil ihrer Uniform und wird somit nicht zwingend in ihrer Außenwahrnehmung reflektiert. Weiter verstärkt wird die Irritation der Frau, als die Beamt_innen auf ihr ‚Geständnis', am Unfall Schuld zu sein, mit Unverständnis reagieren. Das, was in der Kampagne der GdP ‚Täter_innen' nahegelegt wird, nämlich das Eingestehen von Fehlverhalten und damit eine Schuldanerkennung, wird hier von den Beamt_innen kritisiert. Damit beziehen sie sich auf das gesetzliche Aussageverweigerungsrecht. Die Frau jedoch versteht die Aussage der Polizei als moralische Rüge – eine Zurechtweisung, die durch die Herrschaftsposition der Polizei noch einmal verstärkt wird. Gerade die Uneindeutigkeit der Polizei wird hier als problematisch wahrgenommen.
Gemäß dem Selbstverständnis moderner Gesellschaften ist die Polizei „Mittel und nur Mittel; wird sie zum Zweck oder beginnt sie Zwecke zu setzen, so ist die ursprüngliche Souveränität bedroht oder verschoben."[22] Im Handeln der Polizei

20 Vgl. Feldnotiz 16/IX/IV.

21 Ebd.

22 Daniel Loick: But who protects us from you? Zur kritischen Theorie der Polizei. In: jour-fixe-initiative Berlin (Hrsg.): *Souveränitäten. Von Staatsmenschen und Staatsmaschinen.* Münster: Unrast 2010, S. 159–178, hier S. 161.

äußert sich der souveräne Wille und „verschafft dem Recht Materialität".[23] Erst die Praktiken der Polizeibeamt_innen im Alltag transformieren das Recht von der Idee in die Praxis und lassen es dort im gewissen Sinne wirklich werden. Zugleich ist die Polizei damit auch eine Vermittlungsinstanz zwischen Staat und Bürger_innen.[24] Auf ihre Position als Mittel verweisen Polizeibeamt_innen auch selbst im Gespräch, wenn sie davon sprechen, dass bestimmte Handlungen „so gewollt" seien oder eben „nicht so gewollt" seien.[25] Sie sprechen dabei von einem unbestimmten Souverän, der Einfluss auf die Möglichkeiten ihres Handelns und Entscheidens ausübt, dem sie sich nicht erwehren können. Nun ist zwar durch Gesetze geregelt, *was* die Polizei zu tun hat – *wie* sie es tun kann, bildet sich jedoch erst im polizeilichen Alltag selbst heraus. Unter anderem deshalb, weil die Anwendung von Gesetzestexten in der Handhabung komplexer Handlungsverläufe und uneindeutiger Situationen im Dienstalltag nicht zweifelsfrei möglich ist. Die Handlungen folgen informellen Handlungsmustern, die zumeist durch unbewusstes und unreflektiertes Routinewissen geprägt sind.[26] Durch diesen Handlungsraum, der Polizist_innen durch das Gesetz zugestanden wird, setzen sie nicht nur Recht durch und wenden es an, sondern schaffen selbst neues Recht.[27]

Praktiken als rechtserhaltende und rechtssetzende Gewalt

> Wir haben wieder einen Einsatz. Ein mutmaßlicher Dieb ist in einem Wohnhaus und hat sich hinter einer Tür verbarrikadiert, so die Einsatzleitzentrale. Mit Eile und Sonder- und Wegerechten fahren wir zur genannten Adresse. Dort angekommen erwartet uns bereits ein junger Mann, der berichtet, dass es sich um eine junge Frau im Dachgeschoss handelt. Wir steigen die Treppen nach oben und finden ein junges Mädchen vor, die gerade laut an eine Wohnungstür klopft. Hinter der Tür ruft eine Frau ihr zu, dass sie sie nicht kennt und sie in Ruhe lassen soll. Martin spricht das Mädchen an. Sie schreit ihn an, dass er sie in Ruhe lassen soll, dreht sich um und klopft nochmals an die Tür. Martin sagt ihr, dass sie damit aufhören soll. Sie weigert sich, klopft nochmal und behauptet, dass sie dort wohne. Martin und Klaus versuchen es anders und fragen nach ihrem Namen, den sie jedoch nicht

23 Loick: But who protects us from you?, S. 161.

24 Vgl. ebd.

25 Vgl. Feldnotizen z. B. 15/XII/XVIII.

26 Dazu auch Rafael Behr: *Cop Culture – der Alltag des Gewaltmonopols. Männlichkeit, Handlungsmuster und Kultur in der Polizei.* Wiesbaden: VS 2000.

27 Vgl. Walter Benjamin: Zur Kritik der Gewalt. In: Ders.: *Gesammelte Schriften*, Bd. II.1. Frankfurt am Main: Suhrkamp 1991, S. 179–203.

> preisgeben möchte. Also bittet Klaus um die große Tasche, die ihr am Arm hängt. Sie weigert sich, 19 sei sie. Klaus ist genervt, nimmt ihr die Tasche weg, sieht rein und sucht den Ausweis. Sie dreht sich wieder zur Tür, will klopfen. Martin hält sie davon ab, während Klaus die Daten auf dem Ausweis überprüft. Über Funk kommt die Überprüfung rein, Katrina, wie sie heißt, ist 15 und polizeibekannt. Sie sei schon häufig unterwegs gewesen, mehrmals vermisst gemeldet und hatte bereits mehrere Widerstände gegen Beamte. Martin und Klaus gehen mit ihr nach unten und lassen sie sich in den Funkwagen setzen, um ihren Alkoholpegel zu messen. [...] Mittlerweile stehen sie seit 10 Minuten beisammen und Martin versucht ihr immer noch beizubringen, wie man das Gerät bedient. Gerade machen sie gemeinsam eine Trockenübung. Dann klappt es. „Na", sagt er. „1,9 Promille. Da könnte ich nicht mehr stehen." Katrina muss mit uns gemeinsam auf die Wache fahren, um dort von ihren Eltern abgeholt zu werden. Allerdings sind weder Mutter noch Vater erreichbar. Wieso man Katrina nicht einfach im Funkwagen nach Steglitz bringen kann, frage ich. „Das ist nicht so gewollt. Dass man durch ganz Berlin jemanden nach Hause bringt." Eigentlich müsste nun das Kriseninterventionsteam angefragt werden. Eine Krisennotfalleinrichtung müsste Katrina jetzt aufnehmen, denn da sie minderjährig ist, darf die Polizei sie nicht einfach gehen lassen, sondern muss sich um sie kümmern. Martin findet, dass die Krisenstation keine Alternative ist. Schließlich erreicht ein Funkwagen die Mutter, die jedoch krank ist und ihre Tochter nicht abholen kann. Martin geht kurz weg, kommt dann wieder und setzt Katrina in den Funkwagen und wir fahren sie nun doch nach Hause. Die Fahrt über unterhalten sich Klaus und Katrina. Sie verspricht ihm einen Kaffee zu kaufen, als Dank, im Kaufland. Dann kommt ein Hochhaus in Sicht. „Das isses. Da im Assiwohnhaus wohne ich." Ihre Mutter steht im Bademantel und einer Katze in der Tür und erwartet sie bereits. Doch Katrina will nicht reingehen. Klaus sagt ihr, dass sie jetzt rein muss und sie geht. Die Mutter bedankt sich. „Sie läuft immer weg. Und interessiert sich nicht für meine Krankheit. Sie haben mir Tumore aus der Niere entfernt, aber das kümmert sie nicht." Martin sagt ihr, dass sie jetzt schauen sollen, dass es vielleicht eine langfristige Lösung gibt, ständiges Ausreißen und Abhauen kann ja nicht die Regel sein. Im Auto sprechen die beiden Beamten darüber, wie genervt sie waren und wie unmöglich es ist, dass ein „Kind" so betrunken sei, aber auch dass da vielleicht ein schweres Schicksal dahinter stünde. „Aber das muss man lernen", meint Martin, „Wir können nur die Scherben aufsammeln. Mehr können wir nicht tun. Aber wenigstens das können wir machen."[28]

Aus dem Satz des Beamten, dass er „nur Scherben aufsammeln" könne, spricht die Vorstellung einer relativen Handlungsohnmacht. Er versteht die Polizist_innen als eine Art Aufräumarbeiter_innen, die Dinge, welche in der Gesellschaft zerstört werden, beseitigen und ‚in Ordnung bringen'. Seinem nahezu passiven

28 Vgl. Auszug Feldnotiz 16/XII/XVIII, Z. 170–300.

Verständnis von Polizeiarbeit widerspricht das Umgehen des internen Handlungsleitfadens, in dem er die junge Frau trotz der Vorgabe, so etwas nicht zu tun, durch die gesamte Stadt nach Hause fährt, weil eine „Krisennotfalleinrichtung keine Alternative ist". Die relevante Größe in der Ausrichtung polizeilichen Handelns ist hier weder eine polizeiinterne Leitlinie noch das strikte Befolgen einer gesetzlichen Grundlage – denn beidem wäre durch das Übergeben der Tochter in die Obhut des Krisennotfalldienstes Genüge getan. Vielmehr spielt der Bezug auf Norm- und Wertvorstellungen eine Rolle, die sich aus einem Selbstverständnis heraus als „Freund und Helfer"[29] ergeben. Gleichzeitig jedoch haben sie nicht ‚geholfen', in dem Sinne, dass sie Mutter und Tochter bei ihren Problemen unterstützen konnten, sondern haben das ‚Problem' der betrunkenen Minderjährigen aus dem öffentlichen Raum geholt und damit dem Sichtbaren und Sagbaren entzogen.[30]

Eine ähnliche Tendenz findet sich in der Reglementierung von Parkvergehen. Parkvergehen unterliegen als Ordnungswidrigkeiten dem Opportunitätsprinzip, d. h., es liegt im Ermessen der Polizeibeamt_innen, ob eine Verfolgung und Bestrafung stattfindet oder nicht. In diesem Sinne ist es besonders interessant herauszufinden, aus welchen Gründen die Beamt_innen sich für ein Eingreifen entscheiden und wie genau sie dann handeln. Denn auch nach der Entscheidung, die Ordnungswidrigkeit zu verfolgen, verfügen die Beamt_innen über einen relativ großen Handlungsraum, der es ihnen ermöglicht, von der mündlichen Verwarnung über eine geringe Strafe bis hin zu erhöhten Geldsätzen Strafzettel auszustellen.[31] Begründungen zum Ausstellen von ‚Knöllchen' können sein:

29 Der Leitspruch lässt sich bis in das Jahr 1927 zurückverfolgen, wo er das erste Mal in dem Geleitwort des Bildbands der Polizeiausstellung von 1926 in Berlin auftaucht. (Hans Hirschfeld / Karl Vetter (Hrsg.): *Tausend Bilder. Große Polizeiausstellung, Berlin 1926.* Berlin: Gersbach 1927.) Bis heute hat er sich in der Narration und Vorstellung von Polizei, teils auch ironisierend, gehalten. Ein Polizist äußerte einmal dazu: „Wir sind kein Freund und Helfer. Die Polizei ist nicht dein Freund, soll sie auch nicht sein. Helfen tut sie, wenn sie kann und da ist, dann macht sie ihre Arbeit. Aber Freund und Helfer ist einfach Quatsch." (Feldnotiz 16/XII/XIX, Z. 29–30.) Damit hat er natürlich recht. Es ist nicht die Aufgabe der Polizei, Sozialarbeit zu leisten. (Vgl. Behr: *Cop Culture*, S. 14.)

30 Möglicherweise wäre die Krisennotfalleinrichtung im Wortsinne hilfreicher gewesen, weil sich das junge Mädchen in Obhut von ausgebildeten Sozialpädagog_innen befunden hätte, die Jugendliche auch weitergehend beraten und/oder Hilfe vermitteln.

31 Die Wahl z. B. des Gebührensatzes unterliegt natürlich Vorgaben, sodass es den Beamt_innen nicht möglich ist, willkürliche Geldsätze anzuführen. Allerdings ist bereits die Entscheidung, welches Vergehen genau relevant ist, welche Paragraphen wo Anwendung finden und wo in dem Formular was eingetragen wird, ein Aushandlungsprozess, der zumeist gemeinsam mit der/dem Streifenpartner_in geschieht. Durch das vorgefertigte Formular werden die Beamt_innen gezwungen, eine Entscheidung über den Sachverhalt zu treffen. „Auf der Straße

> Is doch egal, ob kurz oder nicht. Es is nie kurz. Und die Frau meinte ja, sie warte bereits 20 Minuten. Das ist nicht kurz. Reiner Egoismus ist das. Wenn er wenigstens sagen würde: Ich habe einen Fehler gemacht und gut. Aber nein, da kommt immer ein „Aber".[32]

oder

> Das geht nicht, das macht man nicht. Und es sind immer die Bonzenkarren auf den Behindertenparkplätzen. Ich weiß das bringt nix – das juckt die nicht, aber die bekommen ein Knöllchen. Immer![33]

Andererseits wird auch das Nichtausstellen einer Ordnungswidrigkeit (OWI) begründet:

> Gerade, als Christian zu schreiben beginnen will, kommt die Fahrerin angerannt. Sie geht sofort zu ihm und entschuldigt sich. Sie habe ewig gesucht, keinen Parkplatz gefunden und habe sich nun extra beeilt. Sie schwitzt und ist sichtlich außer Puste. Lutz verwarnt sie mündlich und steckt den Block wieder ein. Warum er das getan habe, frage ich später. „Weil sie wohl wirklich nicht gelogen hat … und sich entschuldigt hat – ohne ein ‚aber' anschließend. Einfach nur entschuldigt."[34]

Die hier vermittelten Norm- und Wertvorstellungen sind dabei Teil unbürokratischer Handlungsmuster der Polizeibeamt_innen, die auch im Widerspruch zu den offiziellen nach außen getragenen Leitbildern der Institution Polizei stehen können und im konkreten polizeilichen Alltag selbst verhandelt werden. Sie sind Teil der „gelebten Kultur der handarbeitenden Polizisten" der sogenannten Cop Culture, die „im Alltag der Polizei generiert, kommuniziert, praktiziert und perpetuiert" wird.[35] Demgegenüber dienen die Leitbilder der Institution Polizei der Kommunikation an die Öffentlichkeit und der Selbstverständigung

hat eine Mutter mit zwei Kindern im Auto ein Verkehrsschild auf einer Mittelinsel der Straße übersehen, hat es umgefahren, gegengelenkt und dann ein parkendes Auto mit der rechten Seite geschnitten. […] Klaus füllt im Funkwagen das Formular aus und weiß nicht genau, wie er es schreiben soll. Welche Ursache soll in das Formular eingetragen werden? Er fragt Grit. A0 (Bußgeld bis 35 Euro, kann auch nur verwarnt werden) oder A1 (Bußgeld ab 35 Euro, Verletzung der Sorgfaltspflicht? Hat die Frau ihre Sorgfaltspflicht verletzt? Sie diskutieren und entscheiden sich dann für A0." (Feldnotiz 15/XII/XXII, Z. 102–113.)

32 Feldnotiz 16/II/XII, Z. 53–54.

33 Feldnotiz 14/VII/XXVI, Z. 7–9.

34 Feldnotiz 16/II/XII, Z. 54–59.

35 Behr: *Cop Culture*, S. 24–25.

der Polizeiführung. Sie bilden die sogenannte Polizeikultur (Police Culture). Durch sie werden bürokratisch fundierte Normen- und Wertevorstellungen an die Gesellschaft vermittelt, die einem Idealtypus von Polizeihandeln entsprechen – wie z. B. die stets neutrale, unpolitische und emotionslose Anwendung von Gesetzen.[36]

Wie bereits angedeutet, lassen Gesetze (notwendige) Definitions- und Ermessensräume offen, innerhalb der die Beamt_innen agieren. So ist es in Berlin z. B. möglich, gegenüber Personen, die weder verdächtig noch Zeug_innen sind, sogenannte polizeiliche Maßnahmen zu treffen, wenn „eine gegenwärtige erhebliche Gefahr abzuwehren ist."[37] Was als erhebliche Gefahr zu beurteilen ist, liegt dabei in der Entscheidungsautonomie der Beamt_innen vor Ort. Bei Straftaten unterliegen die Beamt_innen dem Legalitätsprinizp, das sie verpflichtet, wenn sie Kenntnis von einer (möglichen) Straftat haben, diese zu verfolgen. Gleichwohl gibt es in der Praxis einen relativ hohen Anteil an Fällen, bei denen die Beamt_innen nicht einschreiten oder Gesetze milder anwenden, als dort vorgeschrieben wird.[38]

> [I]n den alltäglichen Fällen tendieren die Polizisten normalerweise dazu, das Gesetz seltener in Anwendung zur bringen, als es ihnen möglich wäre. Sie führen wesentlich weniger Verhaftungen durch, als ihnen ihre Beobachtungen über das Verhalten von Mitbürgern erlauben würden, und bei den Verhaftungen, welche sie tatsächlich durchführen, stützen sie ihre Anzeige meist nur auf ein Minimum der rechtlich möglichen Vorwürfe.[39]

Die Entscheidung der Polizist_innen, was als ordnungs-und sanktionswürdig angesehen und welchen Straftaten Priorität beigemessen wird und welchen nicht, kann z. B. dazu führen, dass der gezeigte Hitlergruß eines stark alkoholisierten

36 Vgl. Behr: *Cop Culture,* S. 24–25.

37 Allgemeines Sicherheits- und Ordnungsgesetz (ASOG) Berlin, Version vom 14. April 1992, in der Fassung vom 11. Oktober 2006, § 16 Absatz 1: Inanspruchnahme von nicht verantwortlichen und nicht verdächtigen Personen. https://www.berlin.de/imperia/md/content/seninn/abteilungiii/vorschriften/081103_asog.pdf?start& (Zugriff am 15.03.2017).

38 Vgl. hierzu auch Johannes Feest / Erhard Blankenburg: *Die Definitionsmacht der Polizei. Strategien der Strafverfolgung und soziale Selektion.* Düsseldorf: Bertelsmann 1972; Michael Banton: *The Policeman in the Community.* London: Travistock 1964. Auch Daniel Loick schreibt: „Aufgrund des allgemeinen Charakters des Gesetzestextes kommt es immer wieder zu Situationen, die im Text nicht antizipiert werden konnten, weshalb eine wortwörtliche Anwendung des Gesetzes nicht gerecht, sondern ungerecht wäre." (Daniel Loick: *Kritik der Souveränität.* Frankfurt am Main: Campus 2012, S. 241.)

39 J. Q. Wilson: *Varieties of Police Behavior.* Cambridge: Harvard UP 1964, S. 127, zit. n. Feest / Blankenburg: *Defintionsmacht,* S. 9.

Mannes, der gerade des Lokals verwiesen wurde, nicht als einzelne Straftat seine Bedeutung erhält, sondern im Kontext der Betrunkenheit und der Grundaggression der Person verstanden und nicht sanktioniert wird. Dann erhält die betroffene Person eine Anzeige wegen Hausfriedensbruchs, nicht aber wegen Verstoßes gegen § 86a des StGB.[40] Diese Entscheidung der Verfolgung oder Nichtverfolgung von Straftaten kann Auswirkungen auf das Verständnis von Rechtsverfolgungen und damit auf die Legitimation oder Delegitimation sozialen Handelns haben. So wird durch das Nichtsanktionieren des Hitlergrußes die Geste als harmlos gekennzeichnet.[41] In dieser Weise erscheint ein Gesetz als kraftlos, wenn es nicht durch die Polizei angewendet wird.[42]

Neben einem Sanktionsverzicht bildet auch das Einschreiten ohne gesetzliche Basis eine Praktik im polizeilichen Alltag. Besonders augenfällig wurde dies bei unrechtmäßigen Einkesselungen während Demonstrationen wie in Brokdorf 1986 oder zuletzt bei Blockupy in Frankfurt am Main 2012.[43] Bei den Anti-G20-Protesten in Hamburg im Juli 2017 handelte die Polizei sogar explizit gegen die Verfügung des Hamburger Verwaltungsgerichts und verhinderte den Aufbau des vom Gerichts genehmigten Protestcamps in Entenwerder.[44] Diese

40 Feldnotiz 15/VII/XXVIII. Das Zeigen des Hitlergrußes ist in Deutschland nach StGB § 86a Abs. 2 (Verwenden von Kennzeichen verfassungswidriger Organisationen) strafbar.

41 In diesem speziellen Fall wurde die Strafanzeige wegen Verstoßes gegen StGB § 86a im Nachhinein noch hinzugefügt, als die Beamt_innen auf der Wache ihrem Dienstgruppenleiter von dem Einsatz berichteten und dieser sie explizit darauf hinwies, „das Ding zu schreiben". (Feldnotiz 15/VII/XXVIII.) Allerdings fällt die späte Sanktionierung damit aus dem Raum des Sichtbaren, also des Öffentlichen, heraus. Da dem Dienstgruppenleiter als Führungsperson die politische Außenwirkung der Polizei noch einmal anders bewusst ist als den ‚handarbeitenden' Polizist_innen, könnte die Diskussion um die Strafanzeige für diese Geste auch als eine Diskussion im Aufeinandertreffen der unterschiedlichen Norm- und Wertvorstellungen von Polizeikultur und Cop Culture gelesen werden.

42 Jacques Derrida: *Gesetzeskraft. Der mystische Grund der Autorität*. Frankfurt am Main: Suhrkamp 1991, S. 92.

43 1986 wurden im Zuge der Proteste gegen die Inbetriebnahme des Atomkraftwerks Brokdorf 861 Menschen eingekesselt, die dort stundenlang ohne Essen, Trinken oder Möglichkeiten, ihre Notdurft zu verrichten, festgehalten wurden. Später beschäftigte dieser ‚Hamburger Kessel' mehrere Ebenen der Straf-, Zivil- und Verwaltungsgerichte. Er wurde einhellig als rechtswidrig beurteilt. In Frankfurt am Main kesselte die Polizei 2012 bei einer Demonstration des Blockupy-Bündnisses 500 Demonstrant_innen über einen Zeitraum von neun Stunden. Im Nachgang dazu klagten mehrere Betroffene und bekamen Recht. Auch ein Jahr später, im Juni 2013, kesselten die Beamt_innen diesmal knapp 1.000 Blockupy-Demonstrant_innen. Im Dezember 2016 wurde diese Maßnahme vom Bundesverfassungsgericht jedoch als rechtmäßig beurteilt.

44 Vgl. u. a. die Einschätzung des Anwaltlichen Notdienstes des Republikanischen Anwältinnen- und Anwälteverein e. V. (RAV), online unter https://www.anwaltlicher-notdienst-rav.org/de/G20-Festival-der-Grundrechtsverletzungen (Zugriff am 21.07.2017).

Handlungen sind Beispiele, wie Polizei *in situ* über die zu erhaltende oder herzustellende Ordnung entscheidet und diese dann entsprechend herstellt. Derridas Ausführungen zu Walter Benjamins *Kritik der Gewalt* folgend, kommt der Polizei damit eine schmachvolle, gespenstische Position zu. In der Polizei sind sowohl die rechtserhaltende als auch die rechtssetzende Gewalt vermischt und aufgehoben. Gerade diese Vermischung macht den gespenstischen Charakter der Polizei aus. Polizeibeamt_innen wenden das Gesetz nicht an und erhalten es, sondern gestalten es, legen es aus und begründen es damit. Dadurch sind die erhaltende und die setzende Gewalt nicht länger unterscheidbar und die Gewalt des Polizeiinstituts sei „gestaltlos wie seine nirgends fassbare, allverbreitete gespenstische Erscheinung im Leben der zivilisierten Staaten."[45] Die Polizeibeamt_innen werden so durch ihre Handlungen „zur rechtsetzenden, gesetzgebenden Macht, jedes Mal, wenn das Recht unbestimmt genug ist, um ihnen diese Möglichkeit einzuräumen."[46]

Der polizeiliche Umgang mit ‚Unordnung'

> Eine angemeldete neonazistische Demonstration hat gerade begonnen, sich in Bewegung zu setzen und sich von ihrem Kundgebungsort durch die Stadt zu bewegen. Linke Aktivist_innen versuchen, diesen Marsch zu blockieren und zu verhindern. Auf einer Straßenseite der Aufzugsstrecke haben sich einige Aktivist_innen zu einer Sitzblockade zusammengefunden. Während ich mich mit dem Zugführer der Blockade nähere, [...] gibt dieser per Funk durch, dass einer seiner Trupps auf die andere Seite der Straße soll, um weitere Personen vom Hinsetzen abzuhalten. Bevor der Trupp jedoch die entsprechende Stelle erreicht, sitzen ausreichend Teilnehmer_innen fest untereinander verhakt auf der Straße, sodass dem Trupp nichts anderes übrigbleibt, als die Sitzenden zu umstellen, um so wenigstens den Zustrom von Sympathisant_innen zu verhindern. Auch die Sitzblockade auf der gegenüberliegenden Seite wurde nun umstellt. [...] Ich frage den Zugführer danach, was nun geschieht. Er lacht und winkt ab. Wahrscheinlich werde nicht geräumt, sondern durchgeführt. „Das ist so gewollt." [...] Es gibt kleinere Beschimpfungen gegenüber der Polizei und im Chor die Parole: „Deutsche Polizisten schützen die Rassisten". Von Umstehenden wird den Polizist_innen immer wieder der Vorwurf gemacht, eine „Knüppeltruppe" zu sein. Einer der Teilnehmer der Sitzblockade vor mir empört sich zunehmend emotional

45 Benjamin: Kritik der Gewalt, S. 189.

46 Derrida: *Gesetzeskraft*, S. 91.

> gegenüber den ihn umstehenden Polizeibeamt_innen und ihren Handlungen. Er spricht vom Montag, spricht von Auschwitz, spricht von der Unmöglichkeit, dass Rassisten hier durch die Stadt laufen dürfen und *sie* gekesselt werden. „Letzte Woche war'n 60 Jahre Buchenwald und *die* lasst ihr jetzt laufen! Ihr wisst doch, wer da läuft. *Das* kann doch nicht sein! Den letzten Satz schreit er – will noch nachsetzen, aber tut es nicht. Er schüttelt den Kopf. [...] Die BFE auf der linken Seite der Straße rückt an und geht in Position. Der Lautsprecherwagen der Polizei weist die Sitzenden auf die Unrechtmäßigkeit dieser Handlung hin und fordert sie auf zu gehen. Die Aussagen werden von den Sitzenden mit lautem „Alerta"-Rufen quittiert. Kurze Zeit später wird die Straße nun doch geräumt.[47]

Das Versammlungsrecht in Deutschland gewährleistet allen Bürger_innen, ihre Meinung frei im öffentlichen Raum zu bekunden und dort ihre Kritik an gesellschaftlichen Zuständen zu äußern. Protest und Dissens zuzulassen, wird als ein Charakteristikum demokratisch verfasster, freiheitlicher Gesellschaften gesehen. Der Umgang des Staats damit „kann deshalb als Prüfstein für ihren demokratischen Gehalt betrachtet werden":[48] Diese Praktik der Ermächtigung der Bürger_innen kann im Widerstreit mit der polizeilichen Ordnung stehen. Eine Demonstration per se ist zunächst kein politischer Akt, denn der Raum des Protests wird von der Polizei und den Ordnungsbehörden vorgegeben. Dieser Raum kann größer oder kleiner ausfallen. So werden kleine Versammlungen, die als nicht-ordnungsgefährdend eingeschätzt werden, häufig mit nur einem oder zwei Streifenwagen begleitet, während beispielsweise antifaschistische Demonstrationen nicht selten von allen Seiten mit Polizeibeamt_innen als sogenannter Wanderkessel begleitet werden.[49] Innerhalb dieses zugewiesenen Raums ist die Ausübung von Protest zumeist unproblematisch möglich. Dort bestimmt und kontrolliert die Polizei den von ihr zugewiesenen Ort der polizeilich gestatteten Auseinandersetzung und greift gegebenenfalls ein. Die Polizei kalkuliert und verwaltet damit den Diskurs und

47 Feldnotiz 15/IX/XVIII.

48 Angelika Adensamer / Andrea Kretschmann: Protest Policing. Eine Bestandsaufnahme. In: *juridikum* 4 (2016), S. 472–473, hier S. 472.

49 Die Entscheidung der polizeilichen Begleitung bzw. darüber, wie die Veranstaltung zu polizieren sei, ist u. a. von der Erstellung sogenannter Lagebilder abhängig. Über die Konstruktion und Funktion dieser Lagebilder siehe auch Astrid Jacobsen: *Die gesellschaftliche Wirklichkeit der Polizei. Eine empirische Untersuchung zur Rationalität polizeilichen Handelns*. Dissertation, Universität Bielefeld 2001.

ist darauf aus, die Offenheit des politischen Feldes zu schließen und den Streit um die sinnliche Aufteilung der Welt zum Verstummen zu bringen. Demgegenüber ist das politische Ereignis an die Möglichkeit gebunden, die herrschende polizeiliche Ordnung aufzubrechen und sie zu durchkreuzen; die etablierten Platzanweisungen und Zugehörigkeiten zu verwerfen und diesen Identifizierungen neue Formen der Subjektivierung entgegenzusetzen.[50]

Im Raumgeben und Raumnehmen auf einer Demonstration bestimmt die Polizei damit die Ordnung des Sichtbaren und der Sagbarkeit. Das Räumen der Personen der Sitzblockade in der Eingangsszene hat so eine direkte symbolische Wirkung. Denn die Aktivist_innen verlassen den ihnen zugeschriebenen Raum des Gegenprotests und dringen in den Raum ein, der von der Polizei der neonazistischen Demonstration zugeordnet wurde. Sie besetzen ihn und verweigern so die Raumnahme nicht nur der Demonstration selbst, sondern im Besonderen ihrer Ideologie. Während die Polizist_innen aus ihrer Position die Ordnung, in diesem Fall die Gewährleistung des Versammlungsrechts, erhalten wollen, liegt der Blick der Blockierenden auf den ideologischen Hintergründen und dem politischen Statement, das eine Raumnahme der neonazistischen Demonstration bedeutet. In ihrem Handeln positionieren sie sich somit nicht nur gegen die neonazistischen Inhalte, sondern stellen zugleich den polizeilich zugewiesenen Raum und dessen Ordnung des Sichtbaren und Sagbaren in Frage. Diese ‚Unordnung' wird von den Beamt_innen bereinigt, indem sie die vermeintlichen Störer_innen aus dem Raum tragen und so die Ordnung wiederherstellen.
Ein ähnliches Vorgehen findet sich auch im Umgang mit Personen, denen kein gesellschaftlicher Ort zugewiesen wurde, so z. B. Menschen, die obdachlos geworden sind.

Auftrag über Funk: Eine hilflose Person liege im Hausflur. Wir gehen auf das Wohnhaus zu. Der Name der Anruferin, der über Funk mitgeteilt wurde, stimmt nicht. Lutz sucht gerade an den Klingelschildern nach einem Namen der ähnlich klingt, als eine Frau am Fenster winkt. Es ist die Anruferin, die die Tür öffnet und uns dann im Flur entgegenkommt. Sie berichtet davon, dass sie im Keller unterwegs war und sich dann sehr erschrocken hatte, weil dort ein Mann lag und geschlafen hat. Wir gehen hinunter. Rechts um die Ecke geht ein kleiner Gang entlang, an dessen Ende ein vermutlich obdachloser Mann liegt. Er hat seine Schlafsäcke aufgebaut und schläft

50 Susanne Krasmann: Jacques Ranciére. Politik und Polizei im Unvernehmen. In: Ulrich Bröckling / Robert Feustel (Hrsg.): *Das Politische denken. Zeitgenössische Positionen*. Bielefeld: Transcript 2012, S. 77–98, hier S. 83.

tief und fest. Christian geht zu ihm, tippt ihn mit dem Fuß an. „Aufwachen. Polizei.“ Der Mann reagiert nicht. Auch Lutz geht zu ihm. Christian tritt kräftiger. „Eh aufwachen!“, schreit Lutz. Der Mann wacht auf und ist kurz verwirrt. „Hier Sachen packen, abhauen!“, befiehlt Christian.[51]

Der obdachlose Mann wird des Platzes verwiesen, bekommt allerdings keinen gesellschaftlichen Ort zugeteilt. In der gesellschaftlichen Ordnung sind obdachlose Menschen unbestimmt und bewegen sich liquide von Ort zu Ort. Selbst das Obdachlosenheim ist keine dauerhafte und vor allem keine sichere Möglichkeit des Aufenthalts. Sie selbst bilden nur Übergangsorte und keinen Raum zur gesellschaftlichen Verankerung. So verweisen auch die Beamt_innen die Betroffenen in einen unbestimmten Raum. Sie sollen eben ‚weg dort‘ oder ‚abhauen‘ – wohin ist den Beamt_innen häufig ebenso unklar, wie den Betroffenen selbst. Eine Praxis, die auch von den Beamt_innen nicht kritiklos durchgeführt wird:

> „Die Bewohner haben halt Angst, dass die [Wohnungslosen] aggressiv werden und so“, erklärt Lutz die Situation später. „Passiert ist das noch nicht. Eigentlich wollen die nur in Ruhe gelassen werden. Die greifen niemanden an“.[52]

Praktiken des Ordnens müssen jedoch nicht zwingend repressiv sein. Eine subtilere Praktik bildet die „wertbezogene Prävention“, bei der die Polizist_innen als „öffentliches Moralunternehmen, als Institution des Gemeinsinns auftreten, deren Aufgabe es ist, Normen zu bewahren und ihre Geltung durchzusetzen, weil die Gesellschaft selbst nur noch eingeschränkt dazu in der Lage scheint.“[53] Das Austeilen der Strafzettel, das durch Begründungen wie „Das geht nicht, das macht man nicht“ gerechtfertigt wird, kann als eine solche erzieherische Praktik bezeichnet werden. Dort werden Wertvorstellungen durch Sanktionen oder Maßregelungen (hier in der Form von Strafzetteln) an die Bürger_innen weitervermittelt. Dahinter steckt nicht nur die Vorstellung von Menschen als ‚unvermögend‘ und ‚hilfsbedürftig‘,[54] die einer Normverdeutlichung bedürfen,

51 Feldnotiz 16/II/X, Z. 126–172.

52 Ebd., Z. 187–188.

53 Martin Winter: *Politikum Polizei. Macht und Funktion der Polizei in der Bundesrepublik Deutschland*. Münster: Lit 1998, S. 461.

54 Hilfebedürftig erscheinen tatsächlich viele der Personen, mit denen die Beamt_innen zu tun haben, nicht zuletzt, weil die meisten sich in unterprivilegierten, armen oder prekären Verhältnissen befinden. Die Vermittlung der zumeist bürgerlichen Normen und Werte durch die Polizist_innen läuft angesichts der denen entgegenstehenden lebensweltlichen Situation der

sondern auch ein hierarchisch verstandener Erziehungsbegriff. Die beteiligten Personen werden hier in erziehende und zu erziehende Subjekte eingeteilt, wobei die Beamt_innen aufgrund ihrer besonderen gesellschaftlichen Position davon ausgehen, über ein vermeintlich objektives Wissen darüber zu verfügen, was für das Individuum und die Gesellschaft gut und schlecht ist. Durch die Sanktion soll eine Verbesserung des Verhaltens der Betroffenen stattfinden, damit diese sich in die Ordnung einfügen. Geschieht dies bei den Strafzetteln noch implizit, sind auch explizite ‚Moralpredigten' von Polizeibeamt_innen nicht selten, selbst wenn sie die direkten Verursacher_innen nicht treffen:

> Nachdem die Beamt_innen mehrere Stunden lang nach einer Person gesucht haben, die ihren Suizid angekündigt hatte, stellt sich heraus, dass die Person nicht nur keine suizidalen Gedanken hegte, sondern auch die Polizist_innen während ihrer Suche aus der Ferne beobachtet und durch falsche Angaben gegenüber der Schwester „auf Trab" gehalten hat. Die Beamt_innen sind wütend: „Sowas macht man nicht. Das bindet stundenlang Streifenwagen! Das macht man nicht!!!" Auch die Schwester, die angerufen wird, um ihr zu sagen, dass es Entwarnung gibt und ihr Bruder scheinbar unverletzt unterwegs sei, bekommt eine Ordnungsschelle. „Das ist kein Spiel! Sowas macht man nicht. Da kommt noch Post!" Sie solle auf jeden Fall die Sachen auf dem Handy behalten, damit sie eine Beweislage habe. Sie habe ja nichts falsch gemacht, aber der Bruder ... das ginge nicht.[55]

Der Verweis auf das unbestimmte „Sowas macht man nicht" bildet hier den Bezug zur gesellschaftlichen Ordnung, in der ‚so etwas' nicht getan wird. Diese Aussage braucht keine weitere Erklärung, wieso man so etwas nicht tut, sondern gilt als unhinterfragte Wahrheit. Auch der Hinweis des Beamten an die Mutter von Katrina, dass sie eine langfristige Lösung finden muss und dass ständiges Ausreißen nicht die Regel sein kann, ist eine erzieherische Maßnahme, die zur Eingliederung der Mutter wie der Tochter in die gesellschaftliche Ordnung beitragen soll.

Betroffenen häufig ins Leere. Weiter zur Kriminalisierung abweichenden Verhaltens siehe u. a. Fritz Sack: *Abweichendes Verhalten I. Die selektiven Normen der Gesellschaft*. Frankfurt am Main: Suhrkamp 1975.

55 Feldnotiz 15/XXII/VII, Z. 15–20.

„Gehen Sie weiter – es gibt hier nichts zu sehen!“[56]

> Irgendwo findet eine Verfolgungsjagd statt. „So ein Idiot. Versucht wirklich weg zu kommen“, kommentiert Henri. [...] Durch den Funk wird gesagt, dass der flüchtige Täter in unsere Richtung fährt, Henri macht nach Absprache mit Martin das Blaulicht an und fährt in die entsprechende Richtung. [...] Über Funk heißt es: ein Funkwagen defekt, ein Fahrzeug defekt und mehrere parkende Autos defekt. Auf dem Weg dahin fallen mir rechts und links von mir rennende Männer auf. Sie scheinen zum gleichen Ort wie wir zu wollen. Wieder der Funk: „Irgendwo gibt es eine Schlägerei“. „Türk gegen Arab“, heißt es. Als wir ankommen, sehen wir eine Dreierreihung Autos. Das Polizeifahrzeug ist hinten auf das Fahrzeug des Flüchtenden aufgefahren. Dessen Seite ist komplett verbeult. Das Auto des Flüchtenden selbst ist auf ein parkendes rotes Auto aufgefahren. Der flüchtende Fahrer sitzt bereits gefesselt in einem weiteren Polizeifahrzeug des Nachbarbereichs. Um die Kreuzung herum stehen Unmengen von Menschen. Sie gucken. Reden. Sammeln sich. Beamt_innen vor Ort versuchen, sie dazu zu bringen wegzugehen. „Gehen Sie bitte weiter – es gibt hier nichts zu sehen!“[57]

Der Konflikt zwischen der Polizei, als gouvernementaler Regierungstechnik,[58] und der oppositionellen Gesellschaft ist auch ein Konflikt zwischen verschiedenen Welten und „Weisen, den öffentlichen und den privaten Raum aufzuteilen.“[59] Polizist_innen verkörpern eine gesellschaftliche Ordnung, die mit einer bestimmten ideellen Vorstellung der Funktion und des Platzes von Subjekten innerhalb der Gesellschaft einhergeht. In ihren Praktiken versuchen sie, diese Ordnung herzustellen und das, was ihnen als Normalität erscheint, zu erhalten. Dabei entscheiden sie, was gesagt wird, was stumm bleibt, was sichtbar bleibt und was verborgen bleiben soll. Indem die Beamt_innen neugierigen Passant_innen den Blick auf den Ort des Unfalls und den Verdächtigen verwehren, indem sie sagen, dass es „hier nichts zu sehen“ gebe, treffen sie die Entscheidung darüber, dass das Geschehen im Nichtsichtbaren, im Verborgenen bleiben soll. „Es gibt hier nichts zu sehen“, bedeutet dann: „Es gibt hier für euch nichts zu sehen“ und ist nicht deskriptiv, sondern normativ gemeint. Obwohl es subjektiv für Anwesende gute Gründe zum Verweilen geben kann, steckt die Polizei ihren

56 Feldnotiz 16/VIII/XXIX, Z. 186.

57 Ebd., Z. 169–186.

58 Vgl. Michel Foucault: *Geschichte der Gouvermentalität. Vorlesung am College de France 1977–1978 und 1978–1979.* 2. Bde. Frankfurt am Main: Suhrkamp 2004.

59 Jacques Rancière: Konsens, Dissens, Gewalt, zit. n. Krasmann: Jacques Ranciére, S. 93.

Verantwortlichkeitsbereich ab und bedeutet den Beistehenden, dass sie nicht berechtigt sind, zu sehen. Indem sie erklärt, dass das Geschehene Sache des Staats ist, entzieht sie das Geschehene dem öffentlichen Raum und der Verantwortung der Gesellschaft. Aufgrund der hohen Deutungsmacht der Polizei, d.h. durch ihre „sozial vorstrukturierte Möglichkeit, eine Situation für andere verbindlich zu definieren“[60], wird diese Deutung nur selten hinterfragt.
Die Deutungen der Polizei orientieren sich dabei entlang von Alltagstheorien und Typisierungen, „deren wichtigste die Unterscheidung zwischen ‚anständigen Leuten‘ und ‚Verdächtigen‘ ist.[61] Das gleiche Delikt von jemandem, der als ‚anständig‘ wahrgenommen wird, kann so zu völlig anderen Praktiken führen, als bei jemandem, der den Beamt_innen sowieso schon als ‚verdächtiger Delinquent‘ erscheint. Kriterien für diese Einschätzungen bilden etwa Wohngegend, Aussehen und Benehmen der Betroffenen gegenüber der Polizei. Deren Einschätzung bezieht sich auf Kriterien, die vor allem für die sogenannte Unterschicht gültig sind – wie z. B. sozial randständige Wohngegend oder abgetragene Kleidung. Dies führt dazu, dass sich viele Praktiken des Ordnens auf sozial benachteiligte Personen beziehen, die sowieso eine randständige Position innerhalb der gesellschaftlichen Ordnung einnehmen und so unter dem „erhöhten Risiko stehen, den mittelschicht-fixierten Wertvorstellungen [der Polizei] nicht zu entsprechen und damit verdächtig zu wirken.“[62] Diejenigen ‚Randständigen‘, die keinen Anteil an materiellen und symbolischen Ressourcen innerhalb der Gesellschaft haben, sind damit vornehmliche Adressat_innen polizeilicher Alltagspraxis. Indem die polizeilichen Praktiken der Sanktion und Zurechtweisung sich zumeist auf diejenigen beziehen, die den Anteil der Anteillosen bilden, reproduzieren die Beamt_innen die etablierte gesellschaftliche Ordnung, die deren Ausschluss impliziert. Ihre unhinterfragten Handlungen verweisen damit auf eine gesellschaftliche Ordnung, die Ein-und Ausschlüsse bestimmter sozialer Gruppen bereits etabliert hat und für deren Durchsetzung die ‚niedere‘ Polizei verantwortlich ist. So werden diese eben von Bürger_innen gerufen, um Wohnungslose aus dem Keller des Wohnhauses zu entfernen. Die Vorstellung, dass diese Personen dort keinen Ort haben, ist also nicht ausschließlich die der Beamt_innen, sondern ein gesellschaftlich verbreitetes Verständnis davon, welcher Platz Subjekten innerhalb der etablierten gesellschaftlichen Ordnung

60 Waldemar Lilli: Zur gesellschaftlichen Konstruktion abweichenden Verhaltens. Möglichkeiten und Grenzen der Labeling-Perspektive. In: *Zeitschrift für Soziologie* 8,2 (1979), S. 158–162, hier S. 160.

61 Vgl. ebd.

62 Ebd.

zusteht. Die Polizei setzt diese Ordnung durch, reproduziert sie in ihrem Handeln und bestätigt sie dadurch stets neu. Im Alltäglichen leisten sie dabei auch eine Art Erziehungsarbeit, durch die sie die Aufrechterhaltung, Kontrolle und Verwaltung dessen, was als etablierte gesellschaftliche Ordnung gilt, zu erhalten suchen. Diese Ordnung ist nur scheinbar undiskutiert. Regelmäßig wird sie durch Politik und politische Aktionen in Frage gestellt, herausgefordert und zur Diskussion freigegeben. Werden diese in Form von Demonstrationen auf die Straße und damit in den öffentlichen Raum getragen, obliegt auch hier den Beamt_innen der Umgang damit. Dabei übersetzen sie in ihren Praktiken die Gesetze in eine soziale Praxis und strukturieren damit auch die Handlungsräume des dort ausgetragenen Politischen. Sie öffnen und schließen die Orte des Dissens und verwalten zugleich den Raum der politischen Auseinandersetzung. Natürlich sind diese Räume auch dehnbar. So gehören bestimmte Formen der politischen Auseinandersetzung zu einem demokratischen Verständnis von Gesellschaft dazu und sind als maßvolle Unordnung für die Polizei unproblematisch. Teilweise gibt es für derartige Unordnung sogar Sympathien von Beamt_innen:

> „Ich mag die Menschen, die mit Sofas irgendwo sitzen und sich denken, Mensch diese Verkehrsinsel: Da will ich jetzt frühstücken. Klar, machen die uns Probleme. Aber ich finde es gut. Die Gesellschaft ist so konservativ geworden. Es braucht mehr widerständiges.“[63]

Gleichwohl ist der Kern des Politischen der Streit und der Dissens mit den Vorstellungen der etablierten Ordnung, welche die Polizei zu erhalten und verteidigen sucht. In diesem Sinne kann die Polizei „sanft und liebenswürdig sein. Sie bleibt deshalb nicht weniger als das Gegenteil der Politik.“[64]

63 Feldnotiz 16/IX/XXVII, Z. 245–248.

64 Rancière: *Das Unvernehmen*, S. 42.

Elisabeth Keller

Europäische Kulturpolitik zwischen Distinktionsmechanismen und Zusammengehörigkeitsgefühl

Die Wahrnehmung, dass die Europäische Union (EU) von (wieder) erstarktem Nationalismus und Radikalismus bedrängt wird und eine Aufspaltung in kleinere regionale oder nationale Verbünde wahrscheinlicher wird, scheint durch die Entscheidung der britischen Bürger_innen vom 26. Juni 2016, die EU zu verlassen, deutlich bestätigt worden zu sein. Gleichzeitig führt die Debatte um den Austritt Großbritanniens zu einer Verdeutlichung der Wertschätzung der Errungenschaften und Verhältnisse innerhalb der EU durch Bürger_innen anderer Staaten, wie verschiedene Umfragen in Deutschland und anderen Ländern der EU zeigen.[1] Der vorliegende Beitrag nimmt Bezug auf den Zusammenhang von einerseits politischer Gestaltung und ‚Regierungshandeln' in einem übergeordneten europäischen Rahmen und andererseits Kulturpolitik als spezifischem Politikfeld, welches ebenso zivilgesellschaftliche Aspekte umfasst, in den Blick. Gezeigt werden soll, wie die EU über finanzielle Förderungen auf dem Feld der Kulturpolitik einen Prozess der Europäisierung zu unterstützen versucht und wie dabei die Entwicklung eines Zusammengehörigkeitsgefühls durch Distinktionsmechanismen erschwert und überlagert wird. Dieses Wechselspiel von Distinktion und Zusammengehörigkeit wird von der Europäischen Kommission selbst als politischer Akteurin beeinflusst und gesteuert. Beide Mechanismen finden sich im Bereich der europäischen Kulturförderung. Diese

1 Deutsche bewerten EU nach Brexit positiver. In: *Zeit Online*, 08.07.2016. http://www.zeit.de/politik/deutschland/2016-07/ard-deutschlandtrend-deutschland-eu-umfrage-mitgliedschaft-zustimmung (Zugriff am 31.08.2016); Albert Funk: Die Europäer wollen ihre Union. In: *Der Tagesspiegel*, 10.01.2016. http://www.tagesspiegel.de/politik/internationale-umfrage-die-europaeer-wollen-ihre-union/12812566.html (Zugriff am 31.08.2016).

fokussiert einerseits ein Zusammenwachsen der Künstler_innen als Multiplikator_innen innerhalb Europas, legt andererseits aber auch Wert auf Innovation und Kreativität, um sich darüber von außereuropäischen Regionen abzugrenzen. Während des Kulturprogramms 2007 bis 2013 war die primäre offizielle Intention, „zur Förderung des Kulturraums, den die Europäer miteinander teilen und der auf einem gemeinsamen kulturellen Erbe gründet, beizutragen und damit die Entstehung einer Europabürgerschaft zu begünstigen."[2]
Die Autorin[3] begleitete und beforschte vier verschiedene Kooperationsprojekte, die von der Europäischen Kommission während ihrer zweijährigen Projektphase, von 2011 bis 2013, finanziell unterstützt wurden. Ausgangspunkt der Forschung war die Frage, ob bzw. wie die Europäische Kommission es mit den ihr zur Verfügung stehenden Mitteln vermag, innerhalb ihrer Kulturpolitik Instrumente zu schaffen, die auf einen Europäisierungsprozess steuernd einwirken. Da die EU im Feld der Kulturförderung nicht mit Richtlinien oder Verordnungen in ein vergemeinschaftetes Politikfeld eingreifen kann, setzt sie zur Durchführung ihrer Ziele finanzielle Mittel und damit verbundene Anreize zur Kooperation ein. Ein anderes Modell der Finanzierung kultureller Aktivitäten zeigt Theres Inauen in ihrem Beitrag in vorliegenden Band auf. Während in diesem Fall eine direkte, langfristige Einbindung der Zivilgesellschaft angestrebt wird, scheint die kulturpolitische Steuerung der EU von einer stärker empfundenen Distanz und Diskrepanz zwischen Fördergebern und den einzelnen Künstler_innen geprägt zu sein. Im Fokus der Forschung stand damit zunächst die Positionierung der unterschiedlichen kulturellen Akteur_innen gegenüber kulturpolitischen Anreizsystemen und welche Funktionen den Durchführenden der Kooperationsprojekte von Seiten der Europäischen Kommission tatsächlich zugewiesen werden. Da sich die Künstler_innen jedoch scheinbar primär im Feld kultureller Produktion vergleichen und darauf Bezug nehmen, bildeten die Motivation und die handlungsleitenden Interessen der Künstler_innen bei der Bewerbung um und der Durchführung der Kooperationsprojekte zunehmend das Zentrum des Interesses. Demgemäß wurde infrage gestellt, inwieweit und inwiefern man letztlich davon ausgehen kann, dass das politische Handeln der Europäischen

2 Europäisches Parlament und Rat: Beschluss Nr.1885/2006/EG des Europäischen Parlaments und des Rates über das Programm „Kultur" (2007–2013), 12.12.2006. In: *Amtsblatt der Europäischen Union*, L 372/1. http://eur-lex.europa.eu/LexUriServ/LexUriServ.do?uri=OJ:L:2006:372:0001:0011:DE:PDF (Zugriff am 05.09.2013).

3 Der Artikel basiert auf Forschungen zur Dissertation: Elisabeth Keller: *Aushandlungen von Kulturpolitik – EU-Kulturprojekte als Instrumente europäischer Integration*. München: Universitätsbibliothek der Ludwig-Maximilians-Universität 2017.

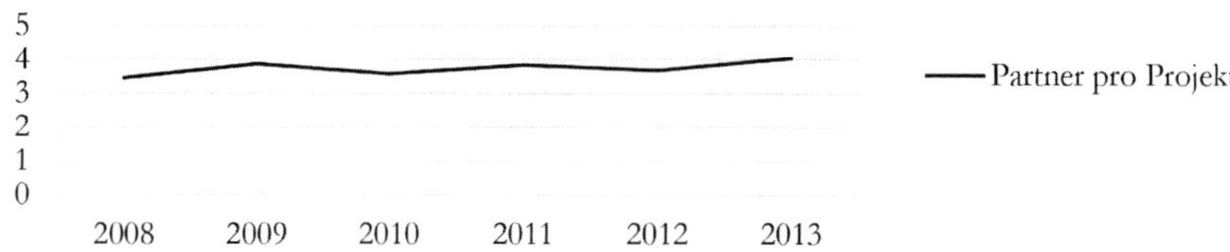

Abb. 1: Durchschnittliche Anzahl der Partner pro Projekt von 2008 bis 2013.

Kommission im Sinne eines Europäisierungsprozesses aufgeht. ,Europäisierung' wird in diesem Sinne als kulturelle Praxis verstanden, die im Zusammenhang mit der wirtschaftlichen und politischen europäischen Integration stattfindet und in der sich unterschiedliche kulturelle, soziale und politische Vorstellungen von ,Europa' wiederfinden. Die Autorin ging davon aus, dass sich verschiedene Bilder und Praxen von ,Europäisierung' in den Kooperationsprojekten zeigen würden. Kulturwissenschaftler_innen kommt nach Wolfram Kaiser, Stefan Krankenhagen und Kerstin Poehls die Aufgabe zu, „Europäisierung als eine wechselseitige Grenzziehung zwischen lokalen, nationalen, transnational-europäischen und außereuropäischen Räumen und Praktiken, Selbst- und Fremdbeschreibungen begreifbar zu machen."[4]
Die Steuerung der kulturellen Praxen, die von den Strukturen, Prozessen und Inhalten der Kooperationsprojekte geprägt sind, erfolgt über die Vorgaben von Seiten der Europäischen Kommission, die jeweils an die finanzielle Unterstützung der Projekte geknüpft sind. Diese drücken sich vor allem in einer detaillierten Beschreibung der strukturellen Bedingungen und Voraussetzungen, die von Seiten der Kooperationspartner für die Gewährung von Mitteln erfüllt werden müssen, aus. Für Kooperationsprojekte des Programms „Kultur" der EU der Jahre 2007 bis 2013 sollten sich mindestens drei Organisationen aus unterschiedlichen Ländern für die Beantragung der Fördermittel zusammenschließen, die maximal 50 % der Kosten bzw. maximal 200.000 € abdecken. Bei der Betrachtung aller zwischen 2007 und 2013 geförderten Projekte, für die Daten vorliegen, zeigt sich, dass die Kooperationen diese Bedingungen in zunehmendem Maß komplett erfüllen. Durchschnittlich sind an einem Projekt vier Einrichtungen, die ihre Tätigkeit als kulturell begreifen, beteiligt. (Abb. 1) Das bedeutet, ein Partner könnte von der Kooperation zurücktreten, ohne die Zusammenarbeit als Ganzes zu gefährden. Zudem erhielten die Projekte zunehmend die

4 Wolfram Kaiser / Stefan Krankenhagen / Kerstin Poehls: *Europa ausstellen. Das Museum als Praxisfeld der Europäisierung*. Köln: Böhlau 2012, S. 22.

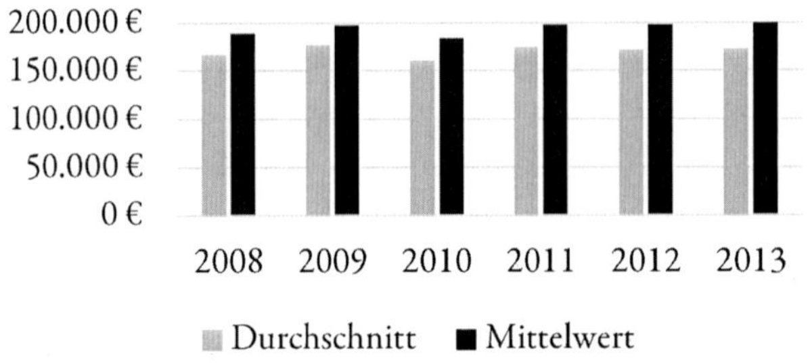

Abb. 2 Finanzierung pro Projekt.

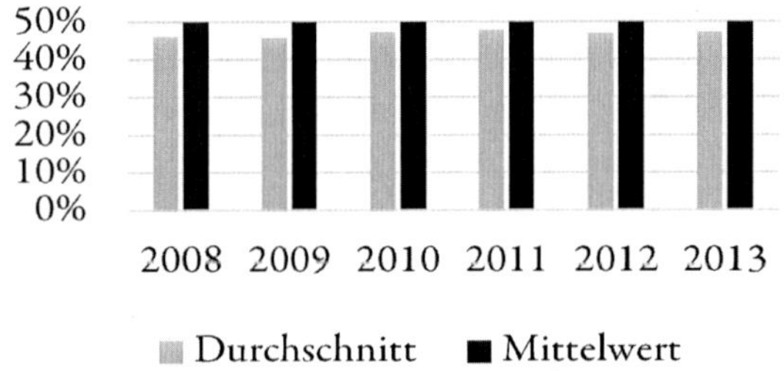

Abb. 3 Prozentualer Anteil der Förderung pro Projekt.

maximale Fördersumme von 200.000€ bei gleichzeitiger Eigenbeteiligung über diesen Betrag. (Abb. 2–3)
Diese Werte veranschaulichen den erwünschten finanziellen Rückhalt und die Stabilität der Kooperation. Die Positionierung der Projekte bezüglich der übergeordneten Förderkriterien wird jährlich von Seiten der Exekutivagentur veröffentlicht, wodurch diese indirekt steuernd eingreift. Die Angleichung der Projekte an die offiziellen Zielvorstellungen – zumindest auf dem Papier – wird bei der Betrachtung der im Programm „Kultur" aufgeführten Merkmale – wie der Förderung des interkulturellen Dialogs und dem Austausch von kulturellen Waren und Dienstleistungen – deutlich. Diese Punkte werden von allen Projekten abgedeckt, sind allerdings durch die geförderte strukturelle Zusammensetzung der Partnerschaften diesen inhärent. Ein zunehmend breiter und umfassender disziplinärer Hintergrund der Projekte, die sich 2013 bereits durchschnittlich drei Bereichen der von Seiten der Exekutivagentur aufgeführten Kategorien „Kulturelles Erbe", „Bildende Künste", „Darstellende Künste", „Architektur", „Literatur", „Design", „Multimedia und neue Technologien", „Interdisziplinär" – und damit doppelt so vielen wie 2007 – zuordnen, verstärkt dieses Phänomen.
In den Bewertungsbögen für die Gutachter_innen tauchen diese Kriterien jedoch nicht explizit auf. Inhaltlich wird von Seiten der Europäischen

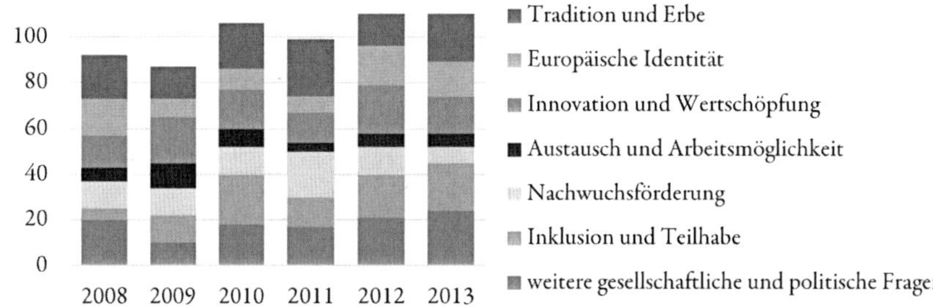

Abb. 4: Konzeptioneller Fokus.

Kommission damit auf den ersten Blick nicht in diesem Maße steuernd eingegriffen. In der Ausdifferenzierung des Programms fällt das Schlagwort der „Europäischen Dimension“, die die Projekte beinhalten sollen und die von diesen definiert und konzeptualisiert werden sollen. Betrachtet man daher den konzeptionellen bzw. inhaltlichen Fokus der Projekte, die bewilligt wurden, so kristallisieren sich verschiedene Themenfelder heraus. Diese reichen von der Bewahrung von Traditionen und Erbe, der Konstruktion einer europäischen Identität oder der Schaffung von Innovation und Wertschöpfung, der Schaffung von Arbeitsmöglichkeiten, Nachwuchsförderung sowie der Förderung von Inklusion und Teilhabe bis hin zu einer Beschäftigung mit gesellschaftlichen und politischen Fragen. (Abb. 4)
Im Bereich von Erbe und Tradition ist beispielsweise das Projekt *Grandma's Design* anzusiedeln:

> Grandma's Design. Revisiting Europe's baking heritage, brings together culinary (baking) heritage and food design, coming from Finland, Turkey, Italy, Belgium and The Netherlands. In each country, grandmothers will be filmed whilst preparing a traditional baking recipe typical for their region or their country.[5]

Die französisch-britisch-serbische Zusammenarbeit in dem Projekt *Glass Is Tomorrow GIT II. Experimenting and Sharing Glass Creativity in Europe*, die bereits in eine zweite Förderphase ging, zielt darauf, neue Designformen der Glaskunst zu schaffen und diese Tradition zu bewahren:

5 Education, Audiovisual and Culture Executive Agency (EACEA): Project Description, 2012. http://eacea.ec.europa.eu/culture/funding/2011/selection/documents/strand121/project_description.pdf (Zugriff am 30.10.2013).

> In its second phase, GLASS IS TOMORROW GIT II will aim at collaborating with high end design brands specialized into glass design in order to increase the quality of glass production in Europe and the awareness of the European glass culture, tradition and innovations.[6]

Kooperationen aus diesem Feld versuchen vor allem, Interdependenzen aufzuzeigen, oder verweisen wie im Fall von Backtraditionen und Glasdesign auf immaterielles Kulturerbe ohne einen direkten regionalen Bezugsort, gleichzeitig werden diese jedoch von lokalen und regionalen Akteur_innen getragen. Häufig soll durch die Aufwertung des Eigenen in der Konnotation als *Europäisches* ein zu bewahrendes Erbe vor dem Verschwinden gerettet werden. Explizit eine europäische Identität oder die Intention, an deren Konstruktion bzw. Gestaltung mitzuwirken, erwähnen hingegen nur wenige Projekte. Über die Einschreibung in den europäischen Rahmen wird vor allem der eigene lokale Referenzpunkt aufgewertet.
Ein zweiter Bereich von Projekten befasst sich mit der Hervorbringung von Innovationen, dem Austausch zwischen unterschiedlichen Künstler_innen, deren Arbeitsmöglichkeiten sowie der Nachwuchsförderung und bezieht sich damit direkt auf das Feld künstlerischer Produktion. So heißt es zum Projekt *Straw Man*:

> The main purpose of the project is research, intercultural dialogue and realization of new forms of artistic creation around the theme of human body, its basic inner process of selfidentification and its connection to the Avatar (a computer user's representation of him/herself in a virtual environment).[7]

Die Schaffung von Neuartigem dient hier der Aufwertung oder Bestätigung der eigenen künstlerischen Tätigkeit. Ebenso sind die Nachwuchsförderung und die Bildung von informellen und formellen Netzwerken, um die eigene Tätigkeit ausüben zu können, diesen Projekten immanent. Ziel des Projekts *Common Routes of Euromediterranean Music* ist explizit die Verbesserung der Arbeitsmöglichkeiten von Musiker_innen:

6 EACEA: Project Description, 2013. http://eacea.ec.europa.eu/culture/funding/2012/selection/documents/strand_1-2-1/2-project-description.pdf (Zugriff am 30.10.2013).
7 EACEA: Project Description, 2010. http://eacea.ec.europa.eu/culture/funding/2009/selection/documents/strand_121/02_projects_description.pdf (Zugriff am 30.10.2013).

> To improve the working opportunities of musicians and workers in this sector by establishing a close and direct relationship between Europe and its Mediterranean neighbors.[8]

Somit wird von den unterschiedlichen Kooperationspartnern und den Akteur_innen die eigene Position im Feld künstlerischer Produktion verhandelt und der Einfluss von kapitalgetriebenen Bewegungen kritisiert:

> Crazycurators Biennale is one of the smallest biennials in the world. It is a form of a constructive critique of megalomaniac biennials which have been constantly arising all around the world. Thus the conception is based on a narrow selection of renowned curators actively working in the framework of gallery practice. For the biennial each of them chooses one artist.[9]

Gleichzeitig wird deutlich, dass Auswahlprozesse stattfinden und eine (künstlerische) transnationale Gemeinschaft herausbildet. Wer in diese inkludiert und exkludiert wird, ist eine spannende Frage, die hier nicht weiter ausgeführt werden kann. Die eigenen Netzwerke sowie Sprachkenntnisse und die eigene Mobilität der Künstler_innen über disziplinäre und geographische Grenzen hinweg spielen jedoch eine bedeutende Rolle. Inklusion und Teilhabe als Themensetzung sowie gesellschaftliche und politische Fragen werden dabei von verschiedenen weiteren Projekten konzeptionell angedacht:

> AccessIT is working to strengthen the skills of people working in public libraries, focussing in particular on the area of digital libraries and how public libraries can, first of all, digitise their content and subsequently make it more widely available by contributing to international digital libraries initiatives such as Europeana.[10]

Einerseits werden künstlerische ‚Randgruppen' ins Zentrum der Aufmerksamkeit gestellt, andererseits aber auch gesellschaftliche ‚Randgruppen' in den Fokus genommen:

8 EACEA: Culture Programme. List of Selected Projects, 2008. http://eacea.ec.europa.eu/culture/funding/2007/selection/documents/selection_strand_11_121_2007/results_strand_1_2_1.pdf (Zugriff am 30.10.2013).

9 EACEA: Project Description, 2010.

10 EACEA: Project Description, 2011. http://eacea.ec.europa.eu/culture/funding/2010/selection/documents/strand_1_2_1/02_projects_description.pdf (Zugriff am 30.10.2013).

> There are no sustainable opportunities for new circus and street theatre in the Balkan region. The aim of this project would be to provide opportunities to people in the Balkan region that already have some experience to advance and to support marginalized and underprivileged young people, in particular Roma, through its social, educative and professional integration by means of social circus work and street theatre.[11]

In diesen Projekten wird eine europäische Identität indirekt über die Frage „Wie wollen wir leben?", d. h., wie soll eine (europäische) oder (künstlerische) Gemeinschaft aussehen, verhandelt. Das Projekt *Hunger for Trade* über kapitalismuskritische Zusammenarbeit steht exemplarisch für diese Reihe von Kooperationen:

> Ziel ist es, die Rolle Europas und die Folgen der aktuellen Entwicklungen auf dem globalen Lebensmittelmarkt in multiperspektivischer Erzählweise durch acht dokumentarische Inszenierungen, eine interdisziplinäre Konferenz und ein multimediales Abschlussfestival zu erforschen.[12]

Die dargestellte Unterteilung erfolgte nach dem primären konzeptionellen Fokus der Projekte, um nachzuvollziehen, welche inhaltlichen Ziele vor allem von Seiten der Europäischen Kommission bewilligt werden. Bei einer vergleichenden Betrachtung aller Projekte sowie der inhaltlichen Ausprägungen über die Programmphase zwischen 2007 und 2013 werden unterschiedliche Schwerpunktsetzungen bzw. Häufigkeiten deutlich. Ebenso beinhalten die meisten untersuchten Projekte mehrere dieser Komponenten, wie am Beispiel zweier Bühnenprojekte, die im Zentrum der teilnehmenden Forschung standen, dargestellt werden kann.

Das Theaterprojekt *Emergency Entrance*[13], eine Zusammenarbeit zwischen sechs verschiedenen Nationaltheatern aus Graz, Prag, Athen, Palermo, Cluj und Tel Aviv legte den inhaltlichen Fokus auf gesellschaftliche und politische Fragen: Der Umgang mit lokalen ‚Fremden' und die Konstruktion des lokalen ‚Anderen', d. h. Minderheiten und Flüchtlinge, wurden auf der Bühne in Form von Dokumentartheaterstücken verhandelt. An der Ausarbeitung dieser Stücke waren jeweils Dramaturg_innen, Regisseur_innen und eine kleine Anzahl von vier bis fünf Schauspieler_innen beteiligt, die sich die Inhalte und Texte

11 EACEA: Project Description, 2013.
12 Ebd.
13 Vgl. http://emergency-entrance.beep.com/ (Zugriff am 15.02.2017).

größtenteils selbst erarbeiteten. Das Projekt trug zu einer informellen Vernetzung zwischen diesen Akteur_innen in verschiedenen Workshops und einem abschließenden Festival bei. Gleichzeitig wurde das Projekt innerhalb einer formellen vernetzten Gemeinschaft umgesetzt, da alle Theater der Europäischen Theaterunion angehören. Zudem wurde von Seiten der Akteur_innen das Format des Dokumentartheaters als eher neuartige, innovative Form für die beteiligten Nationaltheater aufgefasst. Das Projekt lässt sich damit den Kooperationen zuordnen, die sich inhaltlich mit gesellschaftlichen und politischen Fragen auseinandersetzen. Die Innovationsmacht und der damit verbundene Reputationsgewinn für die Akteur_innen war jedoch ebenfalls ein bedeutender Faktor der Kooperation. Fragen europäischer Identität wurden im Rahmen der Workshops indirekt thematisiert und teilweise auf der Bühne angeschnitten, auch wenn alle Stücke ein lokales Setting hatten.
Im Fall des Mentoringprojekts *Connect Connect*[14] deutet der Titel auf die Bildung einer Gemeinschaft hin. Hier lag der Fokus allerdings auf künstlerischer Innovation und der Ausbildung neuer Formate durch eine interdisziplinäre Zusammenarbeit, die nicht notwendigerweise grenzüberschreitend war. Vier verschiedene Bühnenproduktionen wurden von jungen Künstler_innen in Rücksprache mit einem Mentor erarbeitet, die Akteur_innen entstammten den Feldern Musik, Tanz, Literatur, Film und plastische Kunst. Die auf diese Weise zusammengestellten Duos waren den Mentor_innen meist bereits bekannt oder hatten sich über verschiedene künstlerische Arbeiten für die Kooperation empfohlen. Ebenso wurde bei der Zusammenarbeit zwischen den Künstler_innen auf vertrauten Bezugspersonen des eigenen künstlerischen Wirkens gesetzt. Die Herausforderung des Projekts bestand damit in der Herangehensweise an unbekannte Formate und der Infragestellung des eigenen künstlerischen Wirkens sowie der Verortung innerhalb des künstlerischen Feldes. „Wie soll die jüngere Generation die Inszenierungsästhetiken von Schleef, Marthaler, Pollesch, Goebbels oder Stemann noch ‚radikal' überbieten? Sie soll Avantgarde sein, obwohl es ein ästhetisches ‚Vorne' nicht mehr geben kann."[15] Die inhaltlichen Projektziele waren motiviert von möglichen Innovationen im künstlerischen Feld sowie von der Förderung und Unterstützung von Nachwuchskünstler_innen. Ebenso wurde in Frage gestellt, wie bzw. ob sich die unterschiedlichen Anforderungen bei der Schaffung von Arbeitsmöglichkeiten – die Unterstützung junger Künstler_innen und die gleichzeitige Forderung nach immer neuen Akteur_innen – in Einklang bringen lassen. Fragen europäischer

14 Vgl. http://archiv2011.spielart.org/netzwerk/connect/ (Zugriff am 15.02.2017).

15 Andreas Englhart: *Das Theater der Gegenwart*. München: Beck 2013, S. 117.

Praxen treten hier vor einer Aushandlung innerhalb des künstlerischen Feldes scheinbar in den Hintergrund.

Was lässt sich damit in Bezug auf die eingangs skizzierten Fragen zu möglichen Formen und Praxen der ‚Europäisierung' sowie zu Steuerungsmechanismen aussagen? Während ausgeführt wurde, dass die Europäische Kommission sehr wohl strukturell in die Zusammenarbeit der Künstler_innen eingreift und diese nach ihren Zielsetzungen formt, stellt sich die Sache inhaltlich etwas differenzierter dar. Dazu tragen vor allem die Positionierungswünsche der einzelnen Akteur_innen im Feld künstlerischer Produktion bei, welches meist den alleinigen Referenzpunkt bildet. Dies bedeutet jedoch nicht, dass das politische Handeln der Europäischen Kommission zur Konstruktion einer Europabürgerschaft scheitern würde. Denn im Prozess der Aushandlungen europäischer Kulturpolitik stehen sich nicht nur die Europäische Kommission und das Feld künstlerischer Produktion antagonistisch gegenüber, beide formulieren zudem scheinbar widersprüchliche Anforderungen. So fordert und fördert die Europäische Kommission neben der Bildung von Netzwerken als Faktoren einer kommunikativen, zivilgesellschaftlich verankerten europäischen Identität gleichzeitig die in bzw. zur Abgrenzung von anderen Künstler_innen entstehenden Innovationen, da diese als wirtschaftsfördernde Faktoren angesehen werden. Ebenso erfahren kreative Neuerungen, wie bereits erwähnt, auch von Seiten des Feldes künstlerischer Produktion eine hohe Wertschätzung, allerdings eher als Abgrenzung von wirtschaftlichen Interessen und im Rahmen künstlerischer Unabhängigkeit. „Ironischerweise erscheint also gerade die Kunst, die sich seit zwei Jahrhunderten mit aller Kraft gegen die Allmächtigkeit des Marktes stemmt, als ein Vorreiter bei der Erprobung (hyper)flexibler Arbeitsformen."[16] Die Bildung von informellen und formellen Netzwerken dient wiederum der Förderung der eigenen künstlerischen Tätigkeit und der Schaffung von Arbeitsplätzen. Es finden damit meist keine direkten Aushandlungsprozesse mit der ‚EU' bzw. deren Vertreter_innen statt. Vielmehr lässt sich ein changieren der Akteur_innen zwischen Distinktionsmechanismen einerseits und Zusammengehörigkeitsgefühlen andererseits, die jeweils wiederum von Seiten der Europäischen Kommission und von Seiten des Feldes künstlerischer Produktion an diese herangetragen werden, beobachten. (Abb. 5)

16 Pierre-Michel Menger: Die Attraktivität der künstlerischen Berufe, Risikomanagement und Sicherungsmechanismen. In: Norbert Sievers (Hrsg.): *Kultur.Macht.Europa – Europa.Macht.Kultur. Begründungen und Perspektiven europäischer Kulturpolitik*. Essen: Klartext 2008, S. 202–208, hier S. 208.

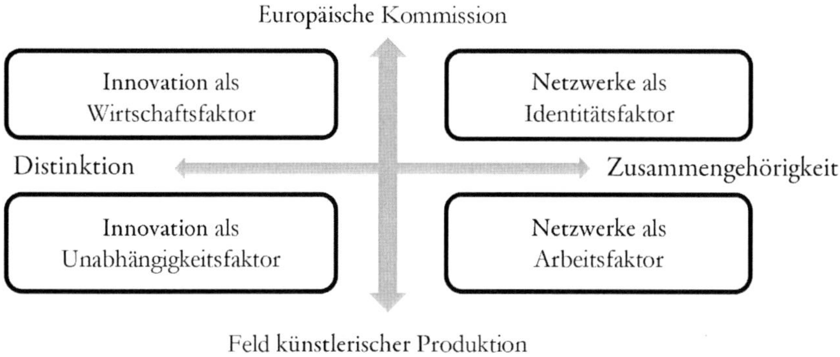

Abb. 5: Aushandlungen von Kulturpolitik.

Die umgesetzten Inhalte lassen sich dadurch wiederum auf unterschiedliche Weisen deuten und entsprechen somit den jeweils unterschiedlichen Anforderungen an die Akteur_innen. Die ständige Vermischung von ‚europäisch', ‚global' oder ‚international' im Rahmen der untersuchten Projekte verweist zudem darauf, dass der Bezugsrahmen für Institutionen, die den finanziellen und personellen Hintergrund für die Teilnahme an einem europäischen Kooperationsprojekt mitbringen, eigentlich diffus international ist. Ob sich daraus eine mögliche europäische Praxis und Identität entwickelt, werden die weiteren Inhalte geförderter Projekte und deren lokal verankerte Umsetzung sowie die Instrumente der europäischen Zivilgesellschaften und künstlerischen Akteur_innen in einem Umfeld von Abschottung und wieder erstarktem Nationalismus zeigen.

Martina Röthl

Über Institutionen und Personen ‚guten Willens'

Tourismus zwischen Gemeinwohl, Überzeugungen und Einzelinteressen

Zwischen 2011 und 2015 führte ich im österreichischen Bundesland Tirol eine empirische Untersuchung zu tourismusinduzierten Subjektivierungen durch. Mein Interesse richtete sich dabei nicht auf die Urlauber_innen, sondern auf die so genannten „Bereisten" – exemplarisch für sie standen Privatvermieter_innen (kleinstrukturierter, steuerlich begünstigter Beherbergungssektor).[1] Viele Daten dieser Erhebung fokussierten das Verhältnis zwischen Privatvermietung, dem Tiroler Tourismus und der Tiroler Landespolitik, sodass sich letztlich sehr deutlich abzeichnete, dass an Tourismus geknüpfte Praktiken stark mit politischen Dimensionen korrespondieren. Im Folgenden werden die touristischen Praktiken nun nicht mehr im Vordergrund stehen. Es wird nicht um Gastfreundschaft und nicht um Gast-Gastgeber_innen-Beziehungen gehen. Vielmehr versucht der Beitrag, Praktiken der Sinnstiftung ins Visier zu nehmen und der Frage nachzugehen, wie diese mit politischen Praktiken zusammenspielen und/oder in ihnen aufgehen.

Tourismus in Tirol als Beispiel

In Tirol besteht bei einem Großteil der Bevölkerung Konsens darüber, dass Wohlstand an einen funktionierenden Tourismus geknüpft ist. Ein gutes Leben ohne Tourismus ist für viele nicht vorstellbar. Dies ist einerseits Effekt der Tatsache, dass Tiroler_innen über Jahrzehnte stark, direkt und im Vergleich zu

1 Vgl. Martina Röthl: *„Normale Leute". Tiroler Privat(zimmer)vermietung, Tourismus als Dispositiv und die Aneignung von Subjektivität*. Dissertation, Universität Innsbruck 2015.

anderen Destinationen länger und auf einer breiteren Ebene vom Tourismus profitierten.[2] Andererseits ist dies jedoch auch als Resultat meinungsbildender Maßnahmen zu sehen: Um die ,Tourismusgesinnung' zu verbessern, wurde und wird seitens der Landespolitik und ihrer wirk- wie bildmächtigen Institutionen gezielt Innenwerbung betrieben.[3] Letzteres berührt bereits Ebenen des Politischen: Über Innenwerbung gelingt Identitätspolitik; Tirol wird z. B. als ,Tourismusweltmeister' gehandelt und ganz bewusst in ein kompetitives Verhältnis zu anderen Destinationen gesetzt; Bildpolitiken laufen auf die gezielte Etablierung ganz bestimmter Wahrnehmungsvorgaben und Deutungsangebote hinaus. Solche wurden und werden vor dem Hintergrund propagierter Nützlichkeit bereitwillig aufgegriffen und reproduziert,[4] sodass sich hier durchaus von Deutungs*regimen* sprechen lässt.

Die Landesregierung gestattet die nicht gewerbliche Form der Vermietung von Zimmern und Ferienwohnungen, solange sie kleinstrukturiert bleibt. In diesem nur als Nebenerwerb möglichen Beschäftigungsfeld[5] sind vornehmlich Frauen tätig. Aus deren Sicht liegt der Vorteil der Privatvermietung vor allem bei ihrer Vereinbarkeit mit Mutterschaft. Die Privatvermietung stützt so gesehen das Kernfamilienmodell und eine konservative Familienpolitik. Sie trägt dazu bei, die Ungleichverteilung von Erwerbsarbeit legitim erscheinen zu lassen, und ermöglicht den Zugriff auf die Arbeitskraft des informellen Sektors. Durch sie vergrößert sich letztlich auch die Zahl derer, die sich – Stichwort ,Qualitätssteigerung' – in ökonomische Strategien einspannen lassen und auf dieser Ebene ,aktivierbar' bzw. lenkbar werden. Das Forcieren des Qualitätstourismus, auf den Tourismuswirtschaft und Landespolitik seit den 1970er Jahren stark bedacht sind, ließ sich als eine ganz klar zu einem Verteilungskampf gehörende Praxis identifizieren,[6] während gleichzeitig offensichtlich wurde, dass Fragen nach der Verteilungsgerechtigkeit der Status des Nicht-Sagbaren bzw. ,Nicht-Fragbaren' zugewiesen ist. Dies trifft u. a. auf das Thema der Ausnutzung ,migrantisch-saisonaler' Arbeitskraft zu und korrespondiert letztlich wiederum damit, dass

2 Werner Bätzing: *Die Alpen. Entstehung und Gefährdung einer europäischen Kulturlandschaft.* München: Beck 1991.

3 Positive ,Tourismusgesinnung' ist ein erklärtes Ziel der Tourismuspolitik und tritt offen als deren Anliegen in Erscheinung. ,Innenwerbung' meint als Feldbegriff in diesem Zusammenhang entsprechende meinungsbildende Maßnahmen.

4 Annäherungen an ,propagierte' und ,etablierte' Nützlichkeit wurden mithilfe der im Dispositiv-Konzept vorgesehenen Kategorie *urgence* vorgenommen (Vgl. Röthl: *„Normale Leute"*, S. 134–143).

5 Die Rede ist von etwa 17.000 Privatvermietungshaushalten.

6 Röthl: *„Normale Leute"*, S. 266–271.

sich doch noch ein vergleichsweise hoher Anteil der Tiroler_innen selbst als durch Tourismus profitierend und ‚den Tourismus' als eine dem Allgemeinwohl zuträgliche Gegebenheit wahrnimmt.

Das Allgemeinwohl und der ‚gute Wille'

Das Allgemeinwohl ist hier als eine wohletablierte Kategorie politischer Dimensionierung aufgegriffen: Im Rückgriff auf Seneca fasste Baruch de Spinoza das Allgemeinwohl bereits als Bedingung von Herrschaft.[7] Cultural Studies und Neue Linke legten den neuen Kapitalismus auf eine Art manipulativer Politik fest, deren – zutiefst undemokratische – Absicht die Produktion von Konsens, sprich die Konstruktion scheinbarer Interessenübereinstimmungen, sei.[8] Antonio Gramscis Hegemoniebegriff lässt sich in dieser Lesart als „Name für die Organisation von Zustimmung" definieren.[9] Chantal Mouffe wird hier einhaken und fordern, dass solche Zustimmung aus Deliberationsprozessen hervorzugehen habe. Die Legitimität demokratischer Institutionen leitet sich aber auch für Mouffe „von der Tatsache her, dass jene, die bindende Macht beanspruchen, dies unter der Annahme tun, dass ihre Entscheidungen einen unparteiischen Standpunkt, der gleichermaßen im Interesse aller ist, repräsentieren."[10]
Auf der Analyseebene laufen Perspektivierungen wie diese auf Skepsis hinaus, ist doch plötzlich jedem postulierten Gemeinwohl die Frage „Gut für wen?" entgegenzustellen.[11] Im Falle meiner Forschung führte diese Skepsis speziell in Auseinandersetzung und Begegnung mit Feldakteur_innen zu Irritationen: Während der Feldforschung hatte ich es fast ausschließlich mit Menschen zu tun, die sich zuschrieben, zum reibungslosen Funktionieren von Tourismus beizutragen, und die sich dementsprechend als dem Allgemeinwohl dienend verstanden. Auf der diskursanalytischen Ebene stieß ich dann etwa zeitgleich auf die ‚Institutionen und Personen guten Willens'. Der Leiter der Cine Tirol, Johannes Köck, nannte diese z. B. in einem *für ihn* ganz wesentlichen strategischen Kontext: Die

7 Andreas E. Schmidt: Kultur ist Emanation. In: Ders. (Hrsg.): *Zwischen Virtuosität und Struktur. Kulturanthropologische Reflexionen zu Gestaltungsprozessen im Alltag.* Göttingen: Cuvillier 2015, S. 7–95, hier S. 66.

8 Oliver Marchart: *Cultural Studies.* Konstanz: UVK 2008, S. 69.

9 Ebd., S. 80.

10 Chantal Mouffe: *Das demokratische Paradox.* Wien: Turia + Kant 2015, S. 58; vgl. ebd., S. 30, 96–97.

11 Vgl. Martina Röthl: „Und trotzdem ist sie manchmal bei Serviettenfaltkursen stehen geblieben". #Frau #Tourismus #Bedürfnisse verhandeln. In: *aep informationen. Feministische Zeitschrift für Politik und Gesellschaft* 41,4 (2014), S. 22–26.

Cine Tirol ist Teil der Tirol Werbung, also jener Institution, der auch die einleitend erwähnte Innenwerbung obliegt. Hauptaufgabe der Cine Tirol ist es, Tirol als Filmproduktionsland zu bewerben, um möglichst viele Tirol-Schauplätze in Kino und Fernsehen sichtbar zu machen. So wertete Köck die „Institutionen und Personen ‚guten Willens' " als zentral im Hinblick auf Tirols „führenden Rang und seine beispielhafte Stellung als ‚die' Location im Herz der Alpen."[12] Ich stelle das Diskursfragment „Institutionen und Personen ‚guten Willens'" deshalb so stark ins Zentrum, weil es damals hilfreich war, die folgenden, für die Analyse von Institutionen doch wesentlich scheinenden Punkte zu verstehen.

Die Institution als Gegenstand der Forschung

Ohne inhaltlich einen Vergleich mit dem Diskurs ‚West and the Rest' anzustreben, ließen sich irritierende Feldsituationen immer wieder mit Stuart Hall fassen: Auch Diskurse um Tourismus waren „vom Spiel der Motive und Interessen bis in ihre Sprechweisen hinein geformt und beeinflusst."[13] Selbst wenn das Datenmaterial keinen Zweifel darüber ließ, dass der im Sinne von Identifikation, Begeisterung oder Engagement augenfällig gewordene ‚gute Wille' ganz eindeutig zu Strategiebündeln gehörte, die auf Führung und Lenkung zielten, durfte dieser eben nicht als „zynische Maskierung [von] Eigeninteressen"[14] gelesen werden, sondern vielmehr als Ausdruck von Erfahrung und Bewusstsein. Das oben beschriebene Diskursfragment war zunächst einer Institution (der Cine Tirol bzw. der Tirol Werbung) zuzuordnen, verwies aber auf weitere Institutionen und auf Personen ‚guten Willens' – denen im Feld ‚real' zu begegnen war und deren Selbstdeutungen ganz offensichtlich im Verhältnis zu dieser Sprechweise standen. Von hier aus ließ sich erstens zur Einsicht kommen, dass es nur selten ausreichend sein wird, Institutionen als einzelne, isolierte Einheiten in den Blick zu nehmen. Zweitens wurde evident, dass die Analyse von Institutionen gut daran tut, ideologische Überformungen zu berücksichtigen, dass dabei aber speziell das Geworden-Sein der Überformung im Auge zu behalten ist. In diesem Zusammenhang lässt sich darauf hinweisen, dass auf übergeordnete Ziele

12 Johannes Köck: *Tirol – die Location im Herz der Alpen. Vom Zufall zur Steuerung des Filmlandes Tirol 1896 bis 2006.* Masterarbeit, Donau-Universität Krems 2006, S. 117.

13 Stuart Hall: Der Westen und der Rest: Diskurs und Macht. In: Ders.: *Rassismus und kulturelle Identität. Ausgewählte Schriften 2*, hrsg. v. Ulrich Mehlem. Hamburg: Argument 2012, S. 137–179, hier S. 153.

14 Ebd.

und ‚etablierte' Nützlichkeiten gerichtete, empirische Zugriffe besonders dann aufschlussreich sein können, wenn die Involviertheit Einzelner berücksichtigt wird.[15] Die Analyse von Institutionen kann also – drittens – nicht ohne Aufmerksamkeit für die in sie involvierten Einzelnen auskommen. Es interessierten ihre Motivationen, das Maß ihrer Involviertheit und speziell damit verknüpfte Selbstverständnisse, vor deren Hintergrund es z. B. in Form konkreter Entscheidungen in die eine, die andere oder ‚in eine ganz andere' Richtung gehen kann.

Nicht nur, wenn sich Untersuchungen als von der Klärung der Fragen abhängig erweisen, was sich (noch) als institutionell ausweisen lässt und was nicht (mehr) bzw. wo Grenzen institutioneller Wirksamkeit liegen, kann es außerdem von Vorteil sein, den Begriff der Institution weit zu fassen und ihn in Anlehnung an Michel Foucault als das „nicht-diskursive Soziale" zu übersetzen.[16] Relevanzbereiche werden so nicht vorschnell als ‚nicht institutionell' ausgeklammert. Zudem lässt sich auf diese Weise eine Mesoebene zwischen ‚das Politische' und ‚die Einzelnen' schieben. Aus ethnographischer Sicht lohnt es diesbezüglich etwa, das Verhältnis zwischen institutionellen Interessen, den Interessen Einzelner und jenen Argumenten auszuloten, auf die sich Einzelne konkret stützen. Leitfragen können dabei z. B. sein, vor dem Hintergrund welcher Rationalitäten und Subjektivitäten Argumente funktionieren und in welche Art von Kampf sie geworfen sind.[17] Weil ein solches Vorgehen die Ebene persönlicher Involviertheit im Blick behält und es durchaus auch heuristisches Potenzial im Hinblick auf die Frage aufweist, wie es dazu kommt, dass die Überzeugungen und Interessen Einzelner relativ widerspruchsfrei in institutionellen Strategien aufgehen können, ließe sich hier eigentlich schon ein guter Schlusspunkt setzten. Ein frühes Fazit verhindert allerdings der Umstand, dass Involviertheit aus der Innensicht an den Dienst an ‚der' oder ‚einer guten Sache' geknüpft ist und ‚das Gute' auf der Analyseebene eine offene bzw. eine ‚diverse' Kategorie bleiben muss.

15 Vgl. Röthl: *„Normale Leute"*, z. B. S. 524.

16 Michel Foucault: Ein Spiel um die Psychoanalyse. Gespräch mit Angehörigen des Departement des Psychoanalyse der Universität Paris/Vincennes. In: Ders.: *Dispositive der Macht. Michel Foucault über Sexualität, Wissen und Wahrheit.* Berlin: Merve 1978, S. 118–175, hier S. 125.

17 Beide Fragen rekurrieren theoretisch auf Chantal Mouffes Konzept des Politischen als Dimension des Antagonismus, die menschlichen Verhältnissen inhärent ist. Universellem Konsens kommt in diesem insofern kein Privileg zu, als dass Konsens selbst nur als temporäre Machtstabilisierung begriffen wird. (Vgl. Mouffe: *Das demokratische Paradox*, z. B. S. 106.)

Einzel-Akteur_innen: Überzeugungen, Argumente und ‚das Gute'

Die Genese übergeordneter Strategien zu beschreiben, ist ein schwieriges Geschäft. In den meisten Fällen lassen sich bekanntlich keine ‚Strateg_innen dahinter' ausmachen.[18] Hinsichtlich eingeschlagener Richtungen bietet jedoch das einen konkreten empirischen Anknüpfungspunkt, was sich über die Überzeugungen Einzelner in Erfahrung bringen lässt. Dazu zwei weitere Beispiele aus dem Tiroler Tourismus: Tirol erfüllte die vom Bund vorgegebenen Asyl-Quoten über Jahre nicht; zum Zwecke der Legitimation wurde u. a. auf das Argument zurückgegriffen, dass sich das prekäre Leben der Asylsuchenden und die ‚heile Urlaubswelt' nicht vertragen würden.[19] Im Hinblick auf die jüngeren Asyl-Debatten war der ‚offizielle' Tiroler Tourismus jedoch darum bemüht, sich von der ‚anständigen Seite' zu präsentieren: Im Herbst 2015 forderte Tirol-Werbungs-Leiter Josef Margreiter, das Gastland Tirol möge sein humanes Antlitz zeigen. Menschen würdevoll zu begegnen, sei unverrückbarer Teil der eigenen („unserer") Kultur. Aufgeschlossenheit habe den Tiroler Tourismus groß gemacht.[20] Eine andere Richtung deutet sich in einer mit „Flüchtlingswelle" überschriebenen Stellungnahme Josef Falkners, des Präsidenten der Tiroler Tourismusvereinigung an: Der *unternehmerische* Interessensvertreter riet davon ab, Asylsuchende in touristischen Unterkünften aufzunehmen. Die Unterbringung sei nur zeitlich begrenzt vorstellbar, was eine angemessene Betreuung und die soziale Integration verunmögliche.[21] Mit diesem Beispiel will ich nicht auf eine moralische Bewertung hinaus, sondern auf das Folgende: Für beide Vertreter lässt sich einräumen, dass sie sich selbst als das Gute wollend und die richtige Richtung einschlagend verstehen. Beide Strategien richten sich auf dieselben übergeordneten Ziele: das Funktionieren von Tourismus und das wirtschaftliche Wohlergehen des Landes. Beide repräsentieren dazu einen – vermeintlich – im Interesse ‚aller' liegenden und auf das ‚Gute' zielenden Standpunkt. ‚Das Gute', auf das beide rekurrieren, ist jedoch völlig unterschiedlich *konnotiert*, auf der realen Ebene mündeten sich darauf beziehende Handlungen in jeweils völlig unterschiedliche Wirklichkeiten. Wenn wir ernst nehmen, dass soziale Objektivität durch Machtakte konstruiert ist, wird deutlich, dass ‚das Gute' auf der Analyseebene letztlich nie mehr sein kann (und das ist keineswegs abwertend

18 Foucault: Ein Spiel um die Psychoanalyse, S. 133.

19 Raimund Pehm: Der andere Fremdenverkehr. Die Unterbringung Asylsuchender aus der Sicht von Tourismusverbänden am Beispiel Tirols. In: *Rundschau der Sozialwissenschaftlichen Studiengesellschaft/SWS Rundschau* 47,2 (2007), S. 186–208.

20 Josef Margreiter: Fensterplatz in Fahrtrichtung. In: *Saison*, Sommer/Herbst 2015, S. 5.

21 Josef Falkner: Flüchtlingswelle. http://www.ttv-tourismus.at/ (Zugriff am 05.05.2016).

gemeint) als eine für die Untersuchung subjektiver Sichtweisen sehr aufschlussreiche Feldkategorie.

Ein nächstes Beispiel rückt Einzelne, in diesem Fall *eine* Einzelne, noch einmal stärker ins Zentrum. Es zeigt nebenbei, dass Politik/das Politische in alle Bereiche menschlicher Erfahrung und somit auch bis in den Bereich der Selbstwahrnehmung hineinwirken kann. Antonia Knapp lenkte von den 1970er bis in die frühen 1990er Jahre die Geschicke jener Institution, die Tiroler Privatvermieter_innen jeweils mehr oder weniger als ‚ihre' Interessensvertretung betrachten, nämlich die des Landesverbandes der Tiroler Privatvermieter. Zu Beginn der 1970er Jahre sorgte Knapp dafür, dass Privatvermieter_innen Fortbildungen angeboten wurden. Sie selbst leitete diese Seminare mit großer Leidenschaft, die entsprechenden Gelder mussten der Landeregierung jedoch Jahr für Jahr aufs Neue abgerungen werden, d. h., es mussten auch immer wieder neue Argumente für diese – vornehmlich auf weibliche Teilnehmerinnen zugeschnittenen – Fortbildungen gefunden werden. 1978 griff Knapp hier erstmals auf das Argument der Selbstbestätigung zurück: „Die Seminare am Grillhof sind für alle nicht nur wissenswert, sie geben auch das Gefühl der Betreuung und eine gewisse Selbstbestätigung für die Vermieter."[22] Ab 1980 wurden – eben ganz bewusst mit dem Ziel, das Selbstbewusstsein zu stärken – bei solchen Seminaren Diplome vergeben. ‚Das Gute' schien auf den Weg gebracht, das von Knapp sicherlich in allerbester Absicht ins Feld geworfene Argument zeitigte jedoch ungewünschte Nebenfolgen: Implizit war der Mangel an Selbstbewusstsein nun festgeschrieben, was die Selbst- und Fremdwahrnehmung als ‚defizitär' verstärkte und der Verbesserung des Selbstwertes eher ab- als zuträglich war. Auf dieses Argument wurde über einen langen Zeitraum zurückgegriffen, sodass sich die kollektive Zuschreibung letztlich als *tatsächliche* Problemlage stabilisierte. Abgesehen davon, dass sich hier noch einmal die Diversität von Konzeptionen ‚des Guten' bzw. die unauflösliche Bindung des Begriffs an hegemoniale Ordnungen zeigt, lässt sich auch ein ganz kleiner Seitenblick auf eine Analogie werfen, die das Forscher_innen-Subjekt betrifft: Weiß nicht jede/r Forschende um die Tatsache, dass sich aus Forschungsergebnissen abgeleitete Argumentationsweisen verselbständigen und auf lange Sicht zu Konsequenzen führen können, die weit abseits der je eigenen Definition von ‚gut' liegen?

Eine zweite Analogie lässt sich zumindest dann andeuten, wenn man das erörterte Beispiel kontextuell wie folgt vervollständigt: Mit dem Aktiv-Werden

22 Protokoll zur 3. Vorstandssitzung des Verbandes der Privatzimmervermieter Tirols, 26.05.1978, S. 4.

Knapps im Landesverband begann sich das Verhältnis zwischen Privatvermietung und Landesregierung zu verändern. Das ehemals antagonistische Verhältnis wandelte sich sukzessive in ein betont protektionistisches. So wird hier etwas erkennbar, das sich durchaus in die Nähe neoliberaler Politik rücken lässt: Gegnerschaft im Sinne eines antagonistischen Prinzips wurde (scheinbar) aufgelöst und ebenso ausgeschlossen wie Formen der Konfliktlösung, die Gewinner_innen bzw. Verlierer_innen hervorbringen würden. Die Konsequenz: Kritik an Machtverhältnissen wird erschwert – was im Umkehrschluss auf die Stabilisierung bestehender Hierarchien hinausläuft.

Fachkontexte und Ausblick

Mit der Frage nach den Dimensionen des Politischen sind m. E. auch die Fragen aufgeworfen, *ob* bzw. *wie sehr* wir uns als Fachvertreter_innen der Volkskunde und ihrer Nachfolgefächer politisch engagieren sollen, dürfen oder müssen und auf welchen Ebenen und Bühnen wir das bzw. ‚etwas' tun können. Die Frage des ‚ob' stellt sich sicherlich für all jene weniger, die sich selbst in der Nähe der Cultural Studies verorten: Kultur-und Gesellschaftsanalyse hatte dort gleichzeitig politische Analyse zu sein, Kulturkritik sollte zu Gesellschaftskritik und zu politischer Kritik gerinnen.[23] Die Frage des ‚ob' müsste sich aber eigentlich auch für all jene weniger stellen, die sich in der Tradition Falkensteins[24] sehen: Einerseits adressiert das Falkensteiner Programm den Auftrag, an der Lösung sozio-kultureller Probleme mitzuwirken, und es lässt sich wohl kaum ein Bereich des Sozio-Kulturellen nennen, der sich dem Politischen per se entzöge. Oft sind es sogar gerade die im Hinblick auf konkrete Möglichkeiten der Problemlösung gesetzten Schritte, die Fachvertreter_innen – geplant oder ungeplant, gewollt oder ungewollt – mit Politik und politischen Strukturen in Berührung kommen lassen.

Andererseits lässt sich auf das Falkensteiner Programm ausweiten, was ich oben als Diversität des Guten beschrieben habe, denn implizit rekurriert natürlich auch die Falkensteiner Formel auf das – hegemonialen Ordnungen unterliegende und deren Rationalität unterworfene – Gute.[25] Solange die Abhängigkeit (von) dieser Rationalität reflektiert wird, ergeben sich weder dadurch noch insgesamt

23 Marchart: *Cultural Studies*, S. 58.

24 Bei der Falkensteiner Tagung (Arbeitstagung der Deutschen Gesellschaft für Volkskunde) kam es 1970 zur Neuausrichtung des Faches.

25 Dies insofern, als dass es von der Definition des Guten abhängt, was für ‚problematisch' befunden wird.

Schieflagen für die *Forschungspraxis* – dies nicht einmal vor dem radikalen Theoriehintergrund einer Chantal Mouffe.[26] Selbst wenn sich empirisch arbeitende Disziplinen ungleich schwerer damit tun müssen, Ausschluss als Bedingung von Politik und Konsens als radikal temporär zu denken, verfügen die Nachfolgefächer der Volkskunde doch über sehr gute Instrumente, antagonistische Verhältnisse, entsprechende Kämpfe und Gegnerschaften zu beschreiben, Mechanismen der Exklusion zu identifizieren und auch Formen der Unterordnung sichtbar zu machen, die nicht primär ökonomischer Natur sind. Speziell durch den Anspruch der Multiperspektivität und das Interesse an den subjektiven Sichtweisen möglichst vieler Einzelner lassen sich Antagonismen in Agonismen überführen und Machtformen herausfordern: Wer die Aufmerksamkeit auf Subjektivität und ihr Zustandekommen lenkt, trägt ein Stück weit dazu bei, dass die Legitimität einer Gegnerschaft *verständlich* wird.

Weitaus weniger Sensibilität für Effekte ungleicher Machtverhältnisse zeichnet sich jedoch in Bereichen ab, die für gewöhnlich als der ‚eigentlichen' Forschungspraxis vorausgehend oder auf sie aufbauend betrachtet werden. Gemeint sind Forschungsorganisation und Forschungsfinanzierung auf der einen und Vermittlung, Rückvermittlung und ‚Kulturvermittlung' auf der anderen Seite. Die in diesem Beitrag zum Ausgangspunkt gemachten Praktiken der Sinnstiftung sind hier in besonderem Maße angesprochen, denn die entscheidende Frage lautet, wie sich auch jene Machtformen herausfordern lassen, die die je eigenen Strukturen bedingen. Dass sich Effekte politischer Strategien und Machtverhältnisse auf Alltage, Denkweisen und Handlungslogiken niederschlagen, das gilt auch für Wissenschaftler_innen. Auch sie sind in Institutionen verstrickte Einzelne, auch sie können nicht auf andere Bezugsrahmen rekurrieren als auf neoliberal geformte und sie sind darauf angewiesen, Argumente zu produzieren, die in *diesen Rahmen* gelingen können – die Rede ist von Argumenten, die vor dem Hintergrund hegemonialer Rationalität standhalten, die z. B. eine gewisse Nützlichkeit und Aussicht auf Konsens versprechen, vernünftig scheinen und verstanden werden, Argumente allerdings, bei denen auch auf der ‚Produzent_innenseite' nicht selten die Fragen mitspielen dürften, was sich lohnt und was man sich erlauben kann bzw. will.

26 Im Folgenden Mouffe: *Demokratisches Paradox*.

Abbildungsverzeichnis

Johanna Rolshoven: Dimensionen des Politischen – eine Rückholaktion

Abb. 1: „Politik entsteht zwischen den Menschen." (Hannah Arendt) © Alessandro Galantucci (Lizenz: https://creativecommons.org/licenses/by/2.0/), digital nachbearbeitet.

Helmut Groschwitz: Postkoloniale Volkskunde

Abb. 1: Projektion von deutschen Staatsgebilden auf eine Reliefkarte in der Dauerausstellung des Deutschen Historischen Museums in Berlin, 2016. Foto & ©: Helmut Groschwitz.

Abb. 2: Mohrenapotheke in Graz mit der Klischeedarstellung eines bettelnden Afrikaners, 2016. Foto & © Helmut Groschwitz.

Abb. 3: Teegläser (19. bzw. 20. Jhd) aus der Ausstellung *WeltKultur/GlobalCulture* im Badischen Landesmuseum Karlsruhe, 2014. Foto & © Helmut Groschwitz.

Judith Laister: Antagonistische Schließungen

Abb. 1: Richard Kriesche: Kapellenstraße 41, inside/outside, 1973, Foto: Hans Georg Tropper. In: Wilfried Skreiner (Hrsg.): *Audiovisuelle Botschaften*. Ausstellungskatalog Dreiländerbiennale Trigon '73: Italien, Jugoslawien, Österreich von 6. Oktober bis 11. November 1973 im Künstlerhaus. Graz 1973, o. P.

Katharina Eisch-Angus / Toni Janosch Krause / Mateja Marsel / Susanne Schicho / Melanie Strutz: Die Ästhetik des Unheimlichen

Abb. 1: Aus der Intervention *Unheimlich heimisch*, 2016. Foto: Universalmuseum Joanneum / J. J. Kuceck.

Abb. 2: Aus der Intervention *Unheimlich heimisch*, 2016. Foto: Universalmuseum Joanneum / J. J. Kuceck.

Abb. 3: Der Trachtensaal anlässlich einer Light-Painting-Aktion, 2015. Foto: Gerhard Stiegler.

Elisabeth Keller: Europäische Kulturpolitik zwischen Distinktionsmechanismen und Zusammengehörigkeitsgefühl

Abb. 1: Durchschnittliche Anzahl der Partner pro Projekt von 2008 bis 2013. Quelle: Exekutivagentur Bildung, Audiovisuelles und Kultur, eigene Darstellung.

Abb. 2: Finanzierung pro Projekt. Quelle: Exekutivagentur Bildung, Audiovisuelles und Kultur, eigene Darstellung.

Abb. 3: Prozentualer Anteil der Förderung pro Projekt. Quelle: Exekutivagentur Bildung, Audiovisuelles und Kultur, eigene Darstellung.

Abb. 4: Konzeptioneller Fokus. Quelle: Exekutivagentur Bildung, Audiovisuelles und Kultur, eigene Darstellung.

Abb. 5: Aushandlungen von Kulturpolitik, eigene Darstellung.